4 Lk 2 3286 1

Grenoble
1874

Soffrey de Calignon

Vie et Poésie

Tome 1

DOCUMENTS HISTORIQUES

INÉDITS

POUR SERVIR

A L'HISTOIRE DU DAUPHINÉ

TOME Ier.

TIRÉ A 300 EXEMPLAIRES

dont 175 sur papier ordinaire
et 125 sur papier hollande teinté.

VIE ET POÉSIES

DE

SOFFREY DE CALIGNON

CHANCELIER DU ROI DE NAVARRE

PUBLIÉES SUR LES MANUSCRITS ORIGINAUX

PAR

le Comte DOUGLAS

MEMBRE CORRESPONDANT DE L'ACADÉMIE DELPHINALE
Et Membre fondateur de la Société littéraire de l'Ain.

GRENOBLE
EDOUARD ALLIER, IMPRIMEUR
GRANDE-RUE, 8
1874

A Messieurs Eugène Chaper, Maignien, H. Gariel et A. de Rochas d'Aiglun, membres de l'Académie delphinale, dont la sympathie, le concours et les conseils nous ont été si gracieusement accordés, hommage de notre sincère reconnaissance.

Cte Douglas.

PRÉFACE.

Un fait remarquable et heureux caractérise notre époque et vient, en quelque sorte, nous consoler de tant d'autres déceptions et de si nombreuses défaillances : c'est ce mouvement, très prononcé, vers les recherches et les études qui servent à constater l'origine, l'histoire et la physionomie des provinces et des villes et à augmenter leur glorieux inventaire. Ces recherches, ces études nobles et utiles, viennent reconstruire et souvent réhabiliter le passé, en donnant aux nouvelles générations des leçons qu'elles ne savent pas toujours comprendre. Quoique le nombre si considérable de ces élucubrations dangereuses qui cherchent à fausser l'esprit et à démoraliser les masses ne semble pas diminuer, cependant les tendances de notre époque sont de jour en jour plus sérieuses. On aime les éditions de luxe, les curiosités bibliographiques, les réimpressions des livres anciens, et un succès marquant s'attache surtout aux recherches et aux travaux historiques. Félicitons-nous de cette tendance des esprits qui vient faire une heureuse diversion aux tristes préoccupations de notre époque, et espérons que le public lettré l'encouragera en favorisant les ouvrages sérieux qui reposent l'intelligence et ornent le cœur et l'esprit. Partout on fouille les archives publiques et privées, et le passé se révèle avec ses succès et ses revers, avec ses enseignements et ses dates néfastes ou glorieuses. Nos archives nationales et départementales, celles aussi non moins précieuses des particuliers, échappées aux *auto-da-fé* de la Révolution, il a bientôt un siècle, ont pu être recomposées en partie, et viennent chaque jour augmenter nos richesses intellectuelles et remplir, autant que possible, les désastreuses lacunes que l'ignorance et le fanatisme lui ont faites. Quand on veut étudier avec profondeur une époque, rechercher les causes de ses révolutions sociales ou politiques, et surtout en trouver le remède, il faut toujours tourner ses regards vers le passé et remonter à la source même des maux. Les catastrophes périodiques qui ruinent notre patrie, depuis quatre-vingts ans surtout, nous créent le devoir de rechercher et de constater les causes de notre stabilité et de notre grandeur passée.

En étudiant les progrès de la civilisation, au point de vue scientifique et historique, on voit la sagacité de l'homme s'accroître à proportion de l'étendue du champ ouvert à ses investigations ; au point de vue politique, le résultat est le même. Ces doubles conquêtes, dans le monde physique et dans le monde intellectuel, sont éminemment utiles et elles sont dignement appréciées de nos jours. L'opinion publique commence enfin à faire justice de ces histoires ou mémoires de fantaisie, enfantés par l'imagination et la spéculation ; le règne des Alexandre Dumas est fini : on veut maintenant de l'histoire vraie, certaine et justifiée par des titres originaux. On veut connaître, apprécier, non-seulement les événements d'un règne, les catastrophes d'une époque, mais encore les causes de ces catastrophes, les raisons de ces événements. On veut étudier les grands hommes, non-seulement dans leur vie publique, mais aussi dans leur vie privée ; ce sont là, en effet, les vraies bases de l'histoire. Chaque jour voit enlever une pierre à cet édifice d'erreurs, de préjugés, de banalités et même d'impertinences historiques, élevé par certains écrivains qui, trop longtemps, ont abusé le public, et l'histoire tend à revenir à ce qu'elle doit être, c'est-à-dire à l'observation calme et véridique des faits. De nombreux travailleurs, vétérans éprouvés des sciences historiques ou disciples marchant avec enthousiasme dans la voie que les maîtres leur ont enseignée, vont demander aux manuscrits enfouis dans la poussière et dans l'oubli, de nouvelles lumières sur les faits peu connus, controversés et trop souvent altérés.

Les détails familiers de la vie ordinaire, les lettres et les rapports de service, en un mot les pièces les plus futiles en apparence, rendent au lecteur la réalité plus sensible. En le plaçant directement sur le terrain et dans le milieu même où s'agitaient tant de graves questions, il devient un juge devant lequel se déroulent le caractère, le rôle et l'influence de chaque personnage ; les motifs qui le firent agir se découvrent plus facilement que dans aucun récit, puisque les correspondances et les documents historiques sont les sources mêmes auxquelles doit puiser tout écrivain sincère. On peut y trouver la preuve des passions les plus élevées, des dévouements les plus nobles, comme aussi des inévitables misères et des faiblesses communes à tous les hommes et à tous les temps. La grandeur et la puissance des conceptions sont souvent amoindries par l'imperfection des moyens : c'est le triste côté de toute œuvre humaine. L'histoire s'applique trop souvent à voiler l'une ou l'autre de ces faces, au gré de ses préventions. Ici, rien de pareil, et au lieu d'un réquisitoire ou d'un plaidoyer, c'est le dossier même de la cause que le lecteur a sous les yeux. Quand on connaît la vérité sur les hommes, on peut apprécier bien plus sainement les événements auxquels ils ont été mêlés.

Les documents que nous publions, la plupart inédits, sont des matériaux historiques qui certainement seront un jour utilement employés. Nous aurons au moins le mérite de les avoir sauvés d'une perte plus ou moins éloignée, mais probable. Une partie de ces documents échappés aux pillages révolutionnaires, ont été trouvés dans les archives du château de Peyrins, près Romans

(Drôme). Nous donnons sur ce château, dans nos notes, des détails qui nous dispensent d'en parler ici plus au long.

Ces matériaux historiques des archives de Peyrins se composent :

1° Du manuscrit de Louis Videl, la *Vie de Soffrey de Calignon*, chancelier du roi de Navarre ; ce manuscrit est sans doute celui qui a servi à la rédaction de la notice de Guy Allard.

2° D'un manuscrit de poésies composées par Calignon et écrites de sa main. Certaines personnes peut-être, sans tenir assez compte de l'époque où elles virent le jour et de l'âge qu'avait alors l'auteur, seraient tentées de reprocher à Calignon quelques crudités de langage, comme à nous de les éditer. Mais ces personnes oublieraient que le grave et austère magistrat eut, comme bien d'autres, une bouillante jeunesse ; elles oublieraient surtout que le blâme à infliger à ces pièces doit bien plutôt retomber sur le siècle qui en était épris et ne pouvait souffrir un autre genre. Nous avons jugé, d'ailleurs, appuyé sur l'avis d'autorités compétentes, qu'il était souverainement important, pour la complète connaissance des mœurs et de l'esprit de cette époque, de ne retrancher aucun document qui pût éclairer le public lettré auquel nous nous adressons.

3° De documents inédits, en partie autographes, concernant Calignon et son époque, quelques-uns provenant de la bibliothèque et des archives de Genève et d'autres villes de la Suisse.

4° De soixante-dix à quatre-vingts lettres inédites, quelques-unes autographes, du connétable de Lesdiguières, de Marie Vignon, marquise de Treffort, sa seconde femme, et de quelques autres personnages de l'époque ; enfin des lettres de service, édits et brevets des rois Henri III et Henri IV, et spécialement quatre lettres inédites de Henri IV à Calignon.

Encouragé par ces précieuses découvertes, nous avons suivi pas à pas, dans sa vie si accidentée, cette grande et remarquable figure de Lesdiguières non-seulement en Dauphiné, théâtre principal de ses exploits, mais encore en Suisse et en Savoie. L'ancien comté de Pont-de-Veyle, en Dombes, qu'il avait possédé, les archives de Genève, de Berne et de Fribourg, celles de Chambéry, les collections particulières, nous ont bien vite mis à même de réunir un nombre considérable de lettres et de documents. A la même époque, à peu près, l'Académie delphinale, et surtout quelques-uns de ses membres les plus actifs et les plus dévoués aux recherches qui concernent le Dauphiné, songeaient à publier des matériaux historiques sur ce même personnage. M. Eugène Chaper, à l'initiative duquel cette détermination avait été prise, avait déjà recueilli un grand nombre de pièces sur Lesdiguières et sur les guerres de religion, et une commission composée de MM. Chaper, Douglas, Gariel, Macé et G. Vallier, avait été nommée pour rassembler et préparer tous les matériaux de cette importante publication. Mais, par des motifs qu'il ne nous appartient pas d'apprécier, l'Académie delphinale fut obligée de renoncer à son projet, et une lettre de M. Chaper, alors président de cette société, en même temps qu'elle nous rendait notre liberté d'action, nous donna gracieusement la faculté de disposer du résultat de ses recherches, pour le cas où nous entreprendrions nous-même de publier nos propres matériaux. Dans l'intérêt de notre œuvre, nous aurions désiré davantage : nous aurions voulu qu'il nous accordât une collaboration complète. Mais si sa bonne volonté et ses goûts le portaient à accepter, des considérations d'un autre ordre ne lui laissaient pas le temps nécessairement indispensable à une entreprise de ce genre. Investi aujourd'hui d'importantes fonctions qu'il doit à la confiance et à l'estime de ses concitoyens, il peut encore moins venir à notre aide.

Réduit à nos faibles ressources, nous avons cependant repris courage, lorsque M. Gustave Vallier a bien voulu nous promettre son concours. Son activité, sa patiente et scrupuleuse exactitude, ses publications scientifiques et archéologiques sont connues dans notre Dauphiné. Malgré ses nombreux travaux personnels, il s'est empressé de venir en aide à nos débuts dans la science paléographique, et, en dehors des notes dont il a bien voulu enrichir les *Poésies* de Calignon, cette publication lui devra son principal mérite, l'exactitude et la correction.

Nous devons à la bienveillance de M. Maignien, doyen honoraire de la Faculté des lettres de Grenoble, un article critique sur les *Poésies* et la traduction des pièces grecques et latines qui se trouvent dans ce recueil. L'autorité qui s'attache à son nom nous dispense de faire ressortir l'importance de sa *Notice*.

Pourquoi ne ferions-nous pas remarquer aussi le mérite typographique de notre œuvre, ne fût-ce que par patriotisme et pour comparer les presses de province à celles de Paris? Et si, au mérite de l'exécution, vient se joindre la hardiesse de l'entreprise, nous serons bien en droit de dire qu'il fallait un imprimeur dévoué à son pays, comme M. Éd. Allier, pour exécuter d'une façon aussi magistrale l'œuvre d'un éditeur inconnu. Ajoutons cependant que quelques erreurs typographiques sont malheureusement à signaler, surtout dans la première moitié de ce premier volume : elles sont dues aux circonstances fâcheuses qui ont entravé ce travail à plusieurs reprises avant la collaboration de M. Vallier, et à notre éloignement de Grenoble. Un *erratum* viendra les rectifier.

Ce premier volume des *Documents historiques pour servir à l'histoire du Dauphiné* renferme spécialement ceux qui ont trait au chancelier de Calignon, personnage assez peu connu et qui cependant, comme on le verra, a joué un rôle important pendant la dernière moitié du xvie siècle.

Tout en maintenant dans leur intégrité les textes de Louis Videl, de Calignon et des autres documents, nous avons dû, pour en rendre la lecture plus facile, rétablir quelques mots et supprimer certaines abréviations. Conservant religieusement l'orthographe de nos documents, nous avons cependant remplacé par des *u* les *v* employés à cette époque et qui en rendent la lecture fatigante, et nous avons été forcé de rétablir complétement la ponctuation qui, le plus souvent, n'existait pas. Pour le classement de nos documents, l'ordre chronologique a été adopté comme se prêtant le mieux aux recherches.

Videl voulait dédier son livre à un éminent personnage, le célèbre Denis Salvaing de Boissieu, premier président en la Chambre des Comptes du Dauphiné. Il le désigne assez clairement, lorsque, faisant l'éloge de *Déageand*, il ajoute : ..... « *Ce que je ne dis qu'à ceux qui ne l'ont pas connu, et ne luy ont pas touché de si près que vous, Monsieur, qu'il s'est creu heureux d'avoir pour gendre* » (p. 108).

Son œuvre n'est pas terminée ; elle devait être revue et achevée, comme il le dit lui-même, avant d'être livrée au public ; mais, tout en regrettant que Videl n'ait pu compléter et revoir son manuscrit, nous ne pensons pas devoir rien y changer.

La *Vie de Calignon* ne porte aucune date ; toutefois il nous a semblé possible d'indiquer approximativement l'époque où elle fut écrite. En effet, Videl parle de Bellièvre, premier président au parlement de Paris, *dont la mort prématurée est pleurée par toute la France*. Or, Bellièvre est mort en 1657 ; l'œuvre de Videl est donc postérieure à cette date.

Mais nous n'en sommes pas réduit à cette seule donnée. Il existe déjà, en effet, une vie abrégée de Calignon. Elle fait suite, dans un petit volume in-12 imprimé à Grenoble en 1665, à celles du baron des Adrets et de Montbrun ; Guy Allard en est l'auteur. On y trouvera quelques ressemblances avec l'œuvre que nous éditons, dans l'exposé des faits et même dans quelques récits : nous avons pu en connaître la cause. Arrivé à la page 49, Guy Allard parle d'un secours de quatre cents hommes envoyés à Orange : ... *dont la conduite fut donnée à Paul Videl, oncle de Louis Videl, à qui les lettres doivent beaucoup en Dauphiné, et qui m'a communiqué quelques mémoires de ceux sur lesquels j'ai dressé cette vie, Madame de Bonneval, baronne de Montmaur, petite-fille de Calignon, m'ayant fait part de tous ceux de sa maison.*

Ces mémoires, disons-le en passant, nous les avons retrouvés, et les principaux feront suite à nos documents. Il est facile de se convaincre que Guy Allard n'en donne qu'une rapide analyse et qu'il laisse à nos manuscrits tout le mérite de la nouveauté.

Ainsi, le livre de Guy Allard, n'ayant été publié qu'en 1665, nous donne un nouveau moyen de connaître l'année où Videl composa la *Vie de Calignon,* car il est est probable que s'il en eût conçu le projet auparavant, il n'eût pas fourni à Guy Allard des matériaux pour une œuvre à laquelle il songeait lui-même, ou bien alors les hommes de lettres de cette époque étaient d'une aimable simplicité et d'une confraternité que quelques-uns de notre époque ne pratiquent guère.

Nous serions donc d'avis d'assigner l'époque de 1671 à 1674 à notre manuscrit. C'est du reste le moment où Videl rentra dans l'obscurité de la vie privée, n'ayant pas su se maintenir chez le duc de Créquy, ni chez le maréchal de l'Hopital, dans la maison duquel il était entré à titre de secrétaire, grâce à la bienveillante intervention de Claudine Mignot, sa compatriote, que venait d'épouser le vieux maréchal. Il fut alors réduit à chercher, dans ses travaux littéraires et les leçons qu'il donnait, ses moyens d'existence. Cette date de 1671 à 1674 expliquerait, en outre, pourquoi il ne put ni revoir ni terminer son œuvre, comme il le dit lui-même à la fin de son manuscrit, sa mort étant arrivée en 1675. Aussi des corrections nombreuses existent-elles dans les manuscrits : elles indiquent des mains étrangères et des époques différentes. Les noms mêmes de certains personnages changent dans le cours du récit, selon les variations que l'usage, le caprice ou de nouvelles seigneuries apportaient dans les familles. Souvent des faits importants, tels que édits, traités de paix, voyages et conférences, ont des dates fausses ou incertaines ; puis le récit ne suit pas toujours une chronologie bien exacte. Ces défauts sont trop souvent constatés, déjà, dans la *Vie de Lesdiguières* du même auteur. C'est ce qui nous a inspiré de placer, à la suite des manuscrits, des notes explicatives sur les principaux personnages et les faits historiques d'une certaine importance. Cela nous conduit quelquefois à des banalités géographiques et historiques ; mais si les livres, surtout les recueils de ce genre, sont faits pour ceux qui savent, ils doivent l'être aussi pour ceux qui redoutent des recherches souvent difficiles et quelquefois fastidieuses. On trouvera peut-être la série des lettres et documents un peu longue, eu égard souvent à leur peu d'importance ; cependant toutes ces pièces ont leur signification, et dans ce répertoire de témoignages immédiats et authentiques rien ne doit être inutile. Nous préférons, nous l'avouons, produire quelques pièces insignifiantes pour les uns, mais utiles pour d'autres, et ne pas augmenter encore le nombre des oublis que nécessairement on aura à nous reprocher. Aussi nous plaçons à la fin de chaque volume quelques pages blanches avec ce titre : CORRECTIONS, RECTIFICATIONS ET ADDITIONS A L'OUVRAGE. Chaque souscripteur pourra faire ainsi lui-même ses remarques. La perfection est impossible, et, dans ce genre d'ouvrage surtout, les oublis sont nombreux, les erreurs fréquentes, et il est bon que chacun puisse apporter sa pierre à l'édifice, en constater ou critiquer la solidité et lui donner ainsi un mérite de plus. Une table des noms d'hommes et de lieux sera placée à la fin pour faciliter les recherches.

Nous ne terminerons pas sans ajouter qu'aux trois cents lettres de Lesdiguières que nous possédions déjà, viendront se joindre de nouveaux documents sur ce même personnage, que M. Vallier a tout récemment découverts dans les riches archives de Turin et de Venise, entre autres soixante-treize lettres du Connétable et soixante-quinze de Marie Vignon, sa seconde femme, adressées à la Cour de Savoie. Enfin, depuis l'inventaire de nos documents, dressé et publié par M. E. Chaper en 1866, nous avons trouvé de nouvelles pièces dans les dépôts publics et privés du Dauphiné, pièces qui viendront prendre leur rang dans notre publication.

Dans l'introduction qui va suivre sur l'état politique et religieux de l'Europe, pendant la période qui a donné naissance à nos matériaux, nous avons cherché à élucider les questions si controversées de la Ligue et des guerres de religion, analysant les auteurs les plus accrédités et cherchant surtout à nous préserver de toute exagération. Nous avons recherché non-seulement les documents historiques mais aussi tout ce qui nous a paru, chez les auteurs les plus sérieux, devoir contribuer à la clarté de notre récit.

Ce travail était terminé en 1869 et le tirage d'une partie de nos matériaux historiques était commencé, lorsque de douloureux événements publics et privés vinrent interrompre, et pour notre imprimeur et pour nous-même, cette publication..... Nous l'avons reprise, et, bien que la situation de notre pays et les préoccupations qui en sont la suite ne laissassent guère l'esprit libre, nous avons pu l'achever. Le lecteur saura nous tenir compte de ces fâcheuses circonstances qui sont la cause principale de quelques erreurs typographiques commises dans la ponctuation et les numéros de renvoi aux *Notes*, avant la collaboration plus complète de M. G. Vallier à notre œuvre.

Cte DOUGLAS.

Montréal, janvier 1874.

INTRODUCTION

ou

SIMPLE COUP D'ŒIL SUR L'ÉTAT POLITIQUE ET RELIGIEUX DE L'EUROPE

PENDANT LA PÉRIODE QUI NOUS OCCUPE.

 Soffrey de Calignon naquit à Saint-Jean-de-Moirans, de père et de mère catholiques, l'an 1550, la veille de Pâques. Il était âgé d'environ vingt ans, lorsqu'il rencontra à Padoue, dont il fréquentait la célèbre université, Pierre-Victor-Palma Gayet, et se laissa persuader par ce jeune huguenot proscrit d'abandonner la religion de ses pères. Nous verrons quelle influence ce changement devait avoir sur l'existence politique de Calignon, car il en est des particuliers comme des peuples : la religion étant le but et la consécration de toute société, « toute perturbation dans l'ordre religieux entraîne nécessairement une perturbation correspondante dans l'ordre social. » Aussi, quoique destiné par ses traditions de famille, par ses goûts et par ses études, à suivre la paisible carrière de la robe, Calignon n'en conserva que le titre honorifique, pour ainsi dire ; nous le trouvons mêlé à toutes les entreprises de sa secte, son agent le plus actif dans les cours comme dans les camps, et cependant, nous devons le dire, le plus souvent sage et prudent modérateur des excès et des exigences de son parti.

 Pour que le lecteur puisse plus facilement apprécier l'importance et les difficultés du rôle politique et religieux de Calignon, nous allons *faire une rapide analyse de cette époque, considérée par nos historiens comme une des plus déplorables pour la France.*

Léon X, en décrétant, en 1517, des indulgences qui, par les offrandes volontaires qu'elles produisaient, pouvaient seules lui permettre d'achever la magnifique basilique de Saint-Pierre, confia aux Dominicains le soin de les prêcher et distribuer. Soit que Luther fût poussé par la jalousie qui animait ses confrères les Augustins qui se voyaient privés d'une mission faite pour attirer les faveurs de Rome, soit même les excès que quelques subalternes purent commettre, soit plutôt que le moine saxon, ayant déjà perdu la foi, cherchât dans son orgueil et ses instincts déréglés par quel éclat il pourrait rompre avec ses vœux et avec le Pape, il leva bientôt l'étendard de la révolte. Prétextant des abus imputés aux religieux chargés des indulgences, Luther, après avoir commencé à prêcher contre leur distribution, arriva à en nier même le mérite et ne tarda pas à attaquer également les restes des saints. Que penser, cependant, de ses critiques mordantes, renouvelées de nos jours par les protestants, contre la vénération des reliques, lorsque nous savons qu'en Allemagne on montre avec respect et vénération le verre qui servit aux orgies du chef de la réforme; lorsque nous voyons les luthériens s'asseoir avec émotion sous l'arbre qui abrita Luther à Oppenheim, et conserver comme de précieux restes les gouttes d'encre qui jaillirent de l'écritoire que, dans sa folie, il jeta à la tête du diable?... Et nous catholiques, nous ne pourrions vénérer les ossements de nos martyrs, qui préférèrent la mort au parjure! Luther surprit la bonne foi des simples, en leur persuadant qu'il allait faire revivre les temps évangéliques; séduisit l'orgueil des savants en ouvrant à leurs investigations un champ sans limites, et flatta l'ambition et la cupidité des grands en leur offrant les dépouilles de l'Église et du pouvoir spirituel abattu. Le moment était favorable, la puissance politique, mêlée encore à l'élément féodal, surtout en Allemagne, absorbait à son profit et annihilait presque complètement l'action purement religieuse. Il y avait en Allemagne un parti nombreux, puissant, toujours opposé à Rome, parti dont les Othon, les Henri VI, les Frédéric II, avaient été les organisateurs et les chefs. Cette révolte constante contre l'autorité avait produit un relâchement dans la discipline, une licence dans les mœurs, dont les écrivains du temps nous apportent l'irrécusable témoignage. Un auteur contemporain, dont les attaques constantes contre l'Église viennent ici fortifier l'opinion, M. H. Martin, *nous donne ainsi un des principaux motifs de la réforme* : « *Sauf quelques âmes vraiment religieuses et magnanimes, la plupart des princes et des barons virent surtout dans la réforme un prétexte de se jeter sur les biens de l'Église.* » *Et, en effet, que voyons-nous dans tous les États? Sous prétexte de ramener l'Église à la belle et pieuse simplicité des temps primitifs, où la crosse des évêques n'était souvent que le bâton du pèlerin fuyant les persécutions de Néron ou de Dioclétien, le premier acte des réformateurs fut de lui enlever d'abord ses biens temporels. Toutefois, c'est après trois ans de conférences, de disputes, de patience, que Léon X, trompé par les fourberies, les satires amères et les mensonges de Luther, lance la bulle d'excommunication, le 15 juin 1520. Plusieurs auteurs accusent ce pontife de trop de longanimité, de condescendance et de douceur. Le grand prétexte des novateurs était la réforme de l'Église, et l'on sait comment ils prêchèrent d'exemple. Certes, personne ne nie qu'une réforme ne fût alors nécessaire, et les hommes les plus éminents de l'Église la réclamaient depuis longtemps. Un des premiers objets du concile de Trente était la réforme du clergé* et du peuple chrétien, *et le pape Pie IV indiquait qu'une des raisons pour lesquelles ce concile avait été convoqué était* la correction des mœurs et le rétablissement de la discipline.

Quoi qu'il en soit, ces abus ne furent qu'une occasion, qu'un prétexte; s'ils fournirent parfois un aliment à la révolte, bien certainement ils n'en furent pas la principale cause. Et la preuve, c'est que dans les premières années de l'Église, aux temps de cette primitive ferveur et de cette pureté proverbiale dont les adversaires de l'Église font un de leurs arguments, des sectes, toujours renaissantes, vinrent aussi protester contre les dogmes, rejeter l'autorité divine de l'Église et s'intituler aussi elles-mêmes la véritable Église. Arius, Nestorius, Pélage et bien d'autres sont là pour le montrer. Il ne faut donc pas attribuer le succès du protestantisme aux abus, mais bien à l'époque où il naquit. La dissolution de l'empire romain décrépit et corrompu; l'irruption des barbares du Nord; l'établissement de la féodalité; l'invasion des Sarrasins établis sur une partie de l'Europe : voilà pour tout homme judicieux la cause de la corruption des mœurs et du relâchement de la discipline. La société ecclésiastique devait recevoir forcément une atteinte profonde de cet anéantissement de la société civile. Les pré-

tendus réformateurs eux-mêmes ont eu soin de nous le prouver par l'ignominie de leur conduite. « La réforme, dit M. Guizot, n'a été ni une simple vue d'amélioration religieuse, ni le fruit d'une utopie d'humanité. » Et plus loin : « la réforme fut une insurrection de l'esprit humain. »

Nous avouerons volontiers que les désordres de cette époque étaient graves ; mais nous ajouterons : outre que la passion les a exagérés, ils étaient la conséquence inévitable d'une corruption originelle qui suit l'homme jusque dans le sanctuaire, dans les sociétés, comme dans les individus, trop favorisées par la quiétude et la fortune. Si les abus devinrent une occasion d'hérésie, ce ne fut qu'indirectement, par la faute d'esprits emportés et superbes, qui n'avaient aucune mission et surtout aucune des qualités nécessaires pour tenter une réforme.

Et ces prétendus réformateurs eux-mêmes, qui sont-ils donc?

Luther enlevant une religieuse à son couvent ; Calvin entouré de deux ou trois compagnes de même nature ; Œcolampade, Bucer, Zwingle, Théodore de Bèze, et tous ces étranges réformateurs dont malheureusement la réforme, ainsi que le disait Érasme lui-même, se terminait, comme les comédies, par un mariage. Voilà les hommes qui se nommaient, eux, les Réformés, et qui appelaient l'Église Babylone ! — « Qu'ils s'appellent Protestants, s'écriait un de nos plus éloquents prélats, puisqu'ils protestent, je le veux bien, mais non Réformateurs : Vera rerum nomina jamdudum amisimus. »

Le cri de révolte contre l'autorité de l'Église une fois jeté, il fut facile de calculer les résultats qui allaient suivre. Dès lors, de tous côtés, l'idée d'un concile général se présenta : des projets de réforme en étaient le but et la conséquence. Mais des diètes successives et stériles viennent en retarder la convocation et laissent grandir l'hérésie. La chaire de saint Pierre, agitée et souvent outrageusement traitée, même par Charles-Quint, voit plusieurs papes se succéder sans pouvoir exécuter ce projet. Enfin, vingt-sept ans après que, pour la première fois, le mot de concile avait été prononcé, le 13 décembre 1545, s'ouvrit le Concile de Trente. Il avait été empêché par les rivalités des princes, les guerres et les calamités publiques, et, pendant sa longue durée, les conflits entre les divers pouvoirs, les interventions politiques, les querelles religieuses, la peste même, vinrent l'agiter et l'ajourner, mais sans nuire cependant à ses mémorables résultats.

Ces retards eurent de bien fâcheuses conséquences. Lorsque Luther, le premier, en 1518, refusant de répondre à la citation du Souverain Pontife, en appelait lui-même au prochain concile, il n'en était encore qu'à des controverses hésitantes et sans doctrine précise. Mais depuis, vingt-sept ans se sont écoulés. Les passions ont développé l'insurrection ; les convoitises et l'orgueil rendent tout rapprochement impossible. Oubliant qu'ils ont réclamé eux-mêmes le concile, les protestants le repoussent, à présent qu'ils sont forts et nombreux. La troisième session du concile, tenue le 4 février 1546, venait de se terminer, lorsque mourut Luther. Mais la mort de ce grand agitateur ne suspendit pas le mouvement qu'il avait imprimé aux esprits, et ses idées de révolte firent de trop rapides progrès.

Calvin, de son côté, entré dans cette voie où le défaut de tradition et de règles ne laisse à l'homme d'autre frein que celui de ses passions, renouvelle en France, avec moins de violence et plus d'astuce, le rôle de Luther en Allemagne, et commence, en 1532, à répandre ses doctrines à Paris. Mais, malgré la protection qu'il trouve auprès de Marguerite de Navarre, il est bientôt forcé de chercher à Genève un refuge et un théâtre plus favorable à ses desseins.

En France, à l'apparition des nouvelles doctrines, le clergé jette le cri d'alarme, dénonce aux fidèles le danger et fait appel à la sollicitude du gouvernement. « Une division profonde, dit Ranke, s'établit entre l'autorité théologique et la puissance royale. » Les Protestants ne durent imputer qu'à leur indigne conduite les mesures de rigueur dont ils furent l'objet, et François Ier, très enclin aux séductions des novateurs, céda de mauvaise grâce aux exigences du parlement et de l'opinion. Ce prince prodiguait ses faveurs aux ennemis déclarés de l'Église : malgré les instances du parlement, il refuse de punir les hérétiques. Mais l'insolence des novateurs change bientôt ses dispositions. La magistrature, unie au clergé, montre le même zèle pour la répression de l'hérésie.

En Angleterre, le schisme naît des excès de son roi, Henri VIII. Après avoir passé son temps à composer des écrits polémiques en faveur de la religion, ce prince indigne la rejette lorsqu'elle refuse de se plier à sa volonté et de sanctionner ses débauches. Les principes de l'hérésie avaient pénétré jusque dans les montagnes de l'Écosse, divisé la nation, affaibli l'autorité royale et celle du clergé. « Ce fut moins une réforme, dit William Cobbett, qui eut lieu en Angleterre au

XVIᵉ siècle, qu'une dévastation complète. » *La réforme avait défiguré les traits de la nation anglaise ; un fanatisme furieux bouleversait les têtes ; les réformés faisaient la guerre aux arts ainsi qu'aux sciences, couvraient leur patrie de ruines et la plongeaient dans la plus cruelle anarchie.* Mais bientôt la reine Marie, sans recourir aux voies de la prudence et sans écouter toujours les sages conseils du vertueux cardinal Pole, impose trop précipitamment le catholicisme, et achève d'indisposer une partie de la nation anglaise en épousant Philippe II.

Après sa mort (1558), les circonstances devinrent de nouveau favorables au protestantisme. Élisabeth rétablit la réforme, et la fureur dogmatique des protestants agita l'Écosse et fit bientôt couler le sang le plus précieux du royaume.

Une autre cause de trouble surgit dans la Grande-Bretagne. Le mariage de Marie Stuart, héritière présomptive de la couronne, avec le Dauphin de France, devait faire appréhender au peuple anglais que, si Élisabeth venait à mourir sans enfant, l'Angleterre ne devînt un jour une annexe de la France. Déjà la perte successive de Boulogne et de Calais avait irrité l'amour-propre national, et, par ces motifs, les catholiques eux-mêmes opposèrent une plus faible résistance au changement de religion. L'indépendance de la patrie leur parut inséparable de la cause d'Élisabeth. C'est peut-être ce qui explique cette différence entre deux peuples voisins : tandis qu'en France, au XVIᵉ siècle comme à la fin du XVIIIᵉ, le sacerdoce se montra si unanime dans la résistance au schisme, en Angleterre, nous voyons les évêques, les prêtres et les laïques, les lords et les bourgeois, se précipiter dans l'apostasie, et cinq mois suffirent à Élisabeth pour arracher à un peuple entier ses antiques croyances.

A l'extrême nord, Gustave Wasa venait de rendre la couronne héréditaire dans sa famille. Il en était redevable, ainsi que de la vie, aux Dalécarliens catholiques : et, cependant, il abjura la foi de ses pères, embrassa le luthérianisme et allia à son zèle pour la prospérité de la Suède un zèle destructeur non moins ardent contre la religion catholique.

Christiern III, en Danemarck, à l'exemple du monarque suédois et dans les mêmes vues intéressées, avait établi la réforme dans son royaume, et, par la destruction du clergé, renversé la seule barrière qui pût s'opposer au despotisme.

De douloureuses infirmités, des chagrins de famille, venaient de déterminer Charles-Quint à céder le sceptre de l'Espagne à Philippe II, son fils, et, bientôt après, le sceptre impérial à son frère.

La cour de Rome, au milieu des tempêtes religieuses qui changent la face de l'Europe et des guerres qui l'agitent, se soutient par une politique sage et adroite; et si Paul III, trop occupé de la fortune de sa famille, sacrifie quelquefois à cette passion le repos de l'Italie et la dignité de l'Église, toutefois il ne peut méconnaître l'esprit de son époque, et, au milieu des difficultés de tout genre et de ses chagrins domestiques, il a la gloire et le mérite d'avoir dirigé avec modération la première période du Concile de Trente. Une ère nouvelle commence enfin pour l'Église, et bientôt l'on voit Pie IV terminer utilement le concile (1563), et Pie V rendre au trône apostolique cet éclat de sainteté qui sera toujours son principal ornement.

En France, à l'époque où commencent nos Documents, Henri II avait cherché à tirer parti des troubles que la ligue protestante de Smalkalde excitait en Allemagne, inaugurant ainsi une politique plus habile que loyale, déjà suivie par son père contre la maison d'Autriche. Ce prince persécutait les Protestants, les expulsait, et combattait néanmoins pour eux en Allemagne. — « Partout, disait-il, où les nouvelles doctrines étaient prêchées, l'autorité royale devenait incertaine, et l'on courait risque de tomber en une sorte de république, comme les Suisses. »

Plus heureux que son père, Philippe II envahit la France, et son armée, commandée par Emmanuel-Philibert, duc de Savoie, gagna la bataille de Saint-Quentin, en 1557. Mais la reprise de Calais par le duc de Guise effaça bientôt notre honte, et la paix de Cateau-Cambrésis vint remédier aux maux de la France, non sans amoindrir sa position en Europe.

Les Protestants, contenus jusqu'ici par un roi d'un âge mûr et d'une grande fermeté, conçurent bientôt des espérances criminelles. Depuis quelques années la réforme avait fait de grands progrès : le Dauphiné, le Languedoc, le Poitou, la Saintonge, la Normandie s'étaient peuplés de nombreux sectateurs de la nouvelle doctrine.

La funeste issue de la joute de Montgomery venait de faire monter François II sur le trône. Les Protestants profitent des difficultés créées par la minorité de ce prince, pour essayer leurs forces dans cette conjuration d'Amboise, si longuement préparée, si légèrement conduite. Calvin le constatait, et regrettait la lâcheté des conjurés, tout en attendant de moment en moment les résultats de leurs efforts (1). Elle avait pour prétexte d'arracher François II à la soi-disante tyrannie des Guises ; en réalité, elle devait, en cas de réussite, donner aux Calvinistes le gouvernement de la France : « S'ils avaient été les plus forts, assure Brantôme, il ne faut point douter que le roi eût passé comme les autres. »

Sous ce nouveau régime la situation générale est changée ; les Protestants ne sont plus désormais des sectaires isolés : ils forment un parti politique redoutable, car ils s'appuient sur une portion de la noblesse et sur des hommes de guerre. « Des troupes de gentilshommes, dit Lavallée, se levaient dans les provinces; une guerre de partisans avait même commencé dans le Dauphiné et la Provence; plusieurs églises furent dévastées. Les Calvinistes firent des demandes qui contenaient toute une révolution dans la constitution de la France, et Catherine protégea les Protestants (2). »

Aussi, ce n'est plus par la prédication, mais par les armes qu'ils entendent établir l'empire de leur doctrine. Ce n'est plus seulement la liberté du culte nouveau qu'ils réclament, ils veulent l'imposer à la France et aspirent à la domination. Des idées de républicanisme se mêlent à leurs projets de prétendue réforme ; ils ne veulent pas plus de la hiérarchie politique que de la hiérarchie ecclésiastique.

La suprématie du pouvoir religieux, quoi qu'on ait pu dire, fut acceptée plus ou moins par le pouvoir civil jusqu'au XVIe siècle; et la réforme renversa seulement les rôles, en plaçant dans les gouvernements protestants la religion sous la dépendance de l'État. Nulle part et à aucune époque, le luthérianisme, le calvinisme, l'anglicanisme ne se sont présentés comme des doctrines admettant la discussion et ne demandant qu'à vivre en paix avec d'autres croyances. Les réformés n'ont jamais prêché, et surtout jamais pratiqué la liberté de conscience. Le mot seul soulevait l'indignation d'un de leurs plus célèbres docteurs, Théodore de Bèze : Libertas conscientiarum diabolicum dogma, disait-il; et il écrivait son traité De hæreticis a civili magistratu puniendis.

---

(1) Lettre de Calvin, citée par Mignet dans le Journal des Savants, p. 471.
(2) Lavallée, pp. 557, 561, 562.

L'exemple de Henri VIII, de Gustave Wasa et autres entraîna même les princes catholiques à cette immixtion dans les choses purement spirituelles, et, sans l'énergie des papes, Philippe II lui-même, et plus tard Louis XIV et Napoléon, auraient fait bon marché de l'indépendance de l'Église.

De cet état de choses, il devait résulter que les Catholiques, justement effrayés des périls que couraient leur foi religieuse et leur sécurité, songeraient aux moyens de défendre l'une et l'autre, et se chargeraient eux-mêmes du rôle que le pouvoir royal ne savait ou ne pouvait plus remplir.

D'un autre côté, le triumvirat de François de Guise, du maréchal de Saint-André et du connétable de Montmorency, tout-puissants à la cour, avait excité la jalousie d'Antoine de Bourbon, roi de Navarre, et celle de Louis Ier, prince de Condé.

La puissance de ces derniers princes alarmait, non sans fondement, la nation sur les dangers que courait la religion catholique, à laquelle était fortement attachée la grande majorité du peuple français, et, à moins de déserter lâchement leurs croyances, tous les catholiques devaient réunir leurs efforts pour les défendre.

Telle était la triste position de la France, lorsque François II mourut à dix-sept ans (1560), sans avoir pour ainsi dire régné un seul jour.

L'avenir ne s'annonçait pas d'une manière brillante : un roi de dix-sept ans, une reine ambitieuse, Catherine de Médicis, sa mère, dont le caractère mêlé de faiblesse, d'astuce et d'inconséquence, nous donnera bientôt le sens des plus déplorables catastrophes de ce règne ; d'un autre côté, et prêts à en venir aux mains, les Guises et Antoine de Bourbon. Catherine, jalouse de conserver le pouvoir, les favorisant tour à tour, fut trompée dans son odieux calcul. Ainsi l'édit de janvier 1560, qui ouvrit la série des transactions, ne fit qu'augmenter les exigences des Réformés. Ils ne se contentèrent plus des faubourgs, ils s'emparèrent des villes pour y exercer leur culte ; ils conquirent des églises par la force. « Tenant au poing l'édit de janvier, dit d'Aubigné, ils l'étendaient par delà ses bornes. »

L'inutile colloque de Poissy ne servit qu'à flatter le cardinal de Lorraine et à dévoiler les tendances secrètes du chancelier de l'Hospital pour l'hérésie. Le massacre de Vassy en Champagne (1562), occa-

sionné par une querelle des Calvinistes avec les gens du duc de Guise, devint le prétexte; mais le véritable signal de l'insurrection fut le manifeste violent du prince de Condé (1) poursuivant le but, manqué à Amboise, de s'emparer du gouvernement et de faire triompher la cause des Protestants. Ce manifeste précéda de douze jours seulement le mouvement général qui eut lieu le 21 avril « jour néfaste dans nos annales, » dit M. H. Martin, qui ne peut s'empêcher cependant de flétrir « la rage iconoclaste » qui détruisit tant d'admirables merveilles artistiques. Les Catholiques sont surpris, attaqués à Nîmes, à Montpellier, à Agen, à Paris et ailleurs; trente-cinq villes sont prises; les Cévennes, le Vivarais, presque tout le Comtat-Venaissin se révoltent.

La responsabilité de cette longue lutte qui, commencée en 1562, ne devait finir qu'en 1598, revient aux Protestants: d'abord parce qu'ils prétendirent substituer à la religion nationale une religion nouvelle que la France repoussait; ensuite parce que, malgré la tolérance accordée par les édits, ils furent les premiers à lever l'étendard de la révolte contre le gouvernement établi. Ils s'adressèrent à Élisabeth qui consentit à leur envoyer des troupes, à la condition qu'ils lui livreraient les villes du Havre et de Calais. Ainsi, dès le début, le parti de l'hérésie joignait, à la révolte contre les rois, la trahison contre la France.

En effet, le protestantisme fut, dès son origine, un principe actif de dissolution; il constituait, par sa puissante organisation, un État dans un État (2). Il proclamait bien haut la liberté de conscience, comme à notre époque on proclame la liberté politique, sans la vouloir loyalement. On nous excusera, je pense, de nous étendre un peu longuement sur ce sujet et de prouver que la réforme tendait au bouleversement social, poussait à l'assassinat, livrait la France à l'étranger et substitua toujours la violence à la persuasion. « Ce qu'on appelle réforme, dit W. Cobbett, fut inventé par une incontinence brutale, nourrie par l'hypocrisie, la perfidie, et cimentée par le pillage, par la dévastation et par des torrents de sang » (3). Mélanchton s'écriait dans sa douleur, à la vue des maux causés par la réforme : « Les flots de l'Elbe ne suf-

---

(1) Mémoires de Condé, t. III, p. 221.
(2) Ne voyons-nous pas, en Dauphiné, Henri de Navarre avoir la haute direction du parti, nommer Montbrun, puis Lesdiguières, généralissime de ses troupes?
(3) Histoire de la Réforme, p. 2.

firaient pas pour pleurer les malheurs de la religion et de l'État.» — « Depuis la prédication de notre doctrine, disait Luther, le monde devient de plus en plus mauvais, plus impie, plus éhonté ; ce n'est partout qu'avarice, intempérance, crapule, impudicité, désordres honteux, passions abominables (1).

A notre époque, Napoléon remarquait que « le catholicisme est la religion du pouvoir et de la société, comme le protestantisme est la doctrine de la révolte et de l'égoïsme..... L'hérésie de Luther et de Calvin est une cause éternelle de division, un ferment de haine et d'orgueil, un appel à toutes les passions..... Le protestantisme a signalé sa naissance par la violence, par des guerres civiles..... Après avoir détruit l'autorité par un esprit de doute et par une critique de mauvaise foi, cette hérésie prépare, par l'affaiblissement de tous les liens sociaux, la ruine de tous les États. » Ainsi le caractère de la réforme était forcément politique.

Si le calvinisme était séditieux, il était non moins puissamment organisé. En 1562, ses partisans se soulèrent dans toute la France, sur le mot d'ordre des chefs et avec un ensemble parfait. « En un même jour, dit le protestant Ranke, le soulèvement éclata de toutes parts. » Les habiles de l'époque ne trouvaient rien dans toute l'histoire « qu'ils puissent comparer à cette entreprise pour le secret du dessein, la précision et la rapidité de l'exécution » (2).

Dès l'an 1560, la force de cette organisation hostile au pouvoir et à l'État était considérable.

Nous avons dit que la réforme poussait au fanatisme de l'assassinat. On trouvera peut-être, chez les Catholiques, des hommes exaltés soutenir la théorie du tyrannicide, mais jamais du régicide, et encore l'Église les a toujours désavoués et condamnés. Chez les Réformés, au contraire, les chefs eux-mêmes encourageaient ces idées sanguinaires. Bèze est d'avis qu'on extermine les prêtres (3). Quant aux Jésuites, suivant les théories et les sentiments de Calvin, il faut les tuer, ou, si cela ne se peut faire commodément, les chasser ou du moins les écraser par les

---

(1) Sermon de 1553, ap. Monaghan. Nous citerons toujours de préférence les auteurs protestants ou favorables à la réforme.
(2) Histoire de France, trad. de J.-J. Porchat. — 1854, t. I, p. 259.
(3) Profession de foi, v^e point, p. 119.

mensonges et les calomnies (1). « *Les réformateurs, observe l'historien protestant Mackintosh, ont cru découvrir dans la Bible des précédents pour autoriser le crime, et ont jeté sur l'assassinat un faux éclat de dévoûment héroïque et de glorieux tyrannicide* » (2).

Enfin, disons-nous encore, la Réforme se coalisait avec l'étranger. En 1562 « *presque tous les chefs protestants, dit de Bèze, voulaient qu'on demandât un prompt et suffisant secours aux princes d'Allemagne* (3). » — « *Envoyez-nous des troupes, écrivaient-ils aux Suisses en 1561, et nous verrons la ruine complète du papisme.* » *Ainsi il s'agissait de la ruine, non-seulement de l'autorité royale, mais du catholicisme.*

Mais arrêtons-nous ; ces tristes détails doivent suffire. Nous tenions à bien préciser, par des documents authentiques, la position extrême que faisait au gouvernement et aux Catholiques la conduite criminelle des Protestants, avant d'arriver à cette sanglante tragédie que les historiens honnêtes voudraient détourner de leurs yeux (4). *C'est au milieu des fêtes célébrées pour le mariage du jeune Henri avec Marguerite de Valois, qu'éclate le plus affreux des massacres. Préparée par l'action irréligieuse, séditieuse et antisociale du protestantisme, favorisée par la faiblesse de Charles IX et les tergiversations de Catherine, la Saint-Barthélemy couvrit la France, et surtout Paris, de deuil. Comme il arrive toujours en temps de révolution, le désir de pillage, la soif du sang, les rancunes personnelles, toutes les passions, une fois excitées, poursuivirent leur route fatale.*

Lorsqu'il est question d'apprécier et de juger la moralité des actes politiques, soyons assez judicieux pour discerner entre les hommes, et ne confondons pas notre époque plus éclairée, plus morale ou autrement morale, avec celle dont nous nous occupons. N'oublions pas que si les circonstances et les temps font les hommes, les circonstances et les temps sont bien souvent aussi un juge très partial de leur conduite. Si l'on considère ensuite, avec les historiens les plus sérieux, que ce massacre fut un

---

(1) Calvin, ap. Becan, *t. V, opusc.* 17, aph. 15. Modo. propag. Calvinismi.
(2) Histoire d'Anglet., *Defauconpret, t. IV, p. 381.*
(3) Histoire ecclés., *t. II, p. 35.*
(4) *Nous renvoyons le lecteur aux remarquables articles sur ce sujet de M. Georges Gandy.* Revue des Questions historiques, 1re livr., *Victor Palmé, édit.*

coup d'État, regrettable sans doute, mais le fait de la politique de Charles IX ou plutôt de Catherine de Médicis, et surtout du chancelier René de Birague, disciple de Machiavel, ardent adversaire des Réformés ; si l'on considère que la religion y fut étrangère, on sera bien plus porté à admettre cette réserve dans le jugement de la postérité. Dès le commencement du massacre général, Charles IX se montra indigné et disposé à la résistance, mais sa mère lui dit un mot qui calma ce bon mouvement : « Vous ne voyez donc pas, lui dit-elle, que, le duc de Guise « étant le chef du parti catholique et l'amiral de Coligny du parti « huguenot, il n'y a plus de roi de France. » Cette fâcheuse parole, dont le fond n'est pas contestable, rendit Charles IX complice d'un crime dont il n'était pas le véritable auteur. Les historiens oublient trop facilement que Charles IX et sa mère avaient épuisé les concessions et les moyens de conciliation ; que la paix d'Orléans, en 1561, et d'autres édits successifs avaient, sous certaines réserves, accordé aux Protestants une liberté de conscience en rapport avec leur petit nombre et la nouveauté de leur doctrine ; que, loin de les calmer, ces concessions ne firent qu'augmenter leurs exigences.

« Il est prouvé, dit Bergier, par des monuments incontestables que la religion ne fut pas le motif de ce massacre. L'entreprise formée par les Calvinistes d'enlever deux rois, plusieurs villes soustraites à l'obéissance, des sièges soutenus, des troupes étrangères introduites dans le royaume, quatre batailles rangées livrées au souverain, n'était-ce pas des raisons assez puissantes, sans le motif de la religion, pour irriter Charles IX et pour lui faire envisager les Calvinistes comme des sujets rebelles et dignes de mort. »

On ne peut nier que si la situation des Catholiques était grave, celle de la royauté n'était pas moins en péril. Et cependant, consultons l'histoire et surtout la diplomatie de l'époque : nous verrons que la cour, loin d'être portée aux mesures de rigueur, fut jusqu'au dernier moment pour les moyens pacifiques. Le duc d'Albe, en 1565, dans sa correspondance avec Philippe II, nous dit qu'il suppliait Charles IX de prendre des mesures énergiques et de châtier les offenses qu'il recevait chaque jour. A cela, dit-il, S. M. me répondit avec vivacité : « Oh ! pour prendre les armes, il n'y faut pas songer ; je ne veux pas détruire mon royaume comme on avait commencé à le faire avec les guerres précédentes. » Le 21 juin de la même année, il écrit au roi d'Espagne

« *que le roi de France est décidé à laisser dans l'ombre la question religieuse* » (1).

De cette correspondance trop longue pour trouver place ici et que les gens de bonne foi peuvent consulter, il résulte clairement que la cour d'Espagne et le farouche duc d'Albe lui-même se rangèrent à l'opinion du roi de France, qui ne jugeait pas convenable de prendre les armes contre les Huguenots rebelles et s'opposait de toutes ses forces à un massacre ou même à un emprisonnement général, mais qui cependant voulait qu'on arrivât à maintenir l'unité religieuse du royaume avec le respect du roi et de l'autorité. « *Les plus zélés catholiques de France, les bons*, dit le duc d'Albe, *ne demandaient que des arrestations partielles. Le roi et la cour sont avec le tiers parti, avec l'Hospital, le protecteur des Huguenots.* » Voilà donc cette ténébreuse conspiration dont les protestants ont fait, pendant trois cents ans, un sombre épouvantail pour masquer leur révolte. Il n'a fallu rien moins, pour dessiller les yeux, que le complot de Meaux auquel Charles IX et sa cour n'échappèrent que par miracle et pour être assiégés dans Paris. « *C'était une révolte sans exemple*, — écrit l'ambassadeur vénitien Correro, témoin oculaire, — *et les Suisses sauvèrent le roi et sa couronne* (2). »

Quant à la grave et odieuse accusation portée contre le roi d'avoir tiré sur ses sujets et donné le signal du massacre, — accueillie par le P. Daniel lui-même et quelques historiens, — nous répondrons en puisant aux sources protestantes de l'époque. Nous citerons le Tocsin contre les massacreurs, qui nie formellement le fait ; le Réveil-matin des François et les Mémoires de l'Estat de France qui le rapportent comme un on dit et sans paraître y croire. Les historiens les plus sérieux du temps n'en parlent pas, et les modernes qui font preuve d'impartialité n'en parlent que pour le démentir. Ceux qui l'ont accueilli, par esprit de parti ou par légèreté, l'ont ordinairement puisé dans Brantôme, et l'on sait la valeur peu sérieuse de cet écrivain.

Disons donc que la Saint-Barthélemy fut un crime d'État, une triste

---

(1) Papiers d'État du card. de Grandvelle, dans la collect. des Documents inédits, t. IX, p. 291.

(2) Relation de Correro, p. 187.

et cruelle représaille amenée inévitablement par les nombreuses Saint-Barthélemy partielles, exercées dans toute la France par les Protestants; que la religion y fut étrangère et servit seulement de prétexte à quelques-uns, et qu'au fond ce fut, comme le dit un de nos écrivains les plus énergiques, « quelques scélérats qui tuèrent quelques scélérats. »

Néanmoins cette criminelle entreprise venait d'ébranler dans ses fondements l'autorité royale. La guerre civile, dès lors, prit un caractère plus dangereux et les Protestants, que l'on croyait terrassés, se défendirent avec une nouvelle fureur et opposèrent la plus vive résistance. Les chefs des divers partis osaient se servir du nom sacré de la religion, qui les désavouait tous et les rejetait de son sein comme des enfants dénaturés.

Nous venons de montrer à peu près la situation politique et religieuse de l'Europe et surtout de la France, de 1550 à 1572, période aussi sanglante que malheureuse.

Dans les pays où le protestantisme est repoussé par le peuple, il s'adresse aux rois, il les aide à opprimer leurs sujets. Si les rois le rejettent, il a recours aux peuples et aux grands pour les exciter à la révolte. En ébranlant le bonheur des peuples, les Réformés offrent des appâts au despotisme ou bien à l'anarchie. Une licence incroyable de mœurs règne au milieu de toutes les fausses idées de perfection que prêche la prétendue religion réformée. En Dauphiné, dès le commencement du XVI° siècle, les nouvelles sectes comptaient déjà des adeptes nombreux. Armés au nom de la liberté de conscience, ils proclamèrent l'abolition du culte catholique, l'obligation, sous peine d'amende, d'assister au prêche, et, souvent même, ils interdirent la messe sous peine de mort. Voilà comment, en général, les nouveaux adeptes de la liberté entendaient la tolérance.

De même que dans le midi du royaume, cette province avait conservé le souvenir et les traditions des Albigeois. Aussi, fut-elle une des premières à embrasser les doctrines de Calvin et à courir aux armes pour les défendre. Le Dauphiné, hérissé de petites villes et de châteaux fortifiés, devait rendre les hostilités et les brigandages interminables. Cette belle province comptait un grand nombre de braves capitaines et de bons soldats, éprouvés dans les guerres de Flandre et du Piémont, et les troubles leur offraient des avantages que le peu de discipline de l'époque venait encore augmenter. Aussi, après la malheureuse affaire de Vassy, la guerre s'étant déclarée en Dauphiné avec plus de violence qu'ailleurs, les nouvelles doctrines ne trouvèrent plus de barrières. Bientôt, le farouche des Adrets, maître d'une partie de cette province et de Lyon, put impunément condamner à une forte amende ceux qui n'assistaient pas au prêche.

C'est dans ces circonstances difficiles que Charles IX laissait à son frère une couronne ensanglantée et d'un poids accablant. Henri III déserta la Pologne, « se dérobant, dit Châteaubriant, à la couronne de Jagellon qu'il trouvait trop légère, pour venir se faire écraser sous celle de Saint-Louis. » Ce prince, si brave devant l'ennemi, devint faible et lâche devant ses sujets. Les Protestants, que le roi avait vaincus sous le règne précédent, reparurent en campagne sous la conduite du jeune Henri de Navarre, leur chef. Ce prince se trouvait alors dans une position aussi critique qu'équivoque ; suspect d'hérésie, gardé à vue, et, quoique libre en apparence, prisonnier de fait, il avait à concilier deux rôles bien opposés : chef de parti, il fallait faire la guerre à son roi légitime ; héritier présomptif de la couronne, il devait se gagner les faveurs du roi et de la nation. La fermeté de son caractère et les ressources infinies de son esprit lui permirent de satisfaire à cette double et difficile tâche. Il ne pouvait abjurer, sans encourir le reproche d'échanger sa croyance contre une part du pouvoir, et, pour lors, sans entamer son honneur. Toute sa vie, du reste, fut une continuelle protestation de son respect pour la liberté de conscience et le culte des catholiques, tout en réclamant pour lui la même liberté. Pendant dix-sept ans de règne en Navarre, il avait donné aux catholiques des preuves évidentes de sa protection et de sa modération.

A peine les États-Généraux furent-ils réunis à Blois, que, fidèles au mandat qu'ils avaient reçu de la France catholique, les nouveaux élus s'empressèrent de réclamer les garanties jugées nécessaires pour la défense de la religion. Ils renouvelèrent par un vote solennel la demande, qu'ils avaient déjà faite, de répression contre le culte calviniste. Dès lors, il était facile de voir combien était profonde la scission entre le roi et une partie de la nation. Cependant, désireux de calmer les défiances des députés, Henri III consentit à signer et à se déclarer chef de la Ligue.

Cette tardive résolution, inspirée par la faiblesse, acheva de le perdre.

Enfin, abandonné des principaux seigneurs catholiques, Henri III fut contraint, malgré ses scrupules de religion, de se réunir au roi de Navarre, le plus proche héritier du trône; ce prince généreux et magnanime embrassa dès lors avec chaleur la cause de l'infortuné monarque.

L'activité, l'audace et la victoire reparurent sous les drapeaux des deux princes qui marchèrent aussitôt sur Paris. Cette grande ville était à la veille de se rendre, lorsque la main parricide du fanatique Jacques-Clément vint frapper Henri III. Il expira en pardonnant, après avoir désigné pour son successeur le roi de Navarre, et l'avoir affectueusement conjuré de se convertir.

Henri III ne transmettait à son successeur qu'un titre sans réalité, et il ne fallait rien moins qu'un prince comme Henri IV pour sauver du naufrage la monarchie française. Roi sans États, sans argent et presque sans soldats, aux portes d'une ville immense qui avait juré sa perte, il devait succomber, suivant toutes les apparences humaines. Mais bientôt, avec une poignée de braves, il s'élance contre Mayenne qu'il défait à la journée d'Arques. Ménageant, avec une rare dextérité, les Catholiques et les Protestants armés pour sa cause et dont il partageait les dangers, il les gagna et se les attacha irrévocablement. Son héroïque courage, son caractère chevaleresque et enfin son abjuration solennelle à Saint-Denis, lui ouvrirent les portes de Paris, et, peu à peu, le rendirent maître de la France entière.

Le catholicisme, en France, était le refuge de tout esprit de nationalité et de liberté. Dans la réforme, au contraire, s'était jeté l'esprit de nivellement par l'absolutisme. Ceci paraît un paradoxe; et cependant, les masses, avec cette prescience instinctive qui les distingue, s'opposèrent de tous leurs efforts aux envahissements de la réforme, et se maintinrent dans le catholicisme. La noblesse, au contraire, abjurait le catholicisme et devenait une furieuse prosélyte de la réforme. Les villes étaient catholiques, les châteaux et les places fortes réformés. En un mot, la réforme était un moyen nouveau à l'aide duquel la féodalité, qui se sentait mourir, voulait retrouver une seconde jeunesse; c'est l'appât de cette féodalité nouvelle qui entraînait les places fortes et les châteaux par les gentilshommes, et les provinces entières par les princes du sang et les grands seigneurs, qui engageait dans la cause protestante la noblesse du Languedoc, de la Provence, du Dauphiné et du Poitou. C'est elle qui fit la force militaire du prince de Condé, de Jeanne d'Albret, du duc de Rohan et de Lesdiguières. Chaque seigneur voulait pouvoir dire comme Montbrun! « Quand j'ai le c.. sur la selle, je suis l'égal du Roi. »

Le catholicisme, au contraire, était pour le peuple la vieille origine de toutes les franchises des communes et des provinces, le palladium de ses libertés qu'il voulait conserver. Voilà pourquoi la majeure partie de la haute noblesse française embrassa le parti de la réforme qu'elle croyait la féodalité, et pourquoi le peuple se jeta avec enthousiasme dans la Ligue catholique qui était la liberté. Aussi, comme disait, dans un de ses plus beaux discours, un de nos plus grands orateurs : « La France, après ce grand scrutin de la guerre civile, s'est déclarée catholique (1). » Mais la France catholique repoussait un roi protestant, comme l'Angleterre protestante rejetait un roi catholique; et « la Ligue, coupable envers le dernier Valois, était en quelque sorte innocente envers le premier Bourbon (2). »

La position d'Henri IV n'en était que plus difficile. L'Espagne, alors toute puissante, appuyée de la cour de Rome et des sentiments catholiques de la nation, était prête, en s'alliant aux Guise, à disposer du trône. L'héritier légitime ne pouvait se défendre qu'avec des soldats étrangers; triste ressource pour un roi national. Les Protestants, qui l'appuyaient, étaient en petit nombre, divisés et indisciplinés; les Catholiques, attachés à sa personne, ne le suivaient qu'avec l'espoir de le voir se convertir. Il ne restait donc à Henri IV qu'un seul parti à prendre, celui d'abjurer.

Les critiques les plus mordantes ne l'ont point épargné, et cependant ce n'est pas en pleine Ligue qu'il abjure, alors qu'isolé et sans armée, il eût pu, par cet acte, sortir de tous les embarras de sa position. Loin de là, au contraire, et plus soucieux de sa dignité que de sa fortune, il repousse avec fermeté, au camp de Saint-Cloud, le parti des Catholiques ardents, représenté par d'O et le duc de Longueville, qui veut

---

(1) Thiers, Discours du 14 mars 1867.
(2) Châteaubriant.

lui imposer une abjuration immédiate, sans instruction ni conviction préalables; et il perd ainsi une partie considérable de son armée. — « Me prendre à la gorge sur le premier pas de mon avénement! leur disait-il, à une heure si dangereuse, me cuider traîner à ce qu'on n'a pu forcer tant de simples personnes, pour ce qu'ils ont su mourir! Et de qui pouvez-vous attendre une telle mutation en la créance, que de celui qui n'en aurait pas? Auriez-vous plus agréable un roi sans Dieu? »

Il ajoutait, dans une autre circonstance, parlant à Villeroy, « qu'il n'était pas opiniâtre, voulant au contraire céder à la vérité et aux désirs de ses sujets; mais qu'il fallait l'instruire et l'avoir autrement qu'à coups de canon. »

Faut-il, une fois de plus, avec les historiens sérieux, nier le mot impie prêté par les romanciers à Henri IV : Paris vaut bien une messe! Henri était trop adroit d'abord pour le dire, et surtout dans le moment de son abjuration; le soin seul de sa dignité, d'ailleurs, l'eût retenu. Ce mot ne se trouve dans aucun historien de l'époque, mais seulement dans un pamphlet, les Caquets de l'accouchée. « Il est vray, fait-on dire à celle-ci, la hart sent toujours le fagot, comme disoit un jour le duc de Rosny au feu roy Henry le Grand, que Dieu absolve, lorsqu'il luy demandoit pourquoy il n'alloit pas à la messe, aussi bien que luy. — Sire, Sire, la couronne vaut bien une messe. »

Voilà ce fameux mot dans la bouche d'un Huguenot, mais quelques années plus tard, ce qui est bien différent et plus vraisemblable.

Aujourd'hui, Henri est vraiment roi, entouré de la noblesse française, catholique et protestante; les portes de Paris s'ouvrent presque pour le recevoir, et le peuple sort en foule pour assister à son abjuration. La Ligue n'existe plus que de nom, et Mayenne lui-même vient d'ouvrir les conférences de Suresne : ce n'est qu'alors que le Béarnais abjure à Saint-Denis, le 25 juillet 1593.

Nous avons dit que la position faite au roi par la Ligue le forçait à employer des soldats étrangers, comme les princes Lorrains eux-mêmes; mais, dans ces tristes conjonctures, Henri ne sacrifia pas les intérêts de son pays. Toujours français, au milieu de ses plus grandes nécessités, il n'abandonne aux étrangers ni une ville ni une partie des pouvoirs publics : il les réduit à l'état de mercenaires au service du pays.

Il eût pu, par des concessions, des alliances de famille surtout, s'attacher le duc de Savoie, le roi d'Espagne même, qui, voyant l'insuccès de ses intrigues auprès de la Ligue et la couronne de France lui échapper, aurait peut-être vendu chèrement son appui; mais le roi de Navarre ne veut promettre ni donner ce que le roi de France ne saurait ratifier, et s'il cherche des alliances et des secours, c'est en les payant de son argent, et non par un amoindrissement de la patrie. L'Europe catholique se liguait contre lui : il lui opposait l'Europe protestante.

Dans sa première ambassade à Élisabeth, c'est plutôt un appui moral qu'il recherche, une explication de sa conduite qu'il tient à donner, sur la position de sujet rebelle que lui fait la faiblesse de Henri III. Il proteste sans cesse de son dévouement au roi; il lui offre le secours de son bras et de ses armes; et le jour où l'infortuné monarque a enfin compris que, là seulement, est le salut de la monarchie, Henri accourt et devient son plus fidèle et son plus dévoué sujet.

Henri IV, si grand dans les combats, si habile et si bienfaisant dans la paix, si affable et si spirituel dans sa vie privée, ne fut point exempt des faiblesses attachées à l'humanité. S'il sut imposer la loi à ses ennemis, il la reçut trop souvent de ses maîtresses; mais l'amour ne présida pas cependant dans son conseil, et il ne lui sacrifia jamais les devoirs du général ou les intérêts de la couronne. Sa vigoureuse constitution, son infatigable activité, lui permirent de songer à ses plaisirs au milieu d'une vie si utilement et si laborieusement remplie.

Parfois, cependant, l'entraînement de la passion menaçait de l'égarer : mais sa bonne étoile avait placé à ses côtés Duplessis-Mornay, Calignon, et surtout Sully; et le bon Henri ne résista jamais, alors que les remontrances de l'amitié venaient rappeler à l'homme les devoirs du souverain. On l'accuse aussi d'ingratitude et d'avarice : mais les guerres qu'il eut à soutenir, l'état de délabrement dans lequel les finances avaient été laissées par Henri III, l'excusent suffisamment. Au reste, il en plaisantait lui-même : « On dit que je suis chiche, disait-il avec sa verve gasconne, mais je fais trois choses bien éloignées de l'avarice; car je fais la guerre, l'amour, et je bâtis. »

La plupart des historiens modernes, sauf M. Poisson, auquel nous *faisons de nombreux emprunts, ont faussé jusqu'ici l'opinion publique, en nous présentant toujours Henri comme un foudre de guerre, payant de sa personne en vrai gendarme. Ils oublient trop le grand capitaine et le grand roi pour le brillant et valeureux cavalier. « Il est temps, dit à ce propos, dans son Histoire d'Henri IV, l'auteur que nous venons de citer, il est temps que le préjugé populaire soit détruit; que le vert-galant et le diable à quatre fassent place à l'un des plus grands capitaines, des plus grands et plus sages politiques, des plus grands administrateurs qui aient honoré la France, et par-dessus tout au meilleur des hommes, au plus affectueux et au plus tendre pour son peuple. »*

Mais ce qui sera toujours la gloire de la politique d'Henri IV, c'est son grand projet : l'abaissement de la maison d'Autriche. Ce projet avait pour base la confédération des petits États, afin d'empêcher l'unité allemande qui se faisait alors sur la tête de l'Autriche, comme de nos jours elle se fait sur la tête de la Prusse. C'était une politique vraiment française. Mais là ne se bornaient pas les desseins d'Henri IV: il voulait aussi établir cet équilibre des puissances dont le Traité de Westphalie posa plus tard la première assise, et dont le résultat devait être l'indépendance des petits États comme des grands eux-mêmes. En 1818, l'Europe, réunie au congrès d'Aix-la-Chapelle, posait le principe de la paix universelle; et cet acte d'un descendant d'Henri IV, mettant à exécution les projets de son aïeul, sera l'éternel honneur de la maison de Bourbon.

La situation des Calvinistes, dans son ensemble, depuis l'avénement d'Henri IV, était un état de liberté civile et religieuse pleine et entière. L'équité exigeait donc qu'ils tinssent compte de cet état si différent de celui qu'ils avaient traversé sous les derniers Valois. L'agriculture, le commerce, les finances étaient ruinés : pour arriver à des réformes indispensables et échapper à ces souffrances, aucune des classes de citoyens n'avait murmuré ni comploté contre le gouvernement. Dans cette rançon du pays, les Protestants ne devaient-ils pas payer leur part? N'étaient-ils pas tenus à la même résignation? L'Édit de Nantes de 1598, les articles de Mantes de 1593, le renouvellement de l'Édit de Poitiers, devaient les rassurer et leur prouver que le roi serait juste et bienveillant à leur égard. Loin de là, ils employèrent des moyens violents qui pouvaient perdre leur patrie, et ils se firent, dans la

France, une France à part. Ces entraînements furent condamnés par les Calvinistes modérés, restés fidèles aux principes d'une sage politique et préférant leur pays aux passions des sectaires. La Force se tint à l'écart de son parti : Rosny et Calignon combattirent toujours ces prétentions exagérées. « *Calignon, dit de Thou dans ses Mémoires, essaya constamment, mais inutilement, d'amener le parti calviniste à se contenter de sûretés suffisantes pour sa religion, sans empiéter sur la puissance publique et sur l'autorité du roi.* » *La conduite de ces hommes éminents, sincèrement attachés à leurs croyances et à la raison, accuse plus les Protestants que les reproches de tous les Catholiques réunis.*

Pendant que ces luttes civiles et religieuses agitaient le monde, l'ambition traditionnelle des ducs de Savoie cherchait à profiter des malheurs de la France. Après avoir repris une partie de nos conquêtes au-delà des monts, les princes de cette maison tentèrent d'envahir le Dauphiné. Il ne fallut rien moins que la bravoure et l'habileté de Lesdiguières, et plus tard d'Henri IV lui-même, pour sauver cette belle province.

Ce n'est pas sans un vif intérêt que le lecteur suivra, dans l'œuvre de Videl, et surtout dans les nombreux documents formant le second volume de notre recueil, les phases de ces luttes religieuses et politiques qui causèrent tant de malheurs en Dauphiné, un des principaux boulevards du protestantisme ; mais ce sera aussi avec une satisfaction non moins vive qu'il retrouvera le patriotisme dauphinois faisant trêve aux querelles religieuses, pour s'unir dans la défense commune du territoire. Henri IV eût pu chasser ce voisin ambitieux et remuant de la Savoie, et même le refouler au-delà des Alpes, s'il n'eût préféré le bonheur de ses sujets à la gloire des conquêtes. Invincible à la tête de ses armées, sa loyauté se laissa prendre longtemps aux artifices traditionnels de la maison de Savoie, qui s'obstinait à garder le marquisat de Saluces. Mais la persévérance du roi, l'habileté de Sully et la bravoure de Lesdiguières amenèrent enfin le traité de Lyon de 1601.

Nous terminons en laissant notre savant compatriote et ami, M. Jules Baux, apprécier ce grand acte de la politique d'Henri IV, dans son Histoire de la réunion à la France des provinces de Bresse, Bugey et pays de Gex.

INTRODUCTION.

Cet important ouvrage, imprimé en 1852, semble un précurseur prophétique de la campagne d'Italie et de l'annexion de la Savoie qui en fut le seul bon résultat.

« *Ce mémorable traité de Lyon a été diversement apprécié par les auteurs du temps qui, pour n'avoir pas connu les grands desseins du roi et de son habile ministre, ont émis des jugements que l'histoire doit réformer. La pensée dominante du règne d'Henri IV, celle à laquelle il rapporta, depuis le traité de Vervins, tous les actes de sa politique, fut d'enlever l'empire à la maison d'Autriche. Or, en renonçant au marquisat de Saluces, Henri ne se comporta pas en marchand, comme le disait à tort Lesdiguières, mais en politique consommé qui marche droit au but qu'il s'est proposé d'atteindre. En renonçant à prendre position en Italie, et en éloignant les troupes françaises de cette frontière, il se conciliait la bienveillance du pape dont il devait se faire un allié et un appui; il calmait les craintes de l'Espagne, et endormait en même temps sa vigilance, pendant qu'en reculant les limites de la France jusqu'à Genève, il touchait aux portes de l'Allemagne, théâtre de ses exploits futurs, donnait la main aux Suisses, aux princes protestants du Nord, irrités de l'attitude agressive du catholicisme; voilà quels étaient pour Henri IV, indépendamment de l'accroissement considérable de territoire dont il enrichissait la France, les avantages sérieux du traité de Lyon.*

« *De son côté, Charles-Emmanuel n'eut pas trop à se plaindre du lot que lui fit la fortune dans cette circonstance. Le résultat le plus saillant, le plus immédiat de ce traité, à l'égard de la maison de Savoie, a été de la classer définitivement au nombre des puissances italiennes. Elle y a gagné de rester seule maîtresse du passage des Alpes, de rendre son territoire plus compacte, et partant moins vulnérable. Depuis longtemps, et notamment depuis l'invasion de François Ier, elle ne considérait plus que comme très problématique la conservation de ses états d'outre-monts. Sous l'empire de cette préoccupation, Philibert-Emmanuel avait recherché toutes les occasions d'aliéner les fiefs de la Bresse et du Bugey contre des possessions situées en Piémont. Charles-Emmanuel avait suivi systématiquement son exemple, au point qu'on a pu dire que dans la prévision d'une dépossession inévitable de ces provinces, il les avait exploitées jusqu'à leur complet épuisement.* »

Comte DOUGLAS.

Montréal, septembre 1872.

VIE DE CALIGNON.

LA VIE

DE

SOUFFREY DE CALIGNON

CHANCELLIER DE NAVARRE

Ayant consacré ma plume à la gloire de mon Paÿs et fait quelquefois assés heureusement voir l'avantage qu'il a de n'estre surpassé d'aucun, et mesme d'estre égallé de peu en la plus noble de toutes les productions, qui est celle des excellents hommes, tels qu'ont esté, entre plusieurs autres que je prétens de produire un jour, le fameux CHEVALLIER BAYARD[1] et le GRAND CONNESTABLE DE LESDIGUIERES[2], je dois à la particulière connaissance que j'ay acquise du mérite eminent et rare de SOUFFREY DE CALIGNON[3], Chancellier de Navarre et l'une des lumières de son siècle, le soin de luy élever un monument qui garantisse son nom de l'injure que les autres reçoivent du temps ; et je me persuade qu'employant ce peu que j'ay d'art et d'industrie pour consigner sa memoire à la Postérité, dont, sans doute, il recevra les éloges que la haute vertu en doit attendre, ma Patrie me sçaura d'autant plus de gré de luy avoir découvert ce nouveau tresor, qu'il servira beaucoup à verifier que c'est fort justement qu'elle a la reputation de n'estre pas moins fertile en Heros qu'au reste des choses qui luy donnent rang entre les plus celebres Provinces de ce Royaume. Avant que je montre combien justement il recevra ces éloges, et que je travaille au Tableau de sa vie, ce que je feray sincerement et avec cette fidelité sans reproche que j'ay témoignée ailleurs, il est de mon ordre, ainsi que de mon dessein, que je face connoistre la digne tige d'où s'est produit ce noble rameau, et qu'ensuite je marque le lieu qui se glorifie de sa naissance.

L'instruction qu'on m'a donnée là-dessus m'apprend qu'il y a plus de deux cents ans que la famille des *Calignons* estoit établie au Bourg de Voyron[4], l'un des meilleurs et plus agréables de Dauphiné. Elle portoit jadis le nom de Roux[5] qu'elle avoit pris d'une Maison noble qui a produit, entre autres branches, celle des Durgeoises[3], d'où sont venus les Srs de Montferrier et de la Tivoliere; mais depuis, par succession de temps, les Roux se nommerent Calignons; et on voi, dans les vieux titres de cette famille, les deux noms unis en cette sorte, *Roux-Calignon;* ce qui arriva par le mariage d'une fille des *Calignons* en la maison des *Roux,* lequel fut si agréable à ceux ci qu'ils ajoûterent à leur nom primitif ce nouveau nom, le garderent enfin seul et le transmirent à leurs descendants. Au reste, comme il est d'un homme qui n'ignore pas les conditions de l'Histoire, et duquel on croi qu'il les a asses bien gardées en celle que le Public voi de luy, à la gloire du grand Connestable Lesdiguieres, de ne pas interrompre le cours d'une narration nécessaire par des digressions inutiles, ou pour le moins superfluës, telles que sont les Genealogies qui n'y entrent qu'avec peine, parce qu'elles n'y entrent qu'avec affectation et n'en sont, à franchement parler, que de magnifiques embarras; je croy que le lecteur intelligent ne me blasmera point de ce que je n'ay pas mis icy celle des Calignons, et que les curieux d'origines et de descendances se contenteront de l'asseurance que je leur donne de l'ancienne noblesse de cette Maison, laquelle se verifie par beaucoup de Titres et de Monuments conservés dans la Chambre des Comptes de cette Province, célèbre tribunal où la fausseté ne peut avoir de lieu et qu'on peut appeler le Tresor et le Sanctuaire de la Verité. Non-seulement donc il est certain que cette Maison estoit noble, mais, de plus, qu'elle estoit accommodée et qu'elle avoit de quoy soûtenir son rang, si ce n'est avec éclat, pour le moins avec honneur; mais, comme par le malheur du temps ou par d'autres causes que je n'ay point sceuës, les biens vinrent à y défaillir, la condition y demeura veritablement, mais fort faible et languissante, et de mesme que la vie demeure en un corps qui, ayant perdu beaucoup de sang, ne sauroit avoir gueres de force et ne peut se soutenir qu'à peine. Pour ne le point celer, cet avantage y fut si peu apparent, que presque il sembloit qu'il n'y fust point du tout; mais, ainsi que certaines rivières, s'estant cachées sous terre par un assés long espace sortent après et se montrent comme auparavant, la noblesse de cette Maison ayant demeuré longtemps cachée, sortit et, pour ainsi dire, ressuscita en la personne de Souffrey de Calignon, Chevallier, Conseiller du Roy en ses conseils, President au Parlement de Dauphiné et Chancellier de Navarre, celuy par qui elle a repris et accreu son premier lustre et dont, entre tous ceux qui ont peu luy en donner, elle se glorifie le plus, tant pour les éminentes qualités qui l'ont fait admirer de son siecle, que pour les services importants qu'il a rendus à l'Estat, dont il est certain que personne ne mérita jamais mieux qu'il a fait et ne fust plus digne que la mémoire s'en conserve à perpetuité, ainsi qu'on l'apprendra par la suite.

Il nàquit à Saint-Jean-de-Voiron, dans la maison de son pere, l'an 1550, un samedy, veille de Pasques fleuries, environ les quatre heures du soir. Deux jours après, il receut le premier carachtère du Christianisme, dans l'église du mesme lieu, des mains de Messire Claude de Calignon, son oncle et curé de cette église, ayant esté presenté au baptême par le Sr Roland Carles, Maistre en la Chambre des Comptes de Grenoble, et demoiselle Marguerite de Saint-Germain, fille d'un gentilhomme de ce nom-là. Son pere s'appelloit *Genton de Calignon* et sa mère *Claudine Giraud*. Leur amour et leur fidelité reciproque ayant attiré les graces du Ciel, il benit leur mariage de la naissance de vingt enfants, également partis pour le sexe, et, pour accroissement de benediction, ils les virent tous vivants et autour de leur table, comme un rang de jeunes oliviers, selon la comparaison de l'Écriture; joint qu'ils estoient bien formés, et qu'ils avoient beaucoup de ces avantages naturels qui font une agréable impression dans la veüe et acquierent d'abord quelque sorte de faveur à la personne. Cependant je ne dois pas omettre pour la consolation de ceux qui, se trouvant chargez d'une famille nombreuse, telle que l'avait ce pere cy, et avec peu de biens pour l'élever, se travaillent de fascheux soucys et tombent en des apprehensions injurieuses à la Providence, faute de considerer qu'outre qu'elle leur suscite, pour cela, des moyens, à quoy ils ne s'attendoient point, car ses effets sont bien apparents, mais sa maniere d'agir est inconnue, semblable à ces machines ingenieuses qui joüent d'elles mesmes et dont on voi bien le mouvement et l'action, mais dont on ne découvre point l'artifice et les ressorts, il arrive presque d'ordinaire, et c'est une verité justifiée par un milion d'exemples, que de cette heureuse multitude, il y en a un qu'elle a destiné pour tenir lieu de pere à tous les autres; ainsi, le succés de ces vingt enfants fut l'ouvrage de la vertu d'un seul; Dieu se servit de Souffrey pour l'élevation de tous ses freres, et il leur procura de tels avantages, qu'ils ont eu grand sujet d'estre satisfaits de son affection et de ses soins. Ce pere, au reste, bien éloigné de se plaindre d'un si grand nombre d'enfants, s'en glorifia toujours; et comme, estant sur le point de mourir, il fut interrogé par le curé qui l'assistoit, s'il ne luy restoit point de regret pour le monde : *Monsieur*, luy répondit-il agréablement, comme il avoit esté toute sa vie de fort bonne humeur, *il ne m'en reste qu'un, c'est qu'il n'ait pas pleu à Dieu me donner encore cinq enfants, afin d'achever le quarteron.*

Souffrey ayant passé les premieres années de son enfance à Saint-Jean, il fut mené à Grenoble, où son pere faisoit son plus ordinaire sejour. Il y fut elevé en la Religion catholique, qui estoit celle de ses parents; et comme on le veid capable d'institution (1), on l'envoya à l'eschole de la grammaire. Ses commencements y furent si heureux, et il y fit tant de progrés en si peu de temps, qu'il donna de l'admiration à ses maistres et de l'envie à ses compagnons, lesquels il laissa bientost derriere luy, joignant à son genie merveilleux une si grande affection à l'estude et une assiduité si peu divertie, qu'on n'eut pas de peine à juger qu'il réusciroit, comme en effet il fit un des plus sçavants hommes de son siecle. Mais, s'il avoit l'esprit excellent, il n'avoit pas le cœur moins élevé; et, quelque haute que fust son intelligence, elle ne l'estoit point plus que son âme. Comme ceux en qui ce rare assortiment se rencontre le font assés voir par tout, et qu'il n'est pas jusqu'à leurs moindres actions qui ne sentent la noblesse de ce principe, il témoignoit, même en son enfance, qu'il estoit né à de grandes choses; et, par je ne sçay quel pressentiment de ce qu'il devoit estre, il portoit son courage et ses pensées bien au-delà de ce qu'il estoit. La fortune de son pere estant moins que mediocre, et ce qui fait la commodité et l'aise dans les familles ne se trouvant pas toûjours dans la sienne, il falloit que les enfants y suppléassent par fois au defaut des domestiques et feissent la pluspart des fonctions qui leur sont propres ; c'est à quoy tous les autres se soumettoient volontairement, mais Souffrey ne s'y soumettoit point, ou à vray dire, ne s'y soumettoit qu'avec une visible repugnance. De toutes les preuves dont je pourrois appuyer cette verité, je me contenteray de celle cy: comme un jour, estant tous au village, en la saison où l'on recueille le fruit, leur mere les eut menés en quelque

---

(1) Le manuscrit porte *institution* ; c'est sans doute *instruction* que l'auteur a voulu dire. (Note de l'éditeur).

endroit pour cela, et leur eut commandé d'amasser celuy qui estoit sous les arbres, donnant à chascun son département, ils obéyrent tous, à la reserve de Souffrey; elle le voyant oysif et le pressant de faire comme les autres, aprés qu'il s'en fut longtemps deffendu sous divers pretextes, enfin il répondit hardiment, *qu'il n'en feroit rien;* sa mere luy en demandant la cause et luy disant : *A quoy penses-tu, de ne vouloir rien faire ? que veux-tu devenir ? que veux-tu estre ?* il reprit : *Je veux estre President;* et se voyant menacé de n'avoir pas à manger, s'il ne travailloit point, il continua : *Si vous ne me donnés pas du pain, j'en trouveray bien ailleurs :* Ces parolles, qu'il disoit par un esprit prophetique de la bonne fortune qui l'attendoit, firent rire sa mere et ses frères, comme ne voyant pas d'apparence qu'elles deussent jamais avoir d'effect.

Ayant achevé ses premieres estudes avec un succez extraordinaire, et tel que ses precepteurs avoient ensemble de la confusion et de la gloire de ne pouvoir plus luy rien apprendre, son pere fit dessein de l'envoyer au college, et creut qu'il n'en devoit point choisir d'autre que celuy qui estoit alors et qui est encore aujourdhuy en la plus haute reputation à Paris; et quoy qu'à vray dire la foiblesse de sa maison ne s'accordast pas à ce dessein, qui surpassoit sa portée et déconcertoit son œconomie, il ne laissa pas de s'y resoudre, sur cette persuasion que de la fortune de Souffrey dépendoit celle du reste de ses enfants; et que s'il estoit contraint de faire un effort pour celuy ci, et, pour en accommoder un, incommoder un peu tous les autres, il n'en seroit pas meconnaissant et le leur rendroit avec usure, comme le succez l'a verifié.

Souffrey fut donc envoyé à Paris, au fameux College de Navarre, où il demeura environ quatre ans, pendant lesquels il se perfectionna en l'estude des humanités, nommées depuis plus proprement *Belles-Lettres;* l'ayant commencée par la geographie, comme par une entrée necessaire à toutes les autres connoissances, sans laquelle il n'en est point que de fausses et d'imparfaictes, et passant à la philosophie, il y fit admirer la vivacité et la force de son esprit, ayant cela de particulier qu'il parsemoit de fleurs les épines de la dispute et rendoit agréables, en sa bouche, des contestations qui ne le sont gueres en celle d'autruy; il s'adonna, de plus, aux mathematiques et y profita merveilleusement; mais surtout il s'acquit l'intelligence de la langue grecque, tant à cause qu'il n'ignoroit pas que, sans cela, il n'est point de vraye et solide erudition, n'en déplaise aux demy-savants de notre siècle, où, pour leur malheur, elle est trop negligée, que pour la necessité qu'il y avoit alors à la sçavoir, parce que la pluspart des bons livres estoient en grec, et qu'on ne les avoit pas encore traduits.

Aprés avoir fait son cours entier en philosophie, il eut ordre de son père pour se preparer à son retour. Avant qu'il obéisse à cet ordre et qu'il sorte du college, nous remarquerons qu'entre autres dignes compagnons d'estude, il eut *Henry Ferrand*[5], depuis Conseillier au Parlement de Dauphiné, l'un des Aristides de son siecle; et *Jaques Auguste de Thou*[6], depuis President au Parlement de Paris, et non moins rare et souverain dans les lettres, témoin l'admirable Histoire qu'il nous a donnée, que dans la dispensation de la justice. Ce furent ceux avec qui il eut de plus particulieres habitudes, dans lesquelles entra, quelque temps après, *le Fresne-Canaye*[7], personnage très celebre par ses divers et signalés employs, tant dedans que dehors le Royaume. Ces quatre chers amis et excellents condisciples conserverent ces habitudes jusqu'à la fin de leur vie, et, par cette constance, confirmerent cette maxime, qu'il n'est point d'amitié si forte et si bien établie qu'est celle à qui la vertu sert ensemble d'architecte et de fondement.

Souffrey donc, que desormais nous n'appellerons plus que Calignon, n'estant pas juste de luy refuser plus longtemps un nom auquel il a donné tant de lustre, estant de retour à Grenoble, son pere, excité par le grand progrés qu'il avoit fait à Paris, dont tous ses amis intelligents venoient, à l'envy, luy rendre témoignage, creut qu'il ne devoit pas luy laisser perdre dans sa maison le temps qu'il employoit si bien dehors. L'ayant destiné à la profession des Loix, tant parce qu'il la reconnaissoit la plus conforme à son inclination, qu'a cause qu'il n'ignoroit pas que c'est celle qui porte le plus avant un homme dans les honneurs et ensuite luy acquiert les biens qui en sont les accompagnements ordinaires, il resolut de l'envoyer à Padoüe, où estoit alors la plus celebre Université pour la Jurisprudence, et sans doute la plus frequentée.

Pendant le sejour qu'il fit à Grenoble, la reputation de son sçavoir et ses autres belles qualités l'ayant fait connoistre et estimer dans toutes les bonnes compagnies, et plusieurs personnes de son age, destinées à meme profession, témoignant l'estat qu'ils faisoient de luy, il y eut un jeune gentilhomme entre autres, c'estoit *Artus Prunier*[8], sr de Saint-André, depuis premier Président au Parlement et l'un des plus grands hommes de son ordre, lequel aymant tous ceux qui avoient quelque talent considerable dans les lettres où il excelloit, comme font aujourdhuy ses petits fils, tres dignes Presidents au Parlement, gousta bien fort l'esprit de Calignon, témoigna particulierement se plaire en sa compagnie, et luy ayant donné son estime creut luy devoir faire la justice entiere de luy donner de plus son amitié. Calignon y répondant avec les sentiments d'obligation et de reconnoissance qu'il devoit, ils firent une étroitte liaison, à quoy contribua principallement la haute intelligence que l'un et l'autre avoient de la langue grecque, à laquelle Prunier avoit encore ajousté l'hébraïque, comme Calignon fit quelque temps aprés, ainsy que nous verrons en son lieu.

Il fut donc envoyé à Padoüe, où il eut la satisfaction de trouver Henry Ferrand, son ancien et cher amy, que quelque temps auparavant, un même dessein y avoit mené. Il y rencontra encore *Jean de la Croix Chevrières*[9], qui fut dépuis President au Parlement de Grenoble et quelques années aprés évesque, personnage remarquable entre les plus illustres de son siècle, ainsy que je prétens de le faire voir un jour ailleurs. Il y trouva aussi *Ennemond de Servien*[10], depuis Procureur Général des Estats de Dauphiné et pere de Messire *Abel de Servien*, aujourd'hui Sur-Intendant des Finances. Calignon s'acquit l'amitié de ces deux au meme titre qu'il avoit acquis celle des premiers, et forma avec eux des habitudes qui ont autant duré que leur vie. Certes ils admiroient son progrés, non-seulement en l'etude du Droict, à laquelle il s'adonnoit principallement, mais encore en beaucoup d'autres et surtout en celle des Mathematiques, qui estoient merveilleusement de son genie, comme je l'ay déja remarqué; ils estoient ravis de voir qu'à quelque chose que ce bel esprit s'appliquast, car il embrassoit plusieurs travaux ensemble, il réussissoit excellemment. Je laisse à part sa facilité à apprendre en très-peu de temps la langue italienne et l'espagnolle, qui luy sembloient naturelles, aussi bien que la latine et la grecque, lesquelles il parloit avec aussi peu de contrainte que celle de son pays.

Cependant, parmi les hommes doctes qu'il pratiquoit à Padoüe, et principallement de sa nation, il s'en rencontra un qui causa un extrême changement en luy, et tel, que mes memoires ne font point scrupule de le tenir pour le plus grand profit qu'il eust fait en ce voyage; mais ma raison et ma Religion, qui ne s'accordent pas icy avec mes memoires, veulent que je le considère autrement, et me le font appeller d'un nom tout à fait opposé à celuy-là. Le peu de seureté qu'il y avoit en France pour ceux qui se séparoient des sentiments de l'Église, et la severité des supplices dont ils estoient menacés, en ayant contraint plusieurs de chercher du refuge chés les étrangers, un certain nommé *Caillet*[11] s'estoit retiré pour cela à Padoüe, où ayant acquis, par son sçavoir profond et universel, l'estime de Calignon et en suite, sa conversation familiere, il luy donna peu à peu du degoust pour sa Relligion, et enfin luy fit secrettement embrasser celle qui commençoit à s'introduire en France, sous le nom specieux de Reformée.

Calignon, ayant là-dessus quitté Padoüe, s'en alla à Turin pour achever ses etudes en Jurisprudence, attiré par la reputation d'un des plus celebres Docteurs d'Italie, que le duc de Savoye [1] avoit fait venir en cette université.

Comme il ne luy falloit plus gueres de temps pour cela, et que cependant il luy importoit fort de preparer son pere à souffrir ce qu'il appelloit sa conversion, et ne point l'empescher, à son retour, de faire profession publique de sa nouvelle creance, il luy écrivit une asséz longue lettre, conceüe en des termes les plus éloquents dont on se puisse servir, pour justifier une chose très odieuse et en persuader une à laquelle on a une extreme repugnance. Il envoya cette lettre à Ferrand, son ancien et confident amy, et le pria de la vouloir rendre; mais, à cause que le connaissant ferme et zelé Catholique, il avoit justement lieu de craindre qu'il ne s'en excusast, afin de ne sembler pas donner quelque approbation à ce que sa conscience luy faisoit condamner, il creut qu'il devoit le prevenir par une autre lettre contenant une conjuration très-puissante de donner cet office à leur ancienne amitié, et d'en preferer, icy, le sentiment à toute autre consideration. Ferrand fit ce que Calignon desiroit si instamment de luy: il porta cette lettre à son pere, lequel, informé du contenu qui n'estoit plus un secret, car Ferrand l'avoit montrée en divers endroits pour en faire admirer le stile, le pria de ne trouver point mauvais qu'il ne voulust pas la recevoir; ne lui dissimulant point, qu'ayant sceu, avecque beaucoup de douleur, le changement de son fils, il ne le tenoit plus au nombre de ses enfants, et avoit resolu, s'il ne se ravisoit au plustost, de ne jamais voir sa personne, non plus que sa lettre. Calignon, apprenant par la réponse de son ami le mauvais succés de sa precaution, fut d'avis de ne bouger de Turin, jugeant à propos d'attendre là que son pere se fust adouci, c'est-à-dire, que le temps eust fait ce qu'apparemment nul autre ne pouvoit faire. Au reste, comme il sçavoit bien mesler le divertissement au travail, et fort bien user de son relasche, il employoit les heures qui luy restoient libres de son étude, non point de la sorte que les employent la pluspart des jeunes gents, à des amusements vains et à des divertissements criminels, qui gastent ensemble le corps et l'esprit, mais à de bons et utiles entretiens avec les honnestes gents de la cour du Duc, où il s'estoit fait de bonnes connoissances, nommément avec les Gentilshommes françois qui estoient à la Duchesse Margueritte de France, sœur du Roy Henry second, et mariée à Emanuel-Philibert [6], c'est-à-dire donnée à ce Prince pour gage de la paix qu'il avoit depuis peu faitte avec la France; et comme, entre les filles qui la servoient et qui estoient presque toutes françoises, il y en avoit une de Dauphiné, qui fut depuis la dame de Vernatel [13], fort bien faicte, et mere de trois gentilshommes assés connus et à bon titre, en cette Province, il eut premierement le bonheur de s'approcher d'elles, à cause de leur commune patrie; et, comme elles témoignoient se plaire bien fort en sa conversation, car il l'avoit tres heureuse, ainsi que la mine, meslant à la grace de ses entretiens de vive voix la gentillesse de ses écrits, principallement en vers, où il reüssissoit excellemment, et dont leurs loüanges estoient le sujet le plus ordinaire, il merita qu'elles luy procurassent l'honneur d'estre connu de cette Princesse, qui faisoit grand estat des beaux esprits, au nombre desquels son siecle l'a mise à bon droit, et qui ayant reçeu ses respects et veu mesme ses ouvrages avecque beaucoup d'approbation, donna quelques temps après, des marques publiques de l'estime qu'elle avoit pour luy, comme on le verra dans son endroit propre.

Cependant, parce qu'il ne pouvoit que souhaitter fort impatiamment de faire sa paix avec son pere, tant pour se mettre l'esprit en repos, qu'à cause que les moyens de sa subsistance, fournis secretement jusque là par quelques personnes considerables de cette nouvelle Religion, commençoient à luy manquer, il creut qu'il n'y pouvoit mieux parvenir qu'en luy faisant entendre par Ferrand et par une seconde lettre, non moins eloquente que la premiere, ou, pour le dire sans déguisement, encore plus pleine d'art, car le mensonge en demande davantage que la verité, *qu'il s'estoit remis dans le bon chemin, d'où sa facilité à écouter de mauvais conseils et la force de l'exemple en quelques personnes très considerables l'avoient fait sortir; mais que, graces à Dieu, il estoit plus ferme que jamais en la profession de la foy Catholique.* S'estant de cette sorte remis en grace, il s'en retourna à Grenoble, où il sçeut se gouverner avec tant d'adresse et si bien continuer sa feinte, que son pere ne douta point qu'il ne fust en effect, et dans son cœur, ce qu'il paroissoit exterieurement. Mais il n'eut pas le mesme bonheur, et ne trouva pas une si grande facilité, en son oncle Jean de Calignon, Official de l'Églize cathedrale et très zelé catholique, qui l'ayant rencontré dans la rue, comme Calignon vouloit le saluer, respondit à ses reverences et à ses respects par des termes d'injure et de reproche, et s'emporta mesme jusques à le frapper sur la joüe.

Quelques mois s'estant passés, pendant lesquels il fut prendre son titre de Docteur en l'université de Valence avec un merveilleux applaudissement, comme avec une rare capacité; car celuy qui luy donna le titre, l'accompagna publiquement d'un éloge et de son juge devint son panegiriste. Comme il fut de retour, la mort de son pere le mit en liberté de suivre ouvertement le party, dont il suivoit déja secrettement l'opinion. S'estant acquitté des devoirs funebres, à quoy l'obligeoit principalement la qualité d'heritier, il se presenta au Parlement pour y estre receu advocat; mais, autant qu'il se persuadoit d'y trouver de la facilité, à raison de l'estime publique qu'on faisoit de son sçavoir et de son eloquence, autant y rencontrat-il d'obstacle, à cause de sa nouvelle Religion, qui estant alors plus odieuse qu'elle n'a esté depuis, et attirant davantage l'aversion du monde, rendoit beaucoup moins favorable la cause des personnes qui l'avoient embrassée; sur quoy, Truchon [14], premier President, qui tout zelé catholique qu'il estoit, et d'ailleurs personnage de haute vertu et de grande erudition, n'estoit point d'avis qu'il fust refusé, n'ignorant pas combien il valloit, car Calignon s'estoit souvent approché de luy et, par les frequentes preuves qu'il luy avoit données de son sçavoir, avoit beaucoup de part en son estime. Aussi ne feignit-il point de dire *qu'il en voyoit très peu de sa force, et en qui se rencontrassent tant de dons pour une profession si noble, et qui veut de plus grands avantages naturels et acquis que ne s'imaginent la pluspart de ceux qui s'y voüent aujourdhuy et qui y apportent toute autre intention que d'y acquerir de l'honneur.* Il dit aux Officiers du Parlement, comme par un presage de ce qui advint quelques années après: *Souvenez-vous, Messieurs, que vous reffusés pour advocat celuy qu'un jour vous serés contraints de recevoir pour compagnon; et sçachez que ce jeune homme est pour aller bien avant dans la fortune.*

Cependant Calignon se retira, consolé de ce refus par cette satisfaction qu'il ne venoit que de son malheur, et que l'injustice en avoit esté publiquement reconnue par un juge illustre et qu'on ne pouvoit raisonnablement contredire. Ayant appris le favorable témoignage qu'il luy avoit pleu rendre de luy, et l'en estant allé remercier, il en receut, de nouveau, ces parolles obligeantes: *Mon amy, ne perdés point courage, et ne doutés nullement que la fortune ne vous reserve quelque chose de mieux que ce que vous n'avés peu obtenir; ses reffus sont bien souvent la cause de notre bonheur; et, ne faisant pas ce que nous pretendons, ce n'est point par mauvaise volonté, mais par dessein de mieux faire.* Le President avoit esté luy mesme un exemple de cette verité. Ayant fait heureusement ses estudes à Paris et pretendant à une profession du Decret en l'Université, dont il avoit esté jugé tres capable, il n'y put parvenir, à cause d'une cabale contraire que l'envie luy avoit suscitée; là dessus, il fut choisy pour élever les Princes de la maison de Lorraine, employ qui vérifioit assés la grandeur de sa capacité, et comme il s'en fut acquitté avec grand honneur, ces Princes qui estoient alors tous puissants en France et qui meditoient les grandes choses que dépuis ils tâcherent d'executer, voulant reconnoitre son affection, et en mesme temps l'establir comme tous leurs autres confidents et serviteurs, dans les plus importantes charges du Royaume, luy avoient fait donner celle de premier President en Dauphiné, où il parut d'une integrité singuliere, de quoy entre plusieurs exemples on a remarqué celuy-ci (1). Un gentilhomme de bonne maison, ayant pris avantage de sa qualité pour maltraitter un homme des champs, et, bien loin d'en recevoir sa justification, voulant mesme luy oster la vie et le poursuivant l'épée à la main, cet homme, aprés l'avoir supplyé et conjuré de ne point passer outre et ne le pas reduire à la necessité de se deffendre, se voyant dans l'extreme peril et dans l'impossibilité de plus reculer, tira de sa ceinture une serpe, qui estoit sa seule arme, et le tua. Les parents du mort qui estoient tout puissants par leurs alliances et leurs amis, sollicitent avec grande instance la condamnation du paysan, de la personne et des biens duquel ils s'estoient saisis par avance. Ce violent procedé ne pouvant estre souffert par Truchon, il s'y opposa courageusement; et, quelques pressantes recommandations qu'on lui fist au contraire, il protesta *qu'il quitteroit plustost sa charge que de consentir à cette injustice*, si bien que le paysan fut remis dans ses biens et garanti de l'oppression dont il estoit menacé.

Pour me remettre dans mon sujet principal, Calignon voyant qu'il n'avoit point d'employ à Grenoble, quoy qu'il y eust toujours beaucoup d'estime, à propos de quoy je remarqueray qu'il fut choisi entre plusieurs autres par les Consuls de la ville, pour faire les inscriptions et les vers des arcs-triomphaux, et autres solemnités destinées pour l'entrée du Duc de Mayenne, qui venoit prendre possession du gouvernement de la Province; et les registres de l'Hostel de Ville font encore mention de la levée d'un habillement de taffetas, qui luy fut donné pour recompense; je l'ay eüe deux fois pareille en deux semblables occasions; comme, dis-je, il veid qu'il n'avoit point d'employ, il conçeut un genereux dépit de l'estat present de sa fortune; il resolut d'aller

---

(1) Cecy est rapporté dans les *Apophtheymes* de Lycostene, de l'impression de Gazeau, en la page 857.

chercher ailleurs les moyens de la rendre meilleure; et s'estant expliqué de son dessein à ses plus particuliers amis, entre lesquels le Sr de St André[8] estoit le plus apparent et celuy de qui il recevoit le plus de faveur, ils luy conseillerent de ne pas negliger celle qu'il avoit trouvée dans la cour de Savoye, et d'aller donner par sa presence occasion à la Duchesse de mettre à effet la bonne volonté qu'elle avait souvent tesmognée pour luy : ce conseil estant fort de son goust et ne s'accommodant pas moins à son inclination qu'à sa raison, il ne delibera pas plus long temps et s'en alla à Turin, où il fut receu avecque joye de tout ce qui luy avoit fait autrefois paroistre de l'amitié, et trouva que son absence n'y avoit point ruyné ses habitudes. Sur tout il eut la satisfaction d'estre bien veu de la Duchesse, et mesme d'estre asseuré, par sa propre bouche, qu'elle n'auroit pas desagreable qu'il luy rendist souvent ses respects, ce qu'il sceut faire avec toute l'adresse d'un habile courtisan et d'un homme qui n'avoit pas moins proffité en la science du monde qu'en celles qu'on apprend au college. L'honneur qu'il avoit d'en estre par fois écouté, non seulement sur les choses dont sa profession d'homme de lettres, et d'une erudition universelle luy donnoit droit de parler, mais encore sur d'autres dont il sembloit que la connaissance ne deust pas luy estre si propre, comme sont les évenements du monde, desquels il faut estre instruit par le monde mesme, et qui s'apprennent plutost par la pratique que par l'estude; cela, dis-je, luy donnant l'avantage de faire voir que la solidité du jugement n'estoit pas inférieure en luy à la vivacité de l'esprit; et cette Princesse qui, entre autres qualités qui la faisoient paroistre digne fille du grand Roy François, l'un des plus éclairés Princes du monde, avoit admirablement le don de connoistre les divers genies des hommes, voyant en celuy-ci une merveilleuse disposition à la conduite des grandes affaires, resolut de l'employer en une occasion trés-importante, qui occupoit alors l'esprit du Duc, son mary, et faisoit un de ses principaux soins. Ce Prince, qui, depuis sa reconciliation avecque la France et l'alliance qu'il y avoit prise, estoit comme devenu François, et faisoit paroistre qu'il vouloit étroitement s'attacher aux interests de cette couronne, formoit pour cela un dessein dont il souhaittoit passionnement le succez : c'estoit de marier son fils Charles Emanuel, Prince de Piedmont[15], avec la Princesse Catherine de Navarre[16], sœur unique du Roy, lequel fut quelques années aprés Henry quatrième, Roy de France, surnommé le Grand et, sans contredit, un des plus grands Princes que la Monarchie Françoise ayt portés. La negotiation de cette affaire, qui estoit alors une des plus grandes et plus affectionnées qu'eut le Duc, demandant une personne dont l'habileté repondit à son importance, elle fut commise à Pierre de Salvaing[17], gentilhomme considerable de Dauphiné, en qui le Duc avoit une parfaitte creance, et l'un de ceux de son temps par les mains de qui ayent passé les plus grandes affaires, comme il se verifie par la remarque que j'en ay faitte dans l'Histoire du grand Connestable de Lesdiguieres, entre plusieurs autres temoignages. Salvaing estant donc alors à Turin, pour prendre ses instructions et ses despesches, en qualité d'Ambassadeur du Duc, et se preparant pour son voyage en Bearn, Calignon luy fut donné pour secretaire de l'Ambassade, accompagné d'une lettre de la Duchesse à ce Prince, afin qu'il en fust consideré, non seulement comme une personne bien digne de cet honneur, mais qui, de plus, avoit ordre de resider prés de luy, en l'absence de l'Ambassadeur; car, Salvaing estant chargé de plusieurs affaires pour le Duc, vers le Roy Henry troisieme, il pouvoit arriver qu'avant la conclusion de celle-cy, il seroit obligé d'aller à la cour de France, et de laisser en celle de Navarre quelqu'un à sa place.

Salvaing donc, accompagné de Calignon, qui ne luy fut pas moins agréable par luy mesme que par le choix que la Duchesse en avoit fait, car Salvaing estoit un gentilhomme de fort bon esprit qui aymoit et possedoit hautement les belles connoissances, fut à Pau, s'acquitter de sa charge, avec toute l'affection et l'adresse qu'on en pouvoit attendre, mais non pas avec le succés qu'on en avoit esperé. Le lecteur qui sçait l'Histoire de ce temps là, n'ignore pas que le Roy de Navarre, la Reine sa mere[18] et la Princesse sa sœur, faisoient ouvertement profession de la creance des Protestants, dont ce Prince estoit l'appuy et le protecteur declaré en France. Or, comme le Duc pretendoit que cette Princesse, entrant par ce mariage dans sa Maison, se rengeroit à la Religion catholique, qui estoit celle du Prince qu'on luy destinoit pour mary, elle vouloit se conserver le libre exercice de sa Religion, et son intention estoit icy fortifiée par celle du Roy son frere; de maniere que ces Princes ne pouvant s'accorder là dessus, la proposition du mariage fut sans effet, et ny Bellegarde[19], gentil-homme Savoysien qui l'avoit premierement portée, ny Salvaing envoyé pour cela méme, ne sceurent jamais surmonter cet obstacle, quelque soin et quelque dexterité que l'un et l'autre y peust apporter. Enfin, cette Princesse, ayant esté mariée au Duc de Bar[20], temoigna la meme dureté: elle ne put estre persuadée ny par les raisons ny par l'exemple du Roy son frere, de renoncer à la Relligion Pretendue Reffor- mée, ainsy qu'il avoit fait à son avenement à la couronne.

Salvaing s'en estant retourné en Piedmont, pour faire sçavoir au Duc la resolution du Roy de Navarre, Calignon, que ce Prince avoit fort gousté, demeura prés de luy. Là dessus les mouvements civils, excités dans le Royaume pour la Religion, ayant armé tous les Protestans, Montbrun [21], éleu chef de ceux de Dauphiné, envoya demander, par l'un des siens, ses ordres au Roy de Navarre, general de leur party; mais cet envoyé estant tombé malade, sur le poinct de son retour, et venant, peu après, à mourir, le Roy luy subrogea Calignon, qu'il avoit desja honoré du titre de son conseillier et secretaire, lequel fit si bien sa charge et s'acquit tant d'estime envers Montbrun et le reste des chefs Protestants, qu'ils ne firent point scrupule de luy confier leurs plus grandes affaires et de l'employer, avec l'agrément du Roy son maistre, en tout ce qu'ils auroient à desmesler avecque la Cour de Parlement et le Lieutenant de Roy. Or, comme il arrivoit quelquefois que, bien qu'il leur fist des propositions fort peu agréables, ils ne pouvoient s'empescher de loüer son esprit, son adresse et son eloquence, un jour, le premier President Truchon, prit, de là, sujet de dire, *que Calignon négotiateur faisoit bien voir quel homme auroit esté Calignon advocat;* et, parce qu'en effet ce negotiateur leur parloit hardiment et leur portoit quelquefois des parolles assés dures pour n'estre pas facilement digerées, le President ajoûtoit, *que s'ils l'eussent receu postulant, comme c'estoit alors son avis, il n'eust jamais parlé devant eux qu'avecque douceur et soûmission.* Cependant ny l'importance de ses employs, ny la reputation qu'il acqueroit tous les jours dans les deux partys, avec l'avantage de se rendre necessaire à l'un et considerable à l'autre, ne l'elevoient jamais au dessus de sa naturelle modestie, et ne luy faisoient point oublier ce qu'il estoit obligé de rendre à ceux qui avoient donné quelque lieu à son avancement; en quoy il verifioit que ce n'est qu'aux personnes vulgaires et peu heureusement nées, que les honneurs changent et corrompent les mœurs. Il ne venoit jamais à Grenoble, où ses negotiations de paix ou de treve l'amenoient souvent, qu'il ne reconnust, par ses frequentes visites, ce qu'il devoit à la genereuse amitié du Sr de St André, rendant aussi beaucoup de respects à Guillaume d'Avanson [22], evesque de Grenoble, et quelque temps après Archevesque d'Ambrum, personnage de qualité, et sans doute aussy trés digne Prelat, qui, ayant beaucoup d'erudition, faisoit pour cela grand estat de luy, témoignant mesme du déplaisir que la contrarieté de leur Religion luy fust un obstacle à l'avancer dans les dignités ecclesiastiques. Calignon n'oublioit pas encore ce qu'il devoit à l'affection constante du Sr Ferrand, qui veritablement conserva une singuliere estime pour son merite, mais, à quelque temps de là, rompit leurs communes habitudes, reffusa ses visites sous divers pretextes, comme ne voulant plus avoir de commerce avec les personnes d'une Relligion dont il estoit mortel ennemy. Calignon ne laissa pas pourtant de rendre aux siens, dans les occasions, tous les bons offices qui luy furent possibles, de quoy j'ay esté souvent asseuré par leur propre bouche.

La mort de Montbrun estant survenüe alors, en la malheureuse sorte que l'Histoire de ce temps là nous apprend, et qui est telle, qu'on n'a pas moins d'estonnement que de douleur de voir qu'un des plus vertueux hommes du monde, et qui, contre l'ordinaire de la pluspart de ceux de sa profession, ne permettoit nullement le desordre, et, dans la plus grande fureur des armes qui ferment d'ordinaire la bouche aux Loix, gardoit admirablement la justice, en ayt éprouvé la dernière rigueur, jusques à souffrir la peine quelle ordonne aux meschants, Lesdiguieres, celuy de ses lieutenants qu'il avoit toujours le plus consideré par la haute connoissance de ce qu'il valoit et peut estre par quelque secret pressentiment de ce qu'un jour il devoit estre, fut d'abord nommé son successeur par les Protestants du haut Dauphiné, qui, n'estant prevenus d'aucune jalousie contre luy, comme l'estoient ceux du bas Dauphiné, à qui sa gloire naissante faisoit mal aux yeux, tomberent d'accord que, dans le mauvais estat où cette disgrace avoit mis ce party, nul autre ne pouvoit mieux le relever et le garantir d'une entiere ruyne; mais les autres avoient bien de la peine de s'accommoder à cette necessité et traversoient secretement et de toute leur puissance son élection, comme je l'ay marqué dans son Histoire. Enfin, après l'avoir long temps retardée et avoir inutilement tenté les moyens de prendre, chacun pour soy, le commandement general, ils resolurent de sousmettre leurs pretentions à l'authorité du Mareschal de Damville [25] Henry de Montmorancy, dépuis Connestable de France, lequel, tout catholique qu'il estoit, adheroit ouvertement à leur party, pour les raisons marquées dans l'Histoire de ce temps là, et qu'ils reconnoissoient pour leur protecteur, le suppliant de leur faire sçavoir au plustost, là dessus, ses ordres. Ils luy depescherent donques Calignon, lequel, avec leur estime, possedoit parfaitement leur confidence; et, en attendant son retour, ils consentirent que Lesdiguieres eût la direction generalle de leurs affaires. Vercoyran, l'un d'eux, estant en meme temps envoyé par tout le corps vers la dame de Montbrun, veuve du deffunct, duquel il estoit proche parent, pour luy faire les compliments et luy rendre les offices que son affliction leur demandoit, Calignon luy fut adjoint; et Vercoyran, tout spirituel et habile homme qu'il estoit, jusqu'à ne pas manquer du secours que l'estude donne à la bonne naissance, luy laissa le plus souvent prendre la parolle, comme à l'un des hommes de son siecle qui sçavoit le mieux s'en servir et à qui trés peu de gens pouvoient raisonnablement le disputer. Ce compliment ayant esté faict en la ville de Montlimar, sur la route de Languedoc, où le Mareschal se rencontroit, Calignon se rendit prés de luy; et, ayant satisfait à son employ avec grande approbation du Mareschal, porta ses intentions à ceux qui les attendoient, contenües dans une commission fort ample qu'il donnoit à Lesdiguieres, sous le bon plaisir du Roy de Navarre, de commander generallement aux Protestants de Dauphiné. Comme neantmoins la pluspart d'eux ne pouvoient encore se resoudre à reconnoitre ses ordres, enfin, les plus raisonnables prevoyant le danger extrême où les jettoit cette des-union dont le party catholique prenoit de grands avantages, il fut dit que l'on envoyeroit demander un chef au Roy de Navarre, et les mecontents se flatterent de cette esperance, qu'ils trouveroient plus de faveur prés de luy qu'ils n'avoient fait auprés du Mareschal. Chacun d'eux y fit representer son interest par un confident, mais Lesdiguieres ne prit point ce soin, soit qu'il creust que son merite, déja bien connu et estimé du Roy, y seroit un puissant solliciteur et luy rendroit assés cet office, ou qu'il s'en abstint par discretion, afin de ne pas donner couleur à ce que ses envieux disoient, *qu'il aspiroit visiblement à la tyrannie, qu'il faisoit le Cesar et vouloit perpetuer en sa personne la Dictature.* Il se contenta donc, rendant ses devoirs à sa Majesté par ses lettres, *de la supplier tres humblement de croire qu'il estoit prest d'obeyr à quiconque elle luy ordonneroit.*

Une affaire de grande importance pour le bien general de ce party avoit mené, depuis quelque temps, Calignon devers le Roy; et il avoit d'autant plus agréablement fait ce voyage, qu'outre qu'il y trouvoit le moyen de se rendre toûjours necessaire à son party et de justifier l'opinion qu'on y avoit qu'on n'en pouvoit mettre les affaires entre de meilleures mains que les siennes, il sçavoit qu'il est de la prudence de ceux qui veulent s'avancer auprès des Grands d'y paroitre le plus qu'il est possible, afin d'estre toujours en estat de recevoir leurs ordres, et que l'on ne doit s'en éloigner, que lorsqu'ils en donnent eux mesmes des occasions où l'on peut leur estre plus utile que si on ne bougeoit d'auprés d'eux, estant certain que l'on s'en approche par là davantage et, que memes en l'absence, on leur est encore plus present. Aussi, certes, il pratiqua d'autant plus heureusement cette maxime, qu'ayant fait une exacte et judicieuse relation au Roy de l'estat où se trouvoit le party Protestant en Dauphiné et de ce qu'il y avoit fait, il accreut beaucoup l'estime que ce Prince avoit pour luy et le confirma dans la volonté de s'en servir aux rencontres les plus importantes, jugeant bien, par le succés de celle où il avoit agi, qu'il n'y en avoit point au delà de sa portée et qu'il avoit de la force et de l'adresse, ce qu'il en falloit pour soustenir les plus grands employs et desmesler les plus fascheuses difficultés. Je ne parle point de l'avantage que luy donnoit d'ailleurs son sçavoir et la noble maniere de s'en servir, lors que, sans en affecter indiscrettement l'occasion, comme font parfois les gens de lettres dans la cour des Princes, ce qui les rend importuns et fascheux, il la voyoit naistre d'elle mesme, devant le Roy et la Reine, sa mere, Princesse de grand esprit et instruite aux belles connoissances, laquelle luy commandoit souvent de l'entretenir et témoignoit beaucoup de satisfaction à l'ecouter. De cette sorte, il s'establissoit tous les jours plus avant dans l'esprit de son maistre. Je puis bien desormais appeler ainsi le Roy de Navarre, puis qu'il l'avoit fait coucher sur l'estat de sa maison et luy donnoit de notables appointements. Cependant les envoyés des chefs Protestants, qui estoient arrivés dépuis peu, faisant une grande instance pour obtenir leurs demandes, le Roy, qui s'en trouvoit fort pressé, appella Calignon en particulier dans son cabinet, et, ne luy celant point qu'il vouloit obliger Lesdiguieres, y estant excité par le bien que chaque jour il oyoit dire de luy et par les nouvelles de ses frequents succès, luy declara qu'il le vouloit faire son lieutenant general tant au bas qu'au haut Dauphiné, à l'exclusion de tous ses concurrents; mais, parce qu'estant considerables dans le party, où ils pouvoient beaucoup nuire ou servir, ils meritoient d'estre conservés, et qu'il estoit de la prudence du Roy d'éviter toutes les occasions de leur faire perdre l'affection qu'ils témoignoient au bien de la *cause*, (c'est comme ils appeloient ce party), il vouloit tacher d'avoir là dessus leur agrément, il luy commit le soin de faire approuver son choix à ces envoyés, ce qui, à vray dire, n'estoit pas aisé et demandoit une grande adresse; l'asseurant, au reste, qu'il luy rendroit un service tres agréable, de le delivrer de leurs poursuittes qui luy faisoient de la peine et commençoient à l'importuner. Certainemant Calignon ne rencontra d'abord, en ces gens là, disposition quelconque à goûter cette proposition, et ils y parurent fort contraires; mais ce grand esprit sceut si adroittement ménager et contourner les leurs, que s'en estant peu à peu rendu le maistre, il en obtint enfin ce qu'il désiroit, et ils donnerent leur consentement à l'election entiere de Lesdiguieres, à qui S. M. envoya les provisions necessaires pour commander, en qualité de son Lieutenant-general, tant dans le bas qu'au haut Dauphiné.

A quelque temps de là, y ayant eu un Edict de paix (ce fut l'an 1576), par lequel le Roy Henry troisiesme accordoit, entre autres choses, aux Protestants du Royaume, l'erection d'une chambre my-partie en chaque Parlement, pour faire cesser leurs plaintes ordinaires du desni de justice, fondées sur ce que tous les magistrats estant Catholiques, et par conséquent ennemis declarés de leur Religion, ils rejettoient avecque mespris tout ce qui venoit de la part des Protestants et ne leur faisoient jamais justice, S. M. voulut que ces chambres fussent composées d'un President et de cinq Conseilliers de leur Relligion, repondant à un pareil nombre de Catholiques tirés du corps entier de chacun des Parlements. Le Roy de Navarre, à qui les continuels services de Calignon, estoient de puissantes sollicitations, de luy témoigner publiquement, combien il les avoit agreables, estant certain qu'assés demande qui bien sert, comme faisoit Calignon, profitta de cette rencontre et obtint pour luy, du Duc d'Alençon [24], à qui l'execution de l'Edict estoit commise, le brevet d'un des offices de Conseillier. Or, comme l'Edict portoit que les officiers seroient receus dans ces chambres, et que n'y en ayant encore point de leur Relligion en celle de Grenoble, cette reception ne pouvoit estre faicte par les Officiers Catholiques, à cause qu'il pouvoit arriver que, sous pretexte de ne trouver pas les autres capables de cette fonction, ils ne voudroient point les y admettre, le Roy trouva bon de prevenir cet inconvenient par ses Lettres Patentes, ordonnant que l'un des conseilliers designés, du nombre des Protestans, seroit examiné et receu par son Conseil. Calignon fut celuy-là, ayant esté examiné par le Chancellier, qui rendit publiquement le témoignage qu'il devoit à son sçavoir, jusques à dire, *que si tous les autres estoient de la force de celuy-ci, ils causeroient beaucoup d'émulation, pour ne pas dire de jalousie, aux Magistrats Catholiques.*

Estant de retour en Dauphiné, pour y attendre son établissement et prendre possession de son office avec ceux qui estoient nommés pour les autres, lesquels pourtant n'y furent point receus, car, les choses venant à changer de face enfin, cet Edict n'eut point d'effet, il fut deputé par ceux de sa Relligion, pour aller aux Estats generaux de Blois, y porter leurs Remontrances; mais, comme ce qui s'y passa en la personne du Duc de Guise [25] et du cardinal [26], son frère, eût rompu l'Assemblée, et donné lieu à ceux de leur faction et aux secrets partisans de la Ligue [27], formée quelque temps auparavant, d'esclatter et de faire toutes les choses marquées dans l'Histoire generalle, la rupture de cet Edict de Paix fut une des principales suites de ce désordre, on ne parla plus de l'établissement de ces Chambres my parties; mais pourtant Calignon, perdant la possession de cet office, ne demeura pas sans occupation. Certes, il eust esté grand dommage, et je me doute qu'yci mes lecteurs concourent à ma pensée, qu'un si bon ouvrier eût long temps chommé et eût quelquesfois manqué de besogne : il en trouva doncques beaucoup plus que n'en eust souhaité un homme aussi ambitieux et avide d'honneur et d'employ, qu'à vray dire il l'estoit peu, car ceux de sa Relligion, parmi lesquels il augmentoit tous les jours de consideration et d'estime, ne le laissoient nullement en repos, et l'obligeoient à de frequents voyages, dedans et dehors la Province, pour le bien de leurs affaires, tant auprés de son maistre, le Roy de Navarre, que vers le mareschal de Damville, qui estoit consideré du Party Protestant comme un de ses plus puissants protecteurs. Calignon le fut trouver une fois, entre autres, pour rendre à Lesdiguieres, dont les interests luy estoient beaucoup plus chers que les siens propres, un signalé bon office, et pour rompre de mauvaises pratiques que ses envieux faisoient auprés du Mareschal, pour l'aliener de luy et le faire déchoir de son estime. Mesme Lesdiguieres, estant menacé par Gordes[28], Lieutenant de Roy, du rasement de quelques fortifications qui mettoient sa maison à couvert, Calignon procura que le Mareschal intervinst, par son credit envers Gordes, pour détourner l'effet de ce dessein ; de sorte que le lieutenant de Roy, voyant l'appuy que Lesdiguieres avoit de ce costé là, ne parla plus de ce rasement, quelque ordre qu'il eust de le faire executer de la part du Duc de Mayenne, alors chef declaré de la Ligue et de grande autorité dans le Royaume.

Cependant le mesme Roy Henry 3ᵉ, ayant fait un nouvel Edict de Paix portant création d'une Chambre tripartie dans le Parlement de Dauphiné, au lieu de la mypartie ordonnée par le precedent Edict, Calignon fut pourveu d'un office de Conseillier en cette Chambre. Mais, comme les volontés du Roy, toujours suspectes à ceux de la Ligue, principallement en ce qui concernoit le party Protestant auquel ils accusoient S. M. d'adherer, estoient perpetuellement traversées, l'execution de cet Edict rencontrant d'extremes difficultés dans les Provinces, par l'artifice de ceux qui vouloient tenir les choses dans le désordre pour en profiter, l'erection de cette nouvelle Chambre demeura sans effet, et Calignon continua ses soins et ses negotiations afin de procurer l'avantage de son party en toutes rencontres, faisant plusieurs voyages pour cela, tant en Languedoc que vers le Roy de Navarre, son maistre, auquel il rendoit conte de toutes choses et qui le consideroit comme son ministre en Dauphiné.

Gordes, Lieutenant de Roy, dont je viens de faire cy-dessus mention, estant venu alors à mourir (c'estoit en l'année 1560), comme il s'en alloit donner quelques ordres vers la frontiere de Dauphiné qui regarde le Languedoc, à cause de quoy il s'estoit avancé en la ville de Montelimar, le comte de Maugiron [29], l'un des plus qualifiés et considerables gentils-hommes de la Province, fut aussitost pourveu de la charge que cette mort avait fait vaquer. Ayant fait un traicté provisionel avec les Protestants de Dauphiné, en execution du dernier Edict, et ce traicté n'estant pas approuvé du Roy, il en receut du blasme et de grands reproches par des lettres expresses de S. M.; de sorte que, pour reparer ce manquement, il leur proposa quelques autres conditions, pour l'approbation desquelles ayant deputé au Roy le Baron de Sausac [30], son confident, les Protestants, ne voulant rien conclure sans avoir consulté leur souverain oracle, le Roy de Navarre, et avoir appris ses volontés, luy envoyèrent Calignon, qui, s'en estant bien instruit et ayant veu en suite, par son ordre, la Reine mere, Catherine de Medicis [31], qui estoit venue exprés à Nerac pour traicter de quelque accommodement avec ce Prince, son gendre [32], elle envoya Calignon au Roy, son fils, par la participation et l'avis meme du Roy de Navarre, sur quelques difficultez qu'elle croyoit ne devoir point resoudre sans en donner connoissance à S. M. Mais, comme le Roy ne pût s'accorder aux conditions demandées par les Protestants, il renvoya Calignon à Nerac, d'où la Reine mere partit aussitost; et le Roy de Navarre, l'ayant retenu quelque temps auprés de luy, le depescha finalement en Dauphiné, où de nouvelles negociations avecque le Lieutenant de Roy l'occuperent derechef jusques à la fin de cette année 1579.

Cependant, comme le Roy de Navarre ne protegeoit pas moins les Protestants des vallées de Piedmont, voysines de Dauphiné, que ceux de cette Province, il avoit donné ordre à Calignon de conferer avec Lesdiguieres sur quelques propositions faictes par ces gens là à S. M., concernant leur seureté commune, pour l'effet desquelles il fut trouvé à propos que Calignon passast en Piedmont; et, comme Lesdiguieres jugea bien, par sa prudence ordinaire, qu'il ne se pourroit rien faire utilement de ce costé là sans avoir le support du Mareschal de Bellegarde [33], qui commandoit pour le Roy dans le Marquisat de Saluces [34], il se servit adroittement des défiences et des mescontentements que le Mareschal avoit du costé de la Cour, où les Ligueurs travailloient à luy oster ce Gouvernement, et il donna charge à Calignon de l'assûrer qu'il seroit secouru par les Protestants de Dauphiné, toutes les fois qu'il le desireroit, afin de se maintenir et se fortifier contre les entreprises de ses ennemis, lesquels, pour le rendre suspect au Roy, l'accusoient publiquement d'intelligence avec les Rebelles, (c'est comme ils nommoient les Protestants). Cette proposition fut d'autant plus agréable au Mareschal, qu'il jugeoit bien que, venant à perdre son Gouvernement qui estoit desormais tout son asyle, ce qu'il avoit grand sujet de craindre, car le Roy et la Reyne, sa mere, prevenus par les Ligueurs, cessant de luy estre favorables, il n'y avoit plus rien capable de le garantir de la malice de ses ennemis. Ayant donc bien receu Calignon, et témoigné par luy mesme à Lesdiguieres qu'il acceptoit de fort bon cœur les offres de son amitié et les propositions du secours qui luy estoit promis, il fit paroitre beaucoup de desir que Lesdiguieres luy procurast secrettement l'appuy du Roy de Navarre, et, pour ainsi dire, le couvrist de ce puissant bouclier contre la persecution dont il estoit menacé. Cela fut fait tost après par un voyage de Calignon à Nerac, d'où le Roy de Navarre n'avoit bougé, et le Mareschal fut asseuré, par un gentil-homme exprés, de la protection de ce Prince, moyennant quoy les Protestants des vallées de Piedmont, qui estoient de son Gouvernement, furent non seulement en repos, mais en receurent secrettement beaucoup de faveurs.

Peu de temps aprés, la Conference de Nerac entre la Reine mere et le Roy de Navarre ayant esté faitte, ainsi que j'ay touché cy-dessus, pour trouver quelque moyen de pacifier entierement les troubles, on reprit les derniers termes et l'execution de l'Edict de l'an 1577, portant creation d'un office de President et de quatre Conseilliers Protestants en la chambre tripartie, dont leur party demandoit l'establissement avec une grande instance. Ensuite, Calignon fut, derechef, pourveu de l'un des offices de Conseillier et en presta mesme le serment : mais il ne le posseda pas mieux, à cette troisiéme fois, qu'aux autres; car les mouvements survenus là dessus, et plus violents qu'auparavant, firent changer de face à toutes choses et retomber l'Estat en ses premieres confusions. Cela donna lieu à de nouvelles occasions d'employ pour Calignon auprés du Roy de Navarre; et le Mareschal de Bellegarde fut le sujet d'un voyage exprés qu'il fit vers luy, de la part de S. M., avec des lettres de creance et des blancs sings, tant du Roy que de Lesdiguieres, que le Mareschal sollicitoit incessamment de l'effet des promesses que Calignon luy avoit portées de sa part, touchant le secours quil demandoit, lequel luy estoit d'autant plus necessaire, que la Reine mere, gagnée par les ennemis du Mareschal, estoit venue en Dauphiné pour travailler, conjointement avec eux, à le tirer du Marquisat de Saluces; ce qui, à vray dire, estoit sa totale ruine. Calignon fit donques ce voyage, avec toute sorte de contentement pour le Mareschal, car il avoit apporté un ordre exprés à Lesdiguieres et aux Protestants de la Province de le secourir, si on l'attaquoit à force ouverte; ce que pourtant la Reine et les Ligués n'oserent pas entreprendre, craignant un mauvais succés, à cause de la prompte assistance que le Mareschal pouvoit avoir et qu'ils n'estoient pas capables d'empescher.

Calignon ayant donné quelques jours au soin de ses affaires domestiques, commises à Hugues de Calignon, l'un de ses freres, depuis Maistre des Comptes à Grenoble, alla trouver Lesdiguieres à Gap [35], l'une des dix principalles villes de la Province. Comme ils eurent conferé ensemble sur l'execution des ordres qu'il luy avoit apportés concernant le Mareschal, il passa en Piedmont pour le voir, et en fut d'autant mieux accueilli qu'il l'assûroit de l'effet prochain des esperances qu'il avoit en la faveur du Roy de Navarre et en l'assistance de Lesdiguieres. Un Traitté de Pacification avecque les Protestants avoit cependant esté fait à Monluel, petite ville de Bresse, par la Reine mere, qui, suivant sa politique assés connuë de ceux qui sçavent l'histoire de ce temps là et n'ignorent pas quel estoit le genie de cette Princesse, ayant une perpetuelle intention de regner, s'appuyoit tantost sur un party, tantost sur l'autre, et favorisoit les Catholiques ou les Protestants, selon qu'elle le jugeoit necessaire pour elle mesme et qu'ils pouvoient servir à sa propre subsistance. Estant donc alors mal satisfaitte des chefs de la Ligue, elle avoit quitté le dessein qu'ils luy avoient inspiré de perdre le Mareschal et avoit pris de bons sentiments pour luy, l'en ayant fait assûrer par ceux auxquels il prenoit le plus de creance et à qui elle s'en estoit expliquée franchement et sans dissimulation. Le sieur de Hautefort [36], premier President au Parlement, fut l'un des principaux qu'elle employa pour guerir l'esprit du Mareschal de l'apprehension où il estoit qu'elle ne luy fût peu favorable, et, pour luy donner une opinion contraire, elle l'avoit commis luy mesme, avec le premier President, pour l'execution de ce traitté; à cause dequoy le Mareschal, aprés avoir bien pourveu ses places de toutes les choses necessaires pour leur garde, estoit venu à Grenoble où l'appelloit l'effet de sa commission. Calignon s'y estant rendu avec luy, non sans avoir esté de sa part à Gap, pour voir Lesdiguieres et entretenir d'autant leur commune intelligence, s'en alla en Guyenne, rendre conte au Roy de Navarre, son maistre, de ce qu'il avoit fait en Dauphiné et en Piedmont, portant des lettres du Mareschal à S. M., le secret desquelles luy estoit commis, avec charge expresse de l'assûrer de sa parfaite reconnaissance. Certainement le Roy fut si content de tout ce que Calignon avoit fait, qu'il creut ne devoir pas plus long temps differer la recompense d'une partie de ses services: il le pourveut donques d'un office de Maistre des Requestes de son Hostel, le 19ᵉ de janvier de l'an 1580, et Calignon en presta le serment entre les mains de S. M.

Ayant passé prés d'elle une partie de l'hyver et servy tres utilement en plusieurs importantes rencontres, il en survint une en Dauphiné qui l'y r'appela derechef: c'estoit une notable brouillerie arrivée entre les chefs principaux des Protestants, qui n'avoit pu estre accommodée par Lesdiguieres, auquel ils ne vouloient pas remettre leurs interests, par la jalousie qu'ils avoient de l'accroissement de son estime et de son authorité, confirmée solemnellement, dépuis peu, par le Roy de Navarre. Calignon y fut donc envoyé pour remettre les choses dans l'ordre et interposer le pouvoir de ce Prince, où il le jugeroit necessaire, le Roy l'ayant fait porteur et exécuteur d'un reglement qui couppoit racine à tous les différents, pour l'excecution duquel, estant obligé de demeurer dans la Province, il y fut toujours avec honneur, assistant Lesdiguieres de ses conseils, ayant l'intendance des Finances et faisant cesser les empeschements qu'apportoient à leur levée les chefs du Bas Dauphiné, pour affoiblir d'autant le pouvoir de Lesdiguieres ; bref, prenant connoissance au nom du Roy, son maistre, de tout ce qui concernoit le party, avec un plein pouvoir d'en ordonner conjoinctement avec Lesdiguieres. A quoy il apporta tant de sagesse, qu'il reconcilia tous les esprits, reünit doucement les membres separés et alienés du chef, et finalement se comporta si bien, qu'il acquit une absolüe et generale creance envers les uns et les autres.

En mesme temps, le Duc de Mayenne, chef de la Ligue, estant venu en Dauphiné avec une grande armée pour faire la guerre aux Protestants, et cette occasion, que j'ay décritte assés au long dans l'Histoire du grand Connestable, ayant assés diminué leurs trouppes, il avoit esté du soin de Lesdiguieres d'en avoir de nouvelles et de se fortifier du secours des Estrangers, principalement des Allemans. Calignon estant revenu de Piedmont, où il avoit passé par l'ordre du Roy, son maistre, afin de moyenner envers le Duc de Savoye, Emmanuel Philibert, qu'il employast son credit en Espagne pour la delivrance de la Noüe [37], brave capitaine françois retenu prisonnier à Namur, alla au Palatinat du Rhin porter aux trouppes levées la solde qui leur estoit promise, lesquelles pourtant furent congediées presque aussitost, à cause du nouveau Traicté de Paix que la conférance de Flex avoit produit, pour l'execusion duquel, y ayant beaucoup de difficultés à surmonter, les principaux chefs des Protestants convoquerent une grande Assemblée à Die, l'une des dix villes principalles de ce pays, au commencement du primtemps de l'année 1581, en laquelle se trouverent, de la part du Roy de Navarre, Segur [38] et Calignon, deux de ses plus confidents serviteurs, celuy là envoyé expressement pour se joindre à celuy-cy, qui se rencontroit dans la Province. Ces deux, ayant conferé selon leurs ordres avec Lesdiguieres, pour l'établissement de cette Paix, furent ouvrir l'Assemblée et apprirent aux convoqués les sentiments du Roy, leur maistre; comme on y deliberoit, la Cour de Parlement y deputa Basset [30], Juge royal de Grenoble, et Fustier, Secretaire au Parlement, avec des lettres de creance, pour y donner avis de la reception de cette Conference par la Cour, ensemble de la Declaration de S. M., exhortant l'Assemblée de s'expliquer de ses intentions, qu'ils croyoient icy principallement toutes portées au bien et au repos de la Province. Plusieurs conferences ayant esté faictes là dessus sans qu'il y fust rien conclu, l'Assemblée se transporta à Gap, où les deputés du Parlement se rendirent aussi. Ayant exposé là de nouveau leur charge, enfin il y fut répondu par l'Assemblée, et elle commit Segur et Calignon pour aller negocier avec le Parlement et Maugiron, Lieutenant de Roy, sur l'execution de ce Traitté. Dès que ces deux deputés eurent leurs passeports, ils se rendirent à Grenoble, et furent ouys par le Parlement et par la Chambre des Comptes ensemble. Ayant representé ce qui estoit de leur legation, il y eut diverses contestations; et, comme Mangiron, qui n'estoit pas alors dans la ville, y fut revenu, le premier President de Hautefort, qui portoit la parole du Parlement, accompagné de deux Maistres des Comptes, du Procureur General du Roy et du Commissaire General du pays, furent conferer avecque luy sur les resolutions qu'ils devoient prendre. Ce qui faisoit la principalle difficulté, c'est que les Protestants demandoient que la Cour verifiast les Edicts de Paix des trois dernières années, conjointement avec cette nouvelle Declaration, à cause que tout cela leur estoit fort favorable et qu'ils y trouvoient de grands avantages. Au contraire, le Parlement et le Lieutenant de Roy vouloient qu'ils se contentassent qu'on verifiast la derniere Declaration; qu'avant toutes choses les troupes des Protestants fussent licentiées, à la reserve des garnisons de Nyons et de Serres, qui leur demeuroient comme places de seureté; que la citadelle de Puymore, faicte par Lesdiguieres sur la ville de Gap, et les fortifications de sa maison propre fussent demolies; se plaignant, au reste, de ce qu'ils vouloient demanteller cette ville là. Bien loin que les Protestants tombassent d'accord de toutes ces choses, ils persistoient à vouloir que la verification des Edicts precedast le licenciment des trouppes; que la citadelle de Puymore et les autres fortifications demeurassent en leur entier; avoüant bien qu'on avoit proposé le rasement des murailles de Gap, mais que cette resolution estoit demeurée sans effet et que l'on n'y pensoit plus.

Cependant, parce qu'à cause des frequentes communications qu'il falloit que ces deux Deputez eussent avec l'Assemblée, il se passoit beaucoup de temps inutilement, à cause de la distance des lieux, il fut dit que l'Assemblée s'approcheroit jusqu'au Bourg de Mens, comme elle fit, pour avoir plustost nouvelles de ses Deputés et pouvoir plustost leur faire responce, n'y ayant qu'une petite journée de Grenoble à Mens, au lieu qu'il y en avoit presque trois de Grenoble à Gap. Dés que l'Assemblée fut à Mens, le Parlement y envoya de nouveaux Deputés, qui y renouvellerent les propositions faittes à Calignon et à Segur ; l'Assemblée repondit par ecrit, ajoûtant d'autres articles aux precedents, en execution de ce dernier Edict, et ne dissimulant point qu'elle vouloit demander au Roy la ville de Gap pour place de seureté, au lieu de celle de Serres; que si, neantmoins, S. M. ne trouvoit pas bon de l'accorder, ils obeïroient à ce qui leur seroit prescrit de sa part; mesmes ils demoliroient les fortifications faittes à Puymore et la maison mesme du sieur de Lesdiguieres à Gap, si le Roy, aprés leur avoir fait la grace de les ouïr, le leur commandoit absolument; pour asseurance dequoy, ils offroient des ostages, supplyant la Cour de Parlement, moyennant cela, de ne point differer la publication et l'execution des Edicts, et, au reste, demandant des passeports pour ceux quils desiroient envoyer à la Cour, porter leurs supplications au Roy et luy faire leurs tres humbles remontrances. Ainsi, l'Assemblée ayant envoyé de nouveau pour cela, à la Cour de Parlement, Calignon et Segur, ses Deputés ordinaires, ils y furent ouys, la Chambre des Comptes y assistant par ses Deputés, en presence du Lieutenant de Roy, des Commissaires du pays, des Gentils-hommes et autres personnes Catholiques de la ville de Gap, refugiés à Grenoble. Calignon, qui portoit la parolle de l'Assemblée avec une éloquence admirée de tout ce qui l'escoutoit et accompagnée d'une grande hardiesse, mais pourtant toujours fort respectueuse, et qui ne s'emportoit à aucuns termes indiscrets et facheux, n'oublia rien afin d'obtenir l'effect de ses demandes; mais quoy qu'il sceût faire, et Segur avec luy, qui, pour donner un peu de relasche à Calignon, orateur vehement, prenoit par fois la parolle, et non sans beaucoup de grace, car il passoit pour l'un des plus polis esprits de son temps, le Parlement leur repondit nettement par la bouche d'Hautefort, qu'il ne pouvoit en façon quelconque verifier l'Edit, que les Protestants n'eussent fait au paravant ce qu'ils offroient de faire aprés, c'est à dire qu'ils n'eussent rendu les places, celles de Nyons et de Serres toujours exceptées, et demoli toutes leurs fortifications; mesme on leur refusa les passeports pour ceux qu'ils vouloient envoyer au Roy. De sorte que Calignon et Segur, éconduits en toutes choses, se retirerent avec apparence d'une nouvelle et entière rupture, non seulement dans cette Province, mais encore par toute la France.

En effet, pendant ces allées et venues, le Roy ne laissoit pas de faire de grands preparatifs pour recommencer la guerre, principallement en Dauphiné, qui estoit la part commise au Duc de Mayenne, lequel avoit toujours eu sur pied une armée considerable; de maniere que les Protestants, se voyant de nouveau menacés, recoururent à leur protecteur ordinaire, le Roy de Navarre, luy envoyant en diligence Burle et Marquet, (celuy-cy fut dépuis President en la Chambre de l'Edit), auxquels fut ajousté Biard de la part de Lesdiguieres, pour rendre un conte particulier au Roy de tout ce qui s'estoit passé dans la Province, luy en representer l'estat et lui faire scavoir l'apprehension où le party Protestant estoit d'estre accablé des forces ennemies, aux quelles les leurs estoient extremement inferieures. Mesme Lesdiguieres supplyoit tres humblement S. M., au nom de tout le Party, de trouver bon que Mr le Prince de Condé [40] vint commander en personne dans la Province, et que cependant il luy pleust interceder envers le Roy, afin que Sa Majesté fit joüir les Protestants du benefice de ses Edicts, nonobstant le refus du Parlement et les difficultez extremes qu'il y avoit de nouveau formées. De sorte que, sur l'instance que Burle et Marquet firent au Roy de Navarre, il despescha celuy ci au Roy et à la Reine, sa mère, avec des memoires fort exprés, pour faire comprendre à leurs Majestés, *que ceux de la Rellìgion de Dauphiné s'estoient mis dans tous les termes raisonnables, et avoient fait toutes choses possibles pour faciliter l'execution des Edits, laquelle avoit esté perpetuellement empeschée par Maugiron, Lieutenant de Roy, et par la Cour de Parlement, qui adheroient publiquement au Duc de Mayenne, chef de l'union visiblement formée pour détruire l'Estat, plustost que pour abbattre les Protestants, qui n'avoient rien de plus naturel et plus profondement empreint dans le cœur que la deffence et l'appuy de ce mesme Estat, et l'obéissance deüe à leur Souverain; ayant assés temoigné, par leurs constantes offres et protestations, qu'ils vouloient se soûmettre à tous les ordres de S. M., pourveu qu'il luy pleust les faire joüir des graces qu'elle leur avoit accordées.* Quoyque ces memoires fort exprés fussent leus dans le cabinet du Roy en presence de la Reine, sa mère, et animés de la vive voix de ces Deputés, eloquents et puissants en persuasion, ils ne firent impression quelconque dans l'esprit de leurs Majestés, et ce dernier Edict de paix demeura inutile et sans effet par tout le Royaume, aussi bien que les autres.

Burle et Marquet s'en estant retournés sans avoir rien obtenu, le Roy de Navarre, qui veid bien qu'il devoit plus que jamais songer à soy et se préparer à soutenir le faix de la guerre par tout le Royaume, convoqua une assemblée générale du party Protestant à Ste Foy, laquelle fut néantmoins effectivement tenüe à La Rochelle, à laquelle ceux de Dauphiné deputerent Calignon et du Mas. Calignon ayant dressé luy mesme les memoires de leur legation, car personne n'avoit plus de connoissance des affaires du party que luy et ne scavoit mieux le general et le particulier de toutes choses, ces memoires furent approuvés et signés de Lesdiguières et du reste des principaux chefs de ce Party. Ils tendoient à ce que les Protestants de la province, qui se voyoient à la veille d'estre très puissamment attaqués et avoient plus que jamais besoin de secours, en peussent tirer de Languedoc, par le moyen du Mareschal de Montmorency, cy devant Mareschal de Damville, et des Eglises de ce Pays là, et que d'ailleurs il pleust au Roy de Navarre procurer aux Eglises du Royaume, l'assistance des Estrangers. Calignon et du Mas ayant pris le chemin par le Languedoc, pour se joindre aux députés de cette province, trouverent qu'ils ne pouvoient partir de trois semaines ; de sorte que ce retardement et le tumulte de Paris, communément nommés les Barricades estant survenu, qui pouvoit apparemment faire changer la face des choses et donner lieu à de nouvelles resolutions, ils trouvèrent bon de despescher au Roy de Navarre, Cholier, Advocat au Parlement de Dauphiné, pour apprendre à S. M. les causes de leur retardement et recevoir là-dessus ses ordres.

Cependant ils rebroussèrent en Dauphiné pour y prendre de nouveaux memoires; ce qui s'estant fait en peu de jours, ils se mirent de rechef en chemin par la mesme routte de Languedoc, et ensuite se rendirent à la Rochelle, où s'estant acquittés de leur charge, ils obtinrent du Roy de Navarre des lettres avec un Deputé exprés, c'estoit du Faur [10], gentilhomme de la Maison de S. M., au Mareschal de Montmorency et aux Eglises de Languedoc, pour avoir le secours necessaire aux Protestants de Dauphiné. Calignon ayant dressé les memoires de du Faur, partit de La Rochelle avec luy et porta des lettres de creance au Mareschal et aux Eglises de Languedoc, desquelles Calignon et du Mas, obtinrent le secours d'hommes et d'argent qu'ils estoient allé leur demander.

Enfin, toutes les difficultés qui empeschoient l'exécution de ce Traicté de Flex ayant esté surmontées (1580), le Duc de Mayenne, qui veid la paix establie dans les autres endroits du Royaume, voulut aussi la faire en Dauphiné; et Calignon eut toûjours la charge d'en traicter avecque luy, comme ayant la plus haute connoissance des affaires des Protestants : ce qu'il fit, si prudemment et si fort au gré des deux Partis, qu'ayant comfirmé le sien dans la confience entiere qu'il avoit des longtemps en luy, il merita l'estime et la bienveillance de ce Prince, qui luy en donna beaucoup de preuves particulieres et publiques, ayant dit souvent, et en plusieurs endroits, *Si Mr de Calignon estoit catholique, je luy procurerois de grands avantages à la Cour, et je prendrois un soin particulier de sa fortune.* Cependant il voulut que sa maison de St Jean-lez-Voyron fût exempte de tous les logements de gens de guerre et ne receût nulle incommodité, lors mesme que des Maisons plus considerables ne pouvoient s'en garantir.

Mais ce ne fut pas seulement le Duc qui témoigna de l'estime pour Calignon, le Parlement ne voulut pas davantage differer de luy faire voir des marques de la sienne, l'ayant receu, sans difficulté comme sans examen, sur sa simple requeste, Conseillier en la Chambre de l'Edict, par un arrêt du 20e de novembre de l'an 1581, et sa reception ayant trouvé un applaudissement general, avec des sentimens pour sa personne pareils à ceux du Duc de Mayenne; de sorte que le Premier President d'Illins[41], considerable par sa vertu autant que par sa naissance, car il estoit de la maison de Rabot, l'une des plus anciennes et plus considerables de la Province, voulut bien former des habitudes avec luy, qui, les prenant à honneur, sceut les entretenir jusqu'à sa fin, avec une singuliere et respectueuse reconnoissance; et comme d'Illins dit une fois, entre autres, à quelques uns du Parlement: *Nous avons acquis en Mr de Calignon, un tres bon juge et un tres habile homme, mais j'apprehende que nous ne le gardions pas longtemps, estant capable de la conduite des grandes affaires, au poinct que nous scavons tous qu'il l'est, et ayant l'attachement qu'il a au service du Roy de Navarre,* cela fut pris pour un présage de ce qui arriva tost après, car ce Prince le manda pour demeurer desormais prés de sa personne et le servir aux affaires importantes qu'il se trouvoit alors sur les bras. Calignon se prepara donc à partir pour aller à La Rochelle, où estoit le Roy de Navarre, ayant la satisfaction de faire ce voyage avec Lesdiguieres, qui s'y en alloit aussi, mandé de mesme par Sa Majesté.

Quelque temps auparavant, il s'estoit passé une occasion qui regardoit particulierement Lesdiguieres, à qui les Catholiques zelés, qui croyoient bien faire de solliciter toûjours, autant qu'ils pouvoient, la ruyne du Party Protestant par celle de ses principaux chefs, avoient suscité une grande et dangereuse calomnie. Ils l'accusoient d'avoir fait, durant la paix, une entreprise pour rendre les Protestants maistres de Grenoble, ce qui eust esté une manifeste infraction, et l'eust chargé de beaucoup de blasme. Comme j'ay amplement écrit cecy dans l'histoire de sa vie, je ne m'y estendray pas plus avant et me contenteray de dire que les conseils de Calignon servirent bien fort au denouëment de cette mauvaise piece, et qu'il contribua tant, d'adresse et de soin, pour la faire tourner à la confusion de ses autheurs, dont quelques uns furent chatiés exemplairement, que Lesdiguieres eut grande raison de se confirmer d'autant plus par là en l'estime tres singuliere qu'il faisoit de sa personne et de son amitié, et qu'il témoignoit assez par le nom qu'il luy donnoit de son tres cher et parfait Amy, et souvent encore de son Frere; certainement jamais homme ne merita cet honneur à plus juste titre que Calignon.

Je profite icy du temps où il se prepare pour son voyage afin de remarquer un trait de sa générosité envers Bartelemy Marquet, depuis President en la Chambre de l'Edict, avec lequel il avoit formé, dés sa premiere jeunesse, de particulieres habitudes. Il luy resigna gratuitement, et en pur don, son Office de Conseillier, et ensuite il fit tout ce qui pouvoit dependre de ses soins, envers les principaux Ministres de l'Estat, singulierement envers le fameux Villeroy[42], dont il estoit beaucoup estimé et aymé, afin que sa resignation fut admise, et que Marquet obtint du Roy toutes les faveurs qu'il pouvoit esperer.

En ce temps là, le President Gentelet[43] homme de scavoir et de merite, qui avoit esté pourveu de l'office de President en cette Chambre, au mesme temps que Calignon avoit eu celuy de Conseillier, estant venu à mourir sans avoir donné ordre à ses affaires et avoir assuré sa charge à son fils, Calignon employa tout son credit envers les mesmes ministres pour le luy conserver; de sorte que, peu de temps aprés, ce fils en fut pourveu.

Il procura d'autres pareilles graces à diverses personnes, avec toute la franchise qu'on peut attendre d'un sincere et genereux amy, et d'une ame aussi pure d'avarice qu'estoit la sienne, telle qu'il l'a fait assez paroistre en la médiocrité de sa fortune, en un temps où, sans doute, il pouvoit la faire beaucoup plus grande, s'il eust esté plus sensible à l'interest qu'à l'honneur, et s'il eust eu plus de passion pour les biens qui sont de la jurisdiction de la fortune que pour ceux où elle n'a point de puissance.

Comme Lesdiguieres et Calignon avoient pris la route de Languedoc, à dessein d'y voir le Mareschal de Damville, qui avoit toujours une étroite liaison avec le Roy de Navarre, ils furent le trouver en sa belle maison de la Grange, prés de Pezenas, et traitterent de beaucoup de choses avec luy, dont la principalle fut le mariage de Charles-Emmanuel, alors Duc de Savoye, avec Catherine de Bourbon, sœur unique du Roy de Navarre; car le Duc avoit toujours desiré de s'allier à la Maison de France, et nous avons dit ailleurs qu'Emmanuel-Philibert, pere de Charles, avoit faict porter la proposition de ce mariage au Roy de Navarre, premierement par Bellegarde, gentilhomme savoisien, et depuis par Salvaing, gentilhomme françois attaché au service de la maison de Savoye et Ambassadeur du Duc vers le Roy de Navarre. Bien que cette negotiation n'eust pas reüssi, pour les raisons marquées en leur lieu, Charles avoit toujours conservé le desir de cette alliance, et, sachant que le Mareschal de Damville estoit fort considéré par le Roy de Navarre et avoit beaucoup de credit envers luy, il luy avoit envoyé Salvaing pour le prier d'intervenir auprés du Roy, afin qu'il agreast cette recherche, comme Sa Majesté faisoit assés, et l'empeschement qu'il y avoit eu, n'estoit jamais si fort venu d'elle que de sa sœur, qui ne vouloit point quitter sa religion : or Charles esperoit que le temps auroit peut estre faict relascher quelque chose de sa resolution à cette Princesse. Le Mareschal donc, sollicité par le Duc de vouloir l'obliger en cette rencontre, à quoy il auroit beaucoup d'inclination, jugeant cette alliance sortable à l'une et à l'autre de ces deux Maisons, recommanda fort expressement à Lesdiguiere et à Calignon, de joindre leurs soins aux siens pour l'heureux succés de cette affaire, leur donnant mesme des lettres de creance au Roy, et les chargeant de luy faire, de sa part, cette proposition. Ceux cy en ayant ouvert le discours, y trouverent le Roy tout disposé; et, parce que le consentement de la Princesse estoit necessaire avant toutes choses, car Sa Majesté ne vouloit nullement la contraindre, Lesdiguieres eut ordre de l'aller trouver à Pau, afin de savoir son intention. Comme elle s'en fut expliquée à luy et l'eust asseuré qu'elle vouloit tout ce qu'il plairroit au Roy son frère, moyennant la liberté de sa Relligion, dont elle se contentoit d'avoir l'exercice dans sa seule chambre et à huis clos, le Roy apprit par Salvaing qui estoit arrivé là dessus, que le Duc, son maistre, pourroit s'accommoder à cet expedient. Sur quoy S. M. trouva bon que Salvaing retournast en Piedmont, et que Calignon y allast de sa part pour scavoir la derniere resolution du Duc, meme S. M. fust d'avis qu'ils passassent par le Languedoc et qu'ils veissent le Mareschal de Damville.

Quelque soupseon de trouble dans le Dauphiné obligeant Lesdiguieres d'y retourner, il receut, pour cela, les ordres de S. M.; après quoy il partit, et ces deux avec luy. Estant arrivés dans la Province, Lesdiguieres se retira en sa maison, et Salvaing et Calignon continuerent leur voyage en Piedmont.

Ils trouvèrent le Duc environné d'Espagnols, qui faisoient tous leurs efforts pour l'obliger d'entendre au mariage de Catherine, Infante d'Espagne [44], et n'oublioient rien, afin de le detourner du dessein de s'allier à la Maison de France, à quoy il avoit beaucoup d'inclination, mesme jusqu'à temogner qu'il pourroit s'accommoder à l'intention de la Princesse, touchant l'exercice de sa Relligion dans sa chambre; mais les Espagnols, en ayant eu le vent, redoublerent leurs efforts: ils luy representerent que souffrir chés soy une Relligion contraire à la sienne qui estoit la seule bonne, ce seroit s'exposer à beaucoup d'inconveniens, et luy attirer publiquement le blâme *de favoriser en secret une nouveauté très odieuse et très dangereuse, laquelle estoit par tout une semence de rebellion et de desordre qui enseignoit aux Peuples à se revolter de l'obeïssance de leurs Souverains, qui partageroit sa Maison et peut estre son Estat déjà infecté de l'Hérésie, laquelle par ce moyen pourroit s'y établir davantage; qu'il en deviendroit suspect à tous les Princes Catholiques, ses voisins et ses amys, qui entreroient en défience de luy et relascheroient beaucoup de l'affection qu'ils témoignoient pour ses interests; principalement le Pape* [45] *et le Roy catholique, qui avoit si fort aydé à relever sa Maison, opprimée par la France, et dont l'alliance luy estoit proposée, en la personne de l'Infante Catherine, avec asseurance qu'il seroit preferé à tous les Princes dont elle estoit recherchée et qui estoient des plus puissants de l'Europe.* En un mot, ils firent tant, qu'ils esbranlèrent bien fort son esprit et le jetterent dans l'apprehension d'un mauvais succés de toutes ses affaires, s'il perdoit le support et l'amitié du Roy d'Espagne [46], laquelle il avoit tant d'interest de conserver, comme il la perdoit infailliblement, s'il s'allioit ailleurs et surtout avecque les Protestans et avec leur principal chef, le Roy de Navarre, ouvertement ennemi des Espagnols et qui, ayant bien de la peine à se soûtenir luy meme, n'auroit pas moyen de luy rendre l'assistance et les offices qu'on reçoit d'un puissant allié.

Calignon faisoit, de son costé, tout ce qu'il pouvoit pour conserver le Duc dans sa premiere inclination, n'oubliant rien, afin de luy faire comprendre qu'il ne trouveroit, nulle autre part, tant d'avantage qu'il devoit en rencontrer icy. Salvaing y apportoit les mêmes soins; mais, comme ils n'avoient pas l'accés si libre à la personne du Duc que les Espagnols dont il estoit obsedé, et ne pouvoient pas le voir souvent, ils ne sceurent empescher qu'il ne se rendist aux persuasions et aux instances contraires en estant d'ailleurs sollicité sans relasche par ses ministres, que les Espagnols avoient gagnés. De sorte qu'aprés beaucoup de pourparlers inutiles, il ne leur céla point qu'il ne trouvoit pas de seureté pour sa conscience à s'allier avec une Princesse de contraire Relligion ; et comme celle cy ne vouloit nullement ouïr parler de quitter la sienne, il avoit beaucoup de deplaisir de voir qu'il seroit contraint de renoncer aux esperances d'une alliance qu'il jugeoit, à cela prés, la plus sortable de toutes celles qui luy avoient esté proposées; les conjurant, au reste, *de prier instamment, de sa part, le Roy de Navarre de ne laisser pas pourtant de luy conserver l'honneur de son amitié, en la possession de laquelle il feroit toujours consister une de ses plus grandes satisfactions ; estant resolu de ne perdre nulle occasion de luy temoigner qu'elle luy estoit parfaitement chere.*

Il estoit alors venu à Chambery, ville capitale du Duché de Savoye, et y avoit amené Calignon, qui, despeschant, de là, au Roy de Navarre, l'un des siens, pour luy rendre conte de sa negotiation et estant obligé d'y attendre son retour, profitta de ce temps pour aller à Geneve executer quelques ordres dont le Roy, son maistre, l'avoit chargé envers Theodore de Beze [47], fameux ministre Protestant, qui entretenoit avec ceux de France une correspondance particuliere et communiquoit souvent par lettres avec le Roy de Navarre meme, à cause de l'intelligence qui estoit entre S. M. et les Princes Protestans d'Allemagne, dont, de temps en temps il tiroit du secours. Calignon, qui, parmi les plus grandes occupations que luy donnoit le service du Roy son maistre, conservoit une constante affection pour l'estude auquel il donnoit souvent une bonne partie de la nuict, lorsqu'il ne pouvoit y vacquer de jour, et qui desiroit joindre l'intelligence de la langue Hebraïque à celle qu'il avoit de la Grecque, pria Beze de luy trouver un homme qui pust la luy enseigner; ce que ce ministre fit, luy ayant adressé un Allemand nommé Alexandre Brisson, homme de grande literature et auparavant Professeur en Theologie à Geneve. Calignon le prit donc et l'emmena avec luy; et, quoy qu'il n'en eust pas longtemps besoin, à cause qu'il s'acquit bientost l'usage de cette langue, il le garda pourtant et luy continua le meme appointement de trois cents livres l'année qu'il luy donnoit, outre plusieurs gratifications qu'il luy faisoit à diverses fois et qui rendoient sa condition heureuse.

Le courrier qu'il attendoit du Roy, son maistre, estant de retour, et Calignon ayant ordre de S. M. de temoigner au Duc, qu'au defaut d'estre alliés, il ne laisseroient pas d'estre amis, selon que ce Prince le souhaitoit, comme il luy eust fait, en suite, les civilités accoustumées, il prit congé de luy et, passant en Dauphiné, alla voir Lesdiguieres en sa maison. Il en fut receu avec d'autant plus de joye, qu'il le trouva dans un embarras qui luy rendoit necessaire les offices de ses amis. Les zelés Catholiques du Parlement, ayant trop facilement écouté ses envieux et donné legerement creance à la nouvelle calomnie qu'ils luy suscitoient, d'avoir entrepris sur la ville de Grenoble et d'y avoir formé des intelligences avec les gardes des portes, dont on avoit mis quelques uns prisonniers, eurent assés de credit sur tout le Corps, pour le faire resoudre de proceder criminellement contre luy, comme infracteur de la Paix et perturbateur du repos public; mesme le Prevost de la Province eut ordre d'aller investir sa maison et de se saisir de sa personne : ce qui demeura sans effet, veu le grand nombre de braves gens qui se rendirent aussitost prés de Lesdiguieres et donnerent beaucoup de crainte aux autres, non accoustumés à des executions si difficiles. Tout cela s'estant fait à l'arrivée de Calignon, Lesdiguieres le consulta sur les moyens de se garantir de cette oppression et de detourner l'orage qui le menaçoit, grossi, de plus, par l'authorité du Lieutenant de Roy, jointe à celle du Parlement. Ayant bien examiné toutes choses, Lesdiguieres fut d'avis de recourir au Roy, pour opposer sa justice à cette violence; et, comme il se sentoit parfaittement innocent de toutes les choses dont ses ennemis le chargeoient, il ne fit point scrupule, tout Protestant qu'il estoit, et l'un des plus considerables chefs d'un party fort odieux, de se soumettre au jugement de S. M. et de son Conseil, composé de personnes très affectionnées à la Relligion Catholique, ou de repondre devant tels autres juges qu'on voudroit luy donner, quelque rigoureux qu'ils fussent, pourveu qu'ils ne fussent point du Parlement de Dauphiné, qui s'estoit ouvertement declaré son ennemy. Calignon ayant approuvé ce sentiment et voyant que Lesdiguieres mesme se resolvoit d'aller à la Cour, s'offrit de faire ce voyage pour luy, jugeant bien qu'il ne pouvoit sans peril s'éloigner de sa maison : Lesdiguières accepta cet offre avec témoignage d'obligation. Ainsi Calignon partit, et, peu de temps après, il se rendit à la Cour où il servit si bien son amy, que la malice de ses ennemis, qui n'estoient point autres que ses envieux, fut connue et demeura confuse; et il y eut des deffenses de S. M. aux Officiers du Parlement, communément nommés les Gens du Roy, de faire, pour ce regard, aucune poursuite contre luy : ce qui luy rendit toute sa liberté et ferma desormais entierement la bouche à la calomnie.

Au reste le contentement qu'eust Calignon de l'heureux succés de son voyage, fut diminué par le deplaisir de la mort de Brisson, ce Docteur en langue Hebraïque dont j'ay parlé un peu auparavant, arrivée à Paris, aprés une longue maladie, sur le poinct que Calignon en devoit partir; car il le menoit partout avec luy, pour s'entretenir dans l'exercice qu'il avoit à l'estude, à quoy il donnoit tout le temps qui luy restoit libre de ses affaires, tellement qu'il ne perdoit point d'heure qu'il pust y employer, soit en chemin ou estant de sejour; et, n'en ayant pas durant la journée, il en empruntoit durant la nuict, comme je l'ay appris du sieur Matthieu, l'un de ses principaux domestiques, lequel a esté, de mesme que moy, au service du grand Connestable de Lesdiguieres.

Ayant donné ordre à largement satisfaire les heritiers de Brisson, de ce qu'ils pouvoient pretendre de luy, auquel il avoit continué ses appointements jusqu'au dernier jour, et leur ayant écrit tres obligeamment par l'adresse que luy en donna le ministre de Beze, il se prepara pour s'en retourner en Dauphiné.

Comme il en estoit sur le poinct, il fut obligé de changer de route, se trouvant mandé par le Roy de Navarre, son maistre, pour se rendre à Nerac près de luy. Il envoya donc en Dauphiné Hugues de Calignon, l'un de ses freres, pour porter à Lesdiguieres les expeditions qu'il avoit obtenues du Roy, et prit le chemin de Guienne. Estant arrivé auprés du Roy de Navarre, qui avoit passé de Nerac à Pau, il y trouva Salvaing, Ambassadeur du Duc de Savoye, envoyé de nouveau pour y porter ses excuses et ses compliments au Roy et à la Princesse, sa sœur, de ce qu'il n'estoit pas si heureux de pouvoir accomplir son dessein, touchant l'honneur de leur Alliance, et pour le degager de cette affaire le plus civilement qu'il seroit possible. Ce que Salvaing fit si adroitement, qu'il en fut loué des deux costés et augmenta de beaucoup l'estime où il estoit d'un negociateur tres habile. Aussi certainement l'estoit-il; mais, de plus, il avoit d'autres dons, comme j'ay marqué ailleurs, par lesquels il estoit consideré comme des plus accomplis gentils-hommes de son temps : c'est un témoignage que luy rendent les Memoires sur lesquels j'écris.

Mais je ne dois nullement omettre celuy qu'ils donnent ensuite à un autre gentilhomme du mesme nom de Salvaing, c'est vous, Monsieur, et qui est conceu en des termes que j'ay purement transcris, sans y rien ajouter de ma part, suspendant en cet endroit la passion avec laquelle je vous honore. Ils disent donc, *Que comme Salvaing estoit un des gentils-hommes de Robbe Courte des plus doctes de France, il a laissé Denys de Salvaing, son nepveu, Sr de Boissieu, lequel, parmy ceux de Robbe Longue, rencontre peu de personnes qui puissent luy estre comparées, en rareté de Doctrine, force d'Eloquence, grandeur de Jugement et excellence de Memoire. Toutes ces qualités* *luy donnent tant d'ornement et le relevent à si haut poinct, que l'honneur qu'il a d'estre Conseillier d'Estat et Premier President en la Chambre des Comptes de Grenoble, est beaucoup au-dessous de son merite, du consentement general de tous ceux dont il est connu.*

Pour reprendre mon discours dont vous avés fait l'interruption, le Roy de Navarre ayant passé de Pau à La Rochelle, Calignon, qui desormais ne s'esloignoit plus de sa personne, y fut employé en diverses negociations qu'il seroit trop long de rapporter. Il alla, de la part de S. M., trouver le Mareschal de Matignon [48] à Nyort, pour le prier de vouloir employer tout ce qu'il auroit de credit à la Cour, afin d'obtenir du Roy la revocation de certains ordres fort rigoureux contre un gentil-homme de qualité, nommé Casse, et fort affectionné du Roy de Navarre, lequel estoit accusé de quelques actes d'hostilité en Saintonge et d'avoir fortifié sa maison, depuis la publication du dernier Edict de paix, ce qui l'avoit fait declarer criminel et avoit attiré sur luy la cholere du Roy; surtout parce qu'avant les derniers troubles, Casse estant catholique et ayant receu des bienfaits et des graces de S. M. en qualité de son Escuyer, avoit pris la Relligion et le Party des Protestants et s'estoit retiré auprés du Roy de Navarre. Calignon luy rendit donc l'office de luy acqeurir la faveur du Mareschal, qui promit de travailler serieusement à appaiser le Roy et à luy faire rendre ses biens, saisis par les commandements exprés de S. M. Ce qui réussit quelque temps aprés; et, comme Casse voulut temoigner à Calignon sa reconnoissance par des dons et des presens remarquables, non seulement Calignon les refusa constamment, bien qu'il fût asseuré, les acceptant, d'en avoir l'approbation du Roy, son Maistre, mais il donna un fort beau cheval à Casse, et luy témoigna qu'il ne vouloit que son amitié pour recompense de tout ce qu'il avoit fait pour luy. C'est ainsi que font les genereux et ceux qui ont l'ame aussi haute et bien placée que l'avoit ce grand homme.

Cet employ, qui luy fut commis pour le bien d'un particulier, fut suiuvi d'un autre tres considerable, qui avoit pour but le bien general du Party Protestant et estoit d'une extreme importance au service et à la grandeur mesme du Roy son Maistre. Ce prince voyant bien que ceux de la Maison de Guise, qui prennoient tous les jours de plus grands avantages dans l'Estat, portoient toutes leurs pensées à ruiner le Party Protestant qui faisoit desormais toute sa subsistance, et travailloient à le faire déchoir de toutes les prerogatives que son rang luy donnoit pour la succession de la couronne dont ils avoient dessein de l'exclurre, ce qu'ils témoignoient assés par l'inexecution de toutes les choses promises et portées dans les derniers Edicts de Paix pour le particulier du Roy de Navarre, et par les manifestes contraventions aux traictés, en tout ce qui touchoit les Protestans, de quoy il recevoit de continuelles plaintes, comme estant leur unique deffenseur qu'ils sollicitoient sans cesse de leur vouloir procurer la justice et la satisfaction qui leur estoient refusées ; ce Prince, dis-je, voyant tout cela, et qu'il devoit songer serieusement à soy et faire tout ce qui seroit de luy pour se garantir de l'oppression dont il estoit menacé, resolut de s'acquerir l'appuy des Roys et des Princes Protestans d'Angleterre, de Suède, de Danemarc et d'Allemagne, et medita de rechercher leur secours par une solemnelle ambassade, pour laquelle il choisit trois de ses serviteurs en qui il avoit le plus de confience, qui tenoient le plus de rang prés de luy et y estoient en la plus haute estime de sagesse. Le premier fut Segur, depuis surnommé Pardaillan, gentilhomme des plus remarquables de son pays, qui est le Rouergue, et qui est d'une Maison qui a eu l'honneur d'entrer par un mariage dans l'alliance de la Royale Maison d'Albret; les deux autres furent Calignon et Boisenval, celuy ci venu depuis peu au service de ce Prince, qui, les ayant instruits de ses desseins et de ses volontés, avec toute la confience d'un Maistre qui met ses interests et sa fortune entre les mains de ses bons serviteurs et presque y remet sa propre personne, commanda à Calignon de dresser les memoires et les instructions necessaires pour traitter en general et en particulier avec tous les Princes auxquels il estoient envoyés. Cependant, il fit de nouvelles instances pour l'entiere execution des Edicts, et n'omit rien, afin de justifier la necessité où il estoit de rechercher un secours étranger, faute que les conditions portées par ces Edicts fussent accomplies. Il creut qu'il devoit surseoir le partement de ces Ambassadeurs jusqu'à ce qu'il eust la response du Roy et fût pleinement éclairci de ce qu'il en pouvoit esperer. Mais voyant, par la response ambigue de S. M., qu'il n'en devoit rien attendre, et les confidents qu'il avoit à la Cour, où, nonobstant les desordres, il s'en estoit toujours conservé de tres fidelles, luy ayant fort franchement écrit qu'il n'auroit satisfaction quelconque pour ce retard, que ceux de la Maison de Guise détournoient et empeschoient toutes les bonnes volontés que le Roy temoignoit pour sa personne, et, tout avisés qu'ils estoient, ne se cachoient plus du dessein constant et perpetuel qu'ils avoient de le perdre, il creut qu'il ne devoit pas davantage differer l'envoy de ses Ambassadeurs.

J'apprens, par les minutes de leurs instructions qui m'ont esté mises entre les mains avec le reste des titres sur lesquels s'appuye cette histoire, qu'il y en avoit, comme j'ay déjà dit, de generales pour tous les Princes et les Estats avec qui ils avoient à negocier, et de particulieres pour quelques uns auxquels il avoit le plus de confience, lesquelles seroient accommodées aux diverses occasions et aux inclinations, plus grandes ou moindres, qu'ils verroient en ces Princes ou en ces Estats, pour le succés de leur negociation. Ces instructions generalles comprenoient quatre poincts principaux.

Le premier estoit de remonstrer aux Roys, Princes et Estats de la Religion Reformée, ce sont leurs termes, tant de ceux de la Confession d'Ausbourg [40] que de ceux de la creance des Eglises de France et de Suisse, *les efforts du Pape, en tous les endroits de la Chrestienté, contre les Reformés, abusant de la bonté des Princes et du pretexte de la Relligion, pour persecuter ceux qui se sont soustraits à sa tyrannie et ont reformé la Relligion; de quoy les preuves et les exemples ne sont que trop remarquables en Angleterre, en Ecosse, aux Pays-Bas, en Allemagne, en Suede, en Dannemarc et en Suisse; et pour ce qui est de l'oppression que les Reformés souffrent en France, les guerres passées et l'apprehension de celles qu'on medite n'en font que trop de foy.*

Le second poinct consistoit *aux moyens de reünir la diversité de la creance entre ceux de la Confession d'Ausbourg et les Eglises de France, principallement sur le fait de la Cene,* de quoy il y avoit des memoires particuliers, ensemble sur les moyens de reconcilier les deux Relligions; et, pour y parvenir, l'avis du Roy de Navarre estoit, *qu'on devoit convoquer un Concile où les plus grands et plus fameux Theologiens des deux Partys seroient appelléz, afin de terminer ces divisions.*

Le troisiesme poinct estoit *d'exciter les Princes et les Estats Protestants, à faire une Ligue et une Alliance commune, afin qu'en cas de necessité et d'oppression, ils peussent s'entredonner du secours et ne pas souffrir qu'on les ruinast en destail; c'est à dire qu'on rompit les flesches separées, que l'on n'auroit pu rompre unies, ce qu'asseurement ils éviteroient s'ils se deffendoient en gros, estant certain que, s'ils unissoient leurs forces, ils auroient de quoy resister à une plus grande puissance que celle dont ils estoient menacés.*

Le quatriesme et dernier poinct estoit *de faire comprendre à ceux avec qui le Roy de Navarre vouloit faire union, que les moyens de la bien établir consistoient à faire un fonds considerable pour mettre des armées sur pied, afin de s'opposer aux desseins des ennemis de l'Eglise; et pour cet effet, le Roy de Navarre voulant bien montrer l'exemple aux autres, avoit mis entre les mains de ses Ambassadeurs, ou en deniers contants, ou en vaisselle d'argent, ou en pierreries, ou en lettres de change, de quoy payer et entretenir, durant six mois, une armée considerable, laquelle seroit levée, ou en Angleterre, ou en Allemagne, ou aux Pays Bas, selon qu'il seroit jugé le plus à propos.*

Au reste, pour rendre cette Ambassade et ces propositions plus agreables aux Princes et aux Estats à qui elle s'addressoit, et leur oster tout soupsçon qu'il eust dessein de contrevenir aux conditions où il s'estoit obligé dans ses Traictés avec le Roy de France et d'engager insensiblement ces Princes et ces Estats à une guerre injuste contre luy, *il protestoit*, dans un article à part, *que tout cela n'estoit nullement pour troubler la paix du Royaume, mais seulement pour se premunir contre les entreprises de leurs communs ennemis et pour n'estre pas surpris et hors de deffence, si on en venoit à une nouvelle rupture, prevoyant que les choses s'y portoient et qu'il estoit extrememement difficile de l'éviter.*

Pour ce qui est des mémoires particuliers, il en sera fait mention aux endroits qui toucheront les choses qui y estoient contenues. A tout cela furent ajoutés quantité de lettres et de Blancs-Seings, dont on a coustume de charger les Ambassadeurs.

Comme ceux-ci furent prests à partir, n'attendant plus qu'un vent favorable pour passer en Angleterre où leurs ordres les menoient premierement, le Roy de Navarre donna avis, par diverses despesches, aux principaux du Party Protestant, du sujet de leur envoy, afin que chacun fust bien edifié de ses intentions. Peu de temps après, il eut la satisfaction d'apprendre qu'elles estoient universellement loüées, et que l'on jugeoit cette Ambassade absolument necessaire pour garantir ce Party de sa derniere ruyne, dont, autrement, il estoit impossible de le garantir.

Ces trois s'embarquerent donc, et, tirant sur l'Isle de Ré et ensuite sur Belle-Isle, arriverent peu après au Conquet, promontoire de Bretagne, où, par le malheur et l'ignorance de leur pilote, ils allerent investir un escueil, qui brisa leur vaisseau et les exposa au danger evident de perir; mais comme ils n'estoient pas loin de terre, ils se sauverent à la nage et en furent quittes pour quelques hardes perdues, le reste ayant esté preservé par le soin de leurs vallets et des mariniers, qui le mirent sur des planches que le vent et la mer pousserent à bord : c'estoient les cassettes où estoient leurs pierreries et leurs papiers, qui, de bonne fortune, ne furent point gastés. Le lendemain, ayant pris un meilleur vaisseau, ils tirerent vers l'Angleterre et arriverent heureusement à Plymmouth, l'un de ses plus fameux ports. Estant allés de là, par terre, à Londres, pour y faire le premier acte de leur Ambassade à la Reine Elisabeth [50], ils ne l'y trouverent pas, car elle estoit à Richemont, l'une de ses maisons Royalles. Ils s'y arresterent neantmoins, y ayant trouvé ses principaux Ministres, pour lesquels ils avoient des lettres du Roy de Navarre, leur maistre.

Cependant ils firent scavoir leur arrivée à la Reine, qui les pria de l'aller trouver à Richmont et les asseura, en termes tres obligeants, qu'ils seroient les bienvenus. Estant arrivés prés d'elle et luy ayant fait la reverence, ils luy tendirent les lettres du Roy et s'acquiterent des compliments accoustumés en ces occasions. La Reine les ayant fort favorablement receus, leur donna audience, le lendemain, en sa maison de Hotland. Le discours fut ouvert par Segur, qui prononça une harangue minutée par Calignon; car, bien que Segur fust fort habile homme et ne cedast à nul autre en intelligence, il deferoit pourtant à celuy-ci l'avantage de bien parler, comme luy estant plus propre.

Leur negociation commencée en cette Maison ayant esté continuée à Londres, où, deux jours apres, la Reine se rendit, ils traitterent avec elle de toutes les choses portées par leurs instructions, et, la trouvant trés bien disposée à ce que le Roy, leur Maistre, en desiroit, ils le luy firent scavoir par l'exprés envoy d'Angrogne, gentil-homme de sa Chambre, qu'il leur avoit donné afin qu'ils le luy depeschassent quand ils le jugeroient à propos, luy demandant, par luy, de nouveaux ordres sur quelque proposition que la Reine leur avoit faitte et qui n'avoit point esté preveüe. Elle approuvoit extremement l'union des deux Confessions et la jonction de tous les Princes Protestants, pour s'opposer aux desseins de leurs ennemis, offrant d'y contribuer tout ce qui estoit de son pouvoir et d'exhorter tous ces Princes, par des Ambassadeurs et des Envoyés, d'en vouloir faire de mesme.

Comme ceux-ci virent que cette Princesse témoignoit une entiere confience au Roy, leur Maistre, et prenoit fort agréablement tout ce qu'ils luy disoient en son nom, ils creurent qu'ils devoient faire de mesme et ne luy point celer le desir qu'il avoit de passer la mer pour la visiter; même ils luy firent l'ouverture du mariage de la Princesse Catherine sa sœur, qui, depuis, fut Duchesse de Bar, avec Jacques, Roy d'Ecosse [51] et, quelque temps aprés, Roy d'Angleterre. Sur quoy ils receurent de trés bonnes parolles de cette Reine; mesmes elle s'avança jusqu'à leur dire, *que si leur Maistre n'estoit point marié, elle entendroit plus volontiers à sa recherche qu'à celle de tout autre Prince, n'y en ayant point qu'elle estimast davantage et pour qui elle eust plus d'inclination;* à quoy les Ambassadeurs respondirent, au nom de leur Maistre, par des civilites reciproques et avec tous les termes honorables qui s'employent en ces occasions, ne doutant point qu'ils n'en fussent fort bien avouez et n'ignorant pas combien le Roy consideroit cette Princesse, ayant obtenu d'elle tout ce qu'ils pouvoient souhaitter pour le succés de leur Ambassade et en ayant receu beaucoup de caresses en leur particulier. Elle leur donna des lettres pour tous les Princes qu'ils avoient ordre de voir et leur promit de commander à ses Ambassadeurs et à ses agents en Allemagne, en Danemarc et en Suede, de faire pour cela toutes les instances necessaires.

Cependant comme elle s'estoit apperceüe de l'érudition de Calignon, dans quelques entretiens particuliers qu'il avoit eus avec elle, il eust une fois l'honneur d'estre appelé dans son cabinet, où elle luy montra quelques unes de ses compositions latines et grecques; car cette Princesse se servoit fort heureusement de ces deux langues, ayant traduit en latin quelques tragedies de Sophocle et une ou deux harangues de Demostene. Elle luy permit, mesme, de prendre la copie d'une epigramme grecque de sa façon, qu'il estimoit beaucoup, comme je l'ay ouï dire aux Sieurs de Peyrins et de Calignon, ses deux fils. Elle luy demanda, de plus, son avis sur quelques passages de Lycophron qu'elle avoit alors entre les mains, et dont elle avoit dessein de traduire les plus beaux endroits.

Pendant que Calignon et Segur estoient à Londres, ils trouverent à propos de faire une despesche, par un gentilhomme exprés, au Roy d'Ecosse, ayant eu ordre de ne le point voir, de peur de donner de l'ombrage à la Reine, qui pretendoit avoir quelque sujet de mescontentement contre luy. Ils eurent pourtant l'adresse de ne rien faire, en cela, sans son sceu et son aggrement; ils luy communiquerent la despesche et le memoire dont ils devoient charger leur envoyé, y ajoûtant une copie des instructions generales de leur Ambassade. Ce memoire concernoit *l'estat present du Royaume d'Ecosse et une exhortation de la part du Roy, leur maistre a celuy-cj, de ne pas continuer les rigueurs exercées contre quelques grands qu'il avoit fait mourir; ce qui avoit beaucoup irrité les autres, et mesme avoit aliené de son service l'affection du peuple, tellement qu'on avoit lieu de craindre qu'il n'y arrivast quelque changement, lequel ne pourroit estre que fort prejudiciable à l'Estat; ajoutant à cela une puissante conjuration de se raccommoder avec la Reine d'Angleterre et de vivre avec elle en bonne intelligence, à quoy, entre autres considerations, celles de son interest particulier devoient l'obliger, veu que si elle continuoit à n'estre pas satisfaite de luy, elle pourroit le priver des esperances d'une succession qui apparamment le regardoit, et transporter ailleurs la couronne d'Angleterre qu'il pourroit un jour, joindre à celle d'Ecosse.* Ce prince temoigna qu'il prennoit le tout en bonne part et remercia les Ambassadeurs.

Là dessus, le gentilhomme qu'ils avoient despesché au Roy, leur maistre, estant de retour avec sa response qui portoit une entiere approbation de tout ce qu'ils avoient negocié, ils prirent congé de la Reine et s'embarquant à Douvre, arriverent heureusement en Zelande, mirent pied à terre à Flessingue, d'où passant, en suite, en Hollande, ils allèrent à Dordrect, où Guillaume, Prince d'Orange, tenoit les Estats. Ayant esté fort bien receu de ce Prince, ils luy rendirent les lettres du Roy et celles de la Reine d'Angleterre, luy exposerent le sujet general de leur envoy et s'expliquerent de plusieurs choses particulieres dont le Roy les avoit chargés, pour en conferer avecque luy, en qui il avoit une singuliere confience; et Guillaume, qui l'avoit pareille au Roy, leur apprit avec la même franchise ce qu'ils avoient à faire envers les autres Princes et Estats, pour venir à bout de leur dessein. Il les instruisit encore de l'ordre qu'ils avoient à garder, afin de bien faire reussir leur negociation, parce qu'ils luy avoient dit qu'ils se separeroient dans quelque temps et tiendroient diverses routes; ce que pourtant ils ne firent qu'après qu'ils eurent veu leurs affaires bien avancées.

Ayant receu de luy et des députés generaux des Estats tout le contentement qu'ils eussent pu souhaitter, ils passerent à La Haye, d'où Calignon fit une ample despesche à Lesdiguieres, contenant une relation exacte de ce qu'il avoit fait, depuis son partement de La Rochelle.

De La Haye, ils allèrent à Leyden, où Calignon eut la satisfaction de voir les excellents hommes de lettres, dont la fameuse Université de cette ville estoit composée, et l'eut d'autant plus grande qu'ils temoignerent une haute estime pour luy et beaucoup de joye de le connoistre. Il entretint depuis avec quelques uns d'eux, par lettres, de la communication et des habitudes; et ce qui luy donna mieux le moyen d'en jetter alors les fondements, ce fut une indisposition survenue à Segur, qui l'obligea de s'arrester dix ou douze jours en cette ville, pendant lesquels Calignon voyoit familierement les professeurs et en estoit de mesme visité.

Segur estant gueri et en estat de partir, ils allerent à Amsterdam; et, ayant donné deux jours à la raisonnable curiosité de voir cette fameuse et puissante ville, ils furent s'embarquer à Enchuisen, et peu de jour après, ils mirent pied à terre à Emden, capitale de la Frise orientale, sur l'embouchure de l'Ems ou Amasis, d'où s'estant rendus à Bremen, ville imperialle et de la créance de Luther, ils furent ouÿs dans le Conseil qui receut leurs propositions avec applaudissement. Ayant conclu avec cette République l'union generalle, et Boisenval estant allé, pour le mesme effet, dans la Westphalie, au Comté de Hessen, au Palatinat du Rhin, au Marquisat de Baden, traitter avec les Princes et les Republiques de ces quartiers là, de relligion protestante et lutherienne, Segur et Calignon prirent un autre chemin et furent negocier avec le Duc de Saxe à Dresden, capitale de Misnie; avec le Duc de Lunebourg à Cell; avec le Duc de Meklembourg à Schwerin; avec le Duc de Brunsvik à Volfembutel; avec le Marquis de Brandebourg à Berlin, où se trouva l'Administrateur de l'Archevesché de Magdebourg, son frère; avec le Prince d'Anhalt à Dessau, tous extremement affectionnés aux interests du Roy de Navarre; singulierement le Duc de Saxe, le Marquis de Brandebourg et le Prince d'Anhalt, avec lesquels ils formèrent une grande correspondance, les tenant avertis de temps en temps du progres de leur negociation.

Estant à Berlin, ils firent une despesche aux Princes de Pomeranie, qu'ils ne pouvoient voir en personne, à cause qu'ils estoient trop éloignés; et, peu de jours après, ils allerent à Lubek, ville fort puissante, chef de la Hanze ou Conféderation Teutonique, et une des plus considérables d'Allemagne, ayant un beau port sur la mer Baltique. Ils y traittèrent avec le conseil, comme ils avoient fait avec les autres, et toujours aussi heureusement qu'ils l'eussent pu desirer.

Estants partis de Lubek pour aller en Dannemark, ils arriverent à Flensbourg, ville du Duché de Sleschvic, et passerent tout contre Sleschvic mesme, capitale de ce Duché, laquelle est au Duc de Holstein et sa demeure ordinaire. Bien que ce Prince fût l'un de ceux avec qui ils devoient negocier, ils ne le veirent point, parce qu'ayant fait scavoir, de Lubek, au Roy de Danemark qu'ils l'alloient voir, ce Roy avoit envoyé au-devant d'eux Rantzuau, gentil-home considerable pour sa valeur et pour son scavoir, qui tenoit un des premiers rangs auprés de luy. Son fils a depuis servi la France, et en a receu le baston de Mareschal qu'il a porté avec beaucoup d'honneur. Rantzuau donc les estant venu trouver à Flensbourg, ils ne crurent pas qu'ils pussent le quitter, et se contenterent de faire une despesche au Duc de Holstein sur le sujet de leur delegation, luy envoyant Lussac, gentilhomme du Roy de Navarre, qui estoit venu, depuis peu, les joindre à Lubek, par l'ordre de Sa Majesté, dont il portoit les lettres et les mèmoires concernant ce qu'ils devoient traitter avec ce Prince, qui leur fit response selon leur desir par le mesme gentilhomme qu'il accompagna de l'un des siens.

Ainsi, ils partirent de Flensbourg, et, s'estant embarqués dans le vaisseau que Rantzuau avoit amené, ils se rendirent peu de jours après à Coppenhagen, capitale de Danemarc, dans l'isle de Zelande; mais ils n'y trouverent pas le Roy, car il estoit à Cronembourg, l'un des plus superbes chasteaux de l'Europe, à une journée au dessus de cette ville, sur le bord de la mer, servant de citadelle au Destroit de Sund. Le Roy ayant sceu leur arrivée par Rantzuau, les pria de l'aller trouver : ce qu'ils firent aussitost.

S'estant reposés deux jours, au troisiesme ils le virent et luy firent les compliments de leur Maistre. Le landemain et les jours suivants, ils eurent audience, et enfin ils receurent toute sorte de contentement par les asseurances que ce Roy leur donna qu'il contribueroit, pour la deffence du Party Protestant, tout ce qui seroit de sa puissance, soit en hommes ou en argent, dont les Roys de Danemark abondent le plus, à cause du profit journalier que leur rapporte le Destroit de Sund, où il faut que passent necessairement tous les vaisseaux François, Anglois, Hollandois, Portuguois, allant querir du bled et autres denrées à Dantzic, à Saint Michel l'Archange et à Saint Nicolas, villes de la Moscovie, sur l'embouchure de la Dwine.

Un jour que le Roy avoit traitté magnifiquement les Ambassadeurs et qu'ils les avoit menés dans son cabinet, ce Prince qui estoit alors en robbe de chambre dont il avoit à demy vestu les manches, qui estoient assez larges, étendant le bras droit sur la table, ils virent sortir de sa manche une petite vache, vivante, de la hauteur de huict à neuf poulces, de poil fauve et noir, trés poli et luisant, laquelle marchoit et avoit tous les mouvements ordinaires à ces animaux, estant au reste si bien proportionnée, qu'ils furent longtemps à la considerer et à l'admirer, comme une des plus grandes raretés qu'ils eussent jamais veües et telle certainement qu'ils ne croyoient pas qu'il s'en trouvast jamais de pareille. C'estoit icy le juste opposé des grands et prodigieux bœufs de la Frise occidentale, l'une des sept provinces unies des Pays-Bas, qui pesent pour l'ordinaire de quinze à vingt quintaux, en ayant esté donné un, autrefois, au comte de Hoosctrate, seigneur Flamand, qui pesoit vingt-cinq quintaux, et qu'à cause de son énorme grandeur il fit peindre dans sa gallerie.

Pour revenir à notre petite merveille, il y a encore aujourdhuy des personnes qui se souviennent d'en avoir oüy parler à Calignon, et qui confirment le temoygnage qui en est rendu par mes memoires. C'estoit là un jeu de la nature, qui se plait et comme se divertit à faire des ouvrages surprenants et merveilleux, aussi bien en petit qu'en grand; et on peut bien dire, à propos de celuy-cy, qu'elle n'est jamais plus grande et plus admirable que dans les petites choses. Elle a fait autrefois, en cette province, dans les montagnes de Sassenage, en un endroit nommé Courençon, un nain si petit, si bien formé et de plus si spirituel, qu'il a esté universellement admiré en France et en Italie, où le mena, parmi ses autres domestiques, le Duc de Crequy, en la magnifique Ambassade d'obedience qu'il y fit l'an 1633, pour le Roy deffunt Louis XIII [53], vers le Pape Urbain huictiesme [54]. Ce nain, communement nommé Micheau avoit esté donné à la Dame de Crequy par Anne, Marquis de Sassenage, l'un des plus accomplis gentilhommes de son temps et l'un des ornements de son pays, où cette maison illustre tient le haut rang que je feray voir un jour ailleurs. Ce chef-dœuvre de la nature enjoüée, ce nain, dis-je, avoit vieilly dans la maison du Duc de Crequy et est mort à l'aage de 68 ans.

En suite du petit animal qui a donné lieu à cette digression, que mes plus severes lecteurs ne trouveront pas, peut estre, désagréable, j'en veux mestre une autre qui ne sera pas moins digne de la curiosité de ceux qui en ont pour ces raretés là, et dont je puis parler d'autant plus certainement, que j'en ay esté le temoin oculaire, estant à Turin l'an 1632, secretaire du mesme Duc de Crequy, qui commandoit les armées du Roy en ce pays là, ainsy qu'il a fait longtemps depuis, et faisoit de plus les fonctions d'Ambassadeur extraordinaire vers le Duc de Savoye. J'y veis donc un rat, que je m'imagine n'avoir jamais eu son pareil, puis que, sans mentir, il estoit de la grandeur d'un chat ordinaire. Il avoit esté pris dans un garde à manger de la cuisine de ce Prince, apres qu'il y eut fait de grands degasts, et il fut donné à un vendeur de la paste empoisonnée qui sert à faire mourir cette sorte d'animaux, lequel le demanda et s'en contenta pour recompense. Cet homme, l'ayant fait embaumer et mis proprement dans une boette, gaignoit sa vie à le montrer, ayant esté par toute l'Italie; et comme il l'eut porté chez le Duc de Crequy, je le veis, avec les principaux de sa maison, entre lesquels estoient les Sieurs d'Aubry et de Chanrambaud, celuy là son ecuyer et son lieutenant au gouvernement de Grenoble, et celui ci capitaine de ses gardes; outre qu'il avoit esté veu auparavant par le Sr de Garcin, gentilhomme de cette province, tous trois vivants encore lorsque j'écry.

Pour retourner en Dancmark, vers les Ambassadeurs que j'y ay laissés, ayant esté extremement bien traittés du Roy et témoignant une entiere satisfaction, ils prirent congé de luy et revinrent sur leur mesme route, à Lubec, d'où ayant passé à Hambourg, puissante ville sur la riviere d'Elbe, non loin de son embouchure dans la mer Baltique, ils traitterent avec son Conseil aussi heureusement qu'ils avoient fait ailleurs.

Considérant, au reste, que s'ils alloient en Suede negocier avecque le Roy, ils s'engageroient à de grandes longueurs qui retarderoient extremement leur retour, duquel ils estoient pressés, ils se contenterent de luy envoyer les lettres et les memoires qu'ils avoient pour luy, y ajoustant les leurs particulieres, et se servirent, pour cela, de l'adresse que leur avoit donnée le Docteur Zacharias Vulingus, l'un des principaux conseilliers de Suede, que les affaires de ce Roy avoient amené à Lubek. Ils en receurent une favorable response qui leur fut portée sur le point qu'ils devoient partir de Hambourg, ayant fait, d'ailleurs, leurs compliments par une autre lettre au Duc de Sudermanie, Prince du sang de Suede et chef du Conseil du Roy, lequel leur répondit aussy fort obligeamment.

Le Roy de Navarre ayant bien preveu, lorsqu'il envoya ces Ambassadeurs en Allemagne, qu'il seroit difficile d'eviter que l'Empereur et les autres Princes Catholiques ne sceussent leur negociation et ne fissent tout ce qu'ils pourroient afin de la rendre inutile, mesme qu'ils n'entreprissent de les arrester et de leur faire beaucoup de peine, leur avoit donné une lettre pour l'Empereur, par laquelle il luy témoignoit, *que s'il n'eust esté retenu en France par de tres importantes affaires, il auroit passé en Allemagne pour saluer S. M. Impériale et visiter les autres Princes, avec quelques uns desquels il avoit une confederation particuliere* (il designoit par là le Duc de Saxe et le Marquis de Brandebourg); *mais que ne pouvant faire ce voyage en personne, il y avoit envoyé ses Ambassadeurs, pour suppléer à son défaut, et negocier de sa part, auprés de sa dite Majesté, les choses qu'il leur avoit commises, la suppliant de ne pas permettre que les artifices de ses ennemis prevallussent si fort en son esprit, que de luy faire interpretter à mauvais dessein, la necessité de sa juste deffence contre les oppresions qui luy estoient faictes tous les jours, et qu'il ne souffrit pas que ceux qui avoient embrassé la Relligion Reformée fussent exposés à la violence de leurs persecuteurs, mais qu'il luy pleut les protèger, comme avoient fait quelques uns de ses predecesseurs*, luy remontrant là dessus, *qu'il estoit de sa sagesse de prevenir les malheurs d'une guerre intestine, à laquelle la persecution reduiroit les Reformés d'Allemagne, ainsi qu'elle avoit fait ceux de France.*

Les Ambassadeurs doncques ayant cette lettre et quelques memoires pour des affaires particulieres, dont ils devoient traitter avec l'Empereur, et apprenant qu'il les menaçoit de les faire arrester prisonniers, y estant même exhorté par le Pape, et que les ordres en estoient particulierement donnés au Duc de Baviere, au Comte de Solmes et aux villes catholiques qui se trouvoient sur leur chemin, creurent qu'ils devoient prevenir cet inconvenient et tacher d'appaiser l'Empereur, luy envoyant, comme ils firent, de Hambourg mesme, les despeches et les memoires de ce qu'ils avoient à traitter auprès de luy, lesquels luy furent portez par un courrier exprés; ils ne manquerent point aussi de luy faire une despesche en leur particulier, par laquelle ils remontroient à sa **Majesté Imperialle**, avec tout le respect possible, *qu'ayant l'honneur d'estre envoyés par un grand Prince, tel qu'estoit le Roy de Navarre, leur Maistre, ils devoient jouïr du privilege des Ambassadeurs, qui sont tenus partout pour secrés et inviolables, ce qu'ils esperoient de sa justice, et que sa Majesté Imperialle revoqueroit non seulement les ordres qu'elle avoit donnés du dernier janvier de l'an 1584, à Prague, pour les faire arrester, mais qu'elle les prendroit en sa protection, deffendroit qu'il ne leur fût fait insulte, et leur envoyeroit mesme des passeports pour pouvoir se rendre auprés de sa personne avec sureté et se justifier des imputations dont on les chargeoit et qu'on reduisoit à ces trois poincts: qu'estant estrangers, ils estoient venus en Allemagne sans passeport de S. M. Imperialle; que, sans l'avoir premierement saluée, ils avoient traitté avec les Princes d'Allemagne; et qu'ils entreprenoient des nouveautés dans l'estendue de l'Empire, lesquelles ne pouroient qu'y estre extremement prejudiciables, voulant former une confederation de ces mesmes Princes et des Republiques de la creance de Luther et de Calvin* [55] *avec le Roy de Navarre, ennemi declaré de la Relligion Catholique, qui, appuyant en France la rebellion des Pretendus Reformés, avoit mis cet Estat dans un extreme desordre, et vouloit en susciter un pareil parmy les sujets Imperiaux, pour rompre l'union du chef avec les membres et mettre toute la Chrestienté dans une generale combustion.* Les Ambassadeurs répondoient à cela, *qu'il n'y avoit point de loy dans l'Empire qui en deffendit l'entrée aux Etrangers, et, cela estant, qu'il estoit hors de toute apparence de raison d'y vouloir imposer aux personnes publiques, telles que sont les Ambassadeurs, un devoir à quoy les personnes particulieres n'estoient pas sujectes; que les ordres qu'ils avoient du Roy, leur Maistre, et dont ils ne pouvoient et ne devoient en façon quelcunque se dispenser, les obligeoient à voir tous les Princes et les Estats, chez qui ils avoient esté, avant que* roir sa M. Imperialle afin que, par leur entremise, elle fût plus favorable à leur negociation, qui, bien loin d'avoir pour but la division de l'Empire, se proposoient de l'unir plus fortement et d'y former une plus grande correspondance des membres avec le chef, afin qu'ils s'opposassent tous ensemble, et d'un commun effort, au dessein de ceu qui, sous pretexte de Relligion, meditoient la ruyne de la France, à la conservation de laquelle ils ne doutoient point que tous les Princes chrestiens n'eussent un notable interest, à cause de l'alliance qu'ils avoient la pluspart avec elle; que les Princes et les Republiques, qu'ils avoient veus, estant bien edifiées, comme elles estoient, des bonnes intentions du Roy de Navarre, pouvoient en rendre temoignage à S. M. Imperialle et ne refuseroient point leur entremise envers elle pour le succés des choses que ce Prince desiroit et qui n'avoient pour objet que le bien commun et general; que, si le Roy de Navarre appuyoit les Reformés de France, comme il y estoit tenu par sa conscience et par sa Relligion, ce n'estoit qu'aprés avoir bien veu, que, sous couleur de reprimer leur pretendue rebellion, on vouloit les opprimer et faire changer de face à l'Estat, pour en transporter ailleurs la couronne et priver de sa legitime succession ceux qui avoient seuls droit d'y pretendre; que les Ambassadeurs, suivant l'ordre que leur Maistre leur avoit donné, avoient dessein de se rendre auprès de S. M. Imperialle pour traitter avec elle, des choses qui leur estoient commises, et que, pour cet effet, ils s'estoient mis en chemin; mais qu'ayant appris que leur envoy estoit calomnié, et que S. M. Imperialle en avoit de mauvaises impressions, ils avoient deu differer leur voyage jusques à ce qu'il les eust perdues et en eust conceu de meilleures, ce qui devoit passer pour une marque de leur respect envers elle; qu'au reste ils prenoient à temoins les Electeurs, les Princes et les Estats de l'Empire avec lesquels ils avoient traitté, et mesme la Reine d'Angleterre et le Roy de Dannemarc, qu'ils n'estoient nullement innovateurs et n'avoient rien negocié que dans l'ordre et les formes permises par le droit des gens; que veritablement ils avoient traitté de l'affaire de l'Electeur de Treves, qu'on avoit mis mal auprés du Pontife Romain, de la part duquel il estoit menacé par les armes de l'Electeur de Cologne, mais que ce n'estoit qu'afin qu'il ne fût point abandonné par les autres Electeurs et par le reste des Princes, que la raison du voisinage obligeoit les premiers à sa deffense; en quoy ils avoient suivi l'exemple de S. M. Imperialle qui avoit fait un Edict pour faire quiter les armes aux uns et aux autres et reduire le different de ces deux Princes à la decision d'une legi-

time conference, d'où s'estoient ensuivis les Estats de Rotembourg. Ainsi, ils demandoient à S. M. Imperialle la revocation des ordres donnés contre eux, afin qu'ils pûssent achever sans interruption et sans trouble, leur delegation en Allemagne.

Cette response justificative contenüe dans une assez longue lettre latine adressée à l'Empereur, écritte du stile et de la main mesme de Calignon, fut envoyée, par un gentil-homme exprés, lequel eut ordre de voir le Duc de Saxe, à Dresde, pour prendre ses avis et se fortifier de son entremise. Ce Prince approuva extremement le soin que les Ambassadeurs avoient pris d'oster à l'Empereur, autant qu'ils le pouvoient, toutes les mauvaises impressions qu'on luy avoit données de leur negociation et de leurs intentions. Et certes, ce soin estoit d'autant plus necessaire, qu'on leur avoit suscité une nouvelle calomnie envers l'Empereur, de laquelle il estoit non seulement fort persuadé, mais fort piqué: on les accusoit d'avoir levé, en Allemagne, quinze cents hommes de guerre françois, pour les faire marcher au lieu qui leur estoit marqué, et que d'ailleurs ils avoient formé des grandes intelligences en la Basse Allemagne pour y exciter des mouvements. A cause de quoy l'Empereur estant venu à Dusseldorf, capitale du Duché de Mons, avoit fait un mandement aux Colonnels de la Basse Allemagne et à ceux du Cercle de Wesphalie de se rendre auprés de sa Majesté à Cologne, le 24 d'avril 1584, pour faire ce qui leur seroit ordonné; de quoy ces Ambassadeurs ne furent avertis qu'après l'envoy de leur lettre. Cela donna lieu à une seconde despesche qu'ils firent à l'Empereur, pour se justifier de cette nouvelle imputation; ce qui leur reussit, car le mesme gentilhomme, porteur de la premiere, ayant fait voir à S. M. Imperialle que les choses qu'on avoit avancées contre eux estoient fausses, il relascha beaucoup de la rigueur avec laquelle il s'estoit porté contre eux et revoqua l'ordre de les arrester, à condition pourtant qu'ils sortiroient d'Allemagne dans un mois; à quoy ils ne contredirent pas, *moyennant qu'il n'y eust point de mandement par écrit qui les y obligeast*, ce qu'ils n'auroient pu souffrir pour l'honneur de leur Maistre, qui ne reconnoissoit point les ordres de l'Empereur et pretendoit avoir le droit de traitter avec luy en Prince independant et libre; à quoy l'Empereur s'accorda.

Ainsi donc, ayant conclu fort heureusement toutes leurs affaires et formé une ligue deffensive de tous les Princes et Estats Protestants d'Allemagne avec leur Maistre, ils se preparerent pour leur retour, ayant deposé entre les mains de personnes confidentes les lettres de change la vaisselle, et les joyaux qu'ils avoient apportés et si secrettement conservés, que l'Empereur n'en fust jamais adverti ; car s'ils eussent esté decouverts, cela leur eust fait, sans doute, beaucoup de peine. Ces mesmes joyaux servirent depuis à faire donner un grand et prompt secours au Roy de Navarre, par les Princes protestants, en l'an 1587.

N'y ayant donc plus rien qui retinst les Ambassadeurs en ce pays là, et ayant fait une ample despesche au Roy de Navarre pour luy rendre conte de toutes choses, ils partirent le quinziesme d'Avril de l'an 1584, et tinrent diverses voyes pour s'en retourner en France; c'est-à-dire que Segur et Boissenval s'en allerent par le chemin qu'ils estoient venus, aprés avoir veu les Electeurs de Cologne et de Treves, et leur avoir fait les compliments de leur Maistre, particulierement à celuy-cy, qui, nonobstant la difference des Relligions, temoignoit beaucoup d'affection pour luy, asseurant ces deux, *que tant que le Roy, leur Maistre, n'auroit pour but, comme il le presuposoit, que de s'opposer à l'ambition de ceux qui, sous pretexte de Relligion, vouloient faire changer de face à l'Estat et avancer leurs affaires particulieres ; et que tant qu'il ne se declareroit point ennemy de la Relligion catholique, et qu'il temoigneroit meme du respect pour elle, il ne seroit point contraire à ses desseins et contribueroit à leurs succès, tout ce qui dependroit de luy.*

Cet Electeur avoit receu, depuis peu, quelque injure du Duc de Lorraine, son voysin, qui s'estoit saisi d'une petite ville de l'Estat de Treves, par intelligence, pretendant qu'elle luy appartenoit, et il estoit appuyé de ceux de la Maison de Guise, ses parents; à cause de quoy il regardoit ces Princes comme ses ennemis, et affectionnoit beaucoup les interests du Roy de Navarre, comme estant directement contraires à ceux de la maison de Lorraine.

Cependant Calignon, qui avoit remonté le long du Rhin pour venir à Heydelberg, où ses ordres l'addressoient, y avoit negocié avec le Prince Cazimir, creé Administrateur de Frideric son nepveu, Comte Palatin, fils du deffunt Comte Jean, mort depuis peu. Ce Prince Cazimir mena depuis, en l'an 1587, une armée en France au secours des Protestants, ainsy que marque l'histoire de ce temps là. Il y avoit fait autresfois un voyage et avoit veu particulierement à La Rochelle le Roy de Navarre, avec lequel il avoit fait une étroitte amitié, entretenue par un exact et familier commerce de lettres, ayant pris d'ailleurs beaucoup d'estime pour Lesdiguières qu'il avoit veu en ce mesme voyage ; aussi demanda-t-il fort soigneusement de ses nouvelles à Calignon et le pria de luy faire ses recommandations en la première de ses depesches.

Calignon ayant suffisamment traitté avec Cazimir, durant quinze jours, de toutes les affaires de sa charge, fut obligé d'aller voir, de la part du Roy son Maistre, les Electeurs de Cologne et de Treves; il negocia quelques temps avec eux, singulierement avec celuy-cj, qui meditoit de changer de Relligion et d'embrasser la creance des Protestants, ainsi qu'il fit peu de temps aprés, à son grand malheur; car ce changement luy attira la haine de l'Empereur et des autres Princes Catholiques, qui luy firent fortement la guerre, et enfin le depoüillerent de ses Estats, à quoy il survesquit peu, estant mort trois mois aprés, accablé de peine et de tristesse. Calignon, à qui il s'estoit confidemment declaré du dessein de son changement, avoit eu ordre du Roy de Navarre de l'asseurer d'un secours qu'il luy moyennoit en Angleterre, et qui veritablement se mit en mer, mais trop tard pour faire aucun effet.

Calignon revint, de là, vers le Duc des Deux-Ponts, à Simmeren, traitta avec luy, puis avec le Marquis de Bade, à Pfortzaim, avec le Duc de Vittemberg, à Stugardt, avec les villes de Francfort sur le Mein, de Nuremberg, de Strasbourg, d'Ulm, d'Ausbourg, et les autres que Boissenval avoit déja veuës, et qui luy confirmerent l'asseurance qu'en avoit receüe celuy-cj, qu'elles vouloient entrer dans la ligue proposée pour la commune deffense des Protestants.

Il prit ensuite le chemin des Cantons Protestants de Suisse, qui l'asseurerent de la continuation de leur Alliance avec le Roy son Maistre, et d'un secours precis, au temps qu'il le leur demanderoit, ayant signé la ligue tout de mesme que les autres Princes.

Cela faict, il alla à Geneve traitter avec cette segneurie, qui avoit chargé de cette negociation le ministre de Beze, lequel y estoit en grande consideration et avoit comme la direction de toutes les affaires étrangeres et domestiques.

Il se retira ensuite auprés du Roy son Maistre, qui se trouvoit alors à Nerac, luy rendit compte de tout ce qu'il avoit fait par ses ordres et pour son service, luy mettant entre les mains les lettres et les traictés signés de tous les Princes et de tous les Estats qu'il avoit veus; de quoy le Roy demeura tres satisfait, l'en ayant loüé publiquement, et avec d'autant plus de raison qu'il voyoit bien que l'adresse de Calignon avoit surmonté de grandes difficultés, lesquelles auroient rendu beaucoup moindre le fruit qu'il se promettoit de sa negociation; ayant mis les choses en tel poinct que le Party Protestant estoit asseuré d'un prompt et puissant secours, toutes les fois qu'il le desireroit, et se voyoit desormais à couvert de la violence et des efforts de ceux qui se proposoient ouvertement sa ruïne; et certainement, on ne fut pas longtemps sans voir clairement que la Maison de Guise, et le parti qu'elle avoit en France, dont le principal objet estoit l'oppression du Roy de Navarre, se retint de faire beaucoup de choses qu'elle auroit entreprises sans cela, et n'executa qu'une partie de ses desseins contre luy.

Cependant, comme les negociations de Segur, de Calignon et de Boissenval n'estoient plus une affaire secrette en Allemagne, et que les Catholiques zelés de ce pays là en avoient une pleine connoissance, car il est tres mal aisé, même impossible, que ce qui se traitte avec tant de personnes, de la condition de celles que ces Ambassadeurs avoient veües, ne vienne point à la connoissance des particuliers, même de ceux qui n'y ont pas d'interest et qui ne peuvent raisonnablement pretendre de part dans les affaires, il y en eut qui publierent un livre latin contre le Roy de Navarre, sur le sujet de l'envoy de ces trois Ambassadeurs vers les Princes et les Estats Protestants d'Allemagne. Ce livre avoit pour titre: *Incendium Calvinisticum, à Navarri legatis apud quosdam Imperii ordines, ad certam Relligionis ac Reipublicæ conturbationem procuratum.* Et le Roy de Navarre, qu'on y traittoit avec peu de respect, estoit publiquement accusé *de vouloir exciter de grands troubles en France et en Allemagne, par les conseils et la suggestion du Prince d'Orange, afin de détourner l'orage dont les rebelles de Hollande*, ainsi parloit-on, *estoient menacés; mais que les Protestants et leurs protecteurs ne devoient esperer nulle assistance du costé d'Allemagne, où l'Empereur estoit assés fort, assisté des bons Catholiques, pour empescher que ceux de la Relligion contraire n'executassent leurs pernicieux desseins, et que les rebelles de France ne reussiroient pas mieux encore en cette occasion, qu'ils avoient fait sous le reyne de Charles IX, où, nonobstant le secours estranger, ils avoient esté chatiés, comme sans doute le seroient ceux-cj.*

Les Jesuites du College d'Ingolstat furent accusés d'estre les autheurs de ce livre. Quoy qu'il en soit, il y fut répondu par les Ambassadeurs, au nom de leur Maistre, et ils publierent une apologie latine et françoise, composée par Calignon, laquelle refutoit puissamment tout ce que les ennemis du Roy leur Maistre avoient avancé contre la sincerité de ses intentions. Et certes, ce service luy estoit d'autant plus necessaire, que les Princes de la Maison de Lorraine, et les mauvais François qui leur adheroient, n'oublioient rien pour le rendre odieux à tous les Catholiques du Royaume, ne faisant point scrupule, dans plusieurs escrits qu'ils faisoient publier contre luy, de le nommer *un perpetuel perturbateur du repos public*, et de luy imposer toutes les choses qu'ils jugeoient capable de le decrier, tant envers le Roy qu'envers le Peuple, pour aliener tout à fait de luy l'esprit de Sa Majesté; car, bien que le malheur des guerres, qui avoient mis les armes entre les mains du Roy de Navarre et l'avoient rendu chef des Protestants, semblast devoir luy attirer la haine de S. M., elle luy conservoit secrettement beaucoup d'estime et n'avoit jamais eu de vraye aversion contre luy, principallement depuis que les desseins de la Maison de Guise luy estant devenus suspects, il consideroit le Roy de Navarre comme un des plus puissants supports de l'Estat, et comme le deffenseur de la couronne que les mauvais françois vouloient transporter de la Maison de France en celle de Lorraine, à quoy aspiroit ouvertement la Ligue qu'elle avoit formée.

En effet, la mort du Duc d'Alençon, frere unique de S. M., arrivée peu aprés, ayant approché du throsne le Roy de Navarre, en qualité de Premier Prince du sang, presomptif et legitime heritier de la Couronne, il estoit regardé des bons françois avec des sentiments de respect et d'affection, et plusieurs Catholiques commençoient à tourner les yeux vers cet Orient et donnoient moins de creance aux impostures dont on le chargeoit, entre lesquelles on n'omettoit pas *qu'il avoit voulu, par cette solennelle Ambassade en Allemagne, ruiner la Relligion Catholique et renverser le Royaume;* ses ennemis en estant venus mesmes, jusques à donner à Charles, Cardinal de Bourbon, son oncle, aagé de soixante et quinze ans, le titre de *Chef de la Ligue*, comme au plus proche successeur de la Couronne, qu'ils luy mirent aprés sur la teste, pour en éloigner d'autant le vray et legitime heritier à qui Dieu la reservoit, et qui l'a depuis portée avec tant de gloire, pour le bonheur de la France. Cette hardiesse de la Ligue, qui faisoit assés paroitre le mauvais dessein de ses principaux autheurs, lesquels, sous pretexte de vouloir conserver la couronne à qui elle appartenoit, travailloient visiblement à l'usurper, ayant comme reveillé le Roy Henri 3 de l'assoupissement où l'avoit mis sa maniere de vivre, assés oysive et peu convenable aux devoirs de la Royauté, qui dispense un Prince de la grande frequentation et des habitudes que celuy-ci avoit avec les personnes Relligieuses et ne permet pas qu'il soit plus souvent dans les Cloistres et dans les Eglises que dans son cabinet et sur son throsne. Il commença à songer serieusement à soy; et, pour rendre vains les projets de la Ligue, qui n'agissoit plus desormais en secret et s'estoit declarée ouvertement contre luy, par cet acte insolent de vouloir disposer de son sceptre, il regarda le Roy de Navarre comme son second au demeler qu'il devoit bientost avoir avec elle. En effet, il trouva en ce Prince tout le secours qu'il en pouvoit attendre; il fut asseuré de l'assistance des Protestants, qui estoient tous universellement à la disposition du Roy de Navarre et qui, dans les desordres et les malheurs de la France, s'estoient conservés veritablement François.

Ces deux Princes qui n'avoient desormais qu'un mesme interest, ayant conféré et traitté ensemble par leurs envoyés et confidents, pour s'opposer d'un commun effort aux entreprises de leurs communs ennemis, et le Colonel Alphonse d'Ornano, lieutenant general en Dauphiné, communiquant alors ouvertement avec Lesdiguieres, selon l'ordre qu'il en avoit eu du Roy, sans en estre retenu par la difference et le scrupule de la Religion, le Roy de Navarre despescha Calignon en Dauphiné vers Lesdiguieres, afin qu'il tinst en estat les forces qui dependoient de luy et qu'il en mit sur pied de nouvelles, s'il estoit besoin, ce qui se fit ponctuellement.

Calignon, en suite, ayant esté mandé du Roy son Maistre, pour l'aller trouver à Montauban, où S. M. s'estoit rendue, afin d'y assembler des troupes, il n'y fut pas plustost arrivé, que le Roy, apprenant avec joye qu'il trouveroit en Dauphiné de quoy composer un secours notable, pour le joindre aux autres dont il avoit assuré le Roy de France, luy commanda de despescher de nouveau à Lesdiguieres son secretaire Florent, qui, depuis, fut secretaire de Lesdiguieres mesme et ensuite premier President en la Chambre des Comptes de Grenoble, sous le nom de Sr de St Jullien, pour luy porter quelques nouveaux ordres; luy donnant, en mesme temps, avis des pratiques découvertes de la Ligue et d'une entreprise faitte sur la personne du Roy.

Cependant la Principauté d'Orenge, qui estoit en la protection du Roy de Navarre, estoit muguettée par ceux de la Ligue, qui pretendoient former de la communication entre eux et les trouppes que le Pape avoit fait assembler à leur instance, dans le Comté Venicin, pour joindre à celles que les Ligués avoient en ces quartiers là; et comme il estoit important d'avoir l'œil sur eux, pour rompre les desseins qu'ils faisoient sur ce petit Estat, et d'envoyer des hommes à Blacons, gentilhomme considerable de Dauphiné, à qui le Prince d'Aurenge avoit commis la garde de cette place, Calignon fut envoyé par le Roy son Maistre à Lesdiguieres, pour travailler, conjointement avec luy, à la garantir de surprise; à quoy Lesdiguieres donna bon ordre, y faisant couler, sous divers prétextes, environ quatre cents de ses meilleurs hommes, commandés par le Capitaine Paul Videl [48], oncle de l'autheur de cette Histoire, que d'autres employs plus importants, dont il s'estoit heureusement acquitté, verifioient bien capable de celuy-cj.

Les partisans de la Ligue et ceux qui commendoient les armes du Pape [49] dans le Comté Venicin, apprenant que la garnison du chasteau d'Aurenge avoit esté renforcée, ce qui ruinoit leurs esperances, et se trouvant d'ailleurs fort incommodés par les frequentes courses des Protestants de Dauphiné, leurs voisins, nommement de quelques particuliers qui avoient leurs maisons sur la frontiere, comme, entre autres, Louis d'Agoult, de Bonneval, gentilhomme considerable par sa condition et par ses employs, qu'ils redoutoient d'autant plus que sa retraitte estoit proche et asseurée dans ses terres et ses chasteaux de Merindol et de Piegon, creurent qu'ils n'auroient rien plus expedient que de les rechercher d'une suspension d'armes, et en envoyerent faire la proposition à Blacons. Comme Calignon se trouvoit avec luy, car il avoit jugé a propos d'aller luy mesme l'instruire, de la part du Roy de Navarre et de celle de Lesdiguieres, de ce qu'il avoit à faire pour la conservation de ce depost, ils donnerent conjointement avis de cette proposition à Lesdiguieres, qui, en ayant fait part à Alphonse, et considerant que la treve, recherchée par ceux du Comté, luy faciliteroit beaucoup le moyen d'augmenter le nombre des trouppes qu'il preparoit pour le service du Roy de Navarre, ainsi qu'il est marqué cy dessus, pria Calignon de vouloir s'entremettre de ce traitté et d'en dresser mesme les articles, lesquels ayant esté veus et approuvés par Alphonse et par Lesdiguieres, ils luy envoyèrent un pouvoir entier signé par tous les deux, pour le conclure; ce qu'il fit au commun contentement de l'un et de l'autre party, qui luy defererent egalement l'honneur de jetter entre eux le caducée. Les articles estoient ceux cy:

Premierement, que toutes courses, prises de villes, captures de personnes, ravage de bestail et tous autres actes d'hostilité, cesseront de part et d'autres sur lesdits Estats, tant contre les habitants que contre les estrangers y passants et residents, à peine, contre les contrevenants, de punition capitale et autres, selon l'exigence du fait.

Ne sera toutesfois pris pour contravention et rupture generale, si quelques particuliers du dit Comté vont porter les armes et s'enrooller hors d'iceluy, et n'en sera tenu le corps du dit pays, pourveu qu'il ne se forme aucune compagnie au dedans et qu'il ne leur soit donné vivres, quartiers n'y garnisons.

Le commerce sera libre et ouvert, et reciproquement observé entre lesdits

Estats, subjets et habitans d'iceux, de quelque party et Relligion qu'ils soient, lesquels pourront en vertu de la presente convention aller, venir et trafiquer en toute sorte, par tous lesdits Estats, sous la protection et sauvegarde des Magistrats et Officiers d'iceux, en observant toutes fois les Reglements que l'on en prendra, par lesquels notamment leur sera pourveu de sorte que ceux qui auront à plaider puissent commodement faire les poursuites de Justice.

Ne sera loysible aux gens de guerre tenans le party du Roy de Navarre, tant du pays de Dauphiné que de la principauté, retirer à la ditte principauté aucuns butins ou prisonniers de guerre et n'y sera receu avec lesdits butins ou prisonniers; ne pourront aussi partir de la ditte principauté, aller en course, ny faire aucun acte de guerre, même sur la Provence ny autres provinces non comprises en ce traitté.

Empescheront de tout leur pouvoir et bonne foy les Officiers et Ministres de S. S., ensemble les Consuls et Magistrats des villes et places dudit Comté et Archevesché d'Avignon, que les gens de guerre du party contraire au Roy de Navarre ne fassent courses ou autres exploits de guerre au party desdictes places, tant sur le Dauphiné que sur la dicte Principauté, contre ceux qui tiennent le party du dit Roy, et ne levent aucuns butins ou personnes pris sur lesdits partis, receus ny retirés dans ledit Comté ou Archevesché d'Avignon.

Ne pourront les gens de guerre, de quelque party qu'ils soient, conduire aucunes personnes ou butins par les terres de Notre Saint Pere le Pape et du Prince d'Aurenge, et seront tenus les sujets d'iceux de s'opposer à leur passage, en tant qu'ils pourront.

Fait et aresté en la ditte ville d'Aurenge le dernier du mois de May 1589.

En suite il fust étably de costé et d'autre, par l'avis de Calignon, des personnes qualifiées pour tenir la main à l'entiere observation de cette treve et pour juger des contreventions; scavoir, en Dauphiné, le Colonnel Alphonse d'Ornano, Lesdiguieres et quelques autres moins remarquables, et, dans l'Estat du Pape, Aubignan, le Breton et leurs subrogés; et comme le Vice-legat mesme Dominique Petrucci, Evesque de Besignan, estoit bien intentionné pour cela, il promit solennellement d'apporter toute son authorité, afin de prevenir et d'empescher toutes occasions de rupture; mais il en arriva une considerable, peu de temps aprés, du costé des Catholiques du Comté, lesquels, ayant passé en Dauphiné, à la faveur de la nuict et des intelligences qu'ils avoyent dans Piegon avec un gentilhomme du lieu, Catholique, dont enfin la maison fut rasée à cause de cette trahison, firent prisonnier Bonneval, à qui la treve et la foy publique avoient fait beaucoup relacher du soin ordinaire de sa conservation, pillerent sa maison, et, ne pouvant garder sa personne dans le Comté, afin qu'il ne parut pas qu'ils eussent si ouvertement rompu la treve, le menerent à Orgon, bourg de Provence qui estoit alors, comme tout le pays, à la devotion du Duc de Savoye, ainsi qu'on peut remarquer dans l'histoire de ce temps là, au pouvoir duquel il fut remis; d'où neantmoins il eut moyen de se tirer, ayant pratiqué quelques uns de ses gardes par une promesse de sept mille escus, qu'en suite il leur fit toucher par l'ayde de Blacons, parent de Gouvernet, celuy-cj beau-frère de Bonneval, et de la consideration que scavent ceux qui ont leu l'Histoire du Connestable de Lesdiguieres.

Bonneval, devenu libre, poursuivit la reparation de cette injure par devant les juges des contreventions, sans pouvoir tirer, là dessus, aucune satisfaction d'eux, parce qu'ils se trouverent toujours partagés; ce qui fut cause qu'Alphonse et Lesdiguieres qui appuyoient les interests de Bonneval, comme estant alors moins particuliers que publics, veu la manifeste infraction de la treve, luy permirent de se faire faire raison luy mesme, par des represailles, recours ordinaire en ces rencontres à ceux qui ne peuvent autrement obtenir justice. Comme donques il eut fait plusieurs prisonniers dans le Comté, les directeurs et les habitants du pays apprehendant la suite, le rembourserent de sa rançon, evitant ainsi les malheurs dont les menaçoit une nouvelle guerre qui estoit sur le poinct de se r'allumer pour cela.

Revenant à Calignon, comme il eut achevé ce qu'il avoit à faire dans la province, il s'en retourna auprès du Roy son Maistre qui le depescha au Roy Henry 3, afin de luy rendre conte de ce qu'il avoit fait, et pour asseurer S. M. que le Roy de Navarre seroit prest, toutes les fois qu'il en auroit l'ordre, à luy mener, où elle luy marqueroit, un puissant secours des forces protestantes; de quoy S. M. fit paroistre beaucoup de satisfaction.

Calignon, ayant pris congé d'elle, fut trouver, de la part du Roy de Navarre son Maistre, la Princesse d'Orenge, doüairiere, et le jeune Comte Maurice, son fils, pour leur faire trouver bonne la continuation du gouvernement de cette place entre les mains de Blacons, avec une entiere approbation de ce qui avoit esté negocié avec luy; à quoy la mère et le fils donnerent leur consentement absolu, accompagné de nouveaux offres de tout ce qui estoit en leur pouvoir pour le bien du Party Protestant, conformément à l'etroitte alliance qu'ils avoient avec le Roy de Navarre; surtout, apprenant sa bonne intelligence avec le Roy Henry 3, laquelle n'ayant peu estre si secrette que les chefs de la Ligue ne s'en fussent apperceus, comme ne manquant pas de confidents et de creatures auprés de la personne du Roy, mesme dans sa propre chambre, qui éclairoient ses actions et leur donnoient avis de toutes les choses, ils en prirent fortement l'allarme, voyant bien qu'ils auroient une extreme peine à venir à bout des deux Roys joins ensemble, et que si le Roy Henry 3 s'appuyoit des armes du Roy de Navarre et se servoit des Protestants, ils manqueroient du pretexte qu'ils avoient de les vouloir reduire, comme rebelles.

Ils travaillerent donc si puissamment à se bien remettre avec le Roy et à gagner son esprit, que S. M., intimidée des fulminations de Rome dont il estoit menacé comme fauteur des Heretiques, ainsy le nommoient ils publiquement, ne put se deffendre de retomber sous la tyrannie des Princes de la Maison de Guise, également adroits et ambitieux ; de sorte que s'estant tout à fait abandonné à eux, n'agissant et ne parlant plus que par leur organe, Elle revoqua, par un nouveau et solemnel Edict, tous ceux qu'elle avoit cy-devant faits en faveur des Protestants, ordonna, sous de grandes peines, que dans trois mois ils sortiroient du Royaume, ou ils renonceroient à leur Relligion, joignit ses forces à celles de la Ligue, et, en un mot, témogna qu'il n'avoit rien plus à cœur que la ruyne du Roy de Navarre, dont il avoit fait auparavant son appuy. C'est pourquoy, voyant combien il luy estoit necessaire de penser plus que jamais à sa seureté et de se fortifier du secours des Princes et des Estats, ses amis, pour se garantir de la violence dont il estoit menacé, il envoya de nouveau Calignon en Suisse, pour traitter avec le Canton de Berne et faire mettre sur pied les trouppes qu'on luy avoit promises ; cela s'estant executé, Calignon passa en Allemagne et fit la meme instance aux autres Princes, qui, de leur costé, se mirent en devoir d'accomplir leurs promesses et leurs traittés.

Cependant le Roy de Navarre envoya Beringhen en Languedoc au Connestable de Montmorency, et, depuis, à Lesdiguieres et à Blacons, pour ne plus differer de se mettre aux champs, donnant ordre à Lesdiguieres, en particulier, d'entrer dans le Comté Venicin et d'y faire, avec Blacons, tout le progrès qu'il pourroit, afin d'y attirer les armes du Pape, qui avoit des trouppes sur pied pour fortifier la Ligue ; comme aussi de favoriser, par son credit et ses intelligences en Suisse, la negotiation qu'y alloient faire Calignon et Dienspach, gentilhomme du pays, fort consideré dans les Cantons Protestants, afin que, pendant que le Canton de Berne et les autres secourroient de leurs hommes le Roy de Navarre, les Cantons Catholiques n'y apportassent point d'empeschement et n'entreprissent rien contre luy; ces deux, ayant charge de leur representer, *que ce n'estoit plus icy une guerre de Relligion, mais d'Estat, pour conserver au Roy Henry 3 et à ses legitimes successeurs la couronne que les Princes de la Maison de Lorraine vouloient luy oster, sous pretexte de reduire les rebelles.* Et pour temogner que le Roy de Navarre n'avoit nullement le dessein qu'ils luy imposoient, de vouloir ruyner la Relligion Catholique, ils avoient ordre de leur faire scavoir, *que non-seulement plusieurs Catholiques des plus affectionnés et plus remarquables du Royaume mesme, qui y tenoient les premiers rangs, comme le Duc de Montmorency, embrassoient ouvertement le party du Roy de Navarre, mais qu'il y avoit, dans sa maison et prés de sa personne, plusieurs Catholiques, auxquels il prenoit une entiere confiance, et dont quelques uns commandoient des regiments et avoient les plus importants employs.* Et Calignon n'avoit point oublié de leur faire voir le manifeste et la declaration du Duc de Montmorency, imprimée et publiée par tout le Royaume, contenant les motifs et les raisons de sa jonction au Roy de Navarre, avec celle de plus de deux cents gentilshommes de qualité, Catholiques, non abusés et infatués des faux pretextes de la Ligue et de ses principaux chefs; comme aussi la conclusion des Estats de Languedoc, pour fournir au Roy de Navarre trente mille écus, moyennès et sollicités par Calignon mesme, assisté de la faveur du Duc de Montmorency, pour estre employés à la levée de six mille Reitres; à quoy les Protestants de Dauphiné avoient ajoûté dix mille ecus, pour mettre sur pied trois mille suisses, attendant le grand secours qui devoit leur venir d'Allemagne, en execution des traittés faits avec les Princes et les Estats Protestants par les Ambassadeurs du Roy de Navarre, ainsy qu'il a esté dit cy dessus.

Cependant les chefs de la Ligue, qui possedoient absolument le Roy et qui avoient un perpetuel dessein de detruire le Party Protestant, pour oster au Roy de Navarre son plus ferme appuy, ayant fait resoudre l'envoy d'une armée en Dauphiné, sous le commandement du Marquis de la Valette [46], frere aisné du Duc d'Espernon, lequel ils vouloient éloigner de la Cour, soit pour affoiblir d'autant le Duc, qui avoit alors la plus grande part aux bonnes graces du Roy, ou pour se deffaire du Marquis, comme du reste des bons François capables de traverser leurs desseins, les Protestants du Dauphiné songerent à se mettre en estat de soustenir ce nouvel effort, convoquant une Assemblée generalle à Dye, dont une des principales conclusions fut, *de supplier instamment le Roy de Navarre par Florent, qu'ils luy deputerent exprés, de vouloir non seulement confirmer Lesdiguieres dans le commandement general de leurs armes, que nul autre ne pouvoit employer plus sagement ny plus heureusement que luy, mais de luy envoyer de nouveaux pouvoirs pour donner les ordres necessaires à la deffense des Places qu'ils jugeoient qu'on attaqueroit les premieres ; comme aussi de leur laisser Calignon, afin de les assister de ses conseils et leur apprendre comment ils auroient à se conduire dans les grandes et mauvaises affaires qu'ils prevoyoient leur devoir bientost arriver.*

Cependant la rigueur du dernier Edict du Roy contre les Protestants se prit à Calignon en particulier, si ce n'est à sa propre personne, à la deffense de laquelle plusieurs autres avoient trop d'interest pour luy laisser courir cette fortune, au moins, certes, en ses biens, qui furent saisis par authorité de justice, et toutes fois sequestrés entre les mains de sa mère, en faveur de la Relligion Catholique dont elle fit toujours constamment profession. Mais Hugues et Jaques de Calignon, ses frères, n'en furent pas quittes à si bon marché ; on les arresta prisonniers, plutost à cause de leur Relligion, car ils estoient Protestants, qu'en haine de leur personne, contre qui il n'y avoit rien à dire, vivant, comme ils faisoient, en gens d'honneur, et d'ailleurs n'ayant pas des ennemis : aussi furent-ils bien tost relaschés, par le soin de Calignon que le Party Catholique consideroit, et qui estant fort puissant dans le sien, comme chef du conseil des Protestants, et fort en credit auprés de Lesdiguieres, pouvoit user de revenche sur plusieurs Catholiques. Il trouva bon, toutes fois, de n'en point venir à ces extremités et d'agir par toute autre voye que celle de la violence ; ce qui convia le Parlement à relascher de la rigueur des Edicts en cet endroit et à mettre en liberté ses frères. Cependant, afin qu'ils ne tombassent plus dans un pareil inconvenient, Calignon fut d'avis qu'ils se retirassent à Geneve, où leur Relligion et ses amis, qui estoient les principaux de la République, leur donneroient une entiere seureté.

En ce temps là, Lesdiguieres ayant si bien pourveu à la deffense des places du Party Protestant, selon les nouveaux pouvoirs qu'il avoit receus du Roy de Navarre par le retour de Florent, qu'elles n'avoient rien à craindre de l'armée dont la Ligue les menaçoit sous le commandement de La Valette, et Calignon ayant eu ordre de s'arrester quelque temps en Dauphiné, afin d'assister aux conseils et aux déliberations des Protestants, comme ils l'avoient desiré eux-mesmes, Lesdiguieres fut obligé d'aller en Provence, pour deffendre le Baron d'Allemagne, son parent, et de mesme Relligion que luy, contre le Marquis de Vins, Chef des Catholiques ligués en ce pays là, qui le menaçoit de son entiere ruyne et avoit assiegé son chasteau. Lesdiguieres s'y estant rendu et y ayant eu le succés que j'ay marqué au long en son histoire, Calignon creut qu'il estoit du service du Roy son Maistre qu'il fût de cette partie; s'estant mesme trouvé dans le combat, mais sans épée, à son ordinaire, car il n'en portoit jamais, y ayant asses de gens dans ces occasions qui en portoient pour luy, lequel y servoit par ses bons avis plus utilement qu'il n'eust fait par ses armes. Comme, en la déroute des trouppes ennemies, les victorieux ne pardonnoient point aux vaincus et faisoient un grand carnage autour de luy, quelques uns de ces malheureux se jetterent à ses pieds, en luy demandant la vie. Sur quoy, plein de compassion, ayant en vain taché d'arrester la fureur des soldats : *Hélas! paurres gens*, leur dit-il, *vous voyes qu'en l'estat où je suis, je ne saurois non plus vous sauver la vie que vous l'oster*. Aussi se retira-t-il à l'instant, pour n'avoir pas davantage le deplaisir de ne pouvoir rien donner à leurs prieres et ne pouvoir exercer la pitié qui luy estoit naturelle, de mesme que les autres vertus.

Comme il fut de retour en Dauphiné, les Catholiques ligués ayant recherché les Protestants d'une suspension d'armes pour deux mois, Lesdiguieres pria Calignon d'aller à Grenoble faire ce traitté, dont la premiere condition fut que ses biens luy seroient rendus; ce qui s'executa d'autant plustost, que ces gens n'estoient pas en estat de beaucoup contester contre Lesdiguieres, qui remportoit tous les jours sur eux de grands avantages, ayant pris, depuis peu, la ville d'Ambrun, une des dix principales de la province, et soumis par là à sa contribution tout le haut Dauphiné.

Cependant la Valette et le Duc d'Espernon estant arrivés avec une armée de quinze mille hommes, avoient pris Chorges, après un siege d'environ trois mois, qui avoit dissipé toutes leurs forces et rendu beaucoup plus difficile qu'ils ne pensoient l'execution du dessein que la Ligue avoit d'abbatre les Protestants. La ville d'Ambrun estant donc desormais la place d'armes de Lesdiguieres dans les montagnes et sa plus ordinaire demeure, Calignon y estoit avec luy, et n'y estoit jamais sans beaucoup d'occupation pour le service du Roy son Maistre ou pour l'avantage des Protestants, president toujours à leurs conseils et ayant la direction generalle de leurs affaires, lesquelles il conduisoit avec tant de sagesse et de bonheur, qu'ils ne pouvoient assez l'admirer; et comme Lesdiguieres avoit une entiere et parfaicte confiance en luy, en quoy il repondoit à la haute et singuliere estime que Calignon faisoi de sa vertu, le nommant desja, dés lors, un des plus grands hommes de son temps, soit pour la guerre ou pour la politique, et capable de la conduite d'un grand Royaume, Lesdiguieres ne concevoit point de pensée et ne formoit nulle entreprise, qu'il n'en eust fait part à Calignon, ne manquant jamais de dire, toutes les fois qu'il traittoit d'affaires avec les siens : *Consultons là dessus notre Oracle ;* ce que Calignon disoit aussi de luy, se rendant l'un à l'autre reciproquement cette justice.

La rigueur de l'hyver s'estant cependant relaschée, Calignon se mit en estat de s'acquitter d'un ordre qu'il avoit du Roy son Maistre, pour aller en Languedoc traitter de quelque affaire fort importante au bien du Party Protestant, avec le Viconte de Turenne, nommé depuis le Duc de Bouïllon, Prince de Sedan et Mareschal de France, pere du deffunct Duc de Bouïllon et du Mareschal de Turenne, deux des plus grands capitaines de leur siecle. Celuy cy est encore vivant pour le bonheur et la gloire de ce Royaume, qui reconnoit, unies en sa personne, les vertus de son pere et de son frere.

Calignon estant de retour en Dauphiné, et auprés de Lesdiguieres, fut prié par luy et par les principaux chefs Protestants, d'aller avec Briguemaut et du Mas, gentils-hommes des plus considerables de ce Party, à l'assemblée des Estats de la Province, convoquée à Grenoble, pour y traitter d'une treve entre les Catholiques et les Protestants, laquelle pourtant ne se fit point, à cause des grandes conditions pretendües par les Catholiques. Pendant la tenüe des Estats, Calignon estant visité et caressé des plus remarquables personnes de la ville, et de ceux qui tenoient le plus de rang ou par le merite ou par la condition, je dis mesme Catholiques, envers lesquels il ne manquoit pas de civilité et de reconnoissance, la diversité de la Relligion n'empeschant point l'estime et le commerce d'une et d'autre part, il y en eust un, entre autres, qui prit une particuliere affection pour luy, et songea à un moyen solide et agreable de s'acquerir ensemble son amitié et sa personne. Ce fut le sieur d'Estables [47], de l'ancienne maison du Vache, l'une des plus remarquables de la Province, conseillier au Parlement de Grenoble et depuis President en la Chambre de l'Edict, qui, connoissant plus particulierement son merite, par les frequentes visites qu'ils se rendoient et par les communications qu'ils avoient ensemble, comme tres scavants et tres habiles, luy fit l'ouverture d'un dessein qu'il avoit de procurer un ferme establissement à sa fortune, jusqu'icy vague et errante, et comme de l'arrester et la fixer, sans toutes fois luy donner des bornes, luy offrant en mariage sa niepce, Marthe du Vache, fille de defunct Claude du Vache, gentilhomme qui tenoit un des premiers rangs parmy ceux de son ordre, tant à cause de son merite particulier que pour les grandes affaires qui luy avoient esté commises par le general de sa Province, dont il estoit allé fort souvent porter les remontrances aux Roys et implorer avec succés leur justice en des occasions fort importantes. D'ailleurs cette Demoyselle, qui se ressentoit de la bonne nourriture que luy avoit donnée Françoise de Murinaiz, sa mère, dame de singuliere vertu, avoit beaucoup de biens de fortune, pour lesquels elle estoit considerée comme un des meilleurs partys. Calignon recevant donc cet offre, avec sentiment d'obligation, et en ayant fait paroitre sa gratitude à Estables, le pria de trouver bon qu'il differast pour un moys l'accomplissement de leur traitté, pendant quoy il se promettoit la satisfaction d'avoir la permission du Roy son Maistre, comme en effect il l'eut aussitost, avec temognage que S. M. auroit toujours beaucoup de joye de tout ce qui regarderoit son avantage particulier, luy sçachant fort bon gré, au reste, de l'asseurance qu'il luy avoit donnée que cette nouvelle condition ne l'empescheroit non seulement point de luy continuer sa tres humble servitude, mais luy en donneroit encore plus de moyen. Calignon eut aussi le contentement d'apprendre que la proposition de son mariage estoit fort du goust de ses amis, et principallement de Lesdiguieres, qui voulut bien le luy temoigner, le priant de choisir sa maison pour cette solemnité, laquelle fut faitte avec grande compagnie, tant des parents de la Demoiselle qui accompagnerent le Conseillier d'Estables, son oncle, que des principaux seigneurs et gentilshommes du Party Protestant, qui avoient tous une haute estime pour Calignon et faisoient particulierement profession d'estre de ses amis.

Sitost que la feste fut finie et la compagnie separée, Calignon reprit ses soins accoustumés, rendant exactement conte au Roy son Maistre de l'estat où estoient les affaires des Protestants, lesquelles prosperoient tous les jours, par la valeur et par la prudence de Lesdiguieres qui venoit de reprendre par force la ville de Montelimar, au Bas Dauphiné, que les Catholiques luy avoient enlevée par surprise; ce qu'il fit aussi tost scavoir au Roy de Navarre, par une relation que Calignon avoit dressée, nul autre n'ayant garde de l'entreprendre où il estoit, ayant, comme il avoit, entre ses autres grands dons, celuy de si bien écrire, que si j'ose penser que mon témognage soit récevable en cette sorte de choses, je puis dire que je n'ay rien veu de plus noble et qui sente mieux son excellent genie que les écrits que j'ay veus de luy.

Ayant choisi la ville d'Ambrun pour sa demeure ordinaire, sur tout puisque Lesdiguieres y faisoit la sienne, il y mena la Demoiselle de Calignon, sa femme, et y établit le commencement de sa famille. Quoy que les affaires des Protestants, dont il estoit le directeur général, l'appellassent en divers endroits de la

Province, il fut obligé de demeurer quelque temps à Ambrun, selon la priere que Lesdiguieres luy en avoit faitte, pour y donner les ordres necessaires à la substantce des trouppes et des garnisons Protestantes, et pour avoir l'œil à ce que les Catholiques de ces quartiers là n'entreprissent et n'executassent rien sur cette nouvelle conqueste, qu'ils desiroient extremement r'avoir, à cause des incommodités qu'ils en recevoient par les contributions; car Lesdiguieres, ayant cette ville, avoit presque tout le haut Dauphiné à sa discretion.

Cependant il estoit allé fortifier le passage du Comte de Chastillon dans la Province, qui conduisoit quelques trouppes levées en Languedoc, pour les aller joindre à la grande armée que le Prince de Condé faisoit venir d'Allemagne comme Lieutenant general du Roy de Navarre, et ayant, après luy, l'authorité entiere dans le Party Protestant. Et certes, Lesdiguieres se trouva d'autant plus necessaire à cette occasion, qu'il empescha la totale déroute des trouppes de Chastillon, attaquées dans les destroits de montagnes de Theys et d'Uriage, par la Vallette et par le Collonel Alphonse, qui defirent un regiment Suisse que menoit Cuzy, gentilhomme Protestant, pour le joindre aux Allemands.

Cependant, les continuelles fatigues de la guerre commençant à lasser et ennuyer bien fort les Catholiques de la Province, il y eut un long pourparler de treve entre eux et les Protestants, avec plusieurs allées et venues de la part du Parlement et du lieutenant de Roy vers Lesdiguieres, qui, ne pouvant s'eloigner d'Ambrun, sa meilleure place d'armes, pria Calignon d'aller à Grenoble et descendre ensuite à Valence, pour donner à ferme les revenus des benefices occupés par les Protestants dans le Valentinois, le Dyois et les Baronnies, et affectés à l'entretenement d'une partie de leurs trouppes. Tous ces voyages aboutirent à une suspension d'armes, durant quatre mois, pour la ville de Grenoble en particulier. Et cependant Calignon eut le temps de donner ordre à ses affaires domestiques et de demesler ses biens d'avec ceux de ses freres, aussi mariés; ce qui se passa avec une grande douceur, sur tout par la bonté et la prudence de Calignon, qui, ayant l'ame haute et peu sensible aux petits interests qui touchent d'ordinaire les personnes vulgaires, leur relascha beaucoup de ce qui luy appartenoit de droit, leur ayant d'ailleurs toujours fait part de tous les accroissements et de tous les avantages de sa fortune; mesmes jusques à en avoir plus de soin que de la sienne propre.

Le soulevement general de Paris, communement nommé les Barricades, contre le Roy Henry 3, estant arrivé en ce temps là, et luy ayant osté de devant les yeux le voile que les chefs de la Ligue y avoient mis, pour l'empescher de voir leurs mauvais desseins, toujours couverts du pretexte de Relligion, l'estat des affaires se changea avec l'esprit de S. M., et cette revolution étrange luy fit juger, beaucoup plus clairement qu'il n'avoit fait encore, combien le support et l'ayde du Roy de Navarre et de son party luy estoient desormais necessaire pour s'opposer au torrent de la Ligue, debordée contre sa propre personne. Ces deux Princes ayant communiqué là dessus ensemble par un confident que le Roy de Navarre avoit d'abord eu soin de luy envoyer, c'estoit Le Plessis-Mornay, gentilhomme fort considerable par ses grands employs auprès de ce Prince, qui avoit une parfaite confience en luy, les Protestants de Dauphiné creurent que cette nouvelle occasion obligeoit S. M. à leur donner de nouveaux ordres; et, pour les recevoir, ils avoient resolu d'y envoyer quelqu'un, lorsque Calignon, estant mandé par luy, se chargea de cette commission et leur promit de leur faire sçavoir bientost, et fort ponctuellement, les volontés de S. M.

Estant donques party de Dauphiné pour se rendre à Nerac, où estoit le Roy son Maistre, il n'y fut que trois ou quatre jours pour prendre ses instructions, touchant ce qu'il devoit faire à l'assemblée generale des Protestants convoquée à La Rochelle, où S. M. l'envoyoit, par avance, attendant de s'y trouver luy mesme. Il se fit, là dessus, une reconciliation plastrée, des chefs de la Ligue avec le Roy, qui, opposant dissimulation à dissimulation, faisoit semblant de ne plus se ressouvenir du passé, mais songeoit serieusement à prendre ses mesures et ses seuretés contre les entreprises de la Ligue: à raison de quoy ses bons serviteurs, tels qu'estoient, en Dauphiné, La Vallette et Alphonse, jugerent bien qu'ils devoient agir d'une autre maniere qu'ils n'avoient fait, c'est-à-dire, ne plus s'amuser à faire la guerre aux Protestants, mais se joindre à eux contre la Ligue. Ce qu'ils firent solennellement, en la sorte que j'ay marquée dans l'Histoire du Grand Connestable.

Les deux Roys firent, peu après, une pareille union, et le Roy de Navarre promit de servir le Roy Henry 3 de toutes ses forces, lesquelles il joignit à celles de S. M.; ce qui se fit d'autant plus à propos, que la Ligue ayant perdu tout respect et toute honte, aussi bien que tout pretexte, s'estoit ouvertement declarée, en plusieurs endroits du Royaume, contre le party Royal, jusqu'à attaquer les villes Catholiques, qu'elle ne faisoit point scrupule de nommer rebelles, et à faire tous actes d'ennemis publics, ainsi que l'histoire nous l'apprend.

Sur quoy ne m'estendant pas davantage, je reviens à mon sujet principal, pour dire qu'en cette union d'Alphonse et de Lesdiguieres, Calignon travailla avec tant d'adresse à surmonter plusieurs difficultés dont une prudence mediocre ne seroit point venue à bout, qu'on ne scauroit assez loüer la sienne, ny donner d'assez grands eloges aux soins et à la peine qu'il prit pour cela.

Ayant veu les principaux Officiers du Parlement en particulier et en corps, il eut tant de pouvoir sur leur esprit, qu'il fit resoudre les plus scrupuleux, et ceux qui avoient le plus d'inclination pour la Ligue, à se renger au party du Roy, et servit infiniment à dissiper le charme dont elle les avoit abusés. Et certes le Parlement s'estant des lors attaché entierement au bon party, ainsi qu'avoit fait le Lieutenant de Roy, la Ligue desesperant du support qu'elle pensoit avoir en l'un et en l'autre, se porta à la derniere temerité: elle fit soulever, dans Grénoble, ses partisans qui estoient en grand nombre, lesquels, ayant pris soudainement les armes, en mirent dehors Alphonse qui se trouva denué de forces pour leur resister et ne peut mieux faire que se retirer à St Marcelin. Il écrivit aussytost par un gentilhomme à Lesdiguieres, pour le prier et le conjurer de le vouloir secourir en cette pressante extremité; Lesdiguieres pria Calignon d'aller voir Alphonse, pour l'asseurer qu'il en recevroit toute l'assistance qui estoit en son pouvoir.

Comme Calignon s'alloit mettre en chemin, Lesdiguieres receut des lettres du Roy, retiré depuis quelques jours à St Cloud, par lesquelles S. M. luy temognoit *qu'il luy scauroit très bon gré de son union avec Alphonse, luy recommendant de ne rien oublier pour reprimer ensemble, dans sa province de Dauphiné, les desseins des ennemis de l'Estat.* Cette lettre fut portée par Calignon à Alphonse, qui, en ayant receu une pareille, la luy mit entre les mains pour la faire voir à Lesdiguieres. Comme, cependant, il estimoit extremement Calignon, car il l'avoit souvent veu dans ses traittés et les conferences qui s'estoient faittes entre les Catholiques et les Protestants, pour lesquels il portoit d'ordinaire la parole, il le receut avec de grandes civilités et des demonstrations mesme d'affection, l'asseurant *qu'il n'y avoit point d'homme de la robe dont il fist plus de cas que de luy, et qu'il seroit fort aise de le luy temogner en toutes rencontres. Qu'au reste, prevoyant bien que si, pour l'extreme malheur de la France, il mesadvenoit du Roy son bon Maistre, lequel sembloit desormais exposé aux diverses conspirations des meschants, le Roy de Navarre parviendroit indubitablement à la couronne, comme le plus proche, il esperoit la satisfaction de le servir avec Mr de Lesdiguieres, qu'il tenoit pour un des plus braves et plus sages hommes du Royaume, et avec plusieurs autres Capitaines de ce party là, qui se reüniroient tous sous l'obeissance du Roy.*

à la confusion des ennemis de l'Estat, et feroient des merveilles pour son service. Ainsy, n'ignorant pas la grande creance que le Roy de Navarre avoit en luy, il le prioit de luy ayder à acquerir une part en l'honneur de ses bonnes graces et de luy temogner, dans les occasions, que quand la difference de Relligion seroit ostée, comme elle le seroit asseurement, ce Prince ayant trop de connoissance pour ne pas vouloir enfin y renoncer et se faire Catholique, il n'auroit point de plus fidelle et plus passionné serviteur qu'Alphonse, (il parloit ainsy souvent de luy mesme); *de quoy je vous prie, Monsieur,* ajoutoit-il, *de l'asseurer, la premiere fois que vous serez pres de luy, et je vous en seray obligé.*

Calignon repondit à cela *par des remerciments tres affectionnés, pour ce qui le touchoit en particulier, et par des asseurances de son respect et de son service, lorsqu'il seroit en estat de le luy rendre et que cette heureuse reünion des bons serviteurs du Roy seroit arrivée, comme il la prevoyoit prochaine, puis qu'enfin Dieu avoit permis que les mauvais desseins de la Ligue estoient reconnus de S. M. et de ses bons serviteurs, entre lesquels il n'y en avoit point que Mr de Lesdiguieres honorât plus que luy ; le conjurant de n'en pas douter, et qu'il en verroit des preuves en toutes rencontres; et pour ce qui estoit du service qu'il luy ordonnoit de luy rendre aupres du Roy de Navarre, il tascheroit de s'en acquitter si bien, qu'il en demeureroit satisfait, quoy qu'il n'eust nullement besoin des offices de personne pour s'acquerir les bonnes graces de ce Prince, qui, connoissant sa rare vertu et son exemplaire fidelité au service du Roy et au bien de l'Estat, ne pouvoit que l'estimer infiniment et avoir une entiere disposition à luy donner toute la part qu'il meritoit en ses bonnes graces.*

Ces compliments achevés, Calignon traitta d'affaires avecque luy, pour la reparation de quelques infractions faittes à la derniere treve contre les Protestants; à quoy le Lieutenant de Roy promit de pourvoir en telle sorte, que Lesdiguieres et ses amis en seroient contents : ce qui fut executé de bonne foy; car, entre les autres grandes qualités d'Alphonse qui luy ont, à bon droict, donné rang parmy les hommes illustres de son siecle, on a remarqué celle-cy, qu'il faisoit une serieuse profession de franchise et d'honneur, et qu'il estoit ennemi mortel de la tromperie qui, estant le vice ordinaire des ames lasches, n'avoit garde de compatir avec un cœur aussi noble et elevé qu'estoit le sien. Il trouva bon que luy et Lesdiguieres se veissent le plustost qu'il se pourroit, et choisit pour cela le Bourg de la Mure. Sur quoy Calignon s'en retourna à Ambrun, où Lesdiguieres l'attendoit.

Il y fut à peine, qu'un courrier du Lieutenant de Roy y arriva pour donner avis à Lesdiguieres de la mort du Roy Henry 3e, et pour le prier de luy renvoyer Calignon avec creance et memoires de ses intentions sur l'occurence presente. Calignon fut donc le trouver de rechef, pour luy confirmer tout ce qu'il luy avoit dit de la part de Lesdiguieres, *qu'il estoit prest de se joindre à luy, avec tous ses amis et toutes les forces des Protestants, pour faire tout ce qui leur seroit possible, afin de conserver la couronne au Roy de Navarre, à qui elle appartenoit de droict, et ruiner la Ligue qui avoit un dessein tout contraire.* Alphonse, fort satisfait de cela, creut qu'il ne devoit pas davantage differer son entrevue avec Lesdiguieres, laquelle se fit à St Marcelin avec grande demonstration de joye d'une et d'autre part; le Parlement meme qui, pour se soustraire à la tyrannie de la Ligue, avoit quitté Grenoble et s'estoit étably à Romans, envoya ses deputés à cette conference : ce furent le President de Hautefort et le Conseillier d'Estables; et là il fut resolu d'employer tous les moyens possibles pour reprimer et esteindre la Ligue, qui, voulant se maintenir et conserver la ville de Grenoble, s'estoit saisie du Bourg de Moyrenc qu'elle avoit mis en deffense. Comme, cependant, on jugeoit à propos de la prevenir dans le dessein d'attirer de son costé le Duc de Savoye, lequel, à cause de son voysinage avec le Dauphiné, pouvoit beaucoup fortifier le party qu'il prendroit, on trouva à propos de luy envoyer Calignon pour luy persuader de prendre le party des bons françois.

Calignon l'ayant veu à Turin, mais en secret, car ce Prince ne vouloit pas se brouïller avec la Ligue et traitter publiquement avec ceux qu'on appelloit Royaux, eut ensuite plusieurs conferences avec le President Baratta, son premier Ministre. Mais comme le Duc pretendoit profiter des desordres de la France et meditoit l'usurpation du Marquizat de Saluces, Calignon n'eut de luy que de belles parolles, qui ne signifioient rien, et s'en retourna sans avoir rien avancé.

A son retour, il trouva que ceux de la Ligue, taschant de brouïller Alphonse et Lesdiguieres dont l'union estoit la ruyne de tous leurs desseins, avoient mis dans l'esprit du premier, par quelques personnes interposées, que l'autre n'agissoit pas avec luy aussi franchement qu'il le devoit, et qu'il avoit contrevenu aux conditions de leur traitté, *ayant pris, sans sa participation, la ville de Gap, et voulant la retenir pour soy, comme il estoit aisé de le voir,* disoient-ils, *par la conservation de la citadelle de Puymorre, laquelle il n'avoit point encore demolie,* ce qu'ils faisoient passer pour une action de mauvaise foy, pretendant, mais sans raison quelconque, *que dés le jour que Lesdiguieres avoit promis d'embrasser avec Alphonse l'interest general de la couronne, il devoit avoir renoncé à ses interests particuliers et s'estre defait de tout ce qui pouvoit donner de l'ombrage aux Catholiques.*

Ces imputations, quoy que fort legeres, ayant fait un peu d'impression dans l'esprit d'Alphonse, aucunement soupçonneux, il vivoit, sinon en defiance avec Lesdiguieres, au moins en quelque sorte de reserve ; de quoy celuy cj s'estant bien apperceu et en ayant dit sa pensée à Calignon, il remit à sa prudence d'agir là dessus, pour sa justification, comme il le trouveroit à propos. Calignon estant allé trouver Alphonse, afin de luy faire scavoir le succés de son voyage en Piedmont, sceut si bien le guerir des soupçons qu'on luy avoit donnés contre Lesdiguieres, dont il luy justifia toutes les actions, que ce fût desormais fort en vain que leurs ennemis communs travaillerent à les diviser.

Et certes, bien loin de rompre ensemble, comme ceux de la Ligue croyoient qu'ils feroient, et de renoncer à leur union, ils la renouvellerent solemnellement, surtout apprenant la déclaration publique, que la plus grande partie des Princes, des grands seigneurs et des gentilshommes François, avoient faitte de reconnoistre Henry 4ᵉ pour leur Roy legitime; après quoy il n'y eut plus à deliberer pour ces deux, lesquels ayant assemblé leurs trouppes, allerent droit à Moyrenc, l'investirent et l'osterent à la Ligue, laquelle y perdit trois cents de ses meilleurs hommes, ainsy que je l'ay écrit ailleurs.

Alphonse et Lesdiguieres ayant fait quelques autres exploits où Calignon se trouva toujours, ils resolurent de l'envoyer conjointement au Roy, pour luy rendre conte de ce qui se passoit en Dauphiné et de ce qu'il meditoient pour son service, ayant fait, là dessus, une despesche à S. M. en creance sur Calignon ; à quoy Lesdiguieres se creut obligé d'en ajoûter une, en laquelle il rendoit tous les bons temoignages de son amy qu'il devoit, ne feignant point de dire, *que S. M. ne pouroit rien faire de plus juste en son avancement à la couronne, que de reconnoitre, par quelque marque et quelque liberalité publique, son zele et ses services, ce qui seroit exemplaire pour tous ceux qui travailloient continuellement à luy en rendre, comme faisoit Mʳ de Calignon* (ce sont les mesmes termes de l'original), *ayant employé pour cela, depuis quinze ans, tous ses soins et son bien propre, tellement que l'heureux succés des choses de par deça estoit deu, en partie, à ses bons et fidelles conseils ; de quoy il n'avoit eu encore d'autre recompense que sa satisfaction particuliere, estant de la justice de S. M. d'y en ajouter une seconde, selon les ouvertures* propre à cet employ, luy commandant de passer aprés jusqu'à Montauban, pour quelque affaire importante dont mes memoires ne s'expliquent point, mais que S. M. temognoit avoir extremement à cœur. Il s'acquitta si bien de l'une et de l'autre commission, que le Roy en demeura satisfait et le luy temogna par une petite lettre de sa main propre, où, aprés trois lignes d'un certain jargon dont ce Prince se servoit envers ses plus confidents serviteurs, et que j'aurois inutilement entrepris d'expliquer, il y avoit cecy : *je savois bien deja que vous estiés un des plus habiles hommes de mon Estat et que je n'ay point de serviteur plus affectionné que vous, mais je l'apprends de nouveau par ce que vous avez fait en Languedoc; de quoy je suis tres content, comme le Plessis vous fera scavoir, car je luy ay commandé de vous escrire,* etc.

Comme Calignon estoit à Montauban, un de ses amis de la Court luy manda, entre autres nouvelles, que le Colonel Alphonse estoit mort en un combat auprés de Lyon. Cet avis n'estant pas veritable, car il avoit seulement esté fait prisonnier, luy donna pourtant lieu de témogner qu'il estoit veritablement reconnoissant de ce qu'il devoit à l'amitié de Lesdiguieres; car il supplya aussi tost le Roy, par une despesche expresse et tres affectionnée, de luy vouloir donner la charge de Lieutenant general en Dauphiné, vacante par la mort du Colonel, et qu'il meritoit par tant de services. Il addressa cette depesche ouverte au Plessis-Mornay, le conjurant d'appuyer fortement cette affaire auprés du Roy, comme fit le Plessis, mais inutilement, puisque l'avis s'estoit trouvé faux.

N'y ayant plus rien qui le retînt en Langedoc, il eut permission du Roy de s'en retourner en Dauphiné, pour se faire recevoir en la charge de President que S. M. luy avoit donnée. Comme il y fut arrivé, il trouva Lesdiguieres sur le point d'assieger Grenoble; de quoy il ne s'estoit encore expliqué à personne, car il tenoit merveilleusement secretes ses resolutions, resemblant en cela, comme en d'autres choses, à Cæsar, à qui on n'ouït jamais dire, *nous ferons cela demain, ou aprés demain,* mais bien, *faisons cela aujourd'huy.* Il communiqua pourtant ce dessein à Calignon, qui l'approuva entierement, loüa l'ordre et les moyens qu'il vouloit tenir pour l'executer, et n'y contribua pas seulement ses avis, mais encore ses soins, faisant des voyages en divers lieux, afin que les choses necessaires à la subsistance des trouppes destinées à cette entreprise ne manquassent point. Il rendit même ce service au Roy et ce bon office à Lesdiguieres, de trouver une somme considerable pour la montre de l'armée; il y employa son argent propre et celuy de ses

qui luy en seroient faittes par le memoire particulier dont sa lettre estoit accompagnée.

A quelques jours de là, Calignon arriva prés du Roy, qu'il trouva au siege de Dreux. Il fut receu de S. M. avec une grande demonstration de joye qu'elle luy temogna en ces termes: *Mon amy, je vous asseure que je suis fort aise de vous voir. Je scavois que vous deviés venir, et je vous attendois impatiemment, pour apprendre des nouvelles de Dauphiné; car je scay bien que vous me les dirés fidelement et ne me cacheres rien de ce qu'il importe que je sache. Le Colonel Alphonse et Mr de Lesdiguieres sont-ils bons amis?* Calignon l'ayant assûré de leur parfaitte union, et des avantages que le service de S. M. commençoit à en recevoir par la prise de Moyrenc et par quelques autres succés qui avoient beaucoup affoibly la Ligue, fut remis à une heure commode pour luy rendre compte du reste; ce qu'il fit au grand contentement de S. M., qui, ayant leu la lettre de Lesdiguieres et le memoire qui l'acompagnoit, luy dit: *Je suis bien aise que Mr de Lesdiguieres soit de vos amis au poinct que je vois qu'il l'est. Il me demande pour vous un Office de President, vacquant par la mort de Gentillet: je vous l'accorde de fort bon cœur. Je vay commander que l'on vous en donne les provisions; et, me souvenant que vous n'avés receu nuls appointements de votre charge de Maistre des Requestes de Navarre, je veux que vous en soyés payé, comme si vous aviés actuellement servi, de quoy je vous feray expedier un brevet.* Calignon, ayant rendu ses tres humbles graces à S. M., eut le commandement de se tenir prés d'elle, pour luy faire scavoir, en toutes les occasions, ce qu'il apprendroit de Dauphiné, et commanda qu'il fust logé et defrayé comme les autres principaux officiers de sa Maison.

Ensuite il demeura prés du Roy durant deux moys, pendant lesquels S. M. défit presque entierement la Ligue, aux deux celebres batailles de Dreux et d'Yvry, où Calignon se trouva et fit une belle description de l'une et de l'autre, accompagnée du plan et du campement des deux armées; car il se servoit fort heureusement du crayon, jusqu'à meriter que le grand President de Thou en ayt fait mention avec éloge dans son Histoire, estant certain que ce plan se trouva le plus juste de tous, au jugement meme du Roy.

Quelques mouvements particuliers survenus à La Rochelle entre les habitans, divisés en plusieurs partis pour l'election de leurs magistrats, obligeant S. M. d'y envoyer quelqu'un de leur Relligion, capable de les regler et de prevenir les suites dangereuses que tirent souvent ces querelles populaires, il jetta les yeux sur Calignon, comme sur celuy qu'il jugeoit le plus

amis. En suite ce siege s'estant fait sans intermission, la ville fut contrainte de reconnoistre son devoir, et Lesdiguieres ajoûta ce nouveau trophée à ceux qu'il s'estoit élevés sur la Ligue.

Il restoit de remettre en un Corps le Parlement divisé de lieu, comme d'affection; car ceux qui s'estoient conservés bons françois, à quoy Calignon avoit beaucoup servi, ainsi qu'il a esté dit cy dessus, s'estoient retirés à Romans, et ceux qui tenoient le party de la Ligue estoient demeurés à Grenoble. Estant donc question de reünir ces deux parties, celle qui estoit à Romans et qui pretendoit, avec raison, qu'elle devoit estre seule en l'administration de la justice, prenant l'avantage sur l'autre, comme ce qui est legitime le prend sur ce qui ne l'est pas, vouloit l'obliger à cesser ses fonctions et à demeurer sans exercice, jusques à la fin de l'année, c'est-à-dire, environ deux mois qui restoient, ne voulant point autrement revenir à Grenoble; comme, au contraire, celle qui y estoit demeurée ne tomboit pas d'accord de la cessation de ses fonctions, la difficulté de les rejoindre ne fut pas petite. Calignon estant prié par Lesdiguieres de voir là dessus les uns et les autres, descendit à Romans, et, après quelques allées et venues, sceut si bien menager les esprits de part et d'autre, qu'il surmonta cet obstacle, de maniere que ces deux Corps se reunirent à Grenoble et n'en firent desormais qu'un.

Le premier acte du Parlement, ainsy rassemblé, fut la reception de Calignon en son office de President, laquelle se fit avec dispense des formes ordinaires en ces rencontres; car on ne l'obligea point à une nouvelle enqueste d'office, le Parlement se contentant de celle qui s'estoit faitte lorsqu'il fut receu Conseillier: sur quoy Boffin, advocat general, dont les conclusions avoient donné lieu à cette dispense, dit hautement, *que faire une nouvelle enqueste des vie et mœurs de Monsieur de Calignon, ce seroit faire une seconde fois son Eloge, n'y ayant rien en luy qui ne meritast beaucoup d'estime, et toutes ses actions estant si vertueuses, qu'elles pourroient estre proposées en exemple à quiconque seroit si heureux que de pouvoir l'imiter.*

Il eut la satisfaction de voir sa reception suivie de celle de l'un de ses plus chers amis, personnage d'eminente vertu et de rare erudition: c'estoit Félicien Basset, Juge Royal de Grenoble, pour lequel il avoit obtenu un brevet du premier office de Conseillier vacant, qui fut celuy d'Alphas, peu après decedé. Or, comme Basset s'estoit si dignement acquitté de sa premiere magistrature, qu'il en avoit acquis une singuliere estime, sur tout envers Lesdiguieres et le Premier President d'Illins, ils supplierent conjointement le Roy, par leurs lettres, de commander l'effet de ce brevet; et Calignon y ayant ajoûté son intervention, tant envers S. M. qu'envers ses principaux Ministres, Basset jouït de la grace qu'il luy avoit procurée, dont il voulut témogner quelque reconnoissance à son amj, par le don d'un grand enclos de verger, nommé Chamfleury, qu'il avoit tout auprés de Grenoble, et qui, à quelque temps de là, fut mis dans l'enceinte des murailles, par l'aggrandissement que Lesdiguieres fit faire de cette ville : c'est aujourd'huy toute l'estendue que tient, dans la rue de Bonne, le couvent des Capucins, avec les maisons des Presidents de la Coste, de l'Alben et de l'Escot, les plus remarquables de la ville, tant par la beauté des bastiments que pour celle des jardins dont il sont accompagnés. Basset donc voulut donner tout ce grand enclos à Calignon ; mais celuy cj, non moins genereux que l'autre estoit reconnoissant, resista à sa gratitude. Il luy témoigna que son amitié n'estoit nullement interessée, et le pria de luy laisser entiere la satisfaction de luy avoir fait gratuitement ce plaisir.

Au reste, chaque jour, et chaque affaire importante qui arrivoit au Parlement, soit dans la distribution ordinaire de la justice, ou dans ce qu'on avoit à traitter à la Cour et avec le Lieutenant de Roy, faisant assés voir à tout le Corps quel avantage ce luy estoit d'avoir acquis un si digne membre qu'estoit Calignon, il estoit tellement considéré qu'il y eust eu de quoy satisfaire son ambition, s'il l'eust fait consister à regner parmy ceux qui regnent sur les autres et à tenir, par son rare merite et par la grandeur de ses employs, le premier rang où l'ordre de sa reception, ne luy assignoit que le dernier. Pour le dire en un mot, toutes les affaires difficiles, toutes les negociations importantes, toutes despesches delicates, se faisoient et passoient par ses mains. Il estoit comme l'esprit et l'oracle de sa compagnie.

Mais quelque necessaire qu'il y fut, il l'estoit encore ailleurs : le service du Roy le demandoit en d'autres occasions que celles qui sont proprement de l'intelligence et de la fonction d'un homme de Robe longue.

Une puissante armée d'Italiens et d'Espagnols estant entrée dans le Dauphiné, (c'estoit icy le dernier effort et les dernieres esperances de la Ligue reduite aux abbois), menaçoit non seulement cette Province, mais tout le Royaume. Lesdiguieres y opposant ce peu qu'il avoit de forces, et encore soudainement rassemblées, s'avança à Pontcharra pour couper le pas à cette armée. Il pria le President, c'est ainsi que nous nommerons desormais Calignon, de vouloir luy continuer, en cette importante rencontre, ses bons avis et ses soins acoustumés pour la subsistance de ses trouppes. Le President y alla, bien asseuré qu'il y serviroit encore plus utilement le Roy et le public que dans la distribution ordinaire de la justice. Il se trouva mesme dans le combat, non pas pour y faire aucune fonction militaire, car il ne portoit jamais d'épée, mais pour donner ordre à plusieurs choses, à quoy Lesdiguieres, assés occupé ailleurs, pourroit n'avoir pas eu le temps de pourvoir.

Ceux qui ont veu l'Histoire de ce Heros, et sur cet endroit particulier, scavent la gloire que luy acquit l'entiere defaitte de cette armée, et combien la vanité d'Olivera [48], qui la commandoit, y fut heureusement abbatüe, en ce que non seulement, il pretendoit se rendre maistre de tous les hommes, mais vouloit encore triompher des femmes ; ayant fait un ordre qui portoit *que toutes les Dames et les Demoiselles Catholiques sans exception, seroient amenées en Savoye, et ayant commis l'exécution de cet ordre ridicule à un Nicolas Verqueria*. Je me suis imaginé que peut estre on sera curieux de le voir, et je l'ay, pour cela, inseré icy traduit de son original Espagnol qui ut pris entre les mains de Verqueria, lequel se trouva au nombre des prisonniers.

Anthoine de Olivera, Conseillier du Roy Catholique au Conseil secret de Milan, Gouverneur et Chastelain de Trezo, Capitaine de cinq cents lances, et General de l'Armée de S. M. en Savoye,

Nous faisons scavoir à tous ceux qui verront ces presentes, que pour bonnes et justes considerations à ce nous mouvants, nous croyons, qu'il est du service de S. M. et de S. A. d'ordonner, comme nous ordonnons, au sieur Nicolas Verqueria, de prendre toutes les Dames, Demoyselles et autres femmes Catholiques de ce territoire de Dauphiné, pour les mener en Savoye ; mandant à tous ceux qui sont sous notre charge, gens de guerre et autres que besoin sera, de les laisser librement passer, sans leur donner aucun trouble ou empeschement, à peine de la vie.

Fait à Barry, ce 21º de juillet 1591. Signé *Anthoine de Olivera*, et contresigné ; *Thom. de Campiu* (1).

J'ay encore aujourdhuy une escritoire à layette, assés propre et enrichie, qui fut trouvée dans le bagage de ce General, et que le Grand Connestable de Lesdiguieres me fit un jour l'honneur de me donner, luy ayant esté apportée de son garde meuble avec quelques autres hardes.

---

(1) Ce nom est écrit de telle sorte dans le ms., qu'il peut se lire *Campiu* ou *Campra*. Il m'a été impossible de trancher cette question d'une manière certaine.

N. de l'Éd.

Le President, après avoir dressé la relation de cette bataille à la prière de Lesdiguieres, avec les despesches necessaires pour en rendre compte au Roy, comme Lesdiguieres fit aussitost, le tout si bien fait et si poly, à son ordinaire, qu'elles furent admirées de S. M. et de son Conseil, au rapport du Baron de Luz, gentilhomme de cette Province, qui les avoit portées, vouloit descendre en Provence avec Lesdiguieres que de nouvelles occasions y r'appelloient; mais il eut ordre de S. M. d'assister de sa part, et en qualité de son Commissaire, avec le Lieutenant general, à la tenüe des Estats de la Province, et, par le retour du Baron de Luz, il eut commandement d'aviser avec Lesdiguieres aux moyens de porter la guerre en Piedmont, pour mettre à la raison le Duc de Savoye et le contraindre de rendre le Marquisat de Saluces qu'il avoit usurpé quelque temps auparavant, au plus fort des confusions de l'Estat.

Lesdiguieres estant venu là dessus faire un tour en sa maison, le President le fut voir. Ils delibererent ensemble sur ce qu'il y avoit à faire touchant l'expedition du Piedmont, et, ayant pris leurs mesures, Lesdiguieres s'en retourna en Provence, où il fit les exploits que j'ay marqués dans son Histoire, et le President revint à Grenoble, où il trouva assés de quoy s'employer utilement et glorieusement pour le service du Roy, pour les interests de son Corps et pour le bien du public.

Cependant, comme le Lieutenant de Roy, piqué d'une secrette jalousie contre Lesdiguieres, à cause des frequents témoignages qu'il recevoit de l'estime de S. M., bien deus sans doute à la continuation de ses grandes actions, commençoit beaucoup à relascher du soin de maintenir leur correspondance, et que Lesdiguieres, mal satisfait de ses froideurs, ne vivoit plus avec luy comme il avoit fait auparavant, de quoy le service du Roy ne pouvoit que recevoir un notable prejudice, S. M. jugea qu'il estoit necessaire qu'elle commandast au President de travailler à les raccommoder.

Comme donc il en eut receu l'ordre, il le communiqua avec la Cour de Parlement, qui trouva bon de prier le premier President d'Illins de s'entremettre de cette affaire et d'agir envers le Lieutenant de Roy, beaucoup plus malaisé à gouverner, tandis que le President s'employeroit envers Lesdiguieres qu'il estoit certain de trouver plus facile. En effet, il tira parole de luy qu'il entendroit à toutes les propositions d'accommodement qui luy seroient faittes par ces deux Presidents, qu'il tenoit pour ses meilleurs amis, et entre les mains de qui il remettoit toûjours ses interests, avec protestation qu'il leur confieroit même sa vie. Mais, quelque soin et quelque adresse que le Premier President apportast envers le Lieutenant de Roy, il n'en sceut rien obtenir, et les choses en demeurerent là. Cependant l'autre creut qu'il ne devoit point celer à S. M. que le seul moyen de faire cesser le malentendu d'entre ces deux personnes, c'estoit de les separer non seulement d'employ, mais encore de lieu, ce qui estoit couvertement suggerer au Roy la pensée de tirer de la Province le Lieutenant de Roy, et, l'ayant logé ailleurs, mettre Lesdiguieres en sa place, comme il fut fait environ un an aprés.

En ce temps là, le President eut la satisfaction de voir naistre son fils aisné, Alexandre de Calignon, depuis sieur de Peyrins, lequel fut presenté au baptesme par Lesdiguieres et par Madelaine de Bonne, sa fille unique, conjointement avec Françoise de Murinaiz, mere de la Dame de Calignon. Nous verrons ailleurs l'heureux succés, tant de ce gentilhomme que de ses freres et des autres personnes qui ont porté et qui portent encore ce nom.

Avant que je me remette dans mon principal discours, je dois ce temognage à un bel esprit de Nismes, nommé le Sr de Chalan, d'avoir esté le premier que je sache qui ayt publiquement honoré la vertu du President en la dedicace qu'il luy fit d'un fort beau poeme latin, intitulé *Lesdiguerias;* dans laquelle il donne le nom d'Hercule à l'un et à l'autre de ces grands hommes, comparant le scavoir, l'eloquence et les autres rares qualités du President, sous le nom de l'Hercule Gaulois, aux grandes actions militaires de Lesdiguieres, son autre Hercule. Si cet ouvrage, dont mon instructeur a fait une mention fort honorable dans ses memoires, estoit venu à ma connoissance, je l'aurois tiré de l'oubly où je voy que le mauvais destin des lettres la condamné, et je n'aurois pas privé son autheur de la gloire qui luy est deüe, d'avoir esté le panegyriste de ces deux excellents hommes.

Pour revenir donc à ce qui me touche de plus prez, les desseins que faisoit visiblement le Duc de Savoye pour troubler la France et dont le Roy avoit de bons avis, hastant la resolution que S. M. avoit prise de porter la guerre dans ses Estats, comme nous avons veu cy dessus, il commanda de nouveau à Lesdiguieres de s'y preparer; ce que celuy-cj ayant fait, comme je l'ay marqué dans son histoire, il contraignit bien tost ce Prince ambitieux de ne plus songer à employer ses armes que pour la deffence de son propre Pays. Lesdiguieres estant donques entré dans le Piémont, et voyant combien l'assistance du President luy estoit necessaire, le pria et conjura, par ses lettres, de l'aller trouver, y faisant intervenir méme le commandement du Roy, lequel envoya au President une commission pour cet effet, avec la qualité d'Intendant de la Justice, Police et Finances de son armée.

Comme il eut receu cet ordre et cette commission, il se prepara à passer les monts et prit congé du Parlement, qui ne le veid point partir sans en temoigner du regret, connoissant par de continuelles experiences combien d'avantages on y recevoit de ses conseils et de sa prudence. Il passa doncques les monts, trouva Lesdiguieres attaché au fameux siege de Cavours, (je dis fameux, à cause de la merveilleuse façon dont il prit cette place, apparamment imprenable); le President contribua beaucoup par ses soins et par ses avis à l'heureux succes de cette entreprise, donnant ordre à faire venir, de Dauphiné, les vivres, les munitions de guerre et les autres choses necessaires à la subsistance des trouppes; mesme allant promptement sur les lieux sans en estre empesché par la nuict ou par les mauvais temps, au moindre retardement qui arrivoit, et soulageant extremement Lesdiguieres de toute la peine qu'il auroit eüe de ce costé là, de sorte qu'il en estoit plus libre et plus en estat d'apporter entierement son esprit à toutes les fonctions militaires. Certainement je ne scaurois assez representer l'utilité des soins et l'activité du President à se porter partout où il croyoit qu'ils pussent servir, et mesme dans les combats, quoyque Lesdiguieres et les autres Capitaines le priassent et le conjurassent de demeurer au logis; mais bien loin de cela, il se trouvoit dans les lieux les plus hazardeux; de sorte qu'au combat de Grezillane, où le Duc de Savoye estoit en personne, il fut contraint de prendre une picque moins pour l'exemple que pour la necessité de sa deffence propre, il receut une mousquetade en l'endroit du corps, laquelle fait l'homme aprés la raison et marque la difference des deux sexes; mais ce coup fut si favorable, qu'il en fut quitte pour une legere contusion, qui ne l'obligea pas seulement à garder la chambre et ne l'empescha point d'estre encore trois fois pere.

La prise de Cavours et les autres glorieux succés de cette guerre luy ayant donné un peu de relasche, il revint à Grenoble, où il fut receu de chascun avec de grandes demonstrations de joye, car il y estoit universellement estimé et aymé. Mais cette joye parut surtout dans le Parlement, où on le trouvoit deja fort à dire, principalement dans les affaires qu'on avoit à traitter à la Cour et avec le Lieutenant de Roy.

En ce temps là le Party de la Ligue à qui les armes temporelles reussissoient fort mal, s'estant avisé de recourir aux armes spirituelles qu'il croyoit luy devoir estre plus heureuses, avoit eu tant de credit à Rome, surtout appuyé du Roy d'Espagne, lequel y estoit toujours fort puissant, qu'il en avoit tiré une Bulle[49], par laquelle le Roy estoit declaré incapable de la couronne; et cette Bulle avoit esté envoyée au Cardinal de Plaisance, alors Légat dans le Royaume, pour la faire exécuter et pour proceder en suite à l'élection du nouveau Roy. Le Parlement ayant eu ordre de S. M., par une lettre du 22e de Novembre 1592, de luy donner ses avis là dessus, et ne trouvant aucun dans son corps, bien que composé de personnes tres intelligentes, qui fust plus capable de cela que le President, dont le genie et le scavoir estoient d'une merveilleuse estendue, le chargea de dresser, au nom de la Compagnie, la reponse qu'elle devoit faire à S. M.; de quoy il s'acquitta le lendemain mesme par une excellente piece, en laquelle il montroit clairement les abus et les nullités de cette Bulle, tant par ses propres termes que par des exemples et des raisons tirées de la Ste Ecriture, du droict canon et de l'histoire. Cette despesche fut d'autant plus agreablement receüe du Roy, que Sa Majesté apprit que c'estoit un ouvrage du President, dont elle estimoit infiniment l'esprit et tout ce qui en venoit, comme faisoit aussi les principaux Ministres et les plus intelligens du Conseil; et certes elle y fut leüe plusieurs fois, et toujours avec admiration; elle fut mesme portée dans le Parlement et dans les autres corps, où le President receut les éloges que meritoit son scavoir exquis, et son stile également fort et poly, et tel, à vray dire, que ce siecle, tout delicat et raffiné qu'il est, en feroit une estime singuliere, si j'avois esté assés heureux pour pouvoir l'inserer icy, et si les soins que j'ay pris pour cela ne m'eussent esté inutiles, cette pièce ne s'estant point rencontrée dans les papiers de cette Maison.

Cependant la satisfaction qu'en receut Sa Majesté parut utilement pour son autheur en deux mandements qu'elle fit expedier, l'un adressé à la Chambre des Comptes, portant que le President seroit payé de ses appointements, nonobstant qu'il ne servit pas actuellement en sa charge; l'autre estoit une pension de quatre cents escus sur la recepte des deniers de Savoye et du Marquisat de Saluces, don, certes fort mediocre pour celuy qui le faisoit et pour celuy qui le recevoit, mais accommodé à la foiblesse du Royaume, en un temps où la guerre l'avoit si fort epuisé qu'il n'y avoit pas de quoy subvenir aux despenses de l'Estat les plus necessaires. Cependant on peut bien dire qu'il n'y eut jamais de liberalité mieux employée qu'estoit celle-cy, veu les continuels et grands services que le President rendoit au Roy, tant dehors que dedans le Royaume, dont un des plus importants et plus agreables à Sa Majesté estoit d'empescher que la jalousie du Lieutenant General contre Lesdiguieres, de laquelle j'ay touché cy dessus les causes, ne produisit quelque dangereux effet qui interrompît notablement le cours de ses heureuses entreprises, qui estoient veritablement les prosperités de l'Estat, et ne degenerast en une ouverte rupture, laquelle eût esté d'un prejudice extreme au service de S. M. et à la Province, où ils estoient tous deux employés et où se passoient alors les choses les plus importantes à la gloire de la France. Aussi, certes, le President recevoit-il pour cela, dans toutes les lettres de S. M., des loüanges de sa conduite avec de puissantes recommandations d'y continuer ses soins, ainsy qu'il faisoit heureusement et sans avoir besoin pour cela d'aucune recommandation.

Là dessus, l'hyver s'estant passé, il se prepara pour retourner en Piedmont, où l'appeloit de nouveau le service de S. M., veu, surtout, que Lesdiguieres, qui, durant cette saison, laquelle interrompt et suspend partout les entreprises militaires, s'estoit aussi retiré chés luy, en partoit pour repasser les monts.

Avant que le President partît, il eut une nouvelle joye domestique : ce fut la naissance de son second fils, Abel de Calignon, qui a depuis esté Conseillier au Parlement et en estime de l'un des plus habiles hommes de cet ordre qui ayent esté de son temps dans le Royaume, ainsi que je le diray plus particulierement ailleurs. Il fut presenté au baptesme par Abel de Beranger, Seigneur de Morges, Gouverneur de la ville de Grenoble et du fort de Barraux, et par la dame d'Alieres, femme du Sr d'Alières, gentilhomme de merite et de consideration.

Comme le President eut esté quelque temps en Piedmont, il reçoit un commandement du Roy pour s'en revenir en Dauphiné, afin de traitter avec le Lieutenant General des moyens de faire passer un nouveau secours de là les monts, qui renforçast l'armée de S. M., fort affoiblie par les exploits qu'elle y avoit faits, et qui la mist en estat de combatre les forces d'Espagne, lesquelles s'estoient jointes à celles du Duc. Mesme Sa Majesté approuvant l'avis que Lesdiguieres et le President luy avoient donné, par une expresse et commune despesche, de porter ses armes en Savoye afin d'y attirer celles du Duc, avoit jugé necessaire de faire un fonds considerable dans la Province pour cette nouvelle expedition et d'assembler les Estats, sans le consentement desquels l'imposition n'en pouvoit estre faitte ; car cette Province joüissoit alors de ses privileges et de ses libertés, et la puissance souveraine, qui ne vouloit rien tirer du peuple malgré luy, n'y employoit que les voyes douces. Tout cela doncques fit revenir le President à Grenoble, où, trouvant une brouillerie naissante entre le Lieutenant General et le Premier President d'Illins, qui faisoit une étroitte profession d'amitié avec Lesdiguieres, ce qui avoit augmenté la jalousie du Lieutenant de Roy, il la raccommoda par son adresse ordinaire, et, les ayant remis bien ensemble, les fit travailler conjointement à l'effet des desseins et des ordres de S. M. Les Deputés des Estats ayant donné leur consentement pour la levée de l'argent demandé, le President, qui s'estoit apperceu d'une secrette brigue que le Lieutenant General faisoit à la Cour, pour porter S. M. à luy donner le Gouvernement de Grenoble, ce qui ne se pouvoit qu'au prejudice des esperances et des promesses que Lesdiguieres en avoit eües, luy en ayant donné avis, resolut, pour empescher l'effet de cette pratique, d'aller à la Cour, à quoy l'obligeoit d'ailleurs le compte qu'il avoit à rendre au Roy de ce qui s'estoit passé en Piedmont et dans la Province.

S'estant, là dessus, rendu à Mante où S. M. estoit le plus souvent, il receut d'elle, à son ordinaire, un fort favorable accueil. Le Roy luy dit tout haut : *Calignon vous estes le bienvenu. Qu'y a-t-il de nouveau en Dauphiné ?* Le President repondit : *Sire, tout y est uni dans l'obeissance de V. M. et on n'y respire que votre service. — Je scay combien vous y avés contribué*, reprit le Roy, *et ne doutés pas que je ne vous en sache très bon gré, car je vous tiens pour un de mes meilleurs serviteurs. Le Colonnel et Lesdiguieres sont-ils bons amys ? — Ils sont fort bien ensemble*, repart le President, ce qu'il disoit avec plus de prudence que de verité, afin de cacher aux courtisans la mesintelligence de ces deux personnes et ne leur pas donner occasion de s'en rejouïr ; car il y a, de tous temps, je ne scay quelle malignité à la Cour, qui fait qu'on y est bien aise du mal, mesme aux choses où l'on n'a pas d'interests, outre qu'il y avait là des amys de l'un et de l'autre, à qui il n'estoit pas necessaire que cette verité fut connue. Le Roy, comprenant bien ce que le President dissimuloit, s'approcha de luy et reprit tout bas : *Mon amy, je vois bien ce que c'est : il faut que je separe ces deux hommes là ; j'y suis resolu, et nous en parlerons une autre fois.*

Le President se trouva le landemain au lever du Roy, qui, après quelques affaires expediées dans son cabinet, commanda qu'on le fist entrer. Ayant rendu compte à S. M. de l'heureux succés de ses armes en Provence et en Piedmont, contre le Duc de Savoye, il vint à parler sans deguisement de ce qui se passoit entre le Lieutenant de Roy et Lesdiguieres, ne célant point à S. M. que la jalousie du premier, toujours sagement dissimulée par l'autre, estoit la seule cause de leur desordre ; et ensuite, exagerant l'importance des services de Lesdiguieres, il ne feignit pas d'ajouter, *qu'il n'y avoit point d'homme dans le Royaume, dont S. M. fut plus utilement et plus glorieusement servie qu'elle l'estoit de luy, lequel au reste avoit une parfaitte confience en ses bontés et en sa justice, n'ayant eu garde de croire à quelques personnes mal informées des favorables pensées que S. M. avait pour luy, qui avoient taché de luy persuader qu'elle ne le consideroit pas beaucoup et qu'il se verroit frustré des espérances qu'on lui avoit données de son établissement dans la Province.* Le Roy l'interrompant : *Mon amy*, lui dit-il, *Lesdiguieres a fort bien fait de n'ajouster point foy à ces gens-là. Ce sont des menteurs ; je feray pour luy plus que je n'ay promis, ayant rejetté bien loin les propositions qu'on m'a faittes au contraire ; je n'ecouteray jamais rien qui soit à son prejudice, et je vous asseure qu'il sera content.* Le President reprit : *Votre Majesté ne scauroit rien faire de plus juste et qui confirme davantage vos bons serviteurs en leur affection et en leur devoir, que de ne pas laisser longtemps ses services sans recompence.* Le Roy, luy prenant et luy serrant la main, continua : *J'ay resolu de loger ailleurs le Colonnel, et sa place ne sera jamais pour autre que pour Lesdiguieres. De rechef asseurés l'en, et m'en soyés caution. Sire*, repliqua le President, *je prends cela pour un commandement que V. M. me fait, de luy dire qu'il doit esperer toutes choses de votre bonté, estant, comme vous estes, le meilleur maistre du monde.*

Cette audience, que le President eut du Roy, s'estant toute passée à l'avantage de Lesdiguieres, il se retira extremement satisfait, et, à peu de jours de là, ayant receu quelques ordres de S. M. et les expéditions necessaires pour la solde des trouppes qui devoient venir de la Suisse et servir à la guerre de Savoye, il prit la route de Languedoc, pour y voir le Connestable et le solliciter d'un secours de mille harquebuziers, qu'il s'estoit chargé de lever et qui n'attendoient, pour partir, que la montre qu'on leur avoit promise. Le President la leur ayant fait toucher, sur son credit, ils se rendirent bien tost où il leur estoit ordonné, pour joindre les autres trouppes destinées à cette guerre. Ils estoient commandés par le Capitaine Jean Videl d'Aymarques, mon oncle, estimé pour sa valeur dedans et dehors son Pays et de qui le Connestable en particulier avoit receu de notables services.

La mort de Michel Huraut de l'Hospital [80], seigr du Fay, arrivée en ce temps là, ayant fait vaquer la charge de Chancelier de Navarre qu'il tenoit conjointement avec celle de Chancelier de France, le Roy, qui n'attendoit qu'une honorable occasion de reconnoistre les grands services du President, la luy destina d'abord, voulant que les provisions luy en fussent aussitost expediées, pour luy estre données des mains propres de S. M. à la premiere occasion. Cependant, sur l'avis que le President en eut par S. M. mesme, qui luy fit l'honneur de luy en écrire, il s'acquitta du devoir à quoy cette grace l'obligeoit et en rendit ses remerciments très humbles à S. M., en termes tres eloquents, comme l'estoient tous ceux qui partoient de sa bouche ou de sa plume ; se reservant de luy temogner en personne sa reconnoissance et de profitter, pour cet effet, du nouveau voyage où il se preparoit par le commandement du Roy, qui, ayant embrassé la Relligion Catholique et fait le premier acte de sa conversion à saint Denis, le 25ᵉ de Juillet de l'an 1593, accompagné d'une declaration, afin d'oster à la Ligue tout le pretexte qui luy restoit de ne le pas reconnoistre, avait convoqué une Assemblée generale à Mante, qui devoit estre composée des Princes du sang, des Prelats, des Officiers de la couronne et des deputés des Provinces, tant de l'une que de l'autre relligion, pour aviser aux moyens d'etablir une paix generale.

La Ligue faisoit en même temps une declaration toute contraire, ayant protesté dans une assemblée solennelle tenue à Paris, qu'elle ne vouloit point se départir de l'observation du Concile de Trente, duquel elle pretendoit tirer les raisons de l'exclusion du Roy. Or, comme Sa Majesté avoit choisi le President pour le deputé de Dauphiné et le luy avoit fait scavoir par une lettre de cachet que Beauchamp, l'un des gentils-hommes ordinaires de S. M., luy avoit apportée, allant de la part du Roy trouver Lesdiguieres en Piedmont, il demanda son congé au Parlement par une requeste à laquelle estoit jointe la lettre de S. M., et, l'ayant obtenu avec de grandes civilités de tout ce corps, qui se croyoit desormais d'autant plus obligé de luy en rendre qu'il n'ignoroit pas la dignité qui luy estoit destinée, bien que l'avis n'en fut nullement venu de luy, et que sans desavoüer l'honneur que S. M. lui avoit fait, pour n'en pas paroistre ingrat, il dist seulement à ceux qui l'en félicitoient, *que le Roy témognoit sa bonté en honorant de ces graces un homme qui n'y répondoit que par beaucoup de zèle à son service.*

Ladessus, il partit de Grenoble, et, arrivant à Fontaine-Bleau où la Cour se rencontroit, il receut du Roy tout l'accueil favorable qu'il eust pu desirer. S. M. lui dit aussi tost : *Calignon, vous estes mon Chancellier, en mon Royaume de Navarre et en ma Principauté de Béarn, et Intendant general de ma Maison de Navarre. Je scay que je ne pouvois commettre cette charge à un homme qui s'en acquistast mieux que vous ferés, et de qui je pusse avoir plus de satisfaction que je suis certain d'en recevoir de vous. Beaucoup de gens m'ont demandé cette charge ; mais j'ay dit à tous que je vous l'avois donnée. Les provisions en sont faittes, je vous les bailleray au plustost ; et cependant soyés asseuré que mon intention, pour ce qui vous regarde, ne changera point.* Le President l'ayant remercié, avec tous les respects que cette signalée faveur demandoit, et l'ayant très humblement suplié de croire *qu'il apporteroit tous ses soins, afin de répondre à l'estime que S. M. temoignoit pour luy et aux esperances qu'elle en avoit conceües,* luy parla de l'estat des affaires de Dauphiné, pour lesquelles il fit plusieurs fois assembler le Conseil, profitant de toutes les occasions d'appuyer et de favoriser les interest de Lesdiguieres, auquel donnant avis, par une lettre, *des bontés que S. M. luy avoit temoignées à son arrivée et de la favorable audience qu'il en recevoit, toutes les fois qu'il estoit besoin, il luy protestoit solemnellement, que son premier objet, en sa charge de Chancelier, aprés le service du Roy et le bien de l'Estat, seroit le soin de tout ce qui le conserveroit ; à quoy il apporteroit tant d'affection, qu'il n'auroit point besoin d'agent à la Cour, surtout aprés la grace que S. M. luy vouloit faire de le recevoir en son conseil privé, nonobstant la difference de sa Relligion et les oppositions qui pourroient luy estre faittes.* Et certainement ces oppositions ne prevalurent point à la bonne volonté du Roy, car il l'appella et l'establit dans ses plus secrets conseils, n'entreprenant presque rien dont il ne luy demandast avis, ou, au moins, dont il ne lui donnast connoissance. Le President finissoit sa lettre par les grandes marques de l'estime que S. M. faisoit de Lesdiguieres, et par quelques propositions de mariage pour sa fille unique, Magdelaine de Bonne, avec des plus grands seigneurs de France. Elle fut depuis mariée à Charles, Sire de Crequi, avec la satisfaction, pour Lesdiguieres, d'avoir trouvé en sa personne, et la grande condition, et le merite eminent, à tel poinct que la France n'en a pas connu qui pust raisonnablement lui disputer l'un et l'autre de ces avantages.

Cependant le Roy estoit à Mante, attendant le reste des deputès qui devoient composer l'assemblée, lesquels estant enfin arrivés, travaillerent conjointement avec les Princes, les Prelats, et les Officiers de la couronne, à mettre à effect les bonnes intentions de S. M. pour la pacification entiere de son Royaume et la reduction de tous ses sujets dans un même devoir. Mais comme les voyes de la douceur, toujours employées par S. M., tant qu'elles luy semblerent capables de venir à bout de l'obstination de la Ligue, ne se trouverent pas suffisantes, elle jugea à propos de faire valoir ses armes, et se prepara pour assieger Paris.

Quelques jours avant que S. M. allast en personne à cette occasion qui luy reüssit avec la mesme gloire que toutes ses autres entreprises, de Burthe, Conseillier d'Estat de Navarre, et qu'elle consideroit beaucoup, estant venu luy porter les sceaux de ce Royaume, qu'elle luy avait laissés, durant quelques moys, avec la qualité d'Administrateur de la Chancellerie, S. M. fit tout aussi tost appeller Calignon, et, les luy ayant remis avec ses provisions de Chancelier, il presta le serment entre ses mains, ensemble de Conseillier d'Estat ordinaire, et fust estably en la fonction de sa charge, avec un applaudissement general, temogné par les visites ou par les lettres d'une infinité de gens de tous ordres, tant des Provinces que de la Cour, n'y ayant point d'homme de la robbe, en France, qui eust une estime plus universelle et certainement mieux fondée, et d'ailleurs, estant de ceux de qui l'on dit qu'on ne scauroit les connoistre sans les aymer, tant son humeur estoit douce et sa conversation agréable.

Lesdiguieres qui luy temogna plus particulierement que nul autre la joye qu'il ressentoit de son elevation, fut celuy qui receut toujours de plus grandes marques de son amitié par les bons avis que le Chancelier luy donnoit, en toutes rencontres, entretenant une grande correspondance avec luy par ses lettres; car le Chancelier estoit desormais entierement attaché à la Cour, et ne pouvoit plus s'éloigner de la personne du Roy pour se faire voir en Dauphiné. Aussi creut-il qu'il devoit appeller prés de luy sa famille, et il l'establit à Paris, dès que S. M. en fut tout à fait le maistre et s'y veid assise paisiblement sur son throsne.

C'est la loy du monde, que les grandes joyes soient traversées de quelques douleurs. Il en receut une, parmy ses satisfactions domestiques, qui lui fut extremement sensible : ce fut la mort de Paul du Vache, frere unique de la Dame de Calignon, brave gentilhomme, considerable par sa valeur comme par ses employs; car il estoit capitaine de deux compagnies de gens de pied, entretenües pour le service du Roy dans Grenoble, et, de plus, cornette de Morges, dont il est si dignement fait mention dans l'Histoire du Connestable de Lesdiguieres, duquel il estoit beau-frère. Cette mort arriva dans un combat des trouppes de Lesdiguieres contre celles du Duc d'Epernon, à Ourgon, en Provence, où ce Duc vouloit s'establir malgré le peuple et contre l'intention du Roy, qui, n'approuvant pas son procedé, bien qu'il ne s'en expliquast pas ouvertement, par quelque respect que S. M. vouloit rendre à la memoire du feu Roy, son predecesseur, qui avoit donné au Duc le gouvernement de ce Pays, avoit secrettement commandé à Lesdiguieres de s'y opposer et de secourir ce peuple maltraitté par ce Duc., ce que Lesdiguieres fit avec tout le succés que j'ay marqué dans son Histoire. Certainement, le Chancelier, tout sage et tout constant qu'il estoit, eut besoin de consolation pour supporter ce malheur; et il l'a receut tres grande, de l'honneur que luy fit le Roy de lui temogner qu'il prenoit part à son desplaisir, comme ayant beaucoup d'estime pour du Vache, dont la personne meme estoit connüe de Sa Majesté, laquelle il avoit servie en plusieurs occasions, et qui, sur ce fondement, pouvoit beaucoup élever sa fortune.

Le Chancelier estoit à peine consolé de cette mort, qu'il receut les nouvelles d'une autre: c'estoit celle de Claudine Giraud, sa mere, laquelle il aymoit tres cherement, et qu'il avoit attirée à la profession de sa Relligion : Cette Demoiselle avoit eu le bon-heur, que nous avons remarqué ailleurs, d'avoir mis au monde vingt enfans, la pluspart desquels s'estant depuis mariés, avoient tellement multiplié, qu'il y avoit plus de cent personnes qui l'appeloient mère; de quoy elle se glorifioit, et sans doute avec grande raison. Mais combien se devoit elle plus glorifier, voyant si hautement elevé, et d'estime et de fortune, le Chancelier, et si dignement accomply ce qu'il luy avoit dit en son enfance, *qu'il voulait estre President,* voyant, dis-je, non seulement celuy-ci, mais encore ses freres honorablement pourveus, et ses sœurs avantageusement mariées, par la consideration de son alliance recherchée par des personnes remarquables pour leur condition ou pour leur bien, qui estimoient beaucoup celuy de luy appartenir et se prevallurent de sa faveur pour l'establissement et l'accroissement de leur fortune.

Cependant les deputés des Protestants du Royaume, assemblés à Mante, ayant presenté leurs cayers au Roy, S. M. les répondit, par l'avis de ses principaux ministres, et surtout par celuy de Calignon, qui, tout affectionné qu'il estoit à sa Relligion, ne porta jamais de sentiment qui fût tant soit peu contraire à la grandeur et à la dignité de son maistre, et fit toujours paroistre une si grande moderation, qu'il en merita les loüanges des Conseilliers Catholiques et celles mesme de S. M. Au reste, voyant que le voyage qu'elle avoit resolu de faire à Lyon et dont il pretendoit profiter pour passer jusques en Dauphiné, estoit remis à un autre temps, il eut permission du Roy d'y aller, et il y arriva tout à propos pour voir Lesdiguieres, ce qui l'amenoit principallement.

Il le trouva sur le poinct de partir de la Province, pour le ravitaillement des Places qu'il tenoit dans le Piémont et pour l'execution du dessein qu'il avoit de reprendre le fort d'Exilles sur le Duc de Savoye, ainsi qu'il fit glorieusement, comme je l'ay écrit en son endroit. Le Chancelier fut veu de tous ses amis de la Province et du Parlement, avec joye et en ceremonie, comme le meritoient et son rang et sa vertu. Ayant appris à Lesdiguieres le bon ordre qu'il avait fait donner à la Cour, pour la continuation de cette guerre et pour celle de Provence, contre le Duc d'Epernon, mesmes ayant dressé le plan des despesches qu'il avoit à faire au Roy pour cela, il fut avec luy en la maison de la Barre St Prix, prés de Lyon, où le Lieutenant de Roy et Bellievre, Conseillier d'Estat et depuis Chancelier de France, les attendoient, pour traitter ensemble de plusieurs choses importantes au service du Roy dans le Pays.

Là dessus, le Roy estant venu à Lyon, aprés avoir de nouveau triomphé de ses ennemis à Fontaine-Française et remis en son obeïssance la ville de Dijon et tout le Duché de Bourgogne, le Chancelier s'y rendit avec Lesdiguieres. Ils furent tous deux parfaittement bien receus du Roy, qui remit au Chancelier le soin de repondre de nouveaux cayers que luy avoit presentés l'assemblée des Protestants tenüe à Saumur; ce qu'il fit avec l'approbation de S. M. et à leur contentement, comme sçachant fort bien accorder leur interest avec son service.

Les affaires de sa charge et quelques différents survenus entre les plus nobles gentils-hommes de Bearn que S. M. vouloit terminer par les voyes de la douceur, ayant appellé le Chancelier à Paris, il s'y rendit, et, aprés avoir soigneusement examiné le droict des parties, il les accommoda; de sorte qu'elle s'en retournerent satisfaittes, et mesme en rendirent temognage à S. M.

En ce temps là, le Chancelier donna une nouvelle et solemnelle preuve de la constante affection qu'il avoit pour Lesdiguieres, car, estant adverti par l'un de ses confidents amis de la Cour, et qui avoit le plus de part dans les affaires, que le Roy pouvoit estre persuadé de revoquer le brevet qu'il avoit donné à Lesdiguieres pour le gouvernement de Sisteron, l'une des clefs de la Provence, du costé de Dauphiné, il en écrivit à S. M. en termes si affectionnés et si pressants, que le Roy ayant envoyé querir Lesdiguieres, qui estoit encore à la Cour, non seulement luy confirma les asseurances de sa bonne volonté pour le particulier de ce brevet, mais luy promit la charge de son Lieutenant General en Provence, dont, à quelque temps de là, il fut effectivement pourveu, et de laquelle il passa peu après à celle de Dauphiné, qui estoit plus de son inclination comme de son avantage.

Le Roy estant party de Lyon et venu, par la route de Champagne, en

Picardie, s'arresta quelque temps à Amiens et à Abbeville, d'où il manda le Chancelier, pour luy commettre une affaire tres importante à l'Estat et de laquelle dependoit bien fort le repos de l'esprit de S. M. Les Protestants du Royaume voyant desormais le Roy assez paisible dans son throsne, et croyant qu'ils avoient beaucoup contribué à l'y establir, se persuadoient aussy qu'ils avoient droit d'esperer toutes choses de sa bonté, pour ne pas dire de sa reconnoissance, et faisoient de frequentes assemblées à Chastel-heraut, à Saumur, à Loudun, pour songer à s'affermir dans la possession des graces que S. M. leur avoit accordées et pour en obtenir de nouvelles; et d'autre part le Roy, meditant le repos entier de son Estat, vouloit prevenir toutes les choses capables de le troubler.

Scachant donc mieux que personne, et par ses propres experiences, qu'il n'y avoit aucun plus accredité parmy les Protestants qu'estoit le Chancelier, et qui sceût mieux leurs affaires et leurs intentions, à cause des grandes et frequentes negociations qu'il avoit faittes pour eux auprés de S. M., n'estant encore que Roy de Navarre, et le plus souvent, par ses ordres propres, auprés du feu Henry 3e, il fit choix de sa personne et de celle de Vic, Conseillier d'Estat ordinaire, et l'un des plus habiles hommes du Royaume, pour aller à Loudun, où se tenoit alors l'assemblée generale des deputés des Provinces Protestantes par la permission de S. M., pour leur faire scavoir ses intentions, pour conferer avec eux sur le general de leurs affaires, les ediffier sur les points qui pourroient estre en controverse; et, sur le resultat des articles où il y auroit des difficultés, les terminer avec ceux de l'assemblée, ou, ne pouvant en tomber d'accord, s'en revenir vers Sa Majesté avec quelques uns de leur corps, pour recevoir là dessus ses commandements.

Le Chancelier et de Vic, ayant eu leurs commissions et leurs pouvoirs necessaires, partirent d'Amiens et s'en allerent à Loudun. L'assemblée les receut avec tout le respect qu'elle devoit; ils y negocierent assés longtemps et revinrent avec quelques Deputés trouver S. M. à Monceaux, pour luy rendre conte de ce qu'ils avoient fait, et afin qu'il luy pleût prononcer sur les articles demeurés indecis et dont les deux Commissaires n'avoient pu demeurer d'accord avec l'assemblée; mais, parce que les Deputez qu'ils avoient amenés avec eux n'avoient pouvoir que de demander justice sur les articles de leurs plaintes, et ne l'avoient pas de se determiner et se restreindre à aucune chose, et bien moins encore de rien conclure, le Chancelier et de Vic furent de rechef trouver l'assemblée et y remenerent les Deputés afin de continuer leur negociation, à cause de quoy S. M. leur donna de seconds memoires par lesquels *elle permettoit à l'Assemblée de s'en aller à Vandosme, pour faciliter l'expedition des affaires, estant plus proche comme elle seroit de la Cour.*

Le Chancelier doncques et de Vic s'en allèrent à Vendosme où l'Assemblée s'estoit deja rendue. Comme ils y eurent esté quelques jours, une nouvelle difficulté survenant, qui arrestoit leur negociation et sur laquelle ils avoient besoin d'apprendre les volontés du Roy, De Vic fut obligé d'aller à Rouën, où S. M. se rencontroit et se preparoit pour le siege d'Amiens que les Espagnols avoient surpris. De Vic, ayant sceu les intentions de S. M. par sa propre bouche, s'en retourna à Vendosme, portant permission à l'Assemblée de se transporter à Saumur, suivant la supplication qu'elle en avoit faitte au Roy par de nouveaux Deputez, et cependant le Chancelier continuoit à traitter du reste des affaires; sur quoy l'Assemblée ne s'accommodant pas entierement aux volontés du Roy et desirant luy faire de nouvelles remontrances, elle pria de Vic de vouloir retourner à la Cour et y envoya de nouveaux Deputés, lesquels ayant esté ouÿs par S. M., au siege d'Amiens, elle fit scavoir ses volontés à l'Assemblée par le President de Thou, qu'elle ajousta au Chancelier; de quoy ils eurent tous deux une singuliere joye, à cause de leur ancienne amitié, et de Vic fut employé ailleurs.

Le President porta à l'Assemblée, avec les intentions de S. M., un ordre de s'en aller à Chastel-heraud, ainsi qu'ils firent quelques jours aprés; et comme ils y furent arrivés, le Roy envoya aux deux Commissaires de nouveaux memoires par Schomberg, gentilhomme Alleman considerable et proche parent de celuy qui s'est fait connoistre dans le Royaume, avec tant d'honneur, en qualité de Mareschal de France. La principale difficulté qui se rencontroit en cette negociation et qui en retardoit beaucoup l'effect, c'estoient les Places de seureté, demandées par l'Assemblée en plus grand nombre que S. M. ne vouloit les accorder.

Cela retarda longtemps la conclusion de cette affaire, qui, sans doute, estoit la plus importante qu'eust alors le Roy, aprés la reprise d'Amiens que peu de temps aprés il arracha aux Espagnols; et la fermeté de l'Assemblée, pour ne pas dire sa dureté, donna lieu, là dessus, à beaucoup d'allées et de venues. Mais enfin, l'adresse des deux commissaires se trouvant plus grande que tous les obstacles qui s'y estoient opposés, cette affaire se termina au commun contentement du Roy et des Assemblées, et le Chancelier eut ordre de S. M. de dresser les articles du celebre *Édict de Nantes*[51], qui s'observe encore aujourd'huy fort religieusement et qu'on peut nommer *une des pierres fondamentales de la tranquillité de ce Royaume*; laquelle est deüe, en partie, aux soins et à la prudence de cet excellent homme, en qui se rencontroient au plus haut poinct deux notables avantages pour l'achevement entier de cette grande œuvre, la parfaite confience que le Roy prenoit en luy, et l'entiere creance que dés longtemps le Chancelier avoit acquise parmy ceux de sa Relligion; estant, sans doute, qu'on ne sauroit assés estimer la peine qu'il eut de gouverner tant de differents esprits, de remettre dans les termes de la raison ceux qui en sortoient à tous coups par des demandes inciviles et des pretentions injustes, pensant quelques fois traitter avec le Roy, plustost comme avec un compagnon que comme avec un maistre, et, peut estre encore, voulant profiter de la fascheuse conjoncture où il se trouvoit alors et des grandes affaires qu'il avoit sur les bras, telles, à dire le vray, que pour n'y point succomber, il ne falloit pas une moindre vertu qu'estoit celle de cet autre Hercule. Derechef on ne scauroit assés dire combien le Chancelier merita et du Roy et du Royaume, en cette si importante rencontre; il auroit acquis suffisamment par là le titre d'Illustre, qui luy est deu par tant d'autres grandes actions, et celle-cj seule eust esté capable de rendre sa memoire immortelle, et luy eût fait avoir, chés les Grecs et chés les Romains, une statue d'or, au lieu le plus eminent du Prytaneum et du Capitole.

A l'obligation que tout le Royaume, en general, luy avoit d'avoir si utilement servi à l'establissement de son repos et d'avoir osté toute occasion et tout pretexte de le troubler aux esprits factieux et remuants, qui, d'ordinaire, en cherchent les moyens dans la difference de la Relligion et forment volontiers là dessus, le levain de leurs mauvaises pratiques, s'ajoûtoit l'obligation particuliere que luy avoit tout le corps des Protestants, d'avoir osté la matiere de leurs defiences et de leurs soupçons, et de leur avoir procuré tant d'avantages auprés du Roy, puis qu'outre ce qui estoit porté par l'Edict, il y avoit des *Articles secrets* [51] qui en dependoient et qui contenoient beaucoup de concessions et de graces particulieres.

Cependant les Catholiques, se voyant obligés de repondre aux Chambres establies par cet Edict, à quoy ils avoient grande aversion, comme se persuadant que cela leur seroit d'un extreme prejudice, meditoient de faire, là dessus, leurs plaintes et leurs remontrances, et le clergé meme s'en remuoit puissamment, jusqu'à vouloir s'opposer à son execution; à cause de quoy S. M. manda, par ses lettres de cachet, le Chancelier et le President de Thou pour l'aller trouver à S¹ Germain, car ils estoient alors à Paris, afin d'aviser aux moyens de prevenir cet inconvenient. Sur quoy, s'estant rendus auprés de S. M., ils y agirent si heureusement, que cette opposition ne se fit point, et les choses se passerent au commun contentement du Roy et des Catholiques. Car, au lieu que par le 34ᵉ article de l'Edict, tel qu'il avoit esté arresté à Nantes, signé et scellé sur la minute que le Chancelier en avoit faitte, il estoit porté *que les chambres de l'Edict devoient connoistre de tous procés et differents, où ceux de la Relligion P. R. seroient parties, sans aucune exception de la qualité des personnes ou des biens contentieux*, S. M. trouva bon que, dans la verification de l'Edict au Parlement de Paris et aux autres, cet article fût changé et qu'il fût dit, *que ces chambres n'auroient nulle connoissance des matieres beneficielles, possessions des Dysmes non infeodés, Patronats Eclesiastiques, ensemble des causes où il s'agiroit des Droits, Devoirs et Domaine de l'Eglise ; meme, en cas de procés criminel, si l'Eclesiastique est deffendeur et accusé, et un de la Relligion partie civile, la connoissance du procés appartiendra au Parlement privativement aux Chambres de l'Edict.*

Certainement il ne se pouvoit gueres ajouster aux avantages que le Chancelier avoit procuré à ceux de sa Relligion; mais la pluspart des articles qui eur estoient si favorables furent modifiés sur les remonstrances faittes à S. M., tant par le Clergé, comme il est dit cy dessus, que par le Parlement de Paris, lequel fut celuy qui resista le plus à sa verification; jusques là que le Roy l'ayant mandé, par Deputés, pour venir apprendre ses intentions, S. M. les leur fit scavoir, veritablement en des termes élevés et dignes de la grandeur d'un si puissant monarque, mais aussi temperés et adoucis par l'amour et la bonté d'un pere, qui a plus dessein de persuader ses enfants que de les forcer.

Or, comme ce qu'il leur dit là dessus, semble estre plus proprement de cet endroit que de nul autre, à cause que ce qui y donna lieu, ce furent les instances du Chancelier pour sa verification, instamment sollicitée par les Protestants, j'ay creu que je devois l'y inserer; et d'autant plus, que le commencement confirme un evenement notable que j'ay touché dans l'Histoire du Grand Connestable de Lesdiguieres, et tel que plusieurs personnes ont fait autres fois scrupule de le recevoir pour veritable. Voicy donc ce qui fut dit par S. M. aux Deputez du Parlement, le 8 de janvier de l'an 1599 (1).

---

(1) Il existe plusieurs leçons de ce document. Le *Recueil des lettres missives de Henri IV*, publié par M. Berger de Xivrey (Documents inédits, Paris, 1850, in-4°, t. v. p. 89), contient intégra-

Discours du Roy, fait a sa cour de Parlement de Paris, le viii de janvier 1599 (1).

« Avant que vous dire pourquoi je vous ay mandés, je vous veux raconter
« une histoire que je viens de ramentevoir au Mareschal de la Chastre.
« Estant en Avignon, au retour du feu Roy qui revenoit de Pologne, nous
« nous trouvames un jour (2) quatre qui jouyons a trois dez sur une table où
« nous vismes paroître (3) de goutes de sang ; je lessuay par deux fois, et, la
« troisième, voyant quelles revenoient, je dis (4) que je ne jouërois plus et que
« c'estoit (5) un augure contre ceux qui avoient tant fait repandre de sang en
« France (6). Le Mareschal de la Chastre sen souvient, feu Monsieur de Guise
« estoit de la troupe ; Souvenez-vous de cela, car je ne vous le dis pas sans
« suiet, et que je croy vous devez faire grande reflexion (7).

---

lement le texte ancien de ce discours d'après le ms. de Fontette. Antérieurement à cette publication, ces *paroles* du Roi à son Parlement avaient été imprimées en partie dans le *Traité de l'opinion*, par Gilb.-Ch. Le Gendre, marquis de Saint-Aubin-sur-Loire (Paris, 1741, in-12, t. vii, p. 397), et dans le supplément au *Journal de Lestoile* (25 février 1599).

La nouvelle leçon que nous publions de ce discours occupe neuf pages du ms. original de Videl. Elle est d'une autre main que celle du secrétaire de Lesdiguières ; mais elle offre cela de particulier qu'il s'y trouve d'assez nombreuses ratures faites par Videl lui-même sur le texte, qui, malgré ces ratures, paraît la plupart du temps identique à celui publié par M. B. de X., et des corrections écrites de sa propre main. Nous publions donc ce discours tel qu'il se trouve dans l'original des archives du château de Peyrins, nous contentant, dans notre ignorance des motifs qui ont poussé le panégyriste de Calignon à opérer ces changements au texte qu'il avait en sa possession, de mettre en note les phrases correspondantes du ms. de Fontette. Ces variantes ne sont pas les seules : mais quant aux autres, elles ne sont point du fait de Videl, et nous ne les signalerons pas autrement aux érudits qui pourront s'en édifier en comparant notre leçon avec celle de M. B. de X.

(1) Cette pièce, dans l'édition du ms. de Fontette qu'en a donnée M. B. de X., porte pour titre : Les paroles que le Roy a tenues a messieurs de la cour de parlement le viie février 1599. Comme on le voit, il y a une différence de date d'un jour entre ce ms. et celui que nous éditons d'après la copie intercalée dans le ms. de Videl.

(2) Il y a dans le ms. de Fontette : *Incontinent après la Sainct-Barthelemy, quatre qui joions*, etc.

(3) Ms. de Font., *paroistre*. Ce mot, d'abord effacé par Videl, a été replacé par lui au-dessus du mot biffé.

(4) Ms. de Font., même observation sur les mots *je dis* que sur celui de *paroistre*.

(5) Ms. de Font., même obs. sur les mots *et que c'estoit*.

(6) Id., *qui l'avoient respandu*.

(7) Cette phrase ne se trouve pas dans le ms. de Fontette, et, à la place, on y lit : Ce propos fini, le Roy leur dit : *Vous me voyés*, etc.

« Vous me voyés dans mon cabinet, où je viens parler a vous, non point
« en habit Royal, mais vestu(1) comme un pere de famille, en pourpoint, pour
« parler familierement a ses enfants (2). Ce que j'aj à vous dire est que je
« vous prie de verifier mon Edit, que jaj acordé à ceux de la Religion.
« Ce que jaj fait (3) est pour le bien de la paix : je laj fait dehors, je la veux
« faire au dedans de mon Royaume. Vous me devez obeir, quand il n'y
« auroit consideration que de ma qualité et des obligations que m'ont tous mes
« subiets, et principalement vous, de mon Parlement : jaj remis les uns
« dans leurs maisons d'où ils estoyent bannys, les autres en la foy qu'ils
« n'avoient plus.

« Sj l'obeissance etoit deue a mes predecesseurs par leurs subiects, a
« l'exemple de celle que leur avoyent rendu leurs peres, il m'est deu autant
« ou plus de devotion, dautant que jaj restablj l'Estat. Dieu m'ayant choisj
« pour remetre ce Royausme quy est mien par heritage et par acquisition,
« les gens de Parlement ne seroient en leurs siéges sans Moy.

« Je ne me veux vanter, mais je veux bien dire que je n'ay exemple
« dautres à imiter que de moy mesme. Je scaj bien qu'on a fait des brigues
« au Parlement, qu'on a suscité de predicateurs sedicieux ; mais je donneraj
« bien ordre à ces gens là et ne m'en attendraj pas a vous : c'est le chemin
« qu'on prend pour faire de barricades et venir par degrés à l'assassinat du
« Roy. Je me garderaj bien de tout cella, je couperay la racine a toutes les
« factions, a toutes les predications sedicieuses, et feray accourcir tous ceux
« quy les susciteront. Jaj sauté sur de murailles et villes, je sauteraj bien
« dessus de barricades quy ne sont pas sy hautes. »

Ce disant, Sa Majesté monstra de sa main la hauteur des barricades.

« Ne m'allegués point la Religion Catholique. Je l'ayme plus que vous,
« je suis plus Catholique que vous : je suis Fils aisné de l'Esglise ; il ny a pas
« un de vous quy puisse pretendre ce titre. Vous vous abusez sy vous pensés
« estre bien avec le Pape, car jy suis mieux que pas un de vous, ny
« que vous tous ensemble : quand je lentreprendraj, je vous feraj tous

---

(1) Mot effacé et rétabli par Videl.
(2) Idem.
(3) Idem.

« declarer heretiques pour ne m'obeyr pas; car jaj plus d'intelligence à
« Rome que vous. Vous avez beau faire, je sçauraj ce qu'un chacun de vou[s]
« dira : j'ay des serviteurs quy me declareront tout. Je scaj tout ce quil y [a]
« en vos maisons, ce que vous faites, ce que vous dites, tout ce que vou[s]
« penssés. Jaj un petit demon quy me le revelle. Ceux quy ne veullent qu[e]
« mon Edit passe, veullent la guerre : je la declareraj demain a ceux de l[a]
« Religion, mais je ne la feraj pas; vous y irés tous avec vos robes longue[s]
« et ressemblerés la procession des Capuchins quy portoient les mousquet[s]
« sur leurs habits : il vous fera beau voir. Quand vous ne voudrés passe[r]
« l'Edit, vous me ferés aller en Parlement; vous serés ingrats, quan[d]
« vous m'aurés creé cette envie. J'apelle a tesmoin ceux de mon conseil qu[i]
« ont trouvé l'Edit bon et necessaire pour l'estat de mes affaires, Messieur[s]
« le connestable (et le) chancellier (1), Messieurs de Believre, de Sency[,]
« de Villeroy, de Sillerj. Je laj fait par leur advis et celluj des Ducz et Pairs[.]
« il ny a pas un de vous quy s'osat dire protecteur de la Religion Catholi-
« que, ne quy osat nier qu'il ne m'ayt donné cest advis.

« Je dissiperaj bien les bruits qu'on veut semer : on sest plaint à Paris
« que je voulois faire des levées de Suysses ou autres amas de troupes : S[y]
« je le faisois, il en faudroit bien juger; et ce seroit pour un bon effect,
« par la raison de tous mes deportements passés, tesmoing ceux que jaj
« fait pour la conqueste d'Amiens, ou jaj employé l'argent des Edits que
« vous n'eussiés passé sy je ne fusse allé tenir mon lit de Justice. La neces-
« sité ma fait faire ces Edits; la mesme necessité me fait faire celuy cy. J'ay
« autrefois fait le soldat; on en a parlé, je nen ay pas fait semblant. Je suis
« Roy maintenant et parle en Roy : je veux estre obey. A la verité la Justice
« est mon bras droit; mais sy la gangrenne est au bras droit, le gauche le
« doibt couper. Quand mes regimens ne me servent plus, je les casse. Que
« gagnerés vous, quand vous ne voudrez veriffier l'Edit? Aussy bien le feraj
« je passer. Les predicateurs ont beau cryer comme a fait le frere de Mon-
« sieur de Sillerj a quy je veux parler en cete compagnie. »

---

(1) Ms. de Font., Mr le Connestable, messⁿ de Bellievre, de Sancy, de Sillery et de Villeroy. Il y a dans celui de Videl : *Messieurs le Connestable Chancellier*, etc. Au premier moment, nous avons eu la mauvaise pensée que le mot *chancellier* avait pu être ajouté par Videl, pour grandir celui dont il fait l'éloge; mais, nous le répétons, la copie de ce discours n'est pas de sa main, et, par conséquent, l'addition du mot *chancellier* ne peut pas lui être imputée.

N. DE L'ÉD.

Ce disant, Sa Majesté apella ledit sieur de Sillery et luy dit :

« Je vous avois bien advertj qu'on m'avoit fait plainte de vostre frere et
« vous avoy commandé de l'advertir qu'il se retint et qu'il fut sage : vous
« m'avez dit qu'il n'avoit presché comme on disoit : je lavois creu au com-
« mencement, et ne sen estoit point trouvé de preuve; mais il estoit vraj, et
« enfin il s'est eschapé à Saint André des Ars (1), où mon procureur
« general la ouy prescher sedicieusement contre l'Édict, et cela n'a pas esté
« relevé comme il falloit (2); mais jaj sceu certainement ce qu'il a dit. On le
« veut excuser sur ce qu'il est emporté de zelle et sans mauvais dessein (3) :
« mais, soit par ocasion ou autrement, c'est toujours mal, et le zelle
« inconsideré merite chastiment. »

*Ceste plainte finie, Sa Majesté se tourna vers les gens de son Parlement
et leur dit :*

« Il ny a pas un de vous quy ne me trouve bon, quand il a a faire de moy,
« et ny en a pas un quy n'en ayt besoin une fois l'an; et toutes fois, a moy
« qui vous suis bon, vous estes mauvais. Si les autres Parlements, pour
« avoyr resisté a ma vollonté, ont esté cause que ceux de la Religion ont
« demandé des choses nouvelles, je ne veux pas que vous (4) soyez cause
« d'autres nouveautés par vos reffus. Quand en l'année 1594 et 1595 (5),
« je vous envoyay une declaration de l'Edit de l'an 1577 sur la provision
« des offices, j'avoy promis que je ne pourvoirois aucun de la Religion des
« Estats en la Cour du Parlement, et que je prendroy bien garde de ne
« metre aux charges principalles des personnes dont je ne fusse bien asseuré
« et quy se comporteroient au contentement des Catholiques. Depuis ce

---

(1) Il y a, dans le ms. de Fontette, « *Saint-André* ; Videl a ajouté au-dessus : *des Ars.*
(2) Ms. de Font., *cela m'a esté revelé comme il falloit.*
(3) Il y avait, dans le ms. que nous reproduisons, *et sans dessein.*
(4) *Vous* a été ajouté par Videl.
(5) Ms. de Font.: *L'an mil cinq cent quatre-vingt quinze, quand je vous envoyai*; copie du ms. de Videl : *L'an 1594 et 1595, quand je vous ay envoyé.*

« temps là, les choses et les affaires se sont bien changées (1). Toutesfois,
« jauraj bonne asseurance de ceux que je metraj aux charges, qu'ils se gou-
« verneront comme ils devront. Ne me parlés pas tant de la Religion Catholi-
« que : tous ces grands Catholiques Eclesiastiques criards, que je donne
« a chacun deux mil escus ou quatre mil francs, ils ne diront plus mot. Je
« juge de mesme des autres quy voudront parler contre l'Edit.

« Il y a de meschants qui monstrent de haïr le pesché (2) : mais c'est pour
« la crainte de la peyne, au lieu que les bons le craignent pour l'amour de
« la vertu. Jaj apris autrefois ces deux vers latins :

« *Oderunt peccare malj formidine pœnæ*
« *Oderunt peccare bonj virtutis amor.* (3).

« Il y a plus de vingt ans que je ne les ay redits qua cette heure, pour
« dire que ceux que je cognoy de vous qui hayssent le pesché luy portent
« haine pour amour de la vertu, ou bien je chastieraj ceux qui le haïront
« pour la peur de la peine; et puis apres ils me remercieront du chastiment
« comme le fait (4) le pere.

« Je navois pensé (5) à vous mander que hier fort tard; je ne veux rien avoir
« de vous par menaces. Considerés que l'Edit dont je vous parle est l'Edit
« du feu Roy : il est aussi le mien, car il a esté fait avec moy : Au jourdhuj
« que je le confirme, je ne trouve pas bon que je doive avoir une chose en
« lintention et escrirre lautre; et si quelques autres lont fait, je ne veux pas
« faire comme eux. La derniere parolle que vous aurez de moy, c'est que
« vous suiviez lexemple d'obeissance de Monsieur de Mayenne. On la voulu
« susciter pour (6) fere des menées contre ma volonté : il a respondu qu'ij
« mestoit trop obligé, et tous mes subjets aussj, entre lesquels il seroit tous-
« iours de ceux quy exposeroient leur vye pour me complaire (7). Si le Chef de

---

(1) Ms. de Font. : *Depuis, le temps a changé* ; notre ms. portait : *Depuis ce temps là, le temps s'est bien changé et les affaires.*
(2) Mot biffé et rétabli par Videl.
(3) Dans le ms. de Font., le deuxième vers est placé avant le premier : mais cette interversion n'est pas du fait de Videl lui-même.
(4) Il y avait *fet* dans le ms., et Videl s'est contenté de l'écrire autrement au-dessus.
(5) Mot biffé et rétabli par Videl.
(6) Il y avait *de* dans le ms.
(7) Mot biffé et rétabli par Videl. Le ms. de Font. termine ainsi cette phrase : *parceque j'ay resta-*

« la Ligue a parlé ainsy, combien plus le devez-vous faire, vous que j'ay
« restablis et que je tiens pour mes tres fidelles serviteurs, vous qui m'avez
« une obligation infinie? Donnés à mes prieres ce que je ne voudrois pas
« vous obliger de donner à mes menaces; vous n'en aurés point de moy.
« Faittes ce que je vous commande, vous ne le ferés pas seulement pour
« moy, mais aussi pour vous et pour le bien de la paix, laquelle vous doit
« estre tres chere, comme à tout le reste des gens de bien de mon
« Royaume. »

Le Parlement, touché et persuadé par ce discours, n'ayant plus apporté de resistance à la verification de l'Edict, elle y fut faite le 25ᵉ de Février de l'an 1599, et ensuite aux autres Parlements. Là dessus, le Roy se trouva fort pressé par les Catholiques zelés et attachés aux interests de Rome, de faire recevoir le Concile de Trente en ce Royaume, pour satisfaire aucunement, disoient-ils, le Pape, sur le deplaisir qu'il avoit de cet Edict, qui donnoit un establissement certain aux Heretiques, principallement à ceux qui s'opposent le plus à l'authorité du Saint Siège, et leur donnoit cet avantage en un Royaume dont les Roys sont appellés les *Fils aisnés de l'Église*, et n'ont point de titre et de préeminence dont ils tirent plus de gloire que de celle là; et, pour y parvenir, ils asseurerent S. M. que cela se pouvoit aisement faire, à la charge qu'en la publication de l'Edict de Nantes, c'est ainsy qu'on l'a toujours nommé depuis, on fist cette restriction, *que c'estoit sans prejudice des droicts et des libertés de l'Eglise Gallicane.* Mais quoy qu'on pust dire là dessus, le Roy trouva bon, dans son Conseil, de ne point recevoir le Concile pour de tres justes considerations qui luy furent representées par ses principaux Ministres, non moins Catholiques que ceux qui faisoient l'instance contraire, mais qui avoient l'affection plus françoise, comme estoient, entre autres, le Chancelier de France et le Chancelier de Navarre, les Presidents de Thou et

---

bly la France, malgré ceulx qui l'ont voulu remuer ; au lieu que par le passé il a faict tous ses efforts pour renverser l'Estat.

La suite et la fin de ce discours sont tout entiers de la main de Videl; le ms. de Font. s'exprimait ainsi : *et le chef de la Ligue a parlé ainsy comme parleront tous ceulx que j'ay remis en foy. Ceulx d'estats que j'ay remis en leurs maisons, que doibvent-ils faire au prix? Donnés à mes prieres ce que n'auriés voulu donner à mes menaces; vous n'en aurés poinct de moy. Faictes ce que je vous commande au plus tost, dont je vous prie. Vous ne le ferés seulement pour moy, mais aussi pour vous et pour le bien de la paix.*

Janin, lesquels prevoyoient les inconvenients et les consequences dangereuses au repos de l'Estat qui pouvoient en arriver; tellement que les choses en demeurerent là, et il n'en fut plus depuis parlé.

Cependant, comme il estoit question d'executer cet Edict et qu'il ne s'y rencontroit pas de petites difficultés, surtout dans les Provinces et dans les villes où le nombre des Catholiques estoit le plus grand, le Chancelier fut celuy qui donna les instructions generales et particulieres, afin que les choses s'y passassent doucement, selon l'intention de S. M., qui n'avoit alors rien plus à cœur que la tranquilité de son Royaume; et on envoya pour cet effet, sur les lieux, des commissaires de l'une et de l'autre Relligions, qui mirent toutes choses dans les termes qu'il falloit, afin qu'il ny arrivast plus de desordre et que tout se passast au contentement de S. M. et au bien de son Estat.

Mais aveques les soins que le Chancelier prit pour le general, il y en apporta encore pour les particuliers, et fit que ses parents et ses amis y trouverent de l'avantage, nommement Jaques de Calignon, son frere, et les sieurs Armand et Gillier, qui, par ses bons offices, furent receus Conseilliers au Parlement, pour composer la Chambre de l'Edict; s'estant, en suite, acquis tant de creance auprés de S. M. en ce qui concernoit les affaires de ceux de la Relligion Protestante, qu'elles passoient toutes par ses mains et à son rapport. De sorte qu'il estoit consideré comme leur Tribun, sans l'intervention et l'avis duquel nulle chose ne se pouvoit faire; que s'il s'en trouva un autrefois à Rome, si authorisé, que Cœsar mettoit dans ses Edicts, bien qu'en un autre sens: *Pourveu qu'il plaise au tribun Aquila*, il y a lieu de dire que le Roy pouvoit mettre serieusement dans les siens: *Ayant pris les avis de Calignon*, puisqu'en effet il les prenoit et qu'il avoit pour luy, en cette rencontre, une singuliere deference. Ainsi il estoit comme l'Oracle, generalement consulté sur toutes les choses concernant ceux de sa Relligion. Il rapportoit seul les affaires generales des Deputés des Eglises, sur l'execution des choses accordées, et sur la permission de s'assembler qui leur estoit donnée de temps en temps, comme elle, l'est encore aujourdhuy, mais à de certaines conditions; ensemble, sur tous les evenements particuliers des Provinces qui dependoient de l'Edict de Nantes. Mesme, le Chancelier de France ne scelloit jamais d'expedition concernant les affaires de ceux de la Relligion Protestante, que le Chancelier ne l'eût examinée et n'y eût mis à costé, le *Visa* de sa propre main.

Mais ce qui est encore fort remarquable, c'est qu'il ne donnoit pas toujours ce l'*isa*, quoyque les affaires et les expeditions eussent esté resolües dans le Conseil; parce que, comme il voyait extremement clair en toutes choses et prevoyoit quelques fois des inconvenients à quoy on n'avoit point pensé et qui echappoient à la veüe des mieux eclairés, il ne croyoit pas qu'il deust y donner de consentement, de peur d'estre responsable du mauvais succès; s'expliquant après, aux Principaux Ministres, des raisons de son refus et en rendant conte au Roy, s'il le jugeoit à propos. Or, comme, une fois entre autres, les Deputés des Eglises ayant obtenu une declaration qui leur estoit fort favorable, il n'eut pas voulu y mettre le *Visa* et les eust renvoyés mal satisfaits, il fit scavoir au Conseil ses mouvements dont il fut universellement loüé, et les Deputés estant allé se plaindre de sa rigueur à luy meme, jusqu'à ne luy point celer qu'ils estoient fort surpris de la contrarieté qu'il avoit apportée à l'effect de cette declaration, il ne leur dissimula point *que sa surprise estoit encore plus grande, de voir qu'ils eussent fait une instance au Roy, laquelle n'avoit rien de plausible que l'apparence, mais qui, au fonds, estoit injuste et d'une consequence dangereuse au repos de l'Estat; que si S. M. et Messieurs de son Conseil ne s'en estoient pas apperceus d'abord, c'est qu'ils avoient l'esprit occupé à de plus importantes affaires, qui estoient les instructions de ceux qu'on devoit envoyer à Vervins traitter de la paix generale avec les Espagnols, ce qui ne leur avoit pas permis d'arrester leur pensée sur cette affaire, laquelle il avoit, pour cela, plus soigneusement considerée; qu'au reste ils ne s'attendissent pas de l'y jamais trouver complaisant, en de pareilles rencontres, et de l'avoir favorable, si ce n'est aux choses où la raison et la justice seroient evidemment de leur costé.*

Audevout, l'un de ces Deputés, nommé depuis *Villardieres*, mon allié, personne de merite et d'érudition, qui avoit le plus d'accés à luy, l'ayant supplié, en particulier, de luy faire voir en quoy consistoit le mal de cette concession, en fut si bien eclairci qu'il en tomba d'accord, admira la prudence du Chancelier, comme il me l'a dit depuis luy mesme, et guerit l'esprit de son collegue et de ceux qui paraissoient estonnés et peu satisfaits de son refus.

Or, le mouvement du Chancelier estoit d'éviter toutes les choses qui pourroient produirent des effects tant soit peu contraires à la tranquilité de l'Estat, si puissamment établie par l'Edict de Nantes, comme aurait peu faire cette nouveauté, par la confession propre de ceux d'entre les Protestants qui conservoient la liberté de leur jugement dans la grandeur de leur zele, et à qui la passion de leur Party ne permettoit pas de meconnoitre la verité.

Or ce soin et cette precaution du Chancelier estoient d'autant plus justes et plus estimables, qu'il est certain que les Espagnols ne se fussent point portés à la paix, tant qu'ils eussent veu quelque apparence de trouble dans le Royaume : ce qu'ils croyoient devoir toujours arriver, à cause de la diversité de la Relligion et des Partis. Mais ayant veu les Protestants satisfaits par le benefice de l'Edict, toutes occasions de desordre par là ostées et tous les esprits parfaitement unis dans l'obeissance de leur souverain, ils se resolurent à la paix, qui fut, en ce temps là, solemnellement faitte à Vervins.

Cette paix et ce calme general de l'Estat ayant donné quelque relasche au Roy, aprés de si grandes et continuelles fatigues, et lui laissant desormais prendre en liberté le plaisir de la campagne, S. M. passait la pluspart du temps en sa maison de Montceaux, qui est à un quart de lieüe de Meaux, sur la riviere de Marne, dans un des plus beaux paisages de France, laquelle il faisoit embellir, pour y posseder plus agreablement son Idole : je nomme de la sorte la Dame de Monceaux, Gabrielle d'Estrée, qui fut depuis Duchesse de Beaufort, laquelle, par sa rare beauté, possedoit alors cet autre Hercule.

Ayant paru, à quelque temps de là, attaqué d'une espece de fievre lente, qui ne l'obligeoit pas veritablement à garder le lict, mais amaigrissoit et diminuoit visiblement la personne de S. M., laquelle tachoit de se divertir par tous les moyens possibles, principalement par la lecture que ce Prince avoit toujours aymée et qui luy estoit le plus souvent faitte par le Chancelier, lequel y ajoustoit son entretien de vive voix, expliquant à S. M. les choses les plus difficiles et qui, pour estre bien entendues, demandoient plus d'estude que n'en pouvoit avoir un Prince nay et nourry, comme celuy cj, dans le continuel exercice des armes, qui ne s'accordent point avec les lettres, l'assemblée des medecins du Roy, extraordinairement faitte pour cela, jugea que la cause de ce mal n'estoit pas absolument au corps, mais qu'elle procedoit de quelque secrette passion de l'esprit; car on voyoit, de temps à autre, S. M. soûpirer, surtout lorsqu'elle estoit seule, et donner des marques d'une tristesse cachée. Or, cela tenant toute la Cour fort en peine et obligeant les Grands à des visites et à des assiduités plus grandes et plus frequentes auprés de Sa Majesté, les Ministres de l'Estat et les Officiers du Conseil, qui estoient demeurés à Paris, alloient de temps en temps à Monceaux, ou y envoyoient quelquun de leur Corps.

Comme cette commission estoit le plus souvent donnée au Chancelier, qui estoit, ainsy qu'ils scavoient tous, fort agreable à S. M. et fort propre à penetrer dans son esprit, pour y découvrir la cause de cette langueur; il se rendit auprés d'elle, et, s'estant acquitté du devoir dont son Corps l'avoit chargé, prit la liberté de s'enquerir à S. M. de ses occupations et de ses divertissements. Le Roy luy dit que l'un de ses plus ordinaires, c'estoit la lecture; et le Chancelier luy ayant demandé quelle sorte de livres S. M. voyoit le plus souvent, le Roy répondit *que c'estoit un manuscrit latin d'un Astrologue Alleman, contenant plusieurs horoscopes des Princes et Grands de l'Europe, entre lesquels il y en avoit un de la propre personne de S. M., fait par un Frideric Rutelin, ajoustant que c'estoit un des plus fameux Astronomes de son siecle, et qui avoit le mieux rencontré en ce qui touchoit la personne du deffunct Roy Henry 3e*. Comme il faut peu de parolles à un habile homme, et sur tout au point sublime que l'estoit celuy cj, pour luy faire entendre quelque chose, il n'en fallut pas davantage au Chancelier, afin de luy faire voir que c'estoit de la lecture de ces horoscopes que venoit la tristesse de S. M.: car, en effet, il y en avait un qui le menaçoit *d'une mort violente que lui causeroient les Princes de son sang, en sa 59e année, soit par poison ou d'une autre sorte*, ce qui travailloit d'autant plus son esprit, qu'il avoit une grande creance en cet autheur, lequel ne s'estoit point mécomté en ce qui touchoit le deffunct Roy, ayant marqué precisement le temps et la maniere de sa mort et le reste de ses avantures. Le Chancelier repartit, avec un soûris tel qu'on le fait quand on temoigne peu d'estime de quelque chose, *qu'il connoissoit fort bien cet autheur, mais qu'il n'en faisoit pas d'estat, et que, si S. M. luy permettoit d'en dire sa pensée, ce n'estoit pas un grand personnage, ayant fait plusieurs fautes dans l'astronomie, où, certainement, il estoit peu versé, et estant tombé dans plusieurs mécontes qu'il cotteroit precisement, quand il plairroit à S. M. le luy commander ou le luy permettre.*

A la verité, c'estoit serieusement que le Chancelier parloit: mais il y avoit aussi de l'adresse meslée dans ce discours, pour affoiblir dans l'esprit du Roy l'estime qu'il faisoit de cet autheur; et certainement S. M., surprise des parolles du Chancelier, commanda aussitost à Beringhen, son premier valet de chambre, de lui apporter ce livre. Quelques Princes et Grands Seigneurs estant arrivés là dessus et ayant interrompu cette conversation, le Chancelier passa dans la garderobbe pour examiner ce manuscrit et y faire des remarques, afin de veriffier ce qu'il avoit avancé; de quoy il estoit d'autant plus capable, et S. M. ne l'ignoroit pas, qu'il avoit une grande connaissance de l'Astrologie. Le jour s'estant passé là dessus, le lendemain, le Roy, qui avoit eu toute la nuit en l'esprit les parolles du Chancelier et avoit pour cela tres peu dormi, ne fut pas plustost levé, qu'il le fit appeller et luy dit qu'il luy fît voir les erreurs de Rutelin, comme il s'y estoit engagé. Le Chancelier les luy montra si judicieusement et si clairement, que S. M., n'y pouvant contredire, en demeura fort persuadée, pour ne pas dire entierement convaincûe. Il prit occasion en suite de parler, mais doctement et profondement, de l'incertitude et de la vanité de la judiciaire, marqua les inconvenients qui en estoient arrivés à quantité de Princes et à d'autres personnes qui avoient eu cette mauvaise curiosité, et, n'ayant rien oublié là dessus, supplya enfin tres humblement le Roy et le conjura mesme, pour son propre repos, de ne jamais vouloir ajoûter de foy à cette sorte de science, qui n'avoit fondement quelconque et qui, à le dire nettement, estoit une vraye piperie.

Enfin S. M., heureusement detrompée de la creance qu'elle avoit en ces horoscopes, n'en fit plus d'estat, et dit *qu'elle voyoit bien que ceux qui s'en meslent ne sont que des charlatans qui abusent de la credulité du monde, protestant qu'il ne feroit plus la folie de s'y amuser.* Ainsi le Chancelier remit son esprit dans sa premiere quietude, et, par le rapport et l'alliance qu'il y a de l'esprit au corps, celuy de S. M. reprit visiblement, deux jours aprés, sa santé et sa vigueur; de quoy elle fut si satisfaitte, que, luy ayant fait, à l'heure mesme, beaucoup de caresses et luy ayant renouvellé les assurances de son estime et de son affection, elle dit, avec demonstration de joye, aux Princes et aux Grands qui venoient se rejoüir de l'heureux changement arrivé en sa personne, *qu'elle avoit trouvé un medecin,* (nommant ou montrant le Chancelier,) *qui estoit d'autant plus excellent, que, sans l'assujettir aux remedes et aux rigueurs incommodes de la medecine, il l'avoit gueri sur le champ;* de quoy le Chancelier fut loué de toute la Cour, singulierement de la Dame de Monceaux; et, comme il vouloit s'en retourner à Paris et en demandoit la permission au Roy, S. M. luy commanda de demeurer encore auprés d'elle, ce qu'il fit, jusqu'à ce qu'elle s'y en retourna.

Le Chancelier, estant à Paris, y receut de nouveaux applaudissements des Ministres et des Officiers du Conseil, qui le visitèrent tous et luy dirent qu'il avoit beaucoup merité de la France en cette particuliere rencontre, donnant lieu, par sa prudence, à un si grand bien qu'estoit la santé du Roy, en laquelle consistoit principallement le salut de l'Estat.

Cependant, comme il estoit bien juste que le medecin fût payé d'une si heureuse cure, S. M. luy donna une pension de deux mille écus, le faisant, de nouveau, Conseillier en son Conseil des Finances; et, parce que sa charge de Chancelier de Navarre, celle de Conseillier d'Estat et celle cj le tenoient d'ordinaire à la Cour et l'attachoient necessairement auprès de la personne de S. M., elle le dispensa du service actuel qu'il devoit à sa charge de President au Parlement de Dauphiné, voulant qu'il jouît des gages et des autres avantages y appartenant.

L'assiduité qu'il rendoit à tous ces employs luy produisant, chaque jour, de nouveaux moyens d'obliger quantité de personnes, il en embrassoit d'autant plus librement et gayement les occasions, qu'avec cet esprit facile et bien faisant que tout le monde reconnoissoit en luy, il avoit pour son but principal de bien meriter du public et des particuliers, comme il fit sans doute dés le premier jour que la dispensation des graces du Roy luy fut commise, quoy que, d'ailleurs, il fût trés rigoureux, et mesme inflexible, en toutes les choses qui choquoient tant soit peu la justice et estoient éloignées de l'équité et de la raison.

Le Tiers Estat de la Province de Dauphiné, pretendant un grand sujet de plainte contre les deux premiers ordres, à qui il imputoit de s'exempter de la plus part des charges que les necessités du Royaume imposoient au Peuple et de les luy faire porter, leur avoit intenté un grand procés dans le Conseil du Roy, et faisoit beaucoup d'instance par ses Deputés, envers le Chancelier, afin de l'attirer à son Party, luy faisant mesme des offres fort avantageuses pour le bien de ses affaires domestiques; mais, comme il veid plus d'envie que de raison dans le procedé de cet Ordre et que la deffense des deux autres luy sembla fort juste, il l'appuya de tout son credit et en merita des remerciments, tant du Corps entier du Clergé et de celuy de la Noblesse, que de plusieurs particuliers, lesquels s'acquitterent par des lettres de la reconnoissance qu'ils devoient à ses bons offices.

En ce temps là, les satisfactions que luy donnoit sa fleurissante famille, s'accreurent notablement par la naissance d'Uranie de Calignon, sa fille, aujourd'huy Dame Doüairiere de Poligny, l'une des plus accomplies de son temps et en qui se sont rencontrées, en un trés haut poinct, toutes les graces capables de satisfaire les yeux et l'esprit, ayant esté une des plus belles et plus vertueuses Dames du Royaume.

Il n'y a personne si peu versée en l'histoire de ce temps là, qui ne sache la fameuse conference [52] qui fut faitte à Fontainebleau, par la permission et en presence mesme du Roy, entre l'Evesque d'Evreux, dépuis Cardinal du Perron, Prelat d'un scavoir et d'un merite rare, et le sieur du Plessis Mornay, Gouverneur de Saumur, l'un des plus scavants et plus considerables gentilshommes du Royaume, de la creance des Protestants, sur la verification de quelques passages allegués par luy, en son livre de l'*Eucharistie*, et accusés de faux par l'Evesque. Cette conference ayant donc esté resolue et le jour pris pour cela, le Chancelier, qui entretenoit depuis longtemps d'estroites habitudes avec le Plessis, tant à cause de leur commune Relligion, que parce qu'ils avoient esté dans une continuelle suite d'employs importants pour le service du Roy leur maistre, avant qu'il eût joint les deux couronnes, luy conseilla de n'entrer point en dispute contre l'Evesque, qu'il n'eust premierement appris quels passages il accusoit de faux, afin qu'il eust du temps pour se preparer à y repondre; ne luy dissimulant point qu'il avoit à y bien prendre garde et y apporter d'autant plus de circonspection, qu'y ayant dans son livre plus de quatre mille passages cités, il luy seroit mal aisé de respondre sur le champ à quelques vingt ou trente que l'Evesque pourroit avoir choisis et particulierement estudiés; Ajoutant, qu'en une grande œuvre comme celle-là il avoit inseré plusieurs passages qui luy avoient esté fournis par diverses personnes, pour le soulager de la peine de les chercher, à la foy desquelles il s'estoit rapporté et qui n'avoient pas pris le soin de les verifier sur les originaux.

Nonobstant cela, le Plessis, deferant plus à la confience de son scavoir et à son sens propre qu'au conseil du Chancelier, s'obligea de repondre sur le champ et de deffendre, sans premeditation, tous les passages qui seroient attaqués. Le succés justifia qu'il eut mieux fait de s'y preparer, surtout ayant à entrer en lice contre un adversaire de la force de celuy cj, qui avoit reconnu, à loisir, la faiblesse des lieux qu'il vouloit battre. Aussi certes, le Chancelier, qui avoit esté nommé du Roy pour un des commissaires de cette action, s'excusa d'y assister, pour ne pas avoir le deplaisir d'estre spectateur du desavantage de son amy : il feignit quelque indisposition, qui l'obligeoit à garder la chambre durant ce jour là; de sorte que le Fresne-Canoye, President en la Chambre de l'Edict de Castres et tres habile homme, fut subrogé par le Roy en sa place.

La dureté du Duc de Savoye, Charles-Emmanuel, à s'acquitter des promesses qu'il avoit faittes luy mesme au Roy, en son voyage à Paris, pour la restitution du Marquisat de Saluces, ayant donné lieu à la guerre qui luy fut ensuite declarée, et amenant le Roy en Savoye, le Chancelier eut la satisfaction de venir en Dauphiné voir ses parents et ses amis, qui l'accueillirent avec une extreme joye. Il fut veu de tout ce qu'il y avoit de personnes considerables à Grenoble et en d'autres lieux de la Province, la pluspart desquelles, ayant receu beaucoup de faveurs de luy, ne le visitoient pas tant par civilité que par devoir et ne pouvoient, sans ingratitude, s'exempter de luy faire paroître leur reconnoissance. Il y amena la Dame de Calignon, sa femme, qui profita de cette occasion pour donner ordre à son œconomie, et qui, de sa part, fut visitée et honorée par les Dames de la ville, selon que son rang, et bien mieux encore, son merite, les y obligeoit : car on m'a appris qu'elle estoit digne femme d'un tel mary, et que sa vertu la rendroit remarquable, entre celles de son ordre, qui estoient le plus dans l'estime, sans parler du soin qu'elle avoit pris de cultiver son esprit et l'orner des connoissances propres à ce sexe, ainsy qu'il paroissoit en son entretien, lequel estoit solide et poly, mais pourtant sans aucune affectation; de sorte que ces connoissances sembloient luy estre comme naturelles.

La Princesse de Florence, Marie de Medicis, qui fut, peu de temps apres, Reyne de France, comme épouse de Henry le Grand, approchant alors de Marseille par où elle devoit entrer dans le Royaume, S. M. envoya au devant d'elle Monsieur le Comte de Soissons, prince du sang, le Chancelier de France et le Chancelier de Navarre, avec grand nombre de seigneurs et de gentilshommes, pour la recevoir et l'accompagner. Cette Cour estant venu joindre l'autre à Lyon, le Roy donna quelques jours à la celebrité *(sic)* de son mariage; aprés quoy, il prit le chemin de Paris où le Chancelier s'en retourna.

Le procés d'entre les trois Ordres de la Province, dont il a esté parlé cy dessus, ayant esté alors jugé au Conseil du Roy, le Chancelier, qui avoit beaucoup de credit envers le Sr de Maisses, Conseillier d'Estat et rapporteur de ce procés, comme envers les autres juges, du nombre desquels il ne fut pas, à cause de sa qualité de President au Parlement de Dauphiné, car le Parlement estoit partie en ce procés, contribua beaucoup à l'heureux succés de cette cause pour les deux premiers Ordres, achevant ce qu'il avoit heureusement commencé; mais pourtant il ne laissa pas d'ayder à ceux du Tiers Ordre, aux choses où il les trouvoit fondés en raison. Il se chargea mesme de procurer la response du cayer qu'ils presenterent au Roy, en suite de l'Arrest qui avoit esté rendu contre eux, dont ils paroissoient peu satisfaits, et ils luy eurent l'obligation de pouvoir reparer une partie du dommage qu'il croyoient avoir receu de ce jugement et qui donnoit lieu à de nouvelles plaintes, dont ils avoient remply leur cayer.

Il fit, en ce temps là, un petit voyage en Dauphiné; et, estant de retour auprés du Roy, il trouva S. M. aucunement prevenue de quelques mauvais rapports que de malins esprits luy avoient faits contre Lesdiguieres et dont elle s'expliqua au Chancelier, qui l'édifia absolument là dessus, le confirmant dans cette verité, *qu'il n'avoit pas un meilleur serviteur, et dont l'affection et la fidelité luy fussent plus asseurées;* ayant au reste eu la modestie de ne point faire valoir, auprés de ce grand homme, le bon office qu'il venoit de luy rendre; meme luy celant ce qui s'estoit passé et ne luy en touchant pas un mot dans la correspondance qu'ils entretenoient par leurs lettres, de peur qu'il ne semblast exiger des remerciments de son amy. Il ne put pourtant éviter de les recevoir aussi tost, et aussi affectionnés que le meritoit ce bon office; car Lesdiguieres ne l'avoit pas ignoré.

Je ne dois pas omettre, en cet endroit, l'estroitte liaison qui estoit entre ces deux grands hommes, et les sentiments tendres et passionnés qu'ils avoient l'un pour l'autre, témoignés dans leurs lettres par les noms de frere et de parfait amy que j'y ay veus frequemment employés.

En verité, cette liaison n'estoit gueres moindre entre le Chancelier de France et luy. Il estoit, dis-je, singulierement aymé du grand Pompone de Believre, qu'on peut nommer *un troisiesme Caton descendu du Ciel*, selon les termes d'un ancien poëte, pour le bonheur et la gloire de ce Royaume, mais avec qui il semble que la justice en soit aussi descendüe, comme pour faire son domicile et établir son trosne dans cette illustre Maison, tant il y a eu d'integrité aux excellents hommes qu'elle a portés; la mort prematurée d'un desquels, Premier President au Parlement de Paris, est aujourd'huy pleurée de tout le Royaume. Certainement le Chancelier de France consideroit et caressoit, autant que nul autre de ceux du Conseil, le Chancelier, jusqu'à prendre ses avis en toutes les affaires importantes qui se presentoient concernant l'Estat, ou pour ses interests particuliers, ainsi que nous l'allons voir en la rencontre suivante.

Le chancelier de Believre, apprenant que le Roy avait dessein de gratifier Sillery en lui donnant la garde des Sceaux de France, et ne voulant pas estre surpris par les ordres qu'il pourroit recevoir là dessus, consulta ses plus particuliers amys, et ne voulut point former de resolution qu'il n'eust eu leur sentiment. Plusieurs le dissuadoient de satisfaire aux volontés du Roy; d'autres estoient d'un avis contraire. Cela le tenant en suspens et en peine, il pria le Chancelier de Navarre de l'aller voir, et, le menant dans son cabinet, le conjura par leur amitié de le conseiller dans cette occasion; celuy cj jugea bien d'abord à quoy il devait se determiner; mais, afin de donner plus de creance et d'authorité à son conseil, et pour ajouter à la force de la raison celle de l'exemple, il luy fit trouver bon de prendre auparavant, là dessus, les sentiments de Maisses, Doyen du Conseil, qu'il scavoit que le Chancelier estimoit et consideroit beaucoup. Ils allerent donc ensemble chés luy, que la goutte retenoit dans la chambre. Le Chancelier luy ayant appris le sujet de sa venüe, et les priant tous deux, comme ses plus chers amys, de luy faire scavoir à quoy il devoit se resoudre, de Maisses, sans dire mot, regardant le Chancellier de Navarre, comme pour luy deferer l'ouverture de la conference, celuy cj, levant la main, montra au Chancellier, dans la ruelle du lict où ils estoient, un portrait du Chancelier de l'Hospital, duquel de Maisses estoit descendu, et que le Chancelier de Calignon avoit souvent remarqué, car il pratiquoit fort familièrement chés de Maisses, luy disant en mesme temps : *Monsieur, connoissés-vous bien ce portraict là.— Ouj*, répond le Chancellier, *je le connois bien, et, de plus, je vois ce que vous voulés me dire : c'est que je dois me conformer à l'exemple de ce grand personnage. Je m'y resouds dés cette heure, sans plus hesiter ny deliberer.* Le lecteur scaura que ce chancellier avoit remis les Seaux sur la premiere demande qu'on luy en avoit faitte. Ainsi, le Chancelier de Calignon eut la satisfaction et l'adresse de s'expliquer de son sentiment sans parler : et cette agréable façon de dire au Chancellier ce qu'il devoit faire le persuada d'abord comme ne souffrant pas de replique ; mais le Chancelier de Navarre, ne croyant pas qu'il deust en demeurer là, ajousta les raisons à l'exemple ; ce que fit aussi de Maisses. Toutesfois les choses se passerent autrement : car le Chancelier garda encore les Seaux, et le Roy, considerant sa vieillesse et ses services, tels, que Sa Majesté mesme en rendoit temoignage et disoit souvent qu'il n'y avoit point en son Royaume un plus homme de bien, approuva l'expedient qui fut pris, pour la commune satisfaction du Chancelier et de Sillery, de marier la fille dn Chancellier au fils de celuy cj, moyenant quoy, les Seaux ne sortirent point des mains du Chancelier et ne vinrent que par sa mort en celles de son successeur.

En ce temps là, et long-temps devant, le Roy parlant, et à diverses fois, des rares qualités du Chancelier de Navarre et des importants services qu'il en avoit receus, disoit hautement que, s'il eust esté catholique, il l'auroit fait Chancelier de France et n'eut point choisy d'autre homme parmy tous ses Ministres, qui se trouvoient alors des plus grands personnages de l'Europe, pour lui donner la garde des Seaux. Certes ce grand Prince estoit bien asseuré qu'il n'eust peu les mettre en de plus dignes mains, comme la rencontre que nous allons voir nous le fera encore mieux juger.

Un gentilhomme de Bearn, considerable par sa qualité et par ses divers employs, avoit obtenu du Roy, par l'entremise d'un prince du sang, de Monsieur le Comte de Soissons et de la Marquise de Verneuil qui se trouvoit alors en grande faveur auprés de Sa Majesté, le don du revenu d'une terre de son domaine de Bearn durant six ans, auparavant assigné à deux creanciers pour le payement d'une somme notable qu'ils avoient fournie au Roy, lors qu'il n'estoit encore que Roy de Navarre et qu'estant chargé des plus grandes affaires il n'avoit pas de quoy y subvenir. Ce gentilhomme, sollicitant donc avec beaucoup d'instance le Chancellier de luy donner les expeditions necessaires pour cela, n'en recevoit jamais que des refus, fondez sur l'injustice manifeste de ce don. Sur quoy, l'un et l'autre des protecteurs du gentilhomme porterent au Chancelier un ordre exprés de Sa Majesté de faire ce qu'il refusoit, et ne manquerent point à luy dire, *qu'Elle vouloit estre absolument obeye*. Cela ne luy faisant point relascher de sa rigueur, il fut enfin mandé pour aller trouver le Roy; comme il se doutoit bien pourquoy c'estoit, il fit porter avec luy la cassette des Sceaux de Navarre. Estant entré dans la chambre du Roy, où se trouverent en mesme temps le Prince et la Marquise, qui n'estoient pas sans soupscon d'affectionner cette poursuite pour leur avantage particulier, Sa Majesté luy commanda de seller ces expeditions et luy dit, avec un peu d'émotion, *s'il ne sçavoit pas bien que c'estoit sa volonté?* Le Chancellier supplya le Roy de se donner un moment de loisir pour entendre les raisons de son refus; et, s'en estant expliqué, en sorte que l'injustice de ce don paroissoit toute évidente, mesme par le prejudice qu'en recevroient les propres affaires de Sa Majesté, laissant à part ce qu'Elle devoit à la sainteté de sa parolle Royale, solemnellement donnée à ses deux créanciers, le Roy repliqua qu'*il vouloit estre obey*. A quoy le Chancellier repartit avec une liberté respectueuse, *qu'il ne seroit jamais dit qu'il eust esté l'instrument d'une injustice, qui regardoit l'interest et l'honneur mesme de Sa Majesté*; et, en mesme temps, il luy presenta la cassette des Sceaux, le *supplyant tres humblement de vouloir les donner à quelqu'un qui fist moins de difficulté que luy de les employer en une chose si desraisonnable*. Le Roy, surpris de cette réponse, revenant soudainement à soy et admirant la vertu du Chancelier, luy dit avec un visage plus tranquille: *Reprennés cette cassette;* et, se tournant vers le Prince et la Marquise, continua en riant : — *Mon cousin, je vous avois bien dit que Calignon est opiniastre*. Et puis, s'adressant à luy et le caressant de la main sur l'espaule, luy donna congé en ces termes : *Va, Calignon, tu es juste; continue à faire ta charge en homme de bien, comme tu fais*. Les autres n'oserent plus ouvrir la bouche, et le Roy, pour adoucir leur mécontentement, promit qu'il feroit quelque autre chose pour ce gentilhomme. Je demande à nostre siecle, combien il connoit d'ames d'une si noble trempe qu'estoit celle du Chancellier et qui ne craignent point de preferer, à la ruine indubitable de leur fortune, l'interest de leur honneur et de leur conscience?

Le soin que le Chancellier avoit de procurer à ceux de sa Relligion toute sorte d'avantages, fit que le Roy leur permit, en sa consideration et à sa priere, d'en faire l'exercice au bourg de Charenton, qui n'est qu'à deux petites lieües de Paris, sur la riviere de Seine, laquelle leur donne moyen d'en revenir plus commodement, au lieu qu'auparavant il falloit qu'ils allassent au village d'Ablon, qui est à cinq lieües de la ville; et, de plus, il moyenna envers le sieur de Chasteauneuf, Conseillier d'Estat ordinaire et son intime amy, qu'il leur vendist une place qu'il avoit en ce bourg, où ils bastirent le Temple qu'ils y ont encore aujourdhuy. Mais, ne se contentant pas de leur avoir aydé par son credit, il leur ayda de sa propre bourse et leur donna notablement de quoy commencer ce bastiment.

En ce temps là, le Roy fit le voyage de Sedan pour le sujet que l'histoire de ce temps là nous apprend. Comme il fut de retour, il permit au Chancellier, qui l'y avoit suivy, d'aller en Dauphiné donner ordre à ses affaires particulières; mais il ne luy donna congé que pour un mois, parce que, l'ayant chargé de la conduite d'un procez d'importance, pendant au grand Conseil, entre Sa Majesté et le Duc de Nevers, pour le Vicomté de Villemur que le Duc pretendoit qui lui appartint, le Chancellier ne pouvoit davantage s'absenter sans mettre cette affaire au hazard de prendre un mauvais train et ne pas répondre à l'esperance que S. M. en avoit conceüe; encore ne lui permit Elle ce voyage que sur l'assurance qu'il luy donna, aprés l'avoir receüe du commissaire, qu'on ne travailleroit de deux mois au jugement de ce procez. Mais comme on ne luy avoit pas fait cette promesse de bonne foy, il estoit à peine à Lyon, que le Duc, qui le poursuivoit avec une extreme diligence et profittoit de l'avantage de ne voir plus contre luy un si puissant et si considerable solliciteur que le Chancelier, ayant, avec la justice, la pluspart des juges de son costé, fit mettre l'affaire sur le bureau et gaigna bien tost sa cause, quelque soin que sceût prendre Galland, secretaire de la Couronne de Navarre et substitué par le Chancellier en sa place, de faire retarder le jugement jusqu'à son retour.

Le Duc de Nevers ayant remporté cet avantage sur le Roy, Sa Majesté, qui estoit en possession de ne ceder à aucun de ceux qui luy contestoient quelque chôse, témoin la Ligue abbatue et ses chefs humiliez, eut un grand deplaisir de ce succez ou comme de soy sensible à la perte ; car les grands n'en sont pas quelques fois moins touchés que les petits, ou, plus veritablement, à cause que le Duc n'estoit pas alors bien dans son esprit, en vint jusqu'à soupçonner Galland, de prevarication et à se plaindre hautement du Chancellier, comme coupable, ou par sa negligence ou par son peu d'affection, de la mauvaise issue de cette affaire. Sa Majesté commanda tout à l'heure une despesche pour le faire venir en diligence; et comme cette despesche estoit conceüe en des termes qui sentoient le mescontentement de S. M., le Chancellier ne l'eust pas plustost receüe, que, prenant la poste, bien qu'en un âge desormais peu propre à supporter une telle fatigue pour laquelle il faut et de la force et de l'habitude, il se rendit bien tost à Paris, où il apprit la supercherie que le commisssaire et les juges, fort enclins à obliger le Duc de Nevers, luy avoit faitte, l'asseurant que son affaire ne seroit jugée qu'à son retour, et n'ayant pas laissé de la juger aussi tost aprés son partement.

Dés qu'il fut arrivé en son logis, fort triste et pensif, comme on peut croire, il fut visité par Deageant, l'un de ses particuliers amys. C'est le mesme qu'on a veu dépuis dans le souverain ministère, ce que je ne dis qu'à ceux qui ne l'ont pas connu et ne luy ont pas touché de si prés que vous [16], Monsieur, qu'il s'est creu heureux d'avoir pour gendre; personnage au reste d'excellent merite, que notre Province met au nombre des illustres qu'elle a produits, et avec d'autant plus de raison, qu'on trouvoit jointes en luy deux qualitez extremement rares à la Cour et surtout en ce siècle, une singuliere probité avec une sublime intelligence, principallement dans les affaires, ayant paru, au reste, toujours égal dans l'une et dans l'autre fortune ; car je n'ay non plus besoin de vous dire qu'il ne l'eut pas toujours favorable.

Le Chancellier apprenant de luy ce qui se passoit dans l'esprit du Roy sur cette rencontre, et quel estoit le déplaisir de S. M., en augmenta de beaucoup le sien, et son impatience se redoubla pour se justifier et la satisfaire. Il s'en alla d'abord au Louvre, sans se donner le loisir de prendre tant soit peu de nourriture et de fortifier son corps contre les chagrins de son esprit. Il fit la reverence au Roy, qui, ayant passé dans les Thuilleries et sur la terrasse des Orengers, ne luy cela point d'abord qu'il estoit mal satisfait de luy, et ne luy parla point sans beaucoup d'emportement, de sorte que S. M. ne voulut nullement écouter ses justifications et, l'interrompant à tout propos, luy donnoit à peine loisir de dire quatre parolles, souffrant au reste, contre sa coustume, qu'il fust nud teste deux heures durant et exposé à la plus grande ardeur du soleil. Car toutes les autres fois que le Chancellier estoit avec le Roy, aux lieux descouverts et incommodes pour le froid ou pour le chaud, Sa Majesté le faisoit couvrir, afin de conserver, disoit Elle, une santé necessaire au bien de son service et mesme à la sienne propre, n'ayant pas oublyé qu'il la luy avoit renduë à Monceaux, comme nous avons veu cy dessus; à cause de quoy il l'appelloit bien souvent son medecin. Ainsy, pendant que le Chancellier fut sur cette terrasse avec le Roy, le soleil, fort piquant ce jour là, l'ayant extraordinairement touché, il s'en retourna chés luy avec une pesanteur de teste qui l'obligea à se mettre au lict, sans vouloir manger quoy que ce fût, quelque instance que luy en feissent ses gens et ses amys mesmes, qui estoient venus le visiter et qui, pour l'obliger à disner, luy dirent qu'ils venoient disner avec luy. S'en estant donc excusé le plus civilement qu'il luy fut possible, il obtint d'eux qu'ils disneroient sans luy et commanda aux siens de les servir.

Cependant, la colere du Roy s'estant toute évaporée, Sa Majesté, reprenant le libre usage de sa raison, se douta bien de l'effet qu'auroit produit en l'ame du Chancellier, qu'Elle connaissoit grande et haute, l'amertume des parolles qu'Elle luy avoit dites. Elle voulut qu'on l'appelast sur le champ, afin de le guerir d'une partie du mal qu'Elle luy avoit causé. Mais, apprenant qu'il estoit dans le lict avec des ressentiments de fièvre, Elle témoigna ouvertement un sensible deplaisir de ce qui s'estoit passé, commanda à du Laurens, son premier medecin, et à de Lorme, premier medecin de la Reyne, de l'aller trouver et de prendre tous les soins de luy, qu'ils prendroient de sa propre personne, lui envoyant, en mesme temps, Villeroy, pour luy dire tout ce qui pourroit servir à lui faire oublier l'aigreur de ses plaintes et le persuader de la continuation de son estime et de sa bonté. Veritablement ce nouveau medecin estoit plus necessaire que les autres; et il falloit, avant toutes choses, travailler au soulagement de son esprit, de la constitution duquel dependoit alors, plus que jamais, celle de son corps. Villeroy fit pour cela tout ce qui estoit et de sa commission et de sa dexterité, outre qu'il faisoit une particuliere profession d'amitié avec luy, ce qui luy rendoit ses soins et ses offices plus agreables. Cependant du Laurens et de Lorme commencerent leurs remedes: ils le firent purger et saigner, et, apparemment, le mirent en estat de ne devoir rien craindre de pire. Ils dirent au Roy que ce ne serait rien; Sa Majesté en temoigna de la joye, comme firent les principaux de la cour et du conseil, et, entre tous, le Chancellier, le Conseillier d'Estat de Maissès et le President de Thou, qui le furent visiter, luy donnant la satisfaction de voir qu'ils prenoient veritablement part à toutes les choses qui le regardoient; mais les conjectures des medecins se trouverent fausses, car, comme il pensoit de pouvoir sortir, la fievre le reprit et le mit au lict.

S. M., qui s'enqueroit tous les jours de luy à ses medecins, apprenant cela, leur recommenda de rechef de ne le point quitter: *Mes amys*, leur dit-il, *faittes tout ce que vous pourrés pour guérir Calignon, qui est un de mes meilleurs serviteurs et à la vie duquel il me semble que ma propre vie soit attachée.* Il commenda au Fresne-Forget, secretaire d'Estat, de luy témoigner le regret qu'il avoit de s'estre emporté contre luy et le conjurer de n'y songer plus, l'asseurant que S. M. le consideroit et l'aymoit autant qu'Elle eust jamais fait et que le méritoient ses anciens services, mesme la passion que le Chancellier avoit pour sa personne; car on peut dire de luy ce qu'Alexandre disoit de l'un de ses plus chers favoris, que *les autres aymoient le Roy, mais que celuy-cj aymoit Alexandre*, au lieu duquel nous dirons Henry. En un mot, de Fresne estoit chargé des meilleures et plus obligeantes parolles du monde; mais elles ne servirent de rien, car, une heure auparavant, la fievre du Chancellier ayant redoublé, il estoit tombé dans la reverie et n'estoit maistre de son esprit que durant quelque petit intervalle. Ce symptome donnant lieu à une solennelle consultation, à laquelle furent appellés les plus fameux medecins de Paris, par les soins des deux quj l'avoient veu et traitté d'abord, il fut trouvé bon de le saigner de rechef, ce qui desormais n'estoit plus aisé; car, comme il estoit devenu replect, les veines estoient en luy tres peu apparentes, et, bien que cette operation fust commise au chirurgien de la Reyne, qu'on tenoit alors pour un des plus habiles, il ne put si bien s'en acquitter, qu'il ne luy piquast l'artere, ce qui attira l'inflammation sur la playe, et, au lieu de luy donner du soulagement, luy causa beaucoup de douleur.

Le lendemain, il fut visité par le Chancellier de France, accompaigné de tout le Conseil et de quelques personnes du Parlement, entre lesquels le President de Thou et l'Advocat general Servin, estoient les plus remarquables. Ils le trouverent dans une assez libre possession de sa raison, témoignée par ses discours, tant que les medecins luy permirent la parolle. L'objet principal du Chancellier et de ses autres amys, en cette seconde visite, estant de s'instruire de l'estat de ses affaires domestiques et ensuite de donner ordre à celles où il n'auroit pas pourveu, ils les apprirent par Deageant, à qui le Chancellier de Navarre s'en estoit toujours confidemment expliqué : ils travaillerent à asseurer aux siens l'office de President au Parlement de Grenoble, surtout aprez que Deageant leur eut dit qu'il n'avoit jamais voulu payer le droict annuel introduit dés l'an 1604, et mis en party par Pallot, Paulet et Moysset, disant que tout ce qu'il avoit de charges, estant de pures gratifications du Roy et ne luy ayant rien cousté, il ne vouloit pas se les conserver par argent et tenoit qu'un homme d'honneur doit suppleer à cela par son merite et par ses services ; joint que Pallot, luy ayant d'assés particulieres obligations pour pouvoir veritablement dire qu'il luy devoit les commencements de sa fortune, l'avoit toujours asseuré, tant en son nom qu'en celuy des deux autres, qu'il le tenoit quitte de ce droict, faisant d'ailleurs profession de beaucoup d'attachement à luy, et se glorifiant mesme de la faveur qu'il luy avoit faitte de le choisir pour parrain d'Uranie de Calignon, sa fille. Nonosbstant cela, le Chancellier de France et le President de Thou, qui faisoient de ses interests les leurs propres, luy firent signer une procuration pour resigner aux formes accoustumées ; moyennant quoy, on asseura dans sa maison cet office, quj faisoit le plus fort de ses biens, lesquels, au reste, estoient si mediocres, qu'il y auroit de quoy s'en étonner, surtout en ce temps où le bien abonde et presque regorge chez la pluspart des personnes quj sont dans des employs bien fort au dessous du sien, si on ne consideroit que ceux qui font une aussi rigoureuse profession d'honneur et d'integrité qu'il la faisoit, n'assemblent jamais de grandes richesses, estimant fort difficile d'en acquerir dans les grandes charges, sans quelque soupscon d'injustice, ou croyant qu'à cause du commerce qu'ils ont avec la vertu, ils ne doivent pretendre beaucoup de part aux faveurs de la fortune, sa capitale et perpetuelle ennemie.

La compagnie s'estant levée pour se retirer, il luy fit ses compliments avec tant de grâce et de tendresse, que les larmes en vinrent aux yeux des plus co...... Il pria le Chancellier de luy faire la faveur d'asseurer Sa Majesté de la parfaitte reconnaissance qu'il avoit de toutes ses graces : *Je le fray de tres bon cœur, Monsieur, repondit le Chancellier, mais vous aurés bientost la satisfaction de luy aller rendre vos devoirs vous mesme. — Non, Monsieur,* repliqua le malade, *je n'auray pas cet honneur : voicy l'accomplissement du prognostic que j'ay quelquefois fait de moy devant vous, et ces autres Messieurs, que je ne passerais point la cinquante sixieme année de mon âge.* Ils repliquèrent tous que ce prognostic seroit faux et luy dirent toutes les choses que la civilité et la coustume font dire en ces occasions. Sur quoy ils se retirerent avec beaucoup de marques de douleur, telle qu'on l'a ordinairement de laisser un amy en ces termes là.

Comme il apperceut dans la compagnie Casaubon, ce grand et rare personnage de la naissance duquel cette Province se glorifie et avec qui il avoit de tres particulieres habitudes, ainsy qu'avec la pluspard des scavants de France et des autres pays, entretenues par le commerce des lettres, il l'appela et, luy prenant la main, le conjura de luy tenir la parolle qu'il luy avoit souvent donnée qu'il seroit le surveillant de l'instruction de ses enfants, et prendroit le soin de voir de temps à autre leurs exercices pour juger de leur progrez : Casaubon l'asseura qu'il luy rendroit ce service et qu'il en eust l'esprit en repos. Sur quoy, il sortit pour suivre le President de Thou, qui l'avoit fait appeler et l'attendoit au bas du degré.

Cependant la dame de Calignon, sa femme, ayant estée mandée dés le commencement de son mal, et se trouvant par bonheur aux environs de Lyon avec la dame de Crequy, qui l'y avoit menée pour voir la terre de Mesieu qu'on vouloit faire achepter au Chancellier, elle partit aussi tost aprés et se rendit à Paris avec une diligence extraordinaire. Ce fut sa bonne fortune de trouver le Chancellier hors de resverie et dans une plus grande liberté et tranquilité d'esprit, qu'il ne l'avoit eüe jusques alors. Comme il ne pouvoit que ressentir une extreme joye de la veüe d'une si chere personne, cette passion fit en luy l'effet de toutes celles qui sont grandes et excessives, elle l'empescha de parler ; il ne put s'expliquer que par des larmes qui estoient en luy des marques de bonté et non pas de foiblesse, et ses yeux firent l'office de sa bouche, la dame de Calignon y ayant répondu par les siennes et n'ayant non plus l'usage de la parole. Enfin le Chancellier la reprit pour luy témoigner son apprehension que la diligence qu'elle avoit faitte par de mauvais chemins et en un temps fort incommode, à cause des pluyes de l'automne, extraordinaires cette année là, ne causast quelque alteration à sa santé ; elle luy dit que *se promettant la satisfaction de contribuer quelque chose au recouvrement de la sienne, elle ne s'estoit point aperceüe du mauvais temps et des mauvais chemins ; qu'au reste, il ne songeast qu'à guerir, et qu'il estoit de sa sagesse de ne se rien mestre dans l'esprit capable de luy faire de la peine.* Les medecins, qui ne bougeoient d'auprés de luy, interrompirent cette conversation qui pouvoit estre nuisible à l'un et à l'autre, et, appuyant ce que la dame de Calignon venoit de luy dire, le conjurerent de faire tout ce qu'il pourroit pour ayder à l'operation de leurs remedes, dont le principal estoit l'assurance qu'ils luy donnoient, à toutes heures, du sensible déplaisir que le Roy témoignoit de son mal et des recommandations instantes que S. M. leur faisoit de ne rien omettre pour sa guerison.

Il est veritablement de l'adresse des medecins de déguiser au malade le danger où il se trouve; mais aussi, il est de leur prudence de dire nettement ce qu'ils en croyent, pour n'estre pas surpris de l'évenement et ne pas tomber dans le blasme de ne l'avoir point preveu. Ainsi, du Laurens disoit au Chancellier qu'il y avoit grand sujet de bien esperer de sa maladie; mais, comme le Roy s'en fust enquis à luy, il ne luy cela point que, sans miracle, il n'en pouvoit relever et que, selon toutes les maximes de son art, il ne seroit pas en vie dans trois ou quatre heures. A peine eut il dit cette parolle, que S. M., frappant du pied en terre, s'écria : *Ha! malheureux! qu'ay-je fait? c'est moy qui l'ay tué; je me prive moy mesme du meilleur, du plus fidelle et du plus affectionné serviteur que j'eusse. Mon Dieu! au lieu de m'emporter, comme je fis, contre luy, je devois me ressouvenir qu'il estoit si sensible du costé de la probité, que je ne pouvois tant soit peu le toucher sans luy percer le cœur!* Cette exclamation et cette plainte, faitte devant plusieurs des Grands et autres personnes de la Cour, fut suivie de toutes sortes de demonstrations d'une profonde douleur; mais cependant, et S. M. et du Laurens disoient vray : car le Roy perdoit en la personne du Chancellier un excellent et rare serviteur, et certainement tel qu'on pourra toujours le donner pour modelle à ceux qui servent les Princes, non point pour l'interest et l'avancement de leur fortune, mais pour la satisfaction entiere de leur conscience; et du Laurens avoit fait son prognostic si juste, que, trois heures apres, le Chancellier rendit l'ame, un samedy, 9e de septembre, de l'année 1606, environ midy, au 14e jour de sa maladie et au 56e an de son age, suivant le prognostic qu'il en avoit fait luy mesme, comme il a esté dit cy dessus.

En vérité, je ne scaurois assez dire combien il fut regretté du Roy, qui, ayant appris sa mort, renouvella et redoubla ses plaintes, rendant à sa vertu et à ses services tous les temoignages et les éloges qu'ils meritoient. Le Chancellier de France ayant veu peu aprés S. M., le Roy luy dit tout haut : *Monsieur le Chancellier, votre bon amy est mort. Je scay que vous en estes fort affligé, car vous estiés amys fort confidents, et aviés l'un avec l'autre, comme gens de bien et mes bons serviteurs, de particulieres habitudes; je vous assure que je n'en suis pas moins marry que vous. Il n'y avoit pas un plus homme de bien et plus habile homme en mon Royaume, comme vous sçavés assez vous mesme.* — Sire, repondit le Chancellier, *il estoit digne de toute l'estime et de tous les sentiments que Votre Majesté temoigne pour luy.*

Durant quelques jours, le Roy ne voyoit pas un des Conseilliers d'Estat, particulierement de Maisses et ceux qui avoient fait profession particulière d'amitié avec le Chancellier, à qui il ne tinst un pareil propos et ne temoignast le desplaisir qu'il avoit de cette perte.

Il seroit superflu, je m'asseure, de representer combien elle toucha Lesdiguieres, qui l'aymoit plustost comme un frere que comme un amy, et combien elle fut sensible à tous ceux de sa Relligion, qui perdoient en luy un tel support, qu'à vray dire ils desesperoient presque de jamais en recouvrer de semblable, en qui se trouvassent, à si haut poinct, le zele et les moyens de les favoriser et obliger qu'ils se rencontroient en celuy cj. Ils en firent, certes, un deuil public, et ils luy rendirent en sa sepulture, qui se fit aux fauxbourgs St-Germain, dans leur cimetiere, tous les honneurs et toutes les solemnités possibles. Il y eut mesme une oraison funebre, prononcée par un de leurs ministres dans leur nouveau temple à Charenton, le lendemain de ses funerailles; et, en suite, plusieurs Éloges Latins et Grecs, tant en vers qu'en prose, que je voudrois avoir pu rapporter icy, pour la satisfaction entiere de mes lecteurs et principallement de ceux qui ont de la curiosité pour les beaux ouvrages de cette sorte; mais je n'en ay trouvé aucun dans les memoires qui m'ont instruit, bien qu'ils m'asseurent qu'il y en avoit assés pour en faire un cayer raisonnable. Ils m'apprennent encore que la dame de Calignon receut, là dessus, quantité de lettres des Pays estrangers, et des complimens de la part de quelques uns des Princes protestants d'Allemagne, qui avoient des Residents à la Cour; mesme le Roy d'Angleterre et le Roy de Dannemarc commandèrent à leurs Ambassadeurs de la visiter, et les Republiques de Berne et de Geneve donnerent le mesme ordre à leurs Agents.

Si je n'ay pas esté si heureux que de recouvrer quelquun de ces Éloges étrangers et domestiques, au moins je puys inserer icy le témoignage qu'a rendu de ce grand homme un autre grand homme : c'est le President de Thou, en son Histoire, au 136me livre, pages 12, 46 et suivantes, lequel j'ay traduit ainsi :

« Soufrey de Calignon, Chancellier de Navarre, de la ville de Grenoble

« en Dauphiné, estoit tel, que peu de personnes luy peuvent estre com-
« parées pour l'esprit, pour la doctrine, pour la pratique aux affaires,
« pour l'adresse à les démesler et pour la douceur de ses mœurs. J'ay
« eu, il y a long-temps, et dez nostre premiere jeunesse, mesme au collége,
« une étroitte amitié et une particuliere familiarité avec luy; laquelle ayant
« esté interrompue durant quelque temps, à cause des guerres, par la
« distance des lieux et la diversité des accidents, fust restablie en ces
« dernieres années par les employs qui nous furent communs, principal-
« lement à dresser l'Edict de Nantes. Il avoit cinquante six ans et quelques
« moys, lorsqu'il tomba malade de la maladie dont il mourut. Ce fust un
« personnage tres agréable durant tout le long de sa vie, d'humeur et de
« conversation gaye; mais cette gayeté fut soudain changée en tristesse
« dez qu'il fut au lict. Au commencement, il eut un grand assoupisse-
« ment, duquel s'estant réveillé dez qu'il m'eut oüy parler, il me dit
« d'abord ces tristes parolles, *que la vie n'estoit pas si souhaittable aux*
« *gens de bien;* donnant, par là, un triste presage non seulement du
« succez de sa maladie, mais aussi des affaires publiques pour l'avenir, etc. »

Aubigné rapporte en son Histoire, « que le Chancellier estoit de ceux
« qu'on appelloit Frontsd'airain, c'est-à-dire, esprits sublimes et transcen-
« dants, et d'ailleurs hardis et resolus, ayant souvent parlé de luy en divers
« endroits, et toujours en termes fort avantageux, tels qu'on doit les em-
« ployer pour les personnes de rare mérite. »

Voicy de quelle sorte a parlé de luy Hautefort Believre, Premier President au Parlement de Dauphiné, frere aisné de Pompone de Believre,
Chancelier de France, et personnage d'une vertu consommée, comme ont
esté tous ceux de ce nom. Il estoit alors ambassadeur pour le Roy Henry 3,
en Suisse, et écrivoit de Fribourg à M. de Villeroy, le 18 de may, de l'an
1582 :

« Monsieur,

. . . .
. . . .

« Je receu hyer la lettre du Conseillier de Calignon cy enclose, par
« laquelle vous verrés, s'il vous plaist, le doute où il est, s'il quittera son estat
« pour aller auprés du Roy de Navarre, à cause de la crainte qu'il a d'estre
« en soupscon à nostre Compagnie et à ses concitoyens; mais avec sup-
« portation, je trouve n'estre aucunement à propos qu'il le face, vous

« pouvant asseurer, comme je croy de me souvenir vous avoir autresfois
« dit, que l'on ne fit rien pour le service du Roy, quand, pour luy avoir
« reffusé de playder par devant la Cour de Parlement de Grénoble, on l'occa-
« sionna de s'aller rendre au Party des Huguenots, car certainement ce fut
« une telle accession audit Party, que, à mon avis, il n'y avoit en ce lieu un
« homme de plus d'importance, ne de plus de service, aprés Lesdiguieres,
« et peut estre seroit il de mesme quand il seroit devers le Roy de Navarre.
« D'ailleurs, encore que je ne me veuille pas trop asseurer de personne de
« ce party là, si est-ce que je cuyderois me pouvoir plustost servir
« de luy pour la conservation de la paix en nostre Compagnie, qu'au-
« trement ; et ayant communiqué avec mondit seigneur de Mandelot,
« il se trouve de mesme opinion, et que je luy dois mander de venir,
« pour divers bons respects, mesmement pour nous pouvoir mieux éclair-
« cir de l'intention et dessein tant dudit Lesdiguieres et autres Hugue-
« nots de Dauphiné, que de celle du Roy de Navarre et du general de ce
« party, etc. »

La dame de Calignon ayant achevé la ceremonie des funerailles, fut
rendre ses tres humbles devoirs au Roy avec ses enfants, et remettre entre
ses mains les Sceaux de Navarre et tous les papiers concernant cette couronne et les affaires particulieres de la Maison de Navarre et de Bearn,
dont il estoit intendant, cette qualité estant jointe à celle de Chancellier,
ainsy que je l'ay marqué ailleurs ; de quoy la dame de Calignon eut une
ample décharge de Sa Majesté, qui la receut trés favorablement et, la voyant
entrer dans sa chambre, s'avança deux ou trois pas pour aller à elle, la
releva dez qu'elle se fut jettée à ses pieds, et, aprés qu'elle eut prononcé quelques parolles à tous coups interrompues par ses soupirs et
ses larmes, luy dit toutes les choses obligeantes qu'elle eust peu souhaitter,
l'asseurant du sensible déplaisir qu'il avoit eu de la mort du Chancelier, son
mary, dont la perte le regardoit le premier ; car, luy dit-il, *si vous avez perdu
un fort bon mary, j'ay perdu un tres bon serviteur, lequel je regrette
autant que vous mesme.* Et, pour luy temoigner réellement sa bonté, il
luy donna une pension annuelle de douze cents livres, quinze ans durant,
pour faire estudier ses enfants, à prendre sur la recepte generale du
Domaine de Navarre, outre six mille livres en pur don sur celle de Dauphiné : à quoy Sa Majesté ajousta les asseurances de sa protection et luy
en promit les effets en toutes rencontres ; de sorte qu'elle eut de quoy

demeurer contente et tempérer de beaucoup de douceur l'amertume de ses larmes.

Deux jours aprés, elle fut visitée par le Chancelier, entre les mains de qui furent remis les Seaux de Navarre, dés qu'elle les eut rendus au Roy, ensemble des secretaires d'Estat, des principaux du Conseil et du reste des amis du deffunct. Les dames de la Cour et de la Ville la veirent en ensuite. Elle receut toutes les expeditions necessaires pour l'effect des graces accordées par Sa Majesté. En mesme temps, Pallot luy fut porter une quittance generale du droict annuel de l'office de President, et Deageant, qui avoit de particulieres habitudes avec les officiers des finances, prit soin de la faire entierement payer de ce qui restoit deu au Chancelier, tant de ses appointements que de quelques avances qu'il avoit faittes pour le Roy, en plusieurs occasions, avant son advenement à la Couronne; ce qu'il differoit toujours de retirer, si peu il avoit d'attachement à ses interestz particuliers. Et comme ses amys le sollicitoient de songer à l'establissement de sa maison et de tirer de Sa Majesté quelque récompense considerable, ce qui luy seroit d'autant plus aisé qu'Elle témoignoit publiquement beaucoup de bonne volonté pour luy, mesmes jusqu'à dire qu'Elle n'avoit rien fait encore et qu'Elle embrasseroit avec plaisir la premiere occasion qui s'offriroit pour cela, il repondoit qu'il ne vouloit rien demander qu'il n'eust liquidé la Maison de Navarre au proficit du Roy, qui se reposoit tout à fait de ce soin sur luy. Ainsy il preferoit toujours l'interest de son maistre au sien, et si utilement pour le bien des affaires de Sa Majesté qu'il l'avoit presque entierement acquittée, au temps de son deces, ayant laissé un memoire fort particulier des moyens d'achever le payement des debtes qui restoient en fort petit nombre, lequel fut remis entre les mains du Roy avec ses autres papiers.

Comme elle eut achevé toutes ses affaires à la Cour et qu'elle se fut acquittée de toutes les visites qu'elle avait à rendre, elle resolut de se retirer en Dauphiné, dés que la belle saison luy en donneroit le moyen, se ressouvenant de ce que le Chancellier luy avoit dit, la derniere fois qu'il put librement parler, qu'elle feroit fort bien d'aller passer le reste de ses jours avec ses parents et ses amis, dans leur comune patrie, qu'elle pourroit vivre honorablement et avec quietude; et, comme il ne prevoyoit pas les graces qu'elle devoit recevoir de Sa Majesté, apres lesquelles elle n'avoit plus lieu de rien demander, il luy recommanda fort de ne pas s'arrester aux vaines esperances de la Cour, parce qu'on oublye aussitost les services des personnes qui ne sont plus, et que l'on en perd le souvenir dés qu'on les a perdues de veüe.

Icy, mon instructeur touche le desgoust que, depuis quelque temps, ce grand homme avoit de la cour, dont il eust bien désiré pouvoir luy mesme se desgager, considerant la corruption des esprits et la depravation des mœurs qui devenoient pires tous les jours, voyant l'injustice ouvertement prattiquée, et, à tel point, qu'on l'oyoit souvent dire ce que je n'ay dit qu'à vous, Monsieur, et que je veux supprimer par discretion, et non par crainte des inconveniens où peuvent tomber ceux qui publient des choses odieuses; car ce me seroit beaucoup d'honneur d'estre martir de la verité. Cela cependant luy donnoit tant d'indignation, qu'il ne pouvoit assés s'en expliquer, et c'estoit sur cette pensée qu'il avoit dit au President de Thou, la derniere fois qu'il en fut visité, *que la vie n'estoit pas si souhaittable aux gens de bien*, comme j'ay remarqué ci-dessus. Aussi, certainement, il estoit si entier et si severe dans la distribution de la justice, soit en sa charge de Chancellier et de conseillier d'Estat, ou en celle de President au Parlement de Dauphiné, qu'il pouvoit souffrir à peine les complimens et les civilités que la coutume a mis en usage après un arrest rendu, disant que personne ne doit estre remercié de ce qu'il a fait son devoir.

Il estoit, au reste, si ennemy de toute sorte de presens et de gratifications, à quelque honneste titre qu'on pust les faire et de quelques personnes qu'elles vinssent, qu'elles n'eurent jamais d'entrée chez luy. Et comme il sçavoit assés que, souvent, ceux qui veulent tesmoigner quelque réelle et solide reconnaissance à leurs juges, trouvent des personnes interposées pour la faire recevoir, c'est-à-dire, une femme, un fils, un domestique, il avoit fait, dés long-temps, d'expresses deffenses aux siens là dessus; et, s'il arrivoit qu'on presentast quelque chose à la dame de Calignon, qui la premiere gardoit exactement ces deffenses, il acheptoit des choses pareilles à celles qu'il luy faisoit reffuser, afin d'accorder son integrité avec le contentement d'une personne qui luy estoit si chere.

Puisqu'en cet endroit qui touche plus particulierement ses mœurs, il semble que j'aye commencé sa peinture en petit, que je meditois de vous donner, Monsieur, et que c'en soient icy les premiers traitz, je me persuade que vous trouverés à propos que je l'acheve, et que mes lecteurs seront bien aises de considerer plus à loisir ce grand homme, qu'ils n'ont fait durant ses continuelles occupations et pendant qu'il estoit encore dans les embarras du monde de la Cour. Ce que j'ay dit ailleurs de son scavoir profond et universel les aura preparez, je m'asseure, à ce que je vais en dire icy, et ils recevront sans surprise le nouveau témoignage que je suis obligé d'en rendre.

Il avoit acquis, dans les sciences, toute la perfection dont l'esprit humain est capable. J'ai appris de personnes tres intelligentes, qui vivent encore et qui ont le plus d'estime pour la science du droict, qu'il estoit tenu pour l'un des plus grands jurisconsultes de son siecle. Il possedoit admirablement les belles lettres dans leurs trois principalles parties, l'Oratoire, l'Historique et la Poetique. Il avoit à tel poinct l'intelligence des meilleurs autheurs, principallement des anciens, qu'il estoit consulté sur les passages les plus malaisez par le grand Casaubon mesme et par les autres plus fameux critiques de ce temps là, qui, faisant leurs conferences dans la bibliotheque du celebre President de Thou, qu'ils recognoissoient pour l'un des plus profonds et plus solides juges dans la belle litterature, disoient souvent entre eux, lorsque la multitudes des affaires empeschait le Chancellier d'y assister : *Videamus quid se his sentit Calignonius noster*, et l'alloient trouver là dessus. Il excelloit aux langues Latine, Grecque, Hébraïque, et le mesme Casaubon, tout oracle qu'il estoit, pour ainsy dire, en cette sorte d'érudition, ainsy que dans les autres, l'a consulté plusieurs fois sur divers passages de l'Escripture. Quant aux langues vulgaires, comme l'Italienne, l'Espagnole et l'Allemande, il les parloit si bien, qu'il sembloit qu'elles luy fussent naturelles ; de sorte que, bien souvent, lorsqu'il avoit à faire aux étrangers, soit dedans ou dehors le Royaume, il parlait à chascun en sa langue.

Il s'estoit adonné en sa jeunesse à la poësie françaisé, pour laquelle il avoit un tres beau feu, de mesme qu'aux pieces d'éloquence, selon l'usage et la façon de parler de ce temps là, qui n'estoit pas encore parvenue au comble de justesse et de politesse où nous la voyons en celuy-cj ; et il y a, parmy ses papiers, un livre écrit de sa main, lequel feroit un volume raisonnable, plein de Sonnets, d'Elegies, d'Epitaphes, d'Odes, de Chansons, de Mascarades et autres ouvrages tant serieux que de gallanterie, François, Latins, Grecs, Italiens et Espaignols, parmy lesquels il y en a à la loüange du Duc de Montpensier, François de Bourbon, et du Duc de Mayenne, Gouverneurs de Dauphiné en divers temps, ce qui luy avoit donné beaucoup d'estime et d'accez auprès de ces deux princes. Et quoy que la beauté de son esprit et la delicatesse de ses écrits pust lui faire tenir un rang honorable parmy les meilleurs autheurs de son siecle, il en faisoit si peu vanité et se glorifioit si peu de la qualité d'excellent poëte, où il pouvoit raisonnablement pretendre et que de grands personnages de ce temps là et du nostre n'ont point meprisée, qu'il ne vouloit nullement que ses ouvrages devinssent publics. En effet, du Verdier, ayant recouvré un poëme de sa façon adressé au sieur de Triol, gentilhomme de cette province, et l'ayant inseré dans son livre, qui porte le nom de *Bibliothèque*, Calignon, alors Chancellier, en eut un tel desplaisir, bien qu'il n'y eust rien de desavantageux pour luy en la publication de cette piece qui estoit fort estimée, et que tout le mal dont il pouvoit se plaindre, ce fut la seule violence faitte à sa scrupuleuse modestie, qu'il fit arrester tous les exemplaires qui s'en trouverent chez le libraire et chez l'imprimeur, à dessein de les faire supprimer; mais comme il en avait eu tard l'avis et que la plus grande partie de l'impression estoit debitée, sa precaution se trouva inutile.

Il estoit serieux et severe dans les affaires, à l'expedition desquelles il apportoit une telle exactitude, pour ne pas estre cause que ceux qui les poursuivoient se consumassent en fraiz, qu'il ne renvoyoit jamais au lendemain ce qui se pouvoit faire au jour present. Mais, au reste, il estoit facile et complaisant dans la conversation. Son humeur estoit si agréable et la douceur de son esprit si charmante, que ceux qui la goustoient une fois avoient bien de la peine à se separer de luy, joint le profict qu'il y avoit à faire; car il mesloit toujours dans ses plus familiers entretiens, comme vous faittes, Monsieur, dans les vostres, quelque chose de scavant et de curieux qui ajoustoit l'utilité au plaisir et faisoit souhaitter sa compagnie aux plus grands; mesme le Roy témoignoit une satisfaction singuliere à l'entendre, luy faisant souvent l'honneur de le faire appeler pour l'entretenir, de quoy il ne sera pas hors de propos que je rapporte un exemple, tiré des memoires donnés à mon instructeur par M. Deageant, lequel estoit grand observateur et admirateur de cet excellent homme.

Le Roy estant descendu d'Orléans à Blois, et y trouvant l'occasion d'un plus long sejour qu'il n'avoit eu au commencement dessein d'y faire, manda le Conseil pour s'y rendre. Comme les Officiers estoient en chemin, Sa Majesté fit un voyage en poste à Paris. Entrant dans Estampes pour y disner, Elle aperceut le carrosse du Chancellier. L'ayant envoyé querir, Elle luy demanda ce que c'est qu'il faisoit dans son carrosse : *Sire*, luy repondit il, *ne pouvant en façon quelconque demeurer sans faire quelque chose, et tenant l'oysiveté pour un grand supplice, mesme à ceux qui l'ayment et s'y nourrissent, je m'amuse à lire, et j'esloigne ainsy de moy l'ennui qui prend souvent un homme par les chemins.* Le Roy reprit : *Je pense que c'est Rabelais que vous lisez.* — Vostre Majesté m'excusera, repliqua le Chancelier : *il y a plus de dix ans que je l'ay veu ; c'est l'Histoire de Navarre que j'ai eu autresfois l'honneur de vous lire à Pau et à Nerac.* — Je m'en ressouviens bien, dit le Roy ; et, se tournant à Mr de Bellegarde, lequel nous avons depuis veu Duc : *Ne vous etonnez pas*, luy dit-il, *de ce que j'ay demandé à Mr de Calignon s'il lisoit Rabelais, car c'est l'homme du monde qui l'entend le mieux, et vous n'ignorés pas que c'est l'histoire desguisée de ce temps là ; je veux qu'il m'en vienne entretenir pendant le disner. Allons, M. de Calignon, vous aurez le temps de disner pendant qu'on preparera le nostre.*

Dez que le Chancellier eut disné avec le Maistre d'Hostel et les Gentilhommes servants qui estoient en quartier, il fut trouver le Roy qui s'alloit mettre à table. Sa Majesté le mit aussitost sur le discours de Rabellais, et le Chancellier aprés avoir dit quelques particularités touchant la personne de cet autheur, le luy expliqua durant tout le disner, premierement dans le sens litteral, puis dans le sens historique qu'il divisa en deux parties, en la vraye Histoire du regne de François premier et en l'Histoire medisante de sa Cour ; à quoy S. M. et les Seigneurs qui l'accompagnoient prirent un merveilleux plaisir, admirant la memoire et la presence d'esprit avec laquelle il avait parlé, et joint à la clarté des choses la netteté et les autres graces de l'expression.

Aussi, certainement, jamais personne ne l'eut plus heureuse que luy: ce qui faisoit souhaitter et rechercher sa conversation aux plus grands de la Cour, et mesme aux dames du plus haut rang et des plus gallantes, entre lesquelles la Marquise de Monceaux, favorite du Roy, et qui fut depuis Duchesse de Beaufort, trouvoit une singuliere satisfaction dans son entretien et profittoit de toutes les occasions qui pouvoient le luy donner, jusqu'à le retenir le plus long temps que les affaires du Roy pouvoient luy permettre de demeurer avec elle ; mesmes elle luy écrivoit des lettres, où elle employoit par galanterie des termes d'amour, pour avoir le plaisir de sa reponse, qu'elle faisoit, aprés, voir au Roy, afin de divertir Sa Majesté. J'avertiray là dessus ceux qui n'ont pas eu une assés particuliere connaissance des qualités de cette dame, qu'elle n'estoit pas moins estimée pour son esprit que pour sa beauté, ayant, avec cela, beaucoup d'intelligence des bonnes choses et prenant soin d'acquerir les connoissances propres à son sexe, de sorte qu'elle avoit une certaine heure du jour destinée à l'estude et des docteurs affectés pour son instruction.

J'ay marqué cy dessus, en passant, que Calignon avait lu au Roy l'Histoire de Navarre, S. M. estant à Nerac et à Pau, et je ne me suis pas davantage étendu sur ce sujet, pour éviter l'inconvenient d'une grande digression où elle eust esté hors de propos ; je me remets icy dans ce discours, pour remarquer qu'estant singulièrement aymé du Roy, il avoit auprés de luy tout l'accez libre et même familier qu'un serviteur peut avoir aupres d'un maistre de cette qualité. Il passa, une fois entr'autres, un an entier à Pau, avecque Sa Majesté pendant lequel il couchoit dans l'antichambre du Roy avec le vicomte de Turene ou avec le marquis de la Force, lisant de nuict, à S. M., l'Histoire d'Alexandre qu'il avoit traduitte de Quinte Curse, les Commentaires de Cesar et l'Eneide de Virgile ; à quoy Elle se plaisoit extremement, et de mesme ces deux seigneurs qui participoient à cette agreable étude par occasion.

J'ay touché en plusieurs endroits la parfaitte confiance que S. M. avait en luy. Elle m'a esté confirmée par la multitude des Blancs Sings qu'Elle luy mettoit entre les mains, pour les employer aux occasions, et dont plus d'une vingtaine furent trouvés parmy ses papiers, lorsque l'inventaire en fut fait par la dame de Calignon, qui les rendit à S. M. Il s'y en trouva aussi de ceux de M. de Lesdiguieres, à qui elle les rendit de mesme. Je ne scaurois en suite assés dire la haute estime et la grande consideration où il estoit auprés du Roy, tant pour sa probité singuliere, dont S. M. rendoit elle mesme ce temoignage, qu'Elle n'avait trouvé d'ame moins capable d'interest et d'infidelité que celle là, que pour sa suffisance, si souvent éprouvée et reconnue au maniment des grandes affaires. Et icy, nous nous ressouviendrons qu'il n'y eut que sa seule relligion qui put l'exclurre de la premiere dignité de la Robbe et l'empescher d'estre Chancellier de France.

Il avoit, au reste, l'esprit fort doux et il estoit d'humeur complaisante, mais pourtant sans jamais se relascher à la bassesse de la flatterie. Il estoit tres constant et ardant amy, sollicteur infatiguable des interestz de ceux qui recouroient à sa faveur, mais fort peu soigneux des siens, ne se servant jamais de son credit pour soy mesme et l'employant tout entier pour les autres ; il s'en seroit encore moins servy contre ceux qui l'auroient offencé, estant incapable de ressentiment et ne sachant ce que c'estoit que la vengeance et la haine.

Je trouve, au nombre de ceux qui avoient de plus particulieres habitudes avec luy et qu'il recevoit le plus en sa conversation familiere, le Sieur de Lorme, conseillier d'Estat de Navarre, personnage de beaucoup de merite, qui faisoit une serieuse profession d'honneur et ne se laissa jamais gaster à la corruption de la Cour. Dez que le Chancellier avoit un peu de relasche des affaires qui l'occupoient à Paris, il en profittoit pour s'aller divertir dans la maison de cet amy, nommée les Bordes, à sept lieues de Paris, sur le chemin d'Orléans, y menant la dame de Calignon, laquelle aymoit aussi passionnement la dame de Lorme, comme femme de singuliere vertu, ce qui avoit fait entre elles une tres particuliere intelligence.

Le Chancellier faisoit tenir le Conseil de Navarre chez luy, reglement deux fois la semaine, apportant une grande severité aux choses quj n'en ont pas tant trouvé dépuis. A propos de quoy, je n'omettray pas qu'il fut si grand ennemj des *Rappeaux de ban* [55], qu'il n'en a jamais scellé qu'un, après que l'impetrant eut demeuré trente ans dans son bannissement; et sa raison estoit, que c'est faire tort aux Cours Souveraines de rappeler ceux qu'elles ont banny avec connoissance de cause, et qu'il y a obligation pour un Chancellier, qui est chef de la justice, de la maintenir dans toute sa splendeur et sa force dans ces tribunaux supremes et de ne rien faire ou seulement souffrir quj en affoiblisse ou diminue l'authorité.

Au reste, quand il entra dans sa charge de Chancellier, il trouva les affaires de la Maison et du Domaine de Navarre en si mauvais estat et tellement chargées de dettes, qu'osté le partage provisionnel de Madame, sœur de Sa Majesté, et la pension de soixante mille livres qu'elle prenait sur le Bearn, osté, dis-je, quelques interestz des dettes qu'il falloit payer avec les charges des lieux, il n'y avoit pas suffisamment des fonds pour les appoinctements des Officiers du Conseil de cette Couronne; mais sa vigilence et son adresse furent telles, que, lorsqu'il mourut, il restoit si peu de debtes à acquitter, qu'elles ne meritoient pas qu'on en fist mention. Et l'importance est, qu'au lieu que la plus part de ceux qui ont ces puissantes directions en profittent et qu'il leur reste toujours quelque chose entre les mains, non seulement il ne luy en revint nulle sorte d'avantage, mais il y mit encore du sien et fit les affaires de son maistre au prejudice des siennes propres.

Il aymoit extraordinairement les lettres et les hommes doctes, principalement ceux qui l'estoient à quelque titre éminent. J'ay touché ailleurs les conferences qu'avoient avec lui le celebre Casaubon et les autres scavants, qui pratiquoient chés le President de Thou et faisoient leurs assemblées dans sa bibliothèque, auxquelles il se trouvoit toutes les fois qu'il luy estoit possible, et il y passoit des journées entieres ; Estant au reste tellement sttudieux qu'il se donnoit à peine le loisir de prendre ses repas, lorsqu'il mangeoit seul et qu'il n'y avoit pas de compagnie chez luy. Que si quelque personne scavante s'y rencontroit, comme sa maison et sa table étoient ouvertes à tous les gens d'esprit et d'estude, la conversation se faisoit sur quelque poinct de doctrine ;

on n'y oyoit jamais des discours inutiles et vains, mais tout l'entretien estoit solide et plein d'instruction.

Combien de temps, je vous prie, deroboit il à son somme pour le donner à la lecture? s'estant fait dresser un lict dans son cabinet, moins pour se reposer et dormir avec plus de quietude, que pour avoir plus de liberté de travailler et d'estudier. Durant ses voyages mesmes, soit en carrosse ou à cheval, il n'estoit jamais sans un livre à la main; tellement qu'on peut veritablement dire que sa vie estoit un étude continuelle.

Voyla quelles estoient ses inclinations et ses mœurs, toutes exemplaires, pour le bien et telles, en verité, qu'il n'en fut jamais de plus vertueuses et plus nobles. Voicy, au reste, la peinture de son extérieur et la representation de sa personne au dehors.

Il estoit de moyenne estature, extrememement bien pris et taillé, blond et fort bel homme, ayant le teint blanc et delicat, les yeux bleus, vifs et à fleur de teste. Il avoit esté, en sa jeunesse, extrememement dispos et adroit aux exercices propres à cet age là, agréable et facecieux, galland parmy les dames, dont pas une ne le rebuttoit, sur tout quand, pour se divertir, il joüoit le personnage d'un amoureux et contrefaisoit une passion qu'il ne sentoit pas: mais, au reste, il estoit tres discret et nullement d'humeur à prendre avantage ou de la facilité des unes ou des demonstrations que les autres luy faisoient d'avoir pour luy de plus tendres sentiments que ceux qui procedent simplement d'estime, y ayant eu une fille de condition, dont il recevoit des caresses extraordinaires et qui luy temoignoit de fort grands empressements; de quoy, non seulement il ne voulut jamais se prevaloir, mais, au contraire, il évitoit, autant qu'il luy estoit possible, sa conversation et sa rencontre.

Il avoit si bien reglé sa maison, et y faisoit si exactement bien garder l'ordre en toutes choses, qu'il doit estre proposé pour exemple à tous les chefs et peres de famille; en quoy il estoit secondé par une des plus adroittes et vertueuses femmes du monde. Les prieres du matin et du soir s'y faisoient à de certaines heures, en sa presence, ou de la dame de Calignon, lorsqu'il ne pouvoit y assister; et nul des enfants ou des domestiques n'eust osé y manquer sans une tres legitime excuse, sur peine de chastiment et de n'avoir du tout point à manger un jour durant. Les jurements n'y estoient nullement souffertz, non plus les paroles deshonestes ou injurieuses, et les actions malicieuses et insolentes. Mais, bien qu'il voulust exactement l'observation de ses ordres et qu'il n'eust pas d'indulgence pour ceux qui y contrevenoient, il n'avoit au reste rien de severe dans son humeur, familiarisant parfois, quand il avoit quelque loisir, avec ceux de ses serviteurs qui se rencontroient avec quelque esprit et quelque industrie, comme de chanter ou jouer des instrumentz, disant qu'il ne faut pas traitter les domestiques comme on feroit des esclaves et abuser des avantages qu'on a sur eux par la fortune et la condition.

Quant à ses enfants, lesquels ont tous parfaitement reüssy, chacun en la profession qu'il avoit prise, dez que tous les masles, qui estoient tous nez à Grenoble, avoient quatre ans, il les faisoient mener à Paris, où, depuis qu'il fut Chancellier, il avoit establj son domicile. Il prenoit un merveilleux soin de leur instruction, dont le principal estoit de les pourvoir des meilleurs precepteurs qui se pouvoient rencontrer, à quelque prix que ce fust, n'épargnant rien pour cela, et se gardant bien de faire comme quantité de gens de condition, qui se proposent le mesnage en la chose du monde où il faut le moins y avoir d'esgard et qui payent et recompensent beaucoup plus cherement, à proportion, un cocher qu'un precepteur. Il se passoit peu de jours qu'il ne fist rendre conte de leur lecon à ses deux aisnés; et, pour leur inspirer davantage l'amour des lettres, il leur proposoit des recompenses honorables et utiles : mesme il leur donna deux compagnons de leur aage et de leur condition, qu'il prit et logea chez luy, dont l'un fut Nicolas de Lorme, fils de son cher amy et depuis nommé Sr de Clerboin, l'autre fut Alexandre de Gillier, fils du sieur de Gillier, conseillier au Parlement de Grenoble, connu de nos jours sous le nom du sieur de Bise, scachant quel puissant éguillon c'est que l'émulation parmy les jeunes gens, principalement aussi bien nez et pleins de cœur qu'estoient ceux cj, estant certain que les esprits qui travaillent ensemble font plus de profit, comme les chevaux, ce qui soit dit sans en faire autrement comparaison, marchent beaucoup mieux en compagnie qu'estant seuls; de quoy chacun fait l'experience.

Le premier de leurs precepteurs pour les rudiments de la langue Latine, ce fut un Genevois nommé Jacques de la Combe, sous lequel ils firent beaucoup de profit, et, comme on parle dans les echoles, devinrent bien tost congrus. A celuy cj en succeda un autre pour la rhetorique et les belles lettres, qu'ils commencerent, comme il avait fait, par la connoissance du monde aujourdhuy si fort negligée pour le malheur de ceux qui estudient, d'où vient la multitude des ignorants, mesme parmy ceux qui font profession des lettres. Ce second precepteur, ce fut un tres scavant Aleman de la ville de Hambourg, nommé Frideric de Lindenbruck, autrement Tiliobriga, excellent humaniste et grand jurisconsulte, de qui on a veu, entre autres œuvres imprimées à Paris, un Stace et un Terence avec de fort belles notes. Comme il ne pouvoit pas suffire à tous les exercices où ces jeunes gens s'appliquoient, le Chancelier luy donna pour adjoint Jean Cameron, Ecossois, grand theologien et extremement versé en la connaissance des langues, surtout de la Greque, à raison de quoy il avoit esté choisy par le Chancelier, comme voulant que ses trois fils n'y fussent pas moins scavants que luy, ainsy que certainement les deux aisnés ont esté; et vous le scavez, Monsieur.

Cependant, le Chancelier honoroit extremement ces deux personnages, tant pour faire justice à leur merite qui n'estoit pas commun, que pour obliger, par son exemple, ses enfants à faire de mesme, les faisant manger tous deux avec luy, quelque compagnie qu'il y eust, pendant que ses enfants mangeoient dans leur chambre, en une table à part: *Mes enfants*, leur disoit-il parfois, *je vous recommande d'honorer vos precepteurs autant et plus que moy mesme; car Dieu vous les a donnés pour former vostre esprit, au lieu qu'il ne s'est servy de moy que pour former vostre corps; or, comme cette partie est extremement inferieure à l'autre, sans doute l'obeyssance et le respect que vous estes obligés de leur rendre doit aller encore au delà de celuy que vous me devés.*

Mais, outre les soins ordinaires de ces precepteurs qui s'acquittoient fort bien de leur devoir, il vouloit qu'à chaque samedy ses enfants et leurs compaignons rendissent conte, à sa propre personne, de tout ce qu'ils avoient fait durant la semaine et qu'ils recitassent devant luy, par cœur, toutes leur leçons, ordre qui se doit tenir en toutes les Academies. Aprés quoy il donnoit à chacun une piece d'argent, pour s'aller divertir au jeu de paume ou l'employer à tel autre honeste usage qu'ils voudroient; de quoy ils estoient encore tenus de luy rendre conte, leur faisant, de plus, faire, tous les trois mois, une repetition generale, et voyant ainsy de temps à autre le progrez de leurs estudes. Il leur proposoit aussi souvent un prix, pour apprendre par cœur, outre leurs leçons ordinaires, quelque chose des bons autheurs, comme une satyre de Juvenal et de Perse, une ode d'Horace, un livre de Virgile, à leur choix, une oraison de Ciceron et de Demosthene; leur ayant fait mesme apprendre une comedie d'Aristophane qu'ils joüerent premierement dans la maison des champs du Sr de Lorme, et puis à Paris dans la leur, où il appella le President de Thou, l'Advocat general Servin, ses deux chers amis, avec Casaubon et quelques autres, tous parfaittement scavants en la langue Greque, et, dez que la comedie fut joüée, il recompensa liberalement les acteurs, excitez d'ailleurs à toujours mieux faire par l'applaudissement et les loüanges de si grande et illustre assistance.

Il leur estoit assés grave et severe en ce quj regardoit leur éducation et leur étude; mais, hors des jours et des heures quj y estoient destinées, il leur donnoit beaucoup de liberté pour leurs divertissements, les menant luy mesme fort souvent à la promenade hors la ville, aux maisons de ses amis, et, là, il n'y avoit sorte d'invention que sa complaisance et sa bonté paternelle ne mist en usage pour leur plaisir. Il les faisoit mesme baigner dans la riviere et eut un grand soin de leur faire apprendre à nager, leur faisant comprendre l'importance et la necessité mesme de cet exercice, par son propre exemple; car il ne manqua pas de leur conter ce quj luy estoit arrivé auprés des costes de Bretaigne, comme il alloit en ambassade vers la Reyne d'Angleterre, où il s'estoit sauvé à la nage jusqu'à ce qu'une petite barque vint le recueillir, comme je l'ay marqué en son lieu.

Pour revenir à l'institution de ses enfants, il les envoya à Geneve, en l'année 1606, accompagnez de Cameron, leur second precepteur, demeuré seul auprés d'eux; mais ils n'y furent que dix huict moys, à cause du deceds du Chancelier arrivé en ce temps là. Comme la dame de Calignon n'ignoroit pas le dessein qu'il avoit de les envoyer à Heydelberg, pour achever leurs études en cette Université qui passoit alors pour l'une des meilleures de l'Europe, elle donna ordre à Cameron de les y conduire. Aussitost qu'ils furent arrivez, ils allerent faire la reverence au Prince Palatin, ayeul de celuy d'aujourd'huy, dont, estant bien connus par leur nom, car il avoit toujours conservé beaucoup d'estime et d'affection pour le Chancelier, leur pere, dès le temps qu'il avoit traitté avecque luy comme Ambassadeur du Roy de Navarre, ainsi qu'il a esté dit en son lieu, ils en recurent de grandes caresses, et il leur fit force démonstrations de faveur, voulant qu'ils fussent logés chez un de ses principaux Officiers et qu'ils eussent souvent l'honneur de le voir.

Cependant la dame de Calignon, cette excellente personne, veritablement digne femme d'un tel mary et l'une des plus habiles et plus vertueuses de son temps, ainsy que je l'ai marqué ailleurs, estant venue à suivre celuy qu'elle pleuroit tous les jours, comme ne pouvant plus resister à la douleur extrême d'avoir perdu ce qui faisoit toute sa consolation et sa gloire, le tuteur de ses enfants les rappella à Paris et les commit aux soins du grand Casaubon, chez qui ils furent logés, non plus accompaignez de leur precepteur, qui avoit pris congé d'eux en le partement d'Heydelberg, les ayant rendus si scavants en la philosophie et aux langues, surtout en la Grecque, pendant quatre ans qu'il les avoit gouvernés, que les deux aisnez la parloient avec une facilité merveilleuse, et le puisné, Abel de Calignon, l'escrivoit avec la pureté et la grace des anciens autheurs. Verité dont il ne faut point d'autre temoing que vous, Monsieur, qui la possedés eminemment, ainsy que les autres connoissances et qui estes un juge souverain en cette sorte de choses, ayant, comme vous avés, ensemble de tres particulieres habitudes, de quoy il s'est souvent glorifié. Ainsy, vous scavez combien il excelloit en cette partie et en toutes les autres qui regardent la profession des lettres, et vous n'estes pas moins persuadé du rare merite de son frere aisné, Alexandre de Calignon, lequel il est temps que je fasse paroitre en son ordre, tel qu'il l'avoit eu de la naissance.

Donques Alexandre de Calignon, sieur de Peyrins, fils aisné du Chancelier, ayant achevé ses études et pris le titre de Docteur en l'Université de Valence, à l'age de vingt et un ans, quitta la profession des lettres, à laquelle il sembloit destiné, pour suivre la profession des armes; mais, comme en se depoüillant de la Robbe, il ne se depouilloit point des avantages que l'estude luy avoit acquis, ils servirent à le faire connoitre un des plus scavants gentilhommes de France.

Il avoit l'esprit excellent. Il estoit versé en toutes sortes de sciences, principalement aux mathematiques et en celles qui appartiennent plus proprement à un homme de guerre; de sorte qu'adjoustant à cela un grand cœur pour metre à effect luy mesme les choses qu'il conseilloit et qui ne demandoient pas moins le courage que l'intelligence, il se faisoit admirer dans les conseils et les actions militaires. J'en ay marqué une dans l'Histoire du Grand Connestable, qui accreut beaucoup son estime, surtout parmy ceux qui croyent que c'est dans les combats singuliers qu'on fait veritablement voir qu'on a du cœur.

Il estoit Mareschal de Bataille des armées du Roy, fort estimé et aymé du grand Connestable et du Duc de Crequy, qui le temoignoient assés par les honorables et frequents employs qu'ils luy commettoient dans les armées dont ils avoient la conduite. Il mourut plein d'honneur dans sa maison de Peyrins, environ au mesme âge qu'estoit mort le Chancelier, son pere, laissant une belle et nombreuse famille, dont le fils aisné s'est fait assés connoitre en qualité de capitaine au régiment de Dauphiné, digne successeur de ses vertus.

Abel de Calignon, son frere, seigneur de Voreppe, prit le party de la Robbe et fut conseillier au Parlement. C'estoit un tres bel esprit, profondement scavant et accomply en toutes les parties necessaires à un bon juge, et universellement tenu pour un des premiers hommes de son ordre. Entre plusieurs illustres témoins de son excellent mérite que je pourrois alleguer icy, je me contenteray de nommer feu Monsieur le Prince de Condé Henry de Bourbon, lequel connoissoit parfaitement le divers carachtere des esprits et dont toute la France scait que le jugement estoit encore plus elevé que sa naissance. Comme il passoit en cette ville de Grenoble, revenant de commander les armes du Roy en Languedoc, il entra au Parlement, qui, pour le recevoir avec plus d'honneur, assembla toutes ses chambres. Il en considera tous les Officiers, qui opinerent l'un après l'autre sur une matiere fort importante, et, ayant oüy parler celuy cj, il en fut satisfait à tel poinct, qu'il voulut le connoitre en particulier et dit hautement qu'ayant esté dans tous les Parlements de France, il y avoit vu tres peu d'esprits de la portée de celuy cj et ne se souvenoit pas d'avoir jamais rencontré un plus habile homme. Ce témoignage n'estoit pas moins authentique par la verité que par la condition de celuy qui le prononçoit : aussy fut il applaudy de chacun, comme ne pouvant estre raisonnablement contredit de personne (1).

François de Calignon, sieur de Saint-Jean, suyvit l'exemple de son frere aisné, à changer la profession des lettres en celle des armes. Après qu'il y eut acquis beaucoup de reputation en qualité d'Enseigne Colonel du Regiment de Dauphiné, il mourut de maladie à Quiers, en Piemont. C'estoit un gentilhomme fort bien fait, qui, de sa taille, de son visage et mesme de son esprit, ressembloit fort au Chancellier, son pere. Je me glorifie des habitudes que j'avois aveque luy et de l'amitié qu'il temoignoit pour moy, conceüe au college de Die, où nous avions fait ensemble une partie de nos estudes ;

---

(1) Ici se trouve, dans le ms., un renvoi à une note finale, de la main de Videl et ainsi conçue :

« Mariage avec ...... Tonnard, dame très vertueuse à laquelle il a survescu deux filles et un fils qui ne demeura gueres apres luy dans le monde. L'aisnée des filles fut mariée du vivant de son père au Sr Bremond, lequel vit avec honneur. L'une (sic), son unique héritière, le fut peu après à ...... d'Agoust, seigneur de Boneval, issu de l'une des plus anciennes maisons de noblesse de cette Province, lequel, apres avoir faict durant quelque temps profession des armes en qualité de Capitaine de Cavalerie et temoigné un courage digne de sa naissance, s'est apres mis dans la Robbe et a dignement succédé à la charge de Conseillier au Parlement du Sr de Calignon, son beau-pere, ayant la satisfaction de voir ses genereuses inclinations secondées par celles de la dame de Boneval, dont l'esprit et la vertu se s'est (sic) acquis l'estime de tout le monde. »

NOTE DE L'ÉD.

aussi, certes, fus je l'un de ceux à qui sa perte, arrivée en un âge florissant, donna un plus sensible deplaisir.

Ces trois freres, dont je n'ay touché que legerement le merite, pour ne pas donner lieu au soupsçon que quelquun pourroit se former, qu'ayant eu de favorables sentiments pour moy, j'aye parlé d'eux avecque plus d'affection que de verité, ont eu une sœur, vivante encore aujourd'huy, qui ne merite pas moins d'estime : c'est Uranie de Calignon, Doüairiere de Poligny, fort avantageusement partagée des graces de la nature et l'une des plus belles et accomplies Dames de son temps. Elle fait profession de la Religion Catholique, et de mesme son fils unique, le Baron de Vaulbonnois, aujourd'huy sieur de Poligny, brave gentilhomme, dont le courage est accompagné d'un fort bel esprit qu'il cultive heureusement dans les connoissances nobles et propres aux personnes de sa naissance. Il a trois sœurs mariées sortablement à leur qualité.

Voyla sommairement le succez de la famille du Chancelier. J'ay marqué, au commencement de cette Histoire, le nombre de ses freres et de ses sœurs, et j'ay dit qu'il eut soin de marier honorablement celles cj et d'avancer la fortune des autres, en ayant gardé prés de luy quelques uns, durant ses plus grands employs, afin qu'ils pussent en profiter ; comme fit Hugues de Calignon, à quj il procura la charge de tresorier en Piemont et en Savoie, durant la guerre que M. de Lesdiguieres y faisoit pour le Roy, de sorte qu'en fin il acquit un office de Maistre des Comptes à Grénoble, dans lequel il est decedé, ayant laissé un fils qui maintient sa maison avec honneur.

Louis de Calignon, sieur de Lafrey, capitaine de cent hommes de pied pour le Roy, sous le commandement de Monsr Desdiguieres, merita la charge de Sergent Major de la Ville de Grenoble par le signalé service qu'il avoit rendu en cette rencontre ; car s'estant saisy d'une maison proche du Prieuré de St Laurent, et ensuite du Prieuré mesme, il ouvrit la porte à Monsr Desdiguieres, qui se rendit par là maistre de la ville, comme j'ay marqué dans son Histoire. Il a laissé un fils de mesme nom, qui exerce dignement encore aujourd'huy la mesme charge. Au reste, il demeura catholique comme il estoit né, ayant esté emmené jeune à Tournon, pour y faire ses estudes, par Just de Tournon, qui l'avoit pris en affection, et il ne put jamais estre induit, ny par l'exemple ny par les paroles de son frere aisné le Chancelier, à quitter sa Religion.

Jaques de Calignon fut envoyé et entretenu par luy à Geneve, et s'estant rendu capable de l'exercice de la magistrature, fut pourveu gratuitement d'un des offices de Conseillier, créés par l'Edict de Nantes pour l'establissement de la Chambre de l'Edict de Grénoble, qu'il a tenu jusqu'à son deceds, ayant laissé Soufrey de Calignon, son fils, lequel vit avecque honneur.

J'acheveray cecy, quand cette Histoire s'imprimera.

NOTICE

SUR LES

POÉSIES DE CALIGNON

Le chancelier de Calignon a laissé un recueil de poésies qui tient sa place à la fin du xvi⁰ siècle et dans les premières années du xvii⁰. Mort à l'âge de cinquante-six ans, en 1606, quelques années avant Regnier, il est vraiment du xvi⁰ siècle, n'ayant participé en rien aux premières réformes poétiques du xvii⁰, déjà prêchées à cette époque depuis plusieurs années par Malherbe. Tel qu'il est, Calignon est-il un poète ? Oui, à en juger par ce besoin de produire sa pensée en vers, cette abondance d'images, cette verve qui ne se lasse pas ; mais cela n'est pas tout ; il est poète, mais il ne l'est pas complétement. Il a fait beaucoup de choses qui ne sont pas sans mérite, sans en avoir qui marquent comme chef-d'œuvre ou de sentiment, ou de grâce, ou de pensée : c'est toujours à peu près le même refrain à la même chanson ; il s'agit toujours de l'amour assaisonné de toutes les galanteries olympiques, de toutes les richesses très mêlées, si neuves alors, de l'antique mythologie.

Il s'aventure quelquefois cependant en d'autres sujets, par exemple la louange de l'écriture, ou bien une longue pièce où il fait allusion aux guerres civiles et propose d'aller faire la guerre aux Turcs. Celle-ci est longue, entortillée, surchargée de détails de la fable ; ce n'est cependant pas comme ennemis de son ciel mythologique qu'il veut détruire les Turcs, c'est une simple dérivation. Il invoque les Rois :

> Contemplés vostre France en sa plus grand' misere,
> Voyés les nourrissons s'armer contre leur mere,
> Et comm' elle, en pleurant, pour son dernier recours
> Et des dieus et de vous implore le secours !

Mais quels Rois ?

> ... Toi, Loïs unzieme,
> Et toi, Charles le grand, et toi, Charles huittieme.

Cela fait penser aux *Tragiques*, de Daubigné, et aux *Misères du temps*, de Ronsard ; mais ce n'est ni par l'énergie, ni par la verve poétique ; c'est trop long, cependant on y sent une douleur vraie des malheurs de la patrie ; c'est la muse fugitive qui fait ce tableau lugubre, mais dont, à la fin, les vents emportent la prière et les vœux. Dans sa louange de l'écriture, il ne s'agit pas non plus de l'amour, ce qui est à noter comme signe particulier ; on y trouve quelques idées assez bonnes, mais c'est toujours de la mythologie. Selon lui, l'homme sait beaucoup, mais le *fil de l'oraison... ne serait suffisant ;* les dieux ont donc donné aux hommes l'écriture, — fidèle gardienne,... faisant couler la science d'âge en âge à la postérité. Il dit de l'homme :

> Il sait les noms et l'ordre, et la course certaine
> Des feux qui vont balant dans la celeste plaine.
> .... Vous, peintres excellentz !
> Vous, subtils engraveurs (sculpteurs) !
> Vrais singes de nature...

Je ne sais si cette métaphore de *singe* s'est jamais prise en bonne part, mais c'est aux poètes à corriger et chercher le vrai et le juste... C'était là cette déplorable facilité à tout admettre, avant que Malherbe se fût montré si sévère. A cette époque Malherbe était déjà célèbre ; dès 1600, Duperron le vante à Henri IV (1) ; il avait fait son commentaire sur Desportes, alors peu connu encore probablement, et avait encore bien des années à gronder, à morigéner et aussi à donner l'exemple, même après la mort de Calignon. Peut-être aussi la plupart de ces pièces précèdent-elles les terribles leçons de Malherbe.

Hors deux ou trois morceaux de ce genre, nous ne sortons pas des peintures de son amour et de toutes ses flammes, presque toujours assaisonnées d'allégories olympiennes avec des longueurs qui attestent une grande patience, quand l'art est nouveau, et qu'il suffit d'une rime au bout du vers, même avec des tournures et une orthographe pleines de fantaisie. Pour l'amour, Calignon s'offre à toutes les peines, à tous les martyres :

---

(1) Sire, nous ne faisons plus de vers depuis qu'un gentilhomme normand... etc.

> Dont il tousiours dessus mon doz
> Venter, pleuvoir, or des soupirs eclos,
> Ores des pleurs que je jette sans cesse.

Ce qui lui aide à tant développer ses pensées, c'est le secours des métaphores et des allégories :

> Je contemploy l'une et l'autre planete
> De ses beaus yeus...
> Plus qu'un rocher son cueur est endurcy ;
> Plus que les flotz elle n'a de mercy ;
> Mes longz soupirs sont les vents furieus.

Il aime cette forme comme Mellin de Saint-Gelais, qui dit, par exemple :

> Voyant ces monts de vue aussi lointaine,
> Je les compare à mon long déplaisir :
> Haut est leur chef, et haut est mon désir ;
> Leur pied est ferme, et ma foi est certaine...
> . . . .
> De forts soupirs ne me puis dessaisir,
> Et de grands vents leur cime est toute pleine.

Ce n'est pas tout-à-fait la même idée, mais c'est le même arsenal, on en tire les mêmes flèches, qui ordinairement vibrent un peu plus vivement, partant de l'arc de Mellin.

Voici encore quelques vers qui ressemblent à du Mellin Saint-Gelais :

> ...... Craignant perdre vostre presence,
> Si de ce mien tourment je pers la violence,
> Je n'ose seulement desirer guerison.

Mais c'est loin de la douce mélancolie de Desportes, abbé de Tiron, contemporain de Calignon, et mort un an avant lui. Sa dame ne veut pas donner un regard, ne veut pas dire un mot ; lui, alors, veut s'éloigner :

> .... Cessons donc de l'aimer.
> Mais peut-il être vray que je le veuille faire ?
> Non, je ne le veux pas.

Et, pour dernière comparaison, Mellin avait dit :

> Adieu, amour, adieu gentil corsage,
> Adieu ce teint, adieu ces friands yeux ;
> Je n'ai pas eu de vous grand avantage ;
> Un moins aimant aura peut-être mieux.

Cela va plus loin que Calignon ; il se résigne bien, quand il le faut, mais avec une bouderie et un désappointement qui s'associent moins facilement à une poétique mélancolie ; il cherche et chante surtout le plaisir, et quelquefois d'un style et avec des images dont on trouve à peine l'équivalent dans certaines pièces de Ronsard et quelques passages de Regnier. Sans parler de la métrique et de la grammaire qui se pliaient toujours plus ou moins au caprice des poètes avant Malherbe, et dont Calignon use à plaisir, les fautes de ton, de style et d'images, assez ordinaires au XVIe siècle, il ne cherche guère à les éviter, il n'y pense pas ; il poursuit son idée, et quand il est au bout de son chemin, il ne s'avise pas non plus de se retourner pour s'assurer qu'il n'a pas dévié. Qu'est-ce que cela fait ? L'amour excuse tout ! Dans sa jolie pièce du *Papillon* (c'est lui-même) il ne voit pas où le mène son allégorie :

> .... L'azuré papillon
> Qui, sur le branle egal de ses æles dorees,
> Au pre va baisotant mille fleurs peinturees,
> Et qui, sans s'arrester, vole et va decevant
> De ça, de la, les pas de l'importun enfant,
> Mais, à la fin, donnant de l'aile encordelee,
> Aus filetz d'une airaigne arreste sa volée.
> Ainsi, franc de souci, mon cueur alloit errant...

Enfin ce pauvre cœur est pris au retz des cheveux de la belle... Oui, mais elle n'en fait pas moins l'office de l'airaigne... en est-elle flattée ? J'en doute ; d'ailleurs, il est toujours pris et souvent malheureux. Dans un sonnet italien il a vu une beauté céleste dont les yeux avaient l'éclat des astres, mais l'honneur fait escorte à tant de beautés. Cela sent la délicatesse un peu molle des sonnets italiens ; enfin Calignon en est pour ses frais, c'est dommage.

On comprend qu'avec son caractère ce poète médise un peu des femmes, et il a aussi son : « souvent femme varie, » mais c'est moins léger :

> Celuy qui veut fonder une amitie durable
> Sur la legereté de la femme muable,
> Celuy veut, dans les flotz ou sur l'œle du vent,
> D'un palais ruineus jetter le fondement.

Cependant il aime à chanter sur tous les tons ses chaînes et son martyre ; il se compare à Prométhée :

> Sur la croupppe d'un mont Mercure l'enlaça,
> Et je meurs attaché de l'or de tes cheveux.
> De son cueur se nourrit un vautour affamé ;
> Tousiours, despuis, Amour m'a le cueur consumé.

Il y a entre eux une seule différence, c'est que Prométhée sait qu'un jour Alcide doit le délivrer... tandis que lui, Calignon, est pris à toujours. Cependant il se trouve bien quelquefois libre de choisir : Ainsi, par exemple, ce qu'il fera ou ne fera pas : s'il donne un baiser, il offense, il est perdu ; sinon, il meurt. De deux maux le moindre, et il choisit *le bayser et la mort*. Cela est plus vif que Desportes qui aime mieux mourir que de courroucer sa belle.

C'est là plus particulièrement le caractère de Calignon ; l'élégie douce et innocente n'est pas son fait. Il est plus impétueux, plus léger, plus inconstant. Il offre à toutes son cœur, sa liberté, sa vie, son sang, etc. ; mais rassurons-nous ; ses chaînes, ses prisons éternelles et ses supplices ne sont là que pour la rime. Ses élégies, où il fait si bon marché de sa personne, sont d'ailleurs interminables et présentent, avec quelques vers assez vifs, beaucoup d'inutilités et de platitudes. Il y en a dont la conclusion ne répond pas à l'idée, comme celle qui se termine par :

> Quelque sinistre Dœmon
> Tousiours à noz sens s'oppose.

Il est vrai que cette *ode* a 44 strophes de 12 vers. On perdrait à moins le fil de ses idées. Quant au procédé, c'est toujours le chapelet de métaphores et d'allégories : les flots, les vents, les rochers, les vagues, etc., mais c'était la mode du temps ; cela présentait des facilités banales, mais qui n'étaient pas encore usées ; que de qualités n'aurait-il pas fallu pour se tirer de là ?

Il rime bien ; ne manque pas aux règles de la versification ; mais il use et même abuse de toutes les licences alors plus ou moins permises (1). L'amour est tantôt l'archer, tantôt l'archerot pour la rime ; mais cet archerot peint aussi, et il fournit à notre poëte un trait charmant, en peignant sa maîtresse :

> Immortel fut le peintre, et la grâce, immortelle !

Voilà un vers qui ferait pardonner bien des négligences.

En général, il fait souvent penser aux poëtes ses contemporains, par ses défauts et quelquefois aussi, moins souvent, par ses qualités : il a dans la tournure générale quelque chose de la facilité fluide et des incertitudes morales de Regnier et de ses négligences ; toutefois, il dépasse beaucoup tout cela, surtout les négligences, mais il ne rappelle pas de même son talent.

Je ne parle pas de quelques-unes de ses imitations des anciens, qui sont très médiocres par le style. Ainsi, des Idylles de Théocrite, entre autres, le sujet de Daphnis et Alcimadure qui ne rappelle plus aujourd'hui que le nom de Lafontaine. L'imitation de détail lui réussit mieux ; ainsi, sur le tombeau d'une jeune femme :

> Le fier destin la fit voir au vulgaire
> Tant seulement, et soudain la ravit.

Voilà de l'or de Virgile ! non sans quelque alliage inévitable.

Et maintenant, quand j'aurai rappelé qu'il a des stances pour des mascarades, et que plusieurs passages en sont d'une décence douteuse qu'on peut lui pardonner, en exceptant toutefois une ou deux autres pièces où l'idée et l'image ne respectent aucune limite ; — qu'il a des sonnets sur l'amitié et sur l'amour, où il chante surtout les sens, à l'imitation de quelques pièces de Ronsard, j'aurai, je crois, à peu près tout dit. Comme il a souvent à se plaindre de l'amour, il se rejette naturellement sur la poésie où il nous

---

(1) Par exemple : il fait compter ou non l'*e* muet ou le supprime tout-à-fait ; ainsi : *Hippolyt, trophé*, suivant le besoin. — Il a des hiatus, des mots forgés ou contournés pour le vers. — L'*h* aspirée n'est pas respectée, etc., etc.

exhorte à chercher, comme lui, les meilleures et les plus efficaces consolations.

On trouve dans ce recueil de Calignon quelques pièces de vers latins qui ne sont pas tout-à-fait exempts de fautes, si j'ai bien lu, mais assez bien tournés et d'une littérature plus avancée, plus ferme, plus sûre que ses vers français, mais d'une originalité plus douteuse ; ils pourraient, sous ce rapport, être l'ouvrage du premier venu.

Il a fait aussi des vers grecs, mais il les réservait pour ses accès de sagesse.

Voici une épitaphe qui peut sans peine se traduire comme nous allons le faire. Au premier vers, προγώως doit être joint à l'enclitique δε dont il est le régime προγώωσδε, (avec le σ ordinaire), c'est la règle. Ἐκ qui le précède va avec θορών placé après, et dont il est séparé par une tmèse acceptable. Βιοτῆς va avec πανομοίης que je préfère à πανομοίην (η pour α, ion.) Il faudrait les deux au génitif, βιοτῆς étant régime τρίβον, route, régime de ἔταμον couper, trancher, mais signifiant suivre, parcourir, avec route, chemin pour régime ; cependant Calignon l'accorde avec τρίβον, (qui est aussi du féminin,) mais le vrai sens vaut moins, selon moi ; ce n'est pas la *route*, mais la *vie* qui est semblable à des bulles d'air. Le reste va tout seul. J'avais d'abord mal lu οὕς au quatrième vers (dans une copie du manuscrit) et j'avais vu οὐκ, mais Calignon a écrit οὕς. — Οὐκ irait mieux, comme tournure interrogative, avec ἄν... ἔμαρψε (aor. indic.); mais il faudrait sous-entendre un régime, et pour le sens οὕς vaut mieux.

   Ἐκ προγώωσδε θόρων κονίη, βιοτῆς πανομοίην
    Οἰδαλέοις ἔταμον πομφολύγεσσι τρίβον.
   Νῦν δὲ πάλιν κονίη πέλομαι· τόδι θαῦμα βροτοῖσιν
    Οὕς ἂν ἴσον ταχύπους καὶ ποτ' ἔμαρψε μόρος;

M'étant élancé de la poussière (1) à la lumière, j'ai parcouru la route d'une vie entièrement semblable à des bulles gonflées. Maintenant je redeviens poussière ; quoi d'étonnant pour les hommes, qu'un prompt destin saisit tous également ?

---

(1) Littéralement : *moi poussière.*

Tel est ce vif et dévoué serviteur d'Henri IV, habile dans les négociations, aimant la poésie, les vers, le plaisir ; sage et réservé par intermittences, philosophe à ses heures, très instruit pour son temps (il le serait pour le nôtre) et pour ses fonctions. Somme toute, figure aimable malgré ses défauts, et qui tient sa place, même comme *favori d'Apollon*, à ce moment de transition du XVIe au XVIIe siècle, c'est-à-dire à une époque passionnée pour la poésie et les vers.

MAIGNIEN,
Doyen honoraire de la Faculté des lettres à Grenoble.

POÉSIES

DE

SOFFREY DE CALIGNON

SONETZ PAR S. C. (1).

I.

Mon Dieu, d'ou vient cela? quelque part que l'orage
De mes affections tourne mes pas aelés,
Je voy, parmy l'horreur des lieus plus reculés,
Dis mille impressions de sa celeste image.

Ce bel esmail de fleurs qui dore le rivage,
Ces antres verdoyans de cheveus crepelés (2),
Ce midy flamboyant de feus etincelés,
De ses perfections est le premier ombrage.

---

(1) SONETZ PAR Souffrey Calignon. C'est le seul titre qui soit placé en tête de ce manuscrit, le même que Videl a mentionné (p. 119 de La Vie de Souffrey de Calignon, chancellier de Navarre); seulement, nous ferons remarquer que ce biographe avance, au sujet de ce recueil de poésies, qu'il s'y trouve des « ouvrages tant sérieux que de galanterie, François, Latins, Grecs, Italiens et Espagnols. » Il y a là une exagération qu'il importe de relever : les ouvrages italiens s'y trouvent, en effet, au nombre de... un, et il n'y en a pas un seul apppartenant à la langue d'au-delà les Pyrénées. Quant à ceux « faits à la louange du duc de Montpensier, François de Bourbon, et du duc de Mayenne, Gouverneur du Dauphiné en divers temps, » nous y avons bien trouvé les inscriptions en l'honneur du premier; mais, pour les pièces de vers inspirées par le second, nous n'en avons rencontré aucune.

(2) Dans le v. lang., crepelu signifie crépu, du latin crispulus, bien frisé.

Comme l'home, agité du Sirien flambeau (1)
Et de rage troublé, tousiours voit dedans l'eau
Du Chien qui l'a blessé la figure nageante :

Ainsi, depuis qu'Amour et cet astre jumeau
Blesserent ma raison, je ne voy rien de beau
Qui ne rende à mes yeux son idole presente.

II.

L'archer, qui noz espritz divinement affole,
Deroba les filetz du feure (2) ingenieus,
La playsante risee et la fable des cieus,
Puis cerna la grandeur de l'un et l'autre pole.

Je vi, dedans ses retz, ce chasserot qui vole
Esclaver d'un Jupin l'orgueil audacieus ;
Je vi prendre le dieu des replis orageus (3),
Qui mutine les flots au bruit de sa parole.

Je vi les chevre-piedz (4) et les Nymphes des bois
Dans ce crespe doré (5), et la tourbe des rois,
Qui, pleurans, regretoient leur premiere franchise.

En fin j'y fus surprins : mais je m'estime heureus
D'avoir pour compagnons d'une si belle prise
Le ciel, la mer, la terre, et les Rois, et les Dieus.

---

(1) Sirius, une des étoiles qui forment la constellation de la Canicule, et dont les anciens redoutaient si fort l'influence, qu'ils lui offraient des sacrifices pour en détourner les effets.

(2) *Feure* ou *fevre*, ouvrier, artisan, travaillant avec le marteau (v. lang.). — Il s'agit ici de Vulcain, comme chacun le comprendra.

(3) Le dieu des vagues, Neptune.

(4) Les Satyres, monstres moitié hommes et moitié chèvres.

(5) Tout le monde connaît l'histoire du filet fabriqué par Vulcain, filet dont les mailles étaient si fines que le poète le compare ici à un crêpe transparent.

III.

Ma dame, s'il advient, d'un baiser gracieus,
Que la vie me soit par tes levres emblee (1),
Je te laisse mon cueur ou tu vis entaillee,
Car Amour t'y grava d'un trait industrieus.

Je te legue ma foy, je te donne mes vœus
Et de mes vains desirs la trop haute volee,
Je te donne mon ame arse, noire et halée,
Dont la peine est à moy et le blame à tes yeus.

J'achevoy de parler, quand j'entrevy ma dame,
Qui souriant me dict : Pauvre abusé, ceste ame,
Ceste foy, ces desirs, et ce cueur est à moy.

Toy mesme n'es pas tien : d'une gallarde prise,
Amour m'assuiettit ta liberté conquise :
Un esclave ne peut tester selon la loy.

IV.

Mon Dieu, d'ou vient cela, que tant plus je la baise,
Plus je sen vivement accroitre mes chaleurs,
Plus je sen deborder la source de mes pleurs,
Et jamais d'un seul point ma doleur ne s'appaise?

Mon ame ensorcelee, impatiente d'ayse,
Baisotant le vermeil de ses jumelles fleurs,
Folatre, se derobe entre dis mille odeurs,
Me laissant dans le flanc une ardante fournaise.

---

(1) Volée, dérobée, enlevée.

Il est vray que ma dame evente quelque fois
Des soupirs mignardés d'une tremblante vois,
Pour eteindre mon feu de son haleine douce :

Mais, helas ! tel secours ce n'est qu'un petit vent,
Qui ne sert que d'aigrir le feu qui, plus avant,
Tousiours dedans mon cueur victorieus se pousse.

V.

Puis que l'honeur, qui, dedans la jeunesse,
Fait bouïloner un esprit genereus,
Pousse mes pas ou le dieu furieus
Des plus couardz anime la paresse :

Dans le giron de tes graces, maitresse,
Reçoy le cueur d'un pauvre langoureus,
Pour y voir peintz, et les traitz et les feus
Dont le Soleil de ta beauté me blesse,

Mais, las ! pourray je au milieu des alarmes,
Privé de cueur, mettre la main aux armes,
Enflé d'espoir d'estre victorieus ?

Donnés moy doncq votre cueur en partage :
La seule peur de perdre un si beau gage
Fera de moy un Mars audacieus.

VI.

Pleurés, mes yeus, pleurés, puis que l'œil qui m'enflamme
Ne veut en mes doleurs amollir sa rigueur ;
Pleurés, et de voz pleurs etouffés la chaleur,
Qui ronge, qui meurtrit, qui bourrele mon ame.

Mais pensés vous, mes yeus, noyer ainsi ma flamme?
Les flotz qui vont passant mes larmes de grandeur.

. . . .
. . . .

Ne pleurés donc, mes yeus, ou versés tant de larmes,
Que ce flambeau d'Amour, auteur de mes alarmes,
S'abyme dans le creus de voz flotz elevés.

Puisés dedans mon cueur mille sources novelles;
Passés de l'Ocean les cruches (1) aeternelles,
Ou bien ne pleurés point; mais, las! vous ne povés.

VII.

Telle qu'on voit la vermeillette rose
Epanouir ses feuilles au matin,
Quand la fureur d'un orage mutin
La vient fletrir avant que d'estre eclose :

Telle l'ardeur en mes veines enclose
Desireroit se decouvrir en fin,
Mais l'obstiné, d'un cueur diamantin (2),
Glace ma flamme et à mes veus s'oppose.

Le diamant, qui dessus nostre face
Secretement peint une belle audace,
N'a le povoir de me rendre animé.

Seule, une Achate (3) a ce povoir, Maitresse,
Si la pitie emeut vostre rudesse,
A voir le feu dans mon cueur allumé.

---

(1) Passe encore pour les *urnes*, mais les *cruches!* Pour un poète comme Calignon, ce mot est un peu trop réaliste. Scarron n'eût pas mieux dit.
(2) Mais l'obstination d'un cœur plus dur que le diamant.
(3) Une amie dévouée; on sait qu'Achate était le compagnon fidèle d'Enée.

SONETZ SATYRIQUES.

VIII.

Rone, qui vas lechant la rive peinturee
Du Cavare ancien (1), et qui d'un roide cours
Au sein de l'Occan roules, roules tousiours
Tes beaus flotz jaunissantz d'une arene doree,

Plonge dedans la mer ta teste bigarree
Et cherche, outrepassant les grandz marins detours,
Ce fleuve hesperien, le Tage, ou les Amours
Forcenent (2) les jumentz d'une rage egaree.

S'il te montre son or, montre luy hardyment
Ton flot d'or qui blondit ; et s'il dict que le vent
Les poutres (3) engrossit au bord de son rivage,

Dis luy qu'au bord du tien une noire jument (4)
D'un Zephyre a conceu, et que dorenavant
Ce fleuve de sur toy n'aura nul advantage.

---

(1) La rive gauche du Rhône, partie de la Gaule Narbonnaise correspondante à peu près au département de Vaucluse. Pour quel grave motif le *Dictionnaire de l'Académie* place-t-il les Cavares sur la *rive droite* de ce fleuve?

(2) Mettre en fureur, exciter.

(3) Ce mot a vieilli. Il s'est dit, en terme d'économie rurale, pour Cavale âgée de plus de trois ans. On disait *poutro* ou *poultre*. — La plupart des auteurs anciens attestent, sans sourciller, cette fécondation merveilleuse. Columelle en parle comme d'un fait connu et avéré (édit. de 1529, p. 48 et 151). Voir également les beaux vers de Virgile sur le même sujet (*Eglogues*, liv. III).

(4) Il est rare que Calignon lève les masques. Il faut donc, vu le temps écoulé, se résigner à ne jamais connaître les noms des personnes qu'il a voulu *chanter* dans la plupart de ses sonnets. Ici, comme ailleurs, il est impossible de savoir quels sont la brune piquante et le léger zéphyr que notre poète a jugés dignes des traits de sa verve satirique.

IX.

Zephyre aime sa Flore. Il est vray qu'elle est noire :
Mais n'importe, dict il, l'hebene l'est aussi ;
L'œil noir est le plus beau, et plus beau le sourcy,
Qui brunit le dessous d'une voute d'yvoyre.

Leurs petites amours sont dignes d'une histoire :
Zephyre est ma pensée, et Flore mon soucy ;
Ce que l'un treuve bon, l'autre le treuve ainsi ;
Si tost que l'un a soif, l'autre demande à boire ;

L'un sçait jouer du lut mignardement pinsé,
L'autre le sçait aussi, mais c'est du renversé.
Zephyre est une perle en toute gentillesse ;

Flore porte en sa face un maintien approchant
De la severité d'une chaste Lucrece,
Mais, comme son Zephyre, ell' aime le couchant.

X.

Pour bien entrelacer les coleurs de l'aurore
Peintes sur mille fleurs tissues de mes doitz,
De certains dieus marins la prophetique vois
Me donna le surnom d'une seconde Flore :

Quand le jeune Zephyr', que mon penser adore,
Me deroba la fleur que perdre je volois,
Jognant au baciet (1) du plus chaut de mes mois,
Les milletz et les lis dont nature l'honore,

---

(1) Nous ne pouvons voir dans cette expression qu'un mot forgé de l'italien *bacio*, baiser.

Par l'effort gracieus de l'amoureuse ardeur,
Creut dedans mon jardin une gentille fleur,
Qui trahit de mon heur la trop courte duree :

Ainsi perdant la fleur de ma virginité,
Et l'avril de mes ans, qui sentent l'eventé,
Flore je ne suis plus, car on m'a defloree.

XI.

Puis que j'ay renoncé à la relligion (1),
J'honore de bon cueur les festes de l'année,
De la conversion j'honore la journée,
Encore plus le jour de l'Incarnation.

Saint Vital est le saint de ma devotion ;
Sainte Marguerite est ma Lucine invoquee ;
Au temple Saint Faustin ma jeunesse est vouee ;
Je ne crain seulement que l'apparition.

Ha ! monsieur Saint René, l'hymenee propice
Des bons relligieus, gueris ceste novice
Et de mon ventrelet desenfle la tumeur.

J'en jeuneray trois jours en face larmoyante,
En offrant tous les jours un beau cierge de rente,
De la grosseur du trait qui causa ma doleur.

(1) Le protestantisme, la *Religion*, comme on disait alors.

SONETZ D'AMOUR.

XII.

De Portes (1), ta fortune à la mienne est semblable :
J'ay crainte d'un soldat, d'un barbare eventé,
Tu trembles souz le joug d'une accorte beauté
Qui souz les lois d'Amour superbement t'accable.

J'epreuve dans ce lieu la prison miserable,
Tu sens en autre lieu perdre ta liberté.
Le foudre d'un canon me rend epouventé,
Le foudre d'un refus ne t'est moins effroyable.

Je crain du Magistrat l'absolue puissance,
Tu crains de ta maitresse une rude sentence ;
Une mesme tempeste egallement nous suit.

Et toutesfois tu dis qu'un jour tu me verras
Branler en un gibet : chetif qui ne sçais pas
Qu'epoinçonné d'Amour Eraste (2) se pendit.

XIII.

Pour soulager le malheur qui te presse,
Tu n'as besoin ny des pointz étoilés,
Ny d'un essaim d'espritz ensorcelés,
Pipés au son d'une vois charmeresse.

---

(1) Guillaume de Portes fut nommé deuxième président au parlement de Grenoble en 1559. Il est évident que ce ne peut être à lui qu'est adressé ce sonnet, mais bien à l'un de ses trois fils : Antoine, seigneur de Grésy et de Chessans en Genevois ; Claude, conseiller au parlement de Dauphiné ; François, président en la Chambre des Comptes de la même province, qui étaient de la même génération que notre poète; et nous penchons pour l'un des deux derniers, par la seule consideration des rapports qui devaient exister entre deux collègues.

(2) Allusion au héros de l'idylle de Théocrite, dont on trouvera plus loin une imitation de notre poète, et qui porte pour titre : ΕΡΑΣΤΗΣ Η ΔΥΣΕΡΩΣ.

Ce petit Dieu, dont la fureur nous blesse,
Coup dessus coup de mille traitz aelés,
N'est point sujet aus murmures coulés
De l'estomac d'une folle prestresse.

Il est enfant, et sa simplicité
Ne peut avoir aucune affinité
A ces Dæmons de perverse nature.

La Muse, Rous (1), est celle qui pourra
Te consoler ou qui radoucira
La cruauté de ta maitresse dure.

XIV.

SONET FAIT AU DÉPART DE L'AUTEUR DE LA VILLE DE VALENCE.

J'auroys le cueur d'un rocher façonné :
J'auroys sucé le lait d'une tygresse ;
J'aurois esté nourry des ma jeunesse
Dedans l'effroy d'un antre Pyrené ;

Dedans son corps un More bazanné
Ne noirciroit une ame plus traitresse ;
Au plus hydeus d'une forés epesse
Le ciel auroit ma naissance ordonné ;

---

(1) Il y a eu plusieurs familles de ce nom en Dauphiné, et il est bien difficile de savoir à laquelle de ces maisons appartient le personnage ici nommé. La supposition la plus naturelle est d'en faire un membre de cette branche voironnaise des *Roux* dont parle Guy Allard, et à laquelle la famille Calignon paraît se rattacher elle-même. Le degré d'intimité qui règne dans cette pièce nous donne du moins le droit de le penser.

Si, au depart d'un lieu si gracieus,
Je ne rouloys cent fleuves de mes yeus,
Et de sanglotz une venteuse presse,

Voire et deut il tousiours dessus mon doz
Venter, pleuvoir, or des soupirs eclos,
Ores des pleurs que je jette sans cesse.

XV.

Diane, en qui le ciel d'une main liberale
Prodigua les thersors d'honeur et de bonté,
Et qui, enceinte, dois à la posterité
D'un enfant genereus la naissance fatale.

Puisses tu voir un jour, au milieu de ta sale,
En ce petit enfant reluyre ta beauté ;
Pourtant, dessus le front, peinte la maiesté
Du pere et la grandeur de ta vertu royale.

Heureus sera le jour, heureuse la naissance,
Et le lieu que premier foulera son enfance,
Qui donnera merveille aux nations etranges.

Et moy, trois fois heureus, si onques je povois
Le guinder jusqu'au ciel sur l'engin de ma vois,
Et au nom paternel marier ses louanges.

XVI.

Puisqu'Amour a gravé dedans ta fantasie
Tout ce qu'avarement l'Olympe sourcilleus
En terre nous fait voir de rare et merveilleus,
Assemblé dans l'object de ton idolatrie ;

Si l'on remarque en toy la grace et courtoysie,
Et les pas mesurés au son melodieus,
Et le bal mignardé d'un seigneur vertueus,
Qui d'une mesme ardeur avoit l'ame saysie ;

Au ciel bien humblement je dresse ma priere :
Qu'il luy plaise adoucir le cueur de ta guerriere
Et ne laisser ravir aus Zephyres ma voix.

Ainsi, prenant pitie de ta passion dure,
Quelquun flatoit le ciel, quand, par un bon augure,
L'archerot Cupidon esternua trois fois.

XVII.

Je pense que l'ardeur de ceste maladie,
Qui me palit le teint et desseche les os,
Et trenche à tous les coups le fil de mes propos,
Du plus docte Apollon surpasse l'industrie.

Je croy qu'en recherchant quelque drogue choysie,
Pour faire sur mes yeus distiler le repos,
On ouvrit le vaisseau dou jadis fut eclos
L'escadron des malheurs larrons de nostre vie.

Mais si tost qu'il vous plait me visiter, Madame,
Je sens de mon tourment s'evanouir la flamme,
Ravi de contempler vostre perfection ;

Et toutesfois craignant perdre vostre presence,
Si de ce mien tourment je pers la violence,
Je n'ose seulement desirer guerison.

XVIII.

Je contemploy l'une et l'autre planete
De ses beaus yeus, quand les Amours nichés,
Grelant à coup mille traitz decochés,
Firent de moy la premiere conqueste.

Dejà, deux ans, ma navire suiette
Flotte au danger, or des ecueilz cachés,
Or de la vague, ores des ventz lachés,
N'ayant clerté que d'une nuit brunette.

Plus qu'un rocher son cueur est endurcy ;
Plus que les flotz elle n'a de mercy ;
Mes longz soupirs sont les ventz furieus.

Ha ! Venus alme (1), empoupe (2) dans le port
Ma nef cassee, et dis : j'ay mis à bord
De mes subietz le plus devotieus.

XIX.

J'accompare ma peine au sort laborieus
Qui du vieil Promethé la vie maitrisa :
Une deesse au ciel premiere l'addressa,
Un dieu fut le premier qui me fit voir tes yeus.

---

(1) Mère des humains. Ronsard a dit : Alme Soleil.
(2) *Le vent gracieux empouppant ton navire* (Ronsard), c'est-à-dire, un vent favorable soufflant en poupe et l'aidant à marcher. Pasquier a également employé la même expression : *J'estoy empòuppé d'un vent calme* (citations de Nicot).

Il deroba le feu du soleil radieus ;
De toy je rappourtay l'ardeur qui m'embrasa ;
Sur la crouppe d'un mont Mercure l'enlaça,
Et je meurs attaché de l'or de tes cheveus.

De son cueur se nourrit un vautour affamé ;
Tousiours, despuis, Amour m'a le cueur consumé :
D'un point je ne fus oncq à Promethé semblable ;

C'est qu'il prevoyoit bien qu'Alcide quelque fois
Viendroit le delivrer ; mais las ! je ne prevois
Qu'un malheur æternel, si tu n'es pitoyable.

XX.

SONET POUR UNE MASCARADE.

Messieurs, voyés le port de ces Aegyptiennes,
Et l'hebene poli de ce teint bazané ;
Voyés ce poil frizé, annelé, cordonné,
L'honeur et le trophé des rives Phariennes (1).

Faittes vous enseigner à ces Magiciennes
A quelle fin le ciel vous aura destiné,
Et quel fut le filet fatalement tourné
Que vous trama la main Parques anciennes.

(1) Pharos était le nom d'une petite île d'Égypte, sur le rivage de laquelle Isis ou Io aborda sous la forme d'une vache, après avoir traversé la Méditerranée, et où Jupiter lui rendit sa première forme. Les Égyptiens lui adressèrent un culte particulier dans cette île.

Mais gardés vous, Messieurs, de la main piperesse
Et des habilités de la belle comtesse
Qui pour se faire honeur pille mesme les cieus ;

Et gardés que surtout sa fille, à l'impourveue,
N'eblouisse voz sens du charme de sa veue
Et pille vostre cueur attiré par les yeus.

XXI.

Gordes (1), je ne te veus comparer au soleil,
Car d'un jour seulement sa carriere est bornee
Mais des ans et des mois la carriere empennee
Ne bornera ton loz ennemi du cercueil.

Aussi je ne te veus comparer au reveil
D'une lune qui a sa lumiere empruntee ;
Car de toy seulement ta gloire est procedee,
Et Nature ne voit rien qui te soit pareil.

De te dire semblable aus dorees estoiles,
Ce n'est qu'obscurité de leurs nubileus voiles,
Aupres de ton renom par l'Europe estendu.

Mais, Gordes, s'il te plait que je trace une image
Apres le naturel des des traitz de ton visage,
Dis moy de quel pinceau lon tire la Vertu.

(1) Bertrand-Raymbaud Simiane, baron de Gordes, né le 18 octobre 1513, mort le 24 février 1578. Il fut lieutenant général au Gouvernement de Dauphiné de 1565 à 1578.

XXII.

SONET POUR UNE COURSE DE BAGUE.

De la plus belle main, que jamais la nature
A l'envi façonna sur l'image des dieus,
Je fus emprisonné dans ces liens heureus,
En adorant, hélas ! celle pour qui j'endure.

Les Graces et l'Amour, auteurs de ma blessure,
Me voyant attaché, esclave de ses yeus,
Graverent dans mon cueur, humble et devotieus,
Le celeste pourtrait de sa belle figure.

Despuis, je vois errant en tous lieus ou l'addresse
Des cueurs chevaleureus, segnalés de prouesse,
Fait honorablement preuve de sa vertu :

Esperant qu'a la fin la douceur de ma dame,
Apres avoir longtemps pour l'Amour combatu,
Brisera ces liens qui bourrelent mon ame.

XXIII.

SONET SUR LE MESME SUGET.

Lance, par qui je vois mon labeur honoré,
Puis que d'un si droit fil ton atteinte est pourtee,
Helas ! serois tu point quelque fleche aceree,
De celles que l'Amour dans mon cueur a tiré ?

Et toy, brave coursier, qui d'un vol mesuré
Passes les ventz, ta race est elle point tirée
Des chevaus du Soleil qui sa coche dorée
Tirent, quand il va voir celle qui l a navré?

Vous, Dames, que nature à la douceur incite,
Si mon affection quelque faveur merite,
Ostés moy ces liens, et brisés les chainons.

Non que par ce moyen la liberté j'espere,
Car la douce beauté qui m'a rendu forcere (1),
Porte tousiours en soy mille et mille prisons.

XXIV.

Trois fois heureus cizeaux, qui de sa main d'albatre
Baisés l'ivoire blanc, et les roses touchés
De ce beau sein de lis, ou vivent embuchés
Les petitz dieus œlés auteurs de mon desastre.

Si quelquefoys, par vous, celle que j'idolatre
Veut pincer le filet de mes jours abbregés,
Las! Cizeaus, dittes luy que plus vous les tranchés,
Plus se lie et reioint sa trame opiniatre.

Jà de tant la servir, et de vivre ennuyé
Du celeste rayon de son oeil foudroyé,
J'alloy flotant là bas dessus l'onde cruelle,

Quand de mes longz soupirs la bourrasque souffla
Et de mes tristes pleurs une vague s'enfla,
Qui dans le sein du port repoussa la nacelle.

---

(1) Forçat, qui est dans les fers.

XXV (1).

A pie' (2) d'un' erto colle alpestro e fiero,
Albergo di selvatichi animali,
Fra natii boschetti e ombrose valli,
E monti giti al ciel col capo altiero,

Viddi una Ninfa (3), ch'in nostro emisfero (4),
Per stampar di virtù (5) l'orme immortali
E spuntar del (6) fanciullo crudo i strali,
Alle stelle scorgea nuovo sentiero.

Quivi splendean due lucidi smeraldi
Ch'avanzano ogni gemma di vaghezza,
Pien' d'amorosi fochi e di scintille.

Freddo era il luogo e i pensier nostri caldi;
Ma l'onor (7) che fa scorta à tal bellezza
Frena il disiò (8) e spegne sue faville.

---

(1) Nous avons cru devoir donner ici la traduction de ce sonnet :

« Au pied d'une âpre et sauvage colline alpestre, séjour des animaux sauvages, au milieu de bosquets naturels, de vallées ombreuses et de montagnes qui portent jusqu'au ciel leurs cimes altières,

« J'ai vu une nymphe qui, dans notre hémisphère, pour imprimer des traces immortelles de vertu et émousser les traits du cruel Enfant, découvrait une nouvelle route vers les étoiles.

« Là, resplendissaient deux brillantes émeraudes qui surpassaient en beauté toute autre pierre précieuse, pleines de flammes et d'étincelles amoureuses.

« Glacé était le lieu et nos pensées brûlantes ; mais l'honneur qui accompagne une telle beauté refrène le désir et étouffe ses feux. »

(2) Le manuscrit porte *pie*, c'est une faute.
(3)   Id.   *Nimfa.*
(4)   Id.   *emispero.*
(5)   Id.   *virtu.*
(6)   Id.   *d'il.*
(7)   Id.   *honor.*
(8)   Id.   *disio. Disiò*, que nous avons rétabli, est une licence poétique, pour *desiò*.

XXVI.

SONET DONNÉ APRÈS UNE MASQUARADE.

Madame, ce n'est pas ceste Diane pale,
Qui d'un masque argenté son visage eclipsoit,
Par qui mon pauvre cueur tant de flammes reçoit,
C'est vous qui me blessés d'une playe fatale.

Aussi ne suis je pas ce deloyal Cephale,
Qui pour une Procris sa Diane laissoit.
Si du feu violent l'ardeur ne me deçoit,
Je suy non un Cephal, mais un Cynocephale.

Cet animal perdant la lumiere des yeus,
Lors que Diane perd ses flammes dans les cieus,
De mes affections est l'image vivante.

Vous voyant je voy tout : mais quand vostre beauté
S'écarte de mes yeus, je pers toute clerté,
Pour le moins je ne voy chose qui me contente.

XXVII.

Le soir que je perdis le frein de ma raison,
Madame, ce fut vous de qui l'image belle,
Par un sentier caché que ma veue recele,
M'empoysonna le cueur dans sa propre maison.

Ce fut au renouveau de la verte saison,
Que je senti d'Amour la premiere étincele,
Quand votre oeil epandoit la venimeuse grele
De mille traitz armes d'une douce poyson.

J'ay desire cent fois, pour finir mes doleurs,
De me voir consumer au milieu des chaleurs
Que dans moy l'archerot estoit venu repandre;

Mais las! je ne sçavoy qu'un cueur empoisonné,
Quand mesmes il seroit de souffre environné,
S'embrase, et si ne peut jamais tourner en cendre.

XXVIII.

Si l'amour est un feu sur nous victorieus,
D'ou tires vous, mes pleurs, vostre onde parannelle (1)?
Et, si c'est une humeur qui dans le cueur ruisselle,
Ou naissent les soupirs dont j'embrase les cieus?

Mon Dieu, seroit ce point un feu qui par les yeus
M'alembique l'esprit d'une source jumelle?
Serait ce point plus tost une fontaine telle
Que celle qui vomit les flambes et les feus?

Nenni! ce n'est pas eau, la mer seroit tarie
De tant de pleurs coulés sur ma joue fletrie ;
C'est donques feu : non est, le feu le plus ardent

Tant de flammes n'elance : helas! si dans ton ame
Se loge la pitie, di moy que c'est, Madame,
Qui me glace le cueur et qui me va brulant.

---

(1) Perpétuelle, éternelle, intarrissable. *Fons perennis* (Tite-Live). Le *Trésor de la langue française*, de Nicot, donne *paranniser ;* mais Ronsard, avec plus de raison, a écrit *perenniser*. Du lat. *perennis*, le v. lang. a fait *perenne*.

XXIX.

Despuis que ta beauté, d'une mortelle atteinte,
Sur mon chef foudroyé son tonnerre elança;
Qui, sans toucher au corps, le cueur outrepersa,
Laissant dessus mon front la violette peinte,

Mon ame qui pourtoit ta belle image empreinte,
Volant au paradis de tes grâces, laissa
Sa depouille pesante, où la Parque traça
D'un crayon blemissant sa figure deteinte.

Et, bien que mort, je marche environné d'ardeurs.
Phoebus eleve bien les grossieres vapeurs.
Quoy! la flamme d'amour est-elle moins puissante?

Il est vray que la mort n'a ma chair alteré,
Ny consumé mes os; car le foudre sacré
Tout ce qu'il a touché de pourriture exempte.

XXX.

Amour, tirant au vif la beauté que Nature
Te donna pour escorte à mes grieves douleurs,
Choysit, au point du jour, entre dis mille fleurs,
Des œilletz et des lis la naive peinture.

Il dora son pinceau de ta blonde tressure
Et sus ton front de neige il broya ses coleurs,
Puis detrempa le tout au crystal de mes pleurs,
Pour faire le dessein de ceste pourtraiture.

J'avoy l'esprit et l'oeil attaché sur ma dame,
Quand l'archerot voyant ocieuse (1) mon ame,
Au plus beau lieu d'icelle adressa le pinceau.

Immortel fut le peintre, et la grace immortelle
De celle qui m'occit de sa beauté cruelle...
Aussi meritoit elle un immortel tableau.

XXXI.

AENIGME.

J'ay un gentil engin, si decrire je l'ose,
A la beauté duquel ma dame prend playsir,
Qui, le voulant taster, manier et saysir,
Le fait tout fretiller entre ses doitz de rose.

Il demeure ocieus et lache se repose ;
Mais si quelque beauté le tient à son desir,
On le voit sauteler, enfler et se grossir,
Et brusquement entrer en sa fente declose.

Si tost qu'il est dedans, d'un gaillard maniment
Le galant fait couler et jallir doucement
La gentile liqueur d'une blanche rousee...

L'ouvrage se parfait, et, mourant peu à peu,
Le brusque mouvement de ce folatre jeu
Laisse un desir de voir l'oeuvre recommencee.

---

(1) Oisive, tranquille, en repos (v. lang.).

XXXII.

Midas a pour sa femme une Sapphon gentile,
Belle, docte, gallarde, et qui sçait discourir;
Aussi la belle Nymphe aimeroit mieus mourir
Que sans se faire voir demeurer inutile.

Tousiours, en sa maison, quelque jeune home habile,
A feuilleter des vers se trouve de loysir,
Tousiours quelque Cybele y jargone à playsir,
En termes plus couvertz qu'une vieille Sibylle,

Bref, Midas est heureus de voir que les neuf sœurs,
Mesme dans son logis, respandent les douceurs
De la sainte liqueur qui fait l'home poëte;

Aussi le peuple dict, qu'il a beu de ceste eau
Et qu'il porte tousiours les Muses au cerveau,
Voire, comme je croy, Parnasse sur la teste.

XXXIII.

Quand fortune permit la triste departie
De celle qui me print esclave sous ses lois,
Et qui daigne estimer aggreable le chois
Que j'ay fait de voloir l'elire pour amie;

Ayant la larme à l'oeil et la melancholie
Escrite sur le front, onc une seule fois
Elle ne sceut former son angelique vois,
Pour me dire en pleurant: Adieu, ma chere vie.

Quelque malin voulut d'un envieus langage
Medire de ce trait à mon desavantage :
Mais elle ne povoit, quittant ma compagnie,

Me dire un seul adieu, sans le dire à soy mesme,
Puis qu'elle me laissoit, avec un dueil extreme,
Le cueur qui de son tout est l'unique partie.

XXXIV.

ANAGRAMME.

Amour voulant au ciel faire la guerre aus dieus,
Et en terre asseurer l'honeur de ses trophees,
Craignant les voluntés des humains triumphees,
Qui rebelles bravoent d'un cueur seditieus,

Me fit sa lieutenante, et, devoilant ses yeus,
Ouvrit de son carquois les boucles aggraffees,
Et, versant mille traitz aus pointes etoffees
Du plus fin or, me tint ces propos gratieus :

Tien, mignone, dict-il, pren ces fleches aus mains ;
Enfonce, tire, blesse et darde les humains ;
Mais, avant, trempe les en tes graces, mignone.

Despuis, je n'ay cessé de tirer et blesser
Ceus qui devant mes yeus ont osé s'addresser.
Voilà comment à tous *ce mal d'aimer je donne.*
      Madelaine de Comier (1).

---

(1) Nous avons souligné le second hémistiche du dernier vers, qui renferme, en effet, l'anagramme de *Madelaine de Comier.*

XXXV.

ELEGIE.

Maitresse, je te prie, aye compassion
Du mal qui me tourmente à ton occasion ;
Et, puis que c'est l'archer de ta beauté divine
Qui de cent traitz dorés embrasa ma poitrine,
Aye pitié de moy, si je ne puis celer
Un mal qui ne se peut ainsi dissimuler,

Avant que l'archerot d'une beauté choysie,
Charmeur, ensorcelàt ma libre fantasie,
Je vivroy (1) bien heureux, sans que ma liberté
Eut eprouve le joug d'une captivité.
Jamais d'un dous attrait ny jamais d'une oeillade
Je ne sentis mon cueur langoureus ny malade,
Ains alloy çà et là, sans peur ou passion,
Poussé du vent leger de mon affection ;
Mais, à la fin, le ciel et l'Amour eut envie
Dessus la liberté, maitresse de ma vie.

Et tout ainsi qu'on voit, en la verte saison,
Vaguer folatrement l'azuré papillon,
Qui, sur le branle égal de ses œles dorees,
Au pre va baisotant mille fleurs peinturees,
Et qui, sans s'arrester, vole et va decevant,
Deça, dela, les pas de l'importun enfant ;
Mais, à la fin, donnant de l'œle encordelee
Aus filetz d'une airaigne, arreste sa volee :

---

(1) (sic). Il faudrait vivoy, à moins qu'on ne puisse considérer ce mot comme la forme de l'imparfait du verbe vivre, dans le vieux langage.

Ainsi, franc de souci, mon cueur alloit errant
Par dis mille beautés, sans peine discourant,
Et, sans que nulle peut se vanter de mes flammes,
Prisoit egallement l'excellence des dames ;
Quand un aveugle dieu, poinçonné de depit,
Au retz de tes cheveus esclave le surprit,
Pour mourir emprete (1) dans ceste soye fine,
Qui dore les flocons de ta blonde crepine.

C'estoit en plein hyver, que la morte saison
Depouille la forest de sa verte toyson
Et glace des costaus les pointes herissees,
Quand je senty d'Amour les premieres pensees.
Las ! he, qui eust pensé, qu'en un temps si frilleus
Tant de traitz enflammés grelassent de tes yeus !

Je benis, et le lieu, et l'heure et la journee,
Que je te vis baller le soir d'un hymenee,
Le visage couvert d'un masque deguisé,
Comme on voit le soleil souz la nue eclypsé.
Je regardoy ton port, ton maintien et ta grace,
J'avoy l'oeil attaché sus le tour de ta face ;
Mais aussi tost qu'il pleust à tes doitz graciens
Demasquer de ton front l'ivoyre pretieus,
Soudain de ta beauté l'eclatante lumiere
Vint eblouir mes yeus et serrer ma paupiere.
Je demeuray confus, et, d'un oeil offencé,
Triste, morne et pensif, mon regard abbayssé.
Ainsi, persant à coup l'ombrage d'une nue,
Phoebus de ses rayons eblouit nostre veue.

Ce ne fut toutes fois pour peu d'occasion,
Que je me rendis serf de ta perfection.
Voyant le crespe (2), honeur de la blonde tressure
Qui va refrisotant l'or de ta chevelure,

---

(1) Pour *empétré* sans doute ; ou plutôt une variante du mot *emprins, empris, entrepris,* embarrassé.

(2) Crêpe, sorte d'étoffe que l'on employait pour la coiffure des femmes, à moins que l'on ne préfère y voir une chevelure crêpée ou frisée naturellement, et qui rehaussait encore la beauté de la dame.

Ou le brave escadron des petitz dieus œlés
S'embusquent à l'abri des anneaus crepelés (1);
Voyant ce front poli d'une voute d'ivoire,
Siege de maiesté, de vertus et de gloire,
Ou le filz de Venus a, de reng eleve,
De mille cueurs vaincus le superbe trophé;
Voyant ta belle joue, ou deus vermeilles roses
Deplient à l'envi leurs plissures ecloses;
Voyant aussi briller le flambeau de tes yeus,
Et ta levre rougir d'un coral pretieus,
Et de ton chaste sein l'enflure qui pommelle,
Et comme un pin haussé ta taille droitte et belle;
Bref, ainsi te voyant tant de graces autour,
Je pensay que Venus du celeste seiour
Fust venue en ce lieu... pardonnes moy, Maitresse,
L'injure que je fis à votre gentilesse,
De figurer en vous une divinité
Qui voz perfections n'approche de beauté.

Donques, en cet erreur, pour te rendre propice,
Je volu t'adorer et faire sacrifice...
Mais, begue, je ne sceus onques tirer ma vois
Qui, poussive, haletoit dans l'estomac pantois.
Et, ce pendant, la nuit aus œles etoilees
Ramena dans le ciel ses flammelles dorees;
La feste se depart, et j'heu ceste faveur
De povoir en chemin conduire ta grandeur,
De toucher le crystal de ta main argentine
Et d'ouir soupirer ta parole divine.

Là, j'apprins que c'estoit de n'estre plus à moy,
D'asservir ma jeunesse à l'amoureus esmoy;
Fuir la compagnie, et, en lieu solitaire,
M'ecarter et choysir un exil voluntaire;
Dis mille fois la nuit en sursaut m'eveiller,
Fantastiquer le jour des chimœres en l'œr;

---

(1) V. la note 2 de la page 141.

Echanger le playsir a la melancholie,
Faire de mes soupirs une triste Aeolie (1);
Languir, pleurer, gemir; des harengues dresser,
Que, devant vous, apres, je n'ose pronuncer;
Sur le sablon leger fonder une asseurance
Et sur le desespoir bastir une esperance.
Bref, voilà tout le bien, Madame, que j'appris,
Le soir que vos beaux yeus ravirent mes espritz.

Trois fois heureus celuy qui, dedans l'ame cele,
Blessé de Cupidon, l'amoureuse etincelle,
Et qui peut seulement, pour son mal dechasser,
Le funeste secours des dœmons pourchasser :
Celuy n'a vivement senty dans la mouelle
De ce dieu furieus la pointure cruelle.
Je me flatte en mon mal et ne puis desirer
L'aide que je pourroy d'un sourcier esperer :
Les pointz entrecouplés et les artz de Medee (2)
Ne peuvent en amour servir que de risee ;
Car Amour est enfant, et sa simplicité
A ces artz tenebreus n'a point d'affinité.

Quand Nature anima les semences des choses
Dans ce grand univers confusement encloses,
En toute creature elle engrava des lois
Et de sa liberté luy deroba le chois.
Elle fit tendre en haut, aus sphæres ætherees,
Du feu chaut et subtil les flammes azurees ;
Elle fit que tousiours les fleuves et ruisseaus
Roulent dedans la mer le tribut de leurs eaus ;
Commanda que l'aymant, d'une secrete force,
Força le dur metal qui toute chose force ,
Et, dans le cueur de l'home, alluma le flambeau
Qui nous contraint d'aymer ce qui nous semble beau.
Est-ce donques peché de suyvre la Nature?
Qui fera que le fer n'ayme une pierre dure?

---

(1) Royaume des Vents.
(2) Allusion à la Chiromancie et aux sortiléges des enchanteurs.

Qui retiendra du feu les vives etincelles?
Qui bridera des eaus les courses parannelles? (1)
Qui pourra commander que nostre volunté
Ne languisse en aymant une rare beauté?

Alors que Promethé, dedans sa main subtile,
Patrona les humains d'une gluante argille,
Seule, d'un diamant, Madame, il vous forma,
Et du feu le plus beau du ciel vous anima :
Le feu pour enflammer l'amour dedans mes veines,
Le diamant pour nuire à mes poursuittes vaines.
Mais moy qui porte un cueur environné de chair,
Non ainsi comme vous façonné d'un rocher,
Ne vous esmerveillés, Madame, si la fleche
De votre oeil y a peu faire si large breche ;
Ains, à la fin, prenés quelque douce pitie
Et payés mon amour d'une mesme amitie.
Regardés mon teint bleme, et jugés, à la cendre,
Quelle ardeur s'est venue en ma poitrine espandre.
Permettós seulement que je vous ose aymer ;
Que votre prisonier je me puisse nommer ;
Et qu'onques du tableau de ma vive pensée
Vostre image ne soit par le temps effacée.

Hélas ! s'il vous plaisoit à tort me commander
Que plus je ne vous aime, il me faudroit bander
Les yeus pour ne vous voir. Ostés de vostre face
Tant de perfections ; n'ayés plus tant de grace ;
Quittes ceste vertu qui, compagne, vous suit;
Ostés ceste beauté dont vostre chef reluit ;
Et possible qu'alors j'oublieray ma flamme,
Je quitteray l'Amour, si toutesfois mon ame
Peut, en quelque façon, perdre le souvenir
Du playsir que je prendz, Madame, à vous servir.

---

(1) V. la note de la page 100.

XXXVI.

TRADUCTION DE CLAUDIAN (1).

Du jeune prince Amour victorieus
Haut dedans l'œr s'ebranla glorieus,
Et, deployant les rames de ses œles,
Droit à Venus en pourta les novelles.

En Cypres est le sommet elevé
D'un petit mont, ou le soleil levé
Va semant l'or de sa lumiere belle.
Là n'aborda jamais trace mortelle ;
De là se voit Protec Aegyptien (2)
Et les sept bras du Nile Pharien (3).
Du froid hyver la toison herissee
Ne connait oncq' son epaule glacee.
Là n'ose nuire un garbin (4) orageus,
Ny des nuaus (5) le vöele ombrageus ;
Lieu destiné au vin, à la paresse,
Et des amours la folatre caresse,
Qui de l'hyver ne sent l'austerité,
Mais du primtems l'œternelle beauté.

---

(1) *Risit Amor, placidæque volat trans æquora matri*
Nuntius, et totas jactantior explicat alas
Mons latus Ionium Cypri præruptus obumbrat, etc.
Ce fragment de Claudien, extrait de son *In nuptias Honorii et Mariæ* (V. 47), est traduit par Calignon avec une remarquable fidélité.
(2) . . . . *Phariumque cubile*
Proteos et septem despectat cornua Nili.
Selon Hérodote, Protée habitait l'Égypte. Les *Colonnes de Protée* se disait aussi de l'Égypte.
(3) Les sept bouches du Nil (V. la note 1 de la p. 154).
(4) Se dit encore, dans le midi de la France, d'un petit vent de Sud-Ouest.
(5) Nuages ou nuées.

Au fest (1) du mont, la campagne, muree
Tout à l'entour d'une haye doree (2),
Large s'estend ; ce metal jaunissant (3)
Garde des pres le thresor fleurissant.
L'on dict qu'un jour d'une oeuvre si divine
Vulcan paya les baisers de Cyprine (4),
Et luy donna, de trop d'amour coeffé,
Ce beau palais richement etoffé.

Dedans ce clos, l'email de la præric,
Sans le travail de l'humaine industrie,
Tousiours fleurit, cultivé seulement
Par un Zephyr qui soufle doucement.
Là, tousiours vert, un gracieus bocage
Aus oyseletz denie son ombrage,
S'ilz n'ont, avant que s'enfeuiller au bois,
Devant Venus fait preuve de leur vois :
Ceus qui font bien s'embusquent au feuillage,
Les autres vont adoucir leur ramage.
Feuilles et fleurs, et tout arbre à l'entour,
Vivent heureus et pratiquent l'amour :
Pour s'embrasser d'une douce alliance,
La palme, là, de la palme s'avance ;
Là, le peuplier, par le peuplier blessé,
Va soupirant, et, de l'aune prisé
L'aune amoureus, et le plaine du plaine (5),
Vont gemissant d'une sifflante haleine.

Deus sources d'eau en ce lieu vont coulant :
L'une qui tient de l'amer violent,

---

(1) Au faîte, au sommet.
(2) . . . . *Hunc aurea sepes*
Circuit, et fulvo defendit prata metallo.
(3) Allusion à la haie d'or dont il vient d'être parlé.
(4) Cyprine, pour Cypris, surnom de Vénus.
(5) Le *plagne*, nom vulgaire du platane, en Dauphiné.

L'autre du dous (1), et font une melee
D'aigre douceur et d'aigreur miellee.
L'on dict qu'Amour dedans ceste liqueur
Forge, detrempe, arme son trait veincueur.
Pres du bord vont cent petitz dieus volages,
D'age pareilz et pareilz de corsages,
Race d'Amours, freres encarquelés (2),
Jouant, grelant cent petitz traitz œlés :
Des Nymphes est ceste race divine,
Non de Venus; d'elle print origine
Le grand Amour, Amour qui dans les cieus
Governe seul les astres et les dieus,
Et qui seul fait, de sa double quadrelle (3),
Sentir aus rois la pointure (4) cruelle ;
Car des petitz est le peuple domté (5).

Dans ce palais mainte divinité
Fait son sejour : la Privauté (6) hardie,
Qui de tout neud librement se delie :
Le Soing (7) qui fait toute la nuit penser,
Et le Courrous (8) facile à rappayser ;
De mille Pleurs (9) la vague ruisselante,
Et des amans la Coleur Pallissante (10) ;
La douce Crainte (11), et l'Audace (12) tousiours
Mal asseuree aus premieres amours ;

---

(1) *Labuntur gemini fontes ; hic dulcis, amarus
    Alter,* . . . .
(2) *Encarquelés,* pour Armés de carquois *(pharetrati).*
(3) Carreau, espèce de flèche.
(4) Blessure.
(5) *Hi plebem feriunt ;* les petits dieux volages, les Amours, fils des Nymphes.
Ce sont eux qui président aux amours du commun : Cupidon, lui, se réserve les
têtes couronnées.
(6) *Licentia.*
(7) *Excubiæ.*
(8) *Iræ.*
(9) *Lacrymæ.*
(10) *Pallor.*
(11) *Metus.*
(12) *Audacia.*

Et le Playsir, entremelé de peine,
Et non jamais la Volupté certaine (1);
Et, dedans l'œr, mille et mille Sermentz (2),
Jouet pourté dessus l'œle des ventz.

XXXVII.

MASCARADE.

Deus ans sont ja coulés que la fiere Bellone,
En poinçonant le Turc d'une rage felonne,
Conquit et saccagea ce royaume ancien,
Cypre, le seul honeur du nom Venitien.
De là la Pieté, et de là la Justice
Reprint son erre (3) au Ciel, cedant à l'avarice
Du soldat insolent ; et de là disparut
Cupidon qui, despuis, au monde n'apparut.
Mais, dans l'œr elancé d'une haute volee,
Fuitif (4), abandonna sa mere desolee,
Qui pleure, qui gemit et qui promet aus dieus,
Pour recouvrer son filz, un baiser gracieus.

Le bayser publié de la belle deesse
Des dieus plus endormis reveilla la paresse :
Mercure s'en vola du celeste seiour ;
Apollon en quitta de sa Daphne l'amour ;

---

(1) *Et non secura Voluptas.*
(2) *Et lasciva volant levibus Perjuria pennis.*
(3) Reprit son vol vers le Ciel.
(4) Le manuscrit porte *fuitif*, pour *fugitif* sans doute. Le *Dictionnaire de l'Académie* donne *fuitis*, dans le même sens (v. lang.).

Et Virbie (1), et Neptune, et le vineus Lyæe (2),
Et Pluton se sont jointz d'une troppe alliée
A la queste d'Amour : he ! qui seroit le cueur
Si lache de n'avoir epousé ce labeur ?

Or ayant recherché, d'une poursuitte vaine,
Et l'enfer et le ciel tesmoins de nostre peine,
L'un et l'autre hemisphære, et l'un et l'autre bras
De la double Thetis retracés de noz pas,
Ne l'avons sceu trouver, si ces Nymphes mortelles
Ne le cachent au sein de leurs beautés plus belles.

Pourtant, si la pitié dans vostre cueur a lieu,
Mesdames, rendés nous ou ce volage dieu
Que vous tenés captif ; ou, comme Cytheree (3),
Guerdonés (4) d'un bayser nostre peine enduree.

XXXVIII.

POUR VIRBIE (5) A SA DIANE.

Diane, compassionnée
De la cruelle destinée
Qui dechira son Hippolyt,
Le tira de la barque noire,
Luy qui ne voulut de son pere
Souiller oncques le chaste lict.

---

(1) Virbius, surnom d'Hippolyte, ainsi appelé par Diane, lorsqu'à sa prier Esculape lui eût rendu la vie.
(2) Lyæus, un des surnoms de Bacchus.
(3) Un des surnoms de Vénus.
(4) Récompensez (v. lang.).
(5) V. la note 1 ci-dessus.

Ainsi vostre beauté, Madame,
D'un enfer a tiré mon ame,
Ou je mouroy souz le flambeau
D'une maitresse trop cruelle...
Soyés donc ma Diane belle,
Et moy vostre Hippolyt noveau.

XXXIX.

1.

CARTEL POUR COMBATRE A LA BARRIERE.

Nature, des grandz Dieus fidele thresoriere,
Ses graces elargit en diverse maniere :
Elle donna l'addresse et la force aus chevaus,
Les ongles aus lions, les cornes aus taureaus ;
Fit nager dans la mer les troppes ecaillees ;
Fit voler dedans l'aer les bandes emaillees ;
Arma les herissons ; et, comme par acquit,
Quelque ombre de raison à l'home departit.

Mais quand elle forma, d'une plus haute emprise,
La femme à qui seroit toute chose soumise,
Sur l'idee des dieus elle la patrona
Et de mille beautés sa face environa,
Plantant dessus son front, dans un throne d'ivoire,
L'amour, la maiesté, les vertus et la gloire,
Marques de son esprit, pour estre le patron
Ou se doit rappourter toute perfection.

Ceste perfection, haussant nostre courage,
Tous deus nous a poussés à garder ce passage,

L'un le gentil Astolfe, et l'autre Sacripant (1),
Pour prouver contre tous au coutelas tranchant,
Que, comme du soleil les tressures dorées
Surpassent de clarté les flammes aethereos,
Celles, qui donnent frein à nostre liberté,
Toute femme vivant surpassent en beauté.

2.

CARTEL DES ASSAILLANTZ.

Comme du grand soleil la lumiere cogneue
De mille rais dorés eblouit nostre veue,
Qui, toutesfois, est belle et n'offence les yeus
De l'oyseau consacré au grand pere des Dieus :
Ainsi vous, Chevaliers, dont le cerveau debile
S'eblouit aus rayons d'une beauté gentile,
En vostre aveugle esprit ne povés concevoir
La beauté que Nature en nos dames fait voir,
Pour qui nous montreron que vostre braverie
Ne degorge et vomit que vaine menterie.

3.

CARTEL DE RODOMONT (2) DEFFIANT LES DEUX PARTIS.

Celuy qui veut fonder une amitie durable
Sur la legereté de la femme muable,

---

(1) Astolfe, prince d'Angleterre; Sacripant, roi de Circassie; Rodomont, roi d'Alger. — L'*Orlando furioso* avait paru en 1516, et quoiqu'il se fût écoulé plus d'un demi-siècle depuis son apparition, ses héros étaient de plus en plus à la mode, et toutes les *mascarades* s'en ressentaient. C'est à l'occasion de l'une de ces réjouissances, que Calignon fit ces vers en l'honneur des paladins du divin Arioste.

(2) V. la note de la page 176.

Celuy veut dans les flotz, ou sur l'æle du vent,
D'un palais ruineux jetter le fondement.
La plume est bien legere, et plus encor l'areine,
Encores plus le vent de la marine plaine :
Mais la femme surpasse, en sa mobilité,
Et la plaine, et le vent, et le sable ecarté (1),
Qui, toutesfois, depite et, superbe, se vante
Qu'elle est mere de nous et qu'elle nous enfante :
Ainsi, d'un puant tige on voit naitre le lis,
Et du rosier piquant sont les boutons cueillis.

Et pourtant, Chevaliers, dont la foible puissance,
Temeraire, entreprend des Dames la defence,
Quittés vostre combat, ou le glaive aceré
Du brave Rodomont, justement choleré,
Du guerdon (2) merité payera vostre audace,
Gravant sur vostre dos, à coups de coutelace,
Un Trophé glorieus, et pillant pour butin
L'honeur de chatier vostre cerveau mutin.

4.

HARANGUE DE RODOMONT VAINCU FAR MARPHISE.

Belle Marfize, en qui les puissantz dieus
Ont deployé le thresor de leur mieus,
Qui maintenant, d'une douce victoire,
Bornes le cours de ma certaine gloire,
Si le dedain et si l'injuste chois
D'une cruelle epoinçonna ma vois

---

(1) Imitation du fameux distique :
  Quid levius pluma? Pulvis; quid pulvere? Ventus,
  Quid vento? Mulier; quid muliere? Nihil.
(2) Récompense (v. lang.).

A me venger, et de cent mille blames
Souiller ainsi l'excellence des Dames,
C'est ta beauté qui me fait ressentir
Le trait aigu d'un juste repentir.

   Non, ce n'est pas ton espee meurtriere,
Ny ton armet, ny ta pique guerriere,
Qui m'a vaincu : la douceur de tes yeus
Est de mon cueur le trait victorieus.
C'est ce beau front, ceste perruque blonde,
De qui l on voit la tresse vagabonde
S'escarmoucher de cent anneaus frisés,
Comme l on voit mille flotz appaisés,
Lorsque la mer, veuve de son orage,
Flotte et reflotte au pied du beau rivage.

   Donc je te pri, par tes perfections,
Par tes beaux yeus et par tes passions,
Soit que tu sois humaine creature,
Soit que tu sois de celeste nature,
Quelque Pallas qui se va recelant
Sous ton armet au pennache tremblant,
(Car, veu ton port genereus et ta grace,
Je croy le ciel estre auteur de ta race,)
Pardonne moy et me reçoy vaincu,
Prins et foulé au pied de ta vertu,
Pour confesser que l'ire, qui mutine
Le sang bouillant d'une chaude poitrine,
Me fit mentir, et, de legereté,
Impudemment souiller l'honesteté
D'un si beau sexe, à fin qu'une autre Dame
Mon cueur leger rallumast de sa flamme.

XL.

IMITATION DU BEMBO (1).

Celuy de qui la maladie
Pinse le filet de sa vie,
Fait mille souhaitz aveuglés,
Lors que la flevre, dans ses veines,
Verse la soif, verse les peines
Et mille appetitz dereiglés.

Mais lorsque sa flevre est guerie,
Il se rid de la reverie
De ses fantastiques desirs :
Ainsi se moque la vieillesse
Des vanités de la jeunesse,
Et se deplait en ses playsirs.

LXI.

EPITRE.

Charles (2), ensucre toy, et la levre jumelle
Et la langue, du miel qui des chenes ruisselle ;

---

(1) Le Cardinal Bembo, poéte et historien. Calignon emploie le mot du à la manière italienne.
(2) Charles Fine ou Finé du Bonnet, avocat au parlement de Grenoble, annobli en 1600 (*Arm. du Dauph.*, par G. de Rivoire de La Batie).

Puis, les deus bras croisés, ta maitresse embrassant,
Hume les longz soupir d'un baiser languissant.
Confi moi ce baiser aus fruitz de l'Arabie,
Trois goutes de nectar, trois miettes d'ambrosie ;
Puis, deplie ta langue et offre mes præsentz
Aus deus seurs que tu sçais, deus beaus estres luysantz.

Di leur que je gravay avant dans ma memoire
Les motz dont leur douceur me demanda la foire ;
Ma lyre je vendy, et mon archet tendu,
Car moy mesme plus tost je me fusse vendu
Pour la leur achetter, ou les Muses benignes
Oncq' ne me facent part de leurs faveurs divines.

Je traçay, mais en vain, plus de cent et cent fois
Les replis sinueus du pavé Grenoblois ;
Là, cherchant quelques dons dignes de leur hautesse,
Je vis de l'Orient l'estrangere richesse :
Maint rubis dedans l'or mignonement encré,
Mainte perle l'honeur du sablon Erythré (1),
Carboucles, diamantz, depouilles de l'Asie,
Bref, ce que peut voloir l'humaine fantasie.
Je l'apperceu tout là ; mais, pour conclusion,
Je ne vi rien pareil a leur perfection.

En ce trouble d'esprit, j'avise, emmi la foule,
L'image d'un grand Dieu qui devers moy se coule :
A sa verge aus serpentz, et aus deus ælerons
Qui pendoient attachés aus bas de ses talons,
Je cogneu qu'il estoit de celeste nature,
Enfant de Jupiter, et se nommait Mercure.
Pauvre escholier, dict il, recognoys tu si mal
Les vertus dont le ciel leur fut si liberal,

---

(1) La mer Erythrée, nom que l'on donnait, dans l'antiquité, à toute la partie de l'Océan qui s'étend de la Mer Rouge au promontoire Comaria, le pays des perles.

De penser recouvrer, en ceste terre basse,
Quelque chose à l'egal de leur celeste grace ?
Ne sçay tu que Jupin, ayant formé aus cieus
Ces deus gentiles seurs pour miracle à noz yeus,
De peur qu'a l'advenir l'age, qui tousiours coule,
Un tel oeuvre refit, en fit briser le moule ?
Laisse moy là ces dons qui ne leur sont duysantz,
Non plus que les chardons aus epis blondissantz,
Ou qu'au bouton rousin, qui sa robe deplie,
L'eguillon crenelé d'une piquante ortie.

A tant le dieu tira un carquan (1) pretieus,
Dont les gemmes estoient de la coleur des cieus,
Cent rayons eclatans d'azuree lumiere,
Mais l'artifice exquis surpassoit la matiere ;
Vulcan en fut l'ouvrier et, au jour nuptial,
A Venus le donna pour un gaige loyal ;
Et Venus, sus l'ardeur de ses flammes premieres,
En fit present à Mars, dieu des troppes guerrieres,
A qui je l'ay emblé (2), — dict ce nepveu d'Atlant (3), —
Luy laçant son armet au pennache tremblant :
Ores je te le donne, ensemble ceste fleche,
(Fleche qui a causé mainte amoureuse breche)
Et que je derobay — quand il tiroit un jour
Aus Graces de sa mere — en la trousse d'Amour.
Telz presentz duiront mieus à ceste couple belle,
Qui la grace et l'amour en ses cheveus recele,
Qu'un ouvrage impoli que, ça bas, les humains
Auroient grossierement fabriqué de leurs mains.
Ainsi parla Mercure; et, d'une fuitte ysnelle (4),
S'evanouit en l'æer singlant à tire d'œle.

---

(1) Carcan, collier de pierreries.
(2) Volé.
(3) Atlas était fils de Jupiter et de Clymène. Or, si Mercure était aussi fils de Jupin, il ne pouvait être que frère d'un autre lit d'Atlas, et non pas son neveu.
(4) *Isnel* ou *isniau* (v. fr.), rapide, prompt, léger.

Or, Finé, si jamais, d'une oeillade mourant,
Quelque douce beauté te rendit esperant,
(Car, veu ton bon esprit et veu ta gentilesse,
Je ne croy que tu sois depourveu de maitresse,)
Presente, je te pri, presente, moy absent,
A deus jeunes beautés mon celeste praesent.
Mais, avant que toucher à chose si divine,
Lave toy par neuf fois dans une onde argentine ;
Dresse, de gazon vert, un autel coronné
De neuf plis de vervaine, et, l'esprit estonné
D'une sainte horreur, flechi toy sur la place
Et murmure ces vers d'une parole basse :

J'appen icy ces veus, ou deus rares beautés
Permettent faire honeur à leurs divinités,
Dont je n'ose nommer le beau nom tutelaire :
L'une porte le nom de Janus, le bon pere ;
L'autre, le nom fameus de celle qui prit fin
Pour suyvre chastement le beau nom de Zerbin (1).

LXII.

MASCARADE.

Ayes pitie de ces coursaires
Que l'amour a rendus forsaires (2),
Enchainés de tes blondz cheveus ;
Heureus, si la vague flotante
Povoit tarir la flamme ardente
Qui estincelle de tes yeus !

---

(1) Zerbin, prince d'Écosse, aimé d'Isabelle, fille du roi de Galice (V. la note de la page 170). — Les deux sœurs, objet de cette épitre, s'appelaient donc Jane et Isabelle.

(2) Forçat, qui est dans les fers.

Au mesme instant que la fortune
Te fit nostre esclave commune,
Dedans tes larmes se bagnoent
Cent petitz Dieus qui, vaincueurs braves,
Nous rendoient tous des esclaves
Des graces qui t'accompagnoent.

Voilà comment Amour maitrise
Le plus souvent nostre franchise,
Ennemi de la liberté,
Et rend nostre ame prisonniere
Dessouz la loy inique et fiere
D'une prisonniere beauté.

LXIII.

MASCARADE DES ARGONAUTES.

Le desir de graver au temple de Memoire,
Maugré le vol du temps, une æternelle gloire,
A poussé d'un accord ceste brave jeunesse,
Comme un novel essain, des bornes de la Grace,
Pour aller conquerir d'un bras victorieus,
Dans le temple de Mars, le thresor precieus,
La doree toyson sur le bord que le Phase (1),
Fameus en cruauté, d'un flot superbe rase.

(1) Fleuve de la Colchide, qui se jette dans la Mer Noire.

Or, bien qu'un jeune sang bouille dans la poitrine,
Animant la vertu de la troppe divine,
Compagne de Jason, si (1) n'estoit suffisante
Leur force pour ravir la dépouille luysante
Sans l'aide de Medé, de qui l'Amour vaincueur
Aus graces de Jason assujettit le cueur.

Cette princesse donc, docte Magicienne,
Acheva les desseins de l'entreprise sienne ;
Elle luy fit domter les furieus taureaus,
Qui l'ire, qui le feu vomissoent des nareaus (2)
Contre ceus qui tachoient de ravir la toyson ;
Elle silla (3) les yeus de l'ecaille dragon,
Dragon tousiours veillant, fidele gardien
Du jardin fleurissant qu'on nomme Hesperien,
Ou ces princes entres, emeus d'une fureur,
Des rameaus depouillés saccagerent l'honeur,
Et pillerent ces fruitz qu'ilz presentent aus dames
Avec l'affection de leurs gentiles flammes.

Ces Argonautes estoient Jason, Medee, Orphee, Zethes Calais et Colchos, pilote au lieu de Typhis, lequel estoit mort au voyage. Ils entrerent à la cadence de certains vers (que l'auteur, pour bon respect, n'a voulu inserer icy) chantés par une vois accompagnee d'un luth, sonné par Orphee, et de quatre violes : Puis donnerent aus dames des oranges, grenades, melons et autres fruitz artificiellement faitz, avecque certains presentz enclos au dedans.

---

(1) Neanmoins (v. lang.).
(2) *Nareaus* pour *naseaux;* du latin *nares,* narines. On disait aussi *nurilles.*
(3) En terme de Fauconnerie, c'est Coudre les paupières d'un oiseau de proie, afin qu'il ne se débatte pas.

LXIV.

LOUANGE DE L'ESCRITURE.

Notre esprit, portion de la divine essence,
Des secretz de Nature a fouillé la science :
Dans le plus haut des cieus agilement il erre ;
Il s'abysme au plus creus du centre de la terre ;
Il sçait les noms et l'ordre, et la course certaine,
Des feus qui vont balant (1) dans la celeste plaine ;
Puis, gros de ce beau fruit, d'une bouche sçavante,
Ces mysteres sacrés aus homes il enfante.

Or, pource que l'esprit, après un certain age,
Au ciel est retiré de ce pelerinage,
Le fil de l'oraison, qui, d'une course ælee,
Sans espoir de retour va prenant sa volee,
Ne seroit suffisant pour garder la doctrine,
Que l'esprit a conçeu, d'une cure divine :
Mais les grandz dieus, qui sont de benigne nature,
Aus homes ont donné le don de l'escriture,
Rare present du ciel, fidele gardienne
Des actes les plus beaus de l'histoire ancienne,
Et qui, contre le Temps et sa faus imployable,
Entreprend de garder la science honorable,
Faisant ce qu'a l'esprit doctement inventé,
D'age en age, couler à la posterité.

---

(1) *Ballant*, de *baller*, danser (v. lang.).

LXV.

1.

MASCARADE DE DIEUS MARINS.

Ce n'estoit doncq'asses à cet aveugle enfant,
Ce petit dieu d'Amour, de se voir triomphant
De la terre et du ciel, si mesme dans les eaus
Il ne faisoit aussi reluyre ces flambeaus.

Voyés ces Dieus marins, dont le premier, Neree,
Poussant dessus les ilotz son epaule azuree,
Est venu contempler, en vostre bal heureus,
Celle qui d'entre vous le rendit amoureus :
C'est une jeune Nymphe, autant pudique et chaste
Que pleine de beauté, dont le nom est Agaste,
Pour l'amour de laquelle il veut, comme prophete,
Vous predire le bien que le temps vous appreste.

L'autre dieu c'est Proté, qui, en forme novelle,
Change comme il luy plait sa forme naturelle :
Maintenant on le voit en poisson ecaillé,
Maintenant en oyseau de pennage emaillé,
Or en fleuve, or en feu, afin de decevoir
Ceus qui leur advanture ont desir de sçavoir.
Mais si dans des liens on le peut retenir,
En sa forme naïve on le voit revenir,
Comme vous le voyés, et, d'une vois certaine,
Predire à un chacun et son heur et sa peine;
Ainsi que maintenant qu'une Nymphe marine,
L'enchenant aus liens de sa beauté divine,
Luy a fait engraver dans ces coquilles creuses
La fortune et le bien qui vous doit rendre heureuse.

Ces Dieus marins donnoient aus gentilz homes des joncs marins, et aus damoyselles des coquilles argentees, avecque des presentz enclos au dedans, ensemble des vers contenantz la prophetie des choses qui devoient advenir a ces damoyselles, invention expressement accommode au jour de la mascarade qui fut le jour des trois rois.

2.

VERS ENCLOS DEDANS LES COQUILLES.

A MADAMOYSELLE Y. D. R.

Entrés, madamoyselle,
Dans la conque jumelle
Que je vous donne, à fin
De voir en fin
Une autre Cytheree,
Dessus l'onde azuree,
D'un mouvement accort,
Nager à bord.

A MADAMOYSELLE ***.

Pour savoir de mille coleurs
Entrelasser dix mille fleurs,
Flore pour Deesse on adore;
Toy, qui d'un pouce industrieus,
Les façonnes encore mieus,
Seras nostre seconde Flore,
Si tu as pitié quelque fois
De ton Zephire Daufinois.

Il y avoit quelques autres vers, mais pour quelque consideration, je ne les ay voulu inserer icy.

LXVI.

ODE A UNE EPOUSEE.

Nymphe, qui dedans tes yeus
Loges le dieu gracieus,
Qui, au mouvoir de ses æles,
Dans le cueur de ton amant
Doucement va ranimant
Ses gentiles etincelles.

Nymphe, de qui la beauté,
La honte et la chasteté,
Fait mille amoureuses breches,
Mais qui d'un tant seulement
Veus alleger le tourment
Et retaindre les flammeches.

Si, gracieuse, il te plait
Escouter le dous souhait
Que je t'offre pour estraine :
Je desire que le sort,
Dans demain, ce grand Montfort (1)
De la France nous rameine (2).

---

(1) Il y a eu une famille de ce nom, qui possédait la maison forte de Crolles, dans le Graisivaudan, et qui est tombée en quenouille (*Armorial du Dauph.*, par G. de La Batie) à la fin du XVe siècle, par deux filles : Marguerite, mariée à Guigues Coct, seigneur du Châtelard, Trésorier de France, et Françoise, épouse de Rodolphe de Cognoz. Coct rendit hommage en 1519, comme successeur aux biens de Pierre de Montfort, par sa fille Marguerite, et nous supposons que celle-ci aura relevé le nom de son père en le faisant porter par ses enfants.

(2) Du temps de Calignon, on disait encore en Dauphiné, comme en Provence, — et comme de nos jours en Savoie, — de quelqu'un qui avait quitté sa province pour aller à Paris, par exemple : il est en France ; il revient de France.

Si tu as affection
D'en sçavoir l'occasion,
Ton epous te la doit dire,
Lors qu'il te fera payer,
Tout une nuit, le loyer
De son amoureus martyre.

LXVII.

1.

A MADAME D'OURCHES (1),

POUR DONNER EN UNE MASCARADE.

Ces bergers que tu vois venus d'un lieu champestre,
A la rage des lous ont quitté (2) leur troupeau,
Pour paitre leur esprit en ce lieu le plus beau,
Et le plus accompli.....

2.

A MADAMOYSELLE D'OURCHES (3).

Engendre nous un filz aussi vaillant et sage,
Comme l'est son ayeul, et qui porte au visage
La vertu de son pere et ta pudicité :
On verra des pasteurs le desir limité.

---

(1) Laurence, fille du baron de Gordes, gouverneur du Dauphiné, avait épousé Rostaing d'Urre, seigneur d'Ourches, qui mourut en 1570 des suites d'une blessure reçue, en combattant, près de Montélimar. Or, de Gordes s'étant marié en 1552 avec Guigonne Alleman, et ayant eu d'elle six enfants, dont Laurence, nous sommes assez embarrassé pour connaître l'âge de la jeune *madamoyselle d'Ourches*, à qui notre poète souhaite un fils.
(2) Dans le sens d'*abandonner*.
(3) Fille de Laurence de Gordes.

3.

A MADAMOYSELLE HONORADE D'URRE.

Nymphe, qui sur le front portes la chasteté
Et l'image d'honeur si vivement emprainte,
Celuy qui te donna ce nom d'honesteté
En toy prophetisa ceste vertu si sainte.

4.

A MADAMOYSELLE D'URRE, FIANCEE.

Quand mesme le dieu Pan Palas espouseroit,
Deesse des bergers, belle Nymphe oreade (1),
Des pasteurs d'environ la gentile brigade,
Pour les nopces, et Pan et Palas quitteroit.

5.

A MADAMOYSELLE DE LA TOUR,
DAMOYSELLE DE MAD. DE CH.....

Bergere, si jamais il te prenoit envie
Dedans un ruisselet de mirer ta beauté,
Pour te voir plus a plein, mire toy dans la vie
De Charpey (2), le miroir de toute chasteté.

---

(1) Les Oréades étaient les Nymphes des montagnes.
(2) Laurent Charpey, d'une famille du Valentinois, conseiller, secrétaire du Roi, maison et couronne de France en 1621. Ne serait-ce pas plutôt son père? Ce doute nous vient, en rapprochant ce quatrain de celui de Mlle d'Ourches distribué dans la même *mascarade*.

LXVIII.

TRADUCTION DE SAPPHO (1).

Ja la Pleiade est cachee,
Deja la lune est couchee,
L'heure oportune s'enfuit :
Deia la minuit se coule,
Et moy, pauvrette, je foule
Mon lict seule et sans deduit.

LXIX.

HYMNE SUR LA MORT DE MONSIEUR DE BRESSIEUS (2).

Comme un brave seigneur, lorsque les destinées
De ses parentz cassés ont borné les années,
Refouillant ses thresors, compte parmy ses biens
D'un grand nombre d'ayeulz les habitz anciens,

---

(1) Calignon a écrit *Sappho*, au lieu de *Sapho* ; c'est, en effet, l'orthographe de ce nom en grec, Σαπφώ.

(2) La famille de Bressieu tomba en quenouille par Alix de Bressieu, qui transporta cette terre à la famille de Grolée ; et Jean de Grolée, son petit-fils, ayant épousé Marguerite de Meuillon (Mevillon ou Mevouillon), leur postérité joignit ce titre à celui de Grolée. Cette branche prit fin par Louis de Meuillon de Grolée, marquis de Bressieu, comte de Ribiers, premier écuyer de la reine Marie de Médicis, lequel n'eut pas d'enfant de son mariage avec Marguerite de Morges, sa nièce. Ce ne peut être ce personnage dont Calignon a voulu chanter les exploits ; mais, d'après diverses remarques qu'il serait trop long de développer ici, nous sommes porté à penser que ce doit être son père, François de Meuillon, capitaine de cinquante hommes d'armes, dont parle M. Lacroix dans ses *Études sur le canton du Grand-Serre* (*Bull. de la Soc. d'arch. de la Drôme*, 1868, p. 205), et qui mourut en Auvergne, en 1568, au service du Roi.

Dont, ravi de merveille, il contemple la sorte,
Admire la façon, et jamais ne les porte ;
Car il s'orne des siens qui surpassent ces vieus,
D'autant que nostre siecle est plus industrieus ;
Ainsi quand je voudroy, pour celebrer ta gloire,
Fouiller au creus du sein de l'antique memoire,
Louant les devanciers dont la vertu luysante
Fait reboucher (1) du temps la faucille mordante,
Tu ne voudrois, Bressieus, Bressieus, ame divine,
Maintenant dans le ciel jointe à ton origine,
Tu ne le permettrois ; tu trouverois estrange,
Des ayeulz enfumés emprunter la louange.

Quand je diroy comment ta race qui foysonne,
Feconde en dignités, fatalement s'adonne
A regir ce païs, et, au veuil de son prince,
Prosperer d'un bonheur le peuple et la province ;
Quand de ce grand Meullon (2) je viendrois à decrire
La valeur deployée au secours de l'empire,
Allegant, pour son loz (3), et sa bulle et son seau,
D'ou pend en or gravé l'imperial oyseau (4) ;
Bref, quand je pourroy bien, d'une longue deduitte,
De tes nobles ayeulz chanter la double suitte,
Je sçay qu'un tel honeur ne te viendroit à gré,
Car ta clere vertu passe leur los sacré.
C'est pourquoy je ne veus, de leur depouille vaine,
Enrichir ton tombeau ; c'est assés si ma veine
Talonne ta vertu, qui, d'un vol glorieus
Bravement elancee, outrevole les cieus.

---

1) Se fausser, se replier (*Dict. de l'Acad*).

(2) La famille de Bressieu, par ses alliances avec la famille de Grolée et par consequent avec celle de Mevouillon (ou Meuillon), comptait, parmi ses ancêtres, *le grand Meuillon*. Il ne peut s'agir ici, nous le supposons du moins, que de Raymond de Mevouillon, qui fit reconnaître et sanctionner son indépendance dans les Baronnies, en 1166 et 1178, par les empereurs d'Allemagne, qui ne se réservèrent que la suzeraineté.

(3) Louange (v. lang.).

(4) La bulle et le sceau de l'Empire. Ce sceau portait, en effet, un aigle éployé, tel que nous le voyons encore sur les bulles de plomb des évêques de Saint-Paul-Trois-Châteaux, avec la légende : AQVILA IMPERATORIS ROMANI.

Vous, peintres excellentz, qui, d'un docte pinceau,
Vous, subtilz engraveurs, qui, d'un hardy cizeau,
Animés, polissés le vif d'une peinture,
L'orgueil d'un marbre net, vrais singes de Nature,
N'appourtés en ce lieu, pour sa perfection,
La plus gentile idé de vostre invention.
Tant de marbres muetz, tant de piliers dorés,
Tant d'animés tableaus en vain elabourés,
Ne servent qu'aus couardz, dont l'ame cazaniere
N'abandonna jadis la native poudriere (1).

Non comme toy, Bressieus, qui, aussitost que l'age
Fit boullonner l'ardeur de ton jeune courage,
Vis le ciel Piedmontois, afin que ta jeunesse
Sondast au coutelas l'hespagnole prouesse.
Là (2) dejà, conduysant dans la bande ennemie
Le bataillon pressé dune troppe hardie,
Ou ta vertu donnoit l'avantcoureur presage
D'estre un jour recogneu pour chef vaillant et sage ;
Là, tu conceus le soin des batailles sanglantes ;
Là dejà commençoent tes vertus flamboyantes,
Comm' un astre lavé dedans l'onde marine,
A te tracer au ciel une sente (3) divine.

Mais lors que la verdeur de ton jeune printems,
S'ecoulant, donna lieu au meilleur de tes ans,
Tu gagnas du soldat si bien l'affection
Et les chefz Daufinois à ta devotion,
Que les soldatz pour pere, en ta blanche veillesse,
Et les chefz, t'avouoent prince de la noblesse.

Despuis, quand la fureur d'une civile rage
Sur le chef des François fit greler son orage,
Et que, de ce païs les bornes delaissantz,
En proye nous quittions la douceur de nos chams ;

---

(1) Poussière (v. lang.).
(2) Le ms. porte Jà, mais le sens veut Là.
(3) Sentier, chemin (v. lang.).

Lors, prestant la vigueur de ta puissante epaule
Au fais qui plus pressoit nostre françoise Gaule,
Lon te vit, animé pour le sceptre de France,
Rendosser le harnois et recreper (1) la lance,
Chasser des plus couardz la panique terreur,
Domter des plus mutins la bouillante fureur,
Faire de tes chateaus la retraitte commune
De tous ceus, qui, voulantz eviter l'infortune,
Dans le temple sacré de ta sainte asseurance
Du reste de leurs biens deposoient l'esperance.

Qui a point veu courir au pris Olympien (2),
Comme un vent orageus, le cheval Thracien,
Qui ja, demirecreu (3) et tanné de poudriere (4),
Approche de cent pas le bout de la carriere,
Suant et haletant, soufflant à grosse haleine,
Et prest a defaillir sans la borne prochaine,
Qui, son courage celant d'un emplumé desir,
Luy fait en un moment la carriere franchir?
Ainsi, ayant touché les honneurs de ta vie,
Lon verroit sur le champ defaillir ma Thalie (5);
Mais la mort, qui t'orna d'une gloire œternelle,
Renforce mes espritz et à toy me rappelle.

Ja, dedans noz maisons, ce peuple hautain et brave (6),
Qui moissonne les champs que la Garonne lave,
Commençoit à piller, et, d'un cruel ravage,
Deployer la fureur de sa depite rage.
Au son de leurs tambours Bressieus se reveilla,
Print les armes au poing, la noblesse appella,

---

(1) Remettre à neuf.
(2) Les Jeux Olympiens se célébraient tous les cinq ans. Chacun sait que ces fêtes tiraient des courses de chars leur principal et plus brillant attrait.
(3) *Recru*, harassé, las, excédé de fatigue (*Dict. de l'Acad.*). *Demirecreu*, à moitié harassé.
(4) Couvert de poussière ressemblant à celle du tan.
(5) Muse de la Poésie lyrique.
(6) Les huguenots du Languedoc.

Tria la fleur d'icelle, et, dans sa fantasie,
Desseigna (1) de mourir pour venger sa patrie.
Il poursuit l'ennemi qui devant luy n'arreste,
Mais redouble, craintif, le pas de sa retraite
Jusqu'au lieu de Ganap (2), ou le dieu belliqueur
Conspira le trespas de ce puissant seigneur.

Ja l'alarme sonnoit ; deja les bataillons
Commençoent à lacher le foudre des canons,
Quand il baissa la lance, et, la teste tymbree (3)
De l'éclair flamboyant d'une armure doree,
Et fendant l'epesseur de la troppe guerriere,
Faussa de l'ennemi l'ordonance premiere,
Qu'il chassoit devant luy, comme l'aigle cruelle
Le pigeon deniché singlant à tire d'œle.

Là fit il tout devoir d'un prudent chef d'armée,
Fut animant les siens d'une vois enflammee,
Fut bastant l'ennemi, ou ralliant unis
Les soldatz ecartes de leurs rangz eclercis :
Mais cent bouletz souffrés, ennemis de sa gloire,
Luy ravirent du poing le pris de sa victoire
Et le firent broncher, estendu sur la plaine
Comm' un pin accablé de la venteuse haleine,
Laissant, par son trepas, la victoire douteuse,
Et, à nous, le regret de sa mort glorieuse.

---

(1) Projeta (v. lang.).
(2) Nous avons fait part à M. Lacroix (cité dans la note 2 de la p. 191) de nos doutes au sujet du nom de ce combat que nous ne pouvions localiser, et il nous a fourni sur *Ganap* une note qui tranche, croyons-nous, la difficulté qui se dressait devant nous. « Gannat, *Gannatum* ou *Gannapum* (Dict. Dezobry et Dict. Bouillet), du département de l'Allier, appartenait autrefois à l'Auvergne (Dict. de Bruzen de La Martinière), et en fut détaché en 1210, selon Dezobry. » Comme cette ville était rapprochée de l'Auvergne dont elle avait fait partie, il est de toute évidence, rapprochant de la mort de Bressieux les faits que nous venons de citer, que c'est de Gannat que le poète a voulu parler. Sans doute, à son époque, *Ganap* était encore le nom de cette petite ville.
(3) Se dit, en termes de blason, d'un écu couvert d'un casque ou timbre.

Je te salu, Bressieus, sage, preus chevalier,
Gentilhome ancien, honorable guerrier,
Novel hoste des cieus, et te salue aussi,
Daufiné, ton païs, ta cure, ton souci,
Qui pleure, en dechirant ses habitz entaillés (1)
Du poisson conducteur des monstres écaillés,
Procure (2) que le ciel, d'une bone influence
Oeillade (3) doucement le lieu de ta naissance,
Et mon hymne reçoy, non le style rampant
D'un epitaphe bas ; l'epitaphe est duisant (4)
A ceus qui sont conçus de mortelle semence,
Non aus heròs yssus de la divine essence.

L.

SUR UN TABLEAU.

Apelles ne sceut oncq'en un mesme pourtrait
Representer le vif de deus diverses faces :
Ce peintre, plus hardy, tira d'un mesme trait
Les Muses et l'Amour, Apollon et les Graces.

---

(1) Sculptés, ciselés (v. lang.), décorés de l'effigie du dauphin. On sait que le Dauphiné a toujours été représenté avec l'image de ce poisson brodée sur ses vêtements.

(2) Fais en sorte (v. lang.).

(3) Regarde, considère (v. lang.).

(4) Se dit, dans le v. lang., de ce qui duit, de ce qui plaît.

LI.

A LA MERE D'UNE ESPOUSÉE.

Pour enfanter un second Peleide (1),
La mere joint sa belle Nereide (2)
Au chaste lict de ce second Pelee :
Divines sœurs que Parnasse revere,
Engendrés nous quelque second Homere
Pour celebrer ce futur Achillee (3) !

LII.

EPITHALAME.

Telle que nageoit Erycine (4)
Sur le dos de l'onde marine,
Quand sa coquille vint à bord,
Et, calmant le mutin orage
Qui grondoit au flot du rivage,
Se lança dans le sein du port.

Cent petitz dieus, de qui les fleches
Faisoient mille plaisantes breches,

---

(1) De même qu'on dit les *Atrides* pour la race d'Atrée, les *Néréides* pour les filles de Nérée, Calignon a créé ce mot pour dire Un nouveau descendant de Pélée, père d'Achille.

(2) Les Néréides étaient les nymphes de la mer.

(3) Achille. Le poète a laissé sa forme grecque à ce nom.

(4) Surnom donné à Vénus, du temple élevé en son honneur sur le mont Eryx, en Sicile.

Autour de son chef (1) voletoent :
Et les gentiles nymphelettes,
Coupant le flot des ondelettes,
Sa petite barque pourtoent.

Partout ou passoit la deesse,
Le ciel parfumait sa bellesse (2)
D'un Arabie de senteurs (3);
Les oeilletz, les lis et les roses
Le pli de leurs feuilles ecloses
Peinturoent de mille coleurs.

Les Tritons, d'une haleine forte,
Embouchoent leur coquille torte (4),
Suyvis des grandz monstres marins;
Et la gaillarde troppe ælee
D'oyseaus à la robe emaillee
Fredonnoit des hymnes divins.

Telle nostre epouse se porte,
Blessant noz voluntés, de sorte
Que le ciel mesme en est jalous :
Mais sa beauté chaste et divine
Ne veut estre la medecine
Que d'un seul blessé d'entre tous.

Tousjours, mignonne, souz ta plante (5),
Naisse l'immortel amarante,

---

(1) Pour *tête*; a vieilli.
(2) Pour *beauté*; mot forgé de l'italien *bellezza* que nous avons vu Calignon employer dans la XXV⁰ pièce de ce recueil.
(3) L'Arabie est le pays des parfums; on disait autrefois *senteurs*, mais ce mot a vieilli.
(4) Pour *torse*.
(5) La plante de tes pieds.

La parvanche et l'oeillet doré ;
Tousjours l'Amour, tousjours la Grace,
Tousjours puisse la belle audace (1)
Nicher en ce front honoré.

Gouste du lict les mignardises,
Les jeus, les combatz, les feintises (2)
Et les dous mysteres sacrés ;
Fai que tes deus levres jumelles,
Plus que les douces columbelles,
Mignardent de baysers succrés.

Mais, si tost que la belle corne
De Phebé touchera la borne
De tes neuf mois laborieus,
Que Lucine (3) te face mere
D'un enfant, qui porte du pere
La vertu, le front et les yeus.

LIII.

ODE A MADAMOYSELLE *** (4).

Quand le grand pere des dieus (5),
Qui forge, a pointes aigues,
Son tonnere audacieus
Aux vagues replis des nues,

---

(1) L'audace est une hardiesse excessive ; ce n'est pas une qualité à souhaiter à une femme, encore moins à une jeune épouse. Calignon a sans doute voulu dire *la candeur* ou *un air aimable*.
(2) Feintes, ruses (v. lang.).
(3) Surnom de Junon présidant aux accouchements.
(4) Nous ignorons à qui cette *Ode* est adressée ; mais nous déclarons, en tout cas, que c'est un modèle de fatras.
(5) Ne pas lire *le grand-père ;* c'est le grand, l'immortel Jupiter.

Pour chanter un jour la gloire
De la celeste victoire
Qui fit broncher les geantz (1)
Sur les sillons Phlegreans (2),
Engendra, dedans Memoire (3),
La belle troppe des seurs
Qui mignardent les douceurs
De leur chant avec l'ivoyre.

Lors le Dieu Cyllenien (4),
Adoré sur les herbages
Que l'acier Arcadien
Va tondant pour pasturages,
Sentant, dedans sa moüelle,
Glisser la vive etincelle
Qui embrasoit son desir
D'un amoureus souvenir,
Quitta sa deuzieme sphære,
Pour aller voir la beauté
Qui tenoit sa liberté
Heureusement prisonniere.

D'un mantelet azuré
Il affubla sa poitrine,
Et son beau chef honoré
Tymbra d'une capeline (5):

---

(1) Les Titans.

(2) Phlégra, ville de Macédoine, fut, dit-on, le lieu du combat des Titans contre Jupiter. Il est vrai que l'on donne aussi le nom de *Champs phlégréens* aux campagnes des environs de Cumes, en Campanie, où l'on plaçait également le lieu de ce combat, à cause des flammes qui s'élevaient fréquemment de son sol.

(3) Mnémosyne ou la déesse Mémoire, mère des Muses. Quoi qu'en dise Galignon, Erato, seule, était représentée tenant une lyre, d'*ivoire* si l'on veut, comme présidant aux poésies lyriques.

(4) Mercure, ainsi nommé de la montagne de Cyllène, en Arcadie, sur laquelle il était né.

(5) Il mit sur sa tête une *capelline* (terme de blason), espèce de casque. Pour *tymbra*, V. la note 3 de la page 195.

D'une œlee taloniere
Arma sa plante legere (1),
Empoigna son caducé
De coleuvres hérissé ;
Trois fois sur l'œle doree
Son corps en l'œr ebranla,
Puis à la fin s'en vola
De la cœleste contree.

Penchant le sein et les bras,
Et rouant (2) à longues traittes,
Ce dieu ramoit contre bas
Par les campagnes cœlestes.
Bien loing, derriere sa course,
Il a déjà laissé l'Ourse (3)
Et les feus etincelantz
Des dieus en ordre balantz (4) ;
Ja les montaignes hautaines,
Les mers, les bois et les champs,
Se decouvrent blondissantz
Sur les collines prochaines.

La grand epaule d'Atlas,
A l'ecart de nostre monde
Ou le soleil dejà las
Lave sa perruque blonde,
S'eleve, parmy les nues,
De mille pointes cornues,
Et son doz laborieus
Preste à la voute des cieus ;
De sa barbe herissee
Cent fleuves sont decoulantz,
Et les vagues ruisselantz
Sur sa poitrine glacee.

---

(1) Mit des ailes à ses talons.
(2) Tournant, roulant (v. lang.).
(3) La constellation de l'Ourse.
(4) Les étoiles dansant (*balantz*) en ordre dans l'espace.

Sur la croppe de ce mont,
Voysin de l'arche etoillee,
Le Dieu, d'un agile bond,
En fin borna sa volee :
La, selon sa fantaisie,
De l'oeil il choysit l'Asie ;
De la, l'Europe et les bords
De l'Aphrique au poil retors (1);
De là, les noveaus rivages
De ces peuples reculés
Qui furent jadis celés (2)
Aus anciens navigages.

Mercure, de tout costé
Tournant sa veue estonnée,
Va voir en fin la beauté
D'une Nymphe bien peignee,
Qui, sus le bord ou la Saone
Paye son tribut au Rone,
Alloit butinant les fleurs
De l'avril et ses douceurs :
Ha dieu ! dict il, quelle grace !
Quel noveau feu ! quelz attraitz !
Quelle douceur ! mais quelz traitz
Volent autour de sa face !

Comme un bel astre, coulant
Dedans la marine glace (3),
A sa queue va trainant
Une lumineuse trace,
Parmy les estoiles nettes,
De feus, de rais, de bluettes (4) :

---

(1) Aux cheveux crépus.
(2) Cachés, inconnus à la navigation de l'antiquité, l'Atlantide de Platon sans doute.
(3) Le miroir de la mer.
(4) Claires, transparentes, pures.

Ainsi vola, flamboyant,
Mercure s'ebanoyant (1),
Et, de longues halenees (2),
Aus avirons (3) azurés,
De ses œlerons dores
Fendit le ciel par ondees.

Bien loing, à gauche, il laissa
Les Canaries heureuses (4),
Et, près des Gades (5), passa
Les grandz vagues fluctueuses.
A droitte, il vit la Majorque
Et sa voysine Minorque,
Et, de loing, perdant le roc
Qui fait ombrage à Maroc,
Vola par dessus l'Hespagne,
Traversa les Pyrenés
Et les peuples fortunés
Que l'eau de Garonne bagne (6).

Ainsi qu'un noveau croissant,
Par les nuageuses voiles,
Eclate d'un ray (7) luisant
Entre les moindres estoiles,
A soy tirant, attachee,
Et la veue et la pensee
Du pasteur qui, peu à peu,
Le voit ou pense avoir veu;
Ainsi la Nymphe mortelle
Bien haut apperçut, en l'œr,
A tire d'œle singler
Le Dieu qui fond aupres d'elle.

---

(1) S'égayant, se divertissant, prenant ses ébats (v. lang.).
(2) Respirations (v. lang.).
(3) Environs (v. lang.).
(4) On les connaissait autrefois sous le nom d'*Iles heureuses*.
(5) Gadès, nom ancien de Cadix, le détroit de Gibraltar.
(6) Baigne, arrose.
(7) Rayon.

Si tost la belle ne vit
Mercure au bord du rivage,
Que, tremblante, elle s'enfuit
Dans le fond d'un verd boccage :
Les ventz portent la frisure
De sa blonde chevelure,
Et ses tortis anneles
Flottent en l'œr ondelés (1);
La peur, qui de violettes
Et de lis peignoit son teint,
Lui faisoit pleuvoir du sein
Une moisson de fleurettes.

Ou fuis tu ? disoit le Dieu,
Las ! ou fuis tu, ma mignone ?
Amour, du celeste lieu,
Pour ta beauté m'epoinçonne.
Je ne poursuy ta carriere (2)
Pour te faire prisonniere :
C'est moy, mignone, c'est moy,
Qui suis captif souz ta loy.
Veus tu resister, cruelle,
Contre ma divinité ?
Et contre la majesté
D'Amour seras tu rebelle ?

Mais elle, oyant ceste vois,
Par une epineuse sente (3)
Brossoit (4) attravers le bois ;
Et Mercure, qui lamente,
Haste, suit, presse, talonne
La Nymphe qui l'eguillonne,

---

(1) *Tortis*, dans le v. lang. signifie *couronne* ou *espèce de tresse*; nous pensons qu'il faut interpréter ces mots par Et ses tresses, en forme de couronne ou d'anneau, flottent dans les airs avec mille ondulations.

(2) Ta course.

(3) Sentier (v. lang.).

(4) Terme de vénerie. Se dit d'un cerf qu'on entend marcher dans la partie la plus fourrée d'un bois.

Touchant dejà ses beaux yeus
De son sceptre merveilleus.
Alors la douce guerriere
Sentit le jus gracieus
Des pavos oblivieus (1)
Couler dessus sa paupiere.

Un dous sommeil endormit
Sa carriere chancellante,
Et Mercure la saysit
Entre ses bras languissante :
Son deuxieme pucelage
Recouvert sus le rivage
De Nauplie aus sacrés bordz (2)
Se perd entre mille effortz.
De leurs amours babillerent
Les oyseletz peinturés,
Et, des antres separés,
Les Oreades hurlerent (3).

Si tost le somme gluant
Ne vint dessiller sa veue,
Que Mercure, en haut volant,
Se perdit dans une nue.
La belle d'ennuy pressee,
Le regret en la pensee,
La honte dessus les yeus,
Courut au bord fluctueus (4)
Que l'eau de la Saone bagne,
Pour precipiter le cours
Du beau filet de ses jours
Dans son humide campagne.

---

(1) Qui font perdre le souvenir.
(2) Nous ne savons où nous avons lu que les eaux de Nauplie avaient la vertu de rendre leur virginité première aux femmes qui venaient se baigner dans leurs ondes. Trouville n'a pas encore retrouvé cette merveilleuse faculté. Il est vrai que Nauplie possédait un temple d'Esculape.
(3) Les Nymphes des montagnes poussèrent des cris prolongés de leurs grottes éloignées les unes des autres, en firent retentir les monts.
(4) Agité (v. lang. : coulant).

Dessouz l'azuré palais
De sa vague replissee,
Le fleuve entendit la vois
De la Nymphe desolee ;
Puis sortant, la teste ceinte (1),
D'une naturelle enceinte
De cannes et de rouseaus,
Et pressurant (2) les anneaus
De ses moustaches frisees,
Ainsi flatta (3) les doleurs
De la Nymphe, dont les pleurs
Faisoent pleurer les vallees.

Nymphe, dict il, si jamais
La peine suyvit l'offense,
Ne lamente desormais
Cette inique violence :
De ta divine pourtee (4),
Une deesse allaitee
Avecque l'age croitra,
Qui mille fois vengera
Le tort, le forfait, l'audace
De ces tyrans odieus,
Et poussera jusque aus cieus
La vengence de sa race.

Elle, qui scaura les jeus
Du paternel artifice,
Dans le cloitre sourcilleus
Du supernel (5) œdifice
Prendra tout ce que Nature,
D'une industrieuse cure,

---

(1) Entourée de plantes aquatiques ou plutôt de branches de saule, comme on le verra à la page suivante.

(2) Pressant.

(3) Chercha à adoucir, à consoler.

(4) Portée. Le *Dict. de l'Académie* définit ce mot par Ventrée, totalité des petits que les femelles des animaux quadrupèdes portent et mettent bas en une fois. Il est vrai que Calignon n'avait pas lu le Dictionnaire de l'Académie.... Mais c'est égal, le mot n'est pas flatteur pour une Nymphe aimée de Mercure.....

(5) Supérieur, céleste (v. lang.).

De rare, de pretieus
A façonné pour les dieus.
Ainsi les deesses pales (1),
De cizeaus diamantins,
Engraverent ses destins
Aux vieilles tables fatales.

A tant (2) le dieu replongea
Sa teste ceinte de saule
Et souz les ondes nagea,
Poussant l'eau de son epaule ;
De la vague jallissante
Une escume blanchissante
Le suit, et va tournoyant
D'un tourbillon ondoyant :
Tandis (3), la Nymphe au sein large (4)
Sentit, aus chams Lionnois,
Enfler avecque les mois
Sa douce plaisante charge (5).

Phœbé neuf fois redora
Sa belle corne divine,
Ains (6) que la belle endura
Les epraintes de Lucine (7).
Trois jours entiers, l'inhumaine,
Et troys nuitz, la tint en peine ;
Puis, à la fin, embrassant
Un aubepin fleurissant,
Fichant ses genous d'ivoyre
Dessus la terre, enfanta
Celle qui au ciel porta
Les colomnes de sa gloire.

---

(1) Les Parques.
(2) Alors, enfin, cependant (v. lang.).
(3) Pendant ce temps (v. lang.).
(4) Qui s'élargissait.
(5) Sa *divine pourtée*.
(6) Auparavant (v. lang.).
(7) Les angoisses de l'accouchement.

Sitost Clidie ne fut
Du sein de sa mere eclose,
Que Minerve la receut
En sa belle main de rose ;
On vit le bel amarante,
Et les oeilletz, et la plante
Escrite du nom des rois (1),
A son enfantine vois,
De cent coleurs diaprees
Repeinturer leurs beautés,
Et d'ayse, aus lieux ecartés,
Sauter les vertes Napees (2).

Themis, du vouloir du ciel
La secretayre choysie,
Clidie abbreuva de miel,
De nectar et d'ambrosie,
Qui, d'une main ja subtile,
Pour son coup d'essay, luy pille
Et l'industrie et le chois
De pouvoir donner les lois,
Et ployer souz sa puissance
Des peuples la volunté,
Qui, ravis de sa beauté,
Luy rendent obeissance.

Elle qui, sus le coupeau (3)
Aus deus enflures jumelles,
Habita des le berceau
Entre les doctes pucelles,
Leur deroba, de finesse,
Cette lyre charmeresse

---

(1) La fleur du lis ?
(2) Nymphes des prairies et des bocages.
(3) Sommet, cime d'une montagne (v. lang.). — Tout le monde sait que le Parnasse était habité par les Muses et que les poëtes l'ont toujours appelé *le double mont, la double colline.*

Qui, d'accordz emmielés,
Rend les chenes oreillés (1),
Et ceste vois chanteresse (2)
Qu'à sa sœur elle donna,
Qui si doctement sonna
De sa lyre enchanteresse.

Amour elle depouilla
D'arc, de carquois et de fleches;
A Cytheree (3) elle embla (4)
Ses doucereuses flammeches;
Aus trois Charites (5), la grace
De leur aggreable audace;
A l'Aube, ses doitz rosins (6);
A Thetis, ses piedz marbrins (7);
A Mercure, sa faconde;
A Junon, sa chasteté;
A Jupin, la majesté
Dont il gouverne le monde.

Les vieus monumentz, prisés
De ces ames bienheureuses,
Jadis immortalisés
De plumes industrieuses,
Poussant leur sçavante gloire
De l'un à l'autre hemisphœre,
Fut le butin pretieus
De ses doitz ingenieus :

---

(1) Donne des oreilles aux chênes.
(2) Mot forgé de l'italien *cantatrice;* nous avouons, du reste, ne pas comprendre l'allusion des trois derniers vers.
(3) Vénus.
(4) Vola.
(5) Les Grâces. — On les représentait avec un air riant; serait-ce là ce que Calignon appelle une agréable audace?
(6) L'Aurore aux doigts de rose : *rosins,* notre poëte forge beaucoup de ces mots-là.
(7) De marbre (v. lang.).

Avec ses thresors, Claudine (1)
Entra dans le sueil (2) doré
Du grand palais œtheré
Par une sente (3) divine.

Là, fouillant dedans le sein
De nostre mere Nature,
Elle mesura soudain
La cœleste architecture ;
Elle apperceut les voies
Des lumieres emperlees
Et les monumentz œlés
Des planetes deregles,
Vit les causes œternelles
Qui forcent noz voluntés,
Et de ces divinites
Deroba tous les modeles.

Voyant le grand oeil des cieus (4),
En sa coche (5) vagabonde,
Dans le cercle sinueus
Faire son oblique ronde,
Elle pilla de ses flammes,
Origine de nos ames,
Les rayons plus allumés
En ses cheveus enflammés :
De ces feus, belle Clidie,
Ta main ouvriere animoit
Les pierres, qui recevoit
De toy mouvement et vie (6).

---

(1) Nous avouons ne plus comprendre : Claudine est, sans doute, considérée ici comme synonyme de Clidie.
(2) Seuil.
(3) Sentier.
(4) Le Soleil.
(5) Son char.
(6) Il paraît que Clidie était statuaire.

Mais de tout oeuvre noveau
Dont tu façonnas l'essence,
Le chef d'oeuvre le plus beau
Qui de toy print sa naissance,
Ce fut deus fines perlettes
Dont les actions honestes,
Et le beau chaste maintien,
Compassé (1) dessus le tien,
Fait que les doctes Deesses,
Les Muses aus blondz cheveus,
Favorisent toutes deus
De leurs plus douces caresses.

Phœbus qui voit cependant
Sa chevelure accoursie (2),
Et noircir le firmament
De sa lumiere obscurcie,
Eut peur qu'on ne vit du monde
Faire une masse seconde (3),
Et ses poles clochés (4)
En un chaos trebuchés (5).
A donc (6) l'archer du tonnerre,
Jupiter, ainsi parla :
(Au son de sa voix trembla
Le fondement de la terre).

Donc, ces mortels vitieus,
Dict il, nation rebelle,
S'armeront contre les dieus
D'une Pandore novelle,
Dont les mains au ciel guidees,
Pillant mes belles idéees,

---

(1) Mesuré, bien réglé.
(2) Devenue plus courte.
(3) Un second chaos.
(4) Rendus boiteux ? — Même sans cela, le vers *cloche*. Calignon a voulu dire sans doute : Et ses *deux* poles clochés.
(5) Tombés.
(6) Alors (v. lang.).

Dresseront mille trophés
De ma depouille etoffés (1) !
Que me sert à toute chose
Donner estre et mouvement,
Si Clidie en fait autant
Des feintes qu'elle compose (2)?

Le dieu vouloit foudroyer
Le chef (3) hautain de la belle :
Mais que me sert d'employer,
Dict il, mes armes contre elle,
Puis que sa froide pensee
Rendit la torche glacee
D'Amour, qui porte ses feus
Plus que les miens chaleureus?
En fin Jupiter commande
Qu'Iris aille devaler (4)
En terre, pour appeller
Des fievres la noire bande.

Iris le ciel embrouilla
D'une nue bigarree,
Puis, legere, devalla
Par une arcade azuree.
En la plus froide partie
De la deserte Scythie,
Au pied d'un roc entaillé,
Vit un antre reculé
Dans une vallee, hotesse
Des corneilles et chouans (5)
Qui, de longz cris abboyantz (6),
Fendent la forest epaisse.

---

(1) Ornés, chargés (v. lang.).
(2) Des artifices qu'elle emploie.
(3) La tête.
(4) Descendre.
(5) Chouant, espèce de chouette.
(6) Menaçants.

Les Chagrins desesperés
Et la palle Frenaisie,
Les Fantosmes alterés,
Peintres de la fantaisie,
Et les hydeuses Pensees
Sont dans la forest perchees,
Qui, de leur bec claquetant,
Vont l'esprit epouvantant.
L'If et la triste Cigue
Pelemele y apparoit,
Et, en forme d'home, y croit
La Mandragore incogneue (1).

Sous l'abominable toit
De ce pernicieus antre,
La pale Fievre habitoit,
Accroupie sur le ventre :
D'une gluante voirie (2)
De longue phlegme (3) pourrie
Cette furie appaisoit
La faim qui la menaçoit;
De sa poitrine malade
Une vapeur halenoit (4),
Et sa face pallissoit
D'une coleur jaune et fade.

Si tost qu'Iris apperceut
Le monstre dessus sa porte,
Soudain ell' le recogneut
Et luy dict en ceste sorte :
Marche, va, vole, dict elle,
Vers ceste Nymphe rebelle,

---

(1) Plante merveilleuse à laquelle les anciens attribuaient des vertus extraordinaires à cause de sa ressemblance avec la partie inférieure du corps humain.
(2) *Voierie*, dans le v. lang., signifie *lie;* de nos jours encore, *voirie* se dit du lieu qui sert de dépôt aux boues, corps en putréfaction et autres immondices.
(3) Le *Flegme* se dit des matières liquides, épaisses et muqueuses que l'on rejette par la bouche dans certaines affections.
(4) Soufflait, s'échappait.

Qui ose bien depiter
La foudre de Jupiter,
Et qui, maugre sa puissance,
Ose creer des humains :
Va, Chimere, et de tes mains
Execute sa vengeance.

A peine fut achevé
D'Iris le divin message,
Que le monstre s'est levé
Pour accomplir son voyage :
Dessus le dos d'une chevre
Monta la tremblante Fievre,
Qui, de mousse elaboures,
Eut ses brodequins feutres (1) :
Voyant l'hydeuse furie,
D'effroy le soleil pallit ;
Ce pendant ell'assaillit
Le jeune sein de Clidie.

La furie s'elança
Du sein dedans la mouelle,
Et des veines luy succa
La fontaine naturelle :
Puis, branlant à sa venue
Sa criniere chevelue
De serpenteaus herissés,
Pelemele entrelassés,
Luy souffla dans la poitrine
Les frenetiques desirs,
Et, parmy les deplaysirs,
Une langueur qui la mine.

La pallissante coleur,
Qui son beau vermeil efface,
Ternit ce premier honeur
Engravé dessus sa face :

---

(1) Feutrés et élaborés avec de la mousse ?

Deja les lis et les roses
Parmy ses levres ecloses
S'ecoulent, et les oeilletz
De sa joue vermeilletz.
L'ame, d'ardeur accablee,
Voulant au ciel echapper (1),
Se vouloit developer
De son ecorce brulee (2).

Comme un beau lis abbatu
D'une pluyeuse (3) tempeste,
Ainsi pleurait la Vertu,
Languissant à basse teste (4);
Et, dans les fondz des vallees,
Les Muses dechevelees,
De leur pitoyable vois,
Faisoent retentir les bois :
Las, disoit Calliopee (5),
Phoebus, pourras tu souffrir
La dixieme seur perir
De nostre bande sacree?

Phoebus qui, du plus profond
De sa muglante cortyne (6),
Entendit le piteus son
De ceste plainte divine,

---

(1) S'enfuir, se réfugier.
(2) Voulait quitter son enveloppe usée.
(3) Pluvieuse.
(4) A tête basse.
(5) Calliope, muse qui présidait à la poésie épique.
(6) Mot forgé par Calignon, de l'italien *mugghiante*, mugissant. C'est l'épithète que Virgile donne à la *cortyne*, vase de forme ronde consacré aux Dieux. Il se dit, par extension, du trépied d'Apollon, parce qu'il était surmonté d'un vase semblable.

. . . . *totusque moveri*
Mons circum, et mugire *adytis* cortina *reclusis.*
Énéide, liv. III, 91.

Voilant sa face cachee
Souz celle de Polinee (1),
(Polinee qui des bordz
Oblieus (2) tire les mortz),
Quitta Delphes, et Patare,
Et Cyrene (3), pour venir
Nostre Clidie guerir
Des traitz de la mort avare.

Si tost le Dieu n'approcha
De la Nymphe languissante,
Que la Fievre delacha (4)
Sa poitrine haletante,
Et de Clidie s'en vole,
Qui reprint et la parole
Et son delicieus teint,
D'oeilletz et d'ivoyre peint :
En ses veines alterees
La santé douce coula
Et, dans ses yeus, rappella
Mille beautés egarees.

Sus donc, espritz honorés,
Qui, loing du chemin vulgaire,
A l'ecart vous separés
Hors le trac (5) du populaire!
Dressons, dedans ce bocage,
Un autel dessus l'herbage,

---

(1) Polyde, et non Polinée ; c'était, suivant les uns, un devin renommé, et, suivant les autres, un médecin. Il ressuscita Glaucus, fils de Minos. On l'a confondu quelquefois avec Esculape. Apollon se cache ici sous ses traits.
(2) Où l'on oublie tout, les bords du Cocyte.
(3) Villes où Apollon avait des temples célèbres ; pour les deux premières du moins, car, pour celui de la ville de Cyrène, nous ne l'avons trouvé mentionné nulle part.
(4) Lâcha, abandonna.
(5) Trace, route : Qui n'est au *trac* des pêcheurs arrêté? (Marot).

De laurier encortyné (1)
Et de gazons façonné,
Ou la brigade, saysie
D'une apre douce fureur (2),
Chante le Dieu, guerisseur
De nostre belle Clidie.

Moy, qui adore les pas
De ceste sacree bande,
J'offriray, d'un son plus bas,
A Clidie ceste offrande,
Bien que de son excellence
Si tost je n'euz cognaissance,
Comme le Rous (3), qui, soudain
Qu'il baisa sa belle main,
D'une douce pöesie
Sentit son ame echauffer,
Et la fureur triompher
De sa brusque fantaisie.

Quant à moy, je tacheroy
Vanter sa gloire immortelle;
Mais le sort, qui donne loy
Aux humains, ailleurs m'appelle,
Et, sous la tarde seree (4),
Me fait caresser Astrœe (5).

---

(1) Nous savons ce qu'était la cortine (V. la note 6 de la p. 215). Par une extension plus grande encore, le mot a fini par être appliqué à une enveloppe qui recouvre un lit en forme de ciel arrondi. On disait autrefois : Fermez, tirez les *courtines* du lit. C'est dans ce sens que Calignon crée son mot *encortyné*, pour dire Un autel recouvert de lauriers.

(2) Il y a dans le ms. : D'une *apre douce* fureur ; mais Calignon a placé au-dessous de ces deux adjectifs qualificatifs le signe ʃ auquel il a donné une valeur que nous ignorons, comme aussi dans le 7ᵉ vers de la première strophe de la page 211, sous les mots *beau chaste*.

(3) Serait-ce le même personnage dont nous avons déjà vu le nom p. 150, à la fin du XIIIᵉ sonnet ?

(4) La tardive soirée. *Sous la tarde serée* (Ronsard).

(5) Astrée, fille d'Astréus et de Thémis. Elle était regardée comme la déesse de la Justice. Elle habita la terre, tant que dura l'âge d'or ; mais, devant les discordes et les crimes des hommes, elle retourna au ciel et établit sa demeure dans le signe de la Vierge.

Ha! faut-il en un parquet
Ainsi vendre son caquet?
Tout ce qui vit et repose
Souz le ciel a sa Junon (1) :
Quelque sinistre Dæmon
Toujours à noz veus s'oppose.

LIV.

LA MUSE FUGITIVE (2)

Quand du ciel conjuré la superbe influence
D'une troyzieme ardeur renflamma nostre France (3),
Mon Believre (4), tu sçais comme le Dieu de Thrace (5),
Depité, me força de poursuyvre à la trace
La vierge d'Astræus (6), qui, depuis quelque jour,
La France avoit quitté, son ancien sejour.

---

(1) On connaît la jalousie de cette déesse. Serait-ce une épigramme que Calignon lancerait en passant contre sa femme? Dans ce cas, le prêtre de Thémis et d'Astrée serait bien injuste!

(2) Nous croyons cette pièce écrite vers 1570, peu de temps après la bataille de Jarnac, c'est-à-dire sous le règne de Charles IX, alors que Calignon (V. sa vie, p. 7) se rendait à l'Université de Padoue pour s'y perfectionner dans l'étude de la jurisprudence, peut-être même à son retour de Turin, eu égard à certains passages de cette pièce où il semble déjà avoir embrassé les idées de la Réforme. Cependant, il nous reste un doute : la *Muse fugitive* est adressée à Bellièvre (Jean, croyons-nous), qui était président au parlement de Grenoble depuis 1560. Or, Calignon étant né en 1550, peut-on admettre qu'à l'âge d'environ vingt ans, il pût être si fort avant dans l'intimité d'un grave magistrat? Après tout, peut-être, le considérait-il comme un protecteur et non comme un égal.

(3) La troisième guerre civile.

(4) Jean de Bellièvre fut premier président du parlement de Grenoble, de 1578 à 1584. Il était président depuis 1560. Le *mon Belièvre* n'est sans doute qu'un reflet des familiarités de la muse italienne, que l'on sait avoir été fort cultivée par Calignon et dont on retrouve les allures dans la plupart de ses poésies.

(5) Mars.

(6) Astrée (V. la note 5 de la p. 217).

Donques, en traversant ces grandz Alpes cornues
Qui entent dans le ciel leurs perruques chenues,
Au lieu propre où le mont, en elevant la creste,
Menace de plus près la vousture coeleste,
Je rencontray par sort (1) les Muses qui, de peur
De Bellone (2), echappoent la sanglante fureur.
La, Calliope (3), droitte au millieu de la troppe,
La France contemploit du plus haut d'une croppe (4).
Cent fleuves elle vit, leur onde, à demi pleine
De soldatz assommés, rouler à toute peine ;
Elle vit cent cités, cent chateaus et cent villes
Tout à coup s'embraser par les flammes civiles ;
Ici, flotter en l'aer, les vagues etandars ;
Là, brusquement hurter l'escadron des soldars.
La Muse en sanglota, et sa tremblante vois
A peine peut sortir de l'estomac pantois ;
Puis, frappant le crystal de sa blanche poitrine,
Doucement soupira cette plainte divine :

Ha France ! non plus France, ains seulement l'image
De ce païs heureus, qui, sous un meilleur age,
Par l'eternel succes de l'heureuse victoire,
Grava jadis au ciel l'immortel de sa gloire !
Et toy, peuple françois, qui, souz l'obeissance
De tant de vaillantz rois, as forcé la puissance
Du traitre Italien (5), et par qui, tant de fois,
Tes chefz dedans sa mer ont renfermé l'Anglois,
Rembarré l'Hespagnol, et, aus chams Idumæes (6),
De leurs poudreuses mains erigé cent trophæes !

---

(1) Hasard (v. lang.).
(2) Sœur de Mars et déesse de la guerre.
(3) V. la note 5 de la page 215.
(4) *Troppe, croppe,* pour *troupe* et *croupe.*
(5) Allusion à la possession de l'Italie par la France, à différentes époques.
(6) Pour *Iduméens ;* mais Calignon peut se retrancher derrière le poëte Régnier, qui a dit :

« Il cueille avec le fer les palmes idumées. »

L'*Idumée,* pour la Judée.

Las! mettant en oubli l'honeur de tant de palmes,
Tu tournes maintenant encoutre toy les armes,
Ne parles que de sang, et, foulant ta Province,
Tu taches d'ebranler le sceptre de ton prince.
Considere qu'en vain ta devanciere race
Aura de tes voysins jadis bridé l'audace,
S'il te faut, maintenant, pour de toy les venger,
Mendier le secours du superbe estranger!
Las! si le triste sort des fieres destinees
Eut voulu terminer le cours de mes annees,
Mes larmes flechiroient la durté de la Parque
A m'envoyer, la bas, dans l'infernale barque ;
Et, en cachant mes os souz la cendre, avec eulx,
Je cacherois aussi mon tourment ennuyeus.
Je ne verroys le filz s'armer contre son pere,
Cousin contre cousin et frere contre frere;
La Verité, la Foy, l'Amour et la Raison,
Faisant, par un exil, place à l'Ambition.

   Je dis l'Ambition, la source de tous vices,
La rüine des rois et peste des polices.
Le pere en fut Orgueil, Envie l'enfanta;
Des son premier berceau, Feintise l'alaitta ;
L'Esperance est sa guide, et, pour sa compagnie,
Elle meine la Guerre, et l'Ire et la Furie.
L'oublieuse langueur d'un sommeil paresseus
Onques ne luy glua les paupieres des yeus,
Prodigue de ses biens envers toutes personnes,
Ne promettant aus siens que sceptres et corones,
Et de qui, par travail, Euriste (1) industrieus
Ne sçauroit estonner le cueur laborieus.

   Or ceste Ambition, jadis, dedans la Græce,
Arma des habitantz la rage vengeresse,

---

(1) Nous croyons que le poëte a voulu, ici, faire allusion à Eurysthée, aîné d'Hercule, dont l'ambition, excitée par Junon, suscita à son frère tant de travaux dont il sortit vainqueur.

Tramant tout à loysir l'impreveue surprise
Dont elle mit le joug à la Græque franchise ;
Despuis, elle deceut les Romains, longuement,
Souz le masque trompeur d'un blanc habillement :
Courtoyse envers le peuple et pratiquant sa grace,
Saluant par son nom toute une populace ;
Mais si tost la rigueur des saintes lois en vain
Ne la voulut lier par cent chaines d'arain (1),
Que, fremissant de rage et de fureur soudaine,
Elle mesme enchaina la liberté Romaine.
Ce monstre s'ejouit encor, de nostre temps,
Aus superbes palais des cruelz Ottomans,
Et qui des Grandz Seigneurs à la corone aspire
Achette, ambitieus, et la vie et l'empire,
En souillant dans le sang, voire des plus prochains
De ses tristes parentz, ses homicides mains.

De la l'Ambition vint, avec sa puissance,
Bouleverser l'estat de nostre pauvre France,
Et, rasant d'un acier la pierre à vive force,
En trois coups de fuzil fit eprandre l'amorce.
De l'amorce aus flambeaus, des torches aus cités,
Le feu par tout epars dans les palais voutés,
Grondant, vomit en l'ær une flambe affamee
Qui va rasant l'orgueil de leur creste enflammee.
Du playsir qu'elle y print, trois cris ell' en tona
Si haut, que, dans le ciel, les Dieus ell' estona :
L'Europe en tressaillit ; dedans les eaus salees,
Se cacherent d'effroy les troppes ecaillees ;
L'Apennin en trembla, et, des cris violentz,
Le Pyrené sentit crouler ses fondementz.
Despuis la France n'eut une heure de playsir ;
Toute espece de maus s'en vindrent ensaysir :
Guerre, peste, famine, et la troppe emplumee
Qui sortit du vaisseau du sot Epimethée (2) :

---

(1) Airain (v. lang.).
(2) Frère de Prométhée. On sait qu'il eut Pandore pour femme, et que ce fut lui qui ouvrit la boîte fatale. C'est cette boîte que Calignon appelle un vaisseau.

Et Jupiter, vuidant son toneau de mechef (1),
Fit une mer de maus pleuvoir sus nostre chief,
Si que (2) nous ne verrons, par les filles boyteuses (3),
De longtemps ressouder noz playes dangereuses.

Permettras tu, seigneur, la journaliere race
Des humains ne trouver merci devant ta face?
Si tu les veus, Seigneur, exterminer par guerre,
Qui lou'ra (4) ton saint nom en ceste basse terre?
Bon dieu, ne le permetz, ta pitié le defend,
Et ta grande bonté aussi n'y condescend;
Car ils sont tes enfans, tu es leur commun pere.
Tire, pere æternel, tes enfans de misere :
Ils portent dedans eus ta belle image emprainte,
Encor que de pechés toute souillee et teinte ;
Mais tu peus bien, seigneur, s'il plait à ta puissance,
Nettoyer et laver en l'home ta semblance,
Car tu es tout puissant, tout grand, tout merveilleus.
C'est toy qui as vouté l'Olympe (5) sourcilleus,
Toy qui l'as emperlé de lumieres brillantes,
Qui fais mouvoir le bal des estoiles errantes,
Qui balances en l'aer, par juste contrepois,
La lourde pesanteur de la terre, et qui fais

---

(1) Malheur (v. lang.).
(2) Si bien que, tellement que (v. lang.).
(3) Λιταί, Litæ, les Prières. Homère les disait filles de Jupiter et les a dépeintes comme *boiteuses* (χωλαί, *clauda*), ridées, timides et consternées.

>   Καὶ γάρ τε Λιταί εἰσι Διὸς κοῦραι μεγάλοιο,
>   χωλαί τε ῥυσαί τε παραβλῶπές τ' ὀφθαλμώ·
>   αἳ ῥά τε καὶ μετόπισθ' Ἄτης ἀλέγουσι κιοῦσαι.
>   (Iliade, ch. IX).

Elles étaient représentées suivant de loin, boitant et éplorées, le Mal, le Dommage (Ἄτης, *Noxam*), qui, prompt et vigoureux, marche devant elles, outrageant les hommes et semant le désespoir. Leurs fonctions consistaient à panser et guérir les plaies que le Mal laissait derrière lui.
(4) Pour *louera*.
(5) Montagne située entre la Macédoine et la Thessalie. Les anciens croyaient qu'elle était le séjour des Dieux et la prenaient pour le ciel même.

Que l'eau qui, de grandeur toute terre surpasse,
Dans son creusé giron, amoureuse, l'embrasse.
Bref, c'est toy qui sçais tout, qui fais tout, qui peus tout,
Aeternel, sans milieu, sans principe ny bout,
Et qui, dous et benin, calmeras la tempeste
Qui deja si longtemps menace notre teste,
Chassant bien loing de nous toute l'ambition
Qui nous nuit maintenant par ta permission.

Las! ce n'est pas, François (1), ce n'est pas la maniere,
Ce n'est de tes ayeulx la vertu devanciere,
Que d'aigrir son courrous et, pour se faire grand,
Fouiller d'une pistole (2) au cueur d'un sien parent.
La Foy, la Charite, l'Amour et l'Innocence,
Sçavoir bien commander, bien rendre obeissance,
Jalousie d'honeur, de vertu le desir,
Fut ce qui fit jadis nostre France fleurir,
Qui la fit redouter et qui poussa son nom
Des le flot Boreal au Numide sablon (3).

Ce fut par ce moyen que ce grand roy François,
François de qui le nom fut la crainte des rois,
Ne venant frechement que d'estre coroné,
Vaillant, matta l'orgueil du Suisse mutiné (4),
Fit teste à l'Empereur, et, d'une contreruse,
Cautement (5) affina (6) sa finesse confuse,
Affrontant l'affronteur, ensemble preus et sage,
Et domtant le domteur de l'Aphricain rivage.
L'Anglois l'a eprouvé, à qui cent fois d'horreur,
Recouvrant ses païs, il a glacé le cueur;
Marignan, tu le sçais, et le sçavent aussi
Et les murs de Bologne (7) et ceus de Landrecy (8);

---

(1) Pour *François* sans doute.
(2) Arquebuse courte et légère (v. lang.).
(3) De la Mer du Nord aux déserts de l'Afrique.
(4) Allusion à la bataille de Marignan.
(5) Avec prudence, avec ruse (v. lang.).
(6) Mettre à fin, faire mourir (v. lang.).
(7) Prise de Bologne (1511).
(8) Landrecies, inutilement assiégée par Charles-Quint (1543).

Thetis (1) le sçait encor, de qui l'onde marine
Sous cent vaisseaus françois vit trembler son echine ;
Et si l'obscurité, de fortune insensee,
A sa clere vertu ne se fut opposee,
Il eut domté l'effort de tous ses ennemis ;
Car, mesme, n'a til pas souz sa puissance mis,
Et, d'un cueur patient et plein de fermeté,
Triumphe de fortune et sa mobilité,
Tousjours s'accompagnant des saintes Pierides (2)
Que luy mesme a conduit des roches Parnassides,
Faisant couler de là la trepignante source,
Qui du libre detrier (3) print son nom et sa course,
Et voir en ses païs le chevalin (4) ruisseau,
Le bois Aonien (5) et le double coupeau (6) ?

Despuis, survint Henry (7) qui, entre ses ayeus,
Reluit comme un croissant entre les moindres feus,
Race digne du pere et qui ne dementit,
Par lacheté de cueur, celuy dont il sortit.
Comm'un jeune laurier, lequel premierement
Hors du tige pointelle (8), et puis soudainement
Enfourche (9) ses rameaus perruqués de verdure,
Quand l'haleine des ventz au printemps le peinture,
Soudain, en se faisant du beau jardin l'honeur,
Hautain, de son vieil pere egalle la grandeur :

---

(1) *Thétis* était la mère d'Achille : Calignon l'a confondue avec Téthys, sœur et femme de l'Océan, que les poëtes prennent souvent, comme ici, pour la mer elle-même.

(2) Surnom des Muses qu'elles tiraient du Mont Pierius, en Thessalie, qui leur était consacré. Mais elles habitaient surtout le Parnasse. Notre poëte se trompe donc ici, quand il fait jaillir l'Hippocrène de cette montagne : c'est du Mont Hélicon, en Béotie, que cette fontaine naquit d'un coup de pied de Pégase, et c'est sans doute pour cela qu'il lui donne l'épithète de *trepignante*.

(3) *Destrier*, sans doute : le cheval Pégase.

(4) Encore une allusion à l'origine de cette source.

(5) Les montagnes Aoniennes, en Béotie, consacrées aux Muses.

(6) V. la note 3 de la p. 208.

(7) Henri II.

(8) Commence à paraître, à pousser.

(9) Pour *voit ses rameaux former la fourche*.

Ainsi ce nouveau roi, imitant la hautesse,
De son pere en un coup egalla la prouesse;
Puis, se faysant nommer par les terres estranges (1),
A l'honeur paternel maria ses louanges,
Damant (2) faitz dessus faitz, et, de vertu extreme,
Surmontant ses ayeulz, se surmontant soy mesme.
Le beau crespe (3) doré d'une molle toyson
Ne faisoit qu'ombrager son cotonné menton,
Qu'il mena, valeureus, aus terres allemandes (4),
Le primtanier essain de ses françoyses bandes,
Quand ce fleuve germain qui borne nostre Gaule (5),
Poussant hors de ses flotz et la teste et l'epaule,
La teste de jonc ceinte, et l'epaule herissee
Des flocons houpelus (6) d'une mousse frisee,
Confessa seulement qu'il prenoit cette peine
Pour remettre au dessus la liberté germaine,
Et que, pour un tel fait, l'un et l'autre hemisphœre
Seroit à noz nepveus la borne de sa gloire.

Aussi, pendant que Dieu un tel roy nous donna,
Cet age sur tout autre en vertus foysonna,
Produisant des heros, qui à l'antiquité
Deroberent l'honeur de vertu merité,
Entre lesquelz parut ce grand prince de Guise (7),
Vray serviteur du roy (8),
D'autant outrepassant les plus braves guerriers
Que la cime d'un pin les epineus haliers,
Qui rampent contre bas, sans honeur, envieus
Du pin de qui le chef s'avoysine des cieus.

---

(1) Lointaines, étrangères (v. lang.).
(2) Terme du jeu de dames : c'est placer une dame sur celle de son adversaire ; de là, entasser succès sur succès.
(3) Le crépé, la frisure naturelle.
(4) Allusion aux succès de la ligue de Henri II et des princes protestants de l'Allemagne contre Charles-Quint, en 1552.
(5) Le Rhin.
(6) En forme de houppe.
(7) François de Lorraine, duc de Guise.
(8) Lacune existant dans le ms.

Ce fut luy qui fit voir, au croiser de ses piques,
Se reculer d'effroy les plis Adriatiques (1);
Qui recouvra d'assaut, sur l'Anglois insulaire (2),
Calais ravi du sein de la France sa mere,
Et qui vint depiter d'un si brave courage,
Dedans Metz (3) assiegé, l'imperial orage,
Que, bien que cent canons, de leurs gorges beantes,
Foudroyassent d'un coup cent ballotes tonantes (4),
(Chose effroyable a voir!) et que le mur poudreus (5)
Rejallit, souslevé par force, jusqu'aus cieus,
Il contraignit Cæsar et sa troppe defaitte
Choysir honteusement la fuitive (6) retraitte.

Trois fois heureus ceus là qui, sous un prince sage,
Passent paysiblement le repos de leur age!
Heureus encor le peuple et le païs heureus,
Dont le sceptre est aus mains d'un prince genereus!
Tout tel qu'il apparoit, telz seront ses subjectz,
Bons, si le prince est bon, mauvais, s'il est mauvais;
Car les œuvres d'un roy, c'est l'idee ou se forme
Le vice ou la vertu du peuple en double forme.

Aussi, de ces deus rois la vertu radieuse
Fatalement orna la France bienheureuse,
Et la fit de beauté surpasser, fille ainee,
Et l'Europe, sa mere, et toute sa lignee.
La taille ell' avait longue, et ouverte la face,
Le front au ciel levé d'une seante audace,
Haute, brave et pompeuse, et qui, oultre le sceptre,
De cent palmes aussi honora sa main dextre;

---

(1) Campagne d'Italie (1557).
(2) Reprise définitive de Calais (1558) sur les Anglais qui l'occupaient depuis 1347.
(3) Siége de Metz soutenu contre Charles-Quint, qui l'assiégea inutilement pendant deux mois, à la tête de 100,000 hommes, et qui fut obligé de l'abandonner après avoir perdu plus du tiers de son armée.
(4) Lançassent à la fois cent *boulets;* ou bien, peut-être, cent petites balles chacun, de la mitraille.
(5) Le rempart.
(6) V. la note 4 de la p. 173.

Son habit s'estendoit des les Alpes gelees
Au tortu labyrint des cloitres Pyrenees (1);
Un double flot marin (2), en lieu de passement,
Au bord de son habit ondoyoit vaguement,
Des plis duquel sortoent, aus grandz sommetz crestés,
Les murs d'un million de superbes cités.
Maint boys y fut pourtrait, mainte basse campagne,
Maint fleuve poissonnier, mainte haute montaigne,
Prés, vignes, chams, taillis, et tout ce dont Nature
Embellit ce manteau d'une soigneuse cure ;
Car ell'en fut l'ouvriere, et l'art ingenieus
Le garde d'envieillir d'un soing laborieus.
Mais las! ce que denhaut peut oeillader la lune (3)
Sert tout egallement d'un jouet à fortune.
Jadis la France fut : maintenant le malheur
Veut faire, conjuré, trebucher sa grandeur.
Elle se fuit soymesme et soymesme se suit,
Et d'elle mesme vient le mal qui la poursuit,
Portant dessus son dos le venin qui la brule,
Venin plus violent que non celuy d'Hercule,
Quand il sacrifia, dedans les feus ardentz,
Ce qu'il avoit d'humain aus rochers Oetæans (4).

Ainsi que quand Jupin, de ses traitz orageus,
Vient accabler l'honeur d'un beau chesne ombrageus,
Ce grand foudre elancé, qui parmy l'œr se fond,
Ronflant, tourbillonant, vient saccager le tronc,
On voit soudainement, apres telle tempeste,
Les rameaus efeuillés languir à basse teste ;
Ilz ne font plus ombrage (5) à Diane et son choeur,
Ilz ne sont plus nommes de la forest l'honeur.

---

(1) Des Pyrénées aux vallées profondes, par allusion à la longueur des cloitres, ou peut-être à ce que l'on semble, dans ces vallées, comme renfermé dans un cloitre; des cloitres *pyrénéens*.

(2) L'Océan et la Méditerranée.

(3) Voir, regarder.

(4) On sait que ce fut sur le mont Œta, en Thessalie, qu'Hercule, après avoir revêtu la tunique du centaure Nessus, se précipita dans les flammes d'un bûcher.

(5) Ils n'abritent plus. Ne pas lire : *ils ne mettent plus en défiance.*

Ainsi quand de Henry ceste fatale lance (1)
Outrepersa le test (2), ce fut par apparence
Le roy tant seulement, sur qui la flere mort
De sa cruche (3) voulut tumber le triste sort :
Mais las! on vit, soudain, ceste ancienne clerté
De la France embrunir par une obscurité,
Ell' ne fit plus trembler ceste machine ronde ;
On ne l'appella plus le petit oeil du monde.

Celuy vrayment couvoit quelque horrible furie
Sous un visage humain, dont la vive industrie
Osa, d'une façon non encor coustumiere,
Forger, rompre, polir, piquer, mettre en poussiere,
Afin de l'employer à si piteus service,
Le fer, le bois, l'armet (4), les chevaux et la lice.
Tousjours, tousjours le ciel nous ravit, envieus,
Tout ce que nous avons ça bas de pretieus.
Puisse à jamais, Henry, toute gentile plante
Sur ta tumbe fleurir! L'immortel amarante,
Le lis, le poliot (5), les oeilletz et les roses
Y puissent emailler leurs belles fleurs decloses!
Ha! comme le regret de ta facheuse absence
Nous fait, en larmoyant, desirer ta presence!

François, revien du ciel, et toy Loïs unzieme,
Et toy Charles le grand, et toy Charles huittieme!
Contemplés vostre France en sa plus grand misere !
Voyés les nourrissons s'armer contre leur mere,
Et comm'elle, en pleurant pour son dernier recours,
Et des Dieus et de vous implore le secours !

---

(1) La lance du comte de Montgommery, capitaine de la garde écossaise, qu'il avait provoqué au combat, à la fin du tournoi donné en l'honneur du mariage d'Élisabeth de France avec Philippe II, roi d'Espagne, le 30 juin 1559.
(2) Le crâne (v. lang.).
(3) Urne. C'est étrange comme Calignon aime ce mot-là !
(4) Armure de tête.
(5) Le *pouliot* sans doute, la menthe-pouliot (*m. pulegium*), qui croît dans les lieux humides.

O cruauté barbare! O destin impiteus (1)!
O rois, noz devanciers, dont le sang genereus
Jadis poussa son nom dedans les siens escrit,
Qu'un triste crevecueur saysisse vostre esprit!
Repentés vous d'avoir, aus pris de vos labeurs,
Par long temps achepté avec tant de sueurs
Un si noble royaume, et, chacun à son reng,
Estably son estat scellé de vostre sang.
Toy, Charles, repen toy que la françoyse troppe
Ait sous toy mis au joug les murs de Parthenope (2),
Puis que Naples on voit braver en son Apouille (3),
Rappourtant sur son dos la françoise depouille!
Loïs, crie du ciel et, jusqu'en ceste terre,
Darde une vois de fer plus haute qu'un tonnerre,
Et dis : si j'eusse sceu que la suitte des ans
Un trouble eut ramené tel qu'il fut de mon temps,
J'eusse bien mieus aymé, en quittant ma corone,
Sans honeur appayser la rage bourguignone (4)!

Quel creve cueur sera ce à nos rares neveus,
Quand ilz se souviendront des maus de leurs ayeulz,
Et que, ridant les chams de fertilles sillons,
Ilz hurteront du soc les vuides morions (5)!
Alors, en soupirant, ilz tiendront ces propos :
Ce qui jadis troubla de France le repos,
Ce qui en procura l'entiere eversion (6),
Ce ne fut seulement que son ambition.

O peuple trop ingrat, que ny les tristes larmes
Des pauvres orphelins, non l'horreur des alarmes,
Non des rois trepasses mesmes la juste plainte,
Non des prodiges grandz la rongeresse crainte,

---

(1) Sans pitié, inexorable (v. lang.).
(2) Conquête du royaume de Naples (1494-1496).
(3) La Pouille ou Apulie.
(4) Allusion à la guerre civile des Armagnacs et des Bourguignons.
(5) Espèce de casque.
(6) Destruction, ruine.

Tant de sang repandu, tant d'os parmy les champs,
Pour pasture des chiens aus plaines blanchissantz,
Bref, tant de malheurtés (1), onques (2), n'ont eu povoir
D'adoucir ta rigueur et flechir ton voloir (3);
Si quelque grand desir contre raison mutine
L'appetit boullonant de ta jeune poitrine,
Tu as, à ton malheur, la nation turquoyse (4)
Qui est le digne object d'une audace françoyse !
Montre toy là gallard (5) ! qu'un desir de renom
Te face, la, forcer l'epais d'un escadron !
Si tu veus rappourter la victoire louable,
Rapporte en l'estomac mainte playe honorable !
Ou bien si, au combat, la Parque filandiere,
Cruelle, veut couper ta vie journaliere,
Tout tanné de poudriere (6) on te retirera !
Ton ombre aus chams heureus, superbe, volera :
Là, fendant l'epaisseur de ses legeres bandes (7),
Aus Manes montrera ses playes les plus grandes,
Et, assise entre Hector et l'ombre Pelienne (8),
Vous ne parlerés plus de la cendre Troyenne (9),
Ains (10) tu leur decriras l'ordre des bataillons,
La sorte du combat, la foudre des canons;
Des ames un grand monde, attiré par l'oreille,
Te pressera les flans, tout rempli de merveille (11);

---

(1) *Malheuretés* (v. lang.), infortunes, disgrâces.
(2) Jamais, plus (v. lang.).
(3) Dans le ms. de Calignon, la phrase se termine ici par un point; puis commence un nouvel alinéa. Nous avons cru devoir remplacer cette ponctuation par un point et virgule et laisser se développer la pensée qui, selon nous, est la conséquence de ce qui précède.
(4) On a toujours eu, en France, la manie de guerroyer en Orient, et l'on sait que si les Chevaliers de Saint-Jean de Jérusalem conquirent Rhodes en 1309 sur les Sarrasins, Soliman II y était rentré après la capitulation de 1522.
(5) Déterminé, hardi.
(6) V. la note 4 de la p. 194.
(7) Celles des ombres.
(8) Le *héros péléen*, Achille, fils de Pélée.
(9) Du Siége de Troyes.
(10) Mais.
(11) Tout émerveillé.

Et, ce pendant, ça haut, le camp victorieus
A ramasser tes os s'employra, curieus,
Et, les mettant au marbre avec funebre pompe,
La fame (1) cornera ta gloire de sa trompe.
Mais si toy, si le ciel, si la necessité,
Si le cruel destin, si nostre iniquité,
Et si des elementz la puissance maligne
De ce pauvre païs ont juré la ruine,
Que nous reste til plus? las! sur quelle puissance,
Sur quel appuy sera ferme nostre asseurance?

Vous, serviteurs de Mars, qui, obstinés guerriers,
Dependés (2) vostre vie aus belliques (3) dangers,
Et qui, sans respecter ce que l'humanité
Doit de crainte et d'honeur à la divinité,
De France avés banny le saint Cyrenæan (4),
Et nous, ses saintes seurs (5), du sourgeon (6) Dyreæan (7),
Violé ses lauriers, et, de son arc brisé,
Au dieu Thrëicien (8) un trophee dressé,
Escoutés maintenant ce que sa vois divine (9)
Touchant les cas futurs, prophete, vous destine :
Si tost, dict il, Phoebé, de sa brillante corne,
De cinq mois revolus n'aura touché la borne (10),

---

(1) La Renommée.
(2) Dépensez.
(3) Guerrier. Rabelais et Montaigne ont aussi employé ce mot.
(4) Le *saint* de Cyrène pour *Apollon*, c'est un peu risqué. Nous avons déjà vu (note 3, p. 210) que Calignon lui élève un temple à Cyrène.
(5) Les Muses. N'oublions pas que c'est Calliope qui tient ce discours.
(6) Source (v. lang.).
(7) La fontaine de Dircé, en Béotie. Encore un rapport que nous avouons ignorer. Calignon a fait adorer Apollon à Cyrène ; ici, la fontaine de Dircé devient le séjour des Muses : nous croyions qu'elle n'avait donné son nom qu'à Amphion et à Pindare.
(8) Calignon était très versé dans les langues anciennes. Il a déjà donné à Mars (note 5 de la p. 218) le nom de Dieu de Thrace ; il l'appelle ici le Dieu *Thrëicien*, parce qu'il a besoin de ce mot pour la mesure de son vers, et il est allé le chercher dans la forme dorique du grec Θρηΐκιος, et dans le latin *Treicius* qui en dérive.
(9) La voix d'Apollon.
(10) Calignon a-t-il voulu, par ces mots, dire qu'il avait passé les monts cinq mois avant la bataille de Jarnac? C'est ce que nous ne saurions affirmer.

Qu'à l'endroit où le flot de la Charante bagne (1)
Du païs Saintongeois la fatale campagne,
On verra du destin l'arrest inviolable :
La France massacrer par un choc pitoyable ;
Au plus fort du combat, un prince dont la race
Tire des rois françois et le sang et l'audace,
Prince trois fois heureus, si son ardent courage
Ne l'eut fait engloutir au civile naufrage,
Fendra les escadrons, et, à grandz coups de masse,
Moissonant les soldatz, par tout se fera place ;
Mais un plus jeune prince (2), ayant en sa jeunesse
Du brave Pellœan (3) le nom et la prouesse,
En fauchant le premier d'une lame guerriere,
Luy fera mordre aus dentz la sanglante poussiere,
Et, bien que lon ait veu au champ Aemathien (4)
Ondoyer les ruisseaus du sang italien,
Si (5) est ce que jamais la Pharsalique plaine (6)
N'a gemi de se voir de tant de meurtres pleine
Que la France en verra : Ny ce renommé fleuve,
Xanthe (7), qui de ses eaus le Phrygien abbreuve,

---

(1) Tout ce passage a trait à la bataille de Jarnac (13 mars 1569). Le prince de Condé, entraîné dans les rangs catholiques par son imprudente valeur, se vit obligé de se rendre. Il présentait son épée à un officier de l'armée royale, lorsque le baron de Montesquiou, capitaine des gardes du duc d'Anjou, reconnut le prince et lui cassa lâchement la tête d'un coup de pistolet.

(2) Le duc d'Anjou, depuis Henri III.

(3) Ne pas confondre *le brave Pellœan* ou *Pelléen* (Alexandre-le-Grand), ainsi nommé de la ville de Pella, lieu de sa naissance, avec le héros Péléen (Achille). Seulement, lorsque Calignon ajoute que ce prince français portait *le nom* du roi de Macédoine, il faut ne donner à ce mot qu'une valeur qualificative : il a voulu dire que, comme Alexandre, le duc d'Anjou possédait les qualités *de la naissance et de la bravoure*.

(4) Emathie, nom ancien de la Macédoine : on dit les *champs Emathiens*, pour La plaine de Philippes ; nous n'avons pas besoin de dire que le poète fait ici allusion à la victoire de ce nom remportée par Octave et Antoine sur Cassius et Brutus (an 42 avant J.-C.).

(5) Néanmoins (v. lang.).

(6) Pharsale, en Thessalie, célèbre par la victoire de César sur Pompée (an 48 avant J.-C.).

(7) Fleuve de la Troade.

Se cachant estoné dans ses maisons (1) profondes,
Onques (2) de tant de sang ne vit rougir ses ondes,
(Lors que plus la cholere ardente epoinçonna
Le Pelide (3) enaigri contre Hector, qui donna
A Patrocle la mort), que les pales monceaus (4)
Du dieu de la Charante empourpreront les eaus,
Le gardant de povoir à l'Ocean, son pere,
De ses ondes rouler le tribut ordinaire.

Ainsi dict Apollon. Ce pendant toy, vaincueur,
Dont une soif de sang bouillone dans le cueur,
Reprime ton courrous, et que telle victoire
Ton esprit genereus n'enfle de vaine gloire !
Ne permetz que le bien de ta prosperité,
Ne venant que de Dieu, engendre cruauté !
Ains (5) si encor, soldatz, dedans vostre cervelle,
Il reste de raison quelque vive etincelle,
Si la douce priere est fille à Jupiter,
Si elle seule peut sa fureur arrester,
Mettes les armes bas, et, d'une mesme vois,
Humblement inclinés, tirons du ciel la pais !

Revien du ciel, Irene (6), et, au mouvoir des æles,
Fendz le vuide de l'ær par tes rames novelles !
Revien, et avec toy ramene l'Æquité,
Ramene la Vertu, la Foy, l'Integrité !
Chasse au loing tout debat, toute contention,
Et recole (7) noz cueurs d'une ferme union !

---

(1) Pour *retraites*.
(2) Jamais.
(3) Le fils de Pélée, Achille.
(4) Que les monceaux de cadavres rougiront les eaux de la Charente et les feront refluer.
(5) Mais.
(6) Déesse de la Paix, fille de Jupiter et de Thémis.
(7) Nous croyons que ce mot est employé ici pour *réunis, ressoude ;* il nous semble un reflet de notre patois dauphinois *revicola*, regaillardir, ravigoter.

Par toy peut seurement, dès le bord Indien,
Le navire voguer au flot Hesperien (1);
Par toy le laboureur librement ensemence
La terre qui grossit d'une heureuse semence ;
Le prince en son palais superbe te regrette ;
En son petit troupeau (2) le pasteur te souhaitte ;
Le soldat en sa tente, au trafic le marchant,
Et, bref, tout ce qui vit ne vit qu'en te cherchant.
Mesmes les animaus, forcés de la Nature,
Veulent paysiblement prendre leur nourriture ;
Tout ce qui dans les bois aus cavernes pendantes,
Tout ce qui dans la mer aus grandz vagues flotantes,
Et tout ce qui dans l'œr repaire (3), nage et vole,
Desire tout la Pais : Descens donques du pole,
Descendz, ô sainte Pais, et, à noz veus propice,
Fais encore icy bas refleurir la Justice ;
Fais refleurir les Ars et retabli les Lois,
Et de rouille mordante entame noz harnois (4).
Fay que nous embrassions tous une mesme loy,
Adorions un seul Dieu, servions un mesme roy (5) ;
Et sur tout fay regner en bien longue vieillesse
Nostre roy, de qui Dieu prospere la jeunesse.

Ainsi parla la Muse ; et les ventz outrageus
Empourterent en l'œr sa parole et ses veus.

---

(1) L'Hespérie, nom que les Grecs donnaient à l'Italie et les Romains à l'Espagne. Ce doit être ce dernier pays que Calignon a voulu nommer dans ses vers ; il suffit, pour s'en convaincre, de songer au commerce étendu qu'il faisait alors avec les Grandes-Indes.

(2) Ici, c'est le protestant qui parle : on se rappelle que, pendant les guerres de religion et les persécutions qui en furent la suite, le verset 32 du chapitre XII de S. Luc était en grande faveur chez ceux de la R. P. R. : *Ne crains point, petit troupeau.*

(3) Habite.

(4) Armures.

(5) Il y a dans le ms. : ET *servions un mesme roy.*

LV.

IMITATION DE THEOCRITE (1).

L'aveugle archer, un jour, avait epoinçonné
De ses plus poignantz traitz un pauvre infortuné,
Languissant pour les yeus de sa belle deesse
Dont la fiere beauté ne celoit que rudesse.
Elle le haissoit, et onc son amitié
Fervente ne la peut emouvoir à pitié,
Mais, sans avoir d'Amour aucune cognoissance,
Ny de sa deité, ny de sa grand puissance,
Comm' il enfonce l'arc, et avec quelles fleches
Il darde dans noz cueurs les cuisantes flammeches,
Fut (2) luy tenant propos, ou fut à l'approcher,
Se rendoit envers luy plus dure qu'un rocher.
Jamais d'un bon visage, et jamais d'une oeillade,
Jamais d'un dous parler n'allegea son malade,
Et jamais d'un bayser plein de compassion
Ne voulut guerdoner (3) sa fiere passion.

Comm' un cerf, echappé et des chiens et du bruit,
Erre folatrement ou son pied le conduit,

---

(1) Idylle XXIII, intitulée : ΕΡΑΣΤΗΣ Η ΔΥΣΕΡΩΣ (L'Amant malheureux); seulement, dans le poète grec, l'objet de cet amour est un adolescent, et l'on sait que Virgile en a donné une imitation d'une fin moins dramatique. Le *Formosum pastor Corydon ardebat Alexin* (Egl. II) et le Ἐραστὴς ἢ δύσερως peuvent braver l'honnêteté pour des oreilles françaises; mais Calignon ne pouvait éviter cet écueil qu'en remplaçant l'adolescent par une jeune fille. C'est aussi le parti que prit plus tard La Fontaine, lorsqu'il écrivit sa fable de Daphnis et Alcimadure (V. le sonnet XII, p. 149).

(2) Soit, fût-ce.

(3) Récompenser (v. lang.).

Ainsi cette inhumaine, et de qui le visage
Pourtoit à son amant tous malheureus præsage,
Plus legere qu'un cerf, meprisoit sa præsence,
Et d'un brutal mespris payoit sa patience ;
Et toutesfois, tant plus ell' se montroit rebelle,
Tant plus ardoit (1) en luy l'amoureuse etincelle.
A la fin, depité de son mal furieus
Et roulant doublement deus sources de ses yeus,
Aussi tost que la nuit les astres ramena,
Au logis de sa Nymphe Amour l'achemina.
La, rebaysant la porte un million de fois,
Aveque ces soupirs entremela sa vois,
Disant : Fiere maitresse, et qui, dedans ton cueur,
Couves l'impieté et loges la rigueur,
Indigne de sentir les flammes les plus belles
Que l'Amour verse au cueur des plus tendres pucelles,
Et qui jadis succus, en ta frele jeunesse,
Le lait et la fierté d'une horrible tygresse,
Reçois, helas! reçoy, reçois et te contente
De ce cordeau fatal qu'humble je te presente (2) :
Ce sont les derniers dons que je te veus offrir ;
Car, puis que je t'ennuye, il me plait de mourir
Et d'aller rechercher le flot oblivieus (3),
Qui seul peut alleger ce mal pernicieus.
Adieu donques, palais, adieu donc, ma cruelle !
Je sçay bien ou le temps et ou l'age t'appelle :
La rose flamboyante est une belle fleur,
Toutesfois un midy luy ravit sa coleur ;
La violette eclose est l'honeur d'une pree (4),
Mais elle perd bien tost sa coleur diapree ;
Et le lis blanchissant perd à la fin sa grace,
Et le teint de la neige à la chaleur s'efface.

---

(1) Brûlait (v. lang.).
(2) La corde que voilà, avec laquelle je vais me pendre.
(3) Qui fait perdre le souvenir (v. lang.), en d'autres termes, boire l'eau du Léthé.
(4) Pour *prairie*.

Ainsin (1), avec sa faus, le temps præcipité
Des Nymphes tout à coup moisonne la beauté.
L'heure, l'heure viendra qu'enflammée d'Amour,
Ainsi comme je fay, tu pleureras un jour.

   Las! au moins donne moy cette derniere grace:
Lors que tu me verras transy dessus la place,
Ayes pitié de moy; prendz quelque douce envie
De regretter un peu la perte de ma vie.
Baigne moy de tes pleurs et ce noeu me delace (2),
Et de tes vestementz couvre ma bleme face.
N'aye plus peur de moy, puis qu'helas! je sommeille
D'un sommeil dont jamais homme ne se reveille;
Mais, approchant ta levre, un bayser donne moy,
Car c'est le dernier bien que j'espere de toy.
Fais de marbre elever un funeral (3) tumbeau,
Pour couvrir et mes os et l'amoureus flambeau
Qui me tue, et trois fois repete ce langage:
Ha! pauvre languissant, tu meurs avant ton age!
Ou, s'il te plait, cecy : O Parque impitoyable,
Las! que tu m'as ravi un serviteur feable!
Puis, dessus mon tumbeau, grave cet epigramme:

     Passant, icy repose et la cendre et la flamme
     D'un cueur passioné, qui s'occit par detresse,
     Mal traitté de l'Amour, aus piedz de sa maitresse.

Ainsi le triste amant sa complainte cessa,
Puis, sus un marbre haut elevé se dressa;
Au sommet de la porte une corde il encloue (4),
Et autour de son col un lacet il ennoue (5),
Roule son siege en bas, et du fatal cordeau
Demeura perissant l'inutile fardeau.....

---

  (1) Ainsi, mais (v. lang.).
  (2) Le nœud de la corde que j'ai au cou.
  (3) Pour *funèbre*. Calignon forge souvent de ces mots-là.
  (4) *Enclouer*, dans le v. lang., se disait pour *enclore*, tandis que Calignon a tout simplement voulu dire *clouer*.
  (5) Nouer (v. lang.).

Or la nuit se passa, et la Nymphe farouche
Avec l'aube quitta le sommeil et la couche.
Elle sort du logis, et, sortant, apperçoit
Ce corps pale et transi que le vent agitoit :
L'humanité, l'amour, l'effroy, la noveauté
Ne peuvent d'un seul point flechir sa cruauté ;
Mais d'orgueil et de hayne, en lieu de pitié, s'arme,
Ny onques ses beaux yeux n'en jettent une larme.

C'estoit au plus chaut temps que l'ardeur œtheree
Embrasoit le giron de la terre alteree,
Quand la pucelle entra dans un prochain bocage
Qui servoit aus passans de gracieus ombrage.
D'une source d'eau vive il estoit arrousé,
Et le bord alentour de mousse tapissé ;
Un Cupidon, taille d'arain (1), estoit le dieu
Qui donnoit ornement au solitaire lieu,
Ou, pendant que la Nymphe, au gazouillis de l'onde,
Frizoit en se baignant l'or de sa tresse blonde,
Ce vengeur Cupidon de sa baze roula
Et de sa pesanteur la pucelle accabla.
La Parque luy ternit la beauté de ses yeux,
Et de sang fit rougir le flot delicieus.

Là donc, pauvres amantz, comblés vous d'allegresse !
Chantés de Cupidon la force vengeresse !
Et vous, dames, aymés ceus qui vous font service,
Et de ce petit Dieu reverés la justice !

---

(1) Taillé d'airain (v. lang.), une statue de bronze.

LVI.

SATYRE (1).

Trior (2), c'est un abbus des homes de nostre age
De vouloir addoucir par un doré langage
La rigueur d'un' ingrate, et d'un gentil soucy
Luy precher doucement l'amoureuse mercy (3).

---

(1) Nous avons vu (p. 120) que « du Verdier ayant recouvré un poëme de la façon de Calignon, adressé au sieur de Triol, gentilhomme de cette province, et l'ayant inséré dans son livre, qui porte le nom de *Bibliothèque*, Calignon, alors Chancelier, en eut un tel déplaisir,..... qu'il fit arrêter tous les exemplaires qui se trouvèrent chez le libraire et chez l'imprimeur, à dessein de les faire supprimer ; mais que..... sa précaution se trouva inutile. » Videl a commis deux erreurs dans ces quelques lignes : premièrement, à l'exemple de la plupart des écrivains de cette époque, du Verdier qu'il cite lui-même, et Eustache Piedmont dans son *Mémorial perpétuel*, il appelle *Triol* ce gentilhomme dont le véritable nom est *Triors*; en second lieu, Calignon n'était point encore Chancelier, quand parut *La Bibliotheque d'Antoine du Verdier* (Lyon, Honorat, 1585), car il ne reçut cette haute marque de la faveur et de la considération de son maître qu'en 1593. Voici, du reste, en quels termes du Verdier (p. 1140) s'exprime sur le compte de notre poète : « Sofrey Calignon, Maistre des requestes du Roy de Navarre, a escrit plusieurs Poëmes non imprimez. Et luy en ayant esté tiré des mains vne satyre à moy despuis baillee, icelle sera inseree icy tout du long. » Puis il publie cette pièce avec beaucoup de variantes et sous ce titre :
LE MESPRIS DES DAMES.
SATYRE.
Nous avons trouvé la mention d'une autre pièce de Calignon dans la *Nouvelle Biographie universelle* du D¹ Hoefer (V. CALIGNON, *Soffrey* DE) L'auteur place parmi les œuvres du Chancelier un *quatrain* qu'il dit être inséré dans les *Mélanges historiques* de Colomiés, et que nous aurions voulu pouvoir reproduire ici. Nous déclarons l'avoir recherché en vain dans plusieurs éditions de ce livre, et nous croyons à quelque confusion de la part de M. Hoefer.

(2) Claude Odde de Triors, dont Rochas, dans sa *Biographie du Dauphiné*, dit que ses goûts poétiques et ses croyances religieuses l'avaient mis en relation avec l'un des personnages les plus importants du parti réformé, S. Calignon, qui lui dédia sa satire contre les femmes.

(3) Miséricorde (v. lang.).

L'on dict que Promethé, dedans sa main subtile,
La femme patrona (1) d'une gluante argille :
L'argille s'endurcit aus rayons aetherés
D'un midy bluetant (2) de mille traitz dorés,
Et la femme, qui tient de sa fatale source,
Devient dure et reveche, et cruelle et rebourse (3),
Plus elle voit un cueur bruler de passions
Et s'allumer du feu de ses affections.

Il est vray que du temps de la sayson doree (4),
Qu'on voyoit la Vertu seulement adoree,
Que les Dieus habitoent en ce monde noveau (5),
Que l'Amour ne pourtoit ny trousse (6) ny flambeau,
Mais, sans faire sentir sa cruelle pointure (7),
Se guidoit librement souz la loy de Nature ;
Il est vray, di je, alors, que la Muse servoit
D'escorte aus amoureus, et celuy qui sçavoit
Decouvrir doucement sa passion declose (8),
En l'eschole d'Amour prouffitoit quelque chose.

Mais despuis que le temps, d'un vol praecipité,
De ce siecle premier changea l'integrite,
Et qu'au siecle d'aerain l'avarice rouillee (9)
Altera des humains la poitrine souillee,
La Vertu s'en vola, et la troppe des Dieus,
La Foy, la Piete, s'eclypsa de noz yeus ;
Et dans le plus toffu (10) des foretz herissees
S'ecarta le tropeau des Muses offensees.

---

(1) Façonner (v. lang.). Mme de Sévigné a employé ce mot dans le même sens:
« J'aimerais bien à patronner les grosses joues de Pauline. »
(2) Étincelant (v. lang.).
(3) Pleine de contradiction, qu'on ne sait par quel bout prendre (v. lang.).
(4) L'âge d'or.
(5) Nouvellement créé.
(6) Carquois (v. lang.).
(7) Blessure (v. lang.).
(8) Manifeste, découverte (v. lang.).
(9) Calignon a voulu dire sans doute que l'avarice *rouille*, altère les facultés intellectuelles.
(10) Pour *touffu*, épais.

Despuis, on ne les vit ; et la sucree vois
Des poëtes ne put, sous ses nombreuses lois,
Flechir la cruauté de ces rudes tygresses,
Qui ne tirent playsir sinon de noz destresses.

Au lieu de proprement sa langue façonner,
Il faut tant seulement avoir de quoy donner.
Car le pris est en pris, et la fleche acerée
D'Amour n'habite plus dans sa trousse azurée,
Mais au fons d'une bourse, ou l'or etincelant
Dans les plis recamés (1) sa lumiere repand.
De là les hameçons, de la provient l'amorse,
Et les philtres secretz, et la secrete force
Qui charme, qui contraint, qui seule fait sentir
Aus femmes l'eguillon de l'amoureus desir.

Les Charites (2) d'Homere, en nommant Cytheree (3),
La nomment seulement Cyprine (4) la dorée :
Car dorés sont ses traits, et doré son flambeau,
Doré son Cupidon, et doré son bandeau,
Pour montre que l'or seul peut en la fantaisie
De la femme imprimer l'amoureuse furie,
Qui dict, pour s'excuser, que le pere des Dieus
Jadis en pluye d'or se rendit pretieus (5),
Que l'honeur d'un præsent, d'une offrande sacrée,
Plus que l'affection aus coelestes (6) aggree,
Et que si l'or flechit sa libre volunté,
Qu'ell' n'approche en cela de la divinité.

Dans les champs limoneus ou la vague foeconde
Du Nil Aegyptien fait deborder son onde,

---

(1) Brodés (v. lang.).
(2) Les Grâces.
(3) Surnom de Vénus.
(4) Autre surnom de la même déesse.
(5) Tout le monde sait, — par la tradition du moins, — que Jupiter se changea en pluie d'or pour séduire Danaé.
(6) Aux Dieux.

L'image de Memnon (miracle industrieus) (1)
Ravit d'estonnement les plus ingenieus.
Cette idole est muette et de lourde matiere ;
Mais, si tost que Phoebus retraçant (2) sa carriere,
Monté sur l'horizon, la touche de ses rais (3),
L'image dans le ciel fait penetrer sa vois.
A cet idole là j'accompare (4) la femme :
Decouvrés luy cent fois le tourment de vostre ame,
Versés dis mille pleurs, faittes mille soupirs,
Accusés sa beauté, mere de vos desirs,
Priés, idolatrés, elle sera muette,
Dedaigneuse et farouche (5) à vostre humble requete ;
Mais si quelque joyau, depouille du levant,
Quelque perle Erythree (6) ou quelque diamant,
Brille devant les yeus de ces douces rebelles,
Vous les verrés bruler de vives etincelles,
Aus oeuvres de Cypris (7) le courage plier,
Et faire, en un besoin (8), office de prier.

Les poëtes sacrés, dont la gloire æternelle
S'est frayé dans le ciel une sente (9) novelle,
Dont l'esprit, haletant d'une divine ardeur,
De ce sexe trompeur a celebre l'honeur,
Divins rares cerveaus, thresoriers de memoire,
Qui abbregent leurs jours pour allonger leur gloire,
Qui pour un peu d'honeur les biens ont mesprisés,
Ne se virent jamais d'Amour favorisés.

---

(1) Nous n'avons pas besoin de rappeler ici qu'il existait, à Thèbes, une statue colossale de Memnon, qui rendait, dit-on, un son harmonieux dès qu'elle était frappée des premiers rayons du soleil levant.
(2) Recommençant.
(3) Rayons (v. lang.).
(4) Je compare (v. lang.).
(5) Intraitable.
(6) V. la note 1 de la p. 180.
(7) Surnom de Vénus.
(8) Au besoin.
(9) Un sentier, un chemin (v. lang.).

Tesmoin m'en soit celuy qui sacra sur la rive
De son Loir Angevin (1) la pallissante olive (2),
Et celuy qui si dous soupira ses ardeurs,
Et la Sorgue enfanta du crystal de ses pleurs (3);
Tesmoin le Vandomois (4) et mille ames gentiles,
Qui, deployantz les traitz de leurs plumes subtiles,
De ces vaines beautés ont paré leurs escritz
Et n'en ont, à la fin, rappourté que mespris.

Il est vray, mon Trior, que tousjours l'Avarice
Ne leur fait faire joug (5) à l'amoureus service,
Et gratuitement les dames, quelque fois,
D'un secret serviteur (6) ont voulu faire chois.
Mais tout ainsi qu'on voit une louve, agitée
De la rage d'Amour, courir dans la vallée,
Tantôt gaigner le haut des coteaus herissés,
Ores tracer (7) les bois de feuilles tapissés;
Une suitte de lous d'un' importune presse
La muguette (8), la suit, la talonne, la presse,
Par les bois, par les champs, puis en fin, harassés,
Se couchent endormis, paresseus et lassés.
La rage bouillonant en sa poitrine fiere
Ne la laisse endormir, ny siller (9) sa paupiere;

---

(1) La Loire. Du Verdier donne la variante *De son Loyre angevin*.

(2) Joachim du Bellay, né à Liré (Anjou) sur les bords de la Loire, vers 1524. Il était parent du cardinal de ce nom et mourut chanoine de Paris en 1560. Les poésies de l'*Ovide français*, ainsi qu'on le nommait, ne furent publiées qu'en 1568. Il a fait des sonnets, des odes, des chansons, etc., qui ont plus de naturel que les poésies de Ronsard; mais cela ne suffirait pas à expliquer comment il *sacra sur la rive de son Loyre angevin la palissante olive*, si l'on ne savait qu'il a célébré en 115 sonnets qu'il appellait ses *Cantiques*, la belle *Olive*, anagramme de l'*iole* d'Angers.

(3) Pétrarque.

(4) Pierre de Ronsard, né au château de la Poissonnière, dans le Vendômois, en 1524.

(5) *Faire joug*, loc. du v. lang., pour Se soumettre.

(6) Calignon a écrit, en marge, la variante *D'un emoucheur de cotte*; et nous trouvons encore cette autre dans la *Bibliothèque de du Verdier* (p. 1183): *D'un pauvre serviteur*.

(7) Tantôt chercher (v. lang.).

(8) Convoite (v. lang.).

(9) Coudre, fermer (v. lang.).

Ains (1), voyant assoupis cette troppe de lous,
Choysit le plus hydeus et difforme de tous,
Assouvit son ardeur, et d'un' hurtade (2) soupple
L'eveille, le caresse, et avec luy se couple (3).
Ainsi la femme ingrate, et qui voit dediés
A ses perfections les cueurs sacrifiés
De mille serviteurs que sa douceur attire,
Si ell' aime par chois, choysit toujours le pire.

Aussi tost que l'avril de ma verte sayson
La joue me friza d'une blonde toyson,
Quelque dame conceut une secrete envie
Dessus la liberté, maitresse de ma vie,
M'assujettit aus retz (4) de ses perfections
Et deroba la clef de mes affections.
J'avoy pour concurrent un vieillard froid et palle,
Qui ja (5) tenoit un pie dans la barque fatale :
De son oeil catarreus distilloit un ruisseau ;
La roupie coulant luy glaçoit le cerveau ;
Son cors etoit semblable à un' anatomie (6),
Son visage aus tableaus d'une Cosmographie (7)
De rides silloné, et sembloit, ainsi beau,
Un phantastique esprit echapé du tumbeau,
Un songe phrenetique (8), un' ombre solitaire,
Et le modele vray d'uné hydeuse Chimære (9).
Voyant devant mes yeus cet idole de mort,
Et moy, d'autre côté, jeune, gaillard et fort,

---

(1) Mais.
(2) Le v. lang. nous fournit les mots *heurt, hurtement, hurtance,* pour exprimer un choc, une *poussée.* Nous croyons *hurtade* de la création de Calignon.
(3) S'accouple.
(4) *Rets,* filets, piége.
(5) Déjà.
(6) Un corps disséqué, un squelette.
(7) Nous pensons que l'auteur a voulu dire par là que son visage était ridé comme une carte qui indique tous les plis du terrain.
(8) Un cauchemar.
(9) Monstre mythologique.

Qui avoy l'avantage et qui, soit en adresse,
Soit en dexterité, soit en fleur de jeunesse,
Habile à ce metier, en tout le surpassoy,
Sinon qu'il avoit plus d'ecus que je n'avoy,
Je prins opinion (1) de voir favorisee
Mon amitie fidelle, et la sienne moquee ;
Mais las ! tout au rebours, je me vi meprisé
Et ce bel Adonis en mon lieu caressé.
Je fus au desespoir, et, ennuyé de vivre,
Pour afranchir l'esprit de son hôte delivre (2),
J'imploray le destin, les Parques et le sort,
Pour m'oter de ce monde et me donner la mort.
Mais en fin la faveur de quelque bon Genie,
De ces divins propos, vint flater mon ouie :

N'espere pas, dit il, veu ta condition,
Estre, plus que les Dieus, vuide (3) d'affliction :
Ne sçays tu d'Apollon la peine infortunee,
Qui, voulant embrasser la fille de Pence (4),
Jeune, brave et gentil, n'epousa qu'un laurier,
Et trempe (5) dans les cieus, encor à marier ?
Ne vois tu, d'autre part, sans egard des merites,
Qu'Erycine (6) la belle et l'une des Charites (7)
Epousent à l'envi un forgeron boyteus (8),
La bute (9), la risee et la fable des cieus ?

---

(1) Je pris opinion, je pensai.
(2) Libre (v. lang.).
(3) Vide, exempt.
(4) Daphné, fille du fleuve Pénée, qui, poursuivie par Apollon, fut changée en laurier.
(5) Nage, demeure, reste.
(6) Surnom de Vénus.
(7) Selon Homère, ce fut Charis, la plus belle des Grâces, qui devint la femme de Vulcain.
(8) Vulcain.
(9) Substantif que nous n'avons trouvé employé que dans la locution *être en butte*, et qui signifie en effet, ici, que Vulcain était l'objet des cancans et des sarcasmes de l'Olympe.

Ne sçays tu le malheur de ce romain Joconde,
Qui de beauté parut la merveille du monde ?
Ne sçays tu les erreurs du prince des Lombards (1) ?
Si les Dieus sont sujets à semblables hasardz,
Si les roys vont courant cette bourrasque dure (2),
Es tu, plus que les rois, filz ainé de Nature (3) ?
A tant (4) se teut le dieu (5), et, d'un vol incertain,
Me deroba l'object de son idole vain.

Or, Trior, j'en ay veu qui, d'un autre maniere,
Avoent l'esprit à gauche et l'ame traversiere (6);
Qui, volages de cueur, se jouantz de l'amour,
Changent de volunté dis mille fois le jour :
Leur cueur est inconstant, legere leur pensee,
Comm' une girouete à tous ventz elancee,
Et qui se va tournant à volte de cerveau (7),
Comme dedans les flots le debile rouseau (8).

Autant que le miroir, dans sa glace polie,
Reçoit d'impressions qui notre fantaisie
Font errer doucement, et montrent au dedans
L'object qui n'y est pas et trompe notre sens ;
Autant, dans leur esprit, ces cerveles volages
Forgent d'affections et figurent d'images
Qui naissent et s'en vont, et renaissent ainsi
Que l'ombre dans le vain d'un miroir eclerci.
Tantôt vous les verrés de vous ne faire conte (9);
Tantôt le repentir, tantôt l'ire (10) les domte;

---

(1) Astolfe. Tout le monde connait la nouvelle tirée de l'Arioste et dont La Fontaine a fait son joli conte de Joconde.
(2) Courant les hasards de ces caprices durs à digérer.
(3) Rois fils ainsez de Nature (Var. de Du Verdier)
(4) Alors (v. lang.).
(5) Se tut le dieu.
(6) Taquine, pleine de contradictions.
(7) Suivant le caprice de la pensée, les évolutions du cerveau.
(8) Le faible roseau.
(9) Ne pas tenir compte, ne pas faire attention, n'avoir pas en considération.
(10) Le courroux, la colère (v. lang.).

Si de vos passions elles prennent pitie,
La moindre occasion trouble cette amitie.

Comme le papillon aus æles etoilees,
Caché dessous les lis aux robes emaillees,
D'un jeune chasserot (1) va decevant les pas,
Qui pense le tenir, et si (2) ne le tient pas :
Ce delicat enfant, d'une demarche fole,
S'approche, et, ce pendant, le papillon s'en vole.
Ou comm' on voit partir, hors des epis cretés,
Un lievre roidement suyvi de tous côtés,
Et tromper de sa course, en feintes ondoyantes,
Des levriers decouplés les meutes abboyantes,
Qui faillent leur pinsade (3), et, reclaquant des dentz,
N'arrachent que le poil et remachent les vents ;
Le lievre gaigne au pied (4), plus œlé qu'un tonnerre,
Et le levrier honteus donne du nés en terre :
Ainsi l'on voit les traits pleins de legereté
Des dames que je pein de cette qualité,
Qui, après longuement avoir esté servies
Et de mille sujets tyrannisé les vies,
Apres avoir tiré playsir de leur tourment,
Au lieu de leur donner en fin allegement,
Au lieu d'avoir pitie de leur cerveau malade
D'amour et de martel (5), d'une douce bravade
Se moquent de leur mal, et renvoyent ces fous
Payés d'un « Je ne puis » ou d'un « Retirés vous. »

Quand le pere Ocean, des cruches (6) æternelles,
A coup (7) fit deborder mille sources novelles,

---

(1) *Archerot*, petit archer, l'Amour ; *chasserot*, petit chasseur : Calignon aime beaucoup ces diminutifs.
(2) Cependant, néanmoins.
(3) Si nous ne nous trompons, Calignon a voulu dire *qui manquent leur pinsade*, leur prise, et *ouvrent de nouveau la gueule* pour ressaisir leur proie.
(4) Gagner au pied, locution pour S'enfuir.
(5) Martel en tête, inquiétude, souci.
(6) Je commence à croire que le mot *urne* n'était pas encore connu des poëtes.
(7) Tout à coup. *A coup* est une expression de Montaigne.

Et qu'on vit, sur les monts, vaguer de toutes parts,
Pli sur pli, flot sur flot, les orages epars,
Deucalion, resté seul de l'humaine essence,
Pour des homes noyés reparer la semence,
S'accosta de sa femme, et tous deus, aus yeus clos (1)
Les pierres ont semé, de leur mère les os (2).
Des solides caillous, et de masse pesante,
Les homes sont yssus, de nature constante (3) ;
De la ponce (4) naquit le sexe foeminin (5),
Car la ponce, nageant sus l'orage marin,
Apre, rude, sans pois, grumeleuse et legere,
Se trouva pour ce fait la plus apte matiere.

Il est vray que, souvent, d'une feinte douceur
Leurs mieleus appas attirent notre cueur,
Comme, de leur odeur, les pantheres attirent
Les simples animaus, et apres les dechirent ;
Ou comme le pecheur qui affuble sa teste
De la peau d'une chevre, et qui sa ligne jette
Pour tirer amorsé le Scare (6) à l'hameçon,
Amoureus de la chevre, et le mettre en prison :
Ainsi, le plus souvent, ces cruelles Harpies
Masquent leurs trahisons de mille courtoysies,
Semblables à la chevre, excepté qu'elles n'ont
Ny la barbe au menton, ny les cornes au front ;
Car c'est pour leurs maris, dont la teste s'appelle
Un Parnasse fourchu à la pointe jumelle.

---

(1) *Velantque caput.*
(Ovide, *Métamorphoses*, liv. I).
(2) *Magna parens Terra est : lapides in corpore Terræ Ossa reor dici.* (Id.).
(3) *....... Saxa Missa viri manibus faciem traxere virilem.* (Id.).
(4) Pierre volcanique très poreuse et très légère.
(5) *Et de femineo reparata est femina jactu.* (Id.).
(6) Espèce de poisson de mer. Les anciens prétendaient qu'il avait la faculté de ruminer. Les modernes appellent de ce nom une espèce de poisson muni de larges mâchoires ayant la forme d'un bec de perroquet.

Tu me diras, Trior, qu'il s'en peut rencontrer,
Parmy tant de miliers, quelque douce à traitter,
Et je confesse bien, par erreur de Nature,
Qu'il s'en pourroit trouver quelqu'une à l'avanture ;
Mais, quand elle seroit un miroir de douceur,
Telle bonté ne peut appourter que malheur.
Regarde, dans Homere, Heleine et Penelope,
Dont l'une la Phrygie arma contre l'Europe,
Et fit du sang Gregeois (1) et du sang des Troiens
Par dis ans ondoyer les murs Neptuniens (2) ;
L'autre, pourtant l'honeur empraint dans le courage,
Fit errer son mari, pendu dessus l'orage (3),
Et fit floter en mer, l'espace de dis ans,
Sa barque naufragere (4) à la mercy des vens.
Bref, Trior, choysis la Penelope ou Helaine,
Tu n'en auras que mal, que desastre et que peine.

On dit que les chevaus, qui refoulent aprés
La trace que la louve aura marché de frais,
Prennent des paturons la jointure etourdie (5)
Et tumbent chancelans d'une cheute engourdie :
Ausci l'home, ennobly d'un genereus esprit,
Qui s'abandonne en proye à la femme qu'il suit,
Devient sot et stupide, et son ame abestie (6)
D'un etourdissement en fin est abbrutie.

Si toutefois, Trior, la dame que tu sers,
Pour qui dernierement tu m'envoyas des vers,

---

(1) Du temps de Marot, on disait *Grégeois* pour Grec.
(2) Les murs de Troie. Il n'est peut-être pas inutile de faire remarquer ici que le poète a voulu dire que, pendant dix ans, le sang des Grecs et des Troyens *ondoya*, arrosa les murs de Troye.
(3) Suspendu sur un frêle vaisseau, au milieu des tempêtes.
(4) Encore un mot fabriqué par Calignon, pour dire que le vaisseau d'Ulysse flottait au milieu de mille dangers et qu'il était fort exposé à faire naufrage.
(5) Éprouvent un ébranlement dans la jointure du paturon.
(6) Rendue stupide, hébétée.

Est honeste et gentile, et belle et bien apprise,
Et d'un pareil amour ton amour favorise,
Adore la, sers la ; garde soigneusement
Ce thresor que le ciel nous donne rarement ;
Mais lors que tu verras son amour eventee (1)
Se glacer peu à peu, quitte moy ce Protee (2),
Laisse moy cette ingrate et sa mobilite,
Et que ta voile single (3) au port de liberte !

Si tu ne peus si tôt voir libre et depetree
Du licol amoureus ton ame enchevetree,
Implore le secours des neuf divines sœurs,
Et trompe sus le luth l'ennuy de tes ardeurs :
Compose moy des vers qui te feront reluyre
A la posterité. Ne sçais tu que la lyre
A pouvoir d'adoucir la doleur que tu sens
Et charmer le soucy qui t'egare le sens ?
Ho ! n'as tu jamais veu la guerison etrange
Du faucheur Tarentin piqué de la Phalange (4),

---

(1) Affaibli, ou plutôt *affaiblie*, pour nous mettre d'accord avec l'orthographe de l'époque.

(2) On sait que cette divinité avait le pouvoir de prendre toutes les formes.

(3) Cingle.

(4) *Du faucheur Tarentin piqué de la Tarentule*. On ne peut lire autrement ce vers ; mais il faut convenir que ce mot de *Phalange* est assez malencontreux. Au premier abord, on se demande si le poète n'a pas voulu dire que le faucheur a été piqué aux *phalanges* des mains ou des pieds ; puis, lorsqu'on remarque qu'il y a *de* et non *à* la Phalange, on rêve de donner ce nom à la Tarentule, qui *pique*, en souvenir de l'antiquité qui l'avait appliqué à un corps de *piquiers*. Et par le fait, ce nom de *Phalange* est donné par le poète à la *Tarentule*, ou araignée des environs de Tarente, appartenant au genre Lycose. Il a sans doute confondu cette araignée avec une autre espèce, dite des *Phalangiens* ou *Phalangides* à cause de ses longues pattes, et appartenant à la famille des Holêtres, qui a pour type *le Faucheur* (Phalangium). Quelle bizarrerie que celle qui rapproche ces deux mots *Faucheur* et *Phalange* du vers de Calignon ! — Il est, ici, fait allusion aux préjugés de l'empirisme qui prétendait que le *tarentisme* ou maladie causée par la morsure ou piqûre de la tarentule ne pouvait se guérir que par le secours de la musique. Cette croyance était même si enracinée, que l'on est allé jusqu'à noter, dans un traité spécial des maladies de la peau, les airs que l'on devait préférer pour opérer cette cure.

Que le venin agite, et seulement le son
De la chevrie (1) peut dissiper ce poyson?
Telles sont les chansons des sçavantes pucelles,
Qui etouffent d'Amour les vives etincelles.

Donques toy, mon Trior, qui as heu cet honeur
D'etre aymé d'Apollon et d'etre bon sonneur (2),
D'avoir veu plusieurs fois, sous les tardes serees (3),
Les Muses qui baloent à cottes aggraffees (4),
D'avoir guidé leur bal, et, de mille façons,
Entonné les accentz de leurs belles chansons,
Si Venus envers toy est farouche et cruelle,
Chasse moy par les vers l'humeur qui te martelle (5).

Malheureus est l'ouvrier qui n'a ny le povoir
Ny le moyen d'user de son propre sçavoir.

---

(1) Nom d'un instrument de musique que l'on croit être la cornemuse. Dans la *Bibliothèque de Du Verdier* (p. 1147), il y a *De la musique* au lieu de *De la chevrie*.

(2) *Sonneur* se disait d'un poëte comme d'un musicien. Calignon a déjà dit (n° LIII, p. 209) :
> Qui si doctement *sonna*
> De sa lyre enchanteresse.

(3) V. la note 4 de la p. 217.

(4) A cottes ou robes relevées au moyen d'agrafes.

(5) Qui te donne de l'inquiétude.

LVII.

SONET POUR UNE DAME.

Livret, de mes soucis secretaire fidele,
Livret, ou lon verra peintes mes passions,
Les pensers, les soupirs et les affections
Dont l'Amour echauffa ma poitrine rebelle,

Si quelque fois celuy de qui l'image belle
Grava dedans mon cueur dis mille impressions,
Et qui cueillit, heureus, les premieres moissons,
Et de mes jeunes ans la depouille novelle ;

Si, di je, quelque fois il lit, par passe tems,
Les chifres entrelas (1) et vers qu'icy dedans
Je ramasse et dedie à nòtre amitie sainte,

Dis luy qu'il ne faloit ces tablettes m'offrir
Pour y tracer son nom d'un chaste souvenir,
Car en plus bel endroit j'ay sa memoire emprainte.

---

(1) Les chiffres, entrelacs.

LVIII (1).

IN TUMULUM FRANCISCI AVANSONII (2) PONTIFICIS GRATIANOPOLITANI.

Putre solum (3) natus, vitam seu bulla peregi ;
Nunc redit in cinerem quod fuit ante cinis.

---

(1) Nous devons la traduction de cette pièce et des suivantes à l'obligeance de M. Maignien, auteur de la préface placée en tête de ces poésies.

(2) François de Saint-Marcel d'Avanson ou d'Avançon, évêque de Grenoble de 1561 à 1576. Guy Allard dit 1561-1586 ; l'*Annuaire historique* 1562-1575, et M. Alb. Duboys 1561-1575 : l'épitaphe suivante, relevée par Nicolas Charbot (*Hist. de la ville de Grenoble*, ms. in-1°, verso du f° 34) et dont il attribue la rédaction à cet évêque lui-même, épitaphe que M. J.-C. Martin (*Hist. mil. et polit. de François de Beaumont, baron des Adrets*, p. 51) et M. Pilot (*Bull. de la Soc. de stat. de l'Isère*, 1ᵉ S., t. III, p. 57) ont reproduite d'une manière erronée, démontrerait qu'il est mort en 1576. Voici cette épitaphe que nous copions textuellement dans le ms. de Charbot où MM. Martin et Pilot l'avaient puisée, et nous la reproduisons nous-même sous toutes réserves, l'auteur ayant écrit au bas de cette pièce la date 1676, au lieu de 1576, et ayant commis évidemment plusieurs autres fautes de transcription. Qui se trompe dans toutes ces variantes ? Nous ne nous permettrons pas de trancher la question, et nous regretterons d'autant plus vivement que Calignon n'ait pas mis de date à son épitaphe : elle nous aurait au moins servi de contrôle et aurait attesté ou infirmé sans réplique la rectification que nous tentons aujourd'hui.

    Deo opt. max. et memoriæ
    Sempiternæ.
    Pulvis natus, bulla vixit (pour *vixi* sans doute)
    Iterum pulvis, animam
    Reddidi Deo, miraris
    Viator, Te talem
    Cogita,
    Vale, et ora.
    Franciscus Avansonius, vivus posuit anno
        M. DC. LXXVI.

Nous ferons remarquer, à ce sujet, la singulière analogie qui existe entre cette inscription et celle composée par Calignon. Seulement, la forme que l'évêque a donnée à sa pensée est moins païenne ; mais c'est la même idée.

(3) *Solum*. Ce n'est pas l'adverbe : *so* serait long, et Calignon sait la prosodie. Mais alors, c'est donc *le sol*, *la terre*, se rapportant à moi, *putre natus*. C'est un peu forcé. (Note de M. M.).

Desine mirari nostra ludibria (1) sortis :
Talia mortalem te quoque fata manent (2).

LIX.

ΕΙΣ ΤΟ ΑΥΤΟ.

Ἐκ προφύσιος θόρων κονίη, βίοτ᾽ ἐς πανομοίην
Οἰδαλέας ἕταμον πομφολύγεσσι τρίβον.
Νῦν δὲ πάλιν κονίη πέλομαι. τί δὲ θαῦμα βροτοῖσιν,
Οὓς ἐν ἴσον ταχύπους καί ποτ᾽ ἔμαρψε μόρος; (3);

LX (4).

FRANCISCO BORBONIO (5), PRINCIPI ILLUSTRISSIMO, QUOD UNUS LABORANTI DISSIDIIS INTESTINIS PROVINCIÆ ADFUERIT, ISARAM,

---

(1) Calignon, entraîné par la forme latine, oublie ici qu'un chrétien ne s'étonne pas de ce sort, et surtout qu'il ne l'appelle pas des *ludibria*. (Note de M. M.).

(2) **Pour le tombeau de François d'Avanson, évêque de Grenoble.**
Né de la poussière, j'ai passé ma vie comme une bulle d'air ; maintenant ce qui a été cendre retourne en poussière. Cesse de t'étonner de ces jeux de notre sort : mortel, une destinée semblable t'est réservée. (Trad. de M. M.).

(3) **Pour le même monument.**
Grain de poussière, je me suis élancé vers la lumière et j'ai suivi la route d'une vie entièrement semblable à des bulles gonflées. Maintenant, je redeviens poussière. Quoi d'étonnant pour les hommes qu'un prompt destin a bientôt saisis également. (Trad. de M. M.).

(4) Nous pensons que cette inscription était placée sur un arc de triomphe, à l'entrée de la ville, c'est-à-dire, vers la porte de la Perrière. Quant aux autres, elles sont transcrites ci-après dans l'ordre même où on les rencontrait, c'est-à-dire, sur le Pont du Jacquemart, au coin de la rue de la Magdeleine, à la porte de la Correrie (rue Marchande sans doute), au Banc de Malconseil (aujourd'hui place aux Herbes, et sur le logis de M⁰ʳ le prince Dauphin, c'est-à-dire, à l'hôtel du Gouvernement (mairie actuelle).

(5) François de Bourbon, prince Dauphin (d'Auvergne), duc de Montpensier, etc. nommé Gouverneur du Dauphiné en 1567, arriva à Lyon vers la fin d'avril 1574,

FUGATIS TERRITISQUE ULTERIORE RIPA HOSTIBUS AD CAVARES (1) USQUE, FLAMMA FERROQUE INFESTUM (2) PURGAVERIT ; PERDUELLES, OPPIDIS DUOBUS MUNITISSIMIS MAXIMO CONATU , MAJORE FORTUNA RECIPERATIS , DEPULERIT : OB EAS RES BENE GESTAS, ET SPERATAM FELICIORIBUS AUSPICIIS VICTORIAM OVANTI, AD TRIUMPHOS PROPERANTI, CIVES PRO TEMPORE DEDICAVERUNT. CIƆ IƆ LXXIV (3).

et, le 1ᵉʳ mai, à Saint-Marcellin, où il s'arrêta quelque temps à cause d'une levée de boucliers des protestants dans le Royannais et la vallée de la Drôme. Enfin il se décida à marcher contre eux, fut chassé du Pont en Royans et finit pourtant par remporter quelques succès, assez problématiques du reste, prit Allex d'assaut et entra sans coup férir à Aoste, pour venir échouer à Livron le 11 juillet. Il eut alors la velléité de se retirer, « mais le parlement et la ville de Grenoble, qui jugeaient bien, dit Chorier, qu'outre que le retrait du prince, en l'état où se trouvaient les affaires des Catholiques, les déshonoreroit, il leur importoit de l'arrêter dans la Province pour lui être un gage des soins de la Reine Régente, lui députèrent les Presidents de Portes et de Domene, et avec eux Vaubonnois (1ᵉʳ consul de Grenoble). Il les ouït avec beaucoup de satisfaction et les louanges qu'ils lui donnèrent lui furent une leçon de s'en rendre digne. » Il se rendit alors dans la capitale du Dauphiné, et Calignon, chargé, comme nous l'avons vu (p. 11), de rédiger les inscriptions en son honneur, ne put dès lors faire moins que les magistrats du parlement et de la cité, et lui adressa, en latin heureusement, les flatteries qui font l'objet de cette note. Nous ne pouvons, cependant, nous empêcher de nous demander comment ces éloges pouvaient se concilier avec la foi et les idées du nouveau protestant.... Il est juste de remarquer que cette conduite coïncide avec l'époque où *il s'estoit remis dans le bon chemin*, en apparence du moins (V. p. 9).

De Grenoble, François de Bourbon alla à la rencontre du roi Henri III, qui arriva au Pont de Beauvoisin le 4 septembre, à son retour de Pologne ; puis il retourna à l'armée le 23 du même mois. Mais, peu après, se sentant déplacé dans le camp où son inexpérience devait céder constamment à la sagesse et à l'autorité de de Gordes, il partit en lui laissant le commandement de l'armée.

On manque de détails sur l'entrée du prince à Grenoble ; cependant les inscriptions que le ms. de Calignon nous fait connaître nous ont suggéré la pensée de recourir au *Registre des Conclusions* de la ville de Grenoble, année 1574, et nous y avons trouvé non-seulement la confirmation des faits intéressants racontés par Videl (pages 11 et 119 de *La Vie de Souffrey de Calignon*), mais encore d'autres particularités dignes d'être relatées, aussi bien dans l'intérêt de ce qui touche à notre poète que dans celui de l'histoire municipale de notre cité, et nous n'avons pas hésité à en faire un extrait pour le joindre aux pièces justificatives placées à la fin de ce volume (V. pièce   ).

(1) V. la pièce justificative n° 1.
(2) *Isaram..... infestum*. L'auteur sous-entend sans doute *fluvium* ou *amnem* (Note de M. M.).
(3) A François de Bourbon, prince très illustre, qui seul est venu au secours de la province tourmentée par des discordes intestines, a sauvé l'Isère dévastée par le fer et le feu, en terrifiant et chassant les ennemis sur la rive opposée,

A la tour du Pont.

JANO PARENTI, URBIS CUSTODI ET PERPETUO
EXCUBITORI.

PRINCIPIS AUSPICIO DUCTUQUE PATULCIUS (1) IDEM
QUI VOCOR, INFRACTO DICAR MOX CLUSIUS (2) HOSTE (3).

Au coin de la Magdelaine, une corone de chesne ayant pour devise ΟΥΔΕΙΣ ΑΝΘΑΙΡΗΣΕΤΑΙ (4), *mot tiré d'Euripide, et, au dessous :*

HÆC TIBI SERVATIS CIVIBUS UNA SAT EST (5).

A la porte de la Correrie, souz l'image de Liberté tenant en l'une des mains un pileus (6) :

PRINCIPIS ADVENTU, PULSA FORMIDINE, DURUM
EXCUTIMUS CERVICE JUGUM, COELOQUE REDUCTA
LABITUR, ET PICTIS LIBERTAS ADVOLAT ALIS (7).

---

jusqu'au pays des Cavares; qui a délivré le pays d'un ennemi acharné, après s'être emparé avec de grands efforts et un bonheur plus grand encore de deux villes très fortifiées : A lui qui, après ces hauts faits et cette victoire attendue sous de plus heureux auspices, revient heureux, en toute hâte, vers les triomphes qui l'attendent, les citoyens, suivant les circonstances, ont dédié ce monument. M.D.LXXIV. (Trad. de M. M.)

(1) *Qui ouvre*, surnom de Janus.

(2) *Qui ferme*, autre surnom de Janus : on sait que les portes de son temple étaient fermées pendant la guerre et ouvertes pendant la paix.

(3) Au Dieu (père) Janus, gardien de la ville, veillant sans cesse sur elle. — Sous les auspices et le commandement du Prince, moi qui ai nom Patulcius, je serai bientôt, l'ennemi étant abattu, appelé Clusius. (Trad. de M. M.).

(4) Personne n'y contredira ; littéralement : ne fera un choix contraire. (Note de M. M.).

(5) Au sauveur des citoyens, cette seule couronne suffit. (Note de M. M.).

(6) Sorte de bonnet phrygien, en laine, dont on coiffait les esclaves rendus à la liberté.

(7) A l'arrivée du Prince, toute crainte dissipée, nous secouons un joug pesant, et la Liberté ramenée du ciel descend, et sur ses ailes brillantes revole vers nous. (Trad. de M. M.).

Au banc de Malconseil, les armoiries de la ville jadis usurpées par les Rhodiens (1), *avec cette devise tirée d'Anacreon* : ΡΌΔΑ ΚΑΊ ΘΕΟΪΣΊ ΤΕΡΠΝΆ (2), *et le Genie de la ville tenant en main ses vers* :

Genio Urbis.

HÆC RHODIIS, HÆC SUNT NOSTRIS EMBLEMATA MURIS.
CLARA RHODOS, LUX CLARA MIHI EST ET PURIOR ÆTHER,
JURIS UTRIQUE FUIT PAR OBSERVANTIA, VERUM
ILLA COLIT PHOEBUM, PHOEBO MIHI TU PRIOR IPSO (3).

Le mesmes sens est comprins en ses vers :

Urbis Genius.

SPLENDORE CLARA CIVITAS, SED LEGIBUS
 ET INSTITUTIS CLARIOR,
RHODOS NITENTES SCULPSIT AUREO ROSAS (4)
 PHOEBIQUE CAPUT EMBLEMATE.
SUNT ET DECORÆ CIVIBUS NOSTRIS ROSÆ :
 SED CRINE PHOEBUS AUREO.
DIVE Ô DEORUM STIRPE NATE REGIA,
 TE PRÆTER ALIUS NON ADEST (5).

---

(1) Calignon aurait pu dire avec plus de vérité : *usurpées sur les Rhodiens*.
(2) Les roses sont aussi agréables aux Dieux. (Anacréon, Ode V.).
(3) Ces emblèmes sont ceux des Rhodiens ; ils sont aussi ceux de notre cité. Rhodes est brillante ; je jouis d'une lumière brillante et d'un air plus pur. L'une et l'autre nous observons également la justice ; mais Rhodes honore Phébus, et tu m'es plus précieux que Phébus lui-même. (Trad. de M. M.).
(4) Nous croyons que l'auteur fait ici allusion à la monnaie autonome d'or de Rhodes qui, en effet, portait d'un côté la tête radiée du Soleil, et, au revers, une rose.
(5) Ville illustre par sa splendeur, plus illustre par ses lois et ses institutions, Rhodes a sculpté dans une image d'or des roses brillantes et la tête d'Apollon. Les roses sont aussi un ornement dans notre cité : mais Phébus a des cheveux d'or. Être divin, né d'une souche royale, aucun autre que toi ne nous protège. (Trad. de M. M.).

Sus le logis de Monseigneur le prince Daufin, sous des rameaus de laurier, de vervaine (1) *et d'olivier :*

Pietati principis et felicitati.

PROXIMA PALLADIÆ LAURUS VERBENAQUE FRONDI
QUÒD VIRET, ÆTERNAM, CIVES, SPERATE QUIETEM :
NEMPE DABIT PIETAS PALMAM, VICTORIA PACEM (2).

LXI.

POUR UN MASQUE POLONAIS.

Si quem dira sacræ vexat contagio flammæ,
Languida vel tetro si membra fluentia tabo
Devorat, et spreti populatur numinis ardor,
Implorata ferunt Antoni numina pestem
Excutere, et sævos redivivis artubus ignes
Arceri, si vota piis ad sydera palmis
Nuncupet, iratas Divi revolutus ad aras (3).

Didita nos dudum (4) proceres ex fama Polonos
Excivit patrii immemores coelique, solique,
Aurea Cracovico quâ surgit regia coelo,
Et pigro gelidus voluit se Vistula (5) fluctu.

---

(1) C'était, dans l'antiquité, une plante fort employée dans les cérémonies religieuses : on l'appelait *herbe sacrée*.

(2) Puisque le laurier et la vervaine se couvrent de verdure auprès des rameaux de Pallas, vous pouvez, ô citoyens, espérer un éternel repos : la Piété vous donnera la palme, la victoire vous donnera la paix. (Trad. de M. M.).

(3) Allusion au *Feu sacré* ou *Feu de S. Antoine*, espèce d'érésipèle ou de charbon fort commune au moyen âge.

(4) *Dudum*, enchevêtré comme il l'est, peut se rapporter à *didita....fama* ou à *nos... excivit*. On ne s'y arrête que quand il faut traduire. (Note de M. M.).

(5) *Gelidus....Vistula*. L'auteur sous-entend sans doute *fluvius* ou *amnis*. (Note de M. M.).

Inde pererratis Germaniæ finibus oræ,
Jactatique freto Illyricis quod fluctuat undis,
En tandem incolumes optatos cernimus agros (1).
Antoni sacrata juvat simulacra, sacratas
Relliquias, sacras genio venerarier ædes,
Et lucos, ubi relligio quæ pectora versat,
Anxia solliciti dissolvet vincula voti.

Sed neque nos sacer ignis habet, nec tabida foedo
Exhalans ardore lues, procul, ò procul ista!
Te te, sæve puer, te nostrum ambusta Sinonem (2)
Corda fremunt, tu vasta animis incendia misces
Improbus, exhaustas carpit tua flamma medullas,
Dirus Amor, sævique ignes, crudelia tela (3).

---

(1) On sait que le reliquaire de S. Antoine était déposé dans l'église du bourg de ce nom, situé dans le Viennois (Dauphiné).

(2) Sinon, qui livra Troie aux Grecs et fut ainsi cause de l'immense incendie de cette ville (V. l'épisode de Sinon, *Enéide*, l. II, v. 57). (Note de M. M.).

(3) Si quelqu'un est tourmenté par la contagion cruelle du *feu sacré*, ou si l'ardeur dévorante du saint (*numinis*) tourmente ses membres abattus et, dégoûtants d'un sang corrompu, on assure que saint Antoine, imploré avec ferveur, détruit cette peste et que le feu ardent est chassé des membres qui retrouvent leur vigueur, si, les mains pieusement levées vers le ciel, on lui adresse ses ferventes prières, agenouillé aux autels du saint irrité.

Depuis longtemps déjà cette croyance, répandue dans le monde, nous a attirés, nous qui tenons le premier rang parmi les Polonais, et nous a fait oublier notre ciel, le sol même de notre patrie, où s'élève jusqu'au ciel le palais d'or cracovien, où la Vistule glacée roule ses flots paresseux.

Nous avons ensuite parcouru les confins des régions germaniques, et, ballotés dans le détroit où s'agitent les flots illyriens, nous voici enfin rassurés, ayant sous les yeux ces champs désirés. Nous sommes heureux d'y vénérer la sainte image d'Antoine, ses saintes reliques, les lieux consacrés à cette âme divine (*genio*), et les bois sacrés où la religion, qui manie les cœurs à son gré, doit détruire les pénibles liens d'un vœu plein d'inquiétude.

Mais ce n'est ni ce *feu sacré*, ni cette peste de corruption ardente qui nous tourmentent, — loin, bien loin de nous ces misères! — C'est toi, cruel enfant, toi que nos cœurs dévorés appellent en frémissant notre *Sinon*, c'est toi qui allumes dans nos cœurs ce vaste incendie; ta flamme détruit, en la dévorant, la moelle de nos os; impitoyable Amour, ce sont tes feux cruels, tes traits impitoyables. (Trad. de M. M.).

LXII.

SUS UN LIVRE INTITULÉ *ANTIMÆOLOGIUM* (1).

Terrebat faciles primæva ætate puellas
 Credita lapsuro flore maligna Venus.
Scilicet agrestes animos terrebat anilis
 Fabula, perrupto cardine fractus hymen.
At liber hic monstrat quid sit fera prœlia Martis
 Inter et Idaliæ (2) mystica sacra Deæ.
Fictus hymen valeat, valeant rupto obice valvæ,
 Quæque ferunt læsæ signa pudicitiæ.
At malè servati cui conscia cura pudoris,
 Exploratrices ne vereantur (3) anus.
Irritus hic labor est, prodi sua furta perosus
 Cæcus Amor, cæcas jussit inesse notas (4).

In Auctorem.

Fastidit thalamos tædasque Tigæus, et idem
 Cælibe nil vita tristius esse putat.

---

(1) Ce mot est composé de trois mots grecs ἀντί, μαίωμα et λόγιον, dont le sens est : Contre la science des sages-femmes. (Note de M. M.).

(2) Ville de l'île de Chypre consacrée à Vénus.

(3) Il y a *verentur* dans le manuscrit.

(4) Les jeunes filles trop faciles dans leur printemps étaient effrayées par la croyance qu'un maléfice de Vénus était attaché à la chute de la fleur virginale. Ainsi ce conte de bonnes femmes sur les effets de la rupture de l'hymen faisait peur à des esprits naïfs... Mais ce livre démontre quelle différence existe entre les cruels combats de Mars et les sacrifices mystérieux de la déesse d'Idalie. Loin d'ici cet hymen supposé, loin cette rupture d'obstacles et tout ce qu'on raconte des signes de la virginité blessée! Mais que celles qui ressentent l'inquiétude secrète d'avoir mal gardé leur trésor ne redoutent plus les vieilles exploratrices. C'est une vaine recherche ; l'aveugle Amour, craignant surtout que ses larcins ne soient divulgués, a voulu que les marques en fussent insaisissables. (Trad. de M. M.).

Scilicet hac ætate, his moribus, integra virgo
    Quæritur, et nostro casta Sabina proco.
Delicias hominis! læsi qui signa pudoris
    Nulla scit, illesos ambit, amatque thoros.
Hæc sors conjugii est, tibi nulla Tigæe petatur,
    Vel tibi Naupliacis (1) virgo petatur aquis (2). *2695* (3)

---

(1) Cela veut dire probablement les eaux de Nauplie, de Malvoisie, Malvasia, petite île sur la côte Est du Péloponèse, dont la ville, Epidaure, possédait un temple où Esculape rendait des oracles. Ce sens paraît vraisemblable ; il ne faudrait donc rien moins qu'un oracle, du dieu de la médecine lui-même, pour satisfaire pareille outrecuidance. Mais, de plus, l'auteur parle ailleurs (pièce 53 du recueil) des bords sacrés de Nauplie, sur le rivage de laquelle une nymphe aurait recouvré sa virginité (par la vertu d'Esculape sans doute). Il est bien clair que c'est de là que Calignon, non sans quelque ironie, veut ramener la *Virgo* réclamée par Tigée (Note de M. M.).

CONTRE L'AUTEUR.

(2) Tigée dédaigne le mariage et les flambeaux de l'hymen, et cependant il ne trouve rien de plus triste que le célibat. Ainsi, à cet âge, avec ce caractère, on lui cherche une vierge pudique : il faut, pour un tel amant, une chaste Sabine. Voilà un homme au comble du bonheur! Lui, qui sait qu'aucune marque ne subsiste de la virginité violée, veut et recherche avec passion une couche virginale intacte. Tel est le sort de l'union conjugale, ô Tigée : il faut qu'on ne cherche pour toi aucune jeune vierge, ou bien qu'on te la fasse venir des eaux de Nauplie (Trad. de M. M.).

(3) Ces chiffres placés ainsi, de la main de Calignon lui-même, paraissent être, à peu de chose près, le nombre des vers de ce recueil dont il a voulu se rendre compte. Nous trouverons encore une note semblable (p. 280), et l'idée nous est venue que, chaque fois, il avait cru arriver à la fin de la copie de ses œuvres poétiques, et que, chaque fois aussi, il en avait retrouvé de nouvelles à ajouter aux précédentes. De là ces deux chiffres qu'il serait difficile d'expliquer autrement.

LXIII.

SONET POUR UNE MASCARADE.

Amour, pere des Dieus, Amour, l'ame du monde,
Amour, qui le premier le Chäos debrouilla,
Qui, de la masse eclos, le premier s'en vola,
Qui gouverne et conduit cette machine ronde,

En Nature engendra le feu, la terre et l'onde,
Et l'aer qui plus subtil dans le tout se mela,
Lia ces elementz et, fertile, moula
Sus les pourtraitz divins leur melange feconde.

De l'amoureuse ardeur de ces membres divers
Les animaus conceus peuplerent l'univers
Et tout ce qu'ici bas oeillade (1) la Nature.

Si les Dieus, si le ciel, le feu, la terre et l'eau
Sentent les eguillons de l'amoureus flambeau,
Pensés vous eviter sa cruelle pointure (2)?

LXIV.

SONET POUR UN LIVRE D'AMITIE.

Veines (3), qui dans le vain des vanites plus vaines
Ne laisses vainement ton age evanouir,

---

(1) Regarde, voit, considère.
(2) Blessure.
(3) Les *Généalogies du Dauphiné*, dressées par Guy Allard, ne nous permettent pas de déterminer d'une manière certaine le membre de la famille de Veynes à qui ce sonnet est adressé.

Mais qui, parmy les flotz, sçais glisser et fuir
L'apast hameçonné des voluptés mondaines ;

Di moy par quelles mers, quelles routes certaines,
Sous quel astre serain, ma nef ira surgir
Au port de ton Ithaque (1), où je ne puisse ouïr
Les chantz emmiellés de ces douces sirenes (2).

Veines, si tu le fays, je veus ce livre tien
Sacrer de mille vers, non au Dieu Philien (3),
Mais à celuy qui fit ceste machine ronde (4),

Car n'ayant que mon sens pour pilote nouveau,
Si Dieu n'est ma boussole en la mer de ce monde,
J'ay peur de perdre en fin et pilote et vaisseau.

LXV.

J'ay baysé des oeilletz tout fraichement cueillis ;
J'ay des roses baisé, à voz levres pareilles ;
J'ay savouré le miel, ouvrage des abeilles ;
J'ay fleuré (5) mille foys l'aiglantine et le lis ;

Mais les baisers succrés de voz levres ravis
Passent de leurs douceurs les plus douces merveilles :
En baisant le coral de ces roses vermeilles,
Je ne sçay si je meur, et ne sçay si je vis....

---

(1) Calignon le compare à Ulysse qui avait su échapper à tous les dangers avant son retour dans sa patrie.
(2) Il compare également ici les vanités de ce monde aux Syrènes.
(3) Apollon et Jupiter ont porté, tous les deux, le surnom de Philius : évidemment, le poète a voulu, ici, faire allusion au premier, au Dieu de la Poésie.
(4) Le Dieu de la Bible.
(5) *Fleurer* signifie Répandre une odeur, et *flairer* Sentir par l'odorat. Dans le v. lang., *fleurer* avait cette dernière signification.

Ha! Dieus, si vous sçavies les douces mignardises,
Le succre, les appas, les folatres feintises
De ces divins baysers, vous quitteries les Cieus !...

Cachés les donc, Mignone, et bouchés ceste face,
Cachés moy ces oeilletz, ces ris et ceste grace,
Car je ne veus avoir pour compagnons les Dieus.

LXVI.

Divins baysers, dont la soueve (1) haleine
Embasme (2) l'aer de musquees odeurs ;
Divine bouche, ou les jumelles fleurs
De deus oeilletz s'elevent à grand peine ;

Divin souris, qui rendz calme et sereine,
Quand il te plait, la grand mer de mes pleurs ;
Divins propos, qui passés les douceurs
Du chant mignard d'une douce Sirene ;

Las! que ceus là, qui sentent voz attraitz,
Souffrent pour vous d'hameçons et de traitz,
Tous decochés de vos celestes graces !

Helas! combien ceste unique beauté,
Qui pour escorte a la pudicité,
Engendre en eus et de peurs et d'audaces !

---

(1) *Souef, souefve* (v. lang.), suave.
(2) Embaume (v. lang.).

LXVII.

EPITAPHES.

1.

Ainsi qu'on voit les rayons œtherés,
En plein midy, sus la terre descendre,
Puis se hausser et dedans l'aer s'epandre
Par le rebut (1) des champs reverberés ;

Ainsi tumba des neuf cercles dorés (2)
L'ame de qui j'honore icy la cendre,
Puis tout à coup, dans le ciel, s'alla rendre
Au plus beau rang des espritz honorés.

Comme ce feu qui des nues eclere
Le fier destin la fit voir au vulgaire
Tant seulement (3), et soudain la ravit.

Mais moy qui vis dans le ciel son idee,
Qui l'a cogneus avant qu'elle fut nee,
Seul je la plains, et mon ame la suit.

2.

J'ay veu mourir cette unique beauté,
Lustre jadis et flambeau de son age ;
J'ay veu languir ce pallissant visage,
Siege de gloire, honeur et majesté.

---

(1) Il y a dans le ms. *rebat;* mais ce mot n'a pas de sens ici, et nous pensons qu'il faut lire *rebut :* les rayons du soleil viennent, en effet, frapper la terre et en sont comme *rebutés*, repoussés, ce qui explique la reverberation.
(2) Allusion, croyons-nous, au 9ᵉ Cercle du Paradis de Dante.
(3) *Tant seulement*, pour un instant.

N'est-ce pas donc un trait de cruauté,
De me vouloir desaigrir (1) le courage,
Et, rappaisant de mes larmes l'orage,
Me depouiller de toute humanité?

Vous, mes amis, à qui la pitié sainte
Fait endurer passion (2) de ma plainte,
Et qui tachés d'adoucir mes doleurs,

Faittes calmer les marines courantes (3),
Bridés le cours des rivieres coulantes!
Lors cesseront les torrentz de mes pleurs.

3.

Ame gentille, heureusement bien nee,
Qui, meprisant ce monde vitieus,
Pour devenir un bel astre des cieus,
Avant le soir acheves ta journee ;

Qui, pour tenter la celeste volee,
Quittes ça bas ton fardeau pretieus ;
Reçois, helas ! non l'orgueil sumptueus,
Non l'honeur vain d'un riche mauzolee,

Mais les ruisseaus decoulans de mes pleurs,
Et les soupirs, enfans de mes doleurs,
Entremelés parmy ta cendre belle :

De là naitra l'amarante immortel,
Signe certain de mon dueil æternel,
Et seur (4) temoin de ta gloire immortelle.

---

(1) Soulager (v. lang.).
(2) Fait souffrir.
(3) Les courants marins.
(4) Sûr, assuré.

4.

Seigneur, tu vois mon esprit agité
D'une doleur et passion contrainte
Que je ne puis deguiser d'une feinte,
Tu vois le joug de mon infirmité.

Je sçay, Seigneur, que, si ta volunté
De noz desirs estoit la reigle sainte,
Ceus, qu'icy bas la pourteroent emprainte,
Approcheroent de la Divinité.

Mais estans ceintz de muscles et de veines,
D'os et de nerfs, noz affections vaines
Vont résistant à tes arretz divins.

Helas ! Seigneur, puis que ton vouloir sage
A fait le ciel riche de mon dommage,
Reigle mes veus à tes sacrés destins.

LXVIII.

Ce beau soucy (1), Madame, est la vive peinture
De mes affections et de votre beauté :
Il aime et suit le cours des beaus soleilz d'esté,
Et j'ayme et suy vos yeus, deus soleilz de Nature.

Il a la feuille verte, et le vert ne figure
Rien qui puisse approcher de la maturité ;
Mais l'or de ses rayons, en crespine (2) planté,
Me donne quelque espoir de guerir ma blessure.

---

(1) Calignon a voulu sans doute désigner ici le soleil ou tournesol.
(2) Espèce de frange tissue et ornementée dans sa partie supérieure.

C'est pourquoy vous n'avés, fatalement choysy
Pour peindre mon malheur, que le jeu du soucy,
Duquel je me prometz la victoire præsente,

Si vous avés egard à mille telles fleurs,
Qu'avec tant de soupirs j'arrose de mes pleurs,
Au jardin de mon cueur ou votre oeil les enfante.

LIX.

Mignonc, je vous pren, je vous pren sans soucy ;
Las ! vous n'aurés jamais sur moy cet avantage :
Voyés le desespoir sus mon triste visage
Et de mille frayeurs mon desir obscurcy.

Vous dittes que mon teint n'est bleme ny transy,
Et que par la coleur on cognoit le courage :
Mais quoy ! je porte au front le feu qui me saccage,
Et la cendre est au cueur de tristesse noircy.

Non, ouvrés moy le flanc, fendes moy la poitrine,
Plonges y les beaus lis de vostre main divine,
Et voyés, par pitie, ce qui germe au dedans !

Peut estre qu'y voyant vostre beaute naissante,
Vous en arracherés tous les soucis nuisans,
Afin que plus à l'aise ell' y soit fleurissante.

LXX.

STANCES POUR UNE MASCARADE.

Amour n'est pas un feu, qui, de sa vive flamme,
Glisse parmi noz sens et penetre dans l'ame,
Et qui peut addoucir la rigueur des rochers :
Si l'amour estoit feu, ses flammes vagabondes
N'allumeroent les cueurs nourry dedans les ondes,
Et laisseroent (1) *en pais la mer et les nauchers* (2).

Ou si l'amour est feu, c'est donc un feu qui vole
De l'une à l'autre mer, de l'un à l'autre pole,
Qui de ce globe rond égalle la grandeur :
Et la grand mer, au pris (3), ce n'est qu'une rosee,
Dont la flamme d'Amour doucement arrousee
S'allume, se nourrit et tire sa vigueur.

Or, si jamais humains sentirent sa puissance,
Ces courseres (4) en ont certaine experience,
Qui, voulant butiner, arriverent un jour
Au rivage françois : mais trois beautés divines,
Qui brulent maintenant leurs barbares poitrines,
Montrent qu'il n'y a cueur à l'épreuve d'Amour.

---

(1) Il y a, ici et plus bas, plusieurs membres de phrases soulignés dans le ms. ; quoique nous soupçonnions très bien la valeur du sens un peu risqué qu'y a attaché l'auteur, nous avons dû respecter son œuvre, dans cette pièce comme dans la suivante.

(2) Nochers (v. lang.).

(3) Le ms. porte : « Et la grand mer au pris ce n'est qu'une rosee. » Nous n'avons pas compris ; mais, plaçant les mots *au pris* entre deux virgules, nous avons alors interprété ce vers : « Et la grande mer, *en regard, en comparaison,* ce n'est qu'une rosée, » etc.

(4) Corsaires.

Au bord de ce rivage, et a l'envi de l'onde,
Ces trois Nymphes frisoent leur chevelure blonde,
Faisant d'un oeil serain les orages calmer,
Quand ces trois escumeurs esclaves les rendirent,
Mais eus mesmes, apres, leur liberté perdirent
Et voguent maintenant en l'Amoureuse mer.

Amour est l'argousin (1), sa trousse (2) est leur galere,
Sa fleche en est le mast (3), leur cueur y est forsere (4);
La mer est de leurs pleurs, le vent de leurs soupirs,
Leur astre est le rayon d'une celeste face ;
Et voudroent aborder un bel havre de grace (5)
Si ces Dames avoent pitie de leurs desirs.

LXXI.

AUTRES STANCES POUR LA MESME MASCARADE.

Ces matelotz ne sont propres tant seulement
A voguer sus les flotz toujours au gre du vent :
De tous mestiers de mer ils ont la conoissance.
Mes Dames, prestés leur vostre nef hardiment,
Et les laissés ramer, et vous verrés comment
De ce gentil mestier ils ont l'experience.

Pour tirer l'aviron à puissance de nerfz,
Ils ont l'echine roide et ont les genous vertz ;

---

(1) Le gardien des forçats.
(2) Son carquois.
(3) Le mât.
(4) Forçat.
(5) Jeu de mots sur le nom d'origine du Havre de Grâce.

Et si vostre vaisseau reçoit par quelque fente
Les orages salés, ils le calfeutreront ;
Et, s'il est entr'ouvert, ils le reboucheront.
Chacun a pour ce fait sa cheville duisante (1).

Leurs avirons sont gros et longz à l'avenant ;
Il ne leur faudroit plus si non vostre quadrant ;
Leur mast (2) est bien tendu, leurs rames assez fortes.
L'Ourse ny la Pleiade et ces aultres flambeaus (3),
Ne guideront leur nef : le signe des Jumeaus (4)
Est l'astre qui les fait voguer en toutes sortes.

LXXII.

ELEGIE.

Madame, en discourant à vostre gentillesse
Des remedes d'amour, poison de la jeunesse,
Et bravant sur ce point, comme si j'eusse esté
Pour faire ces discours en pleine liberté,
Voyant tant de soupirs, qui à la derobee
Trahissoent le secret de ma triste pensee,
Vous connutes l'ardeur de mes affections,
Et que tous mes propos n'estoent que fictions.
Lors, ouvrant le coral de deux levres pourprees,
Soupirant doucement ces paroles succrees,
Vous me dittes qu'en vain je me tenoy celé,
Et que j'avoy l'esprit feint et dissimulé.

Comme le criminel que l'on mene au supplice,
Palle, froid et tremblant aus mains de la justice,

---

(1) Se disait, dans le v. lang., de ce qui plait.
(2) Mât.
(3) Les constellations de l'Ourse et de la Pléiade, et les autres étoiles.
(4) Les Gémeaux.

Se voyant convaincu et ja presque defait
De la crainte de mort, declere son forfait.
Ainsi, voyant au vif ma conscience atteinte
Par vos propos remplis d'une esperance feinte,
Et voz yeus, mes sorciers, qui nageoent en pitie,
Me faisant esperer quelque trait d'amitie,
Je voulus doucement vous confesser ma faute,
Si c'est faute d'avoir la pensee trop haute
D'oser idolatrer une fiere beauté,
Et pourter en son cueur une divinité ;
Mais tant plus je tachay vous eventer ma flamme,
Moins je peuz decouvrir le tourment de mon ame,
Car la crainte et l'espoir, hotes seditieus,
Faisoent naitre et mourir ma parole et mes veus.

Un soir, vous raccostant, je tachay de vous dire
Pour la deuzieme foys mon amoureus martire ;
Mais dis mille soupirs etoufferent en vain
Et firent avorter le fruit de mon dessein :
Mes sanglotz recoupés, ma couleur alteree,
Et mille changemens, et ma veue egaree,
Vous pouvoent sans parler temogner ma doleur,
Si jamais vous eussiés senty pareille ardeur.
En fin, voyant en moy perdue cette audace
Qui me devoit pousser à vous demander grace,
Vous me dittes, sans plus (1), que le taire est mortel
En cas de passions, qu'il n'y a rien de tel
Que dire au medecin son dangereus ulcere,
Et que je ne diroy rien qui vous put deplaire.
Ha ! parole emmiellee, et qui, souz la douceur,
Cachoy l'impieté et couvoy la rigueur,
Ce fut toy qui ourdis la malheureuse trame
Qui lie maintenant et bourrelle mon ame !

Or, aussi tost ne fut achevé ce propos,
Que l'ombre de la terre, et mere du repos

(1. Sans rien ajouter.

Qui finit des humains les peines curieuses (1),
Vous fit aller presser les plumes otieuses (2).
Il estoit nuit fermee, et le somme glissant
Sus les yeus des mortelz distilloit son present :
La mer estoit sans flotz; les perruques feuillees
Des sacrees forestz et les fleurs emaillees,
D'un oeil à demi clos leur sommet abbaissant,
Sembloent se reposer d'un somme languissant ;
Tous animaus des champs, prives ou solitaires,
Oubliantz leurs soucis et peines ordinaires,
Poissons, hommes, oyseaus de pennage emaillés,
D'un paysible repos avoent les yeus sillés (3).
Mais ce bourreau d'Amour dont mon ame est epreinte (4),
Acharné dans mes os, et vostre image empreinte
Voltigeant devant moy, d'un object gracieus
L'image du sommeil ravissoent à mes yeus.

Or l'aube retourna (5), et sa face declose
Cinabra (6) l'orient d'une moisson de rose.
Je me leve en sursaut, de larmes tout bagné
Et de mes passions tousjours accompagné ;
Puis, le cueur animé d'une audace tremblante,
Ainsi je vous contay ma peine languissante.

Madame, si les Dieus eussent fait les humains
Façonnés d'un crystal ouvragé de leurs mains,
Pour montrer de noz cueurs les obscures cachettes
Et l'eguillon piquant de noz flammes secrettes,
Helas! je ne seroys en peine maintenant
De vous dire l'ennuy qui me va poinçonnant

---

(1) Calignon a donné, ici, à ce mot le sens de *cure, soin, soucis*.

(2) *Les plumes otieuses*, pour les plumes du repos, le lit; cela sent bien le style *précieux* que Molière va fustiger bientôt de main de maître. Du reste, nos lecteurs ont pu s'apercevoir depuis longtemps que Calignon pêche souvent de ce côté-là.

(3) Fermés, clos.

(4) Serrée, pressée, accablée.

(5) Revint.

(6) Rougit. C'est hardi.

Despuis sept ou huit mois; car, voyant tant de breches,
Tant de feus, tant de traitz, tant d'ardentes flammeches,
Qui m'assiegent le cueur et vivent à l'entour,
Vous jugeries soudain que c'est le mal d'Amour.
Mais puis que je suy né sous ceste loy commune,
Qui ne permet de voir le dueuil qui m'importune
Que par un bref discours, ce me sera playsir
De vous dire l'ennuy qui m'est venu saysir.

Au plus chaut moys d'esté, que l'ardeur ætherée
Fendoit le sein beant de la terre alterée,
Que le courbe faucheur la moisson abbatoit,
Que d'un son enroué la cigale chantoit,
Que les epis dorés aus pointes herissées
Cordonnoent de Cerés les tressures frisées,
Et que vous, ma Deesse, evitant les chaleurs,
A l'ombrage des champs, source de mes malheurs,
Fittes pour quinze jours une heureuse retraitte,
Amour m'outrepersa de sa belle sagette (1),
Sacrifia mon cueur à vostre deité
Et foula souz voz piedz ma douce liberté.

Helas! je ne pensoy que ces foretz sacrées,
Ou, libres, habitoient les tropes diaprées
Des oyseaus peinturés, fussent une prison,
Ou je visse enchainer ma captive raison.
Je ne sçavois alors que c'estoit de service
Et ne pensoy jamais que pour vous je languisse.

De cette ardeur epris qui m'embrasoit le cueur,
Je couru dans les bois m'asseoir à la fraicheur;
J'allay boire à longz traitz aus sources des fontaines.
Mais ce n'estoit la soif qui tarissoit mes veines;
Aussi l'eau n'eut pouvoir d'appaiser ma chaleur,
Car seulement de vous j'espere ce bonheur.

---

(1) Flèche (v. lang.).

Ainsi fantastiquant (1) mille choses diverses,
Selon que voz rigueurs me donnoent de traverses,
Tout seul le plus souvent, triste je m'ecartois
Aus lieus plus reculés des solitaires bois.
Là, voyant les beautés dont la sage Nature
Honoroit ces cotaus d'une soigneuse cure (2),
J'y remarquoy les traitz de voz perfections
Tracees au tableau de mes affections.
Si je voyois un pin, haussé sus la colline,
Enter dedans le ciel sa perruque voysine,
Je disoy que c'estoit la belle majesté
De vostre corps, semblable à la Divinité.
Si j'essayois en vain de compter les fleurettes (3),
Je me resouvenoy de voz graces parfaittes ;
Et si je voyoy luire un astre dans les cieus,
Je pensois avoir veu le flambeau de voz yeus.
Si je voyoy le teint de deux roses vermeilles,
Je voyoy le coral de vos levres pareilles ;
Si quelque lis baisoit un oeillet gratieus,
Pensant à voz baisers qui tenteroent les Dieux,
Je sentoy mon esprit chatouillé d'une envie
De voir, en vous baisant, martyriser ma vie.
Mais helas ! mon destin et vostre cruauté
Ne me permect le bien de telle privauté.

Or ayant quelque temps, dedans ma fantasie,
Figuré voz beautés en cette frenaisie,
Je gravay sus le tronc d'un gentil arbrisseau
Vostre nom, seul effroy de mon desir nouveau,
Disant : Arbre gentil, dont la tendre jeunesse
Porte le nom gravé de ma fiere Deesse,
Ce beau nom seulement sus ton ecorse est peint,
Mais je l'ay vivement dedans mon cueur empraint :

---

(1) Imaginer selon ses caprices, suivre sa fantaisie. Le *Supplément* du Dictionnaire de l'Académie donne ce mot comme un *néologisme !*...
(2) Souci.
(3) Les petites fleurs.

Crois donc, heureuse plante, et que ta chevelure
Porte de mon espoir l'æternelle verdure!
Et, si jamais tu vois celle qui m'a blessé,
Compte luy que tu es glorieus et prisé
De vivre souz le nom d'une dame si belle,
Et moy trop plus (1) heureus d'ainsi mourir pour elle.

Toutesfois, s'il vous plait, Madame, d'ordonner
Que je vive pour vous, s'il vous plait me donner
Le nom de serviteur, je jure par la fleche
De l'archerot vainqueur, par sa vive flammeche,
Par le mal que j'endure et par vostre beauté,
De jamais ne tourner aileurs ma volunté,
Et, bien qu'en vous servant je n'aye que rudesse,
De jamais ne languir pour une autre maitresse!

Voilà donc les propos, Madame, dont jusay,
Quand, pour vous requerir, à vous je m'addressay;
Mais, en lieu d'alleger ma passion meurtriere,
Vous printes (2) à moquer de ma douce priere,
Disant que je sçavoy faire du courtisan
Et que de fictions j'estoy bon artisan.
Puis ouvrant cette bouche, honeur de la Sabée (3),
D'un souris gratieus mignardement succree,
Vous me dittes : J'ay froid. Et sans plus m'ecouter,
Allates en tremblant du feu vous accoster (4).
Helas! ce mechant trait, ce malheureux præsage,
Ce truchement muet de mon futur dommage,
Prædisoit que mon feu ne vous echaufferoit
Et que vous ne seriés que glace en mon endroit.

Or, si j'avoy servy un farouche Tartare,
Un Scythe furieus, un furieus barbare,

----

(1) Beaucoup plus (v. lang.).
(2) Vous vous prites à vous moquer.
(3) La Sabée, contrée de l'Arabie Heureuse d'où l'on tirait les parfums, la myrrhe et l'encens. La galanterie de Calignon allait assez loin, comme on voit.
(4) Approcher.

Une tygresse fiere, encor mon amitie,
Mes larmes et mes cris l'emouvroent à pitie :
Mais vous, inexorable, impiteuse (1) et rebelle,
N'avés compassion du mal qui me bourelle.

Si je vivoy cent ans, tousjours, dedans l'esprit,
De ma premiere ardeur j'auray le jour escrit,
Je dis ce triste jour que vos joues mouillees
Furent, de tous costés, de larmes decoulees.
Voyant tant de regretz, je prins opinion
Que vous estiés sugette à la compassion,
Que vous aviés l'esprit et dous et pitoyable,
Et pront à secourir un pauvre miserable.
Mais tout ainsi qu'on voit, sus l'humide sablon,
Du Nile Pharien (2) l'ecaillé nourrisson (3),
Qui pleure le malheur de l'homme qu'il devore
Et massacre celuy que de pleurs il honore :
Ainsi voz yeus cruelz en larmes se bagnoent
Et à mille trepas ma vie destinoent.

Je n'ay, despuis ce temps, fait que gemir et plaindre;
J'ay voulu quelquefois ma passion contraindre ;
J'ay taché, mais en vain, ma liberté ravoir,
Car encontre l'Amour la raison n'a pouvoir.

En fin, apres avoir, en cette tragedie,
Joué le desespoir d'une brusque furie;
Apres avoir gemi, soupiré, sangloté,
Poussé de l'esperance et de crainte arresté ;
Apres avoir repeu mes pudiques pensees
De voz rares vertus dans le ciel elancees,
Je vous ay dict l'ennuy du malheur qui m'ascaut (4),
Que vous voyés, helas! et si ne vous en chaut (5).

---

(1) Sans pitié (v. lang.).
(2) V. la note 1 de la p. 154.
(3) Le crocodile. Tout le monde sait ce qu'on appelle des *larmes de crocodile*.
(4) Assaille (v. lang.).
(5) Et cependant ne vous importe, vous est bien indifférent.

Allés doncque, cruelle, allés, inexorable,
Allés et triomphés, bravant ce miserable !
Souillés, souillés voz mains dans mon sang etouffé,
Et dressés de ma mort un glorieus trophé !
O le superbe honeur ! o la brave victoire,
Et digne d'estre escrite au temple de Memoire,
Digne d'estre chantée à la posterité,
De voir qu'une Deesse aye la cruauté
De tuer et meurtrir, et faire sacrifice
D'un homme consacré à luy faire service !

LXXIII.

CHANSON.

Ravi des beaus yeus de ma Dame,
Qui ne promettoent que douceur,
Je luy voulu conter la flamme
Qui me tyrannisoit le cueur :
Mais elle, qui s'arma du vice
D'une brutale cruauté,
Souz le joug d'un nouveau service
Emprisonna ma liberté.

Ainsi, voyant que ma franchise
Estoit esclave souz ses loys,
J'ay mon affection soumise
A la servir comme je dois,
Et puis dire, sans artifice,
Que ja ma ferme loyauté
Et la longueur de mon service
Meritoit bien la liberté.

Mais elle, plus inexorable
Que la mer enflee des ventz,
Presse ma vie miserable
De mille ingenieus tourmens ;

Et plus je cour en ceste lice,
Armé de ma fidelité,
Plus elle engrege (1) mon service
Et foule aus piedz ma liberté.

Au moins, si j'avois esperance
De voir mon malheur limité,
Ou qu'elle print la conoissance
Du mal qui me tient arreté :
Je ne plaindroy le sacrifice
De ma franchise (2) à sa beauté,
Car j'aymeroy mieus son service
Que le bien de ma liberté.

Dame, si ma peine endurée
Ne vous revient qu'a deplaysir,
Mon mal ne peut avoir durée :
Vous me verrés bien tost mourir.
Voulés vous donq que je languisse
Longuement en captivité ?
Feignés d'estimer mon service
Digne de quelque liberté.

Puis que le ciel ne m'a fait naitre
Que pour estre à vous destiné,
Contre le ciel voulés vous estre
D'un cueur malin et obstiné ?
Amour en fera la justice
Et punira cette fierté,
Puis que dedaignés mon service,
Et si (3) tenés ma liberté.

Tant plus la Dame est pitoyable
Et a le cueur mou d'amitie,
Tant plus on l'estime semblable
Aus Dieus qui sont pleins de pitie :

---

(1) Aggraver (v. lang.).
(2) Liberté.
(3) Cependant.

Il n'y a vertueus office
Si propre à la Divinité,
Que de guerdonner (1) un service
Du loyer de la liberté.

N'esperés donc avoir louange
D'abysmer si cruellement,
Au fond d'une rigueur etrange,
Un qui vous sert fidellement :
Gardés que l'Amour ne punisse
Cette fiere temerité,
Et prenés en gré mon service
Ou me rendés ma liberté.   3157 (2)

LXXIV.

Fourmy, filz de l'esté, modelle de ma vie,
Jouet de la Nature, ornement de son los (3),
Tu vis paysiblement, elogné de l'envie,
Ce pendant que tu n'as des œles sus le dos ;

Mais, quand tu deviens mouche et que ton flanc deplie
Les petits avirons de tes œles eclos (4),
Pour te faire mourir, l'Arondelle (5) t'epie
Et venge le mepris de ton premier repos.

---

(1) Récompenser.
(2) V. la note 3 de la page 261.
(3) Gloire (v. lang.).
(4) Calignon a remplacé par ces deux vers la variante suivante que l'on peut encore lire sous le trait dont il l'a effacée :
    Mais puis que tu deviens une mouche hardie,
    Deployant parmy l'œr tes œlerons eclos.
A la couleur de l'encre, qui est beaucoup plus pâle que celle de l'écriture primitive, il est facile de reconnaitre que ce n'est que plus tard, en relisant ses vers, qu'il eut l'idée de les changer.
(5) Hirondelle (v. lang.).

Ainsi mon cueur estant, en sa premiere enfance,
Denué d'aelerons, vivoit en asseurance,
Et, comme son sejour, ses desseins estoent bas;

Mais puis que deux beaus yeus luy forgerent des æles,
Las! il vola trop haut sur ces plumes nouvelles,
Car un aveugle oyseau (1) luy donna le trepas.

LXXV.

SONET SUS LES OEUVRES DE P. DESPORTES (2) DONNEES A M. G.

Qui voudra voir l'artisan des pucelles (3),
Qui d'Helicon habitent le couppeau (4),
Haut, elevé dans le Ciel le plus beau,
Faire assembler les beautés les plus belles :

Puis, derobant leurs graces immortelles,
Les imiter de son doré pinceau;
Qu'il vienne voir le merveilleus tableau,
Ou ce poëte en traça les modelles!

Mais si cet oeuvre il compare au flambeau
De tes deus yeus, ou l'yvoire nouveau
De ce beau front que ma pensee honore,

Lors il dira que ce peintre n'a fait
Que simplement ebaucher le pourtrait
De la beauté qu'idolatre j'adore.

---

(1) L'Amour.
(2) L'abbé Philippe Desportes, oncle du satirique Régnier. Il était né à Chartres en 1546 et mourut en 1606.
(3) Les Muses.
(4) Sommet.

LXXVI

Noz ames, en naissant, bronchent en præcipice
Et trebuchent du Ciel en un mortel tombeau :
Ce tombeau, c'est le corps qui d'un pesant fardeau
Nous etouffe abysmés sous les ondes du vice.

Mais si le ciel benin, d'un oeillade propice,
Caresse noz esprits, ils reflottent sus l'eau
Et singlent dans le port ecleré du flambeau
Qui du temple d'honeur pare le frontispice.

Mon ame, qui naquit sous un pareil destin,
Ne jouit toutesfoys d'une pareille fin,
Car le Ciel ne luy sert d'escorte ne conduitte :

C'est une belle main qui guide son bonheur
Et qui calme des flots l'orageuse entresuitte (1),
La faisant aborder au phare de l'honeur.

LXXVII.

Je veus bayser les lis de ceste main divine
Qui la rose et l'yvoire efface de blancheur ;
Mais las! si je le fay, je crain que sa rigueur
Par ma temerité, colere, se mutine....

---

(1) Succession (v. lang.).

Si (1) la veus je bayser : le bonheur achemine (2)
Les desseins qui ne sont esclaves de la peur.
Mais quoy ! si, la baysant, j'offense sa grandeur,
Peut estre qu'un bayser causera ma ruine ?...

Je ne bayseray donc l'outil de mon malheur,
Et, si je ne la bayse, à Dieu tout mon bonheur !...
Je la bayseray donc pour n'estre miserable...

Je ne la bayscay de peur de l'enaygrir (3)....
Las ! je la veus bayser, en deusse je mourir !..
Pour le moins je mourray d'une mort honorable.

---

(1) Cependant.
(2) Met en état de pouvoir réussir, fait avancer.
(3) Courroucer.

PIÈCES JUSTIFICATIVES.

AVERTISSEMENT.

Une partie de ces documents ont été découverts depuis l'impression de la Vie de Calignon, ce qui ne nous a pas permis de placer dans le texte des numéros de renvoi. Nous y suppléerons en indiquant, à la suite du titre de chaque pièce, la page à laquelle elle se réfère. La plupart de ces documents sortent des archives du château de Peyrins; nous nous contenterons donc d'indiquer la provenance de ceux que nous avons découverts dans d'autres collections.

PIÈCES JUSTIFICATIVES.

I.

1574. — Notes sur l'entrée à Grenoble de François de Bourbon, prince dauphin et gouverneur du Dauphiné.

(Extrait du *Registre des Conclusions de la ville de Grenoble*, 1574, f°s 120 à 108.)

Vendredy deuxiesme jour du moys de julhiet 1574, dans la Tour de Lisle et maison de ville de Grenoble, a été tenu le conseil ordinere d'icelle auquel ont adciste :

Messieurs le premier, deuxiesme, troyziesme et quatriesme consulz (1), monsieur le chanoyne Rebollet, monsieur Denis Bonnier, monsieur de Chapotiere, monsieur de la Frette, sire Guigues Collisieux, monsieur de Marrel, advocat, M° Jehan Guys Basset, procureur de ladicte ville (2).

. . . .

---

(1) C'étaient MM. Ennemond Bectoz, coseigneur de Valbonnais (M. de Vaulbonoix); Pierre Durifz, procureur; Jehan Laucier, marchand, et Martyr Joffrey, procureur.

(2) Pour éviter des redites inutiles, nous ne donnerons plus, à chaque réunion de l'un des Conseils, les noms de ceux qui y ont assisté. Nous nous contenterons de donner ici la liste complète, moins deux ou trois noms que nous n'avons pu déchiffrer, de tous ceux qui ont été présents aux divers Conseils qui furent tenus à l'occasion de l'entrée de François de Bourbon à Grenoble. Les voici par ordre alphabétique, sans y compter ceux qui précèdent :

Pierre Alixon, *farcellier* (Est-ce une qualité ou un nom?,; le précenteur (préchanteur ou premier chantre d'une église, dans le v. lang.) Aquin; M° Jehan Arbalestier; Arbant; François Bacut, Anthoyne Bafferi, serrurier; Félix Basset; Guigues Berbier; Gaspard Bessonier; Denis Bonnier; Anthoyne Boisseran; Jehan Bournaz; Jehan Buisson; Michel Buisson; Phylibert Canel; Claude Cardinal; M° André Chaboud; Anthoyne Chamard; Claude Chamoux, advocat; M° Denis Chapuys; du Chastellard; M° Jehan Ciméon; M° Clari; M° Pierre Cochard; Custin (Gustin, sans doute, pour Augustin); Colliard, procureur; le capitaine Curebource; M° Jehan Curt; Jehan Daquin; Debarey-

Plus a este propose quel personnage lon comectra pour la part de ceste ville pour accompagner messieurs les prezidentz de Portes et de Domene, qui, de la par de messieurs de la court, sen vont treuver mon seigneur le prince (1) pour le prier de ne sen aller sans au preallable purger ce pays des huguenaudz, sil est possible, et des moiens pour luy treuver quelque cheval pour luy fere ung presant, comme il a este conclud.

Conclud suyvant mesmes les advertissementz que lon a heu, tant de la part de mesdictz seigneurs les presidentz de Portes et de Domene que autres, comme mondict sieur le prince auroyt fort agreable d'avoyr ung bon cheval, et la tres grande neccessite que la ville et tout ce peys a de luy fere humble service et plaisir, que lon regardera sil y aura moien d'en recouvrer quelcung bon digne de luy presanter, commectant messieurs les premier consul et de Chapotiere pour cest effect ; et, pour acompaigner mesdictz sieurs les présidentz pour aller par devant mondict sieur le prince, lon nomme et commect monsieur de Vaulbonoix.

Mardy, sixiesme jour du moys de julhiet 1574, dans le logis de monsieur Marrel, advocat de la ville, a été tenu le conseil extraordinere dicelle, etc.

....

Plus a este propose quel lon nommera pour aller à Vallence vers monsieur le prince, pour la part de ceste ville, et quelle somme lon luy ordondera pour son voyage. A été opine et, après,

Conclud que lon nomme monsieur de Vaulbonoix, premier consul, auquel est ordonne mandat de quarante livres.

---

rosa ?; Jacques Denis, dit le sergent Lailly; Jehan Drenier; M⁰ Dubenoict; Pierre Dumas; sire Guigues Faure; Pierre Fercout; Fléard; M⁰ Jehan Flory, procureur; M⁰ Foucherand; Frastier; Lanteaulme Fratet; Jehan Geymond Giraudin; Michel Giraud; M⁰ Giraud Villatte; Jehan Grison; Mathieu Grivet; d'Huriaige; Barthelemy Heustache; Jacquier; Blaize Jonchet; Charles Jordan; M⁰ Jouvencel; sire Ennemond Lenfant Robinet; le sergent La Mèche; François Mailsolle; Baptiste Marrel; Barthélemy Matel; Mathieu Migoz; M⁰ Monet Perroct; Jehan Myard; M⁰ Sébastien Nereye; Pairot, avocat; Pierre Palleyns; de Pavioct; M⁰ Peresoil; sire Ennemond Perroct; Jehan Peyronin; Jehan de Plomb Gentini; le Prieur de la Magdeleine; Noël de Quelquo; Claude Rabier; Raton; M⁰ Anthoyne Rives, procureur; M⁰ Jehan Rivière; Ennemond Robin; sire Guillaume Robin; Rochas, avocat; M⁰ Rolland; M⁰ Ruelle; Pierre Santhon; Guigues Sonnier; M⁰ Ennemond Survillo, secrétaire; Félix Touchet; sire Ennemond Vernier; de Veynes.

(1) François de Bourbon, prince-dauphin d'Auvergne, connu sous le nom de Prince-Dauphin et même de Dauphin.

Vendredy, 9e julhiet 1574, dans la Tour de Lisle et maison commune de Grenoble, a este tenu le conseil ordinere, etc.

. . . .

Mandat a este aussy octroye a mon sieur François Parny, prebstre de Sainct-Andre, soixante dix florins, pour cinq barraulx de vin lanc (blanc?) que la ville a achepte de luy pour donner à mon sieur le prince daulphin.

Dimenche, 11 julhiet 1574, dans la maison de ville, a este assemble le conseil general dicelle a voix de trompe, etc.

. . . .

Pareillement a este propose des moiens pour treuver deniers, soy a interestz ou aultrement, pour lentree de mon seigneur le prince, gouverneur de ce peys, dans ceste ville, qui sera de brefs (1), comme lon pense, et quel present et entree lon luy fera, ensemble pour aultres fraiz de la guerre.

Conclud que toute la negotiation et charge, tant pour enprompter deniers que pour ordonner du present et entree de mondict sieur le prince, que pour satiffere ausdictz fraiz extraordineres de la guerre, est renvoye a messieurs du conseil ordinere de ladicte ville, ausquelz est donne tout pouvoyr.

Lungdy, 12 julhiet 1574, etc., a ete tenu le conseil ordinere, etc.

M. l'advocat a propose. . . . .
et finalement a remonstre, comme lon presuppose la venue de mon seigneur le prince en ceste ville peult estre pour dimenche prochain, parquoy est necessaire d'envoyer des aujourdhuy a Lion pour avoyr les couppes (2), diligenter de fere une poylle (3) en quelque estoffe qui soyt propre, et du moingtz deux ou troys centz armoyries, et toutes aultres chouses qui sont necessaires pour recepvoir mondict sieur le prince ; sur quoy a este opine et, apres, unanimement

Conclud. . . . .
et finalement... que lon fera diligenter au plustost de fere fere lesdictes armoyries, arcades et poylle neccessaires, et de recouvrer lesdictes couppes pour recepvoyr mondict sieur le prince le plus honnorablement quil sera

---

(1) Qui se fera bientôt.

(2) Il était question d'acheter un vase ou coupe, pour en faire, suivant l'usage, présent au prince qui, quelque temps avant, à son entrée dans Vienne, avait déja reçu un vase d'argent doré du prix de « quatre vingts escus » ainsi que le rapporte Chorier.

(3) Un poêle, un dais.

possible ; et, pour ce fere, que lon s eyssayera de treuver deniers par tous les meilheurs moiens que fere se pourra, soyt a interestz ou aultrement, laissant la negotiation de tout ce que dessus a messieurs les consulz, et lesquelz sont pour ce fere advisez comme si tout le conseil le faisoyt.

Jeudy, 15 julhiet 1574, etc., a ete tenu le conseil extraordinere, etc.

A este propose, comme madame de Peyrins (1) faict cest honneur a la ville que de lacommoder d'ung fort beau et riche vaze avec la couppe, ayant son couvercle, le tout d'argent doré (2), que peult peser le tout environ quinze marcs, pour fere present a monseigneur le prince daulphin a sa venue, et desquelz vaze et coppe elle veult avoyr au dernier mot cent cinquante escus dor sol (3), reste a opiner si lon le retiendra pour ladicte somme, attendu la commodicte de ce que ledict present se treuve charrye en nostre ville et que lon en pourra avoyr credict delle pour quelque temps ; sur quoy a este opine, puys

Conclud que lon commect messieurs les consulz, ou deux diceulx, pour accorder (4) auec ladicte dame de Peyrins desdictz vaze et couppes au meilhieur mesnaige (5) quil leur sera possible, soyt a ladicte somme de cent cinquante escus sol, ou aultre moindre, sil est possible, et, de la somme quil en accorderont, en passer obligation au nom de ladicte ville, ou aultrement, a ladicte dame de Peyrins ; et, par mesme moien, de fere accommoder lesdictz vaze et couppe de tout ce que y sera neccessaire, tant pour les fere brunir que couvrir les estuys en veloux.

Plus a este conclud que lon commect sire Guigues Collisieux pour fere fere le poylle pour pourter au dessus de mon seigneur le prince dans son entree dans cette ville, de damas blanc ou de quelque aultre belle estophe quil pourra choysyr, luy donnant tout pouvoir pour ce fere.

Vendredy, 16 julhiet 1574, etc., a ete tenu le conseil ordinere, etc.

Monsieur le deuxiesme consul a propose comme, pour satisfere aux fraictz quil convient fere pour recevoyr monsieur le prince daulphin et pour luy fere ung present a son entree, ils auroyent, suivant les conclusions

---

(1) Nous croyons qu'il s'agit ici de Françoise de Murinais, mère de Marthe du Vache que Soffrey de Calignon épousa en 1587, ainsi qu'on l'a vu (p. 61 de la *Vie de Calignon*).

(2) *Argent doré*, vermeil.

(3) Ce mot s'employait, dans le vieux langage, pour exprimer un paiement en espèces : *150 écus d'or sol*, 150 écus d'or comptant.

(4) Se mettre d'accord ; ce verbe s'employait alors dans ce sens sans le pronom personnel.

(5) Economie, prix. (v. lang.)

de ceans, empromtes cinq centz cinquante livres, asscavoyr : de mon sieur de Brie, deux centz cinquante livres, et, de monsieur Areoud, troys cents livres ; de laquelle somme, tant luy que sire Laucyer et M° Martyr Joffrey, troyziesme et quatriesme consulz, sen sont obliges a leurs propres et prives noms, avecq promesse de paier ladicte somme a requeste ; et, apres, comme ilz ont aussy achepte de madame de Peyrins, le vaze et couppe dore, don a este si devant parle, pour fere ung presant a mondict seigneur le prince, qui a couste, le tout, cent cinquante escus dor sol, lesquelz vazes et coupes ont este reallement exhibes, en la presence de mesdicts sieurs du conseil si assemblez, par ledict sieur deuxiesme consul ; de laquelle somme mesdictz sieurs consulz se sont aussi obliges a leurs propres et prives noms, payables à la saint Michel prochain, et ladicte somme cinq centz cinquante livres tout a l'instant remise centre les mains de M° Chonnet, recepveur de ceans, comme apparait par le livre de la charge dudict recepveur, requerant a ceste cause estre *advoués?* et decharges tant desdictz deniers empromptes que achet de vaze et couppe, et leur permetre en baillier toute indempnization, garentie tant pour ladicte somme de cinq centz cinquante livres d'une part empromptes, que de ladicte somme de cent cinquante escus, desquelz ilz sont, comme dict est, obliges a leurs propres et prives noms.

Conclud que mesdictz sieurs Durifs, Laucyer et Joffrey sont advoues et authorizes desdictz deniers enpromptes, et desdictz vazes et couppe acheptez pour faire ledict present a mondict seigneur le gouverneur, et du tout descharges ; et que la ville, pour raison desdictes obligations, vazes et couppes, leur sera de toute garentye et indempnization, et les gardera du doumaige.

Il leur a este propose en quel equipaige mesditcz sieurs les consulz yront au devant de mondict seigneur le prince pour le recepvoyr et pourter le poylle, et si, a l acoustumee ancienne observee en la maison de ceans, lon leur donnera une raube de damas ou de quelque aultre estoffe ; ensemble ce que lon donera a mon sieur ladvocat, procureur et secretere, recepveur et pourtiers de ville, et aultres officiers dicelle, pour fere honneur a mondict sieur le prince ; a este opine, et apres,

Conclud, attendu que l honneur les plus grandz que lon scauroyt fere a mondict seigneur le gouverneur est destre en ordre seant et digne, messieurs mesdictz sieurs les consulz qui pourteront le poylle estantz tous acoustres de semblable paruere (1), sont commis les sieurs de la Frette et

---

(1) *Pareure,* parure.

Collisieux, conselliers ceans, pour, avec l advis de mon sieur ladvocat de ladicte ville, se resouldre comme lon a use dudict faict aux entrees cy devant faictes par les roys daulphins et sieurs gouverneurs en ceste ville, pour, suivant icelles, se rancher (1) au plus pres quil sera possible, attendu que, pour l esgarement des papiers et conclusions qui en ont este faictes, il napert pas presantement dudict faict ; et neaulmoingtz, est dadvis le conseil, que lon face contentement ausdictz sieurs consulz et aultres requerantz, attendu les continuelles peynes quilz ont, et que ce que lon leur dorra (2) pourra servir à l entree future de nostre roy Henry troyziesme, venant de Poloigne, sil passe par ceste ville, comme lon espere.

Plus a esté proposé si lon priera mondict seigneur le prince de jurer de conserver noz libertez ; sur quoy a esté opiné, puys

Concluc de le prier de jurer de conserver noz libertez, a l entree de la porte de la Periere.

Mardy, 20 julhiet 1574, etc., a ete tenu le conseil extraordinere, etc.

Monsieur de Vaulbonoix estant de retour de vers mon sieur le prince daulphin, Gouverneur de ce pays, a faict entendre sa legation et, entre aultre, comme il auroyt presanté requeste a mondict seigneur le prince daulphin aux fins destre exemptes des quottes (3) des magazins (4), et comme, sur icelles, il auroyt obtenu rabays de la moytye desdictes quottes.

A esté aussi mis en desliberation, comme, ayant desja donné ordre a ce quil est expressement neccessere pour l entree de mon seigneur le prince, reste a desliberer et conclure des robbes de messieurs les consulz et pourtiers ; si lon les fera fere aux despens de la ville et dequelle estoffe ; ou si lon donrra (5) quelque partie d argent ausdictz sieurs consulz pour les fere fere ; et pareillement, pour le regard de mon sieur l'advocat, secretere et procureur, scavoyr aussi que lon leur donnera, attendu les peines extraordineres quilz ont ja prins (6), et que neccessairement leur fauldra prendre encore jusques apres ladicte entree et pour le faict d'icelle. Sur quoy a esté opine, puys

---

(1) Se ranger, probablement, se parer.
(2) Donnera.
(3) Impositions, parts. On ne retrouve plus trace de cette expression que dans le mot *quote-part;* on dit maintenant cote, être coté.
(4) *Magasin* se disait autrefois des bagages, approvisionnements, munitions de guerre et de bouche. train ou suite d'un général en campagne.
(5) Donnera.
(6) Prises.

Conclud, apres avoyr veu les conclusions si devant faictes mesmes en lannee 1548, aux entrees faictes a feu mon sieur d Aumalle (1) et au feu roy Henry (2) par lesquelles est apareu avoyr este faict semblables dons et despences comme si apres, ou peu moingtz ; et ayant esgard a la cherte de toutes estoffes et denrees au temps present, et que il est neccessaire que les officiers de ladicte ville soyent en honneste esquipaige, et mesmes d habillementz, pour le service que le chascung deulx doibt fere a ladicte entree, soyt pour pourter le poyle, presanter les clefs, ce que feront mesdictz sieurs les consulz, ou fere larangue (3) et requerir confirmation de nos libertez ; et prendre garde, avecq mon sieur ladvocat Calignon, aux devises, catelles (4) et peintures que seront mis parmis la ville, ce que fera mon sieur l advocat ; ou pour recepvoir de confirmation desdictes libertez, recepvoir plusieurs pris faictz, contractz et acquitz touchant ladicte entree, ce que fera le secretere de la ville ; ou bien pour donner ordre aux afferes particullieres dicelle entree, a quoy seront emploies les autres officiers si apres noumes, qui aussy acompaigneront mesdictz sieurs consulz, pourtanctz les coulleurs de mondict sieur le prince, tous lesquelz est neccessere recognoistre, au bout d'ung longtemps, de quelque petite somme extraordinere, comme par si devant en semblable cas a este faict : pour fere lesdictes robbes pour lentree de mondict sieur le prince, la somme de quarante livres ; plus a mon sieur Marrel, advocat de ladicte ville, la somme de vingt livres ; plus à Mᵉ Jehan Guys Basset, procureur dicelle, la somme de douze livres ; à Mᵉ Ennemond Surville, secretere de ladicte ville, la somme de quinze livres ; a Mᵉ Chonnet, recepveur ordinere de ladicte ville, la somme de quinze livres ; et a Mᵉ Riviere la somme de dix livres ; et, finallement, a ung chascung des deux servicteurs (5) de la ville et quatre pourtiers (6) dicelle, a ung chacung douze livres, lesquelz acoustrementz, et aultres chouses aquises des susdictes sommes sy dessus donnees, serviront, tant pour le regard de mesdictz sieurs les consulz que servicteurs et pourtiers de ville, a lentree prochaine que lon pretend

---

(1) François de Lorraine, duc de Guise et d'Aumale, prince de Joinville, marquis de Mayenne, etc. (*Le Registre des Conclusions* de 1548 l'appelle constamment *Monseigneur Domala* ou *Daumala*, gouverneur du pays et lieutenant général pour le Roy.)
(2) Henri II.
(3) La harangue.
(4) Cartels, sans doute ; écusson ou ornement dans lequel étaient inscrites les devises (V. la *Vie de Calignon*, p. 11).
(5) Les valets de ville.
(6) Les portiers.

fauldra faire pour le roy, et pour toutes aultres durant l'année de leur consulat; et, ce faict, en pourront chascung fere et disposer a leur volompte (1).

Plus a este conclud de donner a mondict sieur le prince troys toneaulx de vin : ung de blan, deux de cleret, le chascung denviron deux charges ;

Plus a monsieur de Gordes (2) deux toneaulx de vin : ung de blanc et ung de cleret ;

Plus a mon sieur d'Ambrun (3) deux toneaulx : ung de blanc et ung de cleret ;

Pour achepter lequel vin est commis M⁰ Martyr Joffrey, quatriesme consul ; et prendra tel avecq luy que y choysira pour goutter icelluy, en fere le pris tel quil advisera et au meilhieur mesnaige que fere se pourra, luy donnant tout pouvoyr.

Pareillement est commis Sire Pierre Durifz, deuxiesme consul, pour parler à la Linette (4), pour recouvrer (5) du linge pour fornir à mondict sieur le prince, en accorder du louaige avec elle.

Plus est commis M⁰ Jehan Chonnet, recepveur ordinere de la ville, pour fere charrier le sablon et mettre par les rues, et accorder du tout avecq les charretiers.

Plus est commis M⁰ Basset, procureur, pour retirer dans la maison de de ville les armoyries et painctures estant chieus le painctre, et arrester le painctre du tout avec luy.

Plus a este conclud de fere iteratifs commandementz au millanoys (6) de fere oster les fumier et fouing estant a son logis, suyvant la vizitation faicte par messieurs les consulz.

Mercredy, 20 julhiet 1574, dans le logis de M. de Vaulbonoix, premier consul, a été tenu le conseil extraordinero, etc.

A este propose par monsieur le premier consul, comme les sieurs centeniers ou cappitaine des quartiers de ceste ville qui sont en nombre de six, leurs lieutenantz, enseignes et sergentz qui sont tous enfantz de ville

---

(1) Volonté.
(2) Bertrand-Raimbaud Simiane, baron de Gordes, lieutenant général au Gouvernement du Dauphiné de 1504 à 1578.
(3) Guillaume de Saint-Marcel, archevêque d'Embrun et l'un des chefs de la ligue organisée par Maugiron contre de Gordes.
(4) Une marchande de toile et objets de lingerie de l'époque, sans doute.
(5) Trouver, russembler, se procurer.
(6) Quelque hôtelier italien, ainsi surnommé, qui laissait probablement devant sa maison des tas de fumier et de foin, comme on en voit encore de nos jours dans quelques-uns de nos villages.

de bonne volompte, qui ont pris et preignent journellement peine pour la garde dicelle, et lesquelz, pour le faict de l'entree, font despence en habillementz qui revient a lhonneur dicelle ville, requerant et suppliant quil plaise au conseil du moingtz leur donner a chascung deux aulnes de taffetas des colleurs (1) de la ville ou de mon sieur le prince, pour faire une escherpe (2) digne de leur qualite, disantz que par ce moien ilz seront incites à continuer le service du public, et, au cotrere (3), a faulte de ce, ilz en seront grandement refroydis; a quoy fault bien penser, car ce nest petit article, ne de peu d'importance, de desgotter (4) telz nombre de personnes, et des premiers de la ville mesmes, en ce temps de guerre ausquelz nous sommes et samble quil fault fere plus que de pouvoyr pour nous contenir tous en bonne fraternite et amytie, jacoyt que (5) la ville soyt fort paouvre; sur quoy a este longuement discoreu (6) tant sur la consequance que aultres raisons, et en fin, neaulmoingtz, conclud par tout ledict conseil que il ne se fault arrester a present a la despence que pourront monter lesdictes escherpes, et que, a chascung des soubz nommes, leur sera donne du taffetas pour lesdites escherpes, asscavoyr : deux aulnes et demy au sergent major (7) et sieur baron d Huriaige, coronel (8) de ladicte infanterie ; aux cappiteynes, leurs lieutenantz et enseignes, a chascung deux aulnes du prix de troys franz l aulne ; et aux aultres inferieurs, deux aulnes de taffetas moien; cometant, pour achepter ledict taffetas, sire Guigues Collisieux, conseillier ceans, et les distribuer aux si apres nommez centeniers, lieutenantz, enseignes et sergentz : premier (9), monsr d Huriage, monsr de Vaulbonoix, monsr de Chapotiere, monsr Maron, monsr Urbein Fléard, Sire Canel, centeniers; monsr Arcoud, monsr François de la Riviere, monsr le secretere Basset, me Martyr Joffrey, Sire Anthe Megard, me Jehan le Baron, lieutenantz; me Jeorge Dubonet, Claude Cornier, me Ennemond Surville, me Andre Chaboud et Pierre Guignier, enseignes; et a deux sergentz de chascune centeyne.

Plus a este conclud que lon donrra (10) une aulne de taffetas a chascung

---

(1) Aux couleurs.
(2) Une écharpe.
(3) Au contraire.
(4) Dégoûter.
(5) *Jacoyt que*, bien que. *Jaçoit* (Dict. de l'Académie), *ja soit* (Monstrelet), *jaçois* (Montaigne).
(6) Discouru.
(7) Le capitaine Curebource, sergent-major (commandant de place) de la ville de Grenoble.
(8) Le baron d'Uriage était colonel de la milice urbaine.
(9) D'abord (v. lang.).
(10) Donnera.

des cinq tromepetes (1) que yront au devant de monsieur le prince, ou seront mis les armoyries de la ville de chascung couste (2) ; pareillement d'achepter deux aulnes de taffetas incarnat, pour envelouper le vaze et couppe que lon doibt fere present a mondict sieur le prince.

Vendredi, 23 julhiet 1574, etc., a ete tenu le conseil ordinere, etc.

A este propose de lordre que lon aura a tenir lhores que (3) les senteynes (4) yront au devant mon seigneur le prince, a son entree prochaine en ceste ville, et se lon en remectra a ce que en sera ordonne par le cappitaine Curebource, sergent majour de ceste ville, d'aultant que ce faict despend de sa charge ; a este opine, puys

Conclud que toutes les centoynes marcheront selon lordre et rang ausquelz le chascung dicelle aura este mis soubz le commandement du cappitaine Curebource, sans en fere aulcune disficulte.

Plus a este conclud que mandat est octroye a messieurs les quatre consulz, advocat Marrel, mᵉ Jehan Guys Basset, procureur, mᵉ Ennemond Surville, secretere, mᵉ Jehan Chonnet, recepveur, mᵉ Jehan Cimeon, soliciteur de ladicte ville, et a Pierre Roulz et Guillaume Goudet, sont (5) commis, et aux quatres pourtiers dicelle ville, des sommes à eulx cy devant accordees et donnees par ladicte ville, pour eulx mettre en equipaige et fere honneur a ladicte ville, pour lentree de monsieur le prince.

Vendredy, 29 julhiet 1574, etc., a ete tenu le conseil ordinere, etc.

....

Plus a este propose de recognoistre monsieur Calignon, le jeusne advocat, des grandes peynes par luy prinses (6) a dresser les devises et escriteaux pour lentree de monseigneur le prince daulphin ; sur quoy a este opine, et, apres,

Conclud que la ville luy donrra quatre aulnes de taffetas armoysy (7) ou de quelque aultre estoffe, pour fere ung acoustrement, ainsi que sera

---

(1) Trompettes.
(2) De chaque côté.
(3) Lorsque.
(4) Les *centaines* étaient les compagnies de la milice grenobloise, et elles étaient commandées par des capitaines appelés *centeniers*.
(5) Pour *ses*, probablement.
(6) Prises (V. la *Vie de Calignon*, p. 11.).
(7) *Armoisin* ou *armoise* se dit d'une sorte de taffetas faible et peu lustré, ordinairement de couleur rouge, que l'on tirait alors du Levant.

advise par messieurs les consulz et le plus agreable audict sieur Calignon, jusques a la somme de vingt quatre livres, attendu la grand peyne qu'il a, comme dict est, prinse pour lesdictes devises de ladicte entree avec monsieur ladvocat de ladicte ville.

Pareillement a este propose par monsieur de Vaulbonoix, premier consul, comme sabmedy dernier vingtroysiesme du presant, pour la neccessite en laquelle mesdictz sieurs les consulz sont a presant, pour treuver deniers a empromter de toutes partz. Pour satisfere a la grand despence quil a convenu fere et suppourter par ceste ville pour lentree de monseigneur le prince daulphin, ilz se seroyent adresse a mons^r m^e Loys Daragon, docteur et advocat consistorial (1), pour lempromter, au nom de ladicte ville, de telle somme qu'il luy pleiroit accommoder icelle; lequel leur auroyt liberallement preste la somme de cinq centz livres, oultre la somme de mil livres ja cydevant par lui prestee, a la charge que, pour ladicte totalle somme de quinze centz livres, mesdictz sieurs les consulz, au nom que dessus, luy ont passe vente d'une pention anuelle de la somme de cent livres sur le revenu et esmollument de la barre et commung du vin (2) apertenant a ladicte ville; pour raison de quoy, ledict sieur Daragon auroyt rendu et restitue ausdictz sieurs consulz ladicte obligation de mil livres faicte a son profflct contre ladicte ville, a la charge aussi que lesdictz consulz ont promis audict sieur Daragon fere apreuver et ratiffier la susdite vente de la dicte pention de cent livres a messieurs du conseil ordynere de ladicte ville; par quoy mondict sieur le premier consul a requis tous mesdictz sieurs de ce conseil si assemble dapreuver et esmologuer (3) icelluydict contract cy dessus, comme dict est, passe de ladicte pention de cent livres a la forme d'icelluy; sur quoy a este opine, puys

Conclud etc..............................

Sur la requeste presantee par m^e Laurentz Gregoyre, orologier (4) de ceste ville, tendant a avoyr taxation et mandat d'environ dix jours quil a

---

(1) On appelait ainsi, à Rome, les avocats qui ont le droit exclusif de plaider et de défendre certaines causes qui passent par le Consistoire. « Il paroît, dit M. Durand de Maillane (*Dict*. *de droit canonique*, etc., Lyon, Duplain, 1770, t. I, p. 684), il paroît par le plaidoyer 21 de M. Basset que les Avocats au Parlement de Grenoble ont retenu ce même nom à raison de ce que pendant le regne des Princes Dauphins dans cette province, et longtemps, les Avocats étoient assesseurs nécessaires, et Juges nés dans le Conseil Delphinal, appelé alors Consistoire, pour y juger au défaut ou en absence des Juges ordinaires qui le composoient. »

(2) Nom donné à l'impôt prélevé à la *barre* ou *barrière*, — à l'octroi, comme on dit maintenant pour l'entrée du vin dans les murs de Grenoble.

(3) Homologuer.

(4) Horloger.

vacque a fere dresser les artz de triunphe (1) et armories pour lentree de mon sieur le prince daulphin ; sur quoy a este opine, puys

Conclud que, pour toutes ces vacations et chouses demandees par ledict me Laurentz Gregoyre par luy faictes pour le faict que dessus, durant ledict temps, quil luy est taxe et accorde la somme de dix livres tornoys pour ung coup (2), de laquelle somme mandat luy est octroye.

Plus a este conclud que mandat est octroye a deux canoniers estrangiers et au lanternier (3), aussy canonier, de ceste ville, qui ont travaille jusques a present tant a ataller (4) que fere tirer lartillerie a lentree de monsieur le prince, oultre leurs despence que l on paiera aussy, et que mandat est octroye a ung chascung deux de la somme de quatre livres, quest, somme toute, douze livres.

Sont commis messieurs les troysiesme consul et de la Frette, et Sire Guigues Collisieux et deux diceulx pour veriffier et taxer la parcelle du peintre qui a faict les armoyries et tableaux pour lentree de mondict seigneur le prince et du taxat (5) luy octroyer mandat.

Sabmedy, dernier jour du moys de julhiet 1574, au logis de M. de Vaulbonoix, premier consul, a este assemble le conseil extraordinere, etc.

A este propose par mondict sieur le premier consul, comme le maistre d hotel de monsieur le prince a bailhie une liste requerant que la ville luy fournisse de cent douzaines d assiettes, douze douzaines de platz, une douzaine de mantilz (6) prim (7), six douzaines de serviettes primes, et plusieurs aultres meubles de cuisine, comme casses (8), chauderons, broches, lichifrictes (9), *mentionnes?* plus au loncq par ladicte parcelle (10), et se pour le banquet que monseigneur le prince doibt fere jeudy prochain,

---

(1) Arcs de triomphe.
(2) Pour une fois, une fois payé.
(3) On pourrait croire qu'il s'agit ici du fonctionnaire chargé d'entretenir et allumer les lanternes des rues de Grenoble ; mais il n'en est rien. Nous sommes en 1574, et ce ne sera qu'un siècle plus tard que la municipalité décrétera l'achat de 24 lanternes pour éclairer les carrefours de la ville. Ce sera là le point de départ de l'éclairage municipal. Le lanternier, dont il est ici question, ne peut donc être que le fonctionnaire chargé de l'éclairage des salles publiques pour le compte de la ville, et, comme cette charge ne devait pas beaucoup l'occuper, il cumulait avec les fonctions de canonnier.
(4) Atteler les chevaux d'artillerie, probablement, ou, peut être, installer l'artillerie.
(5) De ce qui a été taxé.
(6) Linge de table, nappes.
(7) *Prim*, prime, se disait dans le sens de Premier, précoce, *neuf*.
(8) Casseroles ou poêlons de cuivre.
(9) Lèchefrites.
(10) Liste, note, mémoire.

pour a quoy satisfere lon sera fort empesche et soy mettre en grand despence pour recouvrer (1) ce que dessus ; par quoy a requis desliberer et conclurre si ou non lon forniroyt a ce que dessus a mondict sieur le prince aux despens de ladicte ville. Sur quoy a este opine, et, apres,

Conclud que mesdictz sieurs les consulz menageront ce faict, et de ce fere sont aucthorises et advoues, ensemble de l aultre linge quilz auroyent aussy fourny pour le passe et quilz leur conviendra fornyr pour ladvenir a mondict sieur le prince.

Pareillement a este propose si lon fera aulcune remonstrance a la cour, verballe ou par requeste, de ce quon dict, par resolumption (2) du conseil, avoyr este conclud de fere logier chieuz messieurs de la court les gens de monsieur le prince ; sur quoy a este opine, puys

Conclud que messieurs les consulz, avec monsieur Marrel, parleront de ce faict a monseigneur le president de Portes, lequel, sil luy plaist, resouldra de lopinion que la cour aura de ce faict, pour apres se pourveoyr comme lon verra affere, attendu que le conseil est bien informe n avoyr jamais parle de ce faict.

Sabmedy, 7 aoust 1574, etc., a ete teuu le conseil extraordinere, etc.

A este propose des moiens pour satisfere aux magazins de mon sieur le prince, pour la moytie duquel lon en est extrememcnt presse, mesmes messieurs les consulz ayant ete comminez (3) destre emprisonnes a faulte de satisfere par tout ce jour, et pareilhement pour satisfere aux fraictz et grandes despences en quoy ceste ville a este contrainct dentrer et suppourter pour lentree de monseigneur le prince daulphin, Gouverneur de ce peys ; et si le conseil si presant assemble treuvera bon de fere assembler le conseil general a dimenche prochain, pour leur fere entendre ce que dessus, et de faire une tailho negotialle pour satisfaire audict magazin, et de laquelle somme, et ensemble une aultre tailho, pour satisfere a ladicte despence soubstenue pour ladicte entree de mondict seigneur le prince. Sur quoy a este opine, puys

Conclud que lon fera assambler le conseil general dimanche prochain, a six heures du matin, auquel lon fera entendre ce que dessus ; et, pour satisfere ce pendant a partie de ce que ladicte ville est, comme dict est, pressee et contraincte paier, et pour eviter que mesdictz sieurs les consulz ne soyent pour ce faict emprisonnez, que mesdictz sieurs les consulz,

---

(1) Trouver, rassembler, se procurer.
(2) Résolution.
(3) Menacés (v. lang.).

en attendant que ledict conseil general aye resolu quel ordre et moiens lon pourra avoyr pour satisfere a ce que dessus, regarderont pour tout ce jour emprompter jusques a la somme de quatre ou cinq centz livres, silz ont moien de ce fere, pour fournir en deduction de ce quilz sont presses paier et quilz peuvent debvoyr pour ledict magazin, et leur donnant tout pouvoir neccessere.

Dimenche, 8 aoust 1574, etc., a este tenu le conseil general, etc.

Monsieur de Vaulbonoix, premier consul, a propose la grande despence que ceste ville a supportee pour lentree de mon seigneur le prince, qui revient a environ deux mil livres; pareillement comme ils sont presses de satisfere au magazin de mon seigneur le prince daulphin, que ce monte, sellon le calcul quen a este faict, a quatre mil et tant de livres, de laquelle somme toutesfois lon a obtenu rabays de mondict seigneur le prince daulphin de la moyctie (1), quest loccasion de cette assemblee pour desliberer et conclurre des moiens pour satisfere a ce que dessus, et si ou non lon metra et imposera une tailhe pour ce faict sur tous les habitantz tailhiables et non talhiables, notamment pour le regard de la despence soubstenue pour ladicte entree qui samble regarder tous les troys estatz, et de laquelle somme lon fera ladicte tailhie et imposition; et, pour ce fere de nommer par mesme moien des perequateurs pour fere ledict despartement (2), le tout soubz le bon plaisyr de messieurs de la cour. Sur quoy a este opine, et, apres,

Conclud unanimement, nul disceppant (3), attendu lextreme neccessite en quoy ladicte ville est a presant de satisfere a ce que dessus, nayant aultre moien que ladicte imposition; mesmement, pour ledict magazin et pour evicter que mesdictz sieurs les consulz ne soyent inquetes et molestes a faulte de satisfere, que lon presantera une requeste a messieurs de la cour, aux fins davoyr permission de imposer pour les susdictz afferes telle somme que le conseil des quarante advisera, auquel ce faict est renvoye et donne tous pouvoyrs, et lequel advisera que limposition se face tant sur les exemptz que non exemptz, pour le regard de la despence de lentree et en tout, exepte le corps de messieurs de la cour et de la chambre des comptes; comme aussi pourra nommer perequateurs pour ce fere ledict consul, et suppliant neaulmoingtz mesdictz sieurs de la cour et des comptes nous ayder, attendu la paouvrette de la ville.

---

(1) Moitié.
(2) Distribution, répartition (v. lang.).
(3) Disceptant, discutant, contestant (v. lang.).

Dimenche, 8 aoust 1574, dans la maison de ville a la presdiner, a este tenu le conseil extraordinaire des quarente, etc.

Monsieur de Vaulbonoix, premier consul, a propose comme, se matin, le conseil general a conclud que, pour satisfere tant a la despence soubstenue par ceste ville, a l occasion de lentree de mon seigneur le prince daulphin dans icelle, montant a environ deux mille livres, que pour le magazin du campt de mondict seigneur le prince, montant aussy a environ quatre mille et tant de livres, et pour satisfere aussy aux interestz des partyes empromptees, l on feroyt une imposition de telle somme que sera advise par messieurs du conseil des quarente, auquel, pour ce fere, le tout a este renvoye et donne tout pouvoyr, tant sur les talhiables que non talhiables de ceste dicte ville, pour effectuer laquelle conclusion mondict sieur le prince a supplie messieurs du presant conseil, si assemble, desliberer et conclurre quelle quotte et somme de deniers l on imposera pour satisfere a ce que dessus, et de uommer des perequateurs pour fere ledict despartement, telz quilz adviseront, de chascung estat; sur quoy a este opine, et, apres,

Conclud que lon presentera une requeste a mesdictz sieurs de la cour, aux fins davoyr permission d imposer une tailhie sur tous les habitantz de ceste dicte ville jusques à la somme de quatre mil et deux cents livres, asscavoyr : pour le magasin, deux mil deux centz vingt quatre livres sur les feuz et talliables de ceste dicte ville; et deux mil livres ou environ, a quoy se montent les fraictz de lentree de mon seigneur le prince daulphin, seront mis et leves sur exemptz et non exemptz de ladicte ville; et, attendu le peu de moien que lon a de satisfere aus dictes charges et suivant l intention dudict conseil general, que messieurs de la cour et des comptes seront supplies de nous vouloyr ayder de ce qu'il leur pleira; et, pour le regard de la nomination des assieurs (1) et perequateurs des dictes impositions, elle est renvoyee a fere a messieurs du conseil ordinere de ladicte ville, pour y proceder selon la qualite des afferes et ainsi que le debvoyr portera apres avoyr obtenu la dicte commission.

Vendredy, 13 aoust 1574, etc., a ete tenu le conseil ordinere, etc.

....

Plus a este propoze par mon sieur de Vaulbonoix, premier consul, comme messieurs les consulz de la ville, presses et comminez de prison

---

(1) *Asséir* (v. lang.), asseoir (l'impôt); *assieurs* ou *assieurs*, ceux qui asseyent l'impôt.

de promptement paier la quotte consernant ceste ville pour raison du magazin dresse pour l entrete [ne] ment (1) du campt de monseigneur le prince daulphin, ilz auroyent este contrainctz emprompter la somme de cinq cents livres, laquelle ils ont baillie en deduction de la susdicte quotte a Sire Ennemond Perroct, commis a ladicte recepte, ainsi quilz ont faict apparoyr de quictance de pareille somme passe par ledict Perroct ausdictz sieurs consulz, reste a en ranbourcer les presteurs et leur en octroyer mandat, chascung pour ce quil se trouve avoyr preste, quest : à Sire Pierre Durifz, deux centz cinquante livres; a sire Jehan Laucyer, cent cinquante livres; et audict Sire Perroct, la somme de cent livres; sur quoy a este opine, puys,

Conclud que, pour ranbourcer lesditcz sieurs Durifs, Laucyer et Perroct des susdictes sommes par eulx prestees a la dicte ville, mandat leur est octroye respectivement, asscavoyr : audict sieur Durifz, de la somme de deux centz cinquante livres; a Sire Jehan Laucyer, de la somme de cent cinquante livres; et audict Sire Perroct, de la somme de cent livres; et ce sur les premiers deniers qui pourviendront de la taille a perequer (2) pour le paiement dudict magazin, et aultres plus clairs deniers qui pourviendront a la recepte des deniers de ladicte ville es meins de m⁰ Jehan Chonnet, recepveur ordinere dicelle.

Pareilhement a este propose comme les chappuys (3), qui ont prins a prisfaict les arcades et artz de triumphe pour lentree de monseigneur le prince daulphin, demander recompense de ce que, oultre ledict prisfaict, il leur a convenu par plusieurs foys fere et reffere lesdictz arcz parabandes (4), y mectre des bigons (5), du buys et des liures (6), par plusieurs et diverses foys, a cause de pluye et des vantz, pour lesquelles chouses susdictes ilz demandent plus de cinquante florins, etque, pour evicter a toutes plainctes, proces et querimonies (7) que lesdictz chappuys pourroyent fere par si apres, mesdictz sieurs les consulz estoyent d advys leur accorder vingt florins, si le conseil si assamble le treuve bon, et leur en octroyer mandat, ensemble d appreuver tout ce que par eulx, tout (8) le faict que dessus, aura este negotie. Sur quoy a este opine, et apres,

---

(1) Soins et dépenses occasionnés par quelque chose.
(2) Répartir (v. lang.).
(3) Charpentiers.
(4) Arc-boutés.
(5) Pièces de bois servant à étayer.
(6) Câble qui sert à lier, liens.
(7) Requêtes, réclamations.
(8) *Pour*, sans doute.

Conclud que mesdictz sieurs les consultz sont avoyez (1) pour raison de l'acord par eulx faict avecq lesditz chapuys de ladicte somme de vingt florins, pour les peynes extraordineres par eulx prinses pour les causes sus narrees, de laquelle somme leur en est octroye mandat; comme aussy sont avoyes mesdictz sieurs les consulz des chouses aussy par eulx cy devant negoties pour le faict que dessus.

. . . .

Finallement a este propose, suyvant le ranvoy du conseil general de ceste ville au present conseil, si ou non lon procedera a la nomination des perequateurs pour procedder au despartement et cottization de la tailhie a perequer, pour satisfere a la quotte du magasin ordonnee pour lentrete[ne]ment du campt de monsieur le prince daulphin, montant deux mil deux centz livres, et quel nombre de perequateurs lon nommera. Sur quoy a este opine, puys

Conclud : en premier lieu, lon nomme pour les rues de Sainct Laurentz et la Periere, Sire Ennemond Robin et Mathieu de Dol;

    pour les rues du Pont (2) et de la Bullerye (3), Me Jehan Pomier, note, et Claude Corbel, marchant;

    pour la rue Revenderie (4), Me Michiel Charvet, de Bert, clerc;

    pour rue Chonoyse (5), Guigues Lancellot;

    pour rue Moienne (6), Jean Dagot, marchant ;

    pour Malconseil (7), Jacques Perret ;

    pour rue Nefve (8) et Palliarey (9), me Andre Chaboud ;

    pour Portetreyne (10) me Denis Chapuys;

    pour Bournelenc (11), Pertuziere (12) et rue des Prebstres (13), me Jehan Bernard ;

---

(1) *Avoyer*, (v. lang.), avoué.
(2) Celle qui était alors située sur le pont lui-même.
(3) *Rue du Bœuf*, maintenant *Rue Abel Servien*.
(4) *Rue Marchande*, maintenant *Rue Renauldon*.
(5) *Rue Chenoise*.
(6) *Rue Brocherie*.
(7) *Place aux Herbes*.
(8) *Rue des Clercs*.
(9) Partie de la *Rue Lafayette* actuelle comprise entre la Rue des Clercs et la Rue des Vieux Jésuites.
(10) *Place Claveyson* actuelle.
(11) *Rue des Vieux Jésuites*.
(12) *Rue Pertuisière*.
(13) *Rue des Prêtres*.

pour Tresclostre (1), Pierre Chastaing ;
pour le Brueil (2) et bourg Sainct Jacques (3), Pierre Byes ;
pour les forains (4), Sire Guigues Collisieux ;
pour les prebstres, monsieur Grubert ;
pour les Granges (5), Anthoyne Bournar Berjaud.

Vendredy, 20 aoust 1574, etc., a été tenu le conseil ordinere, etc.

....

Mandat a este octroye a damoyselle Catherine Guerriere, dame de Fiansayes, de la somme de cent et deux livres a elle ce jour dhuy ordonnee pour deux pipes (6) de vin clerect (7) vieux de Teing (8), tirantz quatre charges et vingt quatre postz (9), a raison de vingt-quatre livres la charge et de cinq solz le poct (10) et lequel vin a este donne a mon seigneur le prince daulphin.

....

Mandat a este octroye a Anthoyne Buissiere, Pierre Vial et aultres chappuys qui ont faict les arcades et artz de trihumphe pour lentree de monseigneur le prince daulphin, nostre Gouverneur, de la somme de trente florins, pour le parfaict et entier paiement de la somme de neufz vingtz florins que cest monte le prisfaict desdictes arcades.

....

Sont commis messieurs ladvocat de Marrel et Sire Colizieux pour veoyr et veriffier la parcelle presentee par Sire Ennemond Perroct, marchand, tant des estoffes par luy fournyes pour fere lo pailhe (11), et aultres choses y contenues, pour lentree de monseigneur le prince daulphin, et, de ce qu'ils treuvent en monter, des a presant ottroyer mandat.

---

(1) *Rue Très-Cloîtres.*
(2) *Place du Breuil*, actuellement place Grenette.
(3) *Rue Saint-Jacques*, alors faubourg.
(4) Etrangers à la ville.
(5) *Les Granges*, banlieue de Grenoble.
(6) Futailles.
(7) Clairet.
(8) Tain (du vin d'Hermitage).
(9) Pots.
(10) Pot.
(11) Le poële ou dais.

II.

1576. — **Creation de cinq conseilliers et ung president en la chambre mypartye.** — *Original parchemin, avec sceau en cire verte, mauvais état, attaché par des fils de soie verte et cramoisie.*
Mai.

(V. p. 18.)

Henry, par la grace de Dieu Roy de France et de Pologne, Daulphin de Viennois, Conte de Valentinois et Diois, a tous presens et a venir Scavoir faisons Que, pour oster et tollir (1) toute ocasion et soupcon pour le regard de la distribution de la justice, que nous voulons et entendons estre rendue esgallement à tous nos subjectz, tant dune que dautre religion, et suivant leedit par nous faict pour pacifier les troubles que cy devant, à nostre tresgrand regrect, ont affligé ce Royaulme, Nous avons par cestuy nostre edict perpetuel et irrevocable cree et erige, creons et erigeons de nouveau en tiltres doffices, oultre les presidens et les conseillers sceans pour ceste heure en nostre court de parlement de Daulphine, ung estat et office de president en nostredite court et cinq conseillers en icelle nostre court, aux mesmes honneurs, prerogatives, droictz, franchises, libertez, gaiges, proffictz et pensions qui appartiennent aux autres presidens et conseillers laiz (2) de nostredicte court. Avons aussi erigé et erigeons de nouveau en tiltre doffice l estat d'huissier en nostredicte court, pour servir a ladicte chambre et exploicter toutes les ordonnances et mandements dicelle en pareilz droictz, gaiges et prerogatives que les autres huissiers de nostredicte court. Voulant estre doresnavant faict fondz et lassignation augmentee par chacun an au payeur des gaiges de nostredite court, d aultant que monteront les gaiges et pensions

---

(1) Oter (v. lang.).
(2) Conseiller qui n'avait point de cléricature (anc. jurisp.).

attribuez ausditctz offices de president, conseillers et huissier nouvellement creez en icelle, et ausquelz offices sera par nous pourveu a present et cy apres, quand vacation escherra, de personnes de qualité et suffisance requise. **Si donnons en mandement** A noz amez et feaulx les gens tenans nostredicte court de parlement, Chambre des comptes, tresoriers de France et generaulx de noz finances, Bailliz, Senechaulx ou leurs lieutenans, et a tous noz aultres justiciers et officiers, et a chacun deulx en son regard, si (1) comme a luy appartiendra, que nostre present edict et creation ils facent lire, publier et enregistrer, garder, observer et entretenir de poinct en poinct selon sa forme et teneur, et ceux qui seront ores et a ladvenir par nous pourveuz desdictz offices dung president, cinq conseillers et ung huissier de nouveau creez, joyr et user diceulx offices et des honneurs, prerogatives, droictz, franchises, libertez, gaiges, proffictz et pensions susdictz et y attribuez, plainement et paisiblement, cessant et faisant cesser tous troubles et empeschemens au contrere. **Mandons en oultre** a nostre procureur general requerir et poursuivre incontinant et sans delay la publication de nostredict edict et creation; Car tel est nostre plaisir, Nonobstant quelconques ordonnances, restrinctions, mandemens, deffences et lettres a ce contreres, auxquelles et aux derogatoires (2) des derogatoires y contenues nous avons derogé et derogeons par cesdictes presentes. Et affin que ce soit chose ferme et stable a tousjours, Nous avons faict mectre nostre seel a icelles, Sauf en autres choses nostre droict et l'aultruy en toutes. **Donne** a Paris, ou (3) moys de May, lan de grace mil cinq cens soixante seize, et de nostre Regne le deuxiesme.

HENRY
Par le roi daulphin,
Fisse.

---

(1) Cependant, néanmoins, c'est-à-dire, dans la limite de leurs attributions (v. lang).
(2) Dérogations (v lang.).
(3) Au.

III.

1576. — **Nommination d'un president et cinq conseillers pour la chambre mypartie (1) de Daufiné.** — *Vidimus sur papier.*

1er août.

(V. p. 18.)

Au Jourdhuy premier jour d'Aoust lan mil v^c. soixante seize, Monseigneur filz de France, frere unique du Roy, estant a Bourges, suivant le pouvoir a luy donne par Sa Majesté de luy nommer aux offices de Presidens, conseillers et aultres officiers des Chambres miparties establyes en chascun Parlement de ce Royaume par le dernier Eedict de paciffication, a nomme et presente a Sa Majeste Mes Anthoyne Decolle, sieur de la Magdeleyne en Provence, Jacques Finnet, Innocent de Gentillet, Jehan de Gavat, Pierre de Marcel et Souffré de Collignon (sic), pour estre pourveus, Assavoir, le dit Decolle de l'office de President, et les aultres de ceux de conseillers en la Chambre mipartie du Parlement de Daulphiné (2). Supplyant le dict seigneur treshumblement Sa Majeste voulloir a ceste sienne nomination pourveoir les dessusdictz d iceulx offices et leur en fere expedier les lettres et provisions necessaires. En tesmoing dequoy, le dict seigneur a signe de sa main le present brevet et icelluy faict contresigner par moy, secretaire de ses finances. Ainsy signe : Françoys, et plus bas Aubelin.

Collationne à loriginal par moy, notaire et secretaire du Roy.

Delaluce.

---

(1) L'institution des *Chambres mi-parties* remonte à l'édit de Nantes : elles furent ainsi nommées parce qu'elles étaient composées par moitié de juges catholiques et de juges protestants ; de même que les *Chambres tri-parties* furent un tribunal où le tiers seulement des magistrats appartenait à la religion réformée.

(2) On a vu (p. 18) que cet édit n'eut point d'effet ; aussi ne trouve-t-on pas ces conseillers dans la liste qu'en a donnée Guy Allard, sous la rubrique de 1576 (v° *Parlement du Dauphiné*, p. 290). Les noms seuls de Pierre de Marcel et de Soffrey de Calignon se lisent, en 1574 pour le premier, et en 1580 pour le second. Nous devons pourtant faire remarquer que le même auteur nomme ces magistrats, mais avec des variantes dans les noms que nous ne pouvons nous expliquer que par une lecture défectueuse (v° *Chambre de l'Édit*, p. 235).

IV.

1576. — **Creation dune chambre mipartie en Dauphiné.** — *Sceau en cire rouge pendant en double queue à un parchemin et en mauvais état de conservation.*

1er octobre.

(V. p. 18.)

Henry, par la grace de Dieu Roy de France et de Pologne, Daulphin de Viennois, Conte de Valentinois et Dyois, A tous ceulx qui ces presentes lectres verront, salut. Comme nous ayons creé et erigé de nouveau en tiltre d'office, formé ung estat de president en nostre court de Grenoble et cinq estatz de Conseillers, aussi en nostredicte court, ausquelz estatz tant de president que de conseillers, avons pourveu ou entendons pourveoir de personnes ydoines et capables, estans de la Religion pretendue Reformee, suivant nostre dernier edict de pacification, **Sçavoir faisons** que Nous, en execution du contenu en icelluy, avons ordonné et ordonnons que desdictz nouveaux creez et erigez par nous, ensemble d un autre des presidens de nostredicte court et de cinq aultres ja conseillers en nostredicte court, sera composee et establye une chambre, et icelle establissons en nostredicte court, a laquelle, privativement a toutes autres, avons attribué et attribuons la congnoissance de toutes causes civiles et criminelles, esquelles aucung des Catoliques unyz ou de ladicte religion pretendue reformee sera demandeur, deffendeur ou garend, pour les juger et decider par arrest et en toute souveraineté; Scavoir: en premiere Instance, les causes de ceulx qui ont ce droict et privilege destre jugez en premiere Instance en nostredicte court, et des aultres par voye d'appel, soit proces par escrit ou appellation verbale, congez et deffaultz sur icelle. Le tout pourveu que ledict catolique uny ou ledict de la Religion requiere estre renvoyé a la congnoissance et jugement de ladicte chambre, auquel cas luy suffira signiffier ceste sienne volunte a sa partye adverse ou a son procureur. Ce qu'estant faict, avons declairé et declairons desapresent, comme pour lors et deslors comme a present, tous les jugemens, qui sur ce pourroient intervenir aux aultres chambres de nostredicte court ou ailleurs, nulz et de nul effect et valeur, voulant que la partye, qui, apres ladicte signiffication, aura poursuivy ledict jugement ailleurs que en ladicte chambre, soit condamnee en tous les despens, dommages et interestz de sa partye adverse, et de tout ce qui sen sera ensuivy. Et ou lesdictz estatz de president et conseillers par nous nouvellement eriges viendroient a vacquer par mort, resignation, forfaiture ou aultrement, Ordonnons quil y sera pourveu d'une aultre personne ydoine et capable, qui ayt auparavant faict et face encores, lors de ladicte provision, profession publique de ladicte Religion Refformee, soubz peyne de nullité desdictes provision ou provisions, Le tout nonobstant quelconques lettres attributives de Jurisdiction en aultre endroict ou aultres provisions d'office qu'on pourroit, au prejudice de ce que dessus, obtenir par surprinse ou aultrement; Ausquelles, et aux dérogatoires des derogatoires y contenues, nous avons derogé et derogeons expressement par ces presentes. Voulons aussi que ceulx que aurions pourveu ou pourvoirons ausdictz estatz et offices nouvellement creez, qui ont desja exercé office de Judicature soit en nostredicte court ou grand conseil, ores que depuis, par nostre permission, ilz aient resigne lesdictz estats, auront neantmoins pareil lieu de seance, selon l'ordre et dacte de leur reception premiere esdictes courtz, comme si deslors ilz eussent esté receuz en nostredicte court de parlement, et que depuis ilz n'en eussent bougé. Et quand il se jugera en ladicte chambre aucun proces a l'extraordinaire et par commissaires, Ordonnons que, pour assister au jugement dicelluy, sera prins pareil nombre de Juges de lune et de laultre Religion. **Si donnons en mandement** a noz amez et feaulx les gens tenans nostredicte court de parlement, Bailliz, Senechaulx ou leurs lieutenans, et a tous noz aultres Justiciers et officiers quil appartiendra, que nostre present establissement, ensemble tout le contenu en cesdictes presentes, ilz facent lire, publier et enregistrer, garder, observer et entretenir de poinct en poinct selon sa forme et teneur, sans aller ne souffrir aller au contrere, et ausdictes chambres facent obeir et entendre de tous ceulx et ainsi quil appartiendra, en contraingnant a ce fere et souffrir tous ceulx qui pour ce seront a contraindre, nonobstant oppositions ou appellations quelconques. Mandons en oultre a nostre procureur general quil ayt, incontinent et sans delay, a requerir et poursuivre la publication et verifflcation de cesdictes presentes et tenir main à l'entiere observation et establissement d'icelles; Car tel est nostre plaisir, Nonobstant comme dessus et quelconques ordonnances, restrinctions, mandemens et deffenses a ce contreres; a toutes lesquelles et aux derogatoires des derogatoires y contenues nous avons derogé et derogeons par cesdictes presentes, Ausquelles, en temoing de ce, nous avons faict mectre nostre seel. **Donne** a Paris, le premier jour doctobre, L an de grace mil cinq cens soixante seize, et de nostre Regne le troisiesme.

Par le Roy Daulphin,

                                                                     Fisse.

IV bis.

1576. — **Provisions d'un office de conseiller pour le Sr de Calignon, au parlement de Grenoble.**
1er octobre.
— *Sceau en cire rouge pendant en double queue à un parchemin et en médiocre état de conservation.*

(V. p. 18 et 19.)

Henry, par la grace de Dieu Roy de France et de Pologne, Daulphin de Viennois, Conte de Vallentinois et Diois, A tous ceux Qui ces presentes lectres verront, salut. Comme, ensuivant nostre edict de paciffication, Nous ayons par aultre nostre Edict du mois de may dernier creé et erigé en tiltre d'office ung estat et office de President et cinq offices de Conseillers en nostre Court de Parlement de Daulphine, ausquelz seroit a present besoing de pourveoir, **Scavoir faisons** Que nous, aplain confians de la personne de nostre cher et bien ame Me Souffrey Calignon, et de ses sens, suffisance, experience au faict de Judicature, prudhommye, loyaulte et bonne dilligence, A Icelluy, pour ses causes et aultres considerations a ce nous mouvans, avons donne et octroye, donnons et octroions par ces presentes lung desdictz cinq offices de Conseillers, ainsi par nous nouvellement creé, auquel na encores este pourveu, pour icelluy avoir, tenir et doresnavant exercer, et en jouir et user aux honneurs, auctoritez, prerogatives, preeminences, franchises, libertez, gaiges, droictz tant de matinees que d'apresdisnees (1), taxations, prouffictz et esmolumentz y atribuez par ledict edict, tant qu'il nous plaira. **Si donnons en mandement** a noz amez et feaulx les gens tenans nostre court de parlement audict pais, Que, apres quil leur sera apparu de la suffizance, capacite, bonne vye et meurs dudict Calignon, et de luy prins et receu le serment en tel cas requis et accoustumé, Ils le mectent et instituent, ou facent mectre et instituer de par nous, en possession et saisine dudict office, et d'icelluy, ensemble desdictz honneurs, auctoritez, preroga-

---

(1) Droits d'audiences du matin et d'audiences de relevée.

tives, preeminences, franchises, libertez, gaiges, droictz tant de matinees que d'apresdisnees, taxations, prouffictz et esmolumentz dessusdictz, le facent et souffrent jouyr et user plainement et paisiblement, et a luy obeir et entendre de tous ceulx, et ainsi qu il appartiendra, es choses touchans et concernans ledict office; Oste et desboutte dicelluy tout aultre illicite detenteur non aiant sur ce nos lectres de provision precedentes en datte ausdictes presentes, **Par lesquelles** Mandons en oultre a noz amez et feaulx conseillers les Tresoriers de France et generaulx de noz finances audict pais, Que, par le Receveur general dicelles qui a accoustume de payer les gaiges, droictz et pensions des presidentz et conseillers en nostredicte Court, llz facent payer, bailler et delivrer audict Calignon lesdictz gaiges et droictz appartenans audict office de Conseiller doresnavant par chacun an, aux termes et en la maniere accoustumee, et par Rapportant cesdictes presentes ou vidimus dicelles deuement collationné pour une fois, avec les quictances sur ce suffisantes et cedules de debentur. Nous voulons tout ce que paye, baille et delivre aura este a la cause susditte, estre passe et alloue es comptes et rabatu de la recepte dudict Receveur general par noz amez et feaulx les gens de noz Comptes audict pays, auxquelz mandons ainsi le fere sans difficulte; Car tel est nostre plaisir. En tesmoing dequoy, nous avons faict mettre nostre seel a cesdictes presentes. **Donné** a Paris, le premier jour d'octobre, Lan de grace mil cinq cens soixante seize, et de nostre Regne le troisiesme.

Par le Roy Daulphin,

Fisse.

Au bas du même parchemin :

Cejourdhui, xviiij° jour d octobre mil v° soixante et seize, M° Souffrey Calignon, apres avoir este trouve suffisant et capable, a faict et preste es mains de monseigneur le chancellier le serment de loffice de conseiller nouvellement cree au parlement de Grenoble, pour assister en la chambre establye pour les proces de ceux de la Relligion pretendue reformee et catholiques associez, suyvant ce qui a este sur ce ordonne, moy, Notayre et secretayre du Roy, a ce present.

More.

V.

1577. — **Lettres de conseiller au parlement de Grenoble pour Monsieur de Calignon.** — *Sceau en cire rouge pendant en double queue d'un parchemin et en mauvais état de conservation.*

3 octobre.

(V. p. 19 et 21.)

Henry, par la grace de Dieu Roy de France et de Pollogne, Daulphin de Viennois, Conte de Valentinois et Dyois, a tous ceulx quy ces presentes lectres verront, salut. Scavoir faisons Que, pour lentiere confiance que nous avons de la personne de nostre amé et feal Souffre de Calignon, et de ses sens, suffisance, experience au faict de Judicature, loyauté, preudhomye et bonne diligence, A Icelluy, pour ces causes et aultres bonnes considerations a ce nous mouvans, Avons donné et octroyé, donnons et octroyons par ces presentes lun des offices de conseiller en la chambre par nous nouvellement erigee etestablye, suivant nostre eedict de paciffication, au ressort de nostre court de parlement de Dauphiné, et autre eedict particullier qui a esté sur ce specialement faict par nous, pour ledict estat et office avoir, tenir et doresnavant exercer et en joir et user aux honneurs, auctoritez, prerogatives, preeminences, gages, droictz et esmollumens y atribuez, et telz que les ont les autres conseillers de nostredicte court de parlement de Daulphiné, et ainsi quil est contenu en icelluy cedict, tant quil nous plaira. **Si donnons en** mandement A Nostre trescher et feal chancellier et A Noz amez et feaulx les gens tenans ladicte chambre, Quapres leur estre aparu des bonne vye, literature, suffisance et capacite dudict Calignon, et de luy pris et receu le serment en tel cas requis et acoustume, Icelluy mectent et instituent ou facent mectre et instituer, De par nous, en possession dudict office, et dicelluy ensemble des honneurs, auctoritez, prerogatives, preeminences, gages, droictz et esmolluments dessusdictz, le facent, souffrent et laissent joir et user plainement et paisiblement, et a luy obeir et entendre de tous ceulx, et ainsi quil apartiendra, es choses touchans et concernans ledict office. **Mandons** aussi A Noz amez et feaulx conseillers les tresoriers de France, Generaux de noz finances et tresorier de nostre Espargne presens et advenir, Que, par le Receveur et payeur des gages de noz officiers de nostredicte court de parlement de Daulphiné, auquel lassignation sera d'autant augmentée, Ilz facent payer lesdictz gages et droictz aux termes et en la maniere acoustumee, et, par Raportant ces presentes ou vidimus dicelles deuement collationné avec les quictances dudict Calignon, sur ce suffisant, Nous voullons lesdictz gages et droitz, et tout ce que payé en aura esté, estre passé et alloué en la despence de ses comptes et rabatu de sa Recepte par noz amez et feaulx les gens de noz comptes, Auxquels nous mandons ainsi le fere sans difficulte; Car tel est nostre plaisir. En tesmoing dequoy, nous avons faict mectre notre seel a cesdictes presentes. **Donne** a Poictiers, Le iij^e Jour doctobre, L'an de grace mil cinq cens soixante et dix sept, et de nostre Regne le quatriesme.

Par le Roy Dauphin.

De Neufville.

VI.

1579. — **Provisions de l'office de Conseiller au parlement de Dauphine, pour mons^r de Calignon.**
20 janvier.
— *Avec sceau en cire rouge, pendant à double queue de parchemin; mauvais état.*

(V. p. 21).

Henry, par la grace de Dieu Roy de France et de Pologne, Daulphin de Viennois, Conte de Valentinois et Dyois, A tous ceulx qui ces presentes lettres verront, Salut. Comme pour composer la Chambre par nous establye et cree en nostre court de parlement de Daulphine, suivant nostre dernier Edict de paciffication, Nous avons par noz lettres en forme d'edict du present mois, portant icelle creation, semblablement cree ung office de President et quatre offices de Conseillers en nostredicte court pour servir en ladicte chambre, ainsi quil est plus a plain contenu en nostictes lettres, et soit a present besoing pourveoir ausdicts offices, **Scavoir faisons** Que pour le bon rapport qui nous a este faict de la personne de nostre amie et féal Me Soffrey Calignon, docteur es droictz, et a plein confians de ses sens, suffisance, loyaulté, preudhommie, literature, experience au faict de

Judicature et bonne diligence, A Icelluy pour ces causes et aultres considerations a ce nous mouvans, avons donne et octroye, donnons et octroyons par ces presentes lung desdictz quatre offices de Conseillers en nostredicte court par nous, ainsi que dict est, creez, pour lavoir, tenir et doresnavant exercer, et en jouir et user aux honneurs, auctoritez, prerogatives, preeminences, franchises, libertez, gaiges, droictz, tant de matinees que d'apresdisnees, prouficlz, revenuz et esmolumentz audict office appartenans et attribuez par nostredict Edict, tant quil nous plaira.

Si donnons en mandement a nostre trescher et feal garde des seelz de France, le sieur de Chiverny, que apres quil luy sera apparu de la capacité dudict Calignon et de luy prins et receu le serment en tel cas requis et accoustume, Icelluy mette et institue, ou face mettre et instituer de par nous en possession et saisine dudict office, nonobstant que nosdictes lectres de creation nayant este veriffiees en nostredicte court de parlement et sans attendre la dicte verifficaton, ne que, afaulte d'icelle ou autrement, lesdictes Reception de serment et Institution puissent estre improvees, ains (1) voulons quelles servent et valent audict Calignon et quil ait rang et seance du jour et date dicelles, tout ainsi que si elles estoient faictes par nostredicte Court apres la dicte verifficaton ; Et, a cest effect, les avons en tant que besoing seroit validees et authorisees, validons et aucthorisons par cesdictes presentes, par lesquelles mandons a noz amez et feaulx les gens tenans nostredicte court de parlement audict pais que, leur apparoissant desdictes Reception de serment et Institution, ainsi que dict est, faictes, Ilz recoivent sans reiteration dicelles ledict Calignon en la jouissance dudict office et dicelluy ensemble des honneurs, aucthoritez, prerogatives, preeminences, franchises, libertez, gaiges, droictz, tant de matinees que dapresdisnees, prouficlz, revenuz et esmolumens dessusdicts, le facent, souffrent et laissent jouir et user plainement et paisiblement et a luy obeyr et entendre, de tous ceulx, et ainsi quil appartiendra, es choses touchans et concernans ledict office. **Mandons** en outre a noz amez et feaulx Conseillers les Tresoriers generanx de France au bureau de noz finances dudict pays Que, par le Receveur et payeur des gaiges et droictz de nostredicte court, Ils facent payer, bailler et delivrer comptant audict Calignon lesdictz gaiges et droictz appartenans audict office de Conseiller doresnavant par chacun an, aux termes et en la maniere accoustumez ; Et, Rapportant cesdictes presentes ou copie dicelles deuement collationnee pour une fois avec les Cedules de debentur et quictance sur

---

(1) Mais.

ce suffisante, tant seulement, Nous voulons tout ce que paye, baille et delivré luy aura este a ceste cause, estre passe et alloue ez comptes et rabattu de la Recepte du Receveur et payeur qui paye les aura par noz amez et feaulx les gens de noz comptes, ausquelz mandons ainsi le fere sans difficulte; Car tel est nostre plaisir, Nonobstant, comme dessus, lestablissement de nostredicte Court et quelzconques ordonnances, reiglemens, observance et aultres choses a ce contreres ausquelles nous avons, pour ce regard et sans tirer a consequence, derroge et derrogeons, et aux derrogatoires y contenues de nostre plaine puissance et auctorite Royal Dalphinal. En tesmoing dequoy, nous avons faict mettre nostre scel a cesdictes presentes.

Donne a Paris, le xx⁰ jour de Janvier, L'an de grace Mil Cinqcens soixante dixneuf, Et de nostre Regne le Cinquiesme.

Par le Roy Daulphin,

De Neufville.

Suivent, au bas du même parchemin, la prestation de serment du 6 février suivant, signée de Beaulieu; et, sur deux feuilles séparées, **l'arrest du parlement de Grenoble** *sur la réception dudit office de Conseiller, et la liste des témoins de l'enquête faite sur Calignon.*

VII.

1580. — **Lettres de Maistre des Requestes du Roy de Navarre pour le Sʳ de Calignon.** — *Original parchem., sceau en cire rouge, mauvais état, pendant à une double queue de parchemin.*

19 janvier.

(V. p. 22.)

Henry, par la grace de Dieu Roy de Navarre, Seigneur Souverain de Bearn et de la terre de Donnezan, Duc de Vendosmois, de Beaumont et dAlbret, Conte de Foix, d Armaignac, Bigorre, Rhodes, Viconte de Limoges, etc., A tous ceulx qui ces presentes lettres verront, salut. Scavoir faisons Que nous, ayant esgard aux bons, agreables et recommandables services que Nostre ame et feal Mᵉ Soffré de Calignon nous a cy devant faictz, faict et continue chacun jour, a nostre grand contentement, desirant laprocher de nous et lemployer en noz plus grandz et importans afferes, Icelluy, pour ces causes et aultres bonnes considerations, et pour la parfaicte confiance que nous avons de ses sens, suffizance, loyaulté, literature, experience et bonne diligence, Avons faict cree et establly, faisons, creons et establissons nostre Conseiller et Maistre des Requestes ordinaires de nostre hostel, et dicelluy estat et office lavons pourveu et pourvoyons par ces presentes, pour en joyr et user par ledict Calignon, et icelluy exercer aux honneurs, auctoritez, prerogatives, preeminences, franchises, libertez, droictz, fruictz, profictz, revenuz et esmolumens qui y apartiennent, ainsi qu'en joyssent et usent les aultres de semblable estat, et aux gaiges de quatre cens livres tournoiz (1) par an. **Si donnons en mandement** par ces presentes a Nostre trescher et feal Chancelier, le sr de Grateme, Que, dudict Calignon pris et receu le serment en tel cas requis et acoustumé, Icelluy recoive, mecte et institue en possession et saisine dudict estat et office, Et dicelluy, ensemble des honneurs, auctoritez, prerogatives, preeminences, franchises, libertez, gaiges, droictz, profictz, revenus et esmolumens dessusdicts, le face, souffre et laisse joyr et user plainement et paisiblement, Et a luy obeir et entendre de tous ceulx, et ainsi quil appartiendra es choses touchans et concernans icelluy. **Mandons** en oultre A Nos amez et feaulx Conseillers, Tresoriers et Receveurs generaulx de noz finances et maison presens et a venir, chacun en lannée de leur exercice, Que audict Calignon Ils payent doresnavant par chacun an, aux termes et en la maniere acoustumee, lesdicts gaiges de iiij^c livres, Et, en Raportant ces presentes ou vidimus dicelles deuement collationne pour une foys, avec quictance dudict Calignon sur ce suffizante seulement, Nous voulons iceulx estre passez et allouez en leurs comptes et rabatuz de leurs receptes par Noz amez et feaulx les auditeurs diceulx, Ausquelz mandons ainsi le fere sans difficulte; Car tel est nostre plaisir. En tesmoing dequoy, Nous avons faict mectre notre seel a cesdictes presentes signees de nostre main. **Donne** a Mazeres, Le xixe Jour de Janvier, L'an mil cinq cens quatre vingtz.

HENRY.

Par le Roy de Navarre.

Berzian.

Suit, au bas de la même feuille, la prestation de serment du lendemain 20 janvier, signée **de Vicose.**

---

(1) La *livre tournois* (celle qui se frappait à Tours) était plus faible d'un cinquième que celle de Paris ou *livre parisis* ; la première valait vingt sous et la seconde vingt-cinq.

VIII.

1581. — **Supplique de Calignon au Parlement**. — *Lettre autographe.*
20 novembre.

A Noz seigneurs de Parlement.

Supplie humblement Souffrey Calignon, docteur ez droitz, Comme pour estre receup en lestat de conseilher, don Il a este proveu par sa mageste pour servir en la chambre erigée en ce pais par leedict de paix, Enqueste seroict este faicte sur sa vie et meurs, sur laquelle messieurs les gentz du Roy ont conclud quilz nempechoent quil soict passe oultre suyvant lordonnance, Si quil semble ne rester sinon quil soict mis a lexamen pardevant messieurs les presidans et conseilhiers catholiques, nomes par sa mageste pour estre de ladicte chambre, et apres, estant treuve cappable, quil soict receup a prester le serement en tel cas requis par devant la court, suyvant ledict eedict et article 16 des particulliers.

Ceconsideré, sera le bon plesir de ladicte court ordonnez estre procede audict examen, reception et prestation de serement comme dessus, affin que au plus tost le suppliant puisse entrer en lexercisse de sa charge, et ferez bien.

CALIGNON.

Ranvoye a la chambre de leedict et audict parlement le xxe novembre mil v^c xxxi.

Basset.

IX.

1581. — **Requeste du Sr de Calignon pour estre receu en son office de Conseiller, avec l'enqueste doffice.** — *Autographe.*
14 octobre.
(V. p. 28.)

A Messeigneurs de la Chambre ordonnee en temps de vacations.

Supplie humblement Sofré Calignon, docteur ez droitz, disant qu'Il auroit esté pourveu par Sa Majesté de l'un des offices de Conseiller creés par son edict de pacification au parlement de ce päys : Et par mesme moyen auroit esté receu audict estat et presté le serment es mains de Monseigneur le garde des seaus de France, apres avoir esté par luy trouvé capable.

Ce consideré, sera votre bon playsir recevoir ledict suppliant en la jouissance de sondict office, suyvant et à la forme de ses lettres de provision, et en tant que de besoin à nouvelle præstation de serment : se sousmettant neantmoins à l'Inquisition sur ses vie et meurs, et offrant subir de rechef l'examen de sa capacité, si tel est le bon playsir de la Chambre.

CALIGNON.

Soit monstre au procureur general du roy. Faict en la chambre des vacations, le xiiij^e octobre M. v^c. lxxxj.

Rossignol.

Nous requerons que au preallable il soit enquis sur les vie, mœurs et conversation du suppliant, suyvant l'eedit et ordonnance de Bloys. Faict ce 14 doctobre 1581.

F. O. Boffin advocat general.

Commis Me Enemond Rabot, conseiller du roy ceans, pour informer d'office sur les vie, meurs, aage et conversation du suppliant. Faict en ladite chambre des vaccations, le xj^e octobre mil v^c lxxxj.

Bellievre.

Basset.

X.

1590. — **Brevet de President pour Calignon au lieu**
3 mars.   **de Me Innocent Gentillet pourveu d'iceluy en la chambre tripartie (1) et depuis incorporée au parlement.** — *Parchemin original.*

(V. p. 69 et 21.)

Au Jourdhuy iij^e Jour de Mars, Lan mil cinq cens quatre vingtz dix, **Le Roy**, estant au Camp devant Dreux, cognoissant avec quelle fidelité Me Souffrey Calignon, docteur es droitz, s'est dignement acquité des charges qui luy ont cy devant esté commises, et ou Il a esté employé tant au dedans que hors ce Royaume en ses affaires de plus d'Importance, au maniement desquelles, avec la preuve quil a rendu de sa suffisance, Il a laissé a Sa Majesté toute occasion de contentement; Au moyen dequoy, le voulant recognoistre selon que par sesdicts services Il s'est acquis de merite et de recommandation en son endroict, Sur ladvis quelle a eu du deceds avenu de M° Inocent Gentillet, en son vivant pourveu à loffice de president en la Chambre tripartie, cree et establye par eedict du feu Roy, dernier decedé, dheureuse memoire, en la court de parlement de Daulphiné, au corps de laquelle les officiers de ladicte chambre auroient depuis, par autre eedict, esté incorporez, & voulans pourvoir audict office de personaige qui puisse et scache dignement deservir ladicte charge, scachant ne pouvoir fere meilleure eslection que de la personne dudict M° Souffrey Calignon; **Sadicte Majeste,** pour les considerations susdites, luy a accordé ledict office de president, pour en estre pourveu et jouyr d'icelluy aux mesmes honneurs, gaiges et droictz y attribuez et appartenans, le tout sans payer finance et nonobstant la modifficatıon portée par larrest donné en ladicte court sur la verification dudict eedict d'incorporation desdicts officiers, par lequel elle auroit ordonné que Iceulx offices, advenant vaccation par mort, demeureront supprimez, et quelle nentend prejudicier ny empescher la provision dudict Calignon audict office, voulant, a ceste fin, que toutes lectres et declarations pour ce necesseres luy soient expediees, et, ce pendant, le present brevet quelle a voulu signer de sa propre main, et Icelluy estre contresigné par moy, son Conseiller et secretere d'estat & de ses finances.

Revol. HENRY

XI.

1590. — **Brevet de don de deux mille quatre cens escus pour Calignon.**
23 mars.

Au Jourdhuy xxiij° Jour de Mars mil v° iiij×× x, le **Roy**, estant au camp de Mante, desirant gratiffier M° Soufré Calignon en consideration de ses services et pour aucunement le recompenser de plusieurs voiages et negociations importantes par luy faictes pour le service de sa majeste, tant dedans que dehors le Royaume, Lui a accordé et faict don de la somme de deux mil quatre cens escus, a prendre sur les deniers provenant de la

---

(1) V. la note 1 de la p. 307.

saisie et vente des biens, rentes, revenuz et debtes appartenant aux ennemis rebelles de sa majesté en son païs de Daulphiné et a elle acquis par la rebellion et felonie d'iceux, et icelle somme avoir et prendre, et en estre paié ou assigné par le Tresorier de son espargne, sans luy estre desduict aucune chose pour le cinquiesme denier destiné pour l'ordre et milice du St Esprit, dont sa majesté la descharge. En tesmoing dequoy, sadicte majesté m'a commandé luy en expedier toutes provisions necessaires, et, ce pendant, le present brevet qu'elle a signé de sa main propre et faict contresigner par moy, son conseillier et secretaire d'estat.

HENRY.

Potier.

XII.

1590. — **Brevet du Roy pour l'eschange de l'office de président de Mr de Calignon avec celuy de conseiller de noble Loïs du Vache.** — *Original parchemin. Cet échange paraît inconnu aux archives de Grenoble.*

26 décembre.

Aujourd'hui, xxvime decembre m v^c iiij^{xx} dix, **Le Roy**, estant a Saint Denys, informé de l'eschange que Me Loys du Vache, Conseiller en la court de parlement de Daulphiné, faict soubz le bon plaisir de Sa Majesté dudict office a l'encontre de celuy de president en icelle court dont est pourveu Me Soffrey de Calignon, Conseiller et Maistre des Requestes ordinaire de Sa Majesté et ancien domaine de Navarre, desirant gratiffier lesdicts sieurs du Vache et Calignon en faveur de leurs services, Et attendu que ledict Calignon n'a esté encores receu audict office de president, a eu pour agreable ledict eschange ainsy entre eulx faict; ordonne et veult que les provisions necessaires desdicts offices leur seront expediees, Scavoir: que celles expediees pour ledict office de president au nom dudict Calignon seront reffaictes soubz le nom dudict du Vache, Et a icelluy du Vache permis de resigner sondict office de Conseiller en ladicte court sans pour ce payer finance; M'ayant a ceste fin commandé leur en expedier les lectres necessaires, Et, ce pendant, le present brevet qu'elle a signé de sa main et faict contresigner par moy, son Conseiller et Secretere d'estat.

HENRY.

Potier.

XIII.

1591. — **Declaration pour faire recevoir le Sʳ de Calignon en son office de president, nonobstant les ordonnances de suppression.** — *Original parchemin, sceau en cire rouge, mauvais état, pendant en simple queue.*

21 février.

Henry, par la grace de Dieu Roy de France et de Navarre, Daulphin de Viennois, Conte de Valentinois et Dioys, A Nos amez et feaulx les gens tenans nostre court de parlement en nostre pays de Daulphine, salut. Aiant nostre ame et feal Mᵉ Soffrey de Calignon esté par nous pourveu de loffice de president en nostredicte Court de parlement, vacant par le trespas de feu Mᵉ Innocent Gentilet, il ne vous auroit, pour l'incommodité du temps, encore peu presenter ses lettres de provision et craindroit aussi qu'on voulust pretendre a luy opposer que ledict office devroit demourer supprimé, au moien des ordonnances portant reduction des offices de nostredicte court a l'ancien nombre, sil ne vous apparoissoit de nostre volonté pour ce regard, de laquelle, pour oster tout doubte et faire cesser tous empeschemens qui pourroient estre donnez audict Calignon au prejudice de sadicte provision, que voulons sortir son plain et entier effect, estans memoratifz des justes considerations qui nous auroient meuz (1) luy octroier ledict office; Nous, a ces causes, vous mandons et enjoignons par ces presentes Que, sans vous arrester a ladicte reduction, et toute difficulté cessant pour ce regard, vous aiez a recevoir et instituer ledict Calignon audict office de president, et dicelluy le faire jouyr plainement et paisiblement selon la forme et teneur de nosdictes lettres de provision, Nonobstant tous edictz et ordonnances portans suppression des offices vacantz en nostredicte court jusques a la susdicte reduction, mesmes les ordonnances de Blois et quelzconques autres a ce contraires, auxquelles nous avons, de nostre plaine puissance et auctorite royal et dalphinal, derrogé et derrogeons ensemble aux derogatoires des derogatoires y contenues par cesdictes presentes:

---

(1) Mus.

Car tel est nostre plaisir. Donne au Camp devant Chartres, le xxiiij° Jour de febvrier, Lan de grace mil cinq cens quatre vingtz unze, et de nostre Regne le deuxiesme.

HENRY.

Par le Roy,
Revol.

XIV.

1591. — Requeste de Calignon. — *Autographe.*
Février.

A Nosseigneurs de la Cour de Parlement.

Supplie humblement Soffrey de Calignon, docteur es droits, Disant qu'Il auroit pleu au Roy le pourvoir de l'estat de Præsident en la Cour de parlement vacant par la mort de feu Maistre Innocent Gentilet, comme Il appert par les lettres de provision cy jointes, en date du troysiesme de Mars 1590.

Ce consideré, qu'Il plaise à la Cour, en Interinant lesdictes lettres, fayre jouir ledict suppliant de la provision pourtee par Icelles selon leur forme et teneur. Si ferés bien.

CALIGNON.

Soit monstré au Procureur general du Roy. Faict à Romans en parlement, le sixiesme febvrier mil v° iiij^{xx} xj.

Pascal.

Attendu que par cy devant le sieur suppliant a este du corps de la cour, et quil a este enquis cy devant sur sa vie et meurs, et, en suite de ce, examine suivant l'ordonnance, Nous requerons sans aultre formalite quil plaise a la cour de passer oultre a la reception et institution dudiét sieur suppliant en lestat de president. Faict le 18 mars 1591.

Boffin, *advocat general.*

XV.

1591. — **Entérinement, par le Trésorier Général de France, des lettres de provisions de Calignon à la charge de President au Parlement.** — *Parchemin scellé au sceau plaqué de Pierre de Gratet.*

25 avril.

Pierre de Gratet (1), Seigneur de Granyeu, Conseillier du Roy et tresorier general de France en Daulphine et Marquizat de Salluces, **Veu** par nous les lettres de provysion d'office obtenus par M⁰ Souffray Callignon, donnees au Camp devant Dreux, le Troyziesme Jour du moys de Mars Mil Cinq Centz quatre vingtz et dix, signe par le Roy Daulphin, Revol, et scelle du grand sceau de la Chanssellerye en syre rouge, par lesquelles, et pour les causes y contenus, sa Majeste auroyt donne et octroye audict sieur Callignon lestat et office de Presydent en la Court de Parlement de cedict pays de Daulphine, cy devant tenu et exerce par M⁰ Inocent Gentillet, dernyer paysible possesseur d'Icelluy, et à present vaccant par son trespas, pour ledict offyce tenyr et doresnavant exercer aulx honneurs, authorytes, prerogatyve, prehemynance, franchises, libertes, gaiges, espices, et aultres droictz, proffictz, revenus et esmollumentz audict office appertenantz, et aultrement, comme plus au long est contenu ausdictes lettres de provysion veriffies par la Court de parlement et Chambre des Comptes de cedict pays, du deuxiesme mars annee presante; **Nous,** entant que a nous est, avons consanty et consentons a l'Intherinement et veriffycation desdictes lettres de provysion suyvant leur forme et teneur; Mandant a ces fins au Tresoryer et Recepveur General de cedict pays de payer cy apres, bailler et deslyvrer par chascun an audict sieur Callignon les gaiges de Quatre Centz escuz et droictz audict office appertenant, au terme et a la maniere accoustume, suyvant lestat

---

(1) Cette pièce et la suivante apportent une rectification au Rôle des officiers du Bureau des Finances du Dauphiné depuis 1551 que Guy Allard a donné (Dict., v⁰ *Trésoriers du Dauphiné*, col. 692). Pierre de Gratet, qu'il nomme en 1571, et Léonard Musy, en 1579, doivent donc, si cet auteur n'a pas fait de confusion, être aussi placés sur ce Rôle à la date de 1591.

que leur en sera par nous dresse. **Donne** a Grenoble soubz le saing et cachet de nos armes accoustume, Le vingt cinquiesme Jour du moys dapvril Mil Cinq Centz quatre vingtz et unze.

P. GRATET.

Par Commandement de Mondict seigneur le Tresorier General,

Marchais.

XV bis.

1591. — **Entérinement, par le Général des Finances, des lettres de provisions de Calignon à la charge de président au parlement de Grenoble.** — *Parchemin scellé au sceau plaqué de Léonard Musy.*

18 juin.

Leonard Musy, Conseiller du Roy, General de ses finances es Pais de Daulphiné et Marquisat de Saluces, Veu par nous les lettres patentes de sa majeste cy soubz nostre signet attachees, donnees au Camp devant Dreux le troisiesme Jour du moys de Mars, Annee derniere, signees par le Roy Daulphin, Revol, et dheuement scellees, par lesquelles et pour les causes y contenues ledict Seigneur a donné et octroyé a Maistre Souffrey Calignon l'estat et office de President en sa court de parlement de cedict pais de Daulphiné, vaccant par le decez de Maistre Innocent Gentillet, dernier paisible possesseur diceluy, pour ledict office avoir, tenir et doresnavant exercer, en joyr et user par ledict maistre Souffrey Calignon, aux honneurs, auctoritez, prerogatives, preeminances, franchises, libertez, gaiges, espices, droictz tant de matinees que d'apres disnees, profflitz, revenuz et esmolumens y appartenantz, telz et semblables que les avoit et prenoyt ledict feu Me Innocent Gentillet, comme plus au long est contenu par lesdictes lettres et arrest de reception dudict Sr Calignon, sur ce intervenu par messieurs de la court de parlement et Chambre des comptes de cedict pais, en datte du deuxiesme Jour de Mars, Annee presente, l Entherinement desquelles en tant que a nous est, **Consentons,** selon leur forme et teneur, Mandons en oultre aux Tresoriers et receveurs generaulx des finances de sadicte majeste en cedict pais, chascun en lannee de

VIII

A Nos seigneurs de parlement

Suppl[ie] humblem[en]t Monsieur Calignon docteur ès droictz
Comme pour estre licentié en lestat de consseiller
don il a esté pourveu par sa magesté pour
servir en la chambre mipartye ou lant par
ledict ... faire, auroyent soubz estre faicte
sur sa vie et moeurs sur laquelle monsieur
les gens du Roy ont conclud qu'il
n'empeschoient qu'il soit passé oultre
suyvant l'ordonnance seroit estably par
ledict Roy qu'il soit mis à lexamen
pardevant messieurs les presidens et
conseillers catholicques nomméz par sa
magesté pour estre de lad. chambre et
aprés estant trouvé cappable qu'il soit
receu à prester le serment en tel cas
requis pardevant la court suyvant les
edictz et articles ib. ... particuliers

Ce considéré, ... le Roy plaise de lad. court
ordonner que proceddra au d. examen religion
et prestant de serment ... ... assis
que au plaisit le suppl[ian]t puisse entrer
en lexercice de sa charge et ferez bien

Calignon.

Le ... ... de la chambre de led. etc.
... ... plemens les ... ...
... ... gaffet

— 325 —

son exercice, de paier, bailler et delivrer contant audict S⁷ Calignon lesdictz gaiges et droictz a la maniere accoustumee, et a compter du jour et datte de sesdictes lettres de provisision, comme ledict Seigneur Roy le veult et nous mande. **Donne** a Grenoble, soubz le seing et cachet de noz armes, Le Dixhuictiesme Jour de Juing mil cinq cens quatre vingtz et unze,

MUSY.

Par mondict seigneur le general,

Jolly.

XVI.

1591. — **Lettre autographe de Calignon à Lesdiguières.** — *Cette pièce est écrite sur une feuille de grand papier, les quatre pages remplies et contenant chacune 37 à 38 lignes (1).*

1ᵉʳ mai.

Monsieur, avant hier au soir, Monsieur de Valance (2) arriva en ceste ville, venant de Venise, et, parceque nous avons heu loysir, Monsieur de Morges et moy, de le gouverner durant ces jours, j'ay advisé, suyvant l'intantion dudict S⁷ de Morges, de vous reduyre en un bref discours les principaux points que nous avons appris de luy, afin que vous puissiés juger combien vostre sejour

---

(1) C'est une opinion, nous dirons presque une *tradition*, — car aucun historien n'a mentionné ce fait et nous sommes les premiers à le signaler, — que Lesdiguières et Calignon, sous les noms de guerre ou pseudonymes de LA ROSE et de L'ÉPINE, entretenaient une correspondance secrète destinée à éclairer et à guider celui qui tenait alors le premier rang dans les annales de notre province. Cette curieuse lettre, écrite de Grenoble, et la seule probablement qui soit parvenue jusqu'à nous, est la première, à notre connaissance, qui vienne affirmer ce que la chronique ne nous avait pas encore transmis d'une manière affirmative. Qu'il nous soit permis de hasarder une opinion sur l'origine de ces deux pseudonymes. Lesdiguières ayant des roses dans son blason, ces deux noms ne seraient-ils point un jeu d'esprit de la part de notre poëte, qui, faisant allusion aux piquants de la reine des fleurs, a voulu indiquer ainsi que son amitié pour François de Bonne était aussi intime que l'alliance de la rose et de son arme défensive, et justifier le proverbe qu'il n'y a pas de rose sans épines?

Cette pièce est entièrement écrite de la main de Calignon : on y remarque son intelligence des affaires politiques de son temps, ses sages appréciations des choses de la guerre, l'honnêteté de son âme, en un mot tout ce qui résume ses aptitudes si diverses et si incontestées. On pourra s'assurer qu'elle coïncide parfaitement avec les événements de 1591. C'est, en effet, en cette année que le pape Grégoire XIV envoya des troupes commandées par son neveu Francisque-Hercules Sfondrate, Duc de Monte-Marciano; que le Duc de Nemours concentra ses troupes autour de Lyon, où il n'entra que le 22 mai; et que, au mois de juin, Lesdiguières combattit sous les murs de la même ville.

(2) L'évêque Charles Gelas de Leberon.

de pardelà nous est nuysible et vostre retour necessaire. En premier lieu, il asseure que, quelque peine que les Venitiens et le grand Duc ayent prins à disposer le Pape aus humeurs et affections françoyses, il est Espagnol tout à fait et n'en faut rien esperer que mal. La cause de ceste inclination consiste en l'interest particulier de ses parents, qui, pour estre tous sugets du Roy d'Espagne, l'entretiennent en ce party, tant pour les avantages et commodités qu'ils retirent dudict Sr Roy que pour la crainte qu'ils ont d'estre recherchés aprés la mort du Pape par le mesme Roy d'Espagne, à faute d'avoir disposé les volontés dudict Pape à celles des Espagnols. Pour preuve de cela, il est trescertain qu'il se dresse une armée à la solde dudict Pape, laquelle sera composée de six mil hommes de pied Italiens, de six mil Suisses des petits cantons et de mille chevaus Italiens. Bonne partie de ces forces sont sur pied, et se doivent rendre lesdictz Suisses, par le mont St Bernard, du costé de Verseil, ou ils rencontreront les troupes Italiennes faysant estat de commencer à marcher en corps d'armee, le quinsiesme du præsent, pour s'acheminer en ce pays. Je me suy notamment informé si Sfondrat, nepveu du Pape, qui a charge de ceste armee, n'a pas commandement d'aller en France, apres avoir fait quelque exploit en ceste province : Mais ledict sieur Evesque asseure qu'il n'a charge d'exploitter ladicte armee qu'en ce pays principallement, et en consequence aus provinces circonvoysines, sans passer plus avant. Vous avés sceu d'allieurs que Monsieur de Nemours est arrivé à Lyon depuys cinq ou six jours avec son train tant seulement. Vray est que l'on asseure icy qu'il a laissé, au dessus de Lyon, quatre mil hommes de pied et quatre cents chevaus ; et c'est chose que nous tenons veritable, parce que les advis viennent de la part des serviteurs du Roy. J'estime aussi que vous scavés comme les sieurs de Sansy et de Quitry se sont retirés par la Franche-comté, ou la trouppe de Nasi et Brassador ont receu quelque eschec ; et un gentilhomme Vicentin, suget des Venitiens, homme de qualité et beneficié, a esté prins, et l'envoye ton à l'Inquisition à Milan. La dicte trouppe des Srs de Quitry et de Sancy ne pouvoit longuement demeurer ensemble, n'ayant receu, ceus de Geneve, que troys mil escus de Venise pour subvenir à leurs affaires, et le Sr de Sancy, cinquante mil escus qu'il avoit prins sur Lomellini, banquier Genevois, allant au pays bas, dont ledict sieur en avoit depend trente mil avant sa levee, desorte qu'il n'avoit joint ledict Sr de Quitry qu'avec cent chevaus. Et quant audict Sr de Quitry, je ne scay de quoy il a fait sa levee, ny quels moyens il avoit de s'entretenir ; tant y a qu'il s'est retiré et a prins le chemin de Langres, estant party d'aupres de Geneve avant que le messager dudit Geneve fut de retour de Gap, ou il vous laissa en ceste ville, ou du moins avant qu'il fut party d'icy. En suitte de ceste retraitte, ceus de Geneve ont traitté et conclud une suspension d'armes avec les Savoysiens, dont nous sçavons encores les conditions. Tant y a que le Seigneur Amedee est de retour despuis quatre jours avecque toutes ses forces à Chambery, et hier les siens coururent jusques à Gonselin, ou ils prindrent prisonnier le Sr de Vantes. Ils ont mis six canons hors de Mommeillan et vont battre, à ce qu'on dict, les Eschelles, ayant, depuys peu de jours, regagné le Pont de Beauvoysin par l'infidelité de Pallison, qui depuys a prins encores un chasteau pres de Clermont et St Geoire. Par ce discours vous pouvés assés comprendre combien vous estes proche d'avoir de la besogne taillee à vostre porte, et, afin que vous ne soyés sans occupation de tous costés, le Pape envoye quinse cents harquebusiers et quatre cents chevaus Italiens au Comté (1), lesquels, pour certain, sont partis pour s'y acheminer. Or, Monsieur, voyla les desseins preparés pour une mauvaise cause, lesquels jestime moins que rien, parce que tout cela est bandé contre Dieu, et addressé particulierement contre vous que j'estime estre l'instrument dont il se servira pour la conservation des siens. Mais il faut que de bonne heure vous y appourtiés vostre providence, et je ne doute point que Dieu ne pose sur vous sa benediction par deça, comme il a fait en Provence, selon les advis qu'il vous a pleu me faire tenir, dont tous les gens de bien vous louent. Ceus qui discourent des effects futurs de ceste armee Papale estiment que ce sera contre Vienne ou ceste ville : mais le dit Sr Evesque de Valence asseure que c'est pour Grenoble, et je vous puy tesmogner avecque verité que j ay advis de Lyon, de quelcun de mes alliés, que ceste ville est menacee avant tout autre : Et de fait j'estime que la voysinance de Chambery, la terreur que voz armes leur apportent, la haine que le Duc de Savoye vous porte, la commodité de la riviere et des canons de Monmelian y disposeront les affaires ; joint que les fugitifs de la province s'en rendront bons solliciteurs. Outre ce, je crain plus que jamais ce traitté recherché de longue main par ceux de Lyon et de Vienne, et crain qu'en ce temps il ne produyse ses effects. Cependant, afin que vous soyés informé de l'estat de ceste ville, je vous diray que la garde y est tresexacte, le commandement du Gouverneur doux et aggreable, sa vigilance extreme, et le respect et affection qu'il vous porte cogneu à tous : Bref, monsieur, croyés, et je le dy sans flatterie, que ce ne sont point conceptions de jeune homme, ny d'homme qui veuille croupir en sa fortune præsente. Les fortifications sont tresavancees, selon

---

(1) Au Comtat-Venaissin.

le temps, et pense que dans la fin de ce moys tout sera en estat : Et si cela est, voylà de l'exercice pour ceste nouvelle armee. Tout ce que nous avons à craindre, c'est que les moyens ne manquent ; Car, d'un costé, ceux de Valence empechent la levee de Buisson, et j'estime que ceus de Vienne et de Romans en feront de mesmes. Par ainsi, il est plus que necessaire que vous reveniés au plus tost, tant pour faciliter ladicte levee, si faire se peut, que pour pourvoir à ce qu'à l'advenir les deniers ne manquent : Car vous scavés que, durant vostre sejour en ceste ville, il ne fut pourveu à tout, mesmes aus troys bastions qui doivent estre faits despuis le Brueil (1) jusques à la porte de la Tresorerie (2), et ne fut parlé de la fortification de la montagne que par maniere de souhait. Or jay telle opinion de vostre providence, que, si vous estes icy, vous pourrés remedier à tout (3), et estime que, si ceste armee n'arrive que vers le commencement du moys prochain, vous aurés assés de temps pour y appliquer les remedes. Venés donc, mais venés tost, et je vous jure qu'il n'y aura President ny Conseiller qui ne porte la hote, et pour moy je suy resolu de prendre la pique. Quant au lieu des Eschelles, Dieu scait ce qu'il en a déterminé ; Quant a moy, je le tien pour perdu et crain bien fort que, si vous ne venés de bonne heure, beaucoup de Bicoques courront fortune : Car ces trouppes de Monsieur de Nemours et du Seigneur Amedee, viennent fondre dans le Viennoys, selon l'opinion commune, attendant celles du Pape ; et quant à celles dudict Seigneur de Nemours, je pense le sçavoir pour certain. Voylà ce qui regarde ceste Province. Lediet Seigneur de Valence nous a apprins, outre ce, que l'armee d'Allemagne ne tardera d'entrer, conduitte par Monsieur de Turenne, en nombre de cinq mille Reittres, huit mille Lansquenets et douse mil Suisses, et que la longueur de ceste levee est provenue de ce que le Roy a esté mal servy de ceus qui en avoent la charge. Il dict que la Reine d'Angleterre fait troys armees navales : l'une pour aller au rencontre de la flotte des Indes, l'autre pour envoyer en Bretagne et la troysiesme pour la Hollande ; et adjouste que les estats du pays bas ont receu une armee Allemande qui pourra amuser le Prince de Parme. Les advis que les Princes Italiens ont d'Espagne, que le Roy d'Espagne est tumbé en mesme infirmité de corps et d'esprit que s'il estoit en decre-

---

(1) Le Breuil, ancienne Place Grenette.
(2) Ancien nom de l'Hôtel de Ville actuel.
(3) Il n'y avail, en effet, à cette époque, au sommet de la montagne, que quelques traces d'anciennes fortifications, et ce fut en 1502 que, selon le vœu que Calignon semble emettre ici, Lesdiguières les utilisa en élevant un fortin à la Bastille.

pitude et qu'on n'en espere longue vie, que l'Infante major s'oppose aus desseins et grandeur de son beau frere, *remontre* (?), au pere et au Conseil, l'imbecillite de son sexe, celle de son frere, conseille qu'on ait la paix avec ses voysins et prevoit des accidens inevitables en l'estat d'Espagne, si le Roy son pere, venant à mourir, leur laisse tant d'ennemis dessus les bras. Le grand Seigneur arme avec la terreur accoustumee, ne faysant pourtant estat que de cent galeres pour ceste annee, dont il a donné advis aus Venitiens, qui ne laissent pourtant d'armer dedans leur goulfe (1), et cela leur a servy d'excuse contre les importunités du Pape qui les sommoit d'entrer en frays pour la levee de son armee. On estime que ceste flotte doit fondre du coste de Nice, prendre quelques munitions en Barbarie et en assister, ensemble de quelques galeres, Monsieur de la Vallette. Vous estes en lieu ou vous le pouvés mieus sçavoir. Ledict Sieur adjouste que, l'esté qui vient, ledict Grand Seigneur fait estat de mettre en mer quatre cents galeres, et qu'il n'y a gouverneur de ville ou province qui ne contribue du sien pour equipper ce nombre inouy de vaisseaus de rame. L'Ancome (2) a esté privé du plat (3) et n'est plus à Constantinople en qualité d'Ambassadeur. Les Venitiens et l'Ambassadeur d'Angleterre ont fait ce coup, de sorte qu'on estime que les affaires de Levant prendront dorenavant un autre ply. Aussi le Roy a receu lettres du Grand Seigneur pleines d'amitie et de promesse de secours, et dict on que rien n'a fait voir plus cler au Grand Seigneur, dans les affaires de France et desseins du Roy d'Espagne, que l'entree du Prince de Parme en France. Je laisse ces discours elognés pour vous dire encor un coup que les affaires de ceste Province sont sous le tranchant de l'occasion ; que, si vous revenés bien tost, vous y pouvés encor appourter remede : Si vous tardés, je me doute que ceste ville courra fortune, car vostre seule arrivee la peut mettre en estat de defense. Si elle subsiste, à Dieu l'armee et les esperances du Pape : Si elle se perd, ce sera un grand ebranlement à toutes ces provinces de deçà le Rhone. Dieu, au reste, a la mesme puissance qu'il a toujours heue ; et si noz ennemis sont en nombre, la gloyre en sera tant plus grande.

De Grenoble, ce premier de May.

Vostre tres humble serviteur.

L'Epine.

---

(1) Le golfe de Venise.

(2) Jacques de Savary-Lancôme, nommé ambassadeur à la Porte par Henri III, en 1582 suivant la *Biographie universelle*, en 1585 suivant Charrière (*Négociations de la France dans le Levant*, t. IV, p. 398), et mort en 1591.

(3) *Le plat* se disait autrefois de la table accordée à tous les officiers de la maison d'un prince : il se donnait en nature ou en argent.

XVII.

1593. — **Lettres d'Intendant de Justice es larmee de Piedmont pour le president Calignon.** —
30 janvier.
Original parchemin, avec sceau en cire rouge; médiocre état, pendant à simple queue de parchemin.

(V. p. 75.)

Henry, par la grace de Dieu Roy de France et de Navarre, Daulphin de Viennois, Comte de Valentinois et Dyois, A Nostre amé et feal conseiller et president en nostre Court de parlement de Grenoble, M⁰ Soffré de Calignon, salut. Ayant depuis quelque temps, pour repoulser l'Injure du Duc de Savoye et delivrer nos subjectz des provinces ou Il nous faisoit la guerre, ordonné au Sieur de Lesdiguieres, Conseiller en nostre conseil destat et Cappitaine de Cent hommes darmes de noz ordonnances, de fere passer en Piedmont larmee quil commandoit pour nostre service et l'emploier tellement contre ledict Duc, quil n'eust plus le loysir de continuer leffect de ses mauvais desseings en cestuy nostre Royaulme; Et scachant que l'une des principalles choses et plus necessaires en une armee est d'y establir et faire administrer une bonne et sincere Justice, pour regler la trop demesuree licence et impunité des maux que la guerre amene en soy, Nous avons advisé de Commettre pres ledict Sieur de Lesdiguieres quelques personnaiges qui soient dignes d'avoir et exercer ceste charge. **A ces causes**, Ne pouvant fere meilleure ne plus digne ellection que de vostre personne, pour la bonne et entiere confiance que nous avons de voz sens, suffisance, preudhommie, integrité, fidelité et bonne diligence, Vous avons Commis et depputté, Commettons et depputtons pour resider prez la personne dudict Sieur de Lesdiguieres en ladicte armee, lassister de Conseil, et avoir Intendance en la Justice audict Piedmont et autres endroictz ou sera ladicte armee; establir, aux pays qui seront nouvellement acquis, la Justice selon les loix et coustumes, ou autrement, ainsy que verrez estre a fere, et vous employer en tout ce que congnoistrez importer a nostre service et bien de nostredicte Justice, aux gaiges et appoinctement qui vous seront ordonnez par lestat qui sera faict de ladicte armee. **Voullons** que ce qui sera par vous ordonné soyt executé, Nonobstant oppositions ou appellations quelzconques et sans prejudice d'icelles, la congnoissance desquelles Nous avons commise et attribuee à nostredicte

Court de parlement de Daulphiné, et icelle interdicte à tous autres Juges; Et, pour ce fere, vous avons donné et donnons pouvoir, puissance, auctorité, commission et mandement special. Mandons et commandons a tous noz Juges et autres noz Justiciers, officiers et subjects, mesmes a ceulx dudict pays de Piedmont reduictz soubz nostre obeissance, Que a vous, en ce faisant, obeissent, prestent et donnent tout ayde et faveur dont requis seront; Car tel est nostre plaisir. **Donné** à Chrest, le xxxe Jour de Janvier, L'an de grace Mil v^e Quatre vingtz treize, et de nostre Regne le quatriesme.

HENRY.

Par le Roy Daulphin,
Forget.

XVIII.

1593.
30 janvier.
— **Mandement du Roy à la Chambre des Comptes de Grenoble pour faire payer les Srs de Calignon, president, et Audeyer, conseiller, de leurs gages, nonobstant qu'ils servent en larmee de Piedmont comme Intendans de Justice.** — *Original parchemin, trace de sceau pendant à simple queue de parchemin.*

(V. p. 75.)

Henry, par la grace de Dieu Roy de France et de Navarre, Daulphin de Viennois, Comte Valentinois et Dyois, A Nos amez et feaulx les gens de noz comptes et Tresoriers generaulx de France et de noz finances en nostre pays de Daulphiné, salut. Ayant, depuis quelque temps, envoyé une armee en Piedmont, conduitte par Nostre amé et feal Conseiller en nostre conseil destat, Cappitaine de Cent hommes d'armes de noz ordonnances, Le Sieur de Lesdiguieres, Nous aurions par mesme moien advisé de le faire assister de quelques notables et experimentez personnaiges pour administrer la Justice pres de luy, et, a ceste fin, faict expedier noz lettres de Commission a Noz amez et feaulx Mes Soffré de Calignon, president en nostre Court de parlement de Daulphiné, et Me Jehan Claude Audeyer, aussi conseiller en Icelle court; pour laquelle leur absence, ne pouvant faire le service quilz doibvent a ladicte court, Vous pourriez a ceste occasion faire difficulté les faire payer des gaiges attribuez ausditz offices, et, desirant les oster de tout interest, en consideration de leurs services, Nous Voulons et vous Mandons que par le Receveur et payeur des gaiges des offices de nostredicte court et autres qu'il appartiendra, vous faciez payer, bailler et delivrer ausdicts Calignon et Audeyer leursdictz gaiges et droictz, attribuez à leursdicts offices, durant le temps quilz seront absens pour nostredict service et execution de leur commission, Nonobstant quilz ne facent ledict service en nostredicte court de leursdictz estatz. dont nous les avons dispensez et dispensons par ces presentes, voulant iceulx gaiges estre passez es comptes dudict Receveur par les gens de nosdictz Comptes sans aucune difficulté; Car tel est nostre plaisir. **Donne** à Chrest, le xxxe Jour de Janvier, Lan de grace Mil v^e quatre vingtz et treize, et de nostre Reigne le quatriesme.

HENRY.

Par le Roy Daulphin,
Forget.

XIX.

1593. — Lettre de M. Duplessis à M. de Calignon (1).
Mai.

Monsieur, vous aurés esté esbahy sur la relation de M. de Beauchamp ; mais il fault lever les mains à Dieu, et le pryer qu'il rende et redouble son esprit au roy. J'estime aussi qu'il se fault servir des moyens proposés par sa majesté, qui proteste voulloir avoir soing de nostre conservation ; à quoi la communication des gens de bien est du tout necessaire. Je vous prye donc ne plaindre poinct ce voyage, et vous soubvenir que de ceste assemblee depend sommairement une partie de nostre vie, peult estre aussi la continuation de l'heur et de l'honneur que M. Desdiguieres a acquis par ses vertueux labeurs aulxquels vous n'avez pas petite part; alors donc nous en dirons dadvantage. Je me plains que je n'ai plus de vos nouvelles, et l'impute toutesfois à toutes causes, plustost qu'à vous de l'amitié duquel je ne veulx doubter. Si M. Desdiguieres envoye quelqu'ung fondé de procuration, nous

---

(1) Extraite des *Mémoires et Correspondances de Duplessis-Mornay*, lettre CLXXVIII, t. v, p. 425.

ferons une fin de son affaire, et si veult en payant la plus valleue de Moives, il lui pourra demeurer; vous y penserés, et au reste me ferés tousjours ceste faveur de croire que n'avés ami plus à vostre service que moi, qui sur ce salue.

Et plus bas : Oultre les Memoires que je vous envoye, je suis d'advis que ne laissiés d'escrire à messieurs de la province de Languedoc, à ce qu'ils assignent le synode national comme ils en ont la charge.

Il seroit à propos que ce feust vers le mois d'octobre, en dedans lequel nous verrons ce que produira l'assemblee (1) convoquee par le roy.

Aussi qu'il feust convoqué en lieu au millieu du royaulme, où les provinces puissent convenir moins difficilement ; de ce poinct, je n'ai faict ouverture à aulcung.

Du.. mai 1593.

XX.

1594. — Lettre de M. Duplessis à M. de Calignon (2).
18 février.

Monsieur, j'ai enfin apporté mon meschant rheume jusques ici, où maintenant je le mesnage, afin qu'au premier jour je puisse estre capable des bonnes occasions dont je pense à la verité que nous n'avons pas tant de faulte, que de forces pour nous en prevaloir, puisque Orleans et Berry s'en vont en paix, Poictou en trefve jusqu'à la fin de mars : M. de Mercœur, si peu travaillé en Bretaigne, qu'il peult impunement et utilement entreprendre deçà l'eau, avec toutes ses forces sur Clisson, sans que M. le mareschal d'Aumont, une telle riviere entre deux, les puisse secourir, ou bien despartir telles forces au sieur de Bois-daulphin, qu'il vous mettra en grand hazard de perdre La Flesche, Baugé et Beaufort ; à tout cela si sa majesté ne pourvoit d'ung petit corps d'armee deçà, selon le premier project, je ne vois d'ailleurs que de foibles remedes, plus capables d'affoiblir

---

(1) L'assemblée dont il s'agit est celle qu'Henri IV allait convoquer (par lettres du 25 mai) à Mantes entre protestants et catholiques, et qui devait servir de préparation à son abjuration (V. dans les *Mém. de Duplessis*, t. V, toutes les pièces de mai 1593, et, en particulier, l'*Instruction au sieur de Beauchamp*, à cause de son importance historique.)

(2) *Mém. et Corresp. de Duplessis-Mornay*, lettre V, t. VI, p. 7, où cette lettre est datée par erreur de 1593 : c'est 1594 qu'il faut, d'après les événements dont il est fait mention.

la deffense des bonnes places, que de garentir d'offense les mauvaises. Si donc vous en oyés parler, je vous prye d'y tenir la main, pour le service de sa majesté, bien de ce pays et honneur de vos amis. J'ai passé à Tours ; j'y ai apprins que messieurs de la court preparent des difficultés sur la verification des edicts à nous accorder : si cela est, *initia malorum*, vous en cognoissiés prou, sans que j'en die dadvantage : le remede est que lorsque sa majesté envoyera les declarations, elle les fortifie de l'envoi de personnes de qualité et de poids, pour vivement representer ses intentions à la court, et les consequences que la contrarieté qu'on y apporteroit traineroit apres soi ; elle y peult aussi disposer les chefs qui la vont trouver, moyennant quoi est à esperer que les bons se roidiront, les aultres se lascheront plus aisement; je vous pense maintenant à Chartres au (1) par là vous aurés divers subjects d'escrire à vos amis, mesme dont aurés penetré plus avant es volonté du roy pour le faict de sçavoir s'il veult que les remedes penetrent au vif : vous m'en advertirés, s'il vous plaist, afin que, selon cela, nous travaillions, et peult estre pour y voir plus clair, pourrois je donner, des que je me porterai mieulx, jusqu'à La Rochelle. Madame n'aura failli de vous presser sur son partage definitif, et vous n'aurés oublié à faire escrire aulx chambres des comptes, attendeu les grandes alienations depuis la mort de la feue royne Jehanne, aulxquelles elle ne pretendra pas porter sa part. Je ne trouve pas d'inconvenient, ainsi que je l'escris à sa majesté, de lui laisser en definitif ce qu'elle a, sauf à distraire la comté d'Armagnac, si sa majesté persiste en certaine difficulté que sçavés en lui baillant recompense, ou bien qui seroit le plus court, la lui laissant par provision. Des mon premier loisir, je vous dresserai aussi ung petit sommaire de la valeur de nostre domaine, et des charges pour communiquer à sa majesté. Aussi vous renvoyerai je de l'aage (*sic*) pour vous faire toucher argent. De plus en plus je recognois par l'aclipsement qui se faict et fera de nostre domaine, qu'il fault proceder au reglement des parties casuelles à l'instar de France, et envoyer les commissions pour les ventes des forests, dont avons baillé memoires à M. de la Valade. Je ne vous ramentois (2) poinct nostre commun affaire avec M. Desdiguieres, parce que je sçais que l'avés assés à cœur, et n'en laisserés passer aulcune occasion. Bien vous dirai que j'ai veu M. Pazot à Tours, qui m'a remonstré avoir faict de grands frais et poursuites, pour l'obtention des expeditions les annees passees, aulxquelles il desire qu'on ait esgard ; ce que j'estime pouvoir estre faict à son consentement sur la liquidation des interets sans

---

(1) Ou ?
(2) *Ramentevoir*, remettre en mémoire (v. lang.).

toucher au principal. Au reste, je desire, monsieur, que fassiéz estat de moi comme d'ung frere pour vous obeir et rendre service en tout ce que sçaurés desirer de moi d'aussi bon cœur qu'humblement (1). Je salue vos bonnes graces, et prye Dieu, monsieur, etc.

Du 18 febvrier 1594.

XXI.

1593. — **Lettres de l'estat de Chancellier de Navarre pour monsieur de Calignon.** — *Original parchemin, avec trace de sceau pendant à double queue de parchemin.*
6 juin.

(V. p. 80 et 83.)

Henry, par la grace de Dieu Roy de France et de Navarre, Seigneur souverain de Bearn, A Tous ceux qui ces presentes lettres verront, salut. Comme depuis la mort du feu sieur Dufay (2), Conseiller en nostre conseil d'estat et privé et Chancellier de noz Royaume de Navarre et antien domaine, Nous n'ayons pourveu aucun dudict estat; au moyen dequoy nous avons advisé, pour avoir l'œil a l'administration de la Justice et soulagement de nostre peuple en nosdictz Royaume de Navarre, souverainetés de Bearn et de Donnezan, Duchez, Comtés, Baronnies, Terres et Seigneuries a nous appartenant de nostre antien domaine, et autres affaires que nous pourroient toucher esdicts lieux, faire ellection de quelque bon et digne personnage sur lequel nous nous puissions fier et reposer de ladicte charge, **Scavoir faisons** Que nous, sachant quelle est la vertu et probité de nostre amé et feal Conseiller en nostre conseil privé, et president en nostre Court de parlement de Dauphiné et maistre des requestes ordinaire de nostre hostel de Navarre et antien domaine, Mᵉ Soffrey de Calignon, et pour l'entiere et parfaicte confience que nous avons de sa personne et de ses sens, suffisance, loyaulté, preudhommie, literature, experiance au faict de Judicature, cognoissance de noz affaires en nostredict Royaume et autres terres et seigneuries de nostredict antien domaine, et grande diligence, A Icelluy, pour ces causes et grandes considerations à ce nous mouvans, **Avons** faict, ordonné et

---

(1) Cette phrase est ainsi ponctuée dans l'édition de 1824; mais le sens indique qu'il faut lire *qu'humblement je vous salue*, etc.

(2) Michel Hurault de l'Hôpital, seigneur de Belesbat, du Fai, etc., mort en 1592.

estably, faisons, ordonnons et establissons par ces presentes Chancellier en nostredict Royaume de Navarre et autres terres et seigneuries de nostredict antien domaine ; et ledict estat que souloit (1) par cy devant tenir et exercer ledict feu sieur Dufay, vaccant a present par son trespas, Nous avons audict sieur de Calignon donné et octroyé, donnons et octroyons par ces presentes, pour en icelluy nous servir doresnavant aux honneurs, aucthorités, prerogatives, preeminances, droictz de seel, fruictz, profflictz, revenus et esmolumens accoustumes et aus gaiges et pension audict estat appartenant, telz et semblables que les avoit ledict feu sieur Dufay. **Si donnons** en mandement à tous noz Justiciers, officiers et subgectz de nosdictz Royaume de Navarre, terres et seigneuries de nostre antien domaine, et autres quil appartiendra, Que audict sieur de Calignon, duquel nous avons prins et receu le serement pource requis et Icelluy faict mettre et instituer en possession dudict estat de Chancellier par la delivrance actuelle que Luy avons faict faire desdictz sceaulx, Ils obéissent et facent obeyr et entendre de tous ceux, et ainsi qu'il appartiendra, ez choses touchant et concernant ledict estat. **Mandons** en outre A Noz amés et feaulx Conseillers, Trésoriers et Receveurs generaulx de noz maison et finances de Navarre et antien domaine, de payer, bailler et delivrer doresnavant, et par chascun an, audict sieur de Calignon, lesdicts gaiges, pention et droitz, aux termes et en la maniere accoustumee, lesquels, en rapportant cesdictes presentes ou vidimus d'icelles duement collationné ou faict soubz seel royal pour une fois seulement, avec quictance dudict sieur de Calignon surce suffisante, Nous voulons lesdictz gaiges et pention estre passés et alloués en leurs comptes, desduictz et rabatus de la recepte desdicts Tresoriers et receveurs generaulx par nos amés et feaulx les Gens de noz Comptes, ausquelz mandons ainsi le faire sans aucune difficulté; Car tel est nostre plaisir. En temoin dequoy, à cesdictes presentes signées de nostre main, nous avons faict mectre et apposer nostre seel. **Donné** A Mante, le vj^e Jour de Juin L'an de grace mil cinq cens quatre vingtz treize.

JHENRY.

Par le Roy,
De Viçose.

1594.
18 janvier.

Au bas : Aujourdhuy xviij Janvier 1594, le Roy estant à Mante, ledict Sr de Callignon, denommé au blanc des presentes, A faict et presté le

---

(1) Avait coutume (v. lang.).

serment qu'il estoit tenu pour raison dudict Estat et office, ez mains de sa Majesté, Moy, Conseiller et secretaire de ses commandemans et finences de Navarre et autres domaynes, presant.

De Viçose.

XXI bis.

1593. — Serment presté par Monsieur de Calignon,
6 juin. **Chancellier de Navarre, pour ledict estat de Chancellier.** — *Pièce transcrite sur une feuille de papier.*

Vous jurez Dieu vostre Createur et sur la part que vous prethendéz en paradis, que bien et loyaulmant vous serviréz le Roy en l'estat et office de Chancellier de Navarre et de son ancien doumaine, duquel Il vous a cejourdhuy pourveu; Que vous garderéz et observeréz, ferez garder et observer et entretenir inviolablemant les authoritéz et droictz de la Justice de sa Couronne et de son doumaine, sans fere ny souffrir fere aulcuns abuz, corruption. malversation, ny aultre chose quy soit ou puisse estre, directemant ou indirectemant aucontrere, prejudiciable ni doumageable a iceulx; Que vous nexpedieréz, accorderéz ou feréz sceller aulcunes lettres incivilles ne desraisonnables, ne quy soient contre le commandemant et voulloir dudict Seigneur, ou quy puisse prejudicier a cesdicts droictz et aulthoritez, privillieges, franchises et libertez de sondict Roiaume de Navarre et autres doumaines; Que vous tiendréz la main à l'observation de ses ordonnances, Mandemantz et Edictz, et a la pugnition des transgressans et contrevenans a iceulx; Que vous ne prendréz et naccepteréz d'aulcung autre Roy, Prince, Potentat, Seigneurs, Communaultéz, ny aultres Personnages particulliers, de quelque estat, quallite ou condition quilz soient, aulcuns estatz, pentions, dons, presentz ne bien faictz, sy ce nest du gré et consentemant dudict Seigneur; Et sy aulcuns vous en avoient ja este proumis, vous les quittéz et renoncéz, et generallemant Vous feréz, executeréz et accomplireéz en cest estat et office de Chancellier de Navarre, et ce quy concerne et deppend, tout ce qu'ung bon, vray et loyal Chancellier doibt fere pour son debvoir en la quallité de sa charge; et ainsy vous le prommettéz et juréz.

XXII.

1594. — **Brevet de conseiller d'estat au conseil de France, pour Monsieur le president Calignon, chancellier de Navarre, avec l'acte du serment.** — *Parchemin.*
24 janvier.

(V. p. 83, 101.)

Aujourdhuy xxiiij° Janvier, Mil v° quatre vingtz quatorze, le Roy, estant à Mante, voullant honnorer Souffre Callignon, son Chancellier de Navarre et President en sa Cour de Parlement de Grenoble, selon ses merittes et lexperience quy est en luy des affaires de cest estat, quil sest acquise par ung long et assidu travail et en la function de sadicte charge de President et autres Charges et commissions ou il a esté employé; ce quayant reccogneu Il lauroit honnoré de la susdite Charge de son Chancellier en Navarre, de laquelle ne voullant sa Majesté se contenter, puisquelle le reccognoist digne de parler et cognoistre des afferes de cedict estat, **Icelle Sa Majesté** la, ce Jourdhui, retenu et honnoré du tiltre et qualité de son Conseiller en son Conseil destat, avecque seance, voix deliberative, et aux mesmes gaiges, droictz, pensions et honneurs que les autres Conseillers en son Conseil destat. Veult et entend sadicte Majesté quil en jouisse en vertu du present Brevet, quy a cest effect sera enregistré au Greffe dudit Conseil destat, layant pour ce voulu signer de sa propre main et icelluy estre contresigné par moy, son Conseiller et Secretaire destat.

HENRY.

Ruzé.

Ledict Jour, xxiiij^{me} Janvier, mil v° quatre vingtz quatorze, ledict Sr Callignon, Chancellier de Navarre et president en sa Court de parlement de Grenoble, A faict et presté es mains de Monseigneur le Chancellier le serment de Conseiller de Sa Majesté en son Conseil destat, auquel il a esté receu pour y avoir seance, voix deliberative et en jouir aux mesmes honneurs, pansions, droitz, dignitez et auctoritez que les autres Conseillers dudict Conseil, Moy, Conseiller de Sa Majesté et secretaire dudict Conseil, present.

Huillier.

XXIII.

1594. — Lettre de M. Duplessis à M. de Calignon (1).
4 mars.

Monsieur, vous serés las de mes lettres, car voici la sixiesme ; et nul mot de vous, qui n'estes pas toutesfois sans subject. Nous sommes ici fort à la guerre. Je viens de Thouars, où j'avais pryé nos gouverneurs de Poictou de se trouver, pour adviser aulx moyens de secourir ceste province, puisque la leur est en trefve ; les quels m'ont promis, soubs le consentement de M. de Malicorne, vers lequel j'ai despesché pour cest effect. Mais ce sera feu de paille, si le roy ne nous donne quelques forces qui tiennent coup. D'ailleurs M. de Mercœur, auquel on donne peu d'affaires en Bretaigne s'en va attaquer Clisson, qui se perdra, si sa majesté n'y pense d'heure. A Thouars, M. de la Tremouille m'a remis sur les propos de mariage avec la fille de M. de Lesdiguieres, et m'a pryé de vous escrire de rechef, afin qu'il en puisse avoir quelque response. Je vois qu'il y pretend a bon escient. Et pour ce je vous prye, par vostre premiere despesche en Daulphiné, de faire que je lui puisse respondre quelque chose, afin qu'il ne pense que j'aye négligé sa pryere. Je desire fort sçavoir quelle resolution se prendra pour Provence, si elle s'estendra jusques à nostre voisinage. Je salue, Monsieur, bien humblement vos bonnes graces, etc.

Du 4 mars 1594.

XXIV.

1594. — Lettre de M. Duplessis à M. de Calignon (2).
4 avril.

Monsieur, celle ci sera brefve. Vous ne m'escrivés rien de vos prosperités ; par ce que le bruict les porte jusques ici, si importe il aulx amis d'en sçavoir les circonstances ; mesmes si M. de Mayenne y trempe ou non. M. d'Espernon traicte mariage avec madame de Joyeuse. C'est pour joindre la Guyenne *modico interstitio* à la Bretaigne. Vous en sçaurés

---

(1) *Mém. et Corresp. de Duplessis-Mornay*, lettre XI, t. VI, p. 18.
(2) Id. lettre XXXIV, t. VI, p. 45.

mesurer la consequence, et nous tascherons d'en prevenir le danger, si nous sçavons à quel poinct vous en estes. Pour mon particulier, M. le president Vergnes m'a escrit qu'il nous avoit adverti de demander l'abbaye de Sainct Michel en l'air pour moi. J'accepte sa bonne volonté, et vous suis obligé de la vostre ; mais elle ne peut estre vacante, par la mort de M. le Cardinal, parce que le sieur de Martimbose en est de longtemps pourveu. Mais bien serois je d'advis que vous demandassiés pour nous deux l'abbaye de Sainct Jouin de Marne, qui vault neuf mille livres de rente, proche d'ici de dix lieues ; si ce n'est que vous entendissiés que messeigneurs les princes de Bourbon l'eussent desjà ; ou telle aultre que vous adviserés. Car de celle de Sainct Florent, je ne l'ai que par rebellion ; et vois bien que tout s'en va à la paix. J'escris à sa majesté librement, sur les rigueurs que tiennent les parlemens à ceulx de la relligion. Et sur ce, Monsieur, je salue bien humblement, etc.

Du 4 avril 1594.

XXV.

1594. — Estat du plat de Messieurs les chefs du conseil de Navarre. — *Copie collationnée.*
8 octobre.

Estat fait par le Roy tant pour le plat et entretenement des Chefz de son conseil d'Estat et privé de sa Maison et finances de Navarre que pour les bources et jettons d'argent des gens de sondit conseil, que Sa Majesté veut et entent leur estre payez doresenavant, et par chacun an, a commencer du premier jour de Janvier dernier, Annee mil cinq cens quatre vingt quatorse, comme il s'ensuit.

Premierement.

A Monsieur Duplessis Marly (1), Super Intendant de sadite Maison, afferes et finances de Navarre, la somme de douze cens escus sol, plat et entretenement par chacun an, cy.................................. xij^e liv.

A Monsieur de Callignon, Chancellier de sadite Maison, pareille somme

---

(1) Mornay (Philippe de), Seigneur Du Plessis-Marly, n'était connu, de son temps, que sous ce dernier nom.

de douze cens escus sol, aussi pour son plat et entretenement par chacun an, cy... xij^c liv.

Pour les bources et Jettons d'argent, chacun an, des gens de son conseil de Navarre, qui seront distribués par le tresorier de sadite Maison et suivant l'ordonnance de l'un des Chefz dudit Conseil, la somme de ij^c liv.

Fait et arresté par Sadite Majeste en sondit Conseil, a Paris le unziesme Jour d'octobre mil cinq cens quatre vingt quatorse.

De par le Roy

A noz amez et feaux conseillers, Tresoriers et Receveurs generaux de Nostre Maison et finances de Navarre et antien domaine, chacun en l'année de leur exercice, Salut : **Nous** voulons, vous mandons et ordonnons que, des premiers et plus clairs deniers de vostre charge et recepte tant ordinaires que extraordinaires, vous payez, baillez et delivries comtant, aux personnes des susnommes au presant estat, touttes sommes que nous avons et a chacun d'eux ordonnes pour le payement de leur plat, entretenement, bources et gettons d'argent, a commancer du premier Jour de Janvier dernier de la presante année mil cinq cens quatre vingt quatorse, montant et revenant a la somme de deux mil six cens escus solz, et rapportant par vous le presant estat, ou coppie d'icelluy deûement collationné a l'original par l'un de Noz secretaires d'Estat ou de Noz finances de Nostredite Maison de Navarre, avec les quittances des parties prenantes et ordonnancees pour la distribution desdites bources et jettons d'argent. Nous voullons tout ce que payé, baillé aura par vous esté en la maniere susdite, soit passée et allouée en la mise et depence des comptes de celluy qui payé l'aura par Noz amez et feaux Conseillers, les Auditeurs d'iceux, Ausquelz Nous mandons ainsy le faire sans difficulte, Car tel Nostre plaisir. Donne audit Paris, les jour et an susdits. Ainsy signé : Henry ; et plus bas : Pancheuret ; et a costé est escrit : Veu par Duplessis, et scellé du sceau des finances, Collationne a l'original par Moy, conseiller du Roy et secretaire de ses finances de Navarre.

Legoux.

XXVI.

1594. — **Dispense du service de l'Estat de president**
10 octobre.   **a Grenoble pour Mr de Calignon.** — *Original sur parchemin, sceau en cire rouge en mauvais état et pendant à simple queue.*

(V. p. 77, 101.)

Henry, par la grace de Dieu Roy de France et de Navarre, Daulphin de Viennois, comte de Valentinois et Dyois, A Noz amez et feaux Conseillers les Gens de nos Comptes et tresoriers generaux de France en Daulphiné, salut. Nostre ame et feal Conseiller en nostre conseil d'estat, Chancellier de Navarre et president en nostre Court de parlement de Daulphiné, le sieur de Calignon, Nous a faict dire et remonstrer qu'à l'occasion des occupations quil a eues pres nostre personne, ou nous l'avons retenu pour nostre service, il n'auroit peu vacquer à l'exercice de son office de president, ainsi quil est tenu par noz ordonnances ; Que seroit cause que les receveurs et payeurs des gaiges de nostredicte Court pourroient faire difficulté de luy payer les gaiges et droictz de vaccations audict office appartenans et actribuez durant le temps de son absence, s'il ny estoit par nous pourveu ; **A ces causes,** desirant favorablement traicter ledict sieur de Calignon, en consideration du service actuel quil a rendu pres nostre personne ; Nous voulons, vous mandons et tresexpressement enjoignons que, par les receveurs et payeurs des gaiges des officiers de nostredicte Court, vous ayez a luy faire payer les gaiges et droictz audict office appartenans, mesmes ceux ordonnez au temps des vaccations, ainsi que sil avoit actuellement servy en ladicte Court, duquel service pour les susdictes considerations nous lavons relevé et dispencé, relevons et dispensons, et ce, nonobstant tous eedictz, ordonnances et lettres à ce contraires, ausquelles nous avons derogé et derogeons ; Car tel est nostre plaisir. **Donne** à Paris le x⁰ jour du mois d'octobre, L'an de grace mil cinq cens quatre vingtz quatorze, et de nostre regne le sixiesme.

Par le Roy Daulphin,

Forget.

XXVII.

1595. — **Lettre de M. Duplessis à M. de Calignon,**
11 janvier.   **chancellier du Roy en sa maison de Navarre** (1).

Monsieur, je n'ai aulcunes lettres de vous depuis vostre arrivee au pays; le mesme pourrés vous dire de moi, encore que je vous aye escrit. Il le fault imputer aulx chemins. M. Vulson nous est arrivé ici pour vostre province. Il vous escrit ce qui s'y passe pour le faict de l'assemblee. La somme est que sa majesté a agreé et promis lesdictes conferences et articles de Mantes, qu'elle presse à toute oultrance de verifier; qu'elle a aussi consenti l'assemblée des Eglises pour estre teneue en ceste ville, ainsi qu'il feut resoleu à Saincte Foy : et ce par lettres patentes, en deue forme, que nous en avons en main. Il est question d'en tirer fruict, et pour son service et pour le repos et conservation de nos Eglises, n'y pouvant pas, comme vous sçavés, tousjours retourner, et en ayant neantmoins besoing, contre les mauvaises volontés et les accidens de ce monde. C'est pourquoi je vous advise et en suis pryé par tous ces messieurs, qu'il seroit à propos que quelque gentilhomme de qualité se trouvast ici pour vostre province, oultre le dict sieur Vulson, bien informé de vos intentions et instruict de vos bons conseils et advis, afin que toutes choses y soient conduictes avec l'auctorité et consideration requise. Pour nostre negotiation de Bretaigne, nous l'avons entamée; mais nos collegues sont allés querir le Sainct Esprit à Paris, dont elle a esté interrompeue, sauf à renouer au 15 de ce mois. Ces gens ont faict grande instance qu'il n'y eust qu'une relligion, et nous sur les edicts de pacification; d'ailleurs, nous entendons que les Espaignols ayent à sortir. Ces difficultés ont requis que de part et d'aultre on convoquast avec les superieurs. Tant y a que je n'y vois aulcune sinceritté ni volonté de paix, que celle que la guerre donne; et toutesfois j'ai asseuré sa majesté, et est vrai qu'ils seront encores plustost batteus que negotier, si on y veult mettre la main à bon escient. Je vous prye que le porteur me rapporte nouvelles de vous, nommeement de ce qui aura esté acheminé en nostre commun affaire de   car j'en aurai bien besoing

---

(1) *Mém. et Corresp. de Duplessis-Mornay*, lettre LXXXV, t. VI, p. 147.

maintenant, qu'il se présente deux mariages à la fois pour mes filles. J'approuverai neantmoins fort l'expedient par vous proposé de s'en faire constituer rente; ou bien de prendre une bonne pierre en payement, auquel cas, M. Desdiguieres le desirant, je l'accommoderai de me parler. Il sera à propos aussi que m'envoyés sa ratification de ce qui a esté convenu entre vous pour ma seureté et pour vostre descharge. Au reste, monsieur, je desire que fassiés tousjours ung estat certain de nostre ancienne amitié, et de mon affectionné service, le quel je vous prye, monsieur, de tout mon cœur, comme bien humblement, etc.

Du 11 janvier 1595.

XXVIII.

1593. — **Lettre de M. Duplessis à M. de Calignon** (1).
4 février.

Monsieur, je vous ai escrit quelquefois depuis que sommes separés. Je n'ai eu aulcunes lettres de vous; ce que j'impute aulx difficultés du temps. Vous aurés sceu comme sa majesté m'a employé en la negotiation de Bretaigne, où je m'en retourne encores. On nous a voulleu accrocher sur la relligion; sa majesté persiste que l'edict y soit entreteneu comme ailleurs, et veult estre esclaircie sur la sortie des Espaignols. Nous en sommes là; je n'y apperçois de volonté qu'autant que la necessité pressera les ennemis, qui s'attendent tousjours à quelque coup extraordinaire, tel que celui dont Dieu nous a preservés en nous menaçant. Messieurs nos deputés des Eglises sont assemblés ici soubs la permission de sa majesté. Ils y attendent le retour et rapport de ceulx qui sont demeurés à la cour; et pense on que l'edict y sera verifié purement, quoique les contentions ont esté grandes pour le modifier soubs divers pretextes. C'est à sçavoir s'il sera suivi es aultres parlemens; puis executé de meilleur foi que paravant. Cependant ceste condition sera plus tolerable, à mon advis, que le remede qu'on y penseroit apporter pour le présent. Depuis que je suis ici, M. de la Tremouille m'a faict cest honneur de me venir voir deux fois; me continuant tous jours les mesmes propos; et avec une resolution ferme (2). Je lui ai dict ce qu'en avions advisé ensemble, et vous ai escrit

---

(1) *Mém. et Corresp. de Duplessis-Mornay*, lettre XCIV, t. VI, p. 101.
(2) C'estoit le mariage dudict sieur avec la fille de M. Desdiguières (*Note de l'éditeur de 1824*).

comme il perseveroit. Depuis, il a desiré voir M. Vulson, auquel il s'est ouvert entierement. J'estime que M. Desdiguieres ne doibt poinct negliger cela ; et sur la difficulté ci devant alleguee, M. de la Trimouille accompagnant le roy au voyage de Lyon, le verra ; et pourront s'accorder ensemble de la voye qui debvra estre teneue pour rendre la chose agreable au roy. Vous sçavés les reglemens que nous projettasmes pour nostre maison de Navarre ; M. de Lamberdure les a mis au net, et expediés sous le placard. Je vous en envoye copie, afin que, si vous les approuvés, vous escriviés à M. de Lomenie qu'il ne fasse difficulté de les sceller, afin qu'ils soient envoyés aulx chambres des comptes, et qu'on y ait esgard. Cela requiert diligence, parce qu'ils feront lors le service du roy plus hardiment. Il me reste à vous ramentevoir nostre affaire de Voraiz que je sçais toutefois vous estre assés à cœur ; je desire une ratification de M. Desdiguieres de ce qui s'est passé entre vous et moi ; oultre plus, sçavoir à quoi nous en sommes pour le payement. Si M. de Montmorency laisse jouir le sieur de Rocheblanc ou non, si au moins il ne jouit pas du tirage de Rhosne, etc., s'il y a apparence d'en faire parti, et quel ; si M. Desdiguieres s'en veult faire constituer rente, ou bien prendre en payement quelque portion du domaine, auquel cas il s'accommodast de ma partie. Je vous prye de m'esclaircir de tous ces poincts, dont je sçais que, depuis qu'estes par de là, vous pouvés estre resoleu ; parce que je suis pressé de deux mariages, aulxquels je ne puis satisfaire qu'en m'aidant de toutes mes pièces. Vous m'aurés infiniment obligé, si, par quelque expedient, je puis sortir de cest affaire. J'en escris aussi un mot à M. de Rocheblanc ; et sur ce, sans renouveler nostre amitié et ma volonté de vous faire service par nouvelles protestations, je salueray, etc.

Et au costé est escrit : Vous cognoissez M. de La Sausaye, personnage confident qui vous est envoyé expres.

Du 4 febvrier 1595.

XXIX.

1595. — Don de la somme de quatre mille écus à Calignon. — *Original parchemin.*
17 septembre.

(V. p. 77).

Au Jourdhuy, xviie de septembre Mil v^c iiij^{xx} quinze, **le Roy,** estant A Lion, voullant bien et favorablement traicter en tout ce qui luy sera possible le Sʳ de Calignon, son chancellier en Navarre, en considération de ses bons et recommandables services, **Sa Majesté** luy a accordé et faict don de la somme de quatre mil escus, a prendre sur la cottisation des deux recepveurs generaulx de Daulphiné, pour l'attribution a eulx faicte de deux deniers pour livre pour faire la recepte et despence de tous deniers extraordinaires qui seront doresnavant levez en ladicte province, suivant les eedictz et declarations faictz par sadicte Majesté ; et, de ce, ma commande en expedier toutes lectres necessaires, et, ce pendant, le present brevet quelle a signé de sa propre main et faict contresigner par moy, son Conseiller et secretaire destat.

HENRY.

Ruzé.

XXX.

1596.   **Lettre de Henry IV à Calignon** (1).
27 juin.

A Monsieur de Calignon, Conseiller en mon conseil d'Estat, Chancelier de Navarre.

Monsieur de Calignon, je vous prie de me venir trouver incontinent que vous aurez receu la presente, et venir en poste ou à grandes journées sur bons chevaulx, parce que j'ay necessairement affaire de vous, voulant vous employer en une occasion qui se présente, laquelle importe grandement à mon service. Je prie Dieu vous avoir, Monsieur de Calignon, en sa saincte garde.

Escript à Abbeville ce 27ᵐᵉ jour de juing 1596.

HENRY.

De Neufville.

---

(1) Nous avons trouvé dans la Bibliothèque de Genève les originaux de quatre lettres inédites de Henri IV à Calignon et d'une cinquième adressée au même, croyons-nous, par Defresne-Canaye, cette dernière sans date. Elles font partie d'une série de pièces intitulée : *Recueil de quelques papiers de M. de Calignon, Conseiller d'État et Chancelier de Navarre sous Henry le Grand, trouvé en 1742 parmi ceux de défunt Mons. le Marquis d'Arzeliers.* Ce dernier appartenait très probablement à la famille protestante de ce nom qui s'était réfugiée en Suisse, et ce doit être Gaspard de Perrinet ou Perinel, marquis d'Arzeliers, qui avait été capitaine au régiment de Sault, et qui mourut à Genève en 1710. Il était fils, suivant l'*Armorial du Dauphiné*, d'Alexandre de Perrinet, marquis d'Arzeliers, guidon des gendarmes de Lesdiguières, lieutenant de la compagnie des gendarmes de Créquy, com-

XXXI.

1596. — **Don de quatre mille écus à Calignon.** — *Original en parchemin ; trace de sceau.*
9 juillet.

Henry, par la grace de Dieu, Roy de France et de Navarre, A noz amez et feaulx les Gens de noz Comptes à Paris et Tresorier de nostre espargne, Me François Hotman, Salut. Sçavoir faisons que, nous mectant en consideration les bons, signalez, agreables et recommandables services que nous a faictz et continue encore chascun jour nostre amé et feal Chancelier de Navarre, le sieur de Calignon, les voulant recognoistre et luy donner moyen de continuer et se relever des fraiz et despences quil est contrainct fere pres nostre personne, Nous lui avons faict et faisons don, par ces presentes signées de nostre main, de la somme de quatre mil escus à prendre sur les deniers tant ordinaires qu'extraordinaires de nostre espargne. **A ceste cause,** nous mandons a vous, Tresorier de nostredicte espargne, que des deniers d'icelle vous payez, baillez et delivrez comptant, ou assignez par vostre mandement portant quictance ledict sieur de Calignon, ladicte somme de iiij^m escus, sans que, pour le dixiesme denier destiné pour l'ordre et milice du Sainct Esprit, il soit tenu en payer aucune chose, dequoy nous l'avons relevé et dispensé, et en rapportant cesdictes presentes et la quictance dudict sieur de Calignon surce suffisante seulement, ladicte somme de iiij^m escus sera passée et allouée en la despence de voz Comptes et rabatue de la recepte de nostredicte espargne par vous, Gens de nosdicts Comptes, ausquels mandons ainsi le fere sans difficulté ; Car tel est nostre plaisir. **Donné à Amyens, le** ixe Jour de Juillet, L'an de grace mil cinq cens quatre vingtz seize, et de nostre regne le septiesme.

Par le Roy,
De Neufville.

---

mandant le régiment des dragons d'Arzeliers aux guerres d'Italie, de 1638 à 1644, puis maréchal de camp en 1651.

Ces lettres semblent avoir été connues de Videl (V. pp. 86, 87 et 88). On les trouvera, dans nos *Pièces justificatives*, sous les n°s XXX, XXXIII, XXXVI, XL et XLI.

XXXII.

1596. — Lettre de M. Duplessis à M. de Calignon (1).
11 aoust.

Monsieur, je desire fort sçavoir vostre arrivee en court, et le train que l'on prendra pour l'affaire pour lequel vous estiés veneus. Mon souhait est que le tout reussisse au contentement du roy, bien de son royaulme et seureté de nos eglises. Et mon travail va aussi là de toutes part. J'en ai escrit à sa majesté ce que j'ai deu ; ai tasché d'y disposer monseigneur le connestable par lettres et propos. Et vous sçavés les expediens dont nous avons devisé ensemble. Je suis de ceulx en somme, qui estiment que le service de Dieu faict regner les roys *et e converso*. Il y aura peine à destourner l'envie, mesmes sur la venuee du legat. Mais il y moyen, ce me semble, si sa majesté, apres vous avoir ouïs, ordonne huict ou dix de son conseil, des plus qualifiés, pour conferer avec vous et entre eulx des moyens plus propres pour contenter nos eglises. Ne sera mesmes mal à propos qu'il y en ait quelques ungs de ceulx qui sont reputés contraires ; pourveu que le nombre des amateurs de paix surmonte. Là il importera de faire sonner en quantes façons par les traictés de la Ligue ceulx de la relligion ont esté lezés, pour les rendre plus capables de leur accorder ce qui sera necessaire pour les contenter. Mesmes qu'ils sont fondés à demander, en ce que le roy ayant à changer de relligion, les principaulx seigneurs catholiques auroient signé, qu'il ne se traicteroit avec ceulx de la Ligue, ni à leur prejudice, ni sans eulx. Ce qui feut porté partout par M. de Vicose ; et il s'est faict tout au contraire. Ce concert estant faict pourra estre communiqué par sa majesté à monseigneur le connestable et à M. de Mayenne ensemble, et croit qu'à l'envi l'ung de l'aultre ils s'y rendront faciles. Quoi estant, restera d'en rendre le peuple capable ; à quoi vient à propos l'assemblée de Compiegne, puisque de toutes les provinces et villes on s'y trouve. Le succes aussi des Anglais en Espaigne n'y nuira poinct. Et ce faict bien mesnagé, sera aisé de faire comprendre au legat que ce qu'on nous aura donné par cest edict ne vauldra pas ce que les edicts de la Ligue nous ont osté. Pour les occurrences, je vous dirai que les facultés du legat, qui courent verifiees et imprimees partout (bien qu'à la charge du registre), scandalisent fort nos gens,

---

(1) *Mém. et Corresp. de Duplessis-Mornay*, lettre IV, t. vii, p. 5.

attendeu les promesses contraires. Plus retranchement nouveau des garnisons de Poictou et Xaintonge, où nommement celle de Thouars est du tout esteinte. Il eust esté à desirer que pendant cette nogotiation rien n'eust esté changé. Car ung changement en engendrera d'aultres. Voilà pour le public. Pour nostre maison, je vous envoye copie de celles que m'escrivent messieurs de la chambre des comptes de Pau. Il est besoing d'envoyer promptement les expeditions qu'ils demandent, et les faisant passer par ici, je les viserai. Je ne vous veulx aussi celer que l'on m'escrit de là, que vous aurés au premier jour ung député, requerant que le lieutenant general de Bearn desormais soit present à la confection des estats, et reddition des comptes, tant du domaine que de l'ecclesiastique : *item*, qu'il ordonne des deniers revenans bons, au moins de la moitié. Vous sçavés comme les creanciers occupent tout. Si cela est, il ne faut plus parler de nos estats. C'est en somme que M. de la Force veult estre payé de ses six mille livres extraordinaires avant toutes choses, oultre les six mille ordinaires, dont les predecesseurs se contentoient. Vous me ferés ce bien, s'il vous plaist, de me mander quand nous nous pouvons revoir ; mesmes pour les affaires de la maison, et ce qui en despend. Car je n'y manquerai poinct. Aussi ce qui sera dict pour mon regard particulier sur vostre rapport. Tant y a que je sçais bien que je veuille le bien, et tasche et de le cognoistre et de l'acheminer. Faictes aussi tousjours estat de mon service, etc.

Du 11 aoust 1596.

XXXIII.

1597. **Lettre de Henri IV à Calignon** (1).
18 janvier.

Monsieur de Calignon, je ne doubte poinct que les affaires que vous avez pour ma maison et quelques autres particulieres raisons ne vous puissent bien excuser de retourner à Vendosme vers les depputtez qui y sont. Mais l'important de l'affaire et la congnoissance que vous avez avec les bons moyens d'y bien servir veullent que vous faicte cest effort de faire encore ce voyage avec le Sr de Vicq, comme je vous en prie : vous verrez l'instruction qui lui a esté baillée, qui est commun à luy et à vous, sera seulle-

---

(1) V. la note de la p. 346.

ment ung mémoire des poincts principaux que vous avez à traicter avec eulx. Surquoy, et sur tout ceste affaire, vous vous pourrez estendre et restraindre auctant que vous verrez qu'il sera nécessaire. Mais, s'il est possible, attachez à l'ancre cest affaire et quelle ne flotte plus, comme je suis bien asseuré que vous y porterez tout ce que pourra deppendre de vous, qui me gardera de vous en faire autre plus expresse recommandation ; priant Dieu, Monsieur de Calignon, vous avoir en sa saincte garde. Escript à Rouen, ce 18me jour de janvier 1597.

HENRY.

Forget.

XXXIV.

1597. — **Lettre de M. Duplessis à M. de Calignon** (1).
20 juin.

Monsieur, j'ai receu vos lettres du 14, aulxquelles je fais response en haste. Je vous supplie me mander ce que vous avés faict avec messieurs les creanciers ; aussi je suis en peine du povre m. Erard, que je vous recommande, et ne puis deviner pour quel subject il peult estre en peine, n'ayant jamais esté comptable pour la partie des 500 livres que m'escriviés, il m'en reste de l'an passé 521. Toutesfois je ne suis né pour incommoder personne, moins mes amis, qui est cause que je m'en depars fort volontiers sur ses vinages, encores que M. Le Goux m'en eust donné assignation, sans me faire mention de l'ordonnance que m'escrivés. Mais je vous supplie aussi, monsieur, de pourvoir qu'elle me soit comptant et asseuree sur les deniers de Chasteau Gonthier ou de la premiere vente ; car nul ne sçait mieulx mes affaires que vous, qui en avés voulleu prendre la peine. Je vous ai escrit depuis quatre jours amplement. Vous avés sceu, aussi tost la prise de possession de Villeneuve, que moi je m'asseure que vous m'avés faict ce tour d'ami, de vous soubvenir de ce qui me touche pour Pequais. Si je le pouvois toucher tout presentement et à la fois, il me tireroit de grande peine pour les partis qui se presentent pour mes filles, et je vous en aurai double obligation. J'escris à M. de Schomberg que nous sommes en danger imminent de perdre Ancenis, place de tres grande consequence ; je lui en escris les remedes, mais foibles en regard du mal. Nous nous en allons, en somme, tous à vendre au pair.

Du 17 juin 1597.

(1) *Mém. et Corresp. de Duplessis-Mornay*, lettre CIV, t. VII, p. 216.

XXXV.

1597. — **Brevet par lequel le Roy exempte Monsʳ le President Calignon de servir en la Chambre mypartie.** — *Original parchemin.*
20 juin.

Au Jourdhui, xxᵉ Jour de Juin, lan Mil Cinq Centz iiijˣˣ dix sept, **le Roy**, en consideration des services faictz a Sa Majeste par le sieur de Calignon, president en Sa Court de parlement de Daulfiné et Chancelier de Navarre, et desirant le gratifier, a declaré son intention estre que ledict sieur de Calignon ne soyt employé en la Chambre mipartie que Sadicte Majeste a accordee a ceux de la relligion pretendue reformee de son pays de Daulfiné, Ains que lors quil se trouvera en ladicte province, il continue lexercice de sondict estat de president en ladicte Cour de parlement en la premiere et seconde Chambre, comme il a faict par cydevant, et comme les autres presidentz dicelle ont accoustumé de faire. En tesmoing dequoy, Sadicte Majeste ma commandé expedier audict sieur de Calignon touttes lettres et provisions a ce necessaires, et cependant le present brevet quelle a, pour ce, signé de sa propre main et faict contresigner à moy, son Conseiller et secretere de ses commandements.
   HENRY.
               Potier.

XXXVI.

1597. — **A Messieurs de Thou et de Calignon, Conseillers en mon conseil d'Estat** (1).
18 décembre.

Messieurs de Thou et de Calignon, je vous envois un extrait de l'estat general des garnisons de mon Royaume, contenant celles qui doibvent demeurer dedant les places gardées par mes subjectz faysant profession de la relligion pretendue reformée, exepte celles de la province de

---

(1) V. la note de la p. 346.

Dauphiné ausquelles je n'ay rien changé, affin que vous le faciez veoir a ceulx ne l'assemblée. Le retranchement que vous y trouverez est celluy la mesmes que javois advisé de fere au commancement de la presente annee, auquel ceulx de la dicte assemblée feirent difficulté de s'acommoder, de sorte que, non seulemen jay esté contraint souffrir que lesdictes garnison ayent esté payées jusques à présent comme elles estoient au commencement de l'année passé, mais aussy il a fallu que jaye augmenté celle des *Cathédrales* voisines des autres a ceste proportion; de quoy mes affaires ont esté grandement incommodées : car elles ont plus *cousté* a entretenir que je n'avois faict estat d'y emploier dargent, dont mes autres despenses sont demeurées en arriere, comme elles feront encore à ladvenir, si, maintenant, ceulx de la dicte relligion n'acceptent le dict retranchement et n'y obeissent. Partant, exortez les et les priez de ma part me faire ce service que de sy accommoder : ils conserveront lesdites places avec les gens que je leur laisse, aussy bien que si lon en emploioit plus grand nombre dedant lestat, lequel feroit exemple et conséquence pour les aultres que j'ay encore plus retranchéz que les *leurs*; et vault mieulx que le nombre soit moindre et quil soit mieulx payé, comme vous les asseurerez que il sera davantage, leurs ayant accordé la loy quilz m'ont demandée pour leur seureté, et leurs places estant esloignées de la frontiere, elles ne peuvent courre fortune et me semble quil peuvent garder lesdictes places a moindres fraiz que jamais ; a quoy je vous prie doncques les faire résoudre, et vous me ferez un service tres utile, car je vous assure que je ne puis paier tant de garnison et soudoier mes armées, comme jay dict à vous Sr de Calignon, devant que vous soyez party avec mon intention; en cas quils refusent de se conformer à ma volonté sur la dicte réduction, partant je ne vous en feray redite. Priant Dieu, Messieurs de Thou et de Calignon, quil vous tienne en sa saincte garde. Escript à St-Germain en Laye, le xviii° jour de Décembre 1597.

HENRY.

De Neufville.

XXXVII.

1598. — Minute d'Instructions pour les Commissaires du Roy qui iront dans les Provinces, pour l'execution de la paix et de l'Edit de Nantes.
— *Autographe de Calignon* (1).

Instructions données aus S^{rs} de.......... Commissaires deputés par le Roy pour l'execution de son Edict et declaration faitte a Nantes au moys d'Avril dernier, sur les Edicts de pacification precédents, aus provinces et Gouvernements de Etc.......

Lesdits Commissaires se transpourteront par devers Les Gouverneurs et Lieutenants-generaux de sa Maiesté, estants de present ausdites Provinces, ausquels Ils exhiberont Ledit edict, ensemble les articles particuliers extraits d'Iceluy, avecque L'arrest de verification du Parlement de Paris et ses presentes Instructions. Et apres leur avoir fait entendre combien Il importe, pour le service de sa Maiesté, repos et tranquillité de son Estat, que Ledit Edict et articles particuliers soent executés et observés par tous ses bons sugets tant d'une relligion que d'autre, selon leur forme et teneur, y ayant mesmes, sadite Maiesté et ses sugets Catholiques, si notable Interest pour la restitution Et restablissement de la relligion Catholique, Apostolique, Romaine, en plusieurs endroits de ce Royaume, qui en ont esté et sont encores privés par le malheur des guerres civiles, en quoy sadite Maiesté recognoit aussi qu'Il y va de sa conscience et de son honeur, n'ayant peu, pour y remedier, trouver un plus doux et salutaire moyen, que

---

(1) Les *articles particuliers* de l'Édit de Nantes ont été publiés par Élie Benoit (*Hist. de l'Éd de Nantes*, p. 80); nous ne croyons donc pas utile ou nécessaire de donner une nouvelle reproduction de cette pièce, dont le manuscrit autographe de Calignon existe à la Bibliothèque de Genève. Bien qu'on y remarque quelques variantes, nous les trouvons si peu importantes que nous pensons n'avoir pas besoin de donner au lecteur d'autre motif de notre abstention. Quant aux *Instructions pour les Commissaires*, elles nous paraissent inédites : du moins n'avons-nous, malgré nos recherches, réussi à les trouver nulle part. Nous les donnons donc ici, — d'après une copie qui nous est envoyée de Genève et que nous avons lieu de croire exacte, — avec d'autant plus d'empressement, qu'elles sont entièrement, ainsi que les nombreuses corrections qui y ont été faites, de la main même de Calignon. Il est bien entendu aussi que nous ne reproduisons que la leçon qui a prévalu dans la pensée de l'auteur, les expressions raturées n'intéressant nullement le fond et ne touchant qu'à la forme.

celuy dudit Edict. Leur representeront le desir et volonté que sa Maiesté a de se voir obeye en cet endroit et autres points concernants l'exécution d'Iceluy, ce qui luy auroit donné suget de deputer Lesdits Commissaires avecque charge tres expresse de conferer et communiquer des moyens de Ladite execution avec Lesdits Gouverneurs et Lieutenants generaux, ausquels sa Maiesté enjoint par Lettres particulières, comme aussi par les presentes Instructions, d'assister lesdits Commissaires de leurs advis] et Conseils, Et de s'employer eus-mesmes en Ladite charge et fonction aus occasions d'Importance Et qui meriteront d'estre autorisées par leur presence et entremise, singulierement ou Il s'agiroit de la publication, et verification Et registre dudit edict Et articles particuliers aus Cours de Parlement de Tholose, Grenoble et Aix, si tant est que Ladite publication eut esté differee jusques à L'arrivée desdits Commissaires, auquel cas sadite Maiesté veut et entend que Lesdits Gouverneurs et Lieutenants generaux, chacun en son endroit, se transportent promptement, Et toutes choses delaissées, pardevers les gens tenans Lesdites Cours, et facent de la part de sadite Maiesté toutes les Instances requises et necessaires pour Ladite publication, leur declarant le vouloir et Intention de sa Maiesté estre qu'Il y soit par eus procedé avant toute œuvre et sans aucune restriction et modification, à peine de nullité des procedures qu'ils feront avant Ladite publication, despens, dommages et Interests des parties, ne pouvant sadite Maiesté passer sous dissimulation le regret et deplaysir qu'elle recevroit de se voir moins obeye en cet endroit par Ledites Cours de Parlement que par celle de Paris, qui a receu et verifié Ledit Edict Et articles particuliers selon Leur forme et teneur, monstrant en cela l'exemple d'obeissance aus autres compaignies souveraines, Et le jugement qu'elle fait de la consequence de cet affaire, Et du pois et utilité d'Iceluy, auquel sadite Maiesté enjoint de rechef ausdits Sieurs Gouverneurs et Lieutenants Generaus d'appourter Leur entremise et autorité qu'Ils ont d'elle, faysant mainforte ausdits Commissaires Et autres officiers de sadite Maiesté en L'execution et establissement d'Iceluy.

Tiendront la main Lesdits Commissaires à ce qu'après la verification Et Registre dudit Edict Et articles particuliers ausdites Cours de Parlement, Copies en soent Incontinent envoyées, si fait n'a esté, aus Sieges Royaux de leurs ressorts, pour y estre semblablement publiés Et enregistrés, à ce que nul n'en pretende cause d'Ignorance.

Art. 3.

Et d'autant que, par le 3e article dudit Edict, Il est pourté que ceux qui durant les troubles, se sont emparés des Eglises, maisons, biens, et revenus appartenants aux Ecclesiastiques, Et qui les détiennent et occupent, Leur en delairront (1) l'entiere possession Et libre Jouissance, ce qu'Ils voudroent à L'avanture refuser de fayre Jusques à ce qu'Ils fussent remboursés des frays Et mises faits par eus pour la reparation desdits biens, mesmes des Eglises Et autres lieus sacrés, Lesdits Commissaires ordonneront, conformement à L'Edict, que Lesdites Eglises, maisons et biens Ecclesiastiques seront rendus et restitués, sans qu'Il soit Loysible aux possesseurs d'user de retention et droit de gage sous pretexte desdites reparations, et sans prejudice aussi du droit appartenant ausdits possesseurs pour raison d'Icelles, pour Lequel Ils se pourvoiront comme Ils verront estre à faire, Ladite restitution au preallable executee. Sa Maiesté, desirant que l'exercice de la relligion Catholique, Apostolique, Romaine soit, avant toutes choses, restablie aus Lieus Et endroits de ce royaume ou Il a esté discontinué à L'occasion des troubles, Et que l'execution de son edict commence par Ledit restablissement, enjoint tres expressement ausdits Commissaires, des qu'Ils seront arrivéz dans les villes et lieux où sont assis les sieges principaus ou particuliers de chascun Baillage et Seneschaussee de leur departement, de l'Informer bien Et diligemment si, dans le ressort desdits sieges, ledit exercice est Interrompu ou empesché par aucuns ; auquel cas, L'y feront remettre et restituer preallablement et avant toute œuvre, Et, à ces fins, rendre et restablir aus Ecclesiastiques la possession Et libre Jouissance des Eglises et autres Lieus sacrés, sur eus usurpés durant les troubles, pour après estre procédé à l'execution des autres articles de l'Edict en tous les lieus et endroits desdits Sieges. Lesdits Commissaires prendront cognoissance de toutes matières concernants L'execution de L'Edict qui se pourront vuyder sommairement et de plein, Et seront Leurs ordonnances et Jugements executoires par provision, nonobstant toutes oppositions, appellations Et prises à partie, et sans prejudice d'Icelles, pour raison desquelles se pourvoiront les parties par devant les Chambres establies par Ledit Edict, Et es cas d'Iceluy. Et quant aus matières ou Il escherroit plus grande cognoissance de cause, renvoyeront Lesdites parties par devant Lesdites Chambres, ou en noz Parlements si fayre se doit, sauf s'Il se rencontroit quelque cas de telle Importance qu'Il meritast d'Estre reservé à La cognoissance du Roy, En son Conseil ; auquel cas, en donneront advis à sa Maiesté, pour en estre par elle ordonné selon son vouloir et bon playsir. Cognoitront Et jugeront par provision, et sans prejudice de L'appel, comme a esté dict, des differents qui surviendront pour l'establissement

---

(1) Délaisseront.

de L'exercice de Ladite relligion pretendue reformee es maisons de fief, Lieux de Baillages Et autres mentionnés audit edict.

Art. 7, 8, 9 et 10.

D'autant que, sous pretexte de la continuation dudit exercice, permis et accordé à ceus de Ladite relligion pretendue reformée es villes et Lieux où Il estoit par eus estably Et fait publiquement par plusieurs et diverses foys en l'année *1596* et en l'année *1597*, Jusques à la fin du moys d'aoust, suyvant l'art. 9e dudit Edict, quelques uns pourroent pretendre que Ledit exercice y dut est continué, encor qu'Il n'y eut esté fait que fortuitement et par rencontre, comme par La survenue d'un Gentilhomme ou Seigneur de Ladite relligion menant un Ministre avec luy, ou autre semblable occasion, ne veut sadite Maiesté que Lesdits Commissaires, executants cet article, y ayent esgard, sinon qu'Il leur apparoist que Lesdits de la relligion y ayent estably Ledit exercice avec intention expresse et dessein formée de L'y continuer, Et non point par quelques actes casuels ou rencontres fortuites.

Art. 11.

Establiront Lesdits Commissaires L'exercice de Ladite relligion pretendue reformée es Lieux de Baillages accordés par Ledit Edict et Articles secrets, s'Ils en sont requis, à scauoir es lieux qui estoent tenus, du temps, du Roy Henry 2e, pour anciens Baillages, Seneschaussees et Gouvernements ressortissants *uuément* Et sans moyen es Cours de Parlement dont Le rolle Leur sera baillé, ou bien selon Les Instructions qu'Ils en prendront sur les Lieux. Et Suyvront, pour Ledit establissement, La forme prescripte par le sixième article des Particuliers, sans toutesfoys que Ledit exercice puisse estre mis pour second Lieu de Baillage et villes ou Il y a Archeveschée ou Evesché, ny es Lieux et Seigneuries appartenants aux Ecclesiastiques.

Art. 12 de l'Edict et 10 des Particuliers.

Et d'autant que sadite Maiesté veut et entend que les Edicts et accords cy devant faits pour la reduction d'aucuns Princes, Seigneurs, Gentilshommes es Villes Catholiques, en ce qui concerne L'exercice de Ladite relligion, soent entretenus Et obserués pour ce regard, comme Il est bien amplement contenu ausdits articles particuliers, Lesdits Commissaires suyvront, pour toutes Instructions qui leur pourroent estre donnees, Lesdits articles particuliers, Et les obserueront et feront observer selon leur forme et teneur.

Art. 28 et 29 de l'edict.

D'autant aussi que l'une des plus frequentes plaintes que sa Maiesté ait reçeu par cy-deuant de ses sugets, tant d'une relligion que d'autre, est procedée du fait des enterrements et sepultures ; se plaignants les Catholiques, que ceux de ladite relligion pretendue reformée faysoent enterrer leurs morts dans les Eglises et Cimetières destinés ausdits Catholiques, contre les decrets et constitutions canoniques, Et ceux de Ladite relligion faysants plaintes, d'autre part, que jusques à present Il ne leur a esté pourveu de sepultures en plusieurs endroits de ce royaume, encor qu'Il eut esté ordonné par les precedents edicts, dont Il seroit prouvenu infinis desordres, scandales Et proces, Sadite Maiesté, desirant de fayre cesser toutes telles plaintes à L'advenir, enjoint tres-expressement ausdits Commissaires de proceder promptement, Et sur la premiere requisition qui leur en sera faitte, sans attendre que Les Officiers y pourvoyent, au choys, designation Et delivrance des Lieux propres Et commodes pour les enterrements desdits de la relligion pretendue reformée, Et leur en pourvoir gratuitement es places appartenants à sadite Maiesté, situées dans les Villes ou fausbourgs d'Icelles Et dans les bourgs ou villages ; Et où Il ne se trouveroit des Lieux commodes appartenants à Sadite Maiesté, en seront prins aussi gratuitement dans Les Lieux et places publiques desdites villes, bourgs ou villages, à quoy fayre et souffrir seront contraints les Maires et Eschevins (1), Consuls (2), Jurats (3), Capitouls (4) Et Marguilliers (5) desdits Lieux : Et sera passé outre, nonobstant toutes oppositions Et appellations. Feront aussi Lesdits Commissaires tres-exprès commandement de La part de Sadite Maiesté, à tous Officiers Royaux et autres des Lieux où Ils ne se pourront transporter, de pourvoir en la mesme forme, ausdits de la relligion, de Lieux propres et commodes pour Lesdites sepultures, gratuitement, dans le temps Et sous les peines portées par Ledit Edict ; Et à ce qu'Il ne se commette par cy après aucun scandale ausdits enterrements, mesmes aus villes capitales de ce Royaume où les catholiques

---

(1) Membre de la commune, dont les fonctions équivalaient à peu près à celles des adjoints de nos jours.

(2) Nom des mêmes fonctionnaires dans d'autres municipalités du royaume.

(3) Nom sous lequel étaient connus les membres d'une *jurade*, ou magistrats municipaux dans le midi de la France.

(4) Nom donné jadis aux officiers municipaux de Toulouse.

(5) Nom ancien des fabriciens de nos jours ; ils étaient chargés de la police des cimetières, situés alors, et d'ordinaire, autour des églises.

sont en plus grand nombre, adviseront Lesdit Commissaires, avec les Principaux officiers des Lieux, aus reiglements plus propres et nécessaires pour la forme desdits enterrements, afin d'eviter Lesdits scandales.

Art. 34.

Delivreront Lesdits Commissaires à nostre Procureur General audit Parlement de Grenoble l'Edict d'Erection de la Chambre ordonnée en Iceluy pour le Jugement des Proces de ceus de Ladite rellligion pretendue reformée, Et feront Instance tres urgente à ce qu'il soit promptement verifié, Et, en cas de refus ou longueur dudit Parlement en Ladite verification, en donneront promptement advis à sa Maiesté, pour y estre pourveu comme Il appartiendra; Et, ce pendant, continueront l'execution de leur commission aus autres points de l'Edict en Leur Departement.

Art. 35 et 57.

Delivreront aussi Lesdits Commissaires, à ceus de Ladite rellligion pretendue reformée qui ont esté pourveus de nouveau par sa Maiesté des Offices de Presidens et Conseillers en Ladite Cour pour servir en Icelle Chambre, Leurs Lettres de Provision scellées en bonne forme, Leur représentant L'obligation qu'Ils en ont à sadite Maiesté Et les exhortant à luy rendre le fidèle service auquel sa bonté et liberalité Les oblige; feront entendre audit Procureur General Et à Ladite Cour L'Intention de sa Maiesté sur La reception desdits Officiers à la forme de son edict, Laquelle sadite Maiesté ne veut estre differée pour quelque occasion que ce soit; Ordonneront et tiendront La main à ce que Les Officiers de Ladite rellligion qui sont à present audit Parlement, ensemble ceus qui sont pourveus de nouveau par Ledit Edict, ayent L'entrée, voix, seance et qualité qui leur est attribuee par Ledit Edict mesmes, par le 35e et 37e articles d'Iceluy.

Art. 41 et 56.

Donneront advis à sa Maiesté du fonds qui sera nécessaire pour les gages des Officiers de Ladite Chambre, frays des proces criminels, Et mesmes distributions d'Icelle, dont Il confereront avec le Premier President de Ladite Cour de Parlement, Les gens du Roy et les Tresoriers de France en la generalité du Daufiné, ensemble des moyens plus propres pour fayre ledit fonds, en cas que les Receptes de sa Maiesté audit pays n'y suffisent.

Art. 42.

Feront entendre à Ladite Cour de Parlement l'Intention de sa Maiesté estre que Les Presidents Et Conseillers Catholiques d'Icelle servent et soent employés à Ladite Chambre, Les uns apres les autres, selon La distribution qui en sera faitte par Ladite Cour, demeurant toutesfoys Le Premier President au Premier Bureau à L'accoustumée.

Art. 63.

Confereront avec Les Presidents de Ladite Cour de Parlement de Dauîné, quelques-uns des Presidents et Conseillers de Ladite Chambre, Et avec les gens du Roy, des reiglements necessaires pour obvier aus differends qui pourroet Intervenir entre Ladite Cour et Chambre sur le fait de La Jurisdiction; Et en donneront advis à sa Maiesté, pour y estre pourveu par elle en dressant le reglement general qu'Elle entend fayre cy apres pour ce regard.

Art. 92 et 93.

Tiendront la main à ce que Lesdits Gouverneurs et Lieutenants Generaux, ensemble les Cours de Parlement, Chambres des Comptes et Cour des Aydes de Leur departement, Les Baillifs et Seneschaux, Et autres Juges ordinaires, ensemble les Maires et Eschevins, Capitouls, Consuls et Jurats des Villes Et Principaux habitants d'Icelles prestent le serment requis à l'observation et entretenement dudit Edict, suyuant l'art. 92 et 93 d'Iceluy; Et retireront copie des actes desdits serments qu'Ils envoyeront au Conseil de sa Maiesté.

Art. 35 des Particuliers.

Et à cette fin d'éviter les plaintes qui pourroent estre faittes par Les Catholiques de la tenue des Consistoires, Colloques Et Synodes Provinciaux et Nationaux, en cas qu'Ils fussent assemblés par ceux de Ladite relligion pretendue reformée sans la *permission* de sa Maiesté, Laquelle semble y estre requise et necessaire par le 35ᵉ art. des Particuliers, Pourteront Lesdits Commissaires le brevet et desclaration qu'Il a pleu à sa Maiesté d'en fayre, pour s'en servir, et en faire apparoir où besoin sera, en l'execution de leur Commission.

XXXVIII.

1598. — Lettre de M. de Calignon à M. Duplessis (1).
25 octobre.

Monsieur, j'estime que M. de Vicose vous escrit de ce qui s'est passé en dernier lieu sur vostre affaire avec Sainct Phal à Monceaux, et crois que vous demeurerés par sa lettre du tout persuadé de la bonne volonté du roy, et qu'elle sera bientost suivie de ses effects. Cela est cause que je ne vous en escris poinct. Vostre livre a esté tres bien receu par deçà des gens de bien, et ne doubte poinct qu'il ne fasse ung grand fruict. Vous aurés, à mon advis, veu la response qu'on a faicte sur sa preface, laquelle aussi j'ai sceu en partie, et voulleu verifier quelques passages que l'aucteur pretend estre alleguès à faux. Il n'est pas si ignorant qu'il ne sçache que ceulx que vous alleguès de Tertulien sont de ce pere, au livre *de Resurrectione carnis*; mais, parce qu'il y en a ung tiré du livre *Adversus Hermogenem*, lequel seul vous avés cotté en marge, ne vous estant passé des aultres, parce peult estre qu'ils estoient vulgaires, il a crié là dessus que vous attribués tous ces passages au traicté *Adversus Hermogenem*, qui toutesfois ne s'y trouvent pas tous. Quant au passage de sainct Cyprien, *Sermone de lapsis*, il est ridicule ou malicieux, en ce qu'il explique sa revelation particuliere, que sainct Cyprien dict debvoir estre faicte aulx martyrs, s'ils veullent que foi leur soit adjoustée oultre l'Escriture, pour le jugement que nous faisons des choses y adjouster, voullant que ceste addition soit recevable, si les choses sont justes et licites, comme si toute la justice et regle d'icelle n'estoit comprise en l'Escriture, et la droicte interpretation de ce passage est assés comprise en diverses epistres de sainct Cyprien, où il traicte du mesme subject, c'est à sçavoir, *de Lapsis*. J'ai faict ce discours non pas en esperance qu'il vous doibve servir, sçachant bien que vous estes assés preparé, mais seulement pour vous supplier de considerer, monsieur, s'il seroit à propos, en cas que vostre livre se reimprime, de faire mettre en marge les passages tirés des peres tout au long, ce que l'imprimeur de Geneve pourroit faire, en faveur duquel les eglises de nos quartiers m'escrivent, ou pour le moins les mettre en ung recueil à part à la fin dudict livre, et ceulx qui

---

(1) *Mém. et Corresp. de Duplessis-Mornay*, lettre XCV, t. IX, p. 166.

ont desjà des livres de la premiere impression pourroient acheter ledict recueil. Quant à ladicte seconde impression, j'estime qu'elle est du tout necessaire; car il est certain que les livres de La Rochelle ne viennent jamais en nos quartiers; et si vous la permettés à Geneve, le Daulphiné, Provence, Languedoc, pays de Grisons et le Palatinat en seront fournis. Je vous supplie me respondre sur ce poinct. Le sieur de Sainct Julien est ici, par lequel j'escrirai à M. Desdiguieres, afin qu'il se resolve à l'execution de ce que vous sçavés, et qui ne traisne que trop. Croyés, monsieur, que j'en aurai soing, et de tout ce qui concerne vostre service. Le roy differe le partage de Madame à vostre venue.

De Paris, ce 25 octobre 1598.

XXXIX.

1598. — Brevet de Conseiller au Conseil des finances pour le President Calignon. — *Original parchemin.*

4 novembre.

Aujourdhuy, iiij° de Novembre, L'an mil cinq cens quatre vingtz dix huict, **Le Roy,** estant à Monceaulx, desirant pour le bien de ses affaires composer et remplir son conseil des finances de personnes accompagnees de vertuz, qualitez et merites, pour luy fere service en sondict conseil et estre utiles au publicq, et mectant en consideration Les bons et agréables services que lui a cy devant faictz en diversses occasions Le sieur de Calignon, Conseiller de sa majesté en son conseil d'estat, President en sa court de parlement de Dauphiné et chancellier de Navarre, Sadicte majesté, bien et deuement informee de la suffisance, cappacité et experience dudict sieur president de Calignon, L'a retenu et retient pour l'un de ses couseillers en son conseil des finances; Veult et ordonne que doresnavant il Joysse des mesmes honneurs et auctoritez, et signe Les resultatz dudict conseil des finances, tout ainsi qu'ont accoustumé de faire les autres conseillers dudict conseil. En tesmoing dequoy, sadicte majesté m'a commandé luy en expedier le present brevet qu'ell'a, pour ce, voulu signer de sa main et faict contresigner par moy, Secretaire d'Estat et de ses commandemens et finances.

HENRY.

Deneufville.

XL (1).

1598.
13 décembre.

Conseiller de Callignon, ayant faict venir icy le scindicq du Clergé, je l'ay faict ouyr en mon conseil sur les causes de l'opposition quil avoit charge de former à la veriffication de l'Edit, qui se trouve principallement fondée sur ce quil ne voudroient poinct respondre aux chambres de l'eedit pour leurs personne   surquoy il y a ja sur ce ung reiglement cy devant faict qui a esté observé; et comme Il a esté aussy prouvé, par ledit Eedict, quil s'en debvoit faire un pour la jurisdiction des dictes chambres, et que je desirerois que se peust des à present résoudre, Et pour cest effect je désire que le Sr Président de Thou et vous, vous vous retrouviez icy lundy, de bonne heure, comme je l'escripts audict Sieur de Thou, auquel vous ferez tenir ma lettre, et apporterez avec vous les mémoires que vous pouvez avoir qui concernent les dicts reiglements. Je vous prie aussy d'advertir les sieurs de Caze et du Coudray de venir avec vous, affin qu'avec une commune confidence lon puisse icy conclure ledict Reiglement, et par au moins esviter ladicte opposition qui pourroit de beaucoup retarder la veriffication du dict Edit. Sur ce, je prie Dieu, Monsieur de Callignon, vous avoir en sa saincte garde, Escript à St Germain en laye, ce xiii de Décembre 1598.

HENRY.

Forget.

XLI.

Lettre de Defresne-Canaye à Monsr de Calignon (2).

Monsieur,

Les Eglises de ceste Province desirant vous randre graces des bons offices qu'elles ont receu et reconnus tous les jours de vous, et vous

---

(1) V. la note de la p. 346.
(2) Cette lettre fait partie du même fonds que les précédentes (V. la note de la p. 346), et quoique le nom de Calignon n'y soit pas indiqué, elle n'en a pas moins été considérée comme étant à son adresse. Nous, la plaçons immédiatement après la dernière lettre de Henri IV provenant du même fonds.

tesmoigner combien vostre fermeté en la vraye pieté est cherie et honoree entre nous, elles ont donné charge aux sieurs de Ranchin de la Legade et Beraud, qu'elles envoyent vers le Roy, de vous baiser les mains de leur part, vous communiquer les causes et motifz de leur depputation et vous supplier bien humblement les assister de votre faveur, a ce que les remonstrances qu'ilz ont a fere a sa majeste puissent produire le fruist que nous en desirons, non pas tant pour nostre commodité particuliere que pour le bien du service du Roy et des Eglises qu'il a pleu a dieu recueillir soubz sa protection ; de quoy nous assseurant que nous continuerez les effectz de vostre bonne volonté, nous demeurons,

  Monsieur,

Vos bien humbles et affectionnés a vous fere service, Les depputés des Eglises refformees du haut et bas Languedoc et haute Guienne, Et pour tous,

     DEFRESNE CANAYE.

Par mondict Seigneur et assemblee,
  Bonafos.

XLII.

1598.
17 décembre.
— **Lettres pour faire payer le President Calignon de ses gaiges, nonobstant qu'il ne serve point.** — *Original parchemin, avec sceau en cire rouge pendant à simple queue de parch.*

Henry, Par la grace de Dieu Roy de France et de Navarre, Daulphin de Viennois, Comte de Vallentinois et Diois, A Nos amez et feaux conseillers les Tresoriers generaux de France en Daulphiné, Salut. Nostre amé et feal conseiller en nostre conseil destat et Chancelier de Navarre et president en nostre cour de parlement de Grenoble, le Sieur de Calignon, Nous a remonstré qu'a l'occasion des services qu'il nous a, a cause des dictes charges, renduz pres nostre personne et autres endroitz ou l'aurions employe, Il n'auroit peu vacquer a l'exerçice de sondict office de president comme Il ne peult faire encore de present, pour luy avoir par nous este commande et ordonne resider actuellement pres nostre personne a l'exercice desdictes charges, Au moyen dequoy le Receueur et payeur des gaiges et droictz des officiers de ladite cour pourra faire difficulte payer audict sieur de Calignon les gaiges et droictz appartenant a sondict office de president, pour n'avoir rendu le service quil doibt a l'exercice DIceluy, Nous supliant luy vouloir sur ce pourvoir; **A ces causes**, Nous Voulons, vous mandons et tres expressement Enjoignons par ces presentes, Que, par ledict Receveur et payeur des gaiges et droictz des officiers de ladicte cour de parlement, vous faictes payer et delivrer audict Sieur de Calignon tous les Gaiges, droictz et taxations audit office de president appartenans, mesmes les droictz et taxations ordonnees a ceux qui servent en la chambre establie en temps de vaccations, Tels et semblables que ledict Receveur avoit accoustumé de les payer audict Sieur de Calignon lors quil faisoit le service actuel en ladicte cour et chambre, Et ce, Jusques au Jour et datte de ces presentes, Et Iceux continuer doresnavant, par chacun an, aux termes et en la maniere accoustumee, tant et si longuement quil sera employe pres de nous ou ailleurs pour nostre Service, Nonostant quil ne serve en ladicte cour et chambre de vaccations, dont Nous l'avons, pour les considerations cy dessus, Relevé et dispensé, Relevons et dispensons, Voulons et nous plaist que lesdictz gaiges, droictz et taxations luy soyent payez, tant du passe que pour l'advenir, comme aux autres presidens dIcelle cour servans actuellement; Et ce, sans aucune difficulte ne quil soit besoing, pour ce regard, cy appres de plus ample declaration de noz Vouloir et Intention que ces presentes, Raportant lesquelles ou coppie dIcelles deuement collationnee avec quitance dudict Sieur de Calignon, Voulons tout ce que luy aura esté payé, a loccasion susdicte, par ledict Receveur et payeur estre passé et alloué en la despence de ses comptes desduict et rabatu de la recepte dIceux Par Nos amez et feaux Les gens de nos comptes audict Grenoble, ausquelz mandons ainsy le faire sans difficulté, **Car** tel est nostre plaisir; Nonobstant quelzconques ordonnances, reglemens, deffences et lettres a ce contraires, Auxquelles Nous avons dérogé et dérogeons pour ce regard. **Donné** A Sainct Germain, le xviie Jour de decembre L'an de graçe Mil cinq cens quatre vingtz dixhuit, et de nostre Regne Le dixiesme.

HENRY.

Par le Roy Daulphin,
   Forget.

XLIII.

1599. — **Brevet de deux mil escus de pension accordes au President Calignon pour estre du Conseil des finances.** — *Original parchemin.*
27 avril.

(V. p. 100.)

Aujourdhuy, xxvij° de Apvril, L'an mil cinq cens quatrevingtz dixneuf, **Le Roy,** Estant a Sainct Germain, ayant cydevant retenu le sieur de Calignon, conseiller en son conseil d'estat et president en sa court de parlement de Dauphiné, pour l un de ses conseillers en son conseil des finances, sans que, par le brevet qui luy en a esté expedié, Il ayt esté faict aucune mention de l'appoinctement que sa majesté luy donne pour s'entretenir en ladicte charge, Sadicte majesté luy a accorde pour cest effect la somme de deux mil Escuz de pension par chacun an, a commencer du premier jour de la presente annee, pour en estre doresnavant payé par les tresoriers de son espargne presens et avenir, Ausquelz Elle mande de ce faire en vertu du present brevet qu'ell'a, pour ce, voulu signer de sa main et faict contresigner par moy, secretaire d'Estat et de ses commandemens et finances.

HENRY.

De Neufville.

XLIV.

1600. — **Lettre de M. Duplessis à M. de Calignon** (1).
2 septembre.

Monsieur, j'ai receu les vostres du 7 et 12 du passé ; et m'obligés fort du soing qu'il vous plaist avoir de mon fils. Je l'ai eslevé tant que j'ai peu aulx choses bonnes, et ne prends pas plaisir qu'il perde les occasions, apres lui avoir faict tant que j'ai peu gaigner le temps. Je suis toutesfois reteneu de grandes considerations pour ne le tenir pas aupres du roy, soit

---

(1) *Mém. et Corresp. de Duplessis-Mornay,* lettre CXC, t. IX, p. 382.

pour lui estre moins seant, apres le traictement faict au pere, soit pour le peu d'apparence d'y recevoir ce qu'on a pris tant de peine et de plaisir à m'oster. En ceste anxiété donc, je requiers vostre conseil, me despartant lequel, je vous prye d'avoir tousjours plus esgard à l'honneste qu'à l'utile, auquel je ne recognois aulcune utilité si l'honneur n'y est tout entier. Mon desir seroit qu'il eust quelque grade proche de M. Desdiguieres, s'il y a moyen sortable à sa condition et à son age, tel que j'ai donné charge au porteur de vous representer ; et vous dirai avec verité que j'aime mieulx qu'il pastisse à l'ombre de sa vertu, que s'il prosperoit au lustre de la faveur de quelconque aultre. Je crois que desormais vous estes resoleu de paix ou de guerre, qui me faict vous despescher ce lacquais exprès, afin que, sur l'advis qu'il vous plaira me donner, je prenne resolution de ce que j'aurai à en faire. Je vous dirai cependant en passant que ceulx sont, ou malins, ou mal advertis, qui font croire au roy que les huguenots brouillent, et particulierement font mal interpreter tous mes pas et toutes mes syllabes; car si nous pensions à telles choses, vous pouvés juger si j'envoyerois mon fils si loing de moi. Pour les affaires de nostre maison, j'ai escrit fort amplement à M. de Lomenie, qui vous en communiquera ; me suffise que par ceste voye vous soyés importuné des miennes ; et sur ce, monsieur, je vous baise bien humblement les mains, etc.

Du 2 septembre 1600.

XLV.

1606. — **Procuration en blanc, par Mre Soffrey de Calignon, Chancellier de Navarre, pour resigner son office de Conseiller et president au parlement de Grenoble.** — *Registre des Editz*, 1606-1610 ; f° 204, v°; n° B 2842 (Archives départementales de l'Isère).

22 août.

(V. p. 111.)

Par devant les nothaires du Roy nostre Sire en son chastelet de Parys soubssignez, fust present messire Soffray de Calignon, Conseiller du Roy en son Conseil destat, president en sa Cour de Parlement de Grenoble, Chancellier de Navarre ; Lequel a faict et constitué son procureur (*en blanc*) auquel Il a donné et donne pouvoyr et puissance de resigner en main du Roy, de nosseigneur ses Chancellier et Garde des seaulx de France et de tous aultres quil appartiendra, sondict estat et office de Conseiller du Roy et president en sa Cour de Parlement de Grenoble, pour, au nom et au profit de (*en blanc*) et non daultre, auquel il confere et accorde touttes lettres de provision a ce necessaires, lui en estre expediees, baillees et deslivrees, telles que au cas appartiendra et generalement.......... (1) etc. Faict et passé en lhostel dudit constituant, en Rue S¹ Honoré, pres Sainct Germain de l'Auxerrois, Le vingt deuxiesme Jour daoust apres midy, L'an Mil six cents six, et a ledict sieur constituant declare ne pouvoir signer pour indisposition de sa personne. Et à ce estoient presentz: M⁶ Jacques Auguste de Thou, Chevalier, Conseiller du Roy en son Conseil destat, president en sa cour de parlement, et M⁶ Loys Servain, aussy conseiller du Roy en son Conseil et son advocat general; et M⁶ Gill.. de Maupeou, aussy Conseiller du Roy en son Conseil destat, Intendant de ses finances; Lesquels ledit Sieur de Calignon a priés de signer. A. de Thou, comme present; Louys Servin, comme present; Maupeou; Debricquez; Morel.

XLVI.

1606. — **Lettres du Roy pour la pension de 1200 liv.**
13 novembre.   **des enfans de M. le Chancelier de Calignon.** — *Original parch., sceau en cire rouge pendant à simple queue de parch.*

(V. p. 116.)

Henry, par La grace de Dieu Roy de France et de Navarre, Seigneur souverain de Bearn, A Nostre amé et feal conseiller, Tresorier et receveur general de nos maison, finances de Navarre et autres domaine present et advenir, salut. Scavoir faisons Questans bien memoratifs des longs, fidelles et signalles services que nous a faicts le feu sieur de Calignon, vivant conseiller en nos conseils destat et privé, Presidant en nostre cour de parlement de Daulphiné et Chancellier de Navarre, tant esdictes charges qu'en plusieurs autres ou Il auroit esté par nous employé, desquelles Il se seroit bien et dignement acquicté a nostre gré et contantement, et desirant Iceulx recognoistre a lendroit de dame Marthe du Vache, sa vefve, et de ses enfans, pour leur donner plus de moien de sentretenir et de continuer par lesdicts enfans leurs estuddes pour se

---
(1) Mot illisible.

rendre capables de nous servir; **A ceste cause,** Nous Voullons, vous mandons et tresexpressement enjoignons que, des deniers tant ordinaires quextraordinaires de vostre charge et recepte, vous paies, bailles et dellivres contant doresnavant, et par chascun an, a ladicte dame de Calignon, La somme de douse cens livres tournois de pention annuelle, Que nous luy avons, et à sesdicts enfans, Accordée et ordonnée, Accordons et ordonnons par ces presentes, Accommancer le payement dicelle du premier Jour de Janvier prochain, quon comptera mil vi^e sept; Et Rapportant par vous cesdictes presentes, ou Vidimus dIcelles deuement collationné, pour une fois seulement, et quictance sur ce suffisante, chascun an, deladicte dame de Calignon ou de sesdicts enfans lors quilz seront en aige (1), Nous voullons ladicte somme de douse cens livres tournoiz estre desduicte et rabatue de vostredicte charge et recepte, passee et allouée en la mise et despence de voz comptes Par nos amez et feaulx les gens de nos comptes a Pau, Ausquels mandons ainsy le fere sans difficulté; Mesmes de verifiier et enregistrer cesdictes presentes, Nonobstant quelconques reiglemens, ordonnances, mandemens, deffenses et lectres a ce contraires, Ausquelles, pour ce regard tant seullement et sans tirer a consequence Nous avons desrogé et desrogeons par ces dictes presentes; Car tel est nostre plaisir. **Donne** A Fontainebleau, le xiij^e Jour de Novembre Mil six cens six.

HENRY.

Par le Roy, seigneur souverain de Bearn,

De Lomenie.

Veu par
  Duplessis.
R........
  Pontanier?

XLVI bis.

Supplique de la Dame de Calignon. — *Original autographe sur papier.*

A Messieurs Tenans la Chambre des Comptes.

Remonstre humblement Dame Marthe du Vache, vefve du feu sieur de Calignon, vivant Chancellier de Navarre, Quil auroit pleu au Roy,

---

(1) En âge.

en Consideration des longs, fidelles et signalles services faictz a sa Majesté par ledict feu sieur de Calignon, tant en ladicte charge qu'en plusieurs autres ou Il a esté employé, ordonner à la Suppliante et a ses Enfants la somme de douze Cens livres tournoiz de pention, chacun an, a Commenser du premier de Janvier dernier passe, ainsi que plus a plain appert par les lettres patentes de sadicte Majesté cy attachees, en datte a Fontainebleau le troisiesme (1) Jour de Novembre mil six Cens six, signees Henry, contresignees de Lomenie, vizees par le sieur Du Plessis, Super Intendant des finances de Navarre, par le sieur Arnauld (2), controlleur General desdictes finances, Lesquelles ladicte Dame **Vous** Supplie verifier et fere Enregistrer aux Registres de vostre Chambre, pour Jouyr la Suppliante du Contenu en Icelles. Et fairez bien.

Launay,
faisant pour la suppliante.

Suivent d'autres visas sans importance.

XLVII.

1619. — **Lettre de M. le president Expilly à M. de Calignon, Sr de St Vincent, conseiller au parlement de Grenoble.** — *Autographe sur papier, revêtu d'un cachet en cire rouge aux armes d'Expilly.*

10 mars.

Monsieur,

J'ay apris que Mr Buisson n'a peu guarir son esprit de l'opinion qu'il a que je luy ay fait la guerre et sollicité contre luy pour Mr Troillem (?). Je ne me donne pas peine de son humeur, Mais je ne voudroy pas qu'il vous en donnast l'impression, a vous que j'honore et l'amitié duquel je veux me conserver. Je vous jure sur mon honneur que je n'ay parlé a un seul de ses juges ; ainsi, Dieu me soit en aide ! et quand je le dy, je dois, ce me semble, avoir autant de creance que luy. Au reste, j'ay desiré de voir parmy les eloges des homes illustres de ce temps, celuy de feu Monsieur le Chancellier de Navarre. J'en ay parlé avec les enfans de Mr de Sta Mar-

---

(1) C'est une erreur : Ces lettres patentes sont du 13 du même mois.
(2) Autre erreur, car nous n'avons pu lire autrement ce nom que sous la forme *Pontanier*.

the (1) qui les a faits, lesquels m'ont promis qu'ayant les memoires necessaires cela se faira avec l'eloge de M⟨r⟩ le président de Thou. J'en ay dressé un memoire; Mais je ne lay voulu bailler sans le vous faire voir, afin que vous y adjoustiez ou ostiez ce qu'il vous plaira. Mais il faut, s'il vous plaist, m'envoyer vostre response au plustot. Car la chandele de l'autheur se brusle, qui est fort vieil. Si vous avez son portrait en crayon, il sera mis aussi parmy les portraits des excellens personnages de ce siecle. Vous me direz ce que vous trouvez bon que je fasse et me croirez, s'il vous plaist,

Monsieur,

Vostre tresaffectionné et plus humble serviteur.

A Paris, ce 10 de mars 1619.

Cl. Expilly.

XLVII bis.

1619. — Memoire envoyé a M⟨r⟩ de S⟨t⟩ Vincent par M⟨r⟩ le president Expili touchant la vie de feu M⟨r⟩ le Chancelier de Calignon. — *Autographe.*

10 mars.

La famille des Callignons, laquelle tire son origine d'un grand bourg appellé Voiron, en Dauphiné, distant de trois grands lieuës de Grenoble, ou elle s'est fort estendue, a produit pleusieurs excellens rameaux, et, entre autres, Messire Soffrey de Callignon, Conseiller du Roy en son Conseil d'Estat, President au Parlement dudit Grenoble et Chancellier de Navarre. Il nasquit l'an 1546 (2). Son pere eut d'un seul mariage dix masles et autant [de] filles, et eut un grand soin de les ellever, les uns aux armes, les autres aux lettres. Celluycy estudia aux universitez de Paris et de Padouë, et s'en revint docteur ez droits avec une grande reputation d'estre sage, judicieux et savant personnage. Il avoit connoissance des langues Hebraïque, Grecque et Latine, outre les vulgaires estrangeres, qui toutes luy estoient familieres comme la sienne maternelle. Les humanitez, la Philosophie, Mathematiques, Jurisprudence et Cosmographie estoient ses

---

(1) L'auteur Sainte-Marthe dont il est question ici est l'un des deux jumeaux, Scévole III et Louis de Sainte-Marthe, historiographes du Roi, qui rédigèrent l'*Histoire généalogique de la maison de France*, publiée en 1619.

(2) Videl le fait naitre en 1550.

principalles estudes, en quoy il estoit excellent. Il estoit doux, gracieux et courtois, avec un air et rencontre si agreable, qu'il estoit aimé d'un chacun ; au demeurant, entier et sans vice, plein de prudhomie et de franchise, et du tout esloigné des artifices que la debauche du siecle a produits. Il estoit eloquent et disert, et parmy cela prudent et fort consideré ; car par tout il preferoit l'honneste a l'utile. Aussi ne fut il longtemps en sa Maison, car Messire François de Bonne, Seigneur d'Esdiguieres, Chef du party de ceux de la Relligion en Dauphiné, connoissant sa capacité, le retira pres de luy et mit entre ses mains le Conseil des affaires, soit de guerre ou d'estat et police. Et l'ayant envoyé vers le Roy Henry le grand, lors Roy de Navarre, il fut aussi tost reconeu et retenu pour Maistre des Requestes ordinaire de son Hostel et Conseiller en son Conseil d'Estat, puis employé aux traithez et negociations de la paix. De la, en l'an 1577, il feu proveu d'un office de conseiller au parlement de Grenoble. Mais les troubles estant revenuz, il fut contraint, accause de la relligion dont il fesoit profession, de se retirer, et rentra plus avant dans les affaires de ce party jusques a tant que, la paix encore faitte en l'an 1580, il eust un office de president audit Parlement. Mais les troubles de la Ligue le firent encores elloigner et suivre ledit Roy de Navarre, qui le tenoit et cherissoit comme l'un des principaux de son Conseil ou il monstra tant de dexterite et de courage et acquit tant d'experience, que sa Majesté, estant venue a la couronne, le fit Chancellier de Navarre et le remit en tous ses Conseils, avec de grands appointements, l'employant aux affaires les plus importantes comme au traithé de l'Edict de pacification qui fut despuis signé à Nantes. Il estoit aimé et honoré des Princes, des seigneurs, et vivoit sans envie et sans ennemis, chose rare aujourdhuy. Il mourut à Paris, en l'an 1606, d'un grand catharre ou de fluxion qui survint avec une fievre continue, laissant trois masles et une fille, avec une tresglorieuse reputation qui ne doit jamais mourir en la bouche des hommes.

XLVIII.

1639. — **Lettre de Monsieur Albanel à Mr de Calignon, conseiller du Roi au parlement de Dauphiné, à Parys.** — *Original papier, avec cachet armorié* (1).
15 octobre.

Monsieur,

Jestois en campagne quand voz deux lettres des second et douziesme daoust dernier furent randues a mon logis avec le memoire y contenu, quy a esté cause, avec l'indisposition de M. Galleys, mon beau pere, que Jay differé jusques a present de vous faire responce pour n'avoir peu tirer de luy les instructions et advis que pouvez esperer pour son regard sur vostre memoire, telles que Jay peu receuillir sur les diverses conferances que Jay heu avec ledit Sr Galleys aux meilleures intervales des indispositions que la viellesse et caducitté donnent a son corps, son esprit et memoire : demeurant neantmoings tousjours en son entier, Dieu graces; vous asseurant, Monsieur, que luy et nous avons supporté l'advis de vos indispositions avec tous les regretz imaginables, sans y avoir peu contribuer pour vostre service que noz vœux et prieres a Dieu pour vostre convalessance et santé, pour en jouyr longues annees avenir et vous voir revenir en cest estat. Et pour le surplus, consernant le reste de ce que je vous doibz, jay gardé longtemps largent pour y sattisfaire, attendant tousjours vostre rettour que jextimois estre de jour a aultre; cependant je lay diverti, avec quantité d'autres deniers, pour payer deux creansiers

---

(1) Cette lettre porte l'empreinte de deux cachets aux armes de M. Albanel, qui, parfaitement conservés, nous offrent l'occasion non de relever une erreur de M. de La Batie, mais de rectifier ce qu'il a dit de cette famille et d'ajouter à son livre un renseignement de plus. Ces armoiries diffèrent, en effet, de celles données par l'auteur de l'*Armorial du Dauphiné* qui sont « d'azur, au chevron d'argent accompagné en chef de deux étoiles et en pointe d'un croissant de même, » en ce qu'elles portent de... (les émaux ne sont pas indiqués et sont peut-être les mêmes que les précédents) au chevron de... surmonté en chef d'un croissant de... supportant une étoile de..., et de... accompagné d'une étoile de... en pointe. En comparant ces armoiries, qui sont d'un siècle et demi plus anciennes que les premières, nous sommes amenés à supposer que celles-ci en seraient peut-être une brisure. M. de La Batie ne cite qu'un membre de la famille Albanel, qui fut Trésorier général en Dauphiné et seigneur de Cessieu, figura à l'Assemblée de Romans en 1788 et périt sur l'échafaud pendant a Terreur.

Guy Allard dit, au sujet de la famille Galleys, qu'elle finit à Ennemond Galleys, qui vivait en 1635, le même sans doute dont il est question dans cette lettre.

dudit Sieur Galleys quy avoient fait saisir son terrier et le reste de ses autres fondz, ou Jay employe plus de mil escus, y comprins la debte de ma seur Couttaud, laquelle Jay aussy payee, avec layde de Dieu, sans avoir rien enprunte que vostre partye, et partiray des demain pour aller en Bresse traiter du principal de laffaire quy fust juge il y a environ deux annees, par vostre faveur au proffit de ces Messieurs de Mascon, pour raison de quoy on nous a desja offert six mil livres. Vous suppliant treshumblement me tenir encor pour excuse sur ce que dessus et de croire que tout incontinant a mon rettour, quy sera pour tout ce mois prochain, Je maquiteray sans autre remise, esperant encor ceste faveur de vostre bonne amitie et de vostre souvenir pour l'affaire que savez, comme estant,

Monsieur,

Vostre treshumble et treshobeissant serviteur.

A Voreppe, ce 15 octobre 1639.

Albanel.

Mr Galleys et moy avons aussy este à Beauplan, ou Nous avons trouve sy peu de fruitz que nous n'avons peu sattisfere a vostre desir, m'estant reserve néantmoings ung memoire de ce que nous y avons trouve pour vous le bailler a vostre rettour. Vous agreerez, sil vous plaist, et madame, les treshumbles recomandations dudit Sr Galleys et de ma femme.

XLVIII bis.

Questionnaire envoye à M. Albanel par M. Abel de Calignon, sieur de St Vincent, Conseiller au parlement de Grenoble.

1.

On desireroit savoir sy feu Mr de Calignon, chancelier de Navarre, ne fist pas ses estudes a Parys; S'il y demeura longtemps, et quel fust le moien et occasion quy le fist estudier audit lieu, veu le nombre denfans et la portee de la fortune de feu son pere, Et combien de temps il fust aux Escoles a Parys.

2.

Semblablement, sil nestudia pas aussy à Thurin, et combien de temps; sy en droit ou aux autres siences, et quelz condiciples dauphinois il avoit.

3.

De loccasion et compagnie quy le mena a Padoue, pour estudier en droit, et sil y fust long temps.

4.

Comme quoy il se fist de la religion audit Padoue et des mouvementz, occasion et circonstances quy l y porterent.

5.

Comment il se comporta, a son retour, envers son pere, a cause dudit changement de Religion, et quel aage il avoit pour lors.

6.

En quelle annee son pere mourust.

7.

Sy ledit Sr de Calignon ne fust fait docteur à Valance, et combien il y demeura.

8.

Quelle fust sa premiere sortie ou progres appres qu'il eust acheve ses Estudes, veu mesmes quon ne le vollust recepvoir advocat au parlement de Grenoble, a cause de sa religion.

9.

S'il eust acces vers le Roy de Navarre avant que se jetter dans la maison de M. Desdiguieres, ou sy ledit Sr Desdiguieres le fist cognoistre à S. M. par les voyages que ledit Sr de Calignon fist pres d Elle, et quelle en fust loccasion.

10.

Ou il estoit lors de la Journee St Barthelemy; sy a Paris ou ailheurs.

11.

De la grande consideration en laquelle il fust chez Mr Desdiguieres des quil fust emploie aux affaires pres de luy.

12.

De sa doctrine, poesie et autres qualites consernant les bonnes lettres.

13.

Sil ne fist une fois naufrage sur mer et fallist a ce perdre, et en quelle occasion.

14.

De son humeur, façon de faire, meurs, pieté et conversation.

15.

De lamour quil avoit pour les siens.

16.

De ce quil a fait pour la fortune de ses freres et seurs.

17.

Et generallement ce que vous trouveres de remarquable, tant sur les articles sus escriptz, circonstances et dependances diceux, que sur les autres pointz quy peuvent conserner la vye civile et politique, ou lestat de sa personne, maison, employ et choses semblables, desirant d'en avoir une instruction la plus particuliere que faire ce pourra.

18.

Comme aussy du nom des personnes quy en peuvent avoir encor quelque memoire.

XLVIII ter.

Réponse au mémoire précédent, envoyee par Mr Albanel. — *Original, papier, 4 pages.*

Sur le premier article des memoires de Mr le Conseiller de Calignon, Mr Galleys la Thivoliere dit se ressouvenir avoir ouy dire à Monseigneur le Chancelier de Navarre quil avoit estudié environ deux annees a Parys, et que, soit la ou ailheurs que son pere l'eust fait estudier, que ce fust finallement par le moien des comodites du mariage d'Anthoinette de Calignon, sa fille aisnee, avec Perouse, de Voyron, fils dun prestre dudit lieu, aussy nomé Perouse.

En marge : Il alla audit Parys avec ung certain poete de Giere nomé Sonan.

Et sur le segond article, N'avoir jamais apprins quil eust estudie à Turin.

Moingtz a Padoue, quy servira de responce au troisiesme.

Sur le quatriesme, n'avoir seu en consequance qu'il eust eu ces premiers sentimens de Religion audit Padoue; Ains, au contraire, davoir ouy dire audit Seigneur Chancelier quil en eust les premiers sentimens environ la douziesme ou treiziesme annee de son age, auquel temps il ouist à Grennoble les comediens de la Reyne Marguerite, laquelle estoit de la

Religion et qui estoit seur du grand Roy Francois, laquelle alloit par la France enseignant ladite Religion soubz coulleur de comedies, sans que nul pour lors lozast contredire, et particulierement audit Grennoble, ou elle fist representer la religion mallade; et que ce fust en ceste comedie ou il prist sa premiére tainture.

Ledit sieur Galleys se souvient encor de ceste circonstance, de luy avoir ouy dire que lun des acteurs se servist de quelques habitz d'une damoyselle nomee de Veynes, laquelle desja avoit des sentimentz de ladite religion, A laquelle damoyselle on donna divers colibotz et railleries des ladite comedie, a l'occazion tant dudit habit que de sadite religion.

A la suitte, ledit sieur Galleys se souvient aussy de ceste circonstance qu'en ladite comedie il fust ordonne que ladite religion, pour sa sante, se serviroit dune drogue qu'on appelloit la veritté, de laquelle ayant uzé, et s'estant promenee quelque temps, on luy prepara ung ponoir (1) ou elle se deschargea de quantite de mauvaises humeurs qui la possedoient, ou fust veu quantite de testes mistrées, surpelis (2), bonnetz et capuchons de diverses facons et couleurs, comme aussy plusieurs coquettes que ceste drogue devoit faire consumer; — Ce qui servira de response au quatriesme article.

Et pour response au cinquiesme dit ne savoir quil eust estudie en droit qu'a Vallance, ou il y avoit lors pour proffesseurs les Srs Othoman et Cuijas (3), et pour compagnons feu M^r le president Marquet, Mr de Saint Ours, pere de ceulx de Veurey, M^r ladvocat Pascal de la Thivoliere; et quen sortant de Vallance il avoit environ 22 ou 23 années; et, avant qu'aller à Grennoble, il alla faire sa declaration de religion a Chasteaudouble.

Despuis, estant venu à Grennoble, il y fust fort estimé par la gentillesse de son esprit et soliditte de jugement, sans neantmoings y avoir peu estre receu advocat a cause de sadite relligion.

Nonobstant laquelle, pendant son sejour a Grennoble, tous les plus quali- ffies cherissoient fort ses actions et sa compagnie, et particulierement

---

(1) Ce mot ne se trouve pas dans les dictionnaires; cependant nous avons cru pouvoir le lire ainsi, en songeant que *poner*, dans le v. lang., signifie Poser, placer, asseoir, et que ce nom *honnête* a très bien pu être donné aux *chaises percées*, si généralement employées encore à la fin du dernier siècle et au commencement de celui-ci. Le sens de la phrase nous a décidé à adopter cette leçon.

(2) Grand habit que portaient les bénédictines pour assister aux offices, à moins qu'on ne préfère y voir tout simplement la forme du mot *surplis* à cette époque.

(3) François Hotman et Jacques Cujas.

M. l'esveque, nomé M. d'Avançon (1), et M. le Tresorier de S¹ Andre (2), pere de feu M¹ le premier presidant de S¹ Andre, chez lequel il eust son entretien quelque temps, ou M¹ de Lesdiguieres le fist desja recercher (3) pour son service.

Pendant lequel temps le pere dudit seigneur Chancelier estoit encor vivant, envers lequel il se comporta avec telle prudance, quil laymoit aussy tendrement en apparance qu'auparadvant ledit changement de Religion.

Appres le decces duquel estant plus libre sur les recerches dudit seigneur Desdiguieres, il fust attire dans sa Meison, ou dabord il se servist de son conseil, avec enploy en tous ces plus importantz affaires. Mesmes il le fist pourvoir d'un office de Consellier en une Chambre trippartie, avant les Edictz de pacifflcation.

En marge : Ledit deccez fust lannee des premiers massacres.

Ledict Seigneur Desdiguieres se servist de luy pour ageant vers le Roy de Navvarre pour tous ces plus importans affaires ; dans la negotiation desquelz cefaisant cognoistre, par dessus le vulguaire et les autres mieux sences (4), fort pour les lettres et pour l'estat, ce grand Roy sen vollust servir, et, layant rettiré a soy, il sen est servy aux affaires que vous savez trop mieux, mesmes a compiler les Editz de pacifflcation.

Ledit sieur Galleys extime que ledit Seigneur Chancelier estoit a Grennoble lors de la journée S¹ Barthellemy.

Ce que dessus servira de responce aux sixiesme, septiesme, huitiesme, neufviesme, dixiesme et unziesme articles.

Pour responce au douziesme, que ledit Seigneur Chancelier a bien fait cognoistre quil estoit universel en siences, principallement bon theologien et grand jurisconsulte; Et, oultre ce, fort bon poette lattin et francois, En ayant faict des manuscriptz sur divers subjectz, quil volloit faire inprimer, comme ledit sieur Galleys luy a ouy dire diverses fois, outre son dessaing contre Belarmin (5).

---

(1) V. la note 2 de la p. 253.

(2) Laurent de Prunier, Trésorier en 1568, et père de Nicolas Prunier, 1ᵉʳ président du parlement en 1616.

(3) Rechercher (v. lang.).

(4) Censés, réputés.

(5) Quel projet pouvait-il avoir contre le cardinal Bellarmin ? Ce mémoire n'en dit autre chose, et c'est là le seul renseignement qui nous soit fourni sur le dessein de Calignon. Le jésuite Bellarmin était un des plus savants controversistes de l'Église, et, comme il ne ménagea pas plus, dans ses écrits, les croyances des protestants que les intérêts de l'Église gallicane, on peut croire que c'est là sans doute le mobile du projet attribué à Calignon.

En marge : Vous pourres voir quelques unes des oeuvres dudit Seigneur Chancelier dans la bibliotèque du sieur Duverdier (1).

N'avoir point de memoire du treisiesme article.

Et sur le quatorsiesme, quil estoit de bonne humeur, aymant fort la paix en son logis, haissant les vices, mesmes en ses domestiques avec lesquelz il famillarisoit quand ilz estoient de bonne humeur, et quy avoient quelque esprit, ou quilz savoient chanter ou jouer des instrumentz.

Aymoit a tenir bonne table, mais non par presentz, lesquelz il haissoit fort ; en sortte que souvent il se fachat a Madame vostre mere, sy Elle en avoit receu quelques ungs, finallement de ceux quy pouvoient tendre a corruption pour la Justice en laquelle il estoit fort entier ; et pour lavoir vollu conserver et parler hardiment et franchement, on avoit taché a le disgracier ; en quoy paroissoit sa pietté et religion, comme en toutes ces autres actions, soient publiques ou domestiques, ayant tousjours ses heures de prieres, soir et matin ; quy est la responce au quatorsiesme article.

Et pour responce au quinziesme et seiziesme, quil aymoit fort les siens et de procurer leur advancement quand on luy en sugeroit les moiens legitimes, ayant ayde a la fortune de tous ces freres qui se seurent servir des occasions par son moien ; voire mesmes se fust luy quy leur procura de son mouvement et inclination les offices qu'ilz ont possede, ayant luy mesme fourny pour les estudes de feu M. le Conseiller de Calignon son frere ; quy servira aussy de responce au dixseptiesme article.

Et pour le dernier article, ledit sieur Galleys n'extime pas quil y aist personne en vye quy en puisse avoir autres memoires que M. de Agen (2), le president des comptes, comme ayant este son domestique (3).

---

(1) On sait (V. p. 230) que du Verdier n'a placé dans sa *Bibliothèque* que la seule pièce de Calignon intitulée *Le mespris des Dames*.

(2) Deageant.

(3) Ce mot n'implique point ici le sens que nous lui donnons de nos jours. Il se disait alors de tous ceux qui étaient attachés à une grande maison, quelle que fût l'importance de leurs emplois ou le degré de leur noblesse.

XLIX.

1639. — **Mémoire touchant feu Mʳ le chancelier de Calignon envoyé à Mʳ de Calignon, sieur de Saint Vincent, conseiller au parlement de Dauphiné, par Mʳ Deageant, premier président en la chambre des comptes, le XXI octobre 1630.** — *Original, papier, 17 pages.*

21 octobre.

Messire Soffrey de Calignon, Chevallier, Chancellier de Navarre, Conseiller du Roy en ses Conseils destat, privé et des finances, president en sa cour de parlement en Daulphine, et lun de ceulx que le feu Roy Henry le Grand avoit retenu pour servir ordinairement en sesdictz Conseilz, fust soigneusement esleve aux bonnes lettres, ausquelles il feist ung tresgrand progres, s'estant rencontre desprit excellent et studieux.

Estant ne de parens Catholiques, Ilz luy firent faire la plus grande partie de ses estudes a Paris dans la profession de la mesme Religion. Quand il les eust parachevées, il revint en Daulphiné, sa patrie, ou, ayant faict conoistre les bonnes qualitez de son esprit, Monsieur le Duc Desdiguieres, Connestable de France, et lors Chef des protestans audict pays, l'attirast incontinent au pres de sa personne, se servit de ses Conseils et l'employast aux principalles negotiations qu'il avoit a faire pour son party, auquel Il sestoit range; Et pour cequil entendoit les Mathematiques et entr'autres parties la fortification, et que ledict segneur Desdiguieres le reconoissoit d'un jugement solide, d'esprit vif et de grand courage, Il le menoit le plus souvent aux combatz et entreprises quil faisoit, non pour donner des coups, car jamais Il n'avoit porte espee, a cequil a souvent dict, mais pour bien juger des logemens, des attaques et des autres circonstances considerables, en quoy il reussissoit merveilleusement bien. Dans l'histoire de Mondict Sʳ Desdiguieres, Il a este remarque quau Combat de   , ayant pris ledict Sʳ de Calignon et le Sʳ de   pour reconoistre les ennemiz, le dict Sʳ   fust tue d'une harquebusade. J'ay ouy dire à Mondict Sʳ Desdiguieres que ledit Sʳ de Calignon ne s'en esmeust jamais et ne dict autre chose que : Ouoy! (1) c'est voirement. — Ouoy, repart ledict sʳ Duc Desdiguieres.

---

(1) Oui ! c'est véritablement.

Ledict Sr de Callignon parloit et escrivoit bien, tant en prose qu'en vers, et sa conversation estoit fort agreable.

Despuis qu'il eust faict profession de la Religion protestante, il y a este tres religieux jusques au dernier souspir de sa vie. Ses amis jugeoyent mesmes quil y estoit trop scrupuleux pour ung grand homme tel qu'il paraissoit.

Mondict S^r le Duc Desdiguieres l'ayant envoyé pour negotier avec le feu Roy Henry legrand, lors Roy de Navarre et Chef du party protestant, Sa Majesté le goutast de telle sorte quelle ne cessast jusques a cequelle l'eust retire au pres de sa personne.

Sa Majesté le feist d'abord l'un des Maistres des Requestes ordinaires de son hostel. Ce fust en ce temps la qu'il y feist quelques pieces de poesie, lesquelles ayant despuis este imprimees dans la Bibliotecque de Vigner (1), il en eust ung grand deplaisir et eust voulu avoir rachepte tous les exemplaires, quoy quelles fussent jugées bien faictes par les meilleurs Maistres de l'art. Il en parla a l'imprimeur et au libraire; mais il y en avoit desja tant de rependues par toutte l'Europe, quil estoit impossible de les pouvoir retirer.

Le Roy de Navarre l'employa aux negotiations, tant envers la Royne d'Angleterre Elisabeth et les princes protestans d'Allemagne que dans le Royaume : il sen acquitat sy dignement et fust reconeu de Sa Majeste pour avoir tant de suffisance, d'integrite, de fidelite et d'affection à son service, que, la charge de Chancellier de Navarre ayant vacque par la mort du Sr Dufay de Belesbat de Lhospital, sadicte Majesté len pourveust. Il la exercee jusques a son trespas, quelle fust donnée à Monsieur de Sillery, Chancellier de France. Les deux Charges furent despuis reunies en une. Sa Majeste dict plusieurs fois que sy ledict Sr de Calignon eust esté Catholique, il lauroit promeu d'autres quallites et qu'il estoit capable d'avoir les sceaux de France.

Il estoit en tresgrande estime de toutte la Cour, particulierement de tous ceux du Conseil, desquelz Il estoit grandement ayme.

Monsieur le Chancellier de Bellievre prenoit ses adviz aux affaires les plus importantes du Royaume; et, pour ce quy le concernoit en particulier, ung jour quil estoit fort presse de remettre les sceaulx à Mr de Sillery, et que quelques uns de ses amis et serviteurs, mesmes Madame la Chancelliere, len dissuadoyent, dans ceste rencontre il envoya querir ledict Sr de Calignon auquel Il demanda conseil de ce quil devoit faire en

---

(1) Erreur de nom et de fait. V. la note 1 de la p. 378.

ceste occurrance. Il scavoit bien celuy quil luy faillioit donner ; mais, pour ne sen charger pas seul, Il luy persuadast d'en communiquer à Monsieur De Maisse, lors Doyen du Conseil et affectionne a mondict Sr le Chancellier. Ilz allerent ensemble chez ledict Sr De Maisse, qui lestant venu recevoir a la porte de son logis et en le conduisant en sa chambre, mondict Sr le Chancellier luy dict le suject de sa visite ; et, comme son discours finist environ le milieu de la chambre, au dessus de la porte de laquelle estoit le portraict de feu Monsieur le Chancellier de Lhospital, duquel ledict Sr De Maisse estoit desandu, Il ne luy repartist autre chose, sinon : « Monsieur, connoissez vous bien ce pourtraict? en le luy monstrant de la main. — Ouy, dict Monsieur de Bellievre, et Je scay bien ce que vous me voulez dire : Je doibz imiter ung sy grand personnage, et a cela Je neziteray point. » Mondict Sr le Chancellier de Lhospital avoit remis les seaulx a la premiere demande qui luy en fust faicte ; mais, nonobstant que Monsieur De Bellievre eust asseure quil suivroit son exemple, Il n'en feist rien neantmoins, dissuade par Madame sa femme, animee par quelques uns, qui, abusant de lage de mondict Sr de Bellievre et de lacedz (1) quil leur avoit donne au pres de sa personne, tiroyent des grandz proffictz par le moyen du seau ; quelques mois apres, le Roy les luy envoya demander : Il fust contrainct de les rendre avec ung deplaisir sy grand, que ses jours en furent aparemment avances.

Lors que le feu Roy se preparoit pour le siege d'Amiens, que les Espagnols avoyent surpris en lannee m. ve quatre vingtz dix sept, plusieurs des protestans sassemblerent en Poictou et voulurent prendre loccasion des affaires que Sa Majeste avoit lors sur les bras et du peu de moyen qu'ilz se figuroyent quelle avoit pour s'en desmeler, progetterent de prendre les armes, en intention de prendre tous les avantages quelles pourroyent donner a leur party, ou du moins pour contraindre Sa Majeste ameliorer leur condition par ung traicté. Ceste derniere voye fust choisie, et, surce, Sa Majeste deputa Monsieur le comte De Schomberg, Monsieur De Calignon, Monsieur le president De Thou et Monsieur De Vic, despuis Garde des Seaulx, pour traicter avec les deputez qui furent nommez par lassemblée tenue par les protestans dans le Poictou. Jeuz lhonneur, bien que fort jeune, d'estre le scribe de ces Messieurs en la negotiation qui dura plus de quinze mois, premierement a Chastellerault, puis à Saumur, et, en fin, Ilz convindrent de leedict apelle de Nantes, pour cequil fust la signé. Mondict Sr de Calignon en dressast tous les articles, ensemble les secretz et les

---

(1) L'accès.

autres expeditions accordées en consequence. Il est vray quil laissa faire les preambulle par Monsieur Defresne Forgez, secretaire destat; Mʳ Vassault, son principal commis et scavant homme, le dressast, et mondict Sʳ Dufresne le corrigea en divers endroitz. Cest eedict, qui pacifia les espritz fort esmus entre les protestans, donna coup a la paix de Varvins (1), et l'on attribua audict Sʳ De Calignon la gloire d'avoir le plus contribué a la resolution de cest eedict et a ranger a la raison les deputez protestans.

Le Roy voulust quil fust seul Commissaire et Raporteur, dans son Conseil, de touttes les affaires dependantes de l'exécution de cest eedict et concernans ceux de la Religion protestante. La reputation de sa suffisance et de son integrité estoit telle par toutte la France, que chacun demeuroit satisfaict de cequi avoit esté ordonné à son raport, encores mesmes que plusieurs demandes eussent esté regettées et qu'alors l'on se plaignoit pour des choses bien legeres.

Le feu Roy estant allé de Paris à Blois, Il y mandast le Conseil ; et comme il sy acheminoit, Sa Majesté, revenant faire ung voyage en poste à Paris, ainsy qu'il entroit dans Estampes ou Il avoit faict estat de disner, voyant arriver le carosse dudict Sʳ de Calignon, Il l'envoya querir et lui demanda questce quil faisoit dans son carosse : « Je lis, dict-il, Sire. — C'est dans Rabelais, repart le Roy. — Votre Majesté m'escusera ; Jay leu toutte la matinee l'histoire de Navarre. » Sa Majesté luy demandast : Quel age ay-Je ? et, apres que Monsieur de Calignon le luy eust dict, Sa Majesté advoua quil disoit vray; puis, se tournant vers Monsieur de Bellegarde : « Ne vous estonnez pas de ce que Jay dict a Mʳ De Calignon quil lisoit Rabelais, car cest lhomme du monde qui le scait et qui l'entend le mieux. De faict, il fault quil viene nous en entretenir pendant le disner : Allez, dict-Il, Monsieur De Calignon, vous aurez le temps de disner, pendant que nous allons preparer le nostre qui nest pas prest, comme sera le vostre sans doubte. »

Aussy tost qu'il eust disné, Il va trouver Sa Majesté qui se mettoit a table. Elle ne manque pas de le mettre incontinent sur Rabelais qu'il expliqua durant tout le repas, premierement dans le sens literal, puis dans l'historique qu'il divisa en deux, Assavoir, en la vraye histoire du Regne de François premier et en l'histoire medisante de sa Cour ; en quoy Sa Majesté et les Seigneurs quy lacompagnoient prindrent ung merveilleux plaisir.

---

(1) Le *Traité ou Paix de Vervins*, conclu entre Henri IV, Philippe II et le duc de Savoie, le 2 mai 1598.

En l'année   , le Roy estant alle, pour passer une partie de l'Authonne, a Monceaux quil faisoit bastir, Il y tomba sy fort malade que lon fust en doubte de sa vye. Le Conseil, qui estoit demeure dans Paris, ayant eu advis des Medecins de Sa Majeste quelle n'estoit pas sans danger et qu'ilz estimoyent que la cause de sa maladie procedoit plustost de l'esprit que du corps, Messieurs du Conseil prierent ledict Sr de Calignon daller visiter Sa Majeste de leur part, l'ayant choisy comme le plus capable de penetrer dans l'esprit de Sa Majesté, de reconnoistre cequi le travailloit et y aporter le remede. Il neust pas acheve son compliment, que le Roy luy demanda sil navoit point ouy parler de   (*En marge* : Je ne me ressouviens pas de ce nom.) Allemand, le plus grand astronome du siecle, et sil n'avoit pas veu certaines predictions quil avoit faictes, ausquelles il avoit ponctuellement marque tout cequi estoit arrive en la mort de Henry troisiesme et menassoit Sa Majeste de mourir dans le mesme Authonne. Ledict Sr de Calignon ne doubta pas que ces predictions ne fussent le principal sujet de la maladie de Sa Majeste, de sorte quil luy repondict Quil avoit ouy parler de ce personnage qui estoit en reputation destre savant, mais quil avoit grandement erré en ses pronosticz : « Je les vous veux faire voir, dict le Roy, Je les ay manuscritz. » Et, à linstant, Il les luy feist bailler par le Sr de Beringuen, son premier Valet de chambre. Sa Majeste ayant commandé que ledict Sr de Calignon fust logé et traicte, comme Il fust retire, Il se mist incontinant à examiner ce manuscrit, ou Il passa le reste du jour et toutte la nuit. Il y feist plusieurs remarques quil meist par escrit. Le Roy, qui avoit l'esprit inbu de ceste matiere, ne fust pas plustost eveille, quil envoya querir ledict Sr de Calignon qui luy feist voir tant derreurs et de mescomtes en ces predictions et remplist son discours de tant et de sy fortes persuasions, qu'on veist à linstant l'esprit de Sa Majeste en sa premiere quietude, et, peu de jours apres, Il fust remis en parfaicte sante. La dexterité dudict Sr de Calignon fust lors louée par Messieurs du Conseil et par toutte la Cour, dont les esprits estoyent fort abatuz par laprehension de la maladie de Sa Majeste.

L'esté de lannee m.v.., Messieurs du Conseil ayant eu conge de s'aller promener en leurs maisons des champs pour quinze jours ou trois sepmaines, Monsieur de Calignon suplia le Roy de lui permettre de faire ung voyage en Daulphiné ou Il se plaisoit bien fort. Sa Majeste ny condescendoit pas volontiers, acause quil estoit necessaire pour ung proces que Monsieur le Duc de Nevers avoit intente contr'elle au Grand Conseil, auquel il sagissoit denviron cent mil escus; mais, sur ce que ledict Sr de Calignon l'asseurast quil avoit veu ses Juges, qui luy avoyent promis de n'y travailler de six sepmaines, le proces ayant mesmes este mis hors destat, il obtint son congé et s'achemina en Daulphiné, apres avoir recommandé le soing de ce proces a lun des principaux officiers de la Maison de Navarre auquel il avoit grande confiance, le chargeant de ladvertir soigneusement sy lon faisoit quelque poursuitte qui allast au Jugement du proces, auparavant le temps dessusdict. Mais apeine fust il en Daulphiné, que ce proces fust Jugé et le Roy condempné, non sans soubçon de quelque intelligence et de prevarication de celuy auquel laffaire avoit esté ainsy recommandée. Le Roy, qui estoit sensible à la perte, le fust d'aultant plus de celle cy que ledict Sr Duc de Nevers n'estoit pas bien lors en son esprit ; de sorte quil esclatast bien fort la dessus et lacha quelques parolles de collere contre ledict Sr de Calignon, qui, en ayant esté adverty, revint diligemment pour se justiffier, et, pour avancer d'avantage son arrivée, Il se mist sur l'eau à Rouane. On remarquast qu'il estoit fort triste et sy pensif, quil demeuroit plusieurs heures la teste descouverte au soleil, sans sapercevoir du mal qui luy en pourroit advenir. Comme Il fust arrivé en son logis, je m'y rencontray à sa dessente. Je luy feis entendre ce que je scavois de laffaire dessusdicte ; surquoy, apres de grandz soupirs, Il me dict : « Jay « esté trompé, mon gentilhomme. Te souvyent il point, quil y a environ « six mois, quen me pressant de la part de ma femme de pourvoir aux « affaires de ma Maison, dont Je n'ay jamais eu guieres de soing, m'ayant « dict que nous estions tous mortelz, je tavois respondu que Je n'en pou- « vois plus avoir que pour cinq ou six ans. Je te dictz maintenant que « Je ne vivray pas deux ans. Va ! Je mouray plustost. » Je le pressay de disner, pour ce quil n'avoit rien pris de la journee et quil estoit unze heures ; Il le refusa et s'en allast au Louvre, ou, se voulant excuser et justiffier à Sa Majesté, la collere la transportast tellement, quelle ne voulust escouter aucune excuse, de sorte que ledict Sr de Calignon s'en revint, environ une heure apres midy, et l'ayant encores pressé de disner, il me dict quil ne scauroit ny boire ny manger, quil se trouvoit fort mal ; puis adjousta : « Mon enfant, je tay dict que je ne serais pas en vie dans deux « ans. Va ! Je ne le seray pas dans six mois. » On le mit au lict, et, aussy tost quil eust la teste sur le chevet, la resverie le prit et ne luy laissa gueres d'intervalle, criant incessamment : Ha ! etc., nommant celuy auquel Il avoit laissé le soing du susdict proces. Plusieurs Medecins consulterent sa maladie. Le Roy y envoya les siens et leur commandat daporter tout ce que leur art leur pourroit suggerer pour conserver ung serviteur qui luy estoit tresutille et tresaffectionné, quoyquil se fust mis en collere contre luy, dont Il avoit ung grand regret, ne doutant pas que les parolles quil luy avoit

dict trop chaudement ne luy eussent bien avant touche dans le cœur, pourcequil navoit pas seullement garde une entiere integrite en sa vie, mais avoit tousjours eu tresgrand soing dempecher qu'il ne peult estre seullement soubçonne d'avoir faict aucune action indigne dun homme de bien. Sa maladie fust, des la premiere consultation, jugee tres perileuse ; on luy ordonna une seignee, en laquelle ayant este mal picqué, ou par quelqu'autre acident, le bras luy enfla bien fort et y eust de grandes douleurs. Les Medecins de Sa Majeste y venoyent reglement deux fois le jour, et comme Elle senqueroit souvent de lestat de sa maladye, luy ayant este respondu quelle estoit mortelle : « Ha, malheureux ! dict Sa Majesté, quay je faict ?
« C'est moy qui lay tué et qui me suis moymesme prive du meilleur, du
« plus fidelle et du plus affectionne serviteur que Jeusse. Mon Dieu ! Au
« lieu de me laisser emporter comme Jay faict en luy parlant, je me
« devois ressouvenir quil estoit sy sensible du coste de la probite, que
« Je ne le pouvois toucher tant soit peu sans luy percer le cœur de part
« en part. »

Nayant guieres bouge du chevet de son lict pendant sa maladie, je ne remarquay que trois petites intervalles en ses reveries, acompagnees dune grosse fievre continue. La premiere fust à l'instant que Monsieur le Chancellier avec tous les Conseillers d'estat, au sortir du Conseil, le vindrent visiter. A leur vue, Il reprit ses espritz ; Il leur parla de fort bon sens durant ung bon quart dheure, et, deslors quilz se furent retirez, il rentra dans les reveries.

Une autre fois, le Sr de Casaubon, quil avoit estime et ayme, lestant venu voir, Il luy parla aussy fort sensement durant ung quart dheure.

Et la troisiesme fois, ce fust la veille de sa mort, environ minuit, quil me dict : « L'enfant, es tu la ? Tu prens trop de peyne au pres de moy. Ha !
« Que Je suis mal ! je ne la feray guieres plus longue. Tu auras sans doubte
« envoye en Daulphine a ma femme de venir : elle ne scauroit estre icy
« au paravant ma mort. Vous scavez tous deux mieux les affaires de ma
« Maison que moy mesmes ; cest pourquoy Je m'en peuz bien remettre a
« vous. Aussytost quelle sera arrivee icy, diz luy quelle se retire au pays
« avec ses enfans, sans s'amuser a rien demander à la Cour, pourceque
« l'on y oublie incontinant les services de ceulx qui ne sont plus. » Il morust extremement regrette de Sa Majesté, de Messieurs du Conseil et de tous les gens de bien de la Cour et du Royaume, ou sa reputation estoit en tresgrande estime.

Aussy en avoit Il eu plus de soing que d'acquerir des biens. Il y avoit si peu pensé, qu'une partie des fraiz des voyages quil avoit faictz pour le service de Sa Majesté et de ses apointementz, lui estoient encores deubz. Environ dix huict mois au paravant sa mort, Jeuz beaucoup de peyne de retirer de ses mains les papiers pour en poursuivre le payement ; encores me dict il que je feisse comme je pourrois sans le necessiter d'en faire aucune solicitation, pourcequil ne sy resoudroit pas volontiers. Il est veritable quil estoit tellement aymé, que je rencontray toutte la facilité qui se pouvoit desirer en ceste poursuitte, tellement quil toucha comtant touttes les sommes qui lui estoient deubes, lesquelles, avec son office de president au parlement de Grenoble, faisoyent la meilleure partie de son bien.

Pour quelques particulieres considerations, Il n'avoit point payé le droict annuel de cest office; de sorte quil eust esté en pure perte à ses heritiers, sy l'on ny eust remedié, acause que les offices n'estoyent plus en la disposition du Roy, quy avoit mis ses parties casuelles (1) en party (2). Je m'en allay dans le conseil, ung jour au paravant que ledict Sr de Calignon fust expiré. Je represente (sic) l'estat des affaires de sa Maison, et entr'autres que cest office faisoit la meilleure partie de son bien, et supliay Messieurs du Conseil de vouloir ayder a le sauver a ses enfans et de pourvoir aux considerations quy avoyent meu mondict Sr de Calignon de ne point payer lannuel. Ilz accorderent tout ceque je leur demanday pour ce regard et me commanderent d'en dresser les expedictions, qui furent signees le mesme jour. A l'instant, Mesdictz Srs du Conseil envoyerent querir les Srs Palot, Paulet et Saunier, partisans des parties casuelles, ausquelz ayant faict entendre le desir quilz avoient de sauver l'office dudict feu Sr de Calignon pour ses enfants, sans heziter Ils offrirent de bailler la quictance dudict droict annuel, et prierent Mesdictz Srs du Conseil de trouver bon que ce fust gratuitement et sans rien faire pource payer audict Sr de Calignon ny aux siens, au cas quil vint a deceder, quilz estimoyent de devoir cela et plus encore à ses merites. Touttes ces choses furent ainsy executees. L'office fust despuis resigné a Monsieur de Bullion.

Durant environ une année auparavant la mort dudict Sr de Calignon, il ne cessoit de me dire quil se vouloit retirer ; quil voyoit rendre tant d'injustices au Conseil, qu'indubitablement Dieu en feroit quelque chastiment quy rejalliroit sur tel qui nen seroit pas coulpable ; et, ung jour, sortant du Conseil qui [se] tenoit tousjours dans le Louvre, ung particulier se

---

(1) Droits et revenus éventuels perçus au profit du roi.
(2) C'est-à-dire, entre les mains des partisans ou financiers qui prenaient alors à ferme les revenus, les impôts, etc.

plaignant a luy de quelqu'arrest qu'on venoit de donner et luy disant :
« Quelle justice, Monsieur ! — Quoy ! repart-Il tout hault, Nous prenez
« vous pour des Justiciers ? Nous sommes des voleurs, plus voleurs que
« ceulx quy attendent les marchandz au coing d'un bois pour les
« destrousser. »

Jamais il ne voulust recevoir aucuns presens grandz ou petitz d'aucuns de ceulx qui avoyent des affaires qui passoyent par ses mains. Ung jour quil en avoyt fait une fort importante a ung Flament, il presenta a Madame de Calignon deux services de table, de beau linge damassé. Elle eust bien desiré de les prendre ; mais scachant lhumeur de son mary, elle nosa pas le faire sans sa permission. Pour l'obtenir, elle me donna charge de faire tout ceque je pourrois ; mais ce fust en vain, et, pourcequil reconnust le desir de madicte Dame de Calignon, Il me voulust faire bailler de l'argent pour aller chercher par Paris deux services semblables à ces deux, ou encores plus beaux, pour les achepter et les luy bailler.

Il avoit plusieurs freres et seurs. En leurs premieres annees, leur mere, les menant ung jour promener dans le verger, leur dict d'amasser des fruictz qui estoyent par terre. Ledict Sr de Calignon, d'un esprit plus relevé que les autres et comme prophetique, repond : Je n'en feray rien, Je veux estre president.

Plusieurs personnes experimentees aux affaires de l'Estat, et qui scavoyent la creance et le credit que ses merites lui avoyent acquis au pres du Roy, dans le Conseil et parmy les protestans de ce Royaume, ont souvent dict Que, s'il eust vescu, les derniers mouvementz pour le faict de la Religion ne seroyent jamais arrivez. Il est vray quil aportoit par sa prudence ung grand temperament parmy les espritz de part et d'autre.

Je ne m'estens point icy sur touttes les belles quallitez de son esprit ny sur les notables actions qui en sont procedées, pourceque le personnage auquel ce memoire sadresse en a plus de connaissance que moy et les saura mieux descrire que je ne pourrois faire.

L.

1639. — Lettre de Mr Deageant à Mr de Calignon, S^r de St Vincent, Conseiller du Roy en sa cour de parlement de Daulphine, à Paris.
27 novembre.
— *Original autographe, avec cachet armorié en cire rouge.*

Monsieur,

La depeche que Monsieur de Boissieu (1) ma envoyee par le dernier ordinaire, et dans laquelle Jay trouve la lettre quil vous a pleu de mescrire, sestant egaree, ma este rendue sy tard, qua peyne ay je le tems de vous tracer ces lignes pour vous dire que je recois une tresgrande satisfaction de ce que vous avez aprouve mon desseing. Monsieur de Boissieu vous aura pû dire les raisons quy m'ont retenu, et luy aussy, den comuniquer a quy que cesoit, ce quy me servira, sil vous plaist, dexcuse envers vous, Monsieur, sy Je ne vous en ay donne advis comme le devoir m'y obligeoit. Les actions du beau pere et du gendre vous confirmeront tousjours la creance quil vous plaist de prendre de leur affection, et jamais Ils ne rencontreront les occasions den produire des effectz que vous n'ayez sujet de juger quils vous estiment et vous honnorent come Ilz y sont obligez pour plusieurs respectz. Larmee du Roy vient de gagner une bataille en Piedmont, dont Monsieur le Marquis de Pontchasteren (2) porte les nouvelles au Roy. La gazette ne manquera pas de vous en establir les particularitez, quy me gardera de men estendre icy. Monsieur de Peyrins (3) et moy avons discouru ensemble sur le sujet de ce que vous desirez de savoir touchant la premiere cognoissance que le feu Roy avoit eue de feu Monsieur vostre pere. Il est vray que M^r le Connestable Desdiguieres mavoit dict que sestoit par son moyen; mais Jestime que cest plutost par Madame Marguerite de France, mariee en Savoye, ainsy que mondict sieur de Peyrins vous lavoit fait entendre. Nous sommes attendans de savoir quy sera premier president en nostre compagnie (4). Vous et moy avons perdu au

---

(1) Denis de Salvaing de Boissieu, gendre de Deageant.
(2) Pontchartrain.
(3) Alexandre de Calignon, fils ainé du Chancelier et frère de M. de Saint-Vincent.
(4) Ce 1er président auquel il est fait allusion ici ne peut être que Claude de Lescot, qui, suivant Guy Allard, aurait été nommé en 1638 et qui eut Antoine du Faure pour successeur, en 1641.

defunct, et je crois que de longtemps sa place ne sera si bien remplie quelle lestoit de sa personne. Sy vous ne revenez bientost, jespere de vous retrouver de dela et de vous y asseurer de vive voix que je suis,

Monsieur,
Vostre treshumble et tresaffectionne serviteur.
Deageant.

A Grenoble, ce 27 novembre 1639.

Monsieur, avec vostre permission J'asseureray icy Madame de Calignon de mon tres humble service.

LI.

1640. — **Mémoires respondues par M^r le Duc de la Force sur la vie de feu Mr de Calignon.** — *Original* (1).
30 novembre.

Memoires concernant feu Monsieur de Callignon, natif de Grenoble, en son vivant Conseiller du roy ordinaire en son Conseil destat et de ses finances, president au parlement de Grenoble et Chancelier de Navarre, sur lesquelles Monseigneur le Mareschal de la Force est treshumblement suplié donner les instructions que sa memoire luy pourra fournir.

I

Ledit sieur de Callignon, estant encore fort jeusne, vint au service du feu Roy Henry le grand, lors Roy de Navarre, aupres duquel estoit desja mondit seigneur le Mareschal ; mais on desireroit scavoir lannee en laquelle ledit sieur de Calignon commança d'aprocher S. M. et estre a elle, et en quel lieu.

En marge, et de la main probablement du secrétaire du Duc de la Force : « Monseigneur le Duc ne peut se souvenir de ce temps-la. »

II

Par quelle occasion il eust cest honneur, daultant que ceux quy en ont

---

(1) Ce mémoire a, comme les précédents, été annoté sommairement au dos par M. de Calignon, Sieur de St-Vincent, à qui il était répondu. La note suivante se trouve en plus sur celui-ci :

« C'est par le moyen de Mr de la Val, medecin, rue St François, au Marets du Temple, chés la marquise de Sablé, que j'ay eu ces memoires. »

parle en font des raportz bien divers, les ungs disants que ce trouvant pres de M⁺ de Montbrun, du temps quil estoit chef de ceux de la Religion en Dauphine, sçavoir en lannee 1575 et precedentes, il fust par luy envoye au Roy de Navarre pour les affaires de la cause, ou estant, Monsieur de Montbrun vint a mourir en ladite annee, et ledit sieur de Calignon s'employa envers S. M. pour faire donner le commandement en Dauphine à Mons⁺ Desdiguieres.

III.

Daultres dizent que ledit sieur de Calignon ne fust point aupres du feu Roy, quapres que M⁺ Desdiguieres eust le commandement et fust par luy depeche a S. M. pour les afaires du party; ce qui lui donna lacces aupres de Sadite M.

IV

Il y en a encor quy soubstiennent que ce ne furent ny M⁺ de Montbrun ny M⁺ Desdiguieres qui le firent cognoistre au Roy, mais questant ledit Sieur de Calignon a Turin, fust estimé pour les dons de son esprit par Madame Marguerite de France, espouse de Philibert Emanuel, Duc de Savoye, en telle sorte quelle lemploya pour traicter le mariage de Charles Emanuel, son fils, despuis Duc de Savoye, avec Madame Catherine de Bourbon, sœur de Henry le grand, despuis Duchesse du Bar; a raison de quoy il fist des voiages vers S. M. Et ce Mariage nayant pas reussi a cause de la mort survenue de Madame Marguerite, ou aultrement, ledit sieur de Calignon qui, dans ceste negotiation, avoit este cogneu du Roy, se retira vers sadite M., laquelle l'envoya pour son service vers Monsieur de Lesdiguieres; dans lequel employ il fist divers voyages pres le Roy, lequel lhonora de plusieurs Charges.

En marge, est écrit comme ci-dessus : « Monsieur le Duc dit quil croit quil fut enployay en ceste negotiation. »

V

On desireroit encore scavoir si, lors du massacre de la Saint Barthelemy, ledit Sieur de Calignon estoit desja audit Roy de Navarre, et sil estoit a Paris.

En marge (ut supra) : « Lors de la S⁺ Barthelemy, M⁺ le Duc n'avoit que treize ans, et cest lors seulement quil vit le Roy de Navarre a qui M⁺ son pere le presenta avec M⁺ˢ ses freres. De sorte quil nestoit point encore de la cour du Roy de Navarre et n'en avoit aucune cognoissance. »

VI

S'il nest pas veritable que ledit Sieur de Callignon, estant au pres de

Sadite M., luy expliquait les Elements d'Euclide et les Commentaires de Cæzar, et que mondit Seigneur le Mareschal et monsieur le vicomte de Turenne, despuis Duc de Buillon, participoyent a cest estude.

En marge, toujours comme ci-dessus : « Il se souvient quil luy lisoit les Commentaires de Cæsar, lorsque le Roy avoit la goutte. Il croit que sa majeste nestoit pas versé aux mathematiques. »

VII

Ledit Sieur de Calignon estoit né de parens Catholiques et se fist de la religion (a ce qu'on croit) avant que destre au Roy de Navarre ; mais on desireroit savoir loccasion et lieu de sa conversion, la plus part tenants que ce fust par la lecture des bons livres, a Padoue, la ou il avoit estudie.

VIII

Plaira aussy a mondit Seigneur donner Instructions sur ce quil saura de plus remarquable dans les actions de la vie dudit sieur de Calignon lors quil estoit aupres du Roy de Navarre, ou despuis.

IX

Sur lhonneur que S. M. luy fesoit de laimer et agreer ces services.

X

Sur le nom et adresse de ceux de ce temps la qui sont encor vivants en Guienne, Bearn ou ailheurs, qui peuvent donner des Instructions sur les presentes memoires et ce qui en depend.

En marge, il est écrit comme plus haut, et toujours de la même main : « Mr Dupont, encore vivant, qui est de ceste ville, en pourroit dire quelque chose, car il est de ce temps la.

A la suite, et de la main même du Mareschal, Duc de Caumont la Force, est écrit : « Nous pouvons certifier en general que feu Monsieur de Calignon a esté Chancelier de Navarre avant l'advenement du feu Roy a la couronne de France, aupres duquel il estoit en tres grande consideration tant pour sa probité singuliere que pour sa suffisance souvent esprouvée au maniement des affaires d'Estat, ou il estoit employé à toutes rencontres par sa Majesté qui faisoit grande estime de ses bons conseils, et se servoit de luy aux plus importantes negotiations. A Paris, ce dernier novembre 1840.

Caumont,
Duc de la Force,

NOTES.

Nous avons cru, en raison des erreurs de dates et de personnes que commet Videl, et aussi à propos des faits et des événements qu'il ne désigne pas suffisamment, qu'il était utile de placer ici quelques Notes historiques et explicatives. Comme nous le disons dans notre préface, cela nous conduit quelquefois à des banalités, historiques et locales, pour nos compatriotes dauphinois. Nous y avons été amené aussi pour ne pas laisser de côté des pièces importantes découvertes depuis l'impression des *Pièces justificatives*, et, en tous cas, nous espérons que ces Notes auront quelque utilité hors du département, où les faits, les lieux et les personnages dauphinois sont moins connus. Le mieux n'est pas toujours l'ennemi du bien.

Cte D.

NOTES

EXPLICATIVES ET HISTORIQUES.

1

Le fameux CHEVALLIER BAYARD.
(V. p. 1).

Pierre Terrail, seigneur de Bayart, naquit en 1474 environ, au château de Bayart, dont les restes existent encore dans la vallée du Graisivaudan. Son oncle maternel était évêque de Grenoble et sa famille une des plus illustres de la province. L'histoire n'a pas oublié ses ancêtres, qui périrent les armes à la main : Humbert, en 1325, au combat de Varey (Ain) ; Robert, en 1337, près Marelles ; Philippe, en 1356, à Poitiers ; Pierre, à la bataille d'Azincourt, en 1415 ; Jean, à celle de Verneuil, en 1424 ; et, enfin, Aymon, père du chevalier, qui fut gravement blessé à la journée de Guinegate, en 1479.

Après avoir pris part à toutes les guerres de son époque et mérité, par sa bravoure, le surnom de « Chevalier sans peur et sans reproche », Bayard eut l'honneur d'armer chevalier le roi François Ier et de mourir, comme ses pères, sur un champ de bataille. Battu à Rebecque par la faute de l'amiral Bonivet, qui, blessé, lui remet le sort de l'armée, Bayard s'écrie : « Il est bien tard, mais n'importe ! mon âme est à Dieu, ma vie à mon pays, je sauverai l'armée. » C'est dans cette retraite que, le 30 avril 1524, il reçut un coup d'arquebuse qui lui rompit l'épine dorsale. On voulut le retirer de la mêlée : « Non, dit-il, ne tournons pas le dos ; placez-moi de manière que mon visage regarde l'ennemi. » Les derniers moments de ce héros portent le caractère de cette simplicité héroïque et chrétienne qui le distingue. Son corps resta au pouvoir de l'ennemi qui lui rendit les plus grands honneurs. Il fut transporté à la Plaine, près Grenoble, dans l'église des Minimes, bâtie par son oncle, Mgr Allemand, évêque de cette ville.

Bayart fut, à son époque, l'un des types les plus accomplis du gentilhomme français. Les historiens, lorsqu'ils auront repris le sentiment de leur mission, en signaleront un jour beaucoup d'autres. La chronique du *Loyal Serviteur* fait un charmant tableau de la famille de Bayart ; elle décrit les admirables mœurs qui s'étaient conservées, au xve siècle, dans les modestes résidences rurales de la noblesse.

Le 24 août 1822, les restes de Bayart, authentiquement reconnus et recueillis par les soins de M. le baron d'Haussez, préfet de l'Isère, furent transportés dans l'église de Saint-André, le jour même de l'inauguration de sa statue, sur la place qui devrait porter son nom. Suivant M. Pilot (1), les ossements transportés ne seraient pas les véritables restes de Bayart, mais ceux de l'un des nombreux religieux enterrés auprès de lui. J'applaudis à toutes les recherches, rectifications et constatations de la vérité, quand ces recherches sont utiles à l'histoire ou à la science ; mais, quand elles ne servent qu'à faire preuve d'érudition et qu'elles n'ont d'autre résultat que de détruire ou ébranler une pieuse ou glorieuse légende, je n'en saisis ni le mérite ni l'opportunité. Bayart a été inhumé au couvent de la Plaine, personne ne le conteste, que, le 24 août 1822, on ait transporté ses restes ou ceux d'un moine enterré en ce lieu, la question n'est ni importante ni facile à résoudre, et le monument de Saint-André ne perd rien de son pieux et glorieux souvenir. Que des savants s'escriment à prouver que le chevaleresque François Ier n'ait pas dit, à Pavie : *Tout est perdu fors l'honneur*, ou recherchent si le brave Cambronne a prononcé son mot célèbre : *La garde meurt et ne se rend pas*, je ne vois pas le mérite ni l'intérêt qu'il peut y avoir à dépouiller notre histoire des faits et des mots glorieux qui ne peuvent, du reste, en fausser ni l'esprit ni le fond.

2

Le GRAND CONNESTABLE DE LESDIGUIERES.
(V. p. 1.)

Cet illustre personnage est tellement lié à la vie de Calignon, qu'il en est question presque à chaque page du manuscrit de Videl.

Le second volume de notre publication des *Documents historiques* sur le Dauphiné devant traiter spécialement de Lesdiguières et être précédé d'une notice sur ce grand homme, nous n'en dirons ici que quelques mots.

Les nombreux documents que nous avons rassemblés prouveront que la vie et le caractère de notre illustre compatriote, bien que participants aux défauts inhérents à son époque, ont été assez faussement appréciés, surtout en son pays. On s'est trop inspiré d'une foule de légendes que sa correspondance et nos *Documents* viendront rectifier. Il restera à l'éternelle gloire du Connétable de n'avoir pas, comme tant de grands seigneurs, ses contemporains, songé un seul instant à trahir à son profit la cause du roi et de son pays. Si, parfois, on peut lui reprocher de la violence et une force de volonté qui souvent allait jusqu'au despotisme, on ne saurait oublier que ces défauts étaient des qualités inséparables de l'homme de guerre de son époque. Au reste, il ne dédaignait pas, dans sa toute-puissance, de tourner les difficultés avec tact et esprit avant de les résoudre par la force.

L'anecdote suivante, peu connue, en est la preuve. Nous l'avons trouvée dans les nombreux papiers des fils de Calignon : elle prouve que souvent il faut savoir établir

---

(1) *Recherches sur la sépulture de Bayard*, Grenoble, 1860.

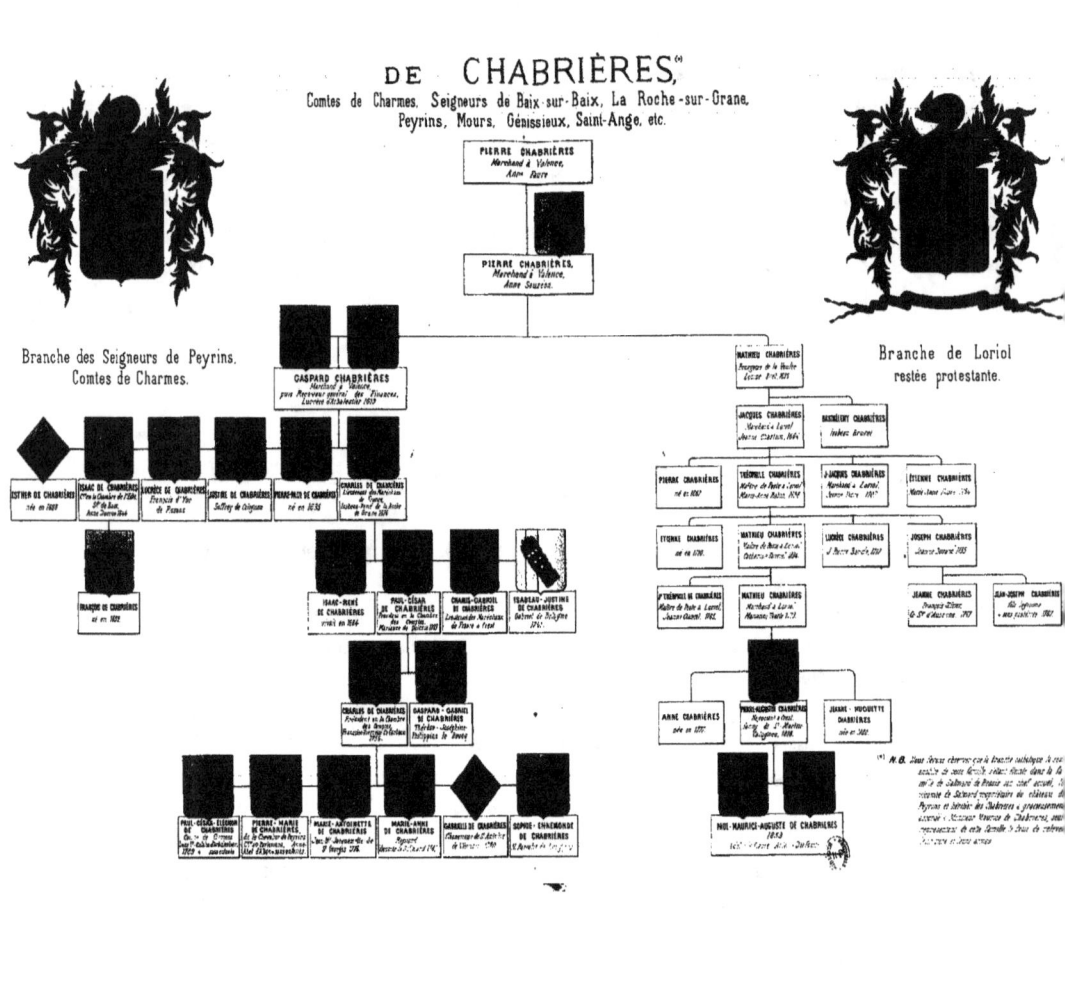

une distinction entre la bienveillance individuelle des membres d'une assemblée et leur esprit de corporation.

Lesdiguières voulait faire construire un corps de garde à côté de son hôtel, attenant à l'église de Saint-André, sur un terrain appartenant au Chapitre. Il vit en particulier chaque chanoine et les trouva naturellement tous empressés à accorder leur consentement. Mais le lendemain, lorsque l'affaire fut présentée au Chapitre, l'opposition fut unanime. Lesdiguières, peu disposé à supporter cette singulière palinodie, fit construire son corps de garde pendant la nuit ; de sorte qu'en allant à matines, les chanoines le trouvèrent entièrement achevé. Grande rumeur ; mais Lesdiguières, qui avait son idée, les invita tous à dîner. Il fit alors servir à ses convives un potage excellent, mais d'une espèce différente pour chacun d'eux. A peine en eurent-ils goûté, qu'ils en firent tous l'éloge. Aussitôt les domestiques, placés derrière chaque chanoine, enlevèrent vivement les assiettes, pendant que l'un d'eux découvrait une vaste soupière vide placée au milieu de la table. Ces potages divers y furent aussitôt versés, et formèrent, comme on le pense bien, un mélange peu agréable : « Messieurs, leur dit alors le Connétable, voilà la parfaite image de votre corporation : pris séparément, vous êtes parfaits, et, réunis, vous ne valez pas le diable. » Puis il leur fit servir un très bon dîner, qui calma les esprits et fit entièrement oublier le sujet de la contestation.

3

SOUFFREY DE CALIGNON.
(V. p. 1.)

I. — Soffrey de Calignon, sa généalogie et celles des familles qui ont la même origine.

II. — Le Sr de Peyrins et les fortifications de Grenoble.

III. — 1° La seigneurie et le château de Peyrins ; 2° François de la Colombière.

I.

SOFFREY DE CALIGNON.

Les Roux-Dorgeoise dont, suivant Videl, descendent les Calignon, remontent à 1170. Expilly, dans ses *Poésies diverses*, parle ainsi de ces familles :

> Voiron, dont les enfants ont les âmes hautaines,
> Soldats déterminés, valeureux capitaines,
> Les veilles, les travaux et la mort dédaignant
> Phornoüs en est témoin, Ravenne, Marignan
> Qui virent dans le sang les Galles, les Dorgeoise
> Les Grimaux, les Voissan, les Maubec, les Devoise
> Et ceux dont j'ai reçu mon être...

Quoi qu'il en soit de ces éloges, que le dernier vers vient peut-être motiver, et de la noblesse ancienne des Calignon, nous ne commencerons cette notice généalogique, faute de documents indiscutables, qu'au père du Chancelier, tout en invitant le lecteur à se reporter aux tableaux généalogiques qui la suivront.

Alexandre et Abel de Calignon, fils du Chancelier, obtinrent, en 1634, un arrêt du Roi en son Conseil d'État, que nous possédons et qui les maintient dans leur ancienne noblesse (1).

Un autre arrêt du 28 juin 1636 fut rendu à la requête d'Alexandre de Calignon, écuyer, seigneur de Peyrins, sergent de bataille en l'armée de S. M., en Italie; d'Abel de Calignon, écuyer, conseiller au parlement de Grenoble, et d'Uranie de Calignon, femme de Pierre de Poligny, écuyer.

Suivant Guy Allard, les branches de la famille de Calignon, produites par Hugues et Louis, frères du chancelier, portaient pour armes: *de gueules à l'agneau pascal d'argent, arboré d'or, la croix et le pennon de même et chargé d'une croix de gueules, au chef d'azur chargé de deux coquilles d'or;* ce sont celles adoptées par M. Rivoire de La Bâtie.

La branche du Chancelier, établie à Peyrins et à Grenoble, et celle de François, à Embrun, portaient: *de gueules au lion d'or, au chef cousu d'azur chargé de deux coquilles d'or.* Ce sont celles que nous adoptons et que nous reproduisons dans les tableaux. Elles figurent ainsi sur le portrait peint sur bois qui existe au château de Peyrins et que nous donnons en tête de notre publication. Nous les avons également retrouvées sur plusieurs plaques de cheminées du même château.

Les auteurs qui parlent des Calignon fournissent divers renseignements qu'il n'a pas toujours été possible de vérifier. Ainsi Haag parle d'un Pierre-Antoine d'Ambésieux de Calignon qui jouissait, à la fin du dernier siècle, d'une certaine réputation comme poète et comme prédicateur et qui descendait de leur famille par les femmes, sur lequel nous manquons de renseignements Le même écrivain attribue au Chancelier *L'Histoire des choses les plus mémorables advenues en ce royaume ès années 1588-89.* Ceci est invraisemblable; car cet écrit est d'une grande violence contre Henri III; les Guise y sont loués avec excès et Jacques Clément y est célébré comme martyr. Calignon, qui était d'un caractère doux et conciliant, ne peut avoir écrit un pareil pamphlet.

Guy Allard lui attribue également une Apologie du roi de Navarre en réponse au libelle: *Incendium calvinisticum a Navarri legatis* etc.: ceci est plus probable et telle est aussi l'opinion de Videl (V. p 51).

L'Armorial du Dauphiné de M. de La Bâtie cite Guigues *Ruffi* alias Calignon, comme le premier auteur connu de la famile, et une pièce manuscrite du XVIIe siècle, trouvée au château de Peyrins, établit en effet que Roux, en latin *Rufus*, était leur véritable nom d'origine.

Cette pièce, d'après laquelle est dressée la généalogie des premiers Calignon et qui s'appuie sur des titres notariés probablement perdus, supérieure en cela aux notes un

---

(1) Il se trouve aussi aux Archives de la Drôme. C. 327.

peu confuses de Guy Allard, est pleinement confirmée par quelques actes conservés dans les archives publiques. Ainsi nous trouvons Eynard Calignon, de Voiron, reçu clerc juré au greffe du Parlement de Grenoble le 31 juillet 1529 (1), et ensuite châtelain de Tullins. Il y existe encore un arrêt de 1595 ratifiant l'accord intervenu entre Annibal Calignon et Jean Rodet, ancien consul de Tullins (2), et un autre arrêt de 1601 qui maintient Guigues Drevon en la possession d'un pré que le même Annibal lui contestait (3).

Les tableaux généalogiques de la famille de Calignon, que nous donnnons avec les alliances connues, ont été tirés des notes et pièces trouvées au château de Peyrins et de celles que M. Lacroix, archiviste de la Drôme, a bien voulu rechercher pour nous dans les manuscrits de Guy Allard, dans les registres de baptêmes, mariages et sépultures de Grenoble, de Valence, de Mollans et du Buis, dans les auteurs spéciaux et dans les dépôts publics.

GÉNÉALOGIE DE LA FAMILLE DE SOFFREY DE CALIGNON, CHANCELIER DE NAVARRE.

1er Degré.

Genthon CALIGNON, procureur au Parlement de Grenoble, vivant en 1530, épousa Clauda ou Claudine Giraud. Il était fils de Philibert et d'Anne Seignoret (1500). Ses quatre frères furent :

1° CLAUDE, prêtre, en 1500 ;
2° PIERRE, marchand à Voiron, père d'un fils appelé Jean ;
3° JACQUES, procureur au Parlement de Grenoble, mari d'Anne Giraud, sœur, sans doute, de la femme de Genthon, qui lui donna :
PIERRE, inconnu ;
JEAN, procureur, père de trois fils et d'une fille ;
LOUIS, décédé à Rome,
JACQUES, avocat, père de Soffrey, aussi avocat ;
MARGUERITE, CLAIRE et JEANNE, établies dans le voisinage ;
4° GUIGUES, official de Grenoble et vicaire général en 1572, sur lequel M. Pilot, archiviste de l'Isère, nous communique les renseignements suivants :

Dans un testament du 12 janvier 1586, il institue héritier Jacques, son frère, procureur au Parlement de Grenoble. Par un second testament du 8 juin 1596 et un codicille du 7 juillet 1597, il fait héritier François Boisson, son petit neveu, avec un legs à Claude Calignon, son fils donné (4), vicaire de l'église de Notre-Dame de Grenoble ; il y nomme

---

(1) *Inventaire sommaire des Archives départementales de l'Isère*, t. II. Notes sur le Conseil Delphinal et Parlement de Grenoble.
(2) *Id.* B. 273, t. I.
(3) *Id.* B. 315, t. I.
(4) Expression usitée à cette époque où la recherche de la paternité était de droit rigoureux et donnait lieu à de graves abus.

aussi son frère Jacques, procureur au Parlement, et Jean Calignon, également procureur à la même cour. Il veut être enterré, s'il meurt à Grenoble, dans le tombeau de Genthon Calignon, son frère, et, s'il meurt à Voiron, dans la chapelle des Calignon, fondée en l'église paroissiale de Salmorenc. Il paraît avoir encore eu une fille nommé Jeanne, sans doute également donnée, mais dont ce testament ne parle pas.

Genthon CALIGNON et Clauda GIRAUD eurent vingt enfants de leur mariage (1) :

1° SOFFREY, qui forme le degré suivant ;

2° GUIGUES, inconnu et probablement mort jeune ;

3° HUGUES, tige des seigneurs de Montmeilleur. Nommé auditeur à la Chambre des Comptes par lettres du roi du 8 mai 1599, en remplacement de Joachim de Ruc, mari d'Alix du Vache, et reçu la même année (2), il devint trésorier des guerres en Piémont et en Savoie et fut marié deux fois : 1° avec Suzanne Basset ; 2° avec Lucrèce de Montchenu, fille de Jean, seigneur de Beausemblant, laissant à sa mort :

MADELAINE, femme d'Aimar Forez ou Forest, seigneur de la Jonchère ;

OLYMPE, femme de Laurent de Thiennes, seigneur de Saint-Martin de Clelles ;

HUGUES, auquel Louise ou Lucrèce Le Blanc de Percy donna Justine, inconnue, et Madelaine, femme de Jean-Baptiste de Gallien de Chabons, procureur général au Parlement de Grenoble ;

4° BENJAMIN, inconnu ;

5° FRANÇOIS, que Lesdiguières nomma Capitaine du château de Queyras, par lettres du 12 octobre 1587, et qui eut de son mariage avec Marguerite Lobet :

CLAUDE, tige d'une branche éteinte vers la fin du XVIII° siècle ;

ANDRÉ, auteur d'une autre branche sur laquelle nous manquons de détails ;

PIERRE, seigneur de Saint-Michel, marié le 30 décembre 1630 avec Catherine d'Arnaud, et père de Louis. Celui-ci épousa : 1° le 10 juillet 1666, Marguerite de Bosse, fille du commandant d'Embrun, et 2° Isabeau Danel, qui le rendit père d'une fille, Marianne, femme de Jean Reynier, d'Upaix, et d'un fils, Antoine. Cet Antoine s'unit le 2 juin 1705 avec Madelaine Jacquier, fille de François-Louis et d'Elizabeth Vallier, et leurs enfants furent : 1° Laurent, chanoine d'Embrun ; 2° Madelaine, mariée en 1735 avec Claude Michel. De cette union naquit un fils unique : Claude-Antoine-Michel de Calignon, seigneur de Chaillol, procureur postulant à Romans en 1758 et procureur du roi à la Maîtrise des eaux et forêts, qui obtint la main d'Antoinette Curnier de la Valette, qui elle-même était déjà alliée aux Calignon par Marianne, son aïeule (3).

---

(1) *Inventaire sommaire des archives départementales de l'Isère*, B. 150.

(2) *Id.*, t. II, notes sur la Chambre des Comptes.

(3) Archives du château de Peyrins. — *Id.* de la Drôme. E. 2329 ; B. 1818. — *Armorial du Dauphiné*. — Manuscrits de Guy Allard à la Bibliothèque de Grenoble. — On trouve une Jeanne-Françoise de Calignon à Embrun, en 1610 (Archives de l'Isère). — Edmond Maignien, le *Dauphiné* de novembre 1873, pour les armes des d'Arnaud.

6° Louis, tige des seigneurs de Laffrey et de Saint-Sauveur, capitaine de cent hommes de pied, anobli en 1592 (1) et sergent-major de Grenoble (2), épousa Sébastienne de la Rivière et testa en 1621, laissant :

1° Pierre, contrôleur des gabelles à sel, qui eut de Louise de Portes deux filles : l'une alliée avec un Abel de Rachais, seigneur de Montferrat, veuf de Louise d'Agoult, et l'autre, appelée Sébastienne, avec Pierre-André de Marnais, pourvu d'un office de conseiller au Parlement de Grenoble en 1647, qui entra dans les ordres après la mort de sa femme et mourut en 1667;

2° Louis, comme son père, sergent-major de Grenoble et héritier avec son frère Pierre, de noble Pierre de la Rivière, leur oncle, fut père de Fleury, décédé à Grenoble le 15 janvier 1710, à l'âge de 45 ans, et « conduit aux Jacobins ; » et de François, également sergent-major, mort à Grenoble le 20 novembre 1702, à 75 ans. Ce dernier avait épousé Madelaine Romme et eut un fils appelé Antoine-Alphonse, qui s'unit, à Grenoble, le 26 mars 1710, avec Catherine Bodoin ou Baudoin, fille de noble Just, maître ordinaire en la Chambre des Comptes de Dauphiné, et d'Anne Roux. De ce mariage sortit Just de Calignon, chevalier de Saint-Louis, seigneur de Laffrey et major du régiment de la Couronne en 1752. M. Pilot, dans sa *Notice sur l'église de Saint-Laurent de Grenoble*, donne à François, second fils de Louis, trois enfants : Floris (notre Fleury, sans doute), Louis et Alphonse qui fut capitaine au régiment Royal-Comtois. Nous ne connaissons pas ce dernier, et nous croyons Floris frère plutôt que fils de François. Quant à Alphonse, c'est probablement notre Antoine-Alphonse, mari de Catherine Bodoin.

7° et 8° Philibert et Philippe nous sont inconnus;

9° Jacques, seigneur de Bressieu, tige des seigneurs de Chamoussière, fut nommé conseiller en la Chambre de l'Edit par lettres datées de Blois, le 6 août 1599, et reçu le 2 octobre suivant. Il avait épousé Barbe de la Rivière, fille de Jean, seigneur de Vaux-la-Reine, premier maître d'hôtel du roi de Navarre, et de Justine de Brenieu, et laissa d'elle (3) :

1° Soffrey;

2° Pierre, qui nous est inconnu ;

3° Louise, femme de N. Laboisse, de Valence.

Soffrey épousa Jeanne de Francon et eut : 1° Hugues, qui habitait Saint-Vincent-du-Plâtre, et épousa à Valence, en 1684, Olive de la Chaussée,

---

(1) Suivant l'*Armorial du Dauphiné*, par lettres vérifiées en 1602.
(2) Officier de police militaire, représenté de nos jours par les officiers et commandants de place.
(3) État civil de Grenoble. — Archives de la Drôme. E. 251. — Archives du château de Peyrins. — *Bulletin de la Société d'archéologie*. VII, 375. — *Armorial du Dauphiné*, etc. — Archives de l'Isère. B. 1806.

fille de Nicolas, avocat au Parlement, et de Marie Jessé dont il n'eut pas d'enfants ; 2° Louis, marié avec Catherine des Isles ; 3° Alexandre, sieur de Brenieu, qui eut un fils nommé Joachim, père de Sébastienne, la dernière de cette branche ; 4° Marie, religieuse aux Hayes.

10° ANTOINE, dont le nom est en blanc sur la liste des enfants de Genthon et le neuvième par ordre de naissance, est-il le grand prévôt de la maréchaussée de Dauphiné dont parle l'*Armorial* et qui épousa : 1° Diane de Beaumont, de Saint-Quentin, et 2°, le 5 avril 1639, Isabeau de l'Aube, des seigneurs de Requemartine et du Tourret, veuve d'Antoine de Vaujany, du Versou, et laissa, de la première femme, Jeanne de Calignon, mariée avec Henri de Saint-Ours, de l'Échaillon, capitaine au régiment de Sault? « Nous croyons, dit M. de La Bâtie, qu'Antoine était fils d'Hugues de Calignon, frère du Chancelier, ou frère de François, seigneur de Laffrey. » Nos recherches n'ont pu éclaircir ce point.

La création d'un lieutenant de robe courte et de quatre archers auprès de chaque siège royal remonte à 1554. Le 10 avril 1618, Antoine de Calignon, lieutenant général en la prévôté de Dauphiné, donne quittance de ses gages. M. Pilot cite un arrêt du Parlement, rendu la même année sur la demande d'Antoine de Calignon, lieutenant général de robe courte en la prévôté de Dauphiné, qui permet l'exécution des poursuites commencées par Jean Freychet-Dupré contre Françoise Anisson, femme Colas, pour le recouvrement d'un rôle de taille. Ces actes prouvent que ce personnage n'a pas dû être frère de François, seigneur de Laffrey, né en 1627 et mort en 1702.

L'inventaire des archives de Peyrins signale, à la date du 5 janvier 1605, une quittance de 1,100 livres par Claude et Antoine de Saint-Ours, père et fils, pour la dot de Sébastienne de Calignon et le contrat de mariage, du 25 janvier 1633, de noble Henri de Saint-Ours, fils d'Étienne, avec Jeanne de Calignon.

En admettant qu'Antoine, père de Jeanne, fût né en 1559 et qu'il se soit remarié en 1639, il aurait eu alors quatre vingts ans, ce qui n'est pas impossible.

Il ne reste plus qu'une objection contre notre hypothèse : c'est la mention d'un Antoine, lieutenant de prévôt en 1605. On verra tout à l'heure comment il est possible d'expliquer la chose.

11° ANTOINE, femme d'Antoine Perouse ;

12° CLAIRE, mariée avec André Chaboud (1) ;

13° NOÉMI, qui épousa N. Nicoud.

14° GUIGONNE, femme de N. Galleis ; sans doute, le même Galleis de la Thivolière

---

(1) Archives de la Drôme. B. 673. — *Id.* de l'Isère. B. 273 ; B. 315 ; B. 545. — *Id.* du château de Peyrins. — *Armorial du Dauphiné.*

dont M. Albanel, son gendre, parle dans les pièces justificatives placées sous le n° XLVIII. Nous renvoyons le lecteur aux notes jointes à ces pièces.

15° JEANNE, femme d'Antoine Boisson, qui fut garde général des vivres de l'armée envoyée en Piémont sous les ordres de Lesdiguières. Leur fils, héritier de son oncle maternel, Guigues de Calignon, comme on l'a vu plus haut, mourut en bas âge (1).

16° ANNE ;
17° LOUISE ;
18° ISABEAU ;   sur lesquelles nous ne possédons aucun renseignement.
19° THAMAR ;
20° N. ;

Si la dernière s'appelait Sébastienne, c'était la femme d'Antoine de Saint-Ours.

2º Degré.

SOFFREY DE CALIGNON, né à Saint-Jean-de-Voiron (Saint-Jean-de-Moirans), la veille de Pâques 1550 (2), fut conseiller en la Chambre mi-partie le 1er août 1576 (Voir *Pièces justificatives*, n° III); conseiller au Parlement de Grenoble le 1er octobre 1576 (n° IV bis); nommé de nouveau le 3 octobre 1577 (n° V) et le 20 janvier 1579 (n° VI); maître des requêtes du roi de Navarre, le 19 janvier 1580 (n° VII); président au Parlement de Grenoble aux lieu et place d'Innocent Gentillet, le 3 mars 1590 (n° X), office qu'il échangea, le 26 décembre 1590, contre celui de conseiller de Louis du Vache (n° XII); intendant de justice en l'armée de Piémont, le 30 janvier 1593 (n° XVII); chancelier de Navarre, par lettres datées de Mantes, le 6 juin 1593 (n° XXI), et enfin conseiller d'État au Conseil de France, par lettres du 24 janvier 1594 (n° XXII).

Il avait épousé, le 18 décembre 1587, dame Marthe du Vache, fille de Claude, seigneur de Peyrins, et de Françoise de Murinais, dame de Peyrins (3). Ils eurent de leur mariage :

1° ALEXANDRE, qui suit ;
2° ABEL, sieur de Saint-Vincent, seigneur de Voreppe, qui fut nommé conseiller en la Chambre de l'Édit, en remplacement de Jacques de Calignon, son oncle, décédé en 1616, par lettres datées de Paris du 28 janvier 1617, et reçu le 8 mars

---

(1) Un cousin de cet Antoine Boisson, Pierre, fils de Pierre Boisson, contrôleur général des finances, épousa aussi une Jeanne de Calignon. De ce mariage naquirent deux enfants, qui furent prieurs de Voreppe. Le 17 septembre 1665, Antoine de Calignon, alors lieutenant de la prévôté de robe courte, tint sur les fonts baptismaux un enfant de François Boisson (Pièces et notes communiquées par M. Pilot), dont l'épouse, Adèle Debelle, fille de l'un des trois généraux Debelle, descend par les femmes de Pierre Boisson et de Jeanne de Calignon. — Archives de l'Isère. B. 447.

(2) Sa marraine, Marguerite de Saint-Germain, dont parle Videl, était sans doute de la famille de Jean de Saint-Germain, avocat fiscal en la Chambre des Comptes, et depuis avocat général au Parlement de Grenoble (1518). Cette famille, originaire du Gapençais, porte : *d'or à la bande d'azur chargée de trois croissants montants d'argent*.

(3) Voir la note n° 47.

suivant. Il s'était uni avec Olympe Tonnard, fille de Claude, intendant et premier secrétaire de Lesdiguières, et avait eu d'elle :

ABEL, mort jeune, et dont le portrait se voit au château de Beauplan ;

LUCRÈCE, femme de Claude Bremond (1) ;

URANIE, dame de Voreppe et de Pommiers, qui se maria, le 20 avril 1650, avec Hector d'Agoult de Bonneval, conseiller au Parlement de Grenoble, auquel elle apporta en dot les terres de Voreppe et de Saint-Jean. Leurs armes se voient au-dessus d'une porte du château de Beauplan.

3° FRANÇOIS, sieur de Saint-Jean, capitaine châtelain, et commandant sous le maréchal de Lesdiguières par lettres du 12 octobre 1587 ; enseigne-colonel du régiment de Dauphiné, et qui mourut à Quiers, en Piémont, sans laisser de postérité connue (2).

4° URANIE, qui épousa, le 12 avril 1611, Pierre de Poligny, baron de Vaubonnais, seigneur de la Fare et de Corps.

Nous avons déjà dit qu'Alexandre, Abel et Uranie obtinrent, le 31 mars 1631 et le 28 juin 1636, des arrêts du Conseil du roi qui les maintenaient dans leur noblesse.

3° Degré.

ALEXANDRE DE CALIGNON, né en 1589, seigneur de Peyrins, maréchal de bataille des armées du roi par brevet du 14 avril 1635, ingénieur militaire distingué, fut chargé des fortifications de Grenoble et d'autres travaux importants, comme on le verra aux pièces placées à la suite de cette notice, et mourut au château de Peyrins en 1656.

Il avait épousé Isabeau de Rosset, des seigneurs de la Martelière, dont il eut douze enfants :

1° SOFFREY, qui suit ;

2° FRANÇOIS, sur lequel nous manquons de renseignements. Un acte de 1664 le dit absent depuis vingt-cinq ans ;

3° RAYMOND, sieur de Saint-Jean, mari d'Esther d'Arbalestier, d'une ancienne maison du Diois portant : *de gueules au chevron d'argent, chargé de 5 pommes de pin renversées de sinople, accompagnées de 3 étoiles d'or 2 et 1*, eut une fille unique, Isabeau (sans doute celle qui fut inhumée à Grenoble le 17 octobre 1675, veuve de Pierre Rey, âgée de quatre-vingts ans), et fut tué en Italie en 1656, où il était capitaine d'infanterie ;

4° ABEL, qui nous est inconnu ;

5° CHARLES, qui testa en 1646, en faveur de Soffrey, son frère ;

6° ENNEMOND, prieur de Cléon d'Andrau, terre de Jean d'Urre-Mollans, mari de Marthe de Calignon ci-après ;

---

(1) L'*Armorial* en fait le quatrième enfant de Soffrey.
(2) Archives des châteaux de Peyrins et de Beauplan, à Voreppe.

7° LOUIS, sieur des Usseaux, capitaine au régiment de Montpezat ;
8° ANTOINE, avocat, qui testa en 1604, « avant de partir pour un voyage lointain, » en faveur de sa mère et de Raymond, son frère. N'aurait-il pas accepté la charge de lieutenant de robe courte, en 1665 et même avant? Si la conjecture est fondée, il y a eu deux Antoine revêtus de la même fonction : celui-ci et celui que nous avons placé au nombre des frères du chancelier ;
9° MARTHE, femme en premières noces de Jean d'Urre, seigneur de Mollans et de Cléon d'Andrau, et en deuxièmes de Charles, marquis de Simiane-Esparron ;
10° ISABEAU, qui s'allia avec Balthazard Barbier, et dont les descendants, sous le nom de Calignon, continuent la filiation (1);
11° MARIE, religieuse ursuline à Romans, reçue à dix-sept ans, le 7 août 1648 ;
12° URANIE, religieuse au même couvent, reçue professe le 2 février 1653.

4e Degré.

SOFFREY DE CALIGNON, capitaine, puis lieutenant-colonel au régiment de Sault, fut tué au siège de Valence (Italie) en 1656. Il avait épousé Justine de Chabrières, d'une famille issue de la maison de la Roche de Grane, dont il eut sept enfants :

1° PAUL, tué au siège de Deventer, en Hollande, en 1672, suivant une requête du 25 février 1698 ;
2° RAYMOND, qui obtint, le 25 février 1698, un arrêt du Conseil du roi le maintenant en sa noblesse et le déchargeant de toutes poursuites à ce sujet. Il testa le 10 octobre 1715 en faveur de Paul-César de Chabrières. Sa descendance est inconnue, et, probablement, il mourut célibataire ;
3° LUCRÈCE, morte jeune ;
4° 5° ANNE et JEANNE, sur lesquelles nous manquons de renseignements ;
6° 7° JUSTINE et LOUISE, qui sortirent du royaume (2).

5e Degré.

BALTHAZARD BARBIER, conseiller du roi et son procureur général au bailliage du Buis, épousa Isabeau, fille d'Alexandre de Calignon. Ce mariage se fit chez Marthe de Calignon, marquise de Simiane, sa sœur, au château de Mollans. Par son testament du 2 octobre 1665 (pièce que nous avons vue chez M. de Calignon, à Sassenage), Isabeau institue pour son légataire universel Balthazard Barbier, son époux : elle lui concède son nom et tous les droits et actions qu'elle peut avoir, avec la charge de les faire passer sur la tête de celui de ses enfants qu'il voudra. De ce mariage naquirent :

---

(1) Archives du château de Peyrins. — Id. de l'Isère. B. 550, 809. — Expilly, Plaidoyers, 6e édit., p. 882; Poésies diverses : Hymne sur la journée de Salbertrand. — Basset, Plaidoyers, II, 256. — État civil du Buis et de Mollans.

(2) Archives du château de Peyrins. — Id. de la Drôme, fonds de Sainte-Ursule de Romans et II. 282, C. 691.

1° Jean de Barbier, qui suit ;
2° Balthazard II de Barbier, coseigneur de Lestalion, capitaine, puis major au service du prince de Monaco (1), qui épousa : 1° N..., fille du marquis d'Entremont, dont il n'eut pas d'enfant ; 2° Louise de Roux de Vaugrand, dont il eut Joseph-Jean-Baptiste, qui fut seigneur de Ville-Croze et capitaine au régiment de Gramont. Il avait épousé Marie-Anne de Lange, dont le père était baron de Montmirail et président à Orange. Il a formé la branche des Barbier de Ville-Croze, qui est éteinte.

6° Degré.

Jean de Barbier-Calignon, conseiller du roi au bailliage du Buis, épousa Gabrielle Lambertin. Ils eurent :

7° Degré.

Martin de Barbier-Calignon, qui épousa Madeleine de Meynier de Moydans, dont :

8° Degré.

Charles-François-Alexandre de Barbier de Calignon fut le premier qui prit définitivement le nom de Calignon. Il était subdélégué de l'Intendance au bailliage du Buis en 1783. Il épousa, en 1767, Marie-Louise-Thérèse de Martinel, dont il eut trois enfants :

1° Esprit-Alexandre-Martin, qui suit ;
2° Laurent-Gaspard-Casimir, sous-lieutenant au régiment de Condé, dans lequel il a fait les campagnes de l'émigration ;
3° Marie-Catherine-Julie, qui épousa Joseph-Henri-Magloire, comte de Flotte, chef d'escadron.

9° Degré.

Esprit-Alexandre-Martin de Calignon, officier au régiment de Chartres, a servi comme aide-de-camp du général commandant la division centrale à la Croix-Rousse, lors du siége de Lyon ; puis il commanda l'arrière-garde sous le comte de Virieu, maréchal de camp. Il fit ensuite la campagne de l'armée de Condé. Il a épousé, le 19 août 1805, Jeanne-Claudine de Nantes d'Avignonnet, dont il eut :

1° Alexandre-Laurent-Achille, qui suit ;
2° Catherine-Henriette-Olympe, décédée fille ;
3° Anne-Ursule-Modeste, décédée fille en 1868 ;
4° Philippine-Xavière-Julienne, vivante à Grenoble.

---

(1) La seigneurie du Buis avait été cédée au Monaco par Louis XIII, en 1642, en dédommagement de fiefs perdus en Italie.

NOTE III. N° 2.

Plan de la nouvelle fortification de Grenoble, commencée en l'année 1539 ayant été réparée en l'année 1671.

Fait à Grenoble le 1.er Juin 1725.

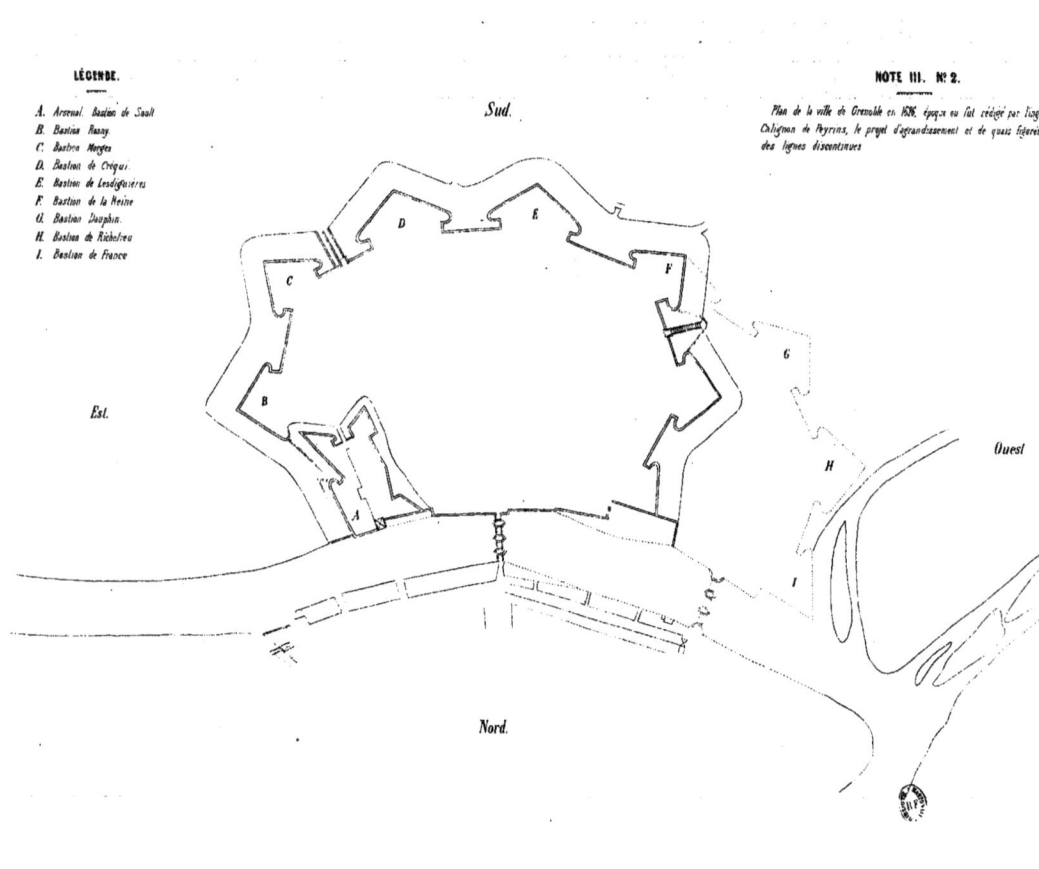

10° Degré.

ALEXANDRE-LAURENT-ACHILLE DE CALIGNON, né le 10 mai 1808, a épousé, le 28 novembre 1832, Pierrette-Olympe de Vachon. De ce mariage sont nés :

1° CHARLES-HENRI DE CALIGNON, né le 29 novembre 1833, capitaine au 47e de ligne, mort le 6 août 1870, sur le champ de bataille de Reichshoffen. Son corps a été exhumé, en 1871, et transporté au cimetière de Grenoble, dans le caveau de sa famille ;
2° HENRIETTE-MODESTE-JULIENNE-MARIE DE CALIGNON ;
3° CAROLINE-NOÉMI-URSULE-JULIENNE, dame du Sacré-Cœur de Montfleury, près Grenoble ;
4° ACHILLE-LOUIS-ALBERT DE CALIGNON, né le 5 mai 1848.

Cette famille, qui habite Sassenage, près Grenoble, porte pour armes : *Parti au 1 d'azur à la croix d'argent, cantonnée de 4 roses d'or ; au 2 d'argent à la fasce de sinople, accompagnée en chef de deux coquilles de sable et en pointe d'un lion de gueules.*
Nous avons vu, chez M. de Calignon, un ancien vitrail provenant de l'église du Buis, où le premier parti de ces armes est ainsi émaillé. Quant au second parti, ce ne sont pas les armes du Chancelier de Calignon, bien que les coquilles et le lion y soient rappelés sous d'autres couleurs ou émaux.
Nous trouvons, dans les registres de l'état civil de Voiron et de Tullins, un Pierre Calignon qui épousa Madeleine Girin, dont il eut : Sulpice, marié en 1702, avec Marie Salomon, de Voiron. Ils eurent trois enfants :

1° SULPICE, qui eut une fille qui épousa M. de Lagny, à Paris ;
2° MARIE, qui épousa Jacques Monet, de Voiron, en 1787 ;
3° JOSEPH, qui est mort à Voiron en 1836, laissant de sa femme, morte en 1845, quatre enfants :
   1° SOFFREY, qui s'engagea en 1833, devint officier supérieur et fut tué, en 1859, à Solférino. Son corps a été rapporté et inhumé à Voiron ;
   2° ACHILLE, qui s'engagea en 1834, et mourut en Afrique le 24 août 1840 ;
   3° ESTELLE, qui épousa M. André Drut, négociant de Lyon ;
   4° ERNEST, né en 1827, mort le 28 juillet 1866, dernier de cette branche.

II.

LE SIEUR DE PEYRINS ET LES FORTIFICATIONS DE GRENOBLE.
(P. 40, 75, 128.)

Alexandre de Calignon, sieur de Peyrins, fils aîné du Chancelier, fut un des plus anciens ingénieurs militaires français, car, jusqu'au milieu du XVIIe siècle, nous n'avions guère dans nos armées que des ingénieurs italiens. Mathématicien distingué, il a laissé, sur le mouvement du pendule, un mémoire imprimé en 1613 à Louvain, après sa mort.

Chargé par Lesdiguières d'un projet d'agrandissement pour les fortifications de Grenoble, il le conçut tel qu'il fut exécuté cinquante ans plus tard. La lettre autographe du Cardinal de Richelieu, trouvée aux archives de Peyrins, et dont nous donnons plus loin la copie, par cela même que les termes en sont d'une obscurité toute diplomatique, nous permet de croire qu'elle a trait aux projets de fortifications de Grenoble, *l'affaire dont vous m'avez parlé à Grenoble*. Elle permet de supposer que déjà le sieur de Peyrins avait proposé et avait été chargé de préparer les plans et projets d'une affaire assez importante pour occuper et nécessiter une lettre du Cardinal, dans laquelle des motifs seuls de haute politique peuvent le rendre aussi peu explicite : *tenir touttes choses prestes et en estat qu'on puisse voir un bon effect de vos pensées*. La situation de la France vis-à-vis de l'Italie explique suffisamment ces mots couverts, de même que le retard apporté à ce projet. Toutefois, nous donnons ceci sous toutes réserves, et nous croyons devoir ajouter qu'une autre lettre, dont nous citerons seulement quelques passages ayant rapport au sieur de Peyrins, laisse également supposer d'autres projets du Cardinal, pour lesquels il comptait employer notre ingénieur. Cette lettre de François de Calignon, sieur de Saint Jean, conseiller au Parlement de Dauphiné, à son frère Alexandre, sieur de Peyrins, si elle n'a pas de rapport à celle du Cardinal, ce que nous pensons, a tout au moins l'utilité de nous renseigner sur les travaux importants de son frère.

Voici ces deux lettres (a. et b.)

(a.) — A Monsr DE PEYRINS, A GRENOBLE.

Monsieur de Perins, Jay bien voulu vous escripre ceste lettre pour vous prier de me mander la nouvelle cognoissance que vous pouvez avoir de l'affaire dont vous m'avez parlé à Grenoble, et de tenir touttes choses prestes, et En Estat qu'on puisse voir un bon effect de vos pensées Incontinant que vous recevrez ordre de moy. Cependant Je vous conjure de croire que je suis

Monsieur de Perins,

Votre bien affectionné a vous servir,

Le card. DE RICHELIEU.

..... Février 1630.

Cette lettre est scellée d'un petit cachet en cire rouge aux armes du Cardinal, et l'on voit encore la trace des cordonnets de soie.

(b.) — A MONSIEUR DE PEYRINS.

Mon cher frere,

....
.... et à ce propos je vous direy que j'ay rendu à monsieur de St-Chaumont la lettre que vous avez treuvé bon dont je vous envoye la coppie, laquelle ayant leu il m'a dit qu'au commencement du siege de Nancy il proposa au roy de vous envoler querir, comm'en effect cella estoit resolu si le jeu eust duré ; et quand à loccasion presente, il ma rendu beaucoup de tesmoignages de l'estime qu'il fait de vous et assuré qu'il n'aura point demploy que vous ni ayez part,...

.... Le moyen de supleer á ce manquement, cest de venir icy, si loccasion dont je vous ay escrit peut reussir touchant les eaux que monsieur le cardinal veut avoir dans ses jardinages; surquoy je vous direy que la vostre semble changer la premiere invention en une seconde capable seulement de vingt ou vingt-cinq pouces d'eau, qui se peut toutesfois multiplier par autant de machines qu'on voudra. Si c'est la forme de la rofle de Beauplan (1), comme vous dittes, prenes garde qu'un diamettre de cinquante piedz ne la rendit pesante, subjette aux vendz et glaces, et difficille selon la hauteur ou bassesse de la riviere; toutesfois, sur la foy de vos lettres, j'en ay encor parlé aujourdhui et croy que mondit seigneur le cardinal menvoyera querir pour vous donner le commencement de venir ici...
vous donnant advis au surplus qu'au dessous du pont des Thuileries, dont je vous ay parlé, il y a un bastiment sur pilotis destiné pour la pompe qu'on y vouloit faire......................
....
Vous m'aves cy-devant escrit, et moy a vous, touchant le pont de Vienne, pour raison de quoy je vous advertis pour la seconde fois que Ferron est homme de petite foy et le lieutenant de Vienne de grand babil; c'est pourquoy vous feres sagement dy prendre vos seurtes, et si, dans lexecution, vous avez besoin d'un homme d'affaires et de manyement, je vous y conserveray vos interestz, et aussy utillement que Monsr. Espeaute, et plus fidellement que nul autre.......
Quand au dessein du nettoyement des rues de Paris, je pançe qu'il seroit merveilleusement difficille à executer, faute de pante raisonnable. Toutesfois je m'en raporte. Mais sy, prenant leau ou vous dittes, on la pouvoit mener doucement par un canal sur le cotau de Montmartre ou autre voisins, ensorte quon luy peust donner une hauteur convenable pour la faire rejalir dans les jardins de mondit seigneur et autres endroitz de Paris, je treuve que cest expedient seroit plus net, plus durable et plus abondant en eau que toute autre machine.
Monsieur Rousset (2), vostre beaufrere, a les blancz signes dont vous parles.............
....si vous avez quelques desseins pour l'Italie ou des plans qui soient dignes de mondit seigneur le cardinal, il seroit bon d'y songer afin de rendre vostre venue plus recommandable. Mais, pour tout cella, ne laissies de faire vos affaires en Dauphiné, soit pour le pont de Vienne ou autre chose, car vous scaves mieux que moy que les affaires de la cour n'ont rien de certain...
....

Je suis, Monsieur mon frere,
Votre tres humble serviteur et bon frere,
F. CALIGNON.

Paris, ce 4e febvrier 1634.

Quoi qu'il en soit de l'interprétation qu'on peut donner à ces lettres, nous avons cru devoir ne pas les passer sous silence. Elles viennent en tous cas témoigner en faveur des talents et de la position importante du sieur de Peyrins. Mais voici des documents, qui ont un intérêt tout local et que nous devons à l'obligeance de M. Albert de Rochas,

---

(1) Il est sans doute ici question de Beauplan, près Voreppe, appartenant aujourd'hui à M. le comte d'Agoult et provenant d'Uranie de Calignon, femme d'Hector d'Agoult de Donneval.
(2) Alexandre avait épousé Isabeau de Rosset, Rossel et sans doute aussi Rousset. V. le 3e degré de la généalogie.

capitaine du Génie. Il a bien voulu nous communiquer deux plans des fortifications de Grenoble, extraits des Archives de la place, et les accompagner d'une note rédigée à notre intention.

« Quand Lesdiguières s'empara de Grenoble, cette ville n'était encore protégée que par une muraille garnie de tours datant en grande partie de l'époque romaine. Le capitaine huguenot se hâta de fortifier sa nouvelle conquête au moyen d'une enceinte bastionnée beaucoup plus étendue que l'ancienne ; une partie en subsiste encore depuis la porte de l'Ile-Verte jusqu'au saillant du bastion où est actuellement la caserne Très-Cloîtres. A partir de ce saillant, l'enceinte se dirigeait, avec une légère courbure, à peu près jusqu'à l'angle de la rue Créqui et de la place Vocanson qui formait le saillant du bastion dit *de la Reine* ; il n'y a que peu d'années que cette partie de la fortification a été démolie. A partir du saillant du bastion de la Reine, l'enceinte tournait brusquement pour venir rejoindre l'Isère à la hauteur de la terrasse du Jardin de ville.

« Sous l'administration de Lesdiguières, la ville prit un rapide essor et, bientôt, sa nouvelle ceinture devint insuffisante. En 1626, Alexandre de Calignon de Peyrins présenta un projet d'agrandissement ; partant du saillant du bastion de la Reine, il englobait tout le nouveau quartier qui venait de se former autour de l'hôtel de Madame la Connétable, aujourd'hui hôtel Franquières.

« L'exécution de ce projet fut sans doute retardée par la mort de Lesdiguières arrivée en 1627 ; car on ne commença les travaux qu'en 1639, pour les interrompre bientôt après et ne les reprendre définitivement qu'en 1672. La partie de l'enceinte actuelle, qui s'étend depuis la porte Créqui jusqu'au saillant du bastion où est la caserne de Bonne, date de cette époque ; celle qui s'étendait entre ce dernier saillant et le saillant du bastion de la Reine a été récemment détruite ; j'ignore l'époque de la démolition des murailles comprises entre le bastion de la Reine et le Jardin de ville.

« Nous donnons deux plans relatifs à cet agrandissement. L'un est la reproduction d'un calque dont l'original a disparu ; il donne une vue d'ensemble du projet de Calignon. L'autre est la copie d'un plan des archives de la direction du Génie de Grenoble ; il indique la distribution des rues dans la nouvelle ville. »

III.

1° La seigneurie et le château de Peyrins.

A MONSIEUR LE COMTE DOUGLAS.

Monsieur le Comte,

A l'occasion de l'intéressant travail que vous publiez sur Soffrey de Calignon, Chancelier de Navarre, vous m'avez fait l'honneur de me demander quelques détails sur la seigneurie de Peyrins, possédée par cet illustre personnage et par ses descendants. Je n'ai pas, dans le dépôt confié à ma garde, de titres suffisants pour une étude complète ; mais je tiens à justifier votre confiance en vous adressant les notes que j'ai recueillies.

Peyrins, à 5,804 mètres de Romans, sur la route départementale n° 6 de Montélimar à Beaurepaire, rappelle, d'après l'étymologie de *Pairianum* et *Pairinum*, l'idée de pierre, rocher ou carrière. Le bourg est effectivement placé au pied d'un mamelon de molasse, couronné d'un château-fort en ruines.

Ses premiers habitants paraissent avoir établi leurs demeures dans les grottes ou *Balmes*, dont un quartier a conservé le nom. Plus tard, les Romains et les Gallo-Romains construisirent quelques villas dans la verte et gracieuse vallée que des coteaux de sable entourent de tous les côtés, sauf au midi. Des fragments de *dolium*, de ciment, de marbre et de poterie sont là pour en rendre témoignage.

A l'origine de la féodalité, la famille de Lambert-François dit de Royans, qui en possède la seigneurie, a de fréquents démêlés avec l'abbaye voisine de Saint-Barnard. Cette maison paraît avoir été dès lors une des plus considérables du pays. Fils d'Ode ou Eude et d'Abaldisia ou d'Ahaldisia, et petit-fils d'Ismidon de Royans, seigneur de Peyrins, le cartulaire de Romans lui donne « pour frère l'évêque du Puy, Aimar, légat du Saint-Siége à la première Croisade. » De plus, d'après la même autorité, « son fils, Raynaud-François, était neveu de l'archevêque Guy de Bourgogne, et par conséquent cousin du comte Guigues d'Albon, premier Dauphin. » Un fait certain, « c'est que la naissance de Lambert-François était illustre, puisque Urbain, dans le bref de reproche qu'il lui adresse, ainsi qu'à Guillaume de Clérieu, les qualifie l'un et l'autre de *Votre Noblesse* (nobilitas vestra). »

Il possédait des terres et un droit de suzeraineté dans le Royannais, ce qui lui valut le surnom de Royans et la haute seigneurie de Peyrins qu'il tenait de ses ancêtres. Archingaud, fils de Truanus, exerçait, dans cette dernière, les fonctions de châtelain ou véhier (1).

Ismidon, seigneur de Peyrins en 1052, après avoir traité avec Léger, archevêque de Vienne, au sujet d'un fief qu'il devait rendre, refusait de tenir sa parole ; le pape lui enjoignit d'exécuter la convention. Il obéit, et il reçut des chanoines de Romans 1,000 sols en retour du fief abandonné par lui, « et qui devait être fort considérable, fait remarquer très judicieusement M. Giraud, à en juger par le prix et par le nombre et la qualité des personnages qui figuraient dans l'acte de restitution. »

Le même Ismidon est mentionné dans un acte du 23 novembre 1025.

Vers la fin du xie siècle, Guillaume de Clérieu et Lambert de Royans s'emparaient des propriétés des personnes restées fidèles au pape Urbain. Le 28 novembre 1095, le Souverain Pontife s'en plaignit. Puis, le même Lambert, cédant à l'entraînement général, se prépara au voyage de la Terre-Sainte, se désista de toutes ses prétentions sur les biens des chanoines de Saint-Barnard et les confirma dans leurs droits sur les eaux, les bois et pâturages que leur église et les hommes du bourg de Romans possédaient à Peyrins un an avant la mort de son aïeul Ismidon. Il renouvela peu après ce désistement, y associant Archingaud, fils de Truanus, son véhier. « Le jour même de son départ, Lambert se rendit à Romans, accompagné de ses chevaliers qui le suivirent, sans doute, la plupart dans son pèlerinage. On comptait, parmi eux, les personnages les plus considérables de la contrée et des noms qui devaient, bientôt après, appartenir à l'histoire. Tels sont : Guillaume du Puy et Baudoin, son frère, dont la famille, si on en croit Valbonnais, s'honore d'avoir donné le jour à Raymond du Puy, premier grand-maître et véritable fondateur de l'ordre de Saint-Jean de Jérusalem ; Guillaume de Chape-Verse, feudataire du Royannais ; Lantelme de Saint-Lattier, son frère Guillaume et plusieurs autres vassaux du seigneur de Peyrins. Le chapitre tout entier assistait à la cérémonie... En présence de cette nombreuse assemblée, Lambert fit lire les

---

(1) *Essai historique sur l'Abbaye de Saint-Barnard et sur la ville de Romans*, par M. Giraud, ancien député, II, 67.

traités qu'il venoit de conclure et les diverses chartes qui contenoient ses dons ou ses restitutions à l'abbaye ; il les consacra de nouveau et pria son fils, le jeune Raynaud-François, neveu de l'archevêque Guy, qu'il laissoit en partant son héritier, de les sanctionner par son approbation, ce que Raynaud s'empressa de faire solennellement » (1).

Pendant l'absence du seigneur de Peyrins, Archingaud, son véhier, essaya de troubler les chanoines dans la jouissance de leurs privilèges ; Guillaume de Clérieu le ramena à résipiscence, et Lambert-François, au retour de la croisade, renouvela ses libéralités envers l'église. On voit, par son dernier acte de libéralité, que le comte Guigues d'Albon, père du premier Dauphin, possédait alors le quart du patrimoine de Lambert à Peyrins. « Étoit-ce à titre successif, se demande M. Giraud, et en vertu de la parenté qui pouvoit exister entre eux, ou bien par suite d'une acquisition ? » Le savant et judicieux auteur ne peut le dire. Il ajoute seulement « qu'une clause de la convention qui les lioit défendoit à Guigues de donner ou vendre son lot sans le consentement de Lambert » (1100).

Celui-ci eut des difficultés avec Saint-Barnard, au sujet du château de Pisançon et des vexations exercées par Guillaume, Baudoin et Boniface du Puy, ses chevaliers de Peyrins, et Archingaud, son véhier. Sur ce dernier chef, il permit aux chanoines de se faire justice eux-mêmes « de tous ceux de ses vassaux dont ils auraient pu éprouver des dommages. »

Remarquons à propos des du Puy, de Peyrins, que le sceau trouvé audit lieu en 1804, et dont on trouvera le dessin à l'article Montbrun (*Notes*, n° 21), provient de l'un de leurs descendants et diffère des armes des Montbrun.

A Raynaud-François, fils de Lambert, ou à ses représentants, avait succédé, dès les premières années du XIIIe siècle, Raymond-Bérenger, qui, le 23 août 1222, autorisa le Chapitre de Romans à devenir propriétaire dans sa terre de Peyrins (2).

Est-ce sur Raymond-Bérenger qu'une portion de la seigneurie fut confisquée au profit du Dauphin, maître de l'autre part ? On ne saurait l'affirmer. Mais la confiscation eut lieu sous prétexte que le seigneur de Peyrins avait battu un sergent dans les fonctions de son ministère, et, en réalité, parce qu'il était le plus faible.

Le Dauphin ne tarde pas à s'attaquer au Chapitre qui se soumet à un arbitrage, d'après lequel Guigues confirme aux chanoines les possessions par eux acquises d'Archingaud, des Méliorel, des Barnard et d'autres feudataires, sauf quelques réserves, et reçoit 3,000 sols viennois (1240).

Un an plus tard, François, fils de Lambert-François, dont la famille avait conservé des droits seigneuriaux étendus à Peyrins, soulevait une réclamation de même nature, terminée aussi par une indemnité pécuniaire.

Au surplus, la maison des Lambert et des Raynaud-François de Royans qui, aux XIe et XIIe siècles, avait possédé souverainement le fief de Peyrins, n'était plus au XIIIe que la vassale des Dauphins. Un de ses membres, en 1202, se reconnaissait homme-lige du comte Guigues et confessait tenir de lui en fief franc tout ce qu'il avait dans le mandement. Ce n'est pas tout : le 13 août 1302, Guillaume-François vendait pour 1,000 livres viennoises au Dauphin

---

(1) *Essai historique*, etc., I, 54, 81, 115, 118, 121, 125 ; II, 102.

(2) En 1253, Pierre de Morges reconnaît tenir du Dauphin les biens qu'il a eus par échange à Peyrins, avec Raymond-Bérenger, son frère. (L'abbé Chevalier, *Inventaire des Archives des Dauphins*, p. 741).

Humbert Ier, représenté par noble Allemand du Puy, ses biens situés dans la même terre, à l'exception de la maison forte de Geynans (1).

Au XIVe siècle, Clérieu, Pisançon et Peyrins appartiennent aux Dauphins, et des conflits sans nombre s'élèvent entre leurs gens et ceux du Chapitre de Romans et de l'Archevêque de Vienne. Le 25 mai 1341, la paix est signée entre les parties dans la grande salle du château de Peyrins.

Après la cession du Dauphiné au roi de France (1349), Charles, fils aîné du duc de Normandie, et Jeanne de Bourbon, sa femme, célébraient au même lieu les fêtes de la Pentecôte et y séjournaient un mois environ.

A l'époque des ruineuses campagnes de Raymond de Turenne dans le Valentinois, le Dauphin ordonna de lever une taille pour fortifier son château de Peyrins et réparer les remparts du bourg adjacent.

Jusqu'à Louis XI, l'un et l'autre sont privés de la présence de leurs maîtres. On y trouve le Dauphin Louis, le 24 janvier 1450, et, le 2 mars suivant, à Chalaire, château des Vallin, à Mours.

Lagrange assure que, pendant leur séjour à Peyrins, les Dauphins y établirent le bailliage transféré plus tard à Saint-Marcellin, et que les membres de ce premier tribunal, également recommandables par leur noblesse et leur probité, rendaient la justice non-seulement aux sujets de ces princes, mais encore aux étrangers qui venaient de toutes parts leur soumettre leurs différends.

On sait que, dans les siècles postérieurs, les besoins du royaume exigèrent souvent l'aliénation des terres et seigneuries du domaine. Elles passaient alors aux mains d'usufruitiers connus sous le nom d'*engagistes*.

Le 31 octobre 1521, les commissaires du roi François de la Colombière, François Dupré, seigneur de Chamanieu, l'évêque de Grenoble et Jean Gaucher, contrôleur des finances, livraient pour 2,400 livres à Aimar de la Colombière, trésorier delphinal, les château, lieu et mandements de Peyrins, Genissieu, Saint-Ange et toute la juridiction delphinale à Saint-Paul et à Charmes, sauf les hommages de Falques de Vallin et d'Aimar du Rivail.

On possède des reconnaissances de droits fonciers faites à François de la Colombière, successeur d'Aimar, de 1540 à 1548.

Guigonne, fille de François de la Colombière, épousa Gabriel de Morges, seigneur de la Motte-Verdeyer, et Louise, sa sœur, Gaspard de Bourchenu.

Le 16 mars 1573, la seigneurie fit retour au roi moyennant le remboursement des 2,400 livres ci-dessus, à Gabriel de Morges et à Gaspard de Bourchenu.

Mais elle est de nouveau *engagée* au prix de 1,711 écus, le 16 novembre 1593, à noble Paul du Vache, un des combattants de Pontcharra en 1591 (2).

En 1595, Bertrand de Morges, écuyer, cornette de la compagnie de chevau-légers du duc de Guise, au nom de Gabriel, son père, seigneur de la Motte-Verdeyer, vend à Soffrey

---

(1) *Essai historique*, etc., I, 128, 140, 23; III, 11, 250. — Dochier, *Mémoires sur la ville de Romans*, p. 65. — Chorier, *Jurisprudence de Guy Pape*, p. 279.

(2) Valbonnais, *Histoire de Dauphiné*, II, 430, 429. — Giraud, *Essai historique*, etc., III, 339. — L'abbé Chevalier, *Ordonnances des rois de France*. — Lagrange, *Stylus curiæ majoris Viennesii*, etc., préface. — Archives de la Drôme. E. 556. — *Armorial du Dauphiné*, au mot COLOMBIÈRE. — Martin, *Histoire chronologique de Jovinzieu*. — Archives de Peyrins et de la Chambre des Comptes de Grenoble.

Calignon, chancelier de Navarre, ses biens et rentes de Peyrins, pour 1,200 écus, et, le même jour (8 octobre), le chancelier s'engage à employer son crédit pour obtenir une indemnité au sieur de la Motte-Verdeyer, privé de la jouissance des revenus et de la juridiction de Peyrins. Comme aussi ce dernier promet de n'inquiéter en aucune façon le sieur de Calignon, ses héritiers et ceux de feu M. du Vache, acquéreur de la terre.

On sait que Paul du Vache, fils de Claude et de Françoise de Murinais, était frère de Marthe, femme de Soffrey Calignon, Chancelier de Navarre.

Ce dernier obtint du roi Henri IV, par lettres datées de Paris le 2 mars 1600, les « pierres et attraits » du vieux château de Peyrins.

Une nouvelle aliénation de la seigneurie de Peyrins, préparée en 1638, eut lieu définitivement en 1658, le 16 février, au profit de Pierre Firmin, praticien de Grenoble, avec subrogation au profit de Jacques Coste, comte de Charmes, pour Saint-Ange, la partie de Peyrins touchant aux paroisses de Margès et Saint-Donat, et Mours, Chalaire excepté, moyennant 5,002 livres.

Le reste de la terre, Genissieu, Saint-Paul, etc., fut rétrocédé par Firmin à Humbert de Lionne, seigneur de Flandènes, pour 9,000 livres, et par celui-ci, sous quelques réserves, à Justine de Chabrières, le 4 avril 1658.

D'un autre côté, une vente consentie par de Coste transféra aux Chabrières-la-Roche les droits seigneuriaux de Peyrins, et Raymond de Calignon, fils de Soffrey II et de Justine de Chabrières, reconnaissait, dans un dénombrement fourni à la fin du XVIIe siècle, tenir audit lieu : la justice haute, moyenne et basse, quatre sétérées de terre dans l'enclos du vieux château, le droit de ban-vin au mois de mai, le droit de *pacage*, alors aboli de fait, le droit de prendre les langues et les *nombles* des bœufs et des porcs tués à la boucherie, le droit d'alberger les terres vacantes et les eaux, le droit de défendre la chasse et la pêche, et quelques censes et rentes de peu d'importance.

C'est au XVIIe siècle que fut bâti le château actuel, possédé par M. le vicomte de Salemard, et où se voient encore de nombreuses preuves du goût artistique de ses anciens possesseurs (1).

Voilà, Monsieur le Comte, l'esquisse historique de la seigneurie, que vous avez bien voulu me demander.

Je regrette de ne pouvoir vous offrir un travail plus complet et vous prie d'agréer l'assurance de mes sentiments respectueux.

A. LACROIX.

2° François de la Colombière, seigneur de Peyrins.

Ce Trésorier et Receveur général du Dauphiné n'est pas d'une importance telle que nous n'eussions pu nous dispenser d'en donner une notice. Cependant, comme il est un des plus importants prédécesseurs de Calignon dans la seigneurie de Peyrins, nous avons pensé être utile à notre œuvre en insérant ici même la lettre que M. G. Vallier, notre collaborateur, nous a écrite le 31 mars 1870, en réponse aux renseignements que

---

(1) Archives de Peyrins et de la Chambre des Comptes. — Martin, *Histoire chronologique de Saint-Donat*.

nous lui avions demandés sur ce personnage. Il a bien voulu y joindre un dessin de la rarissime médaille de ce Trésorier du Dauphiné, et sa notice est aussi complète qu'elle puisse être, vu l'absence de documents plus explicites.

Monsieur,

Vous m'avez demandé de vouloir bien concourir à l'illustration du beau volume que vous allez faire paraître sur la vie et les œuvres poétiques d'un Dauphinois, de Soffrey de Calignon, chancelier de Navare. C'est un acte patriotique auquel je ne saurais participer avec trop d'ardeur, et je vous remercie de la bonne confraternité que vous voulez bien me témoigner en songeant à m'associer à votre œuvre et à m'attribuer une part dans l'honneur d'une pareille publication.

Dès aujourd'hui, Monsieur, je me mets donc à votre disposition, et, sachant le dessein que vous avez formé de placer dans votre livre une notice sur le château de Peyrins, dont Calignon fut seigneur, je vous adresse une note sur l'un de ceux qui portèrent aussi le même titre, sur François de la Colombière, dont je me félicite, en cette circonstance, d'avoir découvert une médaille dans les cartons du Cabinet de France, à Paris. C'est une rareté numismatique dont je ne connais que cet unique exemplaire, et c'est afin de le préserver de l'oubli, dans le cas de quelque événement malheureux qui pourrait en occasionner la perte ou la destruction, que je m'applaudis de pouvoir vous offrir le dessin d'une médaille que je comptais, il est vrai, publier plus tard avec d'autres pièces inédites du Dauphiné, mais qui vous intéresse trop, au point de vue de votre publication, pour que je ne saisisse avec empressement une occasion si favorable de la mettre au jour.

Avant de vous parler de l'homme, permettez-moi, Monsieur, de vous décrire la pièce qui nous en a transmis le souvenir.

☙ FRANCOYS × DE × LACOLVMB ᶜ × CHR × S ᶦ × DEPERINS × ÆT × AN ⋖ 50. Buste à droite, coiffé d'une barette et revêtu du costume de sa charge.

℟. ☙ CONSEILLR × DVROY × TRESOR̄ × ET × R CEVEVR × GNAL × CIV × DAVLPHE × SAB × ET × P; Écusson aux armes de la famille de la Colombière (l'azur à 3 colombes d'argent, 2-1); dessous, 15—45.

Cabinet de France.
BR.   Diam. 55 mil.

François de la Colombière, Chevalier, Seigneur de Périns, œtatis anno 50.
Conseiller du Roy, Trésorier et Receveur Général du Dalphiné, Sabaudie et Piémont.

LACOLVMB, avec un V au lieu d'un O; Ætatis ANno, en latin, quand le reste de la légende est en français ; CONSEILLeR, sans le second E ; ReCEVEVR, avec omission de la deuxième lettre par le graveur ; SAB, abréviation du nom latin de la Savoie, *Sabaudiæ*, à moins qu'on n'ait eu l'intention, à l'exemple de quelques-uns, de l'appeler SABaudie. Ces deux légendes, moitié françaises, moitié latines, sont, on le voit, d'une incorrection remarquable. Les types sont assez bien traités ; mais le nom de l'artiste qui a gravé cette médaille reste malheureusement inconnu.

La maison de la Colombière ne paraît pas remonter au-delà de 1300. D'après une note que je trouve dans les *Généalogies des familles nobles de la province du Dauphiné* (1), « cette famille est venue de Chalons en Bourgongne, et le premier de ceux que nous avons dans cette province du nom de la Colombière vint habiter à Valance et s'appeloit Guyot Gaudo, dit la Colombière, fils du Chancellier de Bourgogne, lequel Guyot après la mort de son père et par les continuelles guerres qui estoient audit pays, fut contraint de se retirer avec sa femme en Dauphiné. L'an 1300 ou environ, la maison des Gaude est tenüe pour noble audit Bourgongne, et elle avoit une maison-forte auprès dudit Chalons, laquelle fust rasée au temps des dites guerres.

« Les armoiries de cette famille estoient d'azur à trois *pigeons* (2) d'argent, armez, becquez, onglez et aux piedz de gueules. L'on les void encore dans la grande église de Chalons, qui est sous le vocable de St-Etienne. »

Aymard de la Colombière aurait été Fermier Général des Gabelles en 1483. Il avait épousé Magdelaine Mistral en 1484 et en aurait eu six enfants : Charles, Jean, Antoine, François, Françoise et Catherine.

Charles aurait été, suivant Guy Allard, Receveur Général de Dauphiné et Maître des Comptes, — il ne dit pas en quelle année, — et sa branche se serait éteinte par Louise, sa fille unique.

François, qui est l'objet de cette notice, fut « Trésorier et Receveur Général de Dauphiné l'an 1521 et puis en Piémont », lequel, de Marthe Gautier, ne laissa que trois filles, dont l'une, Jeanne, épousa, le 6 mars 1537 (1532 suivant Guy Allard), Artus Prunier, « seigneur de Saint-André, de Virieu, de la Buissière, de Bellecombe et autres places », à qui elle porta la charge de son père. Cette branche de la famille de la Colombière tomba donc en quenouille par la descendance de François. J'ignore où M. Rivoire de La Bâtie a trouvé un document constatant l'existence d'un Gaspard, fils du précédent, et Receveur-Trésorier-Général du Dauphiné en 1500, sous lequel seulement cette famille se serait éteinte faute d'enfant mâle. Je suis porté à croire qu'il aura fait une confusion avec Charles dont j'ai parlé plus haut. Quant à l'époque où François aurait occupé la charge de Trésorier-Receveur Général, l'auteur de l'*Armorial du Dauphiné* dit qu'il l'exerçait en 1541. Je ne sais si Guy Allard a commis une erreur pour 1521 (3), mais je serais tenté de le penser en confrontant la date fournie par M. de La Bâtie avec celle de la médaille dont j'ai parlé ci-dessus. Guy Allard, en effet, abonde

---

(1) Mss. de Guy Allard appartenant à la Bibliothèque de Grenoble. V. l'article *Généalogie de la maison de la Colombière*, f° 302.

(2) Cette expression donne une idée des négligences de Guy Allard dans tous ses écrits.

(3) C'est ainsi qu'après avoir donné, comme nous venons de le voir, la date de 1521, il place dans son *Dictionnaire* (v° TRÉSORIERS DU DAUPHINÉ) la magistrature de François sous la date de 15 0, et celle d'Artus Prunier, son successeur, à l'an 1557. On ne peut donc compter d'aucune façon sur les dates fournies par Guy Allard.

en contradictions, et il ne faut jamais accepter les renseignements fournis par lui que sous bénéfice d'inventaire (1).

Cet historien ajoute que François de la Colombière fut seigneur de Peyrins et qu'il vivait encore en 1555.

Les biographes ne nous donnent pas, que je sache, d'autres détails sur ce personnage, et j'en serais réduit à ces trop courtes notes sans la médaille que j'ai décrite plus haut et qui est venue apporter plus de certitude aux renseignements contradictoires des auteurs qui me les ont fournis, en fixant, par une date irrécusable, l'époque où François était encore en possession de tous ses titres et en assignant, en même temps, avec certitude celle de sa naissance à l'an 1495.

La charge de Trésorier Général ne paraît pas remonter au-delà des dernières années du xve siècle, époque à laquelle elle remplaça celle de Trésorier-Procureur Général et où elle commença à être exercée en Dauphiné. Celle de Trésorier et Receveur Général de Dauphiné, qui lui succéda, remonte à Henri II. François Ier ayant assujetti ce pays aux tailles, comme les autres contrées du royaume, son fils « créa un trésorier général de France en cette province, en Savoie, en Piémont, marquisat de Saluces, Bresse et Terres-Neuves, par son édit du mois de janvier 1551 (2). Les transformations de cette charge ne s'arrêtèrent pas là ; mais nous n'avons pas à nous en occuper ici.

Suivant Guy Allard, qui donne les deux dates de 1521 et 1530 à l'exercice de cette charge par François de la Colombière, Artus Prunier lui aurait succédé en 1537 ; mais je trouve dans les archives départementales de la Drôme, et grâce à l'obligeante communication de M. Lacroix, leur excellent conservateur, une note dont je m'empresse de faire usage : ce sont des reconnaissances de censes au profit de François de la Colombière, écuyer, seigneur de Peyrins, etc., en 1540-1548. Or, si la Colombière avait cinquante ans en 1545 — et notre médaille le prouve d'une façon péremptoire, — si son gendre lui succédait en 1557, ainsi que je l'ai trouvé quelque part, — à sa mort probablement, — c'est-à-dire lorsqu'il venait d'atteindre sa soixante-quatrième année ; si, d'un autre côté, nous avons vu Guy Allard assigner la date de 1551 à l'édit portant création par Henri III d'un Trésorier Général en Dauphiné, Savoye, Piémont, marquisat de Saluces, Bresse et Terres-Neuves, comment concilier la date fournie par une médaille, c'est-à-dire par un document irréfutable, avec celles données par Guy Allard, qui, malheureusement, est par trop sujet à caution? C'est là un exemple de plus des inexactitudes sans nom dont fourmille cet historien. Le *Dictionnaire de la Noblesse* de la Chenaye-Desbois et Badier nous apprend qu'Artus de Prunier, premier du nom, seigneur de la Buissière, etc., épousa, par contrat passé à Valence le 6 mars 1537, Jeanne, fille de François de la Colombière, seigneur de Peyrins, gouverneur d'Orange, et de Marthe Gautier. Guy Allard, de son côté, donne à ce mariage la date de 1532 et veut que ce soit Artus de Prunier qui ait été gouverneur d'Orange, avant de devenir à son tour Trésorier Général. Au milieu de ces contradictions, il ne me reste, Monsieur, qu'à vous offrir ces notes pour ce qu'elles valent. Tout cela est fort embrouillé, mais enfin j'ai tâché d'apporter un peu d'ordre dans ces renseigne-

---

(1) Cette notice était écrite depuis longtemps, lorsque j'ai reçu une lettre de l'auteur de la *Biographie du Dauphiné*, M. Adolphe Rochas, qui m'écrit avoir retrouvé une note constatant la date des provisions de François de la Colombière (27 juin 1530) ; mais il y a une réserve de la part de mon correspondant, et il me prévient de ne pas attacher trop d'importance à cette date dont il ne peut affirmer l'origine. Je la donne donc telle quelle, comme un simple renseignement.

(2) Guy Allard, *loc. cit.*

ments contradictoires, que je vous prie, en tous cas, de ne pas accepter sans contrôle avant de les mettre en œuvre dans votre belle publication. Puisse le peu que je vous offre être agréé par vous d'aussi bonne grâce que j'en mets à vous l'offrir (1).

Veuillez agréer, Monsieur, etc.

G. VALLIER.

4

1. Bourg de Voyron. — 2. Saint-Jean-de-Voiron.

1. *Bourg de Voiron.*
(V. p. 2.)

Voiron est un des plus jolis chefs-lieux de canton de cette riche et pittoresque vallée de l'Isère, qui s'étend de Tullins à Grenoble et de là jusqu'en Savoie. M. Hector Blanchet, qui a fait don à la bibliothèque de Grenoble de documents aussi nombreux que variés, nous fournit quelques renseignements utiles sur les anciennes familles du Voironnais. Les Roux de Dorgeoise, selon lui, remontent glorieusement à 1170 ; les Grimaud de Béesgues paraissent, dès 1300, dans nos armées, et l'un d'eux se distingua en 1595, par la défense du château de Miribel contre Lesdiguières. Les Voissan, les Garcin de la Roche, les Rosset de la Martellière, alliés aux Calignon, les Michallon, les Chabrière, qui succédèrent aux Calignon de Peyrins, les Expilly ont aussi une ancienne et noble origine. Burnon fut archevêque de Vienne et mourut en odeur de sainteté vers 1240. Le chancelier de Calignon, enfin, vient clore cette liste des personnages célèbres de l'époque ancienne. Mais Voiron n'a pas dégénéré, et l'époque actuelle nous offre encore des hommes dignes de figurer sur cette liste.

2. *Saint-Jean-de-Voiron.*
(V. p. 3, 4, 28.)

Saint-Jean-de-Voiron, dont parle Videl, n'est autre que Saint-Jean-de-Moirans, petit village situé entre Voiron et cette dernière localité. Ce nom lui était sans doute donné, à cette époque, parce qu'il faisait alors partie du mandement de Voiron.

---

(1) V. quelques autres détails concernant la famille de François de la Colombière, p. 443.

Isaacus Casaubonus Johanni Deodato, S.D. Nuper
cum tuis literis amantissima scripsi responde, praestantissime
Deodate, munus vere divinum quo me beasti, nondum acceperam
Itaq; sic tibi pro illo gratias egi, ut qui illud nec dum vidissem, neq; mecum illius fruendi statim lectione diligenti quod
postea facere sum conatus, ex testem. Etsi autem ne nunc
quidem tantum temporis in eo posui, quantum ponere estitui
qui non prius desinam cum θεῶ ἐπινες, quam totum opus
ἐϛ χόδας ἐκ κεφαλῆς diligenter legero; non potui tamen
debere tibi diutius hoc grati animi gratulecq; testimonium.
Ego enim, vir doctissime ubi primum in Versionem tuam et Notas
haud quaquam faciε transplantione, oculos conieci ita captus fui dei
vestigio constitui virorum totum opus perspicere, quanta maxima si-
eri poterit diligentia. Quod si per susceptam maximi Historici
editionem licuisset, potuissem diebus oppido paucis, qua erat alacritas mea ad id studium, negotium hoc absolvere. Nunc quia curis
aliis, iisq; diversis, ócius δεηε obruimur, lentius quidem, sed et
attentius, in suscepta lectione pergemus. Atq; id eo constantius sumus
facturi, quia sapius iam simus experti, qua et quanta cum fructu sive in Versione sive in Notis tuis simus versaturi. Quin
etiam, si quid erit de quo dubitemus de eo per literas tecum agemus. Solet enim mihi usu ita accidere ut dum plures Versiones
veterum profer... inter... ostendo ex qua potissimum sententia
sit amplectenda - dubitem. Eandem operam idcirco quam in discendis
...sive controversia maximum fore
...

siones exponendi digestas adhibebit. Est praeterea unicuiq͏̈ e longaev-
rum poeticorum versionibus sua interpretatio Latina apposita
Dignum plane opus immortali laude si cum fide et diligentia curaretur nunc eam ut de Unag addubitem caussas
habet gravissimas Josephus Scaliger, cuius scripta gravi-
fasias ep Notis tuis eruditissimis cognoscent omnes, libr-
gemmei Psalterorum perlapsam editionem erat pollicit-
qui Utinam vel nunc posset impelli, ut priora sua in
Resp. literariam merita, hac ingenti accessione cumularet. Saltem daret nobis Vir summus has illas, inter
se diversas paraphrases Arabicas quas in scriniis suis
tior suoru nullas iam servat a nos. Induerunt in manus nostras aliquot admodum Geneseos capita Arabica cuiusdam
interpretationis quae ita se mihi placuit, ut plura in eo genere legendi maiore me cupiditate inflammaverint. Nam
Psalterium Nebiensis ἰσοβολυγραφον esse, nullus dubito. est
enim expressum non e facili, verum e Latina interpretatione quam hodie Romanenses in Hebraica veritatis loca-
tione quam sit depravatissima, et sapi-
imperitis obtrudunt quam sit depravatissima, et sapi-
absurdissima. Sed quis abes? neq͏̈ enim it a principio in-
ituerans, qui hoc dumtaxat proposito ad hoc familiare
teri per epistolam colloquium accessi, ut scires non pe-
fuit lecturum esse beneficium abs te, cum excellen-
tissimus me donasti munere. Audebo dicere ep omnibus unica te donis p solvere, nemine vim futurum
.... perdum ̃ se corporali: aut
.... apud eumis o...........brevi
capsem illas p...... editornatisse m........
De meis rebus quid.......ic ibri nui gra..li
uili, pre g buy.......................
tr ca sui suit......................
............................conficta vindici
ratal wave voll..................
empressishier propha gnag, vestem toq ua delusit
dia sucem li serg, adhuc cognouere de nuou sadar maudis
per illa non sim questre Sua domino Steys min resp uocroeia
sunt pelaianato, sim regoria suorum, vain arto transfacti

Erat quidem facillima via et expeditissima sinistros contentiones
semel sopiendae, si certis horis posset fieri: sicut olim Vindicem
deum iniuriarum quas Vidua et pupilli acceperunt. Sed
hac jam Velus cantilena ut, et quod videtur ut anus fabula
a multis hodie haberi. Stylo autem pertractandissime Dio-
date, velim illud quaerere Deos ΔΒαρνιζαρος esse quae istis
perperam et qua in adversus me aut sororem infelicissimam
meam, non semel direptam sunt ea gravis damnum fortun-
arum incidisse, quam itaque vulgo putetur. Quod gera paucis
expleri non possum visum in praesentia foris. Querelam
eni credis, inutilium praesentem. Scripsi quaedam ea de re
ad D. Gaspare Laurentio Rectorem vestri gra: esse verissima
amicum hinc mei sive ...... Dn. itsic blaterent de re ac ita
aut sine causa tanto fidi a me quae ullum un...
berevius se meo loco sint, calum prosperis unifecerunt suum.
Et oratos velim assessores hos, ne adiquens me ad va-
cessitatem cum auctoritate tot inuriarum scripto epistola laed-
tus verbo, rendi ...... euersiones dumy Stephanum ea et rem
....ores Cavaleum, quod volui sors ...... gestum,
sunt fundito eversi. Ego si quid ...... hy magnus et ab iis
absumpta qui ...... per annos XII biblis ultionis epa-
...... Nam ad aviica fere 400 as. a it stena
quam intra temporis, dum alique lib. infaustiore
...... in diem epihim, subminissem iii. Sed adverso
ingratoi obi cuiisq summores. Deus te servet
......ssima ...... ejusd tibi, cui ...... Vale et
...... Ed. ...... Junios a

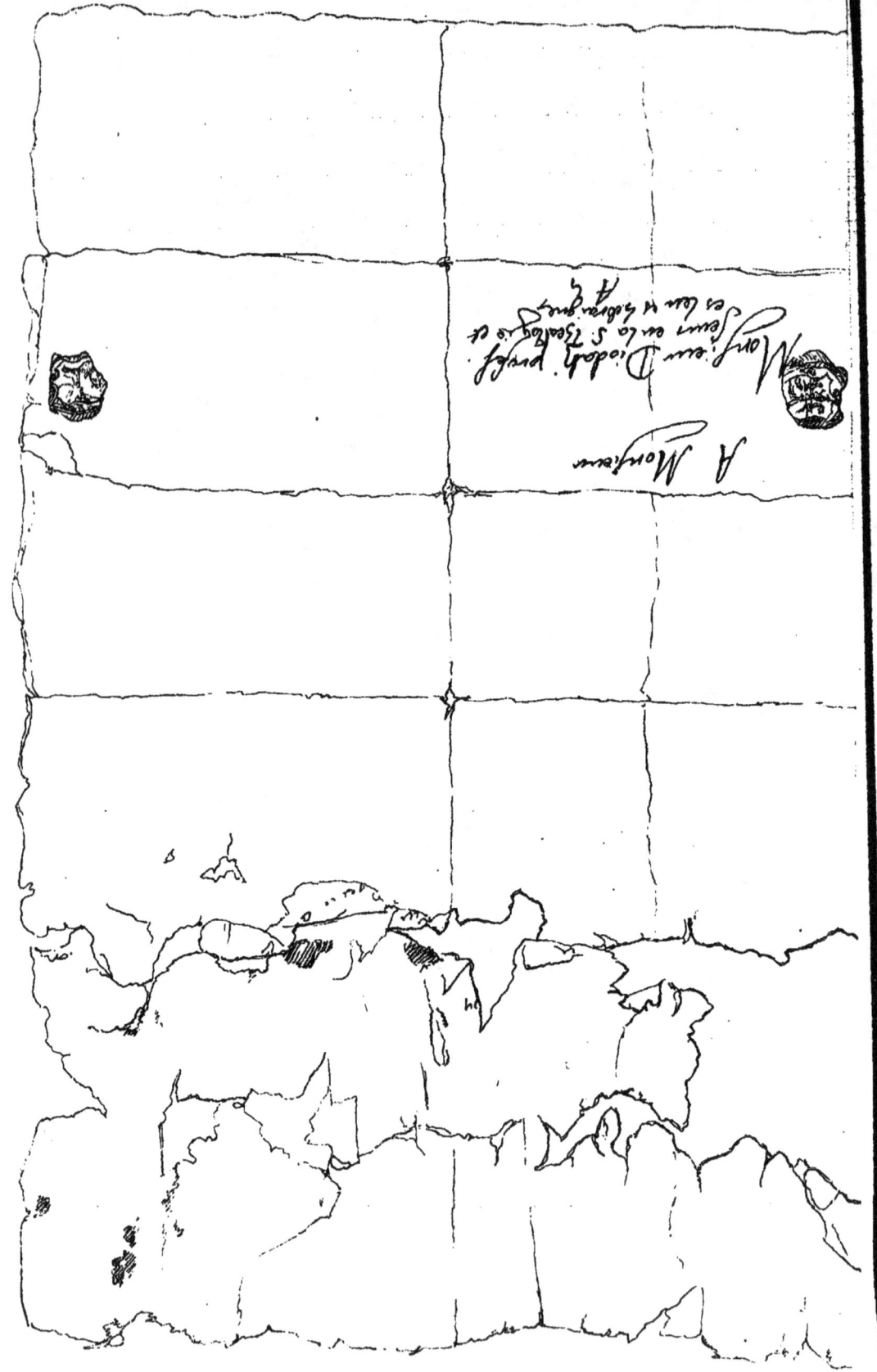

A Monsieur

Monsieur du Diodati, prieur, Seigneur du lieu S. Theodose, à sa Maison qui est à lui à Geneve.

5

1. Casaubon. — 2. Ferrand Henry.

1. Casaubon.
(P. 112, 119, 123, 126.)

Isaac Casaubon, d'une famille originaire de Gascogne, naquit à Genève en 1559, et non en Dauphiné, comme le disent Videl, Guy Allard et Expilly, sans doute parce qu'il fut pasteur à Bourdeaux, dans la Drôme, comme au reste son père l'avait été avant lui. Les écrivains contemporains lui accordent une prodigieuse érudition, un grand savoir et une grande modération. Il n'admettait pas les doctrines de Luther et de Calvin sur la Cène et la prédestination. Il enseigna le grec à Genève, en 1582, puis à Montpellier et à Paris, où Henri IV le fit son bibliothécaire, en 1598. Il joua un rôle important, lors de la fameuse conférence de Fontainebleau dont nous parlons à la note 52. Casaubon mourut à Londres en 1614.

Nous donnons le *fac-simile* d'une lettre écrite par Casaubon, en 1608, à Jean Diodati, ministre genevois. Cette pièce est la propriété de M. le comte de Budé, de Genève, qui a bien voulu nous la communiquer. Casaubon y remercie le célèbre Jean Diodati de l'envoi qu'il lui a fait de la traduction de la Bible en italien, et il lui fait part de ses embarras d'argent, causés par la faillite de l'imprimeur Étienne, dont il avait épousé la fille qui lui donna vingt enfants. — Nous donnons ici le texte rétabli de ce précieux autographe, d'après les *Lettres de Casaubon* (Rotterdam, 1709), pour en rendre la lecture facile.

COPIE DE LA LETTRE DE CASAUBON A JEAN DIODATI.

« Isaacus Casaubonus Johanni Deodato, salutem dicit.

« Nuper cùm tuis litteris, amantissimè scriptis, respondi, præstantissime Deodate, munus verè divinum, quo me beasti, nondum acceperam. Itaque pro illo sic tibi gratias egi, ut qui illud necdum vidissem, neque meam illius fruendi sitim lectione diligenti, quod posteà facere conatus sum, explessem. Et si autem ne nunc quidem tantum temporis in eo posui, quantum ponere constitui, qui non prius desinam σὺν θεῷ φάναι, quàm totum opus ἐς πόδας ἐκ κεφαλῆς diligenter legero ; non potui tamen debere tibi diutius hoc grati animi qualecumque testimonium. Ego enim, Vir doctissime, ubi primum in Versionem tuam et Notas haudquaquam sanè translatitias, oculos conjeci, ita captus sum, ut è vestigio constituerim totum opus perspicere, quantâ maximâ fieri poterit diligentiâ. Quod si per susceptam maximi historicorum editionem licuisset, poteram diebus oppido paucis, quæ erat alacritas mea ad id studium negotium hoc profligare. Nunc quia curis aliis, iisque diversis, συλλήβδην, obruimur, lentius quidem, sed et attentius, in susceptâ lectione pergemus. Atque id eo constantius sumus facturi, quia sæpius jam sumus experti, quo et quanto cum fructu sive in Versione, sive in Notis simus versaturi. Quin etiam si quid erit, de quo dubitemus, de eo per literas tecum agemus. Solet enim mihi interdum accidere, ut dùm plures versiones, Veterum præsertim, inter se contendo ecquæ potissimum sententia sit amplectenda subdubitem. Equidem operæ illius, quam in discendis linguis hactenus posui, hunc, sine controversiâ, maximum fructum duco, diversarum linguarum interpretationes posse invicem comparare. Atqui utinam omnes hodie extarent versiones, aut Paraphrases, quas eruditi homines, vel Græci, vel Latini, vel Syri, vel Arabes, diversis temporibus et occasionibus producerent. Nam licet persuasissimum habeam, nullam omnium earum posse reperiri, quæ cum nostrâ Gallicâ aut tuâ Italicâ fide, καὶ τῷ γνησίῳ τῆς ἑρμηνείας mercatur comparari; puta tamen, nullam adeò negligenter aut infeliciter fuisse curatam, quæ non alicubi esset adjutura. Scimus superiore anno institutam Romæ editionem Librorum sacrorum, quæ Origenis Hexapla longo intervallo sit superatura. Omnes enim nobiliorum linguarum Paraphrases, aut Versiones τὸ σχεδὸν digestas exhibebit. Est prætereà unicuique è linguarum exoticarum versionibus sua interpretatio Latina apposita. Dignum planè opus immortali laude, si cum fide et diligentiâ curaretur : nunc enim, ut de utroque addubitem, causas habeo gravissimas. Josephus Scaliger, cujus scripta quanti facias, ex Notis tuis eruditissimis cognoscent omnes, libri gemmei Psalmorum *pentaplam* editionem erat pollicitus : qui utinam vel nunc posset impelli, ut priora sua in Rempublicam literariam merita hâc ingenti accessione cumularet. Saltem daret nobis vir summus tres illas inter se diversas Paraphrases Arabicas, quas in scriniis cimeliorum suorum multos jam servat annos.

« Inciderunt in manus nostras vigenti admodum Geneseos capita Arabicæ cujusdam interpretationis; quæ ita se mihi probarunt, ut plura in eo genere legendi magnâ me cupiditate inflammarint. Nam Psalterium Nebientis τὸ βολίμαιον esse, nullus dubito; est enim expressum non è fonte, verum è latina interpretatione, quam hodie Romanenses in Hebraicæ veritatis locum imperitis obtrudunt, quum sit depravissima, et sæpe absurdissima. Sed quò abeo? neque enim id à principio institueram, qui hoc duntaxat proposito ad hoc familiare tecum per Epistolam colloquium accessi ut scires, non pessimè locatum esse beneficium abs te, cum excellentissimo me donasti munere. Audebo dicere, ex omnibus, qui per te sunt profecturi, neminem unum futurum, qui aut ferventiore animo ad discendum se componat, aut candidiore mente tuas laudes, quantum mea tenuitas capere illas poterit, apud omnes bonos sit prædicaturus.

« De meis rebus quæ scripsisti ad ornatissimum virum, cognatum tuum, vidi, pro quibus si pares meritis tuis grates tibi instituam agere, frustra sim; nullam enim unquam partem tuorum meritorum possim assequi. Sed me tot mala circunstant conserta invicem, et inter se concatenata, ut queri possim, et id quidem justissimè. Aliud verò nihil impræsentiarum possim quum præsertim ita me occupatum studia teneant ut serió, adhuc cogitare de meorum malorum remediis per illa non suis quitus. Sive domum Stephanicam respicio, omnia sunt conclamata ; sive negotia sororis, omnia acta transacta. Erat quidem facillima via et expedissima funestæ contentionis semel sapiendæ, si certis hominibus posset probari, fore olim vindicem Deum injuriarum, quas viduæ et pupilli acceperint. Sed hæc jam vetus cantilena est, et quæ videtur pro anili fabula à multis hodie haberi. Scito autem, præstantissime Deodate, verè illud queri me,

Θεός δ'ἐπιμάρτυρος ἴστω quæ isthic perperam, et contra jus, adversus me, aut sororem miserrimam meam non semel decreta sunt ea gravius damnum fortunis meis intulisse, quàm isthic vulgò putetur. Quod quia paucis exsequi non possum, missum in præsentiâ facio ; querelarum enim ἅλις, inutilium præsertim.

« Scripsi quædam ea de re ad D. Gasparem Laurentium, Rectorem vestrum, quæ esse verissima, amici hic mei sciunt. Qui isthic blaterant de re nihili, aut sine causâ, tantum à me fundi querelarum non debere ; ii, si meo loco sint, cœlum profectò miscerent terræ. Et oratos velim ἄτοργον homines, ne adigant me ad necessitatem cum auctoribus tot injuriarum scripto expostulandi. Uno verbo, reculæ uxoris, eversione domus Stephaniciæ et multò magis detentione characterum, quando potui mihi consulere, sunt funditùs eversæ. Ego si quid habui, ejus magna pars ab iis absumpta, qui sororem per annos duodecim litibus continuis exagitarunt : nam ad aureos ferè quadringentos accedit summa, quam intereà temporis, dum aliquem litium infaustarum spero in diem exitum, subministravi. Sed abrumpo ingratos tibi mihique sermones. Deus te servet, charissime vir, et quidquid tibi curæ. Vale et me ama.

« Lutetiæ Parisiorum, a. d. III. Eidus Junias, ἀπὸ τῆς τοῦ θείου Λόγου ἐνσαρχώσεως, ↀↄ ↀↄ CVIII.

« De libello Alberii promisso gratias magnas tibi illustrissimus Præses, et ego cum illo. Sed non is est, quem ipse optat; diù nimirum est, cùm illum habet. Is, quem petit, est à D. Faio editus Gallice.

« *Inscriptio* : — A Monsieur, Mons. Diodati, professeur en la S. Théologie, et ès lettres Hebraïques, à Geneve. »

2. *Ferrand Henry.*
(P. 0, 7, 8, 11.)

Quoique Videl appelle Henry Ferrand *l'un des Aristides de son siècle*, je ne le trouve pas dans la biographie de M. Rochas. Les auteurs de l'époque nous apprennent que Jean Ferrand, d'une famille noble de Grenoble, fut élu secrétaire de la Chambre des Comptes, le 9 juin 1543 ; qu'il eut deux fils : Henri, conseiller au parlement de Grenoble en 1578, dont il est ici question, et Jean. Henri eut, d'Éléonore de Saint-Julien, Octavien et Alphonse, sieur de Saint-Ferjus. Octavien fut aussi conseiller au même parlement en 1602, et mourut en 1663. Il avait épousé Olympe-Marguerite de Gilbert, de Verdun, et ils eurent : Jean-Marie, Jean-Mathieu et Ennemond Ferrand, qui fut prieur de N.-D. de la Mure.

Armes : *d'or au lion de sable, armé, lampassé et couronné de gueules, à la bordure d'azur.*

6

Jacques Auguste de Thou.
(V. pp. 6, 69, 87 à 112, 114, 119, 123, 126.)

Jacques-Auguste de Thou, né à Paris en 1553, était le troisième fils de Christophe de Thou, premier président au parlement de Paris. Il devint lui-même, à vingt-quatre ans, conseiller-clerc au Parlement. Henri III le chargea de plusieurs missions en Picardie et en Normandie, et le fit conseiller d'État, puis président à la chambre du Parlement établie à Châlons, lorsque le parlement fut transféré à Tours par l'édit de février 1589. Le roi l'envoya en Allemagne et en Italie avec Schomberg, pour y solliciter des secours d'hommes et d'argent, en 1589. Il suivit ensuite la fortune de Henri IV et fut un des rédacteurs de l'Édit de Nantes avec Calignon. Son fils François-Auguste de Thou fut conseiller au Parlement, puis conseiller d'État. Protégé d'abord par Richelieu, il devint son plus mortel ennemi et fut mêlé au complot de Cinq-Mars, son ami. Quoiqu'il fut prouvé qu'il était resté étranger au traité secret avec l'Espagne, son hostilité contre le Cardinal fut cause qu'il partagea le sort de Cinq-Mars, exécuté à Lyon en 1642.

Cependant les juges parurent douter de sa culpabilité, et deux surtout refusèrent de le condamner. Ce courage, aussi dangereux qu'honorable, mérite qu'on conserve leurs noms : ce sont MM. de Sautereau, conseiller au Parlement de Grenoble, et Miroménil, conseiller d'État.

Armes : *d'azur, alias d'argent, au chevron de sable accompagné de trois mouches à miel de même.*

7

Le Fresne Canaye.
(V. pp. 6, 8.)

Pierre de Farget, sieur de Fresne, né à Paris en 1551, mort en 1610, fut conseiller d'État sous Henri III, puis ambassadeur en Angleterre, en Allemagne et à Venise, en 1601. Il avait été élevé dans le calvinisme et il s'était converti au catholicisme à l'occasion de la défaite de Duplessis-Mornay, lors de la fameuse conférence de Fontainebleau. Il a laissé une relation de ses ambassades et des mémoires. On lui doit aussi une traduction de l'*Organon* d'Aristote. En 1594, il fut nommé du conseil des finances, et, en 1595, président de la Chambre mi-partie établie à Castres. Un de ses descendants, Jacques Canaye, seigneur des Roches, etc., fut conseiller au Grand Conseil, puis au Parlement de Paris, le 30 décembre 1633. Il aimait les livres, et sa collection renfermait de nombreux manuscrits dont quelques-uns sont conservés à la bibliothèque de l'Arsenal.

Armes : *d'azur au chevron d'argent accompagné de deux étoiles en chef et d'une rose en pointe, le tout du même.*

D'après l'*Armorial du bibliophile*, où il est question de Pierre Forget, sieur de Fresnes, secrétaire d'État, né en 1544 et mort en 1610, et qui ne peut être que celui dont nous nous occupons ici, les armes de cette famille seraient : *d'azur au chevron d'or, accompagné de trois coquilles de même, deux en chef et une en pointe.*

8

Artus Prunier.
(V. pp. 6, 12, 14.)

Artus Prunier, père de celui dont il est ici question, épousa, par contrat passé à Valence le 6 mars 1537, Jeanne de la Colombière, dont le père était seigneur de Peyrins (1), et gouverneur d'Orange pour le prince Guillaume de Nassau. Il eut deux fils : Laurent, qui ne laissa que deux filles, et Artus dont nous allons parler. Il eut aussi deux filles : Madeleine, qui épousa, en 1558, Jean de Bellièvre, seigneur d'Hautefort, président au Parlement de Dauphiné, ambassadeur en Suisse, et enfin premier président au même Parlement. De cette alliance sortit Anne de Bellièvre, femme de Ennemond Rabot d'Illins, président au Parlement, conseiller du roi, etc. La seconde fille, Bonne de Prunier, épousa, en 1564, Laurent Allemand de Laval, neveu de Justine Allemand, qui épousa du Puy-Montbrun.

Artus de Prunier de Saint-André, dont parle Videl, fut d'abord conseiller au Parlement de Grenoble, le 22 avril 1571, puis président à mortier à Paris, en 1585, pour récompense, dit la lettre du roi Henri IV, de la fidélité qu'il avait montrée pendant la révolte de Grenoble, en assistant de ses conseils Ornano, gouverneur du Dauphiné. Ce même Ornano ayant été fait prisonnier à Auxonne, la noblesse nomma pour le remplacer Artus Prunier : le roi confirma cette nomination et le nomma plus tard premier président du Parlement de Provence et membre du Conseil privé. Il assista à l'abjuration du roi dans l'église de Saint-Denis, le 25 juillet 1593. Ce fut lui qui contribua à la réduction de Lyon où il entra, en 1594, avec Ornano, à la tête de la noblesse du Dauphiné. Il mourut en 1616. Il avait épousé, le 12 février 1572, à Forcalquier, Honorade de Simiane.

Armes : *de gueules à une tour d'argent crénelée et sommée d'un donjon du même.*

---

(1) V. p. 417.

9

Jean de la Croix Chevrière.
(V. p. 7.)

La famille de la Croix-Chevrières a donné deux évêques à l'église de Grenoble et des membres distingués au parlement et à l'armée. Son premier nom était Guerre, qui lui sert aujourd'hui de *Cri*; elle le changea en celui de la Croix au commencement du XVe siècle. Guy Allard a dressé la généalogie de cette famille en 1659. Dans la Chenaye-Desbois et Badier, une branche se termine à Nicolas de la Croix, comte de Saint Vallier, marquis de Chevrières et de Clérieux, baron de Sayve, chevalier de Saint-Louis, né en 1718. Cette branche porte les noms de comte de Sayve et de marquis d'Ornacieux ; elle subsiste, divisée en deux rameaux : le marquis de Sayve, dont le fils est secrétaire d'ambassade, et le comte de Sayve, neveu du marquis.

Une autre branche du nom de marquis de la Croix-Chevrières de Saint-Vallier subsiste dans les fils de feu le comte Humbert de Saint-Vallier, dont la veuve, résidant au château de Coucy-les-Eppes, en Picardie, est fille du comte de Maussion, qui avait épousé la fille du marquis de Bertould d'Hautecloque et de la dernière Douglas de la branche de Picardie, résidant au château d'Arrancy, près de Laon. Un des fils du comte de Saint-Vallier est dans l'armée ; l'autre s'est fait, dans la diplomatie, une position digne de son nom.

Une autre branche de cette famille, dont le chef était, en 1664, Gabriel de la Croix-Chevrières, seigneur de Pisançon, président au Parlement de Grenoble, subsiste dans : 1° le marquis Henri de Pisançon, propriétaire du château de ce nom, près Romans, qui avait épousé la fille du duc de Rauzan et dont la fille unique vient de s'allier à la famille de Monteynard ; 2° le comte Oscar de Pisançon. Une branche cadette est représentée au château d'Orsan, dans le Gard, par le comte Léon de Pisançon, qui a épousé Mlle de Rostaing. Jean de la Croix-Chevrières, dont parle Videl, naquit vers 1556 et épousa, le 7 septembre 1577, Barbe d'Arsac. Il fut successivement conseiller au Parlement de Grenoble, intendant des finances en Dauphiné et garde des sceaux du Conseil établi à Chambéry en 1600. Après avoir été un des négociateurs de la paix avec le duc de Savoie, il obtint une charge de président à mortier au Parlement de Grenoble en 1603. Il fut nommé, en 1605, ambassadeur extraordinaire auprès du Duc de Savoie. L'année suivante, François Fléard, évêque de Grenoble, étant mort, Jean de la Croix, qui était veuf depuis 1594, fut nommé à cet évêché par une bulle du 11 juillet 1607. Il mourut à Paris en 1619.

C'est en faveur de son fils que la seigneurie de Chevrières, acquise en 1560 de Diane de Poitiers, fut érigée en marquisat en 1682.

Armes : *d'azur à une tête de cheval d'or animée de gueules, chargée de trois croisettes d'argent.*

Devise : INDOMITUM DOMUERE CRUCES. Cri : GUERRE !

10

Ennemond de Servien.
(V. p. 7.)

Nous pensons que Videl fait ici confusion entre le père et le fils. Ennemond de Servien est né, selon Rochas et autres historiens, en 1596, et il existait une trop grande différence d'âge entre lui et Calignon, né en 1550, pour qu'ils aient pu se rencontrer à Padoue pour leurs études. Au reste, Rochas désigne Antoine, son père, comme ayant été procureur général des États de Dauphiné, et non Ennemond-Antoine, qui épousa Anne Bailly, et fut conseiller honoraire au Parlement de Grenoble. Il eut treize enfants, qui firent presque tous une brillante fortune politique. Ennemond fut la tige d'une branche qui resta en Dauphiné. Il mourut à Grenoble en 1679, l'un des présidents de la Chambre des Comptes. Il avait épousé Justine de Bressac, de Valence.

Armes : *d'azur à trois bandes d'or, au chef cousu du champ, chargé d'un lion naissant d'or.*

11

Caillet.
(V. p. 7.)

Pierre Victor Palma Cayet, né à Montrichard, en Touraine, en 1545 et non en 1525, comme le dit Bouillet, montra de grandes dispositions pour les sciences. Il fut disciple de Ramus et de Théodore de Bèze, et un des précepteurs de Henri IV. Il passa plus tard au service de Catherine de Navarre, sœur de Henri IV, en qualité de prédicant religionnaire. Ayant eu occasion de voir et discuter avec l'abbé, depuis cardinal du Perron, soit qu'il fut convaincu, soit par d'autres motifs, il abjura le calvinisme en 1595 et devint aussi fervent catholique qu'il avait été ardent calviniste. Le pape Clément VIII le félicita de sa conversion par un bref du 20 mars 1596. Quelques auteurs le considèrent comme un hypocrite et un ambitieux ; sa vie et ses écrits, d'une immoralité profonde, en seraient la preuve. Si nous en croyons l'auteur de l'*Histoire de Touraine*, Chalamel, Cayet était recommandable par ses vertus privées et sans aucune ambition ; il faisait peu de cas des richesses et des honneurs et prenait pour devise : *Satis morituro.* Où est la vérité ?

Voici ce que je trouve dans un des nombreux mémoires manuscrits du château de Peyrins : « L'hôtesse de la Caille, ainsi appelée à Paris, exécutée à cause de la Religion, avait été assistée, au moment d'être brûlée, par Caillet, qui, touché du zèle et de la constance de cette femme, s'était converti à la Religion, et depuis, recherché pour ce fait, alla à Padoue où il vit M. de Calignon, et, conférant ensemble, luy donna cognoissance de la vérité. Indè le proverbe dont ledit Calignon fust l'auteur : La Caille a fait Caillet, et Caillet Calignon ». Il mourut au collége de Navarre le 8 mars 1610.

12

Le duc de Savoye.
(V. pp. 8, 9, 23, 30.)

Emmanuel-Philibert, fils de Charles III, né à Chambéry en 1528, duc de Savoie en 1553. Il servit avec zèle et courage l'empereur Charles-Quint contre la ligue de Smalkalde, se distingua au siége de Metz en 1552, reçut en 1553 le commandement de l'armée impériale, et gagna, en 1557, la bataille de Saint-Quentin. Il essaya vainement de s'emparer de la Bresse et fit même le siége de Bourg ; mais la paix de Cateau-Cambrésis, en 1559, arrêta pour le moment ses projets ambitieux. La même année, il épousa Marguerite de France, fille de François Ier, et ses états démembrés lui furent en partie restitués. Le pape Paul IV, sollicité de délivrer des dispenses pour ce mariage, avait ajouté au bas du bref approbatif : *Fiat masculus*, ce qui fut réalisé par la naissance de Charles-Emmanuel. Le testament politique, laissé par Emmanuel-Philibert à son fils, est conforme aux traditions ambitieuses de la maison de Savoie. Il indique la marche à suivre pour rentrer en possession du duché de Montferrat, du marquisat de Saluces et de Genève, qu'il considérait comme indispensables à la maison de Savoie. On voit que ce n'est pas d'aujourd'hui que les princes de cette famille considèrent le bien d'autrui comme indispensable à leur puissance, et que ces déplorables et iniques traditions sont encore celles de la maison de Savoie. Emmanuel-Philibert est mort en 1580.

13

Vernatel.
(V. p. 9.)

Dans l'histoire de Lesdiguières, il est question de Vernatel, gentilhomme dauphinois, bon capitaine et l'un des colonels de l'armée qui, en 1625, se trouvait, sous le duc de Lesdiguières, au siége de Verrue, où il se distingua. Une lettre du comte de Sault du 7 septembre 1636, que nous possédons, parle encore de Vernatel. Dans l'éloge de Jean de la Croix par Guy Allard, on trouve que Jean, le second de ses fils, mourut au siége d'Orbitelle, percé de trois coups de pique, portant l'enseigne de la mestre de camp du régiment de Vernatel.

Ce sont là les seuls renseignements que nous ayons pu nous procurer sur les personnages de ce nom dont parle Videl.

14

Truchon, premier President.
(V. p. 10.)

Malgré nos nombreuses recherches, nous n'avions rien trouvé sur ce personnage assez important, et nous en étions réduit aux quelques renseignements de l'*Armorial du Dauphiné* de M. de Rivoire La Bâtie, — ouvrage où se trouvent tant d'erreurs, involontaires sans doute, qu'il ne peut être consulté qu'avec beaucoup de réserve, — lorsque M. G. Vallier nous a offert une notice destinée à accompagner le dessin de la magnifique médaille, qui est certainement la perle de sa précieuse collection dauphinoise et qui devait trouver place dans une monographie numismatique en préparation sur le Parlement du Dauphiné. Il a bien voulu l'en distraire en faveur de notre livre, et nous saisissons, avec empressement et reconnaissance, l'occasion de mettre au jour une médaille inédite d'un aussi haut intérêt artistique et historique. Nous y joignons, comme complément obligé, l'étude de M. G. Vallier, la plus complète qui ait été écrite jusqu'à ce jour sur le président Truchon.

JEAN TRUCHON, PREMIER PRÉSIDENT AU PARLEMENT DU DAUPHINÉ.

Les renseignements que l'on possède sur la vie de ce personnage sont très limités. Je tenterai néanmoins de réunir quelques notes recueillies çà et là dans les auteurs : peut-être en pourrai-je faire sortir quelque chose de présentable.

Si nous en croyons M. de Rivoire La Bâtie (1) qui, dans le peu qu'il en rapporte, n'a fait que reproduire quelques lignes empruntées à Chorier (2) et à Guy Allard (3), Jean Truchon, de Montfort-l'Amaury, en Beauce (Seine-et-Oise), fut pourvu, en 1549, de la charge de premier président du Parlement de Dauphiné. De leur côté, les *Tablettes de Thémis* (4) fixent ses lettres de provisions à l'année 1556. Une pièce des Archives de Grenoble (5) rectifie ces

---

(1) *Armorial du Dauphiné.*
(2) *Histoire générale du Davphiné*, t. 1, liv. xi, p. 853.
(3) *Dictionnaire historique, etc., du Dauphiné*, v° PARLEMENT DU DAUPHINÉ.
(4) Sans nom d'auteur, Paris, veuve Lamesle, 1755, 2° part., p. 45.
(5) *Inventaire-Sommaire des Archives départementales antérieures à 1790*, par Pilot de Thorey, p. 11, *Fonds de la Chambre des Comptes, B.* Voici un extrait de ces lettres de provisions :

« Henry, par la Grace de dieu, Roy de france, daulphin de Viennois, Comte de Vallantinois et dioys, A tous ceux qui ces presentes verront, salut. Sauoir faisons que nous, ayant esgard et considerations aux bons, agreables et Recommandables seruices que notre ame et feal conseiller et second president en notre cour de parlement de Savoye, seant a Chambery, M° Jehan Truchon, nous a par cy deuant faictz, Tant audit Estat de second president qu'en plusieurs charges et commissions quil a heues pour notre seruice, Esquelz Il sest bien et vertueusement conduict et gouuerne Et dicelles acquicte, El a la grande deuotion et affection quil a de continuer notre dict seruice, A Icelluy, pour ces causes et aultres bonnes considerations a ce nous mouuantz, Avons donne et octroye, donnons et octroyons par ces presentes Loffice de premier president en notre cour de daulphine, seant

erreurs de date, en nous apprenant qu'il était auparavant second président au Parlement de Savoie, et que ce fut par lettres du 27 juin 1554 qu'il fut nommé premier président, en remplacement et sur la résignation de Claude Bellièvre, mais que néanmoins sa réception n'eut lieu que le 4 mars 1555.

On le voit, dès son début à Grenoble, jouer un rôle dans le fameux *Procès des Tailles*. Au milieu des dissensions intestines causées par l'impôt des tailles et que le souverain avait, plusieurs fois déjà, tenté d'apaiser, la Noblesse, le Clergé et le Tiers-État avaient eu l'air d'entrer en accommodement (1554). Mais ce dernier, s'apercevant qu'il était joué par les deux autres partis, s'indigna « et les plaintes de la trahison dont il était victime, dit M. Ch. Laurens (1), éclatèrent au milieu de l'assemblée des États de 1555. On fit droit à sa requête, des arbitres sont désignés : Antoine de Clermont, lieutenant du roi dans la province ; Jean Truchon, premier président du Parlement ; » mais l'arrêt de 1556 ne les satisfit pas du tout.

Quelques années plus tard, c'est à Valence que nous le retrouvons ; et cette fois, ce n'est plus en arbitre qu'il est appelé, mais en juge. Des troubles avaient éclaté dans cette ville au sujet de la Religion. Chorier raconte longuement ce qui se passa dans cette circonstance. Je me bornerai à dire, avec M. Émile Giraud (2), que, « au mois de mai 1560, Aymar Rivail fit partie, avec Jean Truchon, premier président, et plusieurs conseillers, d'une commission chargée de juger des ministres protestants et leurs fauteurs, accusés d'avoir prêché et propagé dans Valence et dans Romans des maximes perturbatrices. La sentence fut rigoureuse et rigoureusement exécutée ; toutefois cette sévérité n'arrêta pas les progrès de la secte nouvelle. »

Truchon était un personnage trop considérable et ses avis avaient trop d'importance pour que le roi ne le consultât pas en certaines occasions. C'est ainsi qu'on le voit assister, avec Christophe de Thou, Pierre Seguier, Jean Dassis et plusieurs autres premiers présidents, à l'assemblée de Moulins (1566), où étaient le roi, la reine sa mère, le duc d'Anjou, depuis Henri III, et le Chancelier de l'Hospital, et où Charles IX rendit une ordonnance célèbre (3).

Truchon fut sévère sans doute vis-à-vis des réformés ; mais ses convictions et son devoir excusent cette sévérité, à laquelle une plume suspecte de partialité a voulu trouver des motifs que nul esprit indépendant et équitable ne saurait accepter. Théodore de Bèze s'exprime ainsi sur son compte :

« Truchon, premier Président de Grenoble, esclaue de la maison de Guise, et faict de leur

---

a grenoble, que naguieres soloit tenir et exercer notre amé et feal conseiller et premier president en Icelluy, M⁰ Claude Bellieure, dernier paisible possesseur dicelluy, apresent vaccant par La demission quil en a ce Jourdhuy faicte en noz mains par son procureur, souffisamment fondé de lettres de procuration quant a ce, pour ledict office auoir, tenir et doresnauant exercer par Ledict Truchon aux honneurs, auctorites, prerogatiues, preheminences, franchises, Libertes, pension, droictz, profflctz et esmolumentz accoustumes et qui y appartiennent, Telz et semblables que Les auoit et prenoit ledict Bellieure, Et aux gaiges anciens de huict cens Liures tournois. Et oultre ce quatre cens Liures tournois que nous luy auons ordonne et ordonnons .... et augmentation audict office, tant quil nous plairra.

.... En tesmoingt de ce, nous auons signe ces presentes de notre main Et a Icelles faict mectre nostre scel. DONNE a Marchais, Le vingtseptiesme jour de Juing, Lan de grace mil v⁰ cinquante quatre et de notre Regne le huictiesme. »

(1) *Le Procès des Tailles*, Grenoble, Maisonville, 1867, p. 25.
(2) *Aymar du Rivail et sa famille*, Lyon, Perrin, 1859, p. 35.
(3) Pierre de l'Estoile, *Journal de Henri III*, t. I.

main, sentant les forces approcher pour leur faueur, vint à Valence (1500) accompagné de ceux du Parlement qu'il iugea plus propres pour complaire à ses maistres, à sauoir les Conseillers Rinard (*Rivail* sans doute), Ponce, Laubepin, du Vache, Rostain et Belieure, auec du Bourrel dit Ponsenas aduocat du Roy, pour faire prisonniers. Passant par Romans, par l'aide et instigation de Vinay, furent pris soixante des principaux et mis es prisons de Iaquemard... (1).

« ... Pendant que le President Truchon poursuiuoit ceux de Valence, Monluc Euesque du lieu fut meu de quelque pitié et compassion de ses citoyens, etc. (2).

« ... Le 16 de nouembre M. D. LX, furent assemblés les Estats à Grenoble extraordinairement et contre la coustume : esquels harangua le President Truchon, afin de paracheuer la ruine des Eglises qu'ils appelloient la pacification du pays. Et fut sonné le tabourin tost apres pour aller contre la ville de Pragela... » (3).

Nous allons voir que cette sévérité n'était pas de la complaisance, ainsi que le célèbre protestant a bien voulu le dire sous l'impression d'événements dans lesquels il n'était pas tout-à-fait désintéressé, et que la loyauté fut toujours le guide des jugements de Truchon.

La date néfaste du 24 août 1572 se présente ici avec ses horribles souvenirs. Le massacre de Paris devait s'étendre à tous les Huguenots du royaume. Des ordres furent en conséquence envoyés dans les provinces; mais, comme l'a fait observer M. Brun-Durand (4), « si quelques Parlements, tels que ceux de Paris, de Toulouse et de Provence, affichèrent en mainte occasion un fanatisme impitoyable, celui de Grenoble, non moins catholique et bien qu'ayant subi plus d'une fois des violences qui lui eussent pu donner soif de représailles, ne se départit jamais de modération, de mesure et même de sagesse, quelque grands que fussent alors et le trouble des consciences et l'irritation des esprits. »

Comme les autres représentants du Roi dans les provinces, de Gordes, lieutenant général au Gouvernement du Dauphiné, avait reçu de la Cour des instructions à ce sujet; mais « il voulut, dit Chorier, faire entrer le Parlement dans vne participation publique de sa conduitte pour se mettre à couvert de toute plainte du côté de la Cour. Il y vint le III. jour du mois de Septembre, et mit en deliberation s'il devoit permettre dans son Gouvernement, contre les Huguenots, ce qui l'avoit été dans les autres. — La Cour semble le desirer, dit-il, mais avec tant de retenuë que si ce grand exemple n'est pas approuvé, il lui sera libre de desavoüer ses desirs, et ceux qui les auront executés. » — Et il ajouta encore quelques arguments bien faits pour faire repousser toute participation à un pareil massacre. Chorier ajoute : « Truchon, homme de lettres, étoit, comme tous les sçavants, ennemi de la violence. Il appuia l'opinion de Gordes, et fit voir par son discours, que c'étoit l'interest du Roi que l'on épargnât ses sujets, quand mêmes ce ne seroit pas celui de la Cour. — *Dans les partis les plus criminels, dit-il, il y a de l'innocence, et des innocents. Ceux qui inspirent la rebellion sont les vrays coulpables de ce crime; pour les autres, c'est plûtôt foiblesse que revolte. Aussi l'objet de la souveraineté offensée est la ruine du parti seulement, et non la mort de tous les partisans. La politique ordonne l'vn, et l'humanité defend l'autre. Quelques Testes à bas sont des sacrifices à la Iustice, et des appuis aux Thrônes Chancellants; mais, avec tout vn peuple égorgé par le fer de son Prince,*

---

(1) *Histoire ecclesiastique des Eglises reformées au royavme de France*, etc., Anvers, J⁰ Remy, 1580, t. I, l. iu, p. 350.
(2) *Id., id.* p. 351.
(3) *Id., id.*, p. 372.
(4) *Chambre de l'Edit de Grenoble* V. le *Bulletin de la Société dép. d'archéologie et de statistique de la Drôme*, 1873, p. 280.

tombe nécessairement son Empire, et sa gloire. Non; ie ne croiray iamais, ajoûta-t-il, qu'un Roi aussi sage que le nostre approuve ces carnages. La passion de quelques vns, que la vengeance, ou l'avarice font agir a été la substance de la chose; l'authorité Royalle n'en est que la couleur. Sans doute le Roi n'y a pas eu de part, quoique Charles ait temoigné. Ce n'a été que le prompt mouvement d'vn homme tout de feu, et non la volonté du Roi pere de son peuple. Il nous importe de faire cette distinction pour le bien du Corps de l'Estat, et pour l'honneur de son Chef. Conservons lui ses sujets, qui sont ce qu'il y a de plus precieux dans son Roïal heritage; et ne prestons pas nos mains aux souhaits de tant de Princes ennemis, qui n'ont pû les dissiper par les leurs. On ne s'apperçoit pas qu'en exterminant nous-mêmes nôtre Nation, nous gagnons des Batailles contre nous, pour eux. Nous ouvrirons-nous les veines pour favoriser leurs desseins, et nous procurerons-nous les maux qu'ils n'ont pû nous faire? L'effet de cette colere, si peu iudicieuse sera que nous les aurons irritez contre nous par notre foiblesse; et qu'il semblera que sortants de nos interests, nous serons entrez dans ceux de leur ambition demesurée. » (1).

Et ce fut à qui, dans le Parlement, conformerait ses sentiments à ceux de son chef.

Et de Gordes, répondant à ceux qui lui avaient transmis l'ordre du massacre : — « J'ai communiqué votre lettre à MM. du Parlement, leur écrit-il ; or, j'y ai trouvé beaucoup de juges, mais point de bourreaux. — Et cette réponse, d'une ponctualité contestable peut-être, mais en tout cas résumé succinct et fidèle des déclarations du premier président Jean Truchon et de quelques conseillers, interprètes de la compagnie, restera l'éternel honneur de ce Parlement de Grenoble, qui, d'accord, il faut le dire, avec la plupart des évêques dauphinois, refusa non-seulement d'obtempérer aux ordres impitoyables de la Cour, mais fut jusqu'à désavouer et blâmer certains magistrats intermédiaires qui, s'inspirant de ces mêmes ordres, sévirent en cette néfaste journée contre les protestants de leur ressort. » (2).

L'année suivante, le duc d'Anjou assiégeait la Rochelle, et cette ville était sur le point de se rendre, quand il fut contraint d'abandonner cette entreprise pour aller ceindre la couronne de Pologne, à laquelle il avait été appelé par les soins et l'habileté de Monluc, évêque de Valence. « On avoit premierement jetté les yeux sur Truchon pour l'envoler en Pologne, dit Chorier, mais il s'étoit excusé de ce grand voïage sur des vertiges ausquels il étoit devenu sujet, et qui sembloient participer de la nature du mal caduc : De sorte qu'à son refus, Monluc fut emploïé à cette negociation. » (3).

L'année 1574 arriva, et, avec elle, la mort de Charles IX.

    Le pauvre en sa cabane, où le chaume le couvre,
        Est sujet à ses lois ;
    Et la garde qui veille aux barrières du Louvre
        N'en défend pas nos Rois (4) ....

Henri, suivant l'expression de l'un de ses historiens, se dérobe « à la couronne de Jagellon qu'il trouvait trop légère, pour venir se faire écraser sous celle de saint Louis. » Il rentre en France par le Pont-de-Beauvoisin et il a la mortification de se voir enlever ses bagages par

---

(1) *Hist. gén. du Dauph.*, t. II, p. 647.

(2) *Bull. de la Soc. dép. d'arch. et de stat. de la Drôme*; 1873: *Essai historique sur la Chambre de l'Edit de Grenoble*, p 280.

(3) *Hist. gén. du Dauph.*, t. II, p. 654.

(4) Malherbe, *A un père sur la mort de sa fille*.

Montbrun. Aussi, l'année suivante, quand l'audacieux chef des sectaires en Dauphiné, entraîné par son impétuosité, se laissa envelopper dans un combat livré à de Gordes, dans les environs de Die, et que son cheval s'abattant sur lui l'eût ainsi livré au parti catholique, le roi n'a point oublié l'injure que lui a faite un sujet rebelle, et, le 9 juillet 1575, il écrit à de Gordes de faire juger son prisonnier par le Parlement de Grenoble, afin que justice soit faite dudit Montbrun, « lequel, ajoute-t-il, ayant esté prins les armes en mains combatant contre mon service merite destre puny et chastié comme criminel de leze Majesté, ainsi quon esté plusieurs autres ses semblables... En quoy je veulx quil soit usé de toute diligence pour les occasions que vous dira notre dit porteur. Jay advisé d'en escrire aux gens tenant ma cour de parlement de Grenoble et particulierement au president Truchon et a mes gens pour les admonester d'en faire prompte justice, etc. » (1).

Et justice fut faite (2). Mais peut-on rendre le président Truchon responsable des conséquences d'un arrêt que la Cour de Parlement rendit tel que tous les conseils de guerre l'eussent fait à sa place ?... La loi était formelle ; et, parce que le roi, n'écoutant que son ressentiment, et voulant la mort de celui qui l'avait cruellement offensé, en aurait réclamé la stricte application, était-ce une raison pour que les magistrats ne jugeassent pas dans ce sens, quand la loi et leur conscience leur dictaient une pareille solution ? Leur inflexible attachement à la légalité ne pouvait-il donc se rencontrer avec les sentiments personnels et rancuneux du souverain, de même qu'il n'avait pas hésité à s'en séparer en 1572 ? Le refus du massacre des Protestants, lors de la Saint-Barthélemy, serait à lui seul une preuve que la Cour de Parlement ne se laissa pas plus dominer par la volonté royale dans l'arrêt de mort de Montbrun, qu'elle ne se soumit à son désir pour les tueries du mois d'août. En 1572, elle avait refusé de s'associer au meurtre d'hommes innocents, pour la plupart, et qu'il lui répugnait de surprendre sans défense ; en 1575, elle jugea un coupable pris les armes à la main et combattant son roi...

On a dit que ce fut le manque d'indépendance qui dirigea le Parlement. Celui-ci, pourtant, — cela résulte de la lettre publiée par la *Petite Revue des Bibliophiles dauphinois* (3), — était porté à l'indulgence ou tout au moins à une sévérité mitigée par la politique de ne pas exciter les Protestants à venger leur chef. Mais, je l'ai déjà fait observer, la loi était formelle et inexorable, et la conscience des juges fut forcée de se ranger du côté de la vindicte royale.

Un écrivain de mérite, notre compatriote, M. E. Badon, a publié en 1838, sous le titre de *Montbrun ou les Huguenots en Dauphiné*, un roman qui eut quelque succès ; mais c'était un roman, et, pour le besoin de la mise en scène, il se crut obligé de peindre Truchon comme le représentaient les Protestants de cette époque. Il le reconnaît, du reste, loyalement dans une note insérée à la page 300 des *Pièces justificatives* placées à la fin du second volume.

Voilà à peu près à quoi se borne ce que l'on sait de Jean Truchon. La vie du magistrat, en ces temps difficiles, quoiqu'elle fût parfois une vie de combat, n'excluait pas la dignité et l'indépendance personnelle de l'homme : le président Achille de Harlay en est un exemple célèbre. Aussi, malgré les assertions de quelques écrivains, je ne puis, devant la conduite du premier président, lors de la Saint-Barthélemy, devant surtout les nobles paroles que j'ai rapportées d'après Chorier, croire un instant qu'il n'ait pas suivi, pour le jugement de Montbrun, l'impulsion seule de sa conscience et de ses convictions politiques appuyées sur la loi.

---

(1) *Petite Revue des Bibliophiles dauphinois*, p. 11.
(2) V. le n° 21 des *Notes*.
(3) P. 70.

Cette rigidité de principes ne l'empêchait pas d'être bienveillant et plein de tolérance pour des idées qui n'étaient pas les siennes, mais qu'il savait respecter, quand elles ne sortaient pas de la ligne permise. Qu'on veuille bien se rappeler ce qui se passa lorsque Soffrey de Calignon — qui, un jour, devait être Chancelier de Navarre, mais qui alors était un jeune homme et venait de se ranger sous la bannière de la Réforme, — se présenta au Parlement pour être reçu avocat. « Mais, dit Videl (1), autant qu'il se persuadoit d'y trouver de la facilité, à raison de l'estime publique qu'on faisoit de son sçavoir et de son eloquence, autant y rencontrat-il d'obstacle, à cause de sa nouvelle Religion, qui estant alors plus odieuse qu'elle n'a esté depuis, et attirant davantage l'aversion du monde, rendoit beaucoup moins favorable la cause des personnes qui l'avoient embrassée; sur quoy, Truchon, premier President, qui tout zelé catholique qu'il estoit, et d'ailleurs personnage de haute vertu et de grande erudition, n'estoit point d'avis qu'il fust reffusé, n'ignorant pas combien il valloit, car Calignon s'estoit souvent approché de luy et, par les frequentes preuves qu'il luy avoit données de son sçavoir, avoit beaucoup de part en son estime. Aussi ne feignit-il point de dire *qu'il en voyoit très peu de sa force, et en qui se rencontrassent tant de dons pour une profession si noble, et qui veut de plus grands avantages naturels et acquis que ne s'imaginent la pluspart de ceux qui s'y rouent aujourd'huy et qui y apportent toute autre intention que d'y acquerir de l'honneur.* Il dit aux Officiers du Parlement, comme par un présage de ce qui advint quelques années après : *Souvenez-vous, Messieurs, que vous reffusés pour advocat celuy qu'un jour vous serés contraints de recevoir pour compagnon ; et sçachez que ce jeune homme est pour aller bien avant dans la fortune.*

« Cependant Calignon se retira, consolé de ce refus par cette satisfaction qu'il ne venoit que de son malheur, et que l'injustice en avoit esté publiquement reconnue par un juge illustre et qu'on ne pouvoit raisonnablement contredire. Ayant appris le favorable témoignage qu'il luy avoit pleu rendre de luy, et l'en estant allé remercier, il en receut de nouveau ces parolles obligeantes : *Mon amy, ne perdés point courage, et ne doutés nullement que la fortune ne vous reserve quelque chose de mieux que ce que vous n'avés peu obtenir ; ses reffus sont bien souvent la cause de notre bonheur ; et, ne faisant pas ce que nous pretendons, ce n'est point par mauvaise volonté, mais par dessein de mieux faire.* »

Et Videl ajoute ici un détail, qui vient fort à propos remplir une lacune dans la biographie que j'essaie de tracer.

« Le President, dit-il, avoit esté luy mesme un exemple de cette verité. Ayant fait heureusement ses estudes à Paris et pretendant à une profession du Decret en l'Université, dont il avoit esté jugé tres capable, il n'y put parvenir, à cause d'une cabale contraire que l'envie luy avoit suscitée ; là dessus, il fut choisi pour élever les Princes de la maison de Lorraine, employ qui vérifioit assés la grandeur de sa capacité, et comme il s'en fut acquitté avec grand honneur, ces Princes, qui estoient alors tout puissants en France et qui meditoient les grandes choses que depuis ils tâcherent d'executer, voulant reconnoitre son affection, et en mesme temps l'establir comme tous leurs autres confidents et serviteurs, dans les plus importantes charges du Royaume, luy avoient fait donner celle de premier President en Dauphiné, où il parut d'une integrité singuliere, de quoy, entre plusieurs exemples, on a remarqué celuy-ci.

---

(1) On voudra bien m'excuser de reproduire cette page de la vie de Calignon que j'ai empruntée à la biographie qu'en a laissée Videl et qui est publiée en tête de ce volume. J'ai cru, pour la défense de Truchon, devoir reproduire des arguments que je ne devais point dédaigner de remettre ici sous les yeux de mon lecteur.

Un gentilhomme de bonne maison ayant pris avantage de sa qualité pour maltraitter un homme des champs, et, bien loin d'en recevoir sa justification, voulant mesme luy oster la vie et le poursuivant l'épée à la main, cet homme, après l'avoir supplyé et conjuré de ne point passer outre et ne pas le reduire à la necessité de se deffendre, se voyant dans l'extreme peril et dans l'impossibilité de plus reculer, tira de sa ceinture une serpe, qui estoit sa seule arme, et le tua. Les parents du mort, qui estoient tout puissants par leurs alliances et leurs amis, solliciterent avec grande instance la condamnation du paysan, de la personne et des biens duquel ils s'estoient saisis par avance. Ce violent procédé ne pouvant estre souffert par Truchon, il s'y opposa courageusement, et, quelque pressantes sollicitations qu'on lui fist au contraire, il protesta *qu'il quitteroit plustot sa charge que de consentir à cette injustice;* si bien que le paysan fut remis dans ses biens et garanti de l'oppression dont il estoit menacé (1). »

Ces faits ne viennent-ils point à l'appui de mon opinion sur l'indépendance et l'équité du magistrat, et ne suffisent-ils pas à faire tomber les accusations imméritées que l'esprit de parti et la passion cherchèrent et cherchent encore à faire peser sur sa tête?

La prudence fut toujours sa boussole en toutes choses, et, en cela, Truchon était d'accord avec sa devise, PRUDENS SIMPLICITAS. — « *Ecce ego mitto vos sicut oves in medio luporum, Estote ergo prudentes sicut serpentes, et simplices sicut columbæ* (2). » — Comme un autre apôtre, Truchon avait reçu la mission de conduire les hommes, et il s'était toujours rappelé quelle devait être la règle de sa conduite : il avait voulu l'avoir constamment sous les yeux, comme il l'avait sans cesse dans l'esprit et dans le cœur, et, condensant le verset de l'évangéliste, il en avait extrait sa devise, PRUDENS SIMPLICITAS ; puis, de l'âme de cette devise, il avait tiré le corps de ses armes : une colombe et deux serpents enlacés, j'allais presque dire un caducée, emblème de la concorde.

Truchon mourut en 1578. Tombé malade au mois d'octobre, Jean de Bellièvre fut nommé, pour lui succéder, le 23 novembre suivant ; c'est donc à la fin du premier de ces deux mois ou au commencement du second qu'il décéda ; mais je n'ai pu retrouver la date exacte de cet événement.

Le 10 août de cette même année, il avait acheté les moulins qu'Annet de Maugiron, seigneur de Leyssins et de Meyrieu, et bailli du Viennois, possédait à Meyrieu ; et divers actes de vente ou d'acquisition, cités dans l'*Armorial du Dauphiné*, nous apprennent qu'en outre de cette dernière localité, il possédait encore la seigneurie du Pont-de-Beauvoisin, de Saint-Laurent-du-Pont et des Bordes.

Truchon, ne laissant pas de postérité, avait constitué pour son héritier son neveu Macé de Basemon, qu'il avait amené de la Beauce avec lui, et celui-ci, devenant la tige de sa famille en Dauphiné, conserva les armes et la devise de son oncle et les transmit à ses descendants.

Là doit se borner cette notice sur le Président Truchon, et j'aurai utilisé toutes les notes que je possède, quand j'aurai cité pour mémoire — Dieu me garde de la reproduire ! — l'épitaphe que le conseiller et poëte Cornu dédia à sa mémoire, et qui débute ainsi :

> I'estois né pour mourir, ie suis mort pour revivre,
> I'estois yssu du ciel pour le ciel acquerir,
> Ie vivois en tourment, mais pour estre delivre
> De malheur de çabas, il me falloit mourir, etc. (3).

---

(1) *La Vie de Souffrey de Calignon, Chancellier de Navarre*, publiée par M. le Cte Douglas, d'après le ms. original de Videl. Grenoble, Allier, 1874, pp. 10 et 11.
(2) *Évangile selon saint Mathieu*, ch. X, v. 16.
(3) *Les Œuvres poetiques de Pierre de Cornu, dauphinois*. Lyon, Hvgvetan, 1583, p. 197.

Le Président Truchon était obligé aux lettres de tout l'honneur qu'il avait eu pendant sa vie. « Il s'en souvint, dit Chorier que je me plais à citer encore en cette circonstance, il s'en souvint en mourant. Estant tombé dans vne maladie mortelle (1), vers la fin du mois d'Octobre de cette année (1578), il fit son Testament, et lega au College de Grenoble quatre cens écus d'or. Leur destination fut, que de cette somme il s'en acheptât vne rente perpetuelle qui fût à l'avenir employée à l'entretenement d'vn Professeur qui enseigneroit la Rhetorique. Il en recommanda le soin au Procureur general du Parlement, et aux Consuls de la Ville qui étoient alors, et qui seroient dans la suitte des temps. François Faure étoit alors dans la Charge de Procureur general, et Vrbain Fleard dans celle de premier Consul. Ses heritiers, qui furent Adrien de Basemon Abbé d'Aiguebelle, et Marc de Basemon second President de la Chambre des Comptes, satisfirent exactement à sa volonté. Guigues Collisieux Huissier des Estats vendit cette pension par Acte du XXII de Decembre, et receut la somme leguée qu'il imposa sur tous ses biens (2). »

Ici trouve naturellement sa place le médaillon qui est l'objet de cette notice, et que je crois être une de ces pièces coulées et ciselées qui portent le nom d'*artistiques*.

IO . TRVCHON . PRÆSES . DELPHIN. (*Johannes Truchon, præses delphinatus* ou *delphini senatus*). Buste barbu à gauche, coiffé du mortier et revêtu du costume de sa charge. Le champ est occupé par de riches entrelacs ou arabesques.

℞. Écusson aux armes de Truchon : *d'azur à deux serpents d'or adossés, tortillés et entrelacés en triple sautoir, au chef cousu de gueules, chargé d'une colombe d'argent membrée d'or*. A gauche de l'écusson, le mot PRVD—ENS disposé en deux parts sur deux rubans, ou

---

(1) Il n'est peut-être pas fort important de savoir quelle était la demeure du président Truchon ; néanmoins, à un point de vue qui peut intéresser l'histoire locale, je crois devoir insérer ici une note qui m'est fournie par les Archives de la Cour du Parlement (*Livre vert*, f° xlviij).

« Le vnz° jour daoust mil cinq cens soixante cinq, messire Jean Truchon, premier president en la cour de ceant, a Remonstre en la chambre du conseil La difficulte en laquelle Il estoit constitue de trouuer maison en ceste ville, pour y pouuoir louger selon la dignite du lieu quil tient, et comme Il auoyt pieca (*a*) quelque dessain de saccommoder en lhostel de la gouuernerie (*b*), suyuant les permissions a luy outroyees, premierement par feu monseigneur de Guyse (*c*), depuys par monsieur le Prince de la Roche sur Yon (*d*), heritiers (*e*) generaux pour le Roy en ce pays de Daulphine, et du consentement du seigneur de Gordes, heritier general pour ledit sieur Roy audit pays, en l'absence dudit seigneur Prince. Le quel dessain, neantmoins, Il nauoyt Jamais voulu mettre a effect, que premierement Il ne fust bien asseure que ce seroyt au gré et aveçq le bon plaisir de messieurs de la cour, en general et en particulier. Et a requis ladite cour, en presence des gens du Roy, luy en vouloir fere declaration.

« Sur quoy, apres auoir ouy les dicts gens du Roy, dict a este que, pour les *raisons*? Remonstrees par ledict sieur president, la cour trouue bon et ha agreable qu'il saccommode audit hostel de la gouuernerie. Et ce, soubz le bon plaisir du Roy, de mondit sieur le Prince, et sans consequence.

« C. DEPORTES.   BELLIEURE. »

(*a*) Depuis longtemps, v. lang.
(*b*) L'hôtel du Gouverneur, la mairie actuelle.
(*c*) François de Lorraine, duc de Guise, Gouverneur du Dauphiné, 1547-1564.
(*d*) Charles de Bourbon, Gouverneur du Dauphiné, 1562-1582.
(*e*) C'est-à-dire, héritiers fiduciaires.

(2) *Hist. gén. du Dauph.*, t. II, p. 685.

DOCUMENTS HISTORIQUES INEDITS — Tome 1er

DOCUMENTS HISTORIQUES INEDITS — Tome 1er

phylactères, assez espacés et posés sur un champ occupé par un semis de feuilles de.....?; à droite, la même disposition, pour le mot SIMPLI—CITAS, complétant ainsi la devise *Prudens simplicitas* adoptée par le président; le tout, au milieu d'un large encadrement circulaire, orné de magnifiques rinceaux. Le contour de l'écusson est dessiné par un cordon qui, au bas, affecte la forme d'un entrelac, et, vers le haut, celle d'une sorte de chaîne ou torsade par laquelle il serait suspendu.

PLOMB.   Diam. 116 mil.

Ma collection. *(V.* la planche ci-contre).

Cette médaille est inédite. Elle est en plomb et paraît avoir été dorée, car on aperçoit encore des traces de dorure sur le revers de la pièce. C'est peut-être la seule qui existe, la seule même qui ait été faite. Est-il besoin d'en faire remarquer la beauté, la manière large et savante avec laquelle la tête du président Truchon est traitée, le fini des détails, la richesse de l'ornementation? Cette pièce, malheureusement, a souffert en quelques endroits, et je ne serais point éloigné de penser que c'est au sortir du moule que plusieurs de ses parties ont été si déplorablement endommagées et que, par suite, plusieurs autres ont dû être retouchées au burin. « La matière, m'écrivait en 1866 mon honorable confrère et ami, M. Arnold Morel-Fatio, de Lausanne, qui a bien voulu me le céder, la matière de ce médaillon est si impressionnable, que cela a fait tort à sa conservation. On pourrait trouver à redire à ce dernier chapitre, si la médaille n'était pas unique. En attendant mieux, il faut s'estimer très heureux d'avoir déniché ce bijou. »

Dans quelles circonstances et à quelle époque fut-elle moulée? Quel en est l'auteur et par qui fut-elle commandée? Y en a-t-il eu plusieurs exemplaires et en quels métaux? Toutes questions qui demanderaient autant de réponses, et auxquelles il m'est impossible de satisfaire. J'ai donc dû me borner à décrire cette magnifique pièce et à l'accompagner d'une notice sur le personnage qu'elle représente.

G. VALLIER.

15
Charles-Emanuel.
(V. p. 12, 30, 32, 56, 67, 73, 74, 75, 76, 78, 79, 84, 102.)

Charles-Emmanuel Ier, duc de Savoie, dit le Grand, fils d'Emmanuel-Philibert et de Marguerite de France, né en 1562, gouverna de 1580 à 1630, époque de sa mort. Il avait épousé Catherine-Michelle d'Autriche, infante d'Espagne, seconde fille de Philippe II et d'Elisabeth de France. Il ne répudia pas les ambitieuses prétentions que lui avait léguées son père, et, de tous les voisins de la France, il fut pendant douze ans le plus injuste et le plus hostile.

La Satire Menippée, avec cet esprit gaulois qui la caractérise, n'oublia pas l'ambitieux duc de Savoie. Voici le quatrain qui le concerne :

> Dy ton confiteor, Savoyard, de bonne heure ;
> Tes péchés sont cogneus, tu ne peux eschapper,
> Quand tu seras bien las de rire et de tromper
> Encore faudra-t-il, à la fin, que tu pleure.

16

La Princesse Catherine de Navarre.
(V. p. 12, 13, 30, 39, 123.)

Fille de Jeanne d'Albret et sœur de Henri IV, née le 7 février 1558, elle épousa en 1599 Henri de Lorraine, duc de Bar. On avait voulu d'abord la marier au comte de Soissons, Charles de Bourbon, fils de Louis, tué à Jarnac ; mais la reine mère s'y opposa, soit par haine de la maison de Navarre, soit plutôt que, connaissant le zèle religieux de cette princesse pour la nouvelle croyance, elle ne redoutât son influence sur son fils. Il avait été encore question de son mariage avec le duc de Savoie, Charles-Emmanuel, comme nous le raconte Videl, et, encore cette fois, ce fut la religion de la princesse qui y mit obstacle, ainsi que les intrigues de l'Espagne, qui redoutait de voir le duc de Savoie se rapprocher de la France. Ce mariage nous eût probablement évité les longues guerres dont le Dauphiné, la Bresse et le Bugey furent les principales victimes.

En 1585, Henri de Navarre, se voyant toutes les forces de la Ligue sur les bras, et hors d'état d'avoir des enfants de la reine Marguerite, avec laquelle il était séparé de fait, et ne pouvant alors espérer de faire rompre ce mariage par le pape, avait pensé se choisir un successeur en donnant sa sœur Catherine à un prince qu'il pût regarder comme son fils, au Comte de Soissons, son cousin germain. Le prince, qui y trouvait autant d'avantage que d'honneur, accepta et passa dans le parti du roi de Navarre. La princesse vit ce choix avec plaisir, et l'amour, d'accord cette fois avec la politique, forma des liens qui devinrent dans la suite difficiles à rompre. Mais Henri IV, ayant reconnu le génie remuant et ambitieux du comte de Soissons, et songeant alors à contracter un autre mariage dont il espérait postérité, se décida à marier sa sœur au duc de Lorraine et de Bar; ce qui eut lieu le 30 juin 1599.

Il avait été aussi question de son mariage avec le duc d'Alençon, et même avec Henri III, dit-on.

Catherine de Bourbon aimait les lettres et avait une bibliothèque remarquable pour l'époque. Elle avait réuni une belle collection de classiques grecs et latins et des manuscrits très rares, surtout à cette époque. Elle possédait aussi une grande quantité de lettres autographes des principaux personnages de son temps. « La plupart de ces livres, dit l'*Armorial du bibliophile*, étaient reliés à la manière de Clovis Eve, qui bien certainement a dû travailler pour elle. Beaucoup d'entre eux portaient sur les plats six doubles C entrelacés formant croix, avec une flamme au centre, le tout dans un ovale feuillé. »

17

Pierre de Salvaing.
(V. pp. 13, 30, 31, 34, 108, 120, 126, 128.)

Encore ici, Videl confond les noms et les personnes, car il ne peut être question, pour ce personnage, que de Charles Salvaing de Boissieu, gentilhomme distingué par son érudition et son savoir. Il avait étudié le droit à Bourges, sous Cujas, vers 1584, et savait presque toutes les langues anciennes et celles des principaux pays d'Europe. Il mourut en 1645, laissant, de son mariage avec Charlotte d'Arces, plusieurs enfants, et, entre autres, le célèbre Denis de Boissieu, dont parle si souvent Videl et auquel il ne ménage pas les flatteries, sachant sans doute combien il les aimait.

Depuis les savantes recherches de M. de Terrebasse et la critique de Philibert Lebrun qu'il nous a donnée, il n'est plus permis de s'occuper de la généalogie fantastique de cette famille, dressée par Guy Allard et Vulson de la Colombière, sur les documents aussi faux qu'incroyables laissés par Denis Salvaing de Boissieu : M. Rochas, qui, dans sa biographie, lui consacre un long article, donne au reste, sur cette faiblesse de ce savant et distingué personnage, des détails auxquels nous renvoyons le lecteur. Un avocat de Grenoble disait à propos des prétentions nobiliaires de Salvaing : « Le commun des hommes doit la vie à ses ancêtres ; mais M. de Boissieu la donne aux siens. »

18

La Reine sa mere.
(V. p. 13, 20, 36.)

Jeanne d'Albret, fille et héritière de Henri d'Albret, roi de la Basse Navarre et du Béarn, fut mariée en 1548 à Antoine de Bourbon, duc de Vendôme, et mit au monde, en 1553, notre grand roi Henri IV. « Ma brebis, disait Henri d'Albret, a enfanté un lion. »

Restée maîtresse de ses États à la mort de son mari en 1568, elle les gouverna avec sagesse et fermeté. En 1567, elle y introduisit le calvinisme et voua son fils à la défense de la nouvelle doctrine.

Venue à Paris pour le mariage d'Henri de Navarre avec Marguerite de Valois, sœur de Charles IX, elle y mourut presque subitement en 1572, deux mois avant la Saint-Barthélemy. On soupçonna qu'elle avait été empoisonnée, et c'est l'opinion de d'Aubigné et de quelques auteurs du temps. D'autres, tels que la Popinière, Péréfixe et de Thou, assurent que les médecins firent l'autopsie et trouvèrent un abcès, cause véritable de sa mort, à laquelle, du reste, personne n'avait intérêt.

19

Bellegarde, gentil-homme Savoysien.
(V. pp. 13, 30.)

Cette famille, originaire de Flandre, est depuis longtemps établie dans la Savoie où elle occupait un rang distingué.

Jean Noyel, seigneur de Bellegarde et des Marches, maître d'hôtel de Charles III, duc de Savoie, eut, de Louise de Poypor, François de Bellegarde, Gouverneur de Nice, Ambassadeur du Duc de Savoie auprès de Charles-Quint. C'est sans doute le fils de François qui fut Gouverneur du fort Barraux, le défendit lorsque Lesdiguières s'en rendit maître par surprise, et y fut fait prisonnier.

Un de leurs descendants, Claude-Marie, comte de Bellegarde et d'Entremont, épousa Anne Rutowska, fille naturelle d'Auguste II, roi de Pologne, Électeur de Saxe. Il est mort à Paris en 1755, étant envoyé extraordinaire du roi de Pologne à la cour de France.

M. le Cte Amédée de Foras, dans sa splendide publication de l'*Armorial et Nobiliaire de Savoie*, parle de deux familles du nom de Bellegarde ; nous y renvoyons le lecteur.

20

Le Duc de Bar.
(V. p. 13, 39.)

Henri, duc de Bar, était fils de Charles II, duc de Lorraine. Il épousa, en 1599, la princesse Catherine, sœur unique de Henri IV. L'exposé de ce mariage se trouve dans Palma Cayet (1). Henri IV put se promettre, dès lors, de disposer de la Lorraine comme de la France dans la lutte qu'il se proposait d'engager contre la maison d'Autriche. C'est ainsi que nos rois, par des alliances calculées, dans un but tout patriotique, préparaient l'agrandissement de la France et y parvenaient, le plus souvent, sans qu'il en coûtât un sou ni un homme au pays.

---

(1) *Chronique septenaire*, liv. II, pp. 44, 45.

24
Montbrun.
(V. p. 14, 15.)

Charles du Puy, né au château de Montbrun vers 1530, fit ses premières armes en Italie sous Aymar du Puy *(de Podio)*, son père ; Guy Allard a donné une généalogie de cette famille : nous y renvoyons le lecteur. Né dans la religion catholique, Montbrun se fit protestant, à l'instigation de Théodore de Bèze, et fit embrasser la réforme à ses vassaux. En 1562, il se joignit au Baron des Adrets et lui succéda dans le commandement des Protestants. Il fit des prodiges de valeur à Jarnac et à Moncontour, et pilla, en 1574, les bagages du roi Henri III, lors de son retour de Pologne et de son passage au Pont-de-Beauvoisin. Sur les remontrances que lui en fit faire le roi, il répondit « *que les armes et le jeu rendaient les hommes égaux*. On vante sa probité, vertu assez rare chez les gens de guerre : mais il était cruel, et le massacre seul de Mornas, attribué à tort à des Adrets par quelques historiens, suffirait pour souiller sa mémoire. Il avait épousé Justine Alleman, nièce du cardinal François de Tournon. Vaincu, blessé et fait prisonnier dans un combat près de Blacons, il eut la tête tranchée le 13 août 1575.

Armes : *d'or au lion de gueules, armé et lampassé d'argent*. Pour cimier : *un lion naissant* ; Devise : VICIT LEO. L'*Armorial* de M. Rivoire-la-Bâtie porte : *d'or au lion de gueules, armé, paré et lampassé d'azur*. Devise : VICIT LEO. Cri : MONTBRUN.

Dans l'église de Peyrins, on voit la sépulture d'un membre de cette ancienne famille *de Podio* : l'inscription est illisible, mais on distingue la figure d'un chevalier et la date de 1297. Il est certain que cette maison a possédé la terre de Peyrins, et M. Giraud, dans son *Essai historique de l'abbaye de Saint-Barnard de Romans*, parle d'un Dupuy qui, au XII° siècle, accompagna son seigneur suzerain, Lambert, seigneur de Peyrins, en Terre-Sainte. Valbonnais a publié une dissertation sur Raymond Du Puy, deuxième Grand-Maître de Malte, dans laquelle il démontre que ce personnage était originaire du Viennois et que sa famille avait habité Peyrins.

Un sceau de cette famille, que nous reproduisons ici d'après le dessin que M. G. Vallier, notre collaborateur, a bien voulu en faire pour notre publication, a été retrouvé, il y a quelques années ; il appartient à M. Ferlay, notaire à Peyrins. Ce sceau de Hugues du Puy, sans doute celui dont parle Rochas et qui fut un des principaux capitaines de Godefroy de Bouillon, est assez difficile à blasonner et ne ressemble en rien aux armes de du Puy Montbrun.

L'ornement paraît être six broies, instrument propre à briser le chanvre, ou six morailles, espèce de pince-nez pour les chevaux difficiles. La forme du sceau, le caractère de la légende, sa simplicité même, indiquent le xi ou xii° siècle.

Dans un titre du 8 des Ides de février 1331, en faveur d'un membre de la famille de Rigaud de Vaudreuil, nous voyons parmi les témoins « Dominus Aymericus de Podio miles, condominus de Peyrenchis » ; nous le retrouvons également dans d'autres actes des 13 octobre 1342 et 7 décembre 1373. Dans un acte du 9 février 1355, en faveur d'Arnaud Rigaud de Vaudreuil, qualifié seigneur de Peyrins et autres lieux, paraît en tête de nombreux témoins « Nobilium virorum Dominorum Petri de Podio de Peyrenchis, etc. » Dans un acte du 28 novembre 1382, un de Podio figure comme notaire « et mei Johannis de Podio notarii Tholose publici. » Également dans un acte du 19 août 1515 « dictaque instrumenta à Magistro Alrico de Podio notario. » De ces actes et d'autres encore, il résulte que les Rigaud de Vaudreuil ont possédé la terre de Peyrins, et que les de Podio étaient gentilshommes possédant fiefs dans cette seigneurie.

22

Guillaume d'Avenson.
(V. p. 14)

Videl fait ici erreur, car Guillaume ne fut pas évêque de Grenoble, mais archevêque d'Embrun. Il s'agirait donc de François de Saint-Marcel d'Avançon, d'abord conseiller-clerc au Parlement de Grenoble, puis prieur de Sigotier et prévôt de l'église de Saint-André, lorsqu'il fut élu évêque de Grenoble le 30 octobre 1561, et qui mourut le 5 février 1576. Nous croyons cependant que ce n'est pas de ce prélat qu'il est ici question. Videl, en effet, nous apprend à la page suivante que, sur ces entrefaites, était survenue la mort de Montbrun (1575). Or, à cette époque, Calignon, à peine âgé de vingt-cinq ans, n'était pas encore un personnage dont l'évêque pût faire un « grand estat » ; il est donc probable que l'erreur porte seulement sur la qualité d'évêque de Grenoble, et que c'est bien de Guillaume, neveu de François et archevêque d'Embrun, dont Videl veut parler et dont la longue existence explique les rapports postérieurs avec Calignon, car il ne mourut qu'en 1600.

Guillaume accompagna à Rome son père, qui était en grand crédit sous Henri II et avait été envoyé en ambassade pour négocier une ligue dont le but était la conquête du royaume de Naples. Il fut nommé camérier du pape et assista au concile de Trente. En 1561, il fut nommé archevêque d'Embrun et prit part au Colloque de Poissy et aux États de Blois. En 1585, Lesdiguières prit Embrun d'assaut : les églises furent pillées, et il entra, dit-on, à cheval dans la cathédrale.

Ce fut Guillaume d'Avanson qui, à son retour de Rome, établit le premier couvent d'Augustins qu'il y ait eu en France et qu'il plaça à *Pontcharra*, dans la vallée de l'Isère.

Armes : *de gueules à trois chevrons d'argent, au chef d'or.*

V. dans les *Poésies* de Calignon, p. 253, une inscription faite pour le tombeau de François d'Avanson, évêque de Grenoble.

23

Le Mareschal de Damville.

(V. pp. 15, 27, 29, 30, 38.)

Il s'agit ici de Henri I, duc de Montmorency, deuxième fils de Anne, et qui, durant la vie de son père, porta le nom de Damville, terre de Normandie. C'est lui qui prit le prince de Condé à la bataille de Dreux. — Il se distingua aussi à la journée de Saint-Denis, où son père fut tué en 1567. Malgré tous ses services, et bien qu'il fût zélé catholique, il était haï de Catherine de Médicis, ce qui le porta à se mettre à la tête des *Politiques* dans son Gouvernement de Languedoc, où il régna en souverain jusqu'à l'avénement de Henri IV. Ce prince lui envoya l'épée de Connétable en 1595. On prétend qu'il ne savait pas écrire, ce qui faisait dire à Henri IV : « Avec mon Chancelier (Sillery), qui ne sait pas le latin, et mon Connétable, qui ne sait pas lire, vous verrez que je ferai bonne besogne. »

Il est inutile d'entrer dans de grands détails sur cette famille, la plus illustre de France : nous dirons seulement quelques mots sur ses armes. L'origine du nom de Montmorency, quoique légendaire, s'explique ainsi : Un Bouchard, leur premier nom patronymique, aurait reçu le prénom de *Morencius*, en mémoire des victoires qu'il avait remportées sur les Mores, au temps de Charlemagne et de Charles-le-Chauve, comme Scipion fut appelé l'*Africain*. Dans une charte de Charles-le-Chauve, sous la date de 845, on lit ces mots : *Propter bona servitia quæ nobis fecit contra Mauros de Corsicâ, nobis consanguineus noster Burchardus dux.*

Les armes de cette illustre maison ne sont pas moins anciennes et moins honorables que son origine. Sous Lothaire, l'empereur Othon, à la tête d'une puissante armée, avait pénétré jusqu'à Soissons, quand Bouchard marcha contre lui et remporta une victoire dans laquelle il prit quatre aigles impériales. Le roi lui accorda pour ce fait d'armes le droit de porter ces quatre aigles, ou alérions, en style héraldique, aux quatre angles de la croix blanche de sa bannière. Plus tard, en 1214, Mathieu de Montmorency, qui prit une si grande part à la victoire de Bouvines, gagnée sur Othon IV, empereur d'Allemagne, présenta à Philippe-Auguste un trophée de douze bannières aux aigles impériales. Le roi, voyant Mathieu couvert de blessures, trempa son doigt dans le sang qui s'en échappait et fit, sur l'écusson du Connétable, une croix rouge dont les quatre bras seront désormais cantonnés des douze aigles impériales que Montmorency venait d'enlever à l'ennemi. Voilà la superbe origine des seize alérions conquis aux batailles de Soissons et de Bouvines, qui ornent les armes de cette famille, aujourd'hui éteinte,

ou du moins représentée par des femmes seulement, quoique l'empereur Napoléon Ier
ait cru pouvoir disposer de ce nom illustre en faveur de M. de Talleyrand.

La maison de Montmorency a donné à la France quatre Connétables : Mathieu I, e[n]
1139; Mathieu II, en 1218; Anne, en 1538; et Henri, en 1593.

24

Le Duc d'Alençon.
(V. p. 18.)

François, duc d'Alençon et plus tard duc d'Anjou, quatrième fils de Henri II et d[e]
Catherine de Médicis, frère de Henri III, né en 1544, mort le 10 juin 1584. Ce princ[e]
se montra favorable aux Protestants. Aussi le voyons-nous chargé spécialement d[e]
constituer les nouvelles chambres mi-partie, créées par l'édit qui porte son nom. C[e]
qui n'empêche pas le roi de Navarre de dire de lui : « Il me trompera, s'il rempli[t]
l'attente qu'on conçoit de lui; il a si peu de courage, le cœur si double et si malin[,]
le corps si mal bâti, si peu de grâce dans son maintien, tant d'inhabileté à toutes sorte[s]
d'exercices, que je ne saurais me persuader qu'il fasse jamais rien de grand. »

Quoi qu'il en soit, sa mort eut des conséquences bien graves, car elle rendait héritie[r]
direct du trône le roi de Navarre, le chef du parti protestant. Aussi, cet événemen[t]
réveilla-t-il la ligue que le retrait de l'Édit de pacification avait un instant calmée. C[e]
fut alors que les Guises en prirent pour ainsi dire la direction, et que les plus grand[s]
seigneurs y adhérèrent. Le 1er décembre 1584, ils signèrent une protestation, et s'en-
gagèrent à ne jamais reconnaître un prince hérétique pour roi de France. — (V. *Documents*, n° III).

25

Le Duc de Guise.
(V. p. 18.)

Henri de Lorraine, duc de Guise, surnommé le Balafré, né le 31 décembre 1550.
Il fit ses premières armes au siège d'Orléans. Témoin du meurtre de son père, il voua
dès ce moment une haine implacable aux Protestants. Il se couvrit de gloire à Jarnac, à
Moncontour et à la défense de Poitiers. Son mérite personnel, l'illustration de sa
famille, ses belles et grandes manières en firent bientôt le chef du parti catholique. O[n]
lui reproche d'avoir commencé les massacres de la Saint-Barthélemy, en ordonnant le
meurtre de Coligny qui passait pour n'être pas étranger à l'assassinat de son père.
En 1575, il défit, près de Château-Thierry, un corps d'Allemands venus au secours des

Calvinistes, et c'est dans ce combat qu'il reçut au visage la balafre d'où lui vient son surnom. En 1576, se forma la Ligue : il en fut bientôt le chef puissant, luttant avec l'autorité royale. Appelé à Paris par la faction des Seize, il y vint malgré la défense de Henri III, fut reçu en triomphe, et la journée des Barricades vint révéler et augmenter son influence. « On a vu, dit Balzac, des assemblées nombreuses se rendre en un instant à sa bonne mine ; il n'y avait point de cœur qui pût tenir contre ce visage : il persuadait avant que d'ouvrir la bouche.... Et j'ai ouï dire à un courtisan de ce temps, que les Huguenots étaient de la Ligue quand ils regardaient le duc de Guise. »

Ne pouvant souffrir de voir son autorité méconnue, Henri III prit la fuite, entra en négociation avec les ligueurs, fit toutes les concessions exigées et convoqua les États-généraux à Blois. Le roi en fit l'ouverture le 10 octobre 1588, et, dès les premiers jours, il put s'apercevoir de l'influence que le duc de Guise aurait sur l'assemblée. Les difficultés continuelles dont le roi était accablé et les rapports qu'on lui faisait sur les intrigues du duc plongèrent ce malheureux prince dans une agitation d'autant plus violente, qu'il était sujet à de noires idées qui le jetaient dans le chagrin et l'abattement. Dès lors, il résolut de se défaire de ce maître qui mettait en échec son autorité royale. Quelques jours après son arrivée, le duc était assassiné à la porte du cabinet du Roi, au château de Blois, le 23 décembre 1588.

26

Le cardinal, son frère.
(V. p. 18.)

Louis II, de Lorraine, Cardinal de Guise, frère du Balafré dont nous venons de parler. Il était né à Dampierre, en 1556, et fut un des agents les plus actifs de la politique de son frère. Il succéda à son oncle Claude, dit le Cardinal de Lorraine, à l'archevêché de Reims, non en 1556, comme le dit à tort Bouillet, mais en 1574, époque de la mort de son oncle ; mais il n'en prit possession qu'en 1583, et il y tint la même année un concile provincial. Il présidait l'ordre du clergé aux États de Blois en 1588, blâma publiquement le discours d'ouverture d'Henri III et en fit retrancher quelques passages. Cet excès d'audace acheva de déterminer le roi à le faire périr avec son frère. Il fut assassiné le lendemain 24 décembre 1588.

27

La Ligue.
(V. pp. 18, 19, 22.)

La France était surtout, au XVIe siècle, une nation catholique ; ses croyances, ses mœurs et ses institutions reposaient sur la religion catholique. L'hérésie nouvelle, en ébranlant les croyances de la nation, relâchait tous les liens sociaux, détruisait l'unité morale du pays et y introduisait un germe permanent de trouble et de division. Lorsque la Ligue se forma, ni la chose ni le nom n'étaient nouveaux dans notre pays; il y avait eu déjà des ligues pour des motifs moins graves et moins populaires. Les Protestants et les Malcontents du Languedoc venaient d'en donner plusieurs exemples. Aussi, une si forte attaque contre la religion de la grande majorité de la nation devait porter dans la société française une perturbation que le gouvernement avait, je ne dirai pas seulement le droit, mais le devoir de réprimer. Et en effet on ne peut nier ce principe absolu, que c'est le devoir de tout gouvernement d'empêcher la diffusion de l'erreur; car l'erreur, qui est la négation de ce qui est, n'a aucun droit pour elle et fait le malheur des sociétés. Ces principes étaient surtout applicables à une époque et dans un pays ou régnait l'unité de la foi, où tous, ou presque tous, professaient la religion catholique. Le système de la liberté complète, accordée aussi bien à l'erreur qu'à la vérité, érigé en principe, conduirait à affirmer qu'il n'y a pas de vérité absolue, et on arriverait ainsi au scepticisme social. Sans doute, le pouvoir devait excercer ce droit avec équité, prudence et sagesse; mais l'ardeur protestante laissa-t-elle au gouvernement la possibilité d'agir toujours ainsi, lorsque, non contents de réclamer l'exercice de leur culte, les armes à la main, les Protestants prétendirent dominer et s'emparer du gouvernement même? Ce n'est plus par la prédication et la persuasion, mais par les armes, qu'ils veulent établir leurs nouvelles doctrines. Ce n'est plus seulement la liberté du nouveau culte qu'ils réclament, ils veulent l'imposer à la France. En face de pareilles prétentions, la royauté comprend mal son rôle : au lieu de prendre hautement la défense de la foi nationale, elle ne voit que la surface de ce grave conflit, et, dans les Catholiques et les Protestants, que deux partis en présence, dont elle essaie timidement d'être l'arbitre. Ces vains efforts ne servent qu'à prouver la faiblesse et l'irrésolution du gouvernement, à fortifier et irriter, au contraire, les deux partis par des concessions alternativement faites et reprises. Aussi, ce furent les alarmes causées aux Catholiques par l'Édit de pacification de 1576, appelé *Paix de Monsieur*, qui donnèrent naissance à la Ligue. Sous les gouvernements précédents, et au milieu des embarras les plus graves, jamais on n'avait encore fait aux Protestants une position aussi avantageuse. C'était sacrifier la foi d'une nation aux injustes exigences de certains sectaires, livrer la monarchie par lambeaux à l'ambition de quelques princes et détruire l'unité nationale au profit d'une féodalité nouvelle. Liberté entière de conscience, exercice public du culte, Chambres des Parlements mi-partie de Catholiques et de Protestants, gouvernements de province accordés aux chefs du parti, le prince Casimir lui-même, commandant l'armée allemande appelée par les Huguenots, recevant le duché d'Étampes, une compagnie d'hommes armés et l'entretien de quatre mille reitres. Telles sont les concessions faites aux Protestants.

Cet imprudent traité acheva d'ouvrir les yeux aux Catholiques, et, dans chaque province, on vit se former des Ligues auxquelles s'affilièrent des hommes de tous les rangs, réunis pour la défense de leur foi.

Le Duc d'Alençon, frère du roi et héritier présomptif, s'était rangé du côté des Protestants, et, avec Henri de Navarre, ils formaient la tête et l'espoir de ce parti. La question était donc de savoir, si, Henri III n'ayant pas d'enfant, la couronne de France devait courir la chance de se fixer sur la tête d'un roi armé déjà pour la cause du protestantisme. Était-il prudent de risquer pour la France les sanglantes alternatives religieuses qui venaient d'agiter si cruellement l'Angleterre ? En face de si graves questions, on comprend la division qui s'opéra alors parmi les plus hautes intelligences et les plus grands personnages de l'époque. Au reste, on ne peut nier que les Protestants ne fussent agresseurs de deux manières : d'abord, parce qu'ils s'attaquaient à la religion nationale; ensuite, parce que, abusant de la faiblesse du pouvoir et des concessions qui leur avaient été faites, ils avaient eu recours les premiers à la force des armes et à l'étranger.

Une circonstance servit surtout à l'extension rapide de la Ligue : l'assemblée des États-généraux (1577) et la nomination des députés furent pour les Catholiques une occasion de se voir, de s'entendre et de s'unir. Ce *suffrage universel* produisit en grande majorité des députés Catholiques et ligueurs. Le premier acte de l'assemblée fut de supplier le roi de réunir tous ses sujets sous la loi catholique et d'interdire le culte public de la religion réformée. En présence de cette démonstration des députés de la nation, le roi signa l'acte de la Ligue et lui donna lui-même le nom de Sainte-Union.

Ce fut le signal de la séparation des États (mars 1577) et du commencement d'une nouvelle guerre entre les Catholiques et les Protestants. Nous arrêterons là cette rapide analyse, car, dans le cours de ces notes, nous sommes amenés à parler des principaux événements de la Ligue.

Qu'il nous soit cependant permis de dire que l'on a trop généralement accusé la Ligue de tous les maux de cette malheureuse époque. Elle fut en définitive une association de défense, ni plus intolérante, ni plus violente que ne le fut le parti protestant lui-même. Rappelons-nous qu'on ne comprenait pas alors la liberté religieuse, et que chacun croyait bien faire en imposant sa foi. Sans la Ligue, Henri IV fut probablement resté protestant, et la France se fut partagée en provinces et gouvernements divisés de croyances, ayant des chefs et des libertés diverses, quelque chose d'analogue à ce qui existait en Allemagne et que, de nos jours, la politique prussienne cherche à modifier au profit du protestantisme par des moyens aussi violents que ceux employés au xiie siècle. Nous serions aujourd'hui la troisième ou quatrième nation protestante, au lieu d'être la première nation catholique.

28

Gordes, Lieutenant de Roy.
(V. p. 19.)

Bertrand-Raymbaud Simiane, baron de Gordes, né le 18 octobre 1513, épousa Guigonne Allemand en 1552. Sa vie s'écoula dans les camps et sur les champs de bataille, où il versa glorieusement son sang pour son pays. Il accompagna le Connétable de Montmorency dans toutes ses expéditions, se distingua, quoique bien jeune encore, au siége de Mézières, fut en Piémont sous Cossé Brissac, qui le nomma gouverneur de Mondovi, et assista à la prise de Quiers. Chargé de faire le siége de Queiras, il échoua par la faute du corps qui devait le seconder. En 1557, il fit partie de la compagnie que commandait Coligny, qui se jeta dans Saint-Quentin, assiégé par Emmanuel-Philibert. Il se signala par des prodiges de valeur et passa pour mort. En 1559, il retourna en Piémont sous les ordres du maréchal de Brissac, et, non content de payer de sa personne, il vendit son argenterie et tout ce qu'il possédait pour payer ses troupes. En 1561, il fut créé chevalier de Saint-Michel, et, l'année suivante, envoyé en Provence pour y calmer les troubles que sa prudence et sa modération réussirent à apaiser. La cour s'était vue forcée de retirer au trop ardent Laurent de Maugiron la lieutenance générale de Dauphiné ; elle nomma de Gordes pour le remplacer. Il fit son entrée à Grenoble le 12 février 1565.

L'histoire impartiale a su rendre à de Gordes, par la plume de M J. Taulier (1), l'importance qui lui revient. Entouré de difficultés sans cesse renaissantes, en butte à la jalousie et à l'hostilité de quelques hommes puissants auxquels il sut tenir tête, obligé d'avoir continuellement à surveiller les démarches de Lesdiguières, de lutter avec Montbrun, de se défendre contre les intrigues de Maugiron qui ne pouvait lui pardonner de l'avoir remplacé, de prévenir ou réprimer les querelles sans cesse renaissantes entre les Catholiques et les Protestants, il usa son énergie et sa vie dans ces luttes continuelles. Son caractère modéré et ferme lui permit de maintenir quelque temps la paix entre les Protestants et les Catholiques, et l histoire honorera toujours la fermeté qu'il montra à préserver le Dauphiné des horreurs de la Saint-Barthélemy.

Le 10 mars 1575, de Gordes assista aux États de la province, dont Henri III fit l'ouverture en personne. Quelques historiens ont accusé cependant de Gordes d'avoir laissé exécuter Montbrun, son rival ; mais d'autres le justifient avec raison et font retomber tout l'odieux de ce fait sur la volonté expresse du roi et la faiblesse du Parlement. Parti déjà souffrant, le 20 février 1578, pour aller appuyer le maréchal de Bellegarde, de Gordes vit bientôt ses forces l'abandonner complétement. Le 20, à Montélimar, il voulut mourir en soldat et debout, et passa la journée à dicter des lettres et à donner ses instructions. Le lendemain, il s'entretint avec les envoyés du Maréchal, et, aussi bon chrétien que brave soldat, il remplit avec calme ses devoirs religieux. Le 21 février, à cinq heures du soir, il mourut presque sans souffrances. C'est à tort que Videl (p. 19) dit qu'il mourut en 1560, car c'est après sa mort seulement, et en 1578, que le roi rendit à Maugiron la charge de lieutenant général du Dauphiné.

---

(1) *Notice historique sur Bertrand-Raymbaud Simiane, baron de Gordes*. Grenoble, Maisonville, 1859.

29

Le comte de Maugiron.
(V. p. 20.)

Laurent de Maugiron, d'une des plus anciennes et plus illustres familles de la province, originaire, dit Chorier, d'Angleterre, fut plusieurs fois Lieutenant Général en Dauphiné. Il eut à lutter bien souvent contre le Baron des Adrets et ne fut pas toujours heureux. En 1564, Charles IX lui ôta la charge de Lieutenant-Général pour la donner à de Gordes; mais Henri III la lui rendit en 1578, après la mort de ce dernier. Ce fut alors Lesdiguières qu'il eut pour adversaire, et contre lequel il échoua souvent, même lorsqu'il réunit ses forces à celles de La Valette que la Ligue avait envoyé en Dauphiné en 1586. Il mourut, suivant Rochas, en février 1589. Il avait épousé sa cousine, fille de Gabriel de Maugiron, seigneur du Molard et de Varacieu, dont il eut huit enfants.

Armes : *Gironné d'argent et de sable de six pièces.*

30

Baron de Sausac.
(V. p. 20.)

Nous pensons, malgré la différence de l'orthographe, que Videl a voulu parler ici de la famille de Charbonnel, baron de *Saussac*, originaire du Velay, et qui établit sa filiation depuis Pierre de Charbonnel, seigneur de Charbonnel en Vivarais, vivant en 1273. Cette famille a produit un chevalier de Saint-Jean de Jérusalem, au XVe siècle, et neuf comtes de Brioude. Il est ici question du traité qui fut fait à Bergerac, en 1577, entre le roi de Navarre et le maréchal de Biron, et des nouvelles complications qui suivirent l'Édit du roi de France, des premiers jours de septembre, par lequel l'exercice de la Religion réformée fut défendu à dix lieues autour de Paris, les cimetières calvinistes enlevés de cette ville, la liberté des mariages mixtes révoquée, et enfin les Chambres mi-parties supprimées à Rouen, Paris, Dijon, Rennes et autres villes.

---

31 et 32

Catherine de Medicis.... — ce Prince, son gendre.
(V. pp. 20, 22.)

Catherine de Médicis, fille unique de Laurent de Médicis et de Magdeleine de la Tour d'Auvergne, naquit à Florence en 1519. Elle épousa, en 1533, le Dauphin, depuis

Henri II. Après la mort de son époux et celle de son fils aîné, François II, elle fut nommée régente pendant la minorité de son fils Charles IX. La ruse et la dissimulation furent trop souvent ses moyens de gouvernement. Les historiens s'accordent assez généralement à lui attribuer la principale responsabilité de la Saint-Barthélemy. Elle conserva moins d'influence sous Henri III. Elle avait apporté d'Italie le goût des arts, et c'est par ses ordres que furent construits le palais des Tuileries et les châteaux de Monceaux et de Chenonceaux (1). Sa fille Marguerite de Valois, qui avait épousé Henri de Navarre, depuis Henri IV, avait, par sa conduite et son caractère, rendu une séparation nécessaire. Cet état de choses durait depuis près de quatorze ans, et cette princesse ayant passé l'âge où elle pouvait donner des héritiers au trône, un divorce devenait indispensable pour en assurer la succession. La mort subite de Gabrielle d'Estrée, le 10 avril 1599, avait rendu au roi sa liberté. Marguerite, dernier rejeton légitime des Valois, voulait bien descendre du trône, mais seulement pour faire place à une princesse et non à une femme de condition inférieure. Jusqu'alors elle avait refusé son consentement au divorce. Elle l'accorda, et le Pape prononça la dissolution du mariage le 17 décembre 1599. Cette princesse, au milieu des vicissitudes de sa vie, avait conservé le goût des livres, comme sa mère.

Le mariage du roi Henri IV avec Marie de Médicis, fille du Grand-Duc de Toscane François II, mort en 1587, et nièce du duc régnant Ferdinand Ier, fut dès lors arrêté et s'accomplit en 1600. D'un caractère altier et opiniâtre, comme celui de son père, elle fit le malheur de son époux. Ce mariage ne retint pas longtemps le Grand-Duc dans l'alliance de la France, qui en avait été le principal motif. Il pensait sans doute qu'en perdant ses possessions au-delà des Alpes, Henri IV avait aussi perdu son influence en Italie. A la mort du roi, cette princesse fut nommée régente pendant la minorité de son fils Louis XIII, donna sa confiance à d'indignes favoris et se rendit si odieuse, même à son propre fils, que celui-ci, dès qu'il fut majeur, en 1614, se vit obligé de l'éloigner de la cour. Elle prit les armes contre lui, mais sans succès, et fut enfin obligée de quitter la France en 1642. On lui doit le palais du Luxembourg et une précieuse collection de tableaux de Rubens. Elle mourut à Cologne en 1642. Comme les princesses précédentes, elle eut le goût des beaux livres.

---

(1) Cette reine possédait, en sa féerique résidence de Chenonceaux, une bibliothèque qui n'avait guère de rivale. On y voyait des livres reliés avec une richesse étonnante, et dont la collection du Louvre nous offre un des plus beaux spécimens sous le n° 0285 de l'inventaire Motteley. Sa devise était : *Ardorem extincta testantur vivere flamma*, faisant allusion à la perte récente de son mari. Une partie de cette riche bibliothèque provenait de celle du Maréchal de Strozzi. A sa mort, de Thou, alors Garde des livres du roi, obtint, en 1594, que cette riche collection fût réunie à celle qui lui était confiée. Ses manuscrits, au nombre de 800, furent estimés en 1597 à 5,400 écus.

Les livres de la Reine Marguerite, en maroquin vert, sont reliés par Clovis Eve et portent sur les plats un semis de marguerites, quelquefois des marguerites aux angles seulement, avec cette devise : *Spes mea Deus*. Ceux de Marie de Médicis se distinguent par les armes de France, accolées de celles de Toscane, au centre des plats, entourées de la cordelière, signe de la viduité, et par le chiffre formé des lettres M. M. H. (Marie, Médicis, Henri) entrelacées, ou bien par un simple semis de ce même chiffre.

33

Le Mareschal de Bellegarde.
(V. pp. 20, 21, 121.)

Roger de Saint-Lary de Bellegarde fut un des favoris de Henri III, qui le nomma Maréchal de France en 1574. Il combattit, en Dauphiné, les Huguenots commandés par Montbrun; mais bientôt, ayant perdu les bonnes grâces du roi, il se réfugia en Piémont, et, de concert avec le duc de Savoie, il chassa Birague du Marquisat de Saluces dont il s'empara. Mais la Reine-Mère sut adroitement l'attirer en France, et, après une entrevue qui eut lieu à Montluel en 1579, il mourut, dit-on, du poison.

Un de ses parents, Roger, duc de Bellegarde, fut grand-écuyer de France et comblé de faveurs par Henri IV et par Louis XIII. Sa liaison avec Gabrielle d'Estrée, que Henri IV lui enleva, fut cause de sa rapide fortune. Il mourut en 1646. Il avait été Lieutenant Général en Bourgogne, Bresse et Bugey, et nous possédons plusieurs lettres de service de lui.

Armes : *Écartelé, au 1er, d'azur, au lion couronné d'or, qui est de Saint-Lary; au 2e, d'or, à 4 pals de gueules, qui est d'Aragon; au 3e, de gueules, au vase d'or, qui est d'Orbessan; au 4e, d'azur, à 4 demi-pals flamboyants d'argent, qui est de Ternes; sur le tout, d'azur à la cloche d'argent, qui est de Bellegarde, au lambel de gueules posé en chef sur le tout.*

34

Le Marquisat de Saluces.
(V. pp. 20, 21, 67, 74, 75, 102.)

Les marquis de Saluces, de la maison de Montferrat, régnèrent pendant quatre siècles et jusqu'au seizième. François Ier s'empara du Marquisat en 1529, et Henri IV le remit, en 1601, au duc de Savoie, en échange de la Bresse, du Bugey, du Valromey et du pays de Gex.

Depuis longtemps, le Duc de Savoie, qui n'y avait aucun droit, désirait cette province, la seule conquête qui restât à la France de celles faites par Charles VIII et ses successeurs en Italie. La maison de Savoie, profitant de nos troubles intérieurs, s'en était emparé en 1588. Henri IV, ayant pacifié son royaume, songea de suite à chasser son ambitieux voisin. Le Pape fut d'abord nommé arbitre; mais, en voyant la mauvaise foi du Duc de Savoie, Clément VIII refusa de se mêler de cette affaire. Henri IV, malgré les nouveaux artifices du Duc, se prépara à la guerre, et Biron s'empara de Bourg et, peu après, de Montmélian et de Chambéry. L'arrivée de la jeune Reine Marie de Médicis, que le Roi fut rejoindre à Lyon, interrompit les hostilités, et enfin, par l'entremise du Cardinal Aldobrandini, eut lieu le traité de Lyon de 1601, qui donna à la France la Bresse et le Bugey et abandonna le Marquisat de Saluces au Piémont.

35

Alla trouver Lesdiguieres à Gap.
(V. pp. 22, 24, 25, 67.)

La ville de Gap, chef-lieu des Hautes-Alpes, jadis capitale du Gapençais, est fort ancienne. Elle souffrit beaucoup des invasions des Sarrasins et des Lombards, appartint plus tard aux Comtes de Forcalquier, qui la cédèrent aux Évêques de Gap. Charles VII s'en empara en 1448, mais il la restitua à René, Comte de Provence. Le Gapençais avait été réuni à la France par Louis XI, et, en 1692, la ville de Gap fut de nouveau prise et saccagée par Victor-Amédée, Duc de Savoie.

On voit dans une des salles de la Mairie de Gap, le mausolée du Connétable de Lesdiguières, qui y a été transporté de la Cathédrale où il était auparavant. Primitivement, ce tombeau était dans la chapelle du château de Lesdiguières ; mais, lors de la Révolution, et du consentement de Mme de Veynes, propriétaire du château et issue de la maison de Bérenger, alliée à Lesdiguières, le tombeau fut transporté à Gap, dans la Cathédrale. On lit sur le marbre noir, où était son épitaphe, cette inscription qui le remplace :

FRANÇOIS DE BONNE
DUC DE LESDIGUIÈRES, MORT EN 1626.
LIBERTÉ — ÉGALITÉ.

Ce monument, accordé par la citoyenne Maugiron-Veynes, propriétaire, a été transporté de la chapelle du ci-devant château de Lesdiguières à Gap, par les soins de l'administration centrale du département des Hautes-Alpes, en exécution de ses arrêtés des 27 thermidor et 9 fructidor, an VI de la République française.

En enlevant ce tombeau, on laissa les ossements du Connétable épars dans le caveau de la chapelle. Le château étant tombé en ruines et abandonné, ces nobles restes étaient exposés aux profanations. En 1822, ils furent recueillis et placés dans l'église de Sassenage et dans l'ancienne chapelle de la maison de Bérenger, où ils sont encore derrière un marbre noir sans inscription.

36

Le sieur de Hautefort.

(V. pp. 22, 24, 25, 67, 115.)

Jean de Bellièvre, seigneur d'Hautefort, conseiller au Parlement de Grenoble le 27 juin 1554, président en 1571, et enfin premier Président en 1578. Il avait épousé, en 1569, Magdeleine de Prunier, et fut père de Anne de Bellièvre, qui épousa Ennemond Rabot, seigneur d'Illins et frère du célèbre Pomponne de Bellièvre, qui fut chancelier de France en 1599.

Cette illustre maison s'éteignit dans la personne de Pomponne de Bellièvre, fils de Nicolas, mort sans postérité, en 1657, président au Parlement de Paris.

Armes : *d'azur, à la fasce d'argent, accompagnée de trois trèfles d'or, 2 en chef, 1 en pointe.* On les voit scupltées, avec deux anges pour supports, au-dessus d'une porte de la rue des Forges, faubourg Saint-Irénée, à Lyon, actuellement l'auberge du *Bœuf couronné.* On trouve un Claude de Bellièvre, de Lyon, vivant au xiii° siècle, qui a fait, en 1262, un traité sur les différends qu'eurent ensemble les chanoines de Saint-Jean et ceux de Saint-Just. Dans la brochure de M. de Valous, *Les origines des familles consulaires de la ville de Lyon*, on trouve quelques détails intéressants sur cette famille.

37

1. Pour la delivrance de la Noüe. — 2. La conferance de Flex.

1. *Pour la delivrance de la Noüe.*

(V. p. 23.)

François de La Noue naquit en 1531, en Bretagne, d'une famille déjà illustre. Placé d'abord comme page auprès de Henri II, il y puisa ce goût de l'étude des choses anciennes de la Grèce et de Rome, qui devait être plus tard sa consolation comme la base de ses vertus. Au siège de Fontenay, en 1569, La Noue, s'étant trop approché de la place, reçut un coup d'arquebuse qui lui fracassa le bras gauche. Il refusait l'amputation, mais Jeanne d'Albret l'encouragea et le décida enfin. On lui fit un bras mécanique en fer, dont il pouvait se servir et qui lui valut le surnom de La Noue-Bras-de-fer. Envoyé dans les Pays-Bas, en 1571, il s'empara de Valenciennes. Après la Saint-Barthélemy, il fut nommé commandant de la Rochelle, dans l'espoir qu'il réussirait mieux qu'un autre à contenir ses coréligionnaires; mais il fut lui-même entraîné et vint, au contraire, augmenter leurs forces. Désespéré, il chercha à se faire tuer dans les sorties des assiégés, et, ne pouvant amener une conciliation, il se retira auprès du Duc d'Anjou. Plus tard, il passa de nouveau dans les rangs des Calvinistes, rendit leur marine redoutable et organisa la défense de la Rochelle. Il entra ensuite au service des Hollandais, fut fait prisonnier en 1580 et resta, pendant cinq ans, entre les mains des Espagnols. Il vint enfin offrir ses services à Henri III, alors uni à Henri IV pour combattre la Ligue, et engagea ses biens pour subvenir aux besoins de ses soldats. En 1591, après s'être montré un des plus braves à Arques et à Ivry, Henri IV l'envoya en Bretagne, où il assiégeait la petite place de Lamballe, lorsqu'il reçut le coup qui lui enleva la vie. Le roi en fut vivement affecté. — « C'était un grand homme de guerre, disait-il, et encore plus grand homme de bien. On ne peut assez regretter qu'un petit château ait fait périr un capitaine qui valait mieux que toute une province. »

La Noue fut non-seulement un brillant homme de guerre, mais un historien érudit et l'auteur de plusieurs ouvrages ; il sut peindre en quelques mots la triste époque si agitée où il vivait, lorsqu'il dit qu'alors, en France « on n'était pas trois mois en guerre sans parler de paix, ni trois mois en paix sans parler de guerre. »

2. La conférance de Flex.
(V. pp. 23, 27.)

Fleix, château et village sur la Dordogne, célèbre par la prise d'armes connue sous le nom de *Guerre des Amoureux* et qui se termina, en 1580, par le Traité de Fleix, confirmatif de celui de Poitiers, de 1577. Ce traité eut lieu entre le roi de Navarre et le Duc d'Anjou, fit trêve aux guerres civiles et religieuses du temps, et compléta la Convention de Coutras et le Traité de Bergerac ; mais il ne fut observé ni d'un côté ni de l'autre.

Il est aussi question, au bas de la page 23 de Videl, de l'assemblée tenue à Die, suivant l'auteur, au commencement du printemps de 1581, et, suivant M. Long (1), le 19 février 1579 ; cette dernière date est la meilleure, car il est certain que cette assemblée de Die précéda le Traité de Fleix.

38

Ségur.
(V. p. 23.)

Trois frères de la maison de Ségur portèrent le nom de Pardaillan, que Videl donne plus loin à ce même personnage. Je ne pense pas qu'ils soient de la famille Pardaillan

---

(1) *La Réforme et les guerres de religion en Dauphiné*, p. 165.

de la Motte-Gondrin, de Guyenne, dont un membre, zélé catholique, fut lieutenant général en Dauphiné et massacré, le 26 avril 1562, à Valence, par ordre du baron des Adrets. Un Ségur Pardaillan échappa au massacre de la Saint-Barthélemy et fut du nombre de ces gentilshommes qui pressaient l'amiral de Coligny de fuir. « Si je fais cela, répondit-il, il faut que je montre ou ma peur ou ma défiance; mon honneur serait offensé en l'un et le roi en l'autre. » Le baron Jacques de Ségur de Pardaillan fut massacré presque sous les yeux du roi de Navarre et du prince de Condé (1). Un Jacques de Ségur Pardaillan, sans doute celui dont parle Videl, se rendit en 1577, par ordre du roi de Navarre, auprès de Damville-Montmorency, pour le retenir dans l'alliance des Protestants. Il fut, pour le même motif, envoyé vers Lesdiguières. Après avoir fait partie de l'ambassade de Calignon, en 1583, il fut encore nommé, en 1585, ministre plénipotentiaire auprès des princes protestants et signa, en cette qualité, le traité par lequel Jean Casimir s'engageait à amener une armée au roi. On trouve une relation détaillée de ses négociations, de 1584 à 1588, avec les princes d'Allemagne, dans la *Collection des Cinq Cents de Colbert*. (Manuscrits n°s 401 et 402.)

39

Y deputa Basset.
(V. pp. 24, 71, 72.)

Félix Basset, que Videl appelle plus loin Félicien, était, d'après les historiens du Dauphiné, *d'une singulière intégrité et d'un profond savoir*. Ayant été élu premier consul de Grenoble pendant les plus mauvais temps de la Ligue, il s'acquitta si dignement de son devoir, que les États de la province l'envoyèrent, en 1581, avec Charles du Mottet, auprès du roi Henri III, pour solliciter des secours contre les Protestants, et qu'il mérita d'être anobli par lettres du mois de février 1586. Il exerçait les fonctions de juge à Grenoble en 1590, au moment de la prise de cette ville par Lesdiguières. Le 5 mai de l'année suivante, il fut nommé conseiller au Parlement, par l'entremise de Calignon, avec lequel il était très intime.

Un de ses descendants, Jean-Guy Basset, conseiller au Parlement de Grenoble, né en 1598, fut un avocat distingué, et plaida sa première cause à l'âge de 18 ans. Il était grand amateur de livres et portait pour armes, suivant l'*Armorial du bibliophile*: *d'or, à une pomme de pin renversée et feuillée d'or, au chef d'argent chargé d'une fasce de gueules.*

Suivant Guy Allard, ces armes seraient celles de l'autre branche de cette famille, et il indique ainsi celles de la branche à laquelle, suivant lui, appartiendrait Félix Basset: *Coupé au 1 d'azur à la pomme de pin versée d'or, feuillée de sinople, soutenu*

---

(1) *Mémoires de Sully*.

d'argent à trois roses de gueules ; au 2 d'azur au chevron d'or accompagné de de étoiles en chef et d'un croissant en pointe de même, partie d'or à la bande gueules chargée de trois croissants montants d'argent. Chorier en donne de non moi longues et encore plus compliquées.

A la page 128 de notre livre, Videl parle d'un duel d'Alexandre de Calignon, dont avait déjà fait le récit dans son histoire de Lesdiguières (p. 462). Une lettre autograp de Basset, que nous trouvons parmi les papiers du Chancelier, le raconte en déta Nous reproduisons ici cette lettre, qui donne un exemple de la manière dont ces sort d'affaires se passaient à cette époque. Cette lettre est adressée à Abel de Calignon, sie de Saint-Vincent et de Voreppe, conseiller à la Chambre de l'Édit, et qui avait épou une fille du sieur de Tonnard, intendant et premier secrétaire de Lesdiguières.

Au dos est écrit : « A Monsieur Monsieur de Calignon, Conseiller du roy en sa Co de Parlement de Dauphiné, à Grenoble.

« Monsieur,

« Je croy que je ne Vous escripray Jamais que Mauvaises nouvelles, mais néantmoins bi glorieuses pour Monsieur de Peyrins, quy s'est battu en duel se Vingt huictiesme novemb a Sainctias, avec un gentilhomme du Regiment de Chappes, ou ledit sieur de Peyrins avoit Co mandement de Monsieur le Connestable Et Monsieur le Mareschal daller à Bianzay, ou tous Regimens estoyent loges, pour scavoir Combien il y avoit de gens de guerre en chacun regime et den rapporter le vray, parce quil y avoit quelque dessain pour donner sur l Espagn Or donc, estant arrivé à Bianzay pour faire mettre les regimens en bataille, il y eust ung Ge tilhomme, qui estoit Enseigne dudit regiment, quil dit A Monsieur de Peyrins quil ne rec gnoissoit point les aides de Camp, Et, Voyant se refus, sen retourna à Sainctias ou estoit Monsie le Connestable Et Monsieur le Mareschal, Et leur dit quon navoit point Voulu obeir à leu commandemens, sans nommer personne par leur nom. Monsieur le Connestable en fu amerement fasché ; cela fust dit à ce Gentilhomme par quelquun de ses amis. Ce Jeun Gentilhomme Vint, le lendemain, à Sainctias Et trouva Monsieur de Peyrins a table quy disn avec Mondit Seigneur le Connestable et estoit à le haut bout aupres de Mondit Seigne Le Gentilhomme le print au sortie de table Et luy dit avec une face riante en faisa semblant de le saluer Et faire des Compliments audit sieur de Peyrins, luy disan Monsieur, Vous aves dit A Monsieur le Connestable que je nay pas Voulu obeir à ses Comma demens. Alors Monsieur de Peyrins luy dit : je nay pas dit que ce fust Vous ; bien est Vray q je luy ay dit quon n'a pas Voulu obeir à ses commandemens ny me Recognoistre, Mais je n nommé personne, Vous luy pouvez demander. Ce Gentilhomme, pressant mondit Sieur Peyrins, luy dit : Monsieur, vous men faires raison. Monsieur de Peyrins luy dit : quant Vo Voudres, Et tout astheure *(sic)*. Ilz sortirent doncques de la Chambre de Monsieur le Conne table, ou lappel se fit, Et mondit Sieur de Peyrins Vint à son logis, pour faire celler son cheva avec ledit Gentilhomme, quy envoya querir le sien a son logis par un des lacquais de Monsie de Peyrins, Et Montarent tous deux a cheval ; et Mesmes Mondit sieur de Peyrins presenta boire a ce Gentilhomme Et ne Voulut personne avec luy que mon lacquais, parce quil estoit plus petit, et le fit retourner de la porte de la Ville, luy disant : Vatan au logis mattandr tellement qu'il ny avoit personne avec eux. Et doncques, a trois cens pas hors de la Ville, mirent pied a terre, et se gentilhomme se deboutonna Et Montra sa poitrine, homme fort co rageux quy avoit les armes bien en main. Monsieur de Peyrins luy dit : ayez patience, Je Vo monstreray aussy comme Je suis. Et Mesmes ce Gentilhomme luy aida à le destacher, par quil estoit tout attache Et bouttonne, Et mesmes pourtoit sa hongrelline (1), Et Il Vit quil y alloit en homme de bien et dhonneur, car il nesperoit pas cela ceste Journée. « Estant Visittes lun lautre, ils mirent la main a lespée ; Et porta deux Coups A Monsieur de Peyrins quy luy passarent dessoubs le bras, Et ledit Sieur de Peyrins luy porta ung coup au dessus du cœur quy le perça tout a travers, Et ne luy donna autres Coup que celuy la, tellement quil tomba ; Et ledit Sieur de Peyrins luy dit de prier Dieu Et de luy pardonner, Et le laissa la sur la place et s'en Vint a la Ville, portant lespée de son Ennemy a la main, Et se retira au logis de Monsieur le Mareschal de Crequy, Et luy conta laction. Monsieur le Mareschal, ayant ouy le procedde, sen alla trouver Monsieur le connestable Et luy recitta le faict tout du long. Et lon fit assembler le conseil de Guerre pour Juger cest affaire, ou Monsieur le Mareschal fit merveilles pour Monsieur de Peyrins ; Et fust querir ledit sieur de Peyrins, quy le presenta a Monsieur le Connestable quy luy pardonna, ou tous ses Cappitaines Gentilshommes se rejouirent grandement de ce que Monsieur de Peyrins avoit si bien faict, Et quil estoit plain de Gloire Et dhonneur davoir sy sagement procedde en cesté action. Neantmoingz ses amis ont trouve bon quil falloit faire une Information comme la chose Avoit passée, Et lenvoyer a la cour pour avoir grace, puisque ceste action a este faicte dans les armees du roy, quoy que se soit en pays estranger. Tant y a que Serment (?), quy est des amis de Monsieur de Peyrins, a procedde a ladite Information. Je suis mary de Vous donner ses mauvaises nouvelles, Mais aussy Je croirois manquer a mon debvoir de ne Vous l'escripre; Je croy que on va mettre le Regiment en Garnison, Car Monsieur le Connestable desire destre a Grenoble aux Estats. Monsieur le Mareschal Et Monsieur de Bullion iront a la Cour. Je Vous supplie, Monsieur, de faire Ressouvenir Mr Tonnard de lafaire que scaves, Et Je seray tousjours,

         Monsieur,
     Vostre tres humble Et plus affectionné serviteur.
            « BASSET. »

A Sainctias, ce 30 novembre 1625.
Avec Vostre permission, je baiseray les Mains a Madamoiselle.

40

1. Mr le Prince de Condé. — 2. Du Faur.

1. Mr le Prince de Condé.
(V. 20, 63, 129.)

Henri I de Bourbon, Prince de Condé, né en 1552. Élevé dans les camps et au milieu de Protestants exaltés, il montra de bonne heure un caractère peu sociable, peu souple et fort ambitieux, joint à une intelligence fort ordinaire. Peu scrupuleux dans ses luttes de sectaire, il fut, pour Henri IV, un embarras plutôt qu'un soutien. Lors de

---

(1) La *hongreline* était une espèce de spencer à grandes basques, que les seigneurs portaient à cette époque.

la Saint-Barthélemy, il échappa au massacre en abjurant le calvinisme ; mais, à peine libre, il reprit ses croyances. Il couvrit toujours ses révoltes de prétextes spécieux : lorsqu'il allait combattre son roi, il prétendait le défendre ; lorsqu'il contribuait à ruiner la France, il disait la sauver. Il parlait de Dieu, et laissait voir le scepticisme le plus complet. Comme son père, il n'hésita pas à faire appel aux étrangers. Il alla plus loin : il stipula des conditions indignes d'un prince français. De sa première femme, Marie de Clèves, parente des Guises, il n'eut pas d'enfants ; et il épousa après elle Catherine de la Trémouille, qui fut soupçonnée d'être l'auteur de sa mort. Elle fut emprisonnée pendant sept ans par Henri IV ; mais ce prince voulut, en réhabilitant la mère, enlever tout soupçon sur la légitimité de son fils, qui fut, depuis, Henri II de Bourbon, et qui fut élevé dans la religion catholique. Il mourut en 1588.

2. *Du Faur.*
(V. p. 27.)

Guy du Faur, seigneur de Pibrac, né en 1528, mort le 12 mai 1584. Il fut président à mortier au Parlement de Paris en 1577, Chancelier du Duc d'Anjou et du Duc d'Alençon, et enfin, en 1578, de Marguerite de Valois, femme de Henri de Navarre depuis Henri IV.

Nous avons trouvé, dans les archives du château de Peyrins, une lettre en forme de mémoire à la Reine Marguerite, qui paraît être l'original autographe, destiné d'abord à cette princesse, et que quelques ratures et changements firent sans doute recopier. Elle est écrite sur un grand papier doré sur tranches, peu usité à cette époque, et se termine par de longs compliments et par la signature de Pibrac. Elle est datée seulement *Paris, 1er octobre*; mais il est certain qu'elle est de l'année 1583, époque où Marguerite, ayant quitté Nérac et le Roy de Navarre, vint à la cour, se brouilla avec son frère Henri III, et fut presque chassée par lui de Paris. Cette lettre a déjà été publiée dans les Mémoires de l'abbé d'Artigny.

41

Le Premier Président d'Illins.
(V. p. 28.)

Guy Allard nous renseigne peu sur cette famille, qui cependant, dit-il, a donné huit officiers au seul Parlement de Grenoble. Chorier, en revanche, lui consacre dix pages ; mais ces deux auteurs ne s'accordent pas sur les armes de cette famille.

En 1592, Ennemond de Rabot d'Illins, premier président au Parlement de Grenoble, fut lieutenant général au Gouvernement du Dauphiné.

Jean Rabot, conseiller au Parlement de Grenoble sous Louis XI et Charles VIII, exerça plusieurs emplois, fut Conseiller au Grand Conseil en 1490, Maître des requêtes en 1492, Intendant de justice du royaume de Naples, lors de la conquête. Fait prisonnier lors de la révolte de Naples, le roi paya sa rançon dix mille florins d'or. Il fut envoyé ensuite en Allemagne, en Bretagne et en Espagne, et mourut à Avignon le 27 juillet 1500. Son fils Bertrand fut comme lui conseiller au Parlement, ainsi que Laurent, qui fut son petit-fils. C'est lui qui échangea la terre d'Upie contre celle d'Illins avec Diane de Poitiers, duchesse de Valentinois.

Bertrand Rabot acquit à Grenoble, le 1er décembre 1513, la tour placée au-dessous de la Bastille et qui porte encore son nom ; elle lui fut vendue par Hugues Pinel, qui la tenait par succession d'Antoine Pradel, Maître des Comptes. Il mourut à Grenoble le 7 décembre 1537. Il avait épousé Agnès Peccat, dont il eut douze enfants. Un de ses fils épousa la fille unique de Falquet d'Aurillac, premier président du Parlement de Grenoble. C'est de ce mariage que sortit Ennémond Rabot, plus connu sous le nom de seigneur d'Illins, dont nous avons parlé plus haut, et qui fut Premier Président au même Parlement, et, par lettres de commission du Colonel Alphonse d'Ornano, Lieutenant-Général du Dauphiné en 1591.

Les armes de cette maison sont : *D'or à cinq pals flamboyants de gueules, au chef d'azur chargé d'un lion léopardé, lampassé de gueules.*

42

Le fameux Villeroy.

(V. p. 29.)

Nicolas de Neufville, seigneur de Villeroy, né en 1542, fut chargé de négociations importantes en Italie, devint Secrétaire d'État en 1567, et fut destitué en 1588 comme un partisan trop ardent des Guises. Rentré en grâce sous Henri IV, qui lui confia la charge de Secrétaire d'État qu'il conserva jusqu'en 1614, il mourut en 1617. Il a laissé, sous le titre de *Mémoires d'État*, une apologie de sa conduite en style lourd et fatigant, mais où l'on trouve des pièces et des renseignements importants sur les événements de 1567 à 1604.

43

Le President Gentelet.

(V. p. 29.)

Innocent Gentillet, né à Vienne dans la première moitié du xvie siècle, fut un ardent partisan de la Réforme. A l'époque de la Saint-Barthélemy, il jugea à propos de se réfugier à Genève, où, suivant Rochas, on le trouve, à la date du 23 octobre 1572, sur

la liste des avocats. Rentré en Dauphiné lorsque Lesdiguières et Montbrun étaient
la tête des Protestants, il fut nommé Conseiller dans la Chambre mi-partie institu
aux termes de l'Édit de la Paix de Monsieur, en 1576 ; mais cette nomination fut sa
effet. Par lettres du 20 janvier 1579, il fut encore nommé, mais sans résultat. Lesc
guières lui donna alors la présidence de la Cour de Justice établie à Die. Nommé ensu
Président au Parlement de Grenoble, la Cour déclara, par un arrêt du 18 mai 158
qu'elle ne le trouvait pas suffisant pour exercer cette charge. Le roi insista, et, par u
lettre du 21 juillet 1582, il fut nommé Président de la Chambre de l'Édit et reçu
13 novembre suivant. Il mourut en 1591. C'était un savant jurisconsulte et théologi
protestant. (V. les n°s III et X aux *Pièces justificatives*).

44

Catherine, Infante d'Espagne.
(V. p. 31.)

Catherine d'Autriche, seconde fille de Philippe II et d'Isabelle de France. Les intr
gues des Espagnols, dont parle Videl, réussirent à empêcher le mariage du Duc de Savo
avec Catherine de Navarre. Le Duc de Savoie fit la faute de préférer l'Espagne à
France : il ne devina pas, malgré son habileté, que le règne de Henri IV allait comme
cer et que la succession de Philippe II écraserait ses héritiers. Charles-Emmanuel par
de Turin le 27 janvier 1585 pour aller épouser Catherine, suivi de cent gentilshomm
richement vêtus. De grandes fêtes eurent lieu à la cour d'Espagne. Le roi donna à so
gendre l'épée que François Ier portait à Pavie et que l'on voit encore au musée d
Turin. Catherine mourut en 1597.

45

1. Principalement le Pape. — 2. Le Capitaine Paul Videl.

1. *Principalement le Pape.*
(V. pp. 31, 37, 46.)

Si l'on admettait l'ordre chronologique de Videl, nous serions ici à l'année 1592 o
1593, car, à la page 29, il nous annonce que le président Gentillet vient de mourir, et
mourut en 1591 ou 1592. Mais les faits, dont l'écrivain parle dans cette page, nous repor
tent bien en arrière. En effet, Videl vient de parler de Charles-Emmanuel « alors du
de Savoie », et c'est en 1580 qu'il monta sur le trône. Il parle de négociations entamée
en vue de lui faire épouser la sœur de Henri de Navarre, et c'est le 27 janvier 1585 qu

ce Prince partit pour l'Espagne afin d'y épouser l'Infante. C'est donc avant cette dernière date que les négociations dont il s'agit ici furent faites, et cela nous conduit à reconnaître que ce ne peut être que sous le pape Grégoire XIII, qui régna du 13 mai 1572 au 7 avril 1585.

C'est à ce pontife que nous devons la réforme du Calendrier de Jules César, qui, sous le nom de Calendrier Grégorien, est aujourd'hui à peu près universellement adopté. Ce pape était très versé dans la jurisprudence, qu'il avait professée à Bologne. Il fonda un grand nombre de collèges entretenus à ses frais, encouragea les arts et contribua beaucoup à l'embellissement de Rome. On lui reproche sa conduite à l'occasion de l'horrible massacre de la St-Barthélemy, arrivé dans les premiers mois de son pontificat (24 août 1572); mais on oublie que la première nouvelle qui parvint à Rome n'indiquait que l'échec d'une formidable conjuration tramée par les Huguenots contre Charles IX. Le courrier annonça que ce Prince venait d'échapper à un grand danger pour sa personne et sa couronne. Qui oserait soutenir le contraire? La vérité, quant aux massacres, ne fut connue que plus tard, et le Souverain Pontife, par ses discours et ses bulles, manifesta publiquement son horreur pour de pareils excès. L'Église condamne tous les crimes, même ceux qui seraient commis en son nom et pour sa défense. Mais qu'il soit permis, cependant, de dire qu'au milieu de ces violences permanentes, après un demi-siècle de guerres et de massacres, après les Michelades et les crimes de Navarrein, les horreurs de la Saint-Barthélemy se trouvent sinon excusées, au moins expliquées. Dans tous les cas, il n'est pas juste de mettre au compte des Catholiques ce qui fut plutôt le fait des circonstances politiques et du caractère de la reine Catherine de Médicis. Les excès commis dans les pays protestants, en Angleterre, en Écosse, en Irlande, en Danemarck et ailleurs, contre les Catholiques, sont des faits non contestables et qui n'ont aucune couleur politique. On connaît la tyrannie exercée à Genève par Calvin, et en Angleterre par Élisabeth ; les auteurs protestants en sont eux-mêmes révoltés.

2. *Le Capitaine Paul Videl.*

(V. p. 54.)

Paul Videl, qui paraît inconnu à M. Rochas, est sans doute frère de Laurent Videl, médecin à Briançon et auteur d'un livre contre les prophéties de Nostradamus. Suivant Guy Allard, Louis, son fils, auteur de notre manuscrit et de plusieurs autres ouvrages dont M. Rochas donne la liste, naquit à Serres, dans le Gapençais, en 1598, et fut successivement, vers 1617, secrétaire du duc de Lesdiguières, puis, après sa mort, du duc de Créqui, son gendre, et enfin, vers 1653, du vieux maréchal de l'Hospital, gouverneur de Paris.

N'ayant pas su se maintenir dans ces diverses positions, ni s'y enrichir, il se retira à Grenoble, où il fut réduit à donner des leçons de langues et de géographie. Il mourut en 1675, âgé de 77 ans.

46

1. Le Roy d'Espagne. — 2. Les armes du Pape. — 3. Marquis de la Valette.

1. Le Roy d'Espagne.
(V. pp. 34, 76.)

Philippe II, fils de Charles-Quint et d'Élisabeth de Portugal, naquit en 1527. Il se [fit] de suite remarquer par une gravité et une force de volonté qui promettaient à Charles-Quint un digne successeur. Il épousa, en 1543, Marie, fille de Jean, roi de Portugal, et en 1554, après la mort de cette princesse, Marie Tudor, fille de Henri VIII. Après quatorze mois de séjour à Londres, Philippe retourna à Bruxelles, et, le 17 janvier 155[5] l'Empereur, qui avait déjà abdiqué en sa faveur deux ou trois couronnes, lui abandon[na] le sceptre des Espagnes. Philippe savait gouverner et maîtriser les hommes, mais ignorait l'art de les gagner. Il commença par mécontenter le pape Pie IV, en encourageant les menées des Colonna et en envoyant le duc d'Albe envahir les États de l'Églis[e.] Henri II, qui avait d'abord pris le parti du Souverain Pontife, manqua de décision [et] d'énergie, laissa à Philippe le temps d'organiser une armée, et bientôt en fut réduit [à] se défendre lui-même. L'armée de Philippe II, commandée par Emmanuel-Philiber[t,] duc de Savoie, entra en Picardie, où, heureusement, au lieu de marcher sur Paris, el[le] s'arrêta à faire le siège de Saint-Quentin. Grâce au duc de Guise, la paix de Cateau-Cambrésis vint, en 1559, en nous donnant Calais, mettre un terme à de plus grand[s] maux; mais il nous fallut abandonner la Savoie, le Piémont, le Montferrat, la Bresse [et] la Corse. C'est ici que commence le rôle politique et surtout religieux de Philippe II.

Les historiens, suivant leur point de vue, ont jugé ce prince de manières bien di[]verses, et, de part et d'autre, les exagérations n'ont pas fait défaut. Quoi qu'il en soi[t,] l'Espagne fut, sous son règne, glorieuse et tranquille: il la préserva de toute invasio[n] armée, et surtout de l'invasion des idées, qui, sans profit pour le trône, pour le pays [et] pour la liberté, devaient bientôt bouleverser la France. Il est permis d'écrire et de pense[r] tout ce qu'on veut de l'Inquisition, et l'Église elle-même donne l'exemple de la liberté d[e] conscience; mais, en tous cas, si cette institution fut un triste instrument de despotism[e] entre les mains de Philippe II, on ne peut s'empêcher de considérer que, sous le poi[nt] de vue de la sécurité publique d'un pays, une pareille tyrannie vaut encore mieux [et] fait moins de victimes que la sanglante anarchie et les guerres civiles, qui, durant deu[x] siècles, ont dévoré plus d'un royaume. On reproche à Philippe la mort de son fils Do[n] Carlos; mais ce sinistre événement est resté couvert d'un voile que le temps n'a pas en[]core soulevé. Quant à sa conduite vis-à-vis la France et à l'appui qu'il prêta à la Ligue[,] nous pensons qu'elle n'était pas exempte d'ambition personnelle. Ce qui est certain, c'es[t] que la crainte d'un tel concurrent ne contribua pas peu à l'abjuration d'Henri IV et ser[]vit, par conséquent, à arrêter en France les progrès du schisme. Cette salutaire actio[n] exercée sur la France et les Pays-Bas, s'étendit sur toute l'Europe : il ne fallait rien moins qu'un prince qui s'appuyait sur un peuple isolé de la contagion et chez lequel une longue et récente lutte contre les Sarrasins avait conservé la foi, pour opposer ainsi une digue au torrent de la Réforme. Et, comme si c'eût été là une mission spéciale de la Providence réservée à la dynastie austro-espagnole, de tant de conquêtes, de tant d'intrigues, de tant de complots, entrepris par elle dans un autre but, c'est en somme le seul résultat sérieux. Philippe II mourut le 13 septembre 1598, après avoir régné 43 ans.

2. Les armes du Pape.
(V. pp. 53, 54, 55, 57.)

Il s'agit ici de Sixte-Quint, né en 1521, élu pape le 24 avril 1585. Ce pontife et son successeur se trouvèrent entre deux intérêts bien puissants : l'un de voir la Réforme anéantie, l'autre d'éviter le sort de Clément VII, captif dans Rome, saccagée par Charles-Quint. Aussi, disait-il : « Je crains bien fort que l'on ne pousse les choses si avant, « qu'enfin le roi de France, tout catholique qu'il est, ne se voie contraint d'appeler les « Huguenots à son secours pour le délivrer de la tyrannie des Catholiques. » Serré entre le royaume de Naples et le Milanais, tous deux sous la domination Espagnole, sans appui contre le roi catholique depuis que les troubles de la France l'avaient si fort amoindrie, il ne restait à Rome que de subir l'influence de l'Espagne. Un caractère moins fortement trempé que celui de Sixte-Quint n'eût pu résister à cette fâcheuse position. Toutefois, sans se dissimuler les dangers causés, soit par les excès des Ligueurs vis-à-vis du faible et indécis Henri III, soit par les progrès rapides du protestantisme, Sixte-Quint dut conjurer la gravité du péril dont la religion était menacée. En 1588, à la veille des États de Blois, il nomma Jean-François Morosini légat du Saint-Siège et le chargea de prêter aux Catholiques un appui plus efficace.

Le double meurtre commis sur le Duc et le Cardinal de Guise vint aggraver les difficultés. Le Pontife reçut d'abord avec calme les communications que le marquis de Pisani lui transmit de la part du Roi à ce sujet ; mais, plus tard, lorsqu'il fut instruit de toutes les circonstances de cet odieux événement, il manifesta la plus vive indignation et s'en expliqua en termes sévères à l'ambassadeur. Nous démentirons énergiquement l'allégation de de Thou et de quelques historiens, qui veulent que Sixte-Quint ait fait l'éloge de Jacques Clément dans un consistoire du 11 septembre. Le pamphlet qui l'affirme a été, il est vrai, publié en 1589 ; mais il est de l'invention d'un faussaire, et l'Estoile, dans la liste des principaux écrits satiriques de cette année (1), y place cette harangue qu'il ne considère pas comme officielle. Palma Cayet n'en fait aucune mention. Des deux historiens de Sixte-Quint, Léti, qui paraît être l'inventeur de la fameuse histoire des béquilles, n'en parle pas non plus ; et Tempesti en donne une version qui ne contient aucun éloge de Jacques Clément. Quant à la scène des béquilles et aux paroles

---

(1) *Discours de vauriens et faquins, égouts de la lie du peuple.*

adressées au cardinal de Médicis, *Si je me courbais, c'est que je cherchais les clefs du paradis*, toute cette histoire a été faite à plaisir ; on a mis dans la bouche de Sixte-Quint ce qui n'était qu'une des milles facéties en circulation à l'avènement de chaque nouveau pape.

Le 9 septembre 1585, Sixte-Quint lança un bulle d'excommunication contre le roi de Navarre, le Prince de Condé et leurs adhérents, à laquelle le Parlement s'opposa avec vigueur. Il ne faisait en cela qu'appliquer le droit public européen, et que défendre en particulier la Constitution française qui interdisait le trône à un prince hérétique. Beaucoup d'historiens français n'ont blâmé Sixte-Quint que parce qu'ils n'ont pas compris sa politique, aussi profondément française que chrétienne. C'est à lui principalement que la France doit de n'avoir pas été, à cette époque, absorbée par l'Espagne. Ce grand Pape comprenait tout ce qu'il y avait de noble et de légitime dans la Ligue, mais il en voyait aussi les dangers et les excès. Par sa conduite d'une merveilleuse sagesse, il la soutint assez pour empêcher un prince hérétique de monter sur le trône de saint Louis, tout en faisant obstacle aux projets ambitieux de Philippe II.

3. *Marquis de la Valette.*
(V. p. 58.)

Bernard de la Valette, frère du duc d'Epernon, favori d'Henri III, naquit en 1553. Sa vie est plus guerrière que politique. Il se distingua surtout dans les guerres du Piémont, fut blessé au siége de Valensole et tué à celui de Roquebrune, près de Fréjus, le 11 février 1592.

47

1. Theodore de Beze. — 2. Le sieur d'Estables.

1. *Theodore de Beze.*
(V. p. 32.)

Théodore de Bèze fut un des principaux chefs des Réformés ; il naquit dans le Nivernais, à Vézelay, en 1519, et mourut en 1605, à 87 ans.

Il se fit d'abord connaître par des poésies latines élégantes, mais licencieuses, et eut une jeunesse assez dissipée.

En 1548, il renonça à ce genre de vie et se rendit à Genève, où il abjura le catholicisme et se lia étroitement avec Calvin. Il alla professer, pendant quelques années, les lettres grecques à Lausanne, puis revint se fixer à Genève, où il reçut le titre de citoyen ; il fut nommé recteur d'une Académie que l'on venait de fonder, en 1559.

Il prêcha avec succès les nouvelles doctrines en France, assista au colloque de Poissy, en 1561, et à la bataille de Dreux.

A la mort de Calvin, en 1564, il fut universellement regardé comme le chef de la Réforme, présida le synode de La Rochelle, auquel assistaient toutes les églises réformées de France, et ne cessa, jusqu'à la mort, de travailler avec le plus grand zèle à la propagation de ses doctrines.

Il a été accusé d'avoir contribué à exciter la guerre civile en France, et même d'avoir été l'instigateur du meurtre du Duc de Guise. Il eut le tort d'être intolérant, tout en réclamant la tolérance, et il écrivit pour justifier le supplice de Servet, qui s'était réfugié à Genève, où Calvin, au lieu de le protéger contre les Catholiques, pour se venger de ses attaques passées, l'accusa d'hérésie et le fit condamner au feu, le 26 octobre 1553.

Théodore de Bèze est auteur de plusieurs ouvrages, entre autres : *David et ses Psaumes, mis en rimes françoises* par Cl. Marot et Théodore de Bèze (1). Comme il a résidé longtemps à Pont-de-Vaux, petite ville du département de l'Ain, où existait un temple protestant et une imprimerie, il est certain que plusieurs de ses ouvrages sortent des presses de cette localité, et que même plusieurs d'entre eux ont été datés de Genève, pour éviter toutes difficultés.

2. *Le sieur d'Estables.*
(V. p. 64.)

Il est question ici de Louis du Vache, Conseiller au Parlement en 1583 et Président en 1599.

Cette famille est originaire de Chabeuil, et nous ne la prendrons qu'à Soffrey du Vache, capitaine et gouverneur de Saint-Marcellin en 1560, qui eut pour fils :

Guy du Vache, Conseiller au Parlement en 1543 ; Jean du Vache, Conseiller en 1568, dont la fille épousa Félicien Boffin, avocat général au Parlement ; Louis du Vache, cité plus haut ; Claude du Vache, qui épousa Françoise de Murinais (2), qui lui apporta la terre et seigneurie de Peyrins. Leur fille Marthe du Vache épousa, le 17 décembre 1587, Soffrey de Calignon ; Antoine du Vache, châtelain delphinal de Chabeuil, en 1575.

Nous possédons des lettres de confirmation de noblesse accordées à Jean, Antoine, Louis et Claude du Vache, frères, ensuite d'une requête adressée, le 11 septembre 1564, au roi Charles IX. Dans cette requête, les suppliants remontrent que Jehan du Vache, leur auteur, a été anobli en 1420.

Armes : *D'or, à la bande de gueules chargée d'un lion d'argent.*

Nous croyons devoir reproduire intégralement ici le *Contrat de mariage* de Calignon avec Marthe du Vache. Outre que cette pièce est un document important de la vie du Chancelier, elle offre des détails curieux concernant les usages de nos pères, les noms et les prix des objets entrant dans la toilette d'une femme.

---

(1) Petit in-8°, Genève, 1633.
(2) V. la note 1 de la p. 290.

MARIAGE DE M⁰ SOFFREY DE CALIGNON, CHANCELIER DU ROY DE NAVARRE, AVEC Dˡˡᵉ MARTHE DU VACHE, DU 17 DÉCEMBRE 1587.

Au nom de dieu soit Il ; amen. Comme ainsy soit que Il a hiet este tracte de mariage entre Monsieur Suffrey de Calignon conseilier d'estat et maistre des Requestes du Roy de Navarre, natif de la ville de Grenoble, dune part ; Et damoyselle Marthe du Vache, fillie de feu noble Claude du Vache et de damoyselle Francoyse de Murines, de Peyrins les Romans ; pour lequel tracte dudict mariage vollant effecter, auroyent lesdictes partyes convenu en ce lieu, chasteau de monseigneur des Diguieres, Gouverneur et Lieutenant general pour le Roy de Navarre au present pays de Dauphine, ce jourdhuy dix septiesme decembre mil vᶜ quatre vingtz et sept apres midi, Scavoyr, ledict sieur Calignon de prandre a femme ladicte damoiselle Marthe du Vache, Et senblablement ladicte damoyselle Marthe du Vache, de la licence, authorite, bon conseil et advis de ladicte damoyselle Francoyse de Murynes, sa mere, et de noble Loys du Vache, seigneur d'Estable et conseilier du Roy en sa cour de parlement de Dauphine, son honcle, de prandre et recepvoyr ledict sieur de Calignon son espoud, dont tous deux ont convenu et accorde de leur bonne volonte de fere Benire en leglise de dieu et a sa sainte assemblee ledict mariage. Et ont, pour les conventions matrimoniales, accorde et convenu ce que sensuyt. Premierement ladicte damoyselle Francoyse de Murines, tant a son nom que comme heritiere par benefice d'Inventaire dudict feu noble claude du Vache, son mary et pere de ladicte damoiselle, a donne et constitue en dote a ladicte damoiselle Marthe, sa fillie, la somme de deux mil escus et cent escus de Robbes, payables les deux mil escus aux payes que sansuyvent, assavoyr : la somme de cinq centz escus entre cy et la prochaine feste de saint Jehan Baptiste mil vᶜ quatre vingtz et huict ; autres cinq centz escus a reison de cinquante escus par payes anuelles et au mesme jour jusques a entier payement, sans que les payes se puyssent cumuler, si ce n'est que elles se treuvent avoyr este demandees en justice ou auttrement ; Et les mil escus restans payables, apres le deces de ladicte damoyselle de Murines, a deux centz escus pour annee audict jour, Jusques a entier payement, sans que lesdictes payes puyssent cumuler comme cy dessus, commancant ladicte premiere paye une annee apres le deces de ladicte damoyselle de Murynes, et payables par ses heretiers. *Plus, ladicte damoyselle promet luy balier, au jour present, a ladicte damoyselle Marthe, sa fille, cent escus en Robbes*; Et ledict sieur de Calignon, pour augmentation de ladicte dote et en cas de survye, a donne et donne a ladicte damoyselle Marthe, son espouse, la somme de mil escus, la dote payee ou non payee, Payables en deux annees a reison de cinq centz escus chascune paye. *Plus, luy a donne et donne la some de deux centz escus de jueaulx nuptiaulx*, payables au present jour. Plus, ledict sieur de Calignon a donné et donne a ladicte damoyselle Marthe, pour son douaire et pantion viduelle, la some de cent escus annuellement, a prandre sur tous et ungschascungs ses biens, lesquels il a ypotheque tant en general qu'en particulier pour les choses que dessus. Item, luy a donne et donne, oultre ce que dessus, lantretenement de la premiere annee viduelle, lusuffruictz dune maison mublee, tant que ladicte damoyselle Marthe demurera en viduite, selon leur qualite. Et par mesme moyen, ladicte damoyselle Marthe, de la licence que dessus, a donne et donne en cas de survye, audict sieur de Calignon, son espoud, la some de cinq centz escus payables en deux annees, a deux centz cinquante escus pour paye, commancant la premiere paye une annee apres le deces de ladicte damoyselle Marthe. Et a este convenu et accorde entre lesdictes partyes que, sy ladicte damoiselle Marthe venoit a deceder avant que ledict sieur de Calignon ou sans enfans a elle survivantz, que au susdict cas ledict dot Retourneroyt entierement a ladicte damoyselle de Murines, constituante, sy elle se trouvoyst en vye. Toutes lesquelles choses susdictes sont este promises, accordees, stipulees Reciproquement avec ypotheque generale et especialle de tous et chascungs leurs biens, avec sumission a toutes courtz Royalles delphinales de parlement, Baliage de Gap, Grasivoudan, Saint Marselin leur ordinaire, en maniere de debte Royal, avec serement presto sur les saintz evangiles entre les mains de moy notaire soubzsigne, et ont Renoncé (?) a tous droictz et clauses a ce contreres. Dequoy chascune partye a Requis acte a moy notaire soubzsigne, que a este faict et publié au chasteau des Diguieres, en la grand salle, en presance de noble Francoys de Bonne, seigneur desdict Diguieres, noble Gaspard de Bricamaut, sieur dudict lieu, noble Auber Martin, sieur de Champolion, monsieur maistre Barthelemy Marquet, conselier du Roy en la cour du parlement du Dauphine, et monsieur maistre Gaspard Gillyer, conselier au conseil de justice, tesmoingz requis et appelles, soubzsignes en loriginal avec lesdictes partyes, excepté ladicte damoyselle Marthe qua dict ne scavoyr escripre. Ceulx qui savent escripre sont ainsi signes : Calignon, F. de Murines, Lesdiguieres tesmoing, Lois du Vache, G. de Briquemaut, Champolion, Barth. Marquet, Gaspar Gillier, Et moy, Barth. Boyer, notaire Royal delphinal de la perroice de Noyer, qui ay receu le susdict instrument et icelluy extrait de son propre original ; faicte deube collation, me suys soubz signé de mon seing accoustume, Requis par ladicte damoyselle de Murines.

Boyer notaire.

MEMOYRE DES ESTOFFES QUE JAY PRIS POUR MA FILHE.

	escus		
Premierement, 8 aulnes taffetas a Gros grain a 8 livres laulne, monte . . . escus	21	20	0
Une piece my soye a 8 escus la piece	8	0	0
2 aulnes fine sarge de Parys a 7 liv. laulne, monte	4	40	0
6 onces Gallon velouttes a vingt soulz lonce	2	0	0
15 onces tant Gallon que soye a 20 soulz lonce	5	0	0
24 aulnes passementz tissu a 5 soulz laulne	2	0	0
1/4 escarlatin rouge a 8 liv. laulne	0	40	0
8 aulnes trelis rouge a 20 soulz laulne	2	40	0
4 aulnes trelis noir a 10 soulz	1	4	0
200 crochetz a 4 soulz le cent	0	8	0
1 livre fillet noir a 10 soulz	0	10	0
1 once soye rouge.	0	20	0
1 aulne toille baptiste a 1 escu 15 soulz laulne	1	15	0
3 aulnes toile de linomple a 4 liv. laulne.	4	0	0
plus 1 escu 11 soulz que sa Guarse me reste des cinq aulnes sarge quelle a prins.	1	11	0
2 liv. 1/2 couton a 12 soulz la livre.	0	30	0
7 aulnes 1/2 taffetas Incarnadin despaigne a 4 livres 5 soulz laulne.	10	37	6
4 aulnes taffetas rouge a 4 liv. 5 soulz l'aulne.	5	40	0
1 aulne 1/2 taffetas blanc de gene Raye a 5 liv. 10 s. laulne	2	45	0
3 aulnes escarlatin violet a 10 liv. 10 s. laulne	10	30	0
8 onces Gallon ou soye pour ledict manteau	2	40	0
3/4 taffetas viollet a 4 liv. 5 s. laulne, monte	1	4	0
5 aulnes 1/2 satin fignon incarna a 7 liv. 10 s. laulne, monte	13	45	0
1/2 once Gallon rouge.	0	10	0
1/2 aulne velloux a 16 liv. laulne	2	40	0
2 aulnes frize verte a 3 liv. 10 s. laulne	2	20	0

1 aulne 1/2 taffetas rouge Renforce	2	0	0
1/2 once Gallon orange	0	10	0
1/2 aune Camellot de lisle rouge a 24 s. laulne	0	12	0
Une mytte de velloux fignon vert	3	0	0
Une Cappelline de couleur de mort	2	0	0
3 aulnes de burat noir a 18 s. laulne	0	54	0
pour le tailheur	9	0	0
2 coffres a ban	3	0	0
1 tiers taffetas Renforce que ribans dor ribans de soye, le tout	5	0	0
1 aulne 1/2 taffetas Raye vert a 5 liv. laulne	2	30	0
1 aulne 1/4 boncassin vert a 15 s. laulne	0	20	0
4 onces 1/2 soye vert	1	30	0
18 aulnes fil de fert a 1 s. laulne	0	18	0

Tout le present compte monte Cent trante sept escus vingt ung soulz.

Je soussigne confesse avoir receu de Damoyselle Francoyse de Murinoys, mere de Damoyselle Marthe Du Vache, les robbes promises à ladicte Damoyselle Marthe, ma femme, vallants la somme de cent escus, comme il est pourté par nostre contract de mariage. Et d'autant qu'ell a fourny pour le parfait assortissement desdictes robbes et autres choses cy dessus specifiees la somme de trente sept escus vint et un sou, Je promects luy præcompter ladicte somme de trente sept escus vint sous sus la premiere paye de la dote de ladicte Damoyselle Marthe; en foy de quoy je me suy soussigne. Fait aus Diguieres, ce xixe de Decembre 1587.

CALIGNON.

48

1. Le Mareschal de Matignon. — 2. La vanité d'Olivera.

1. *Le Mareschal de Matignon.*
(V. p. 35.)

Jacques Goyon de Matignon, Maréchal de France, né en 1525, mort en 1597, fut fait prisonnier à la bataille de Saint-Quentin (1557), recouvra sa liberté à la paix de Cateau-Cambrésis, devint Lieutenant-Général et se distingua à Jarnac et à Moncontour. Au moment de la Saint-Barthélemy, il commandait en Normandie et sauva du massacre les Protestants, ce qui ne l'empêcha pas de les combattre ensuite avec vigueur. Resté neutre entre le Duc de Guise et le Connétable de Montmorency, il demeura fidèle à l'autorité royale, battit le roi de Navarre à Nérac et le força d'évacuer la Quercy; mais, après la mort d'Henri III, il se hâta de mettre son épée au service de Henri IV, par une lettre où il l'engageait vivement à se faire Catholique. Il entra avec lui dans Paris en 1594. En 1578, il avait été créé Maréchal, et, en 1584, il fut nommé Lieutenant-Général en Guyenne.

Il était lent à se décider, prudent dans l'exécution, et se trompait rarement dans ses calculs.

2. Olivera.
(V. p. 73.)

Videl veut parler ici d'Olivares, général espagnol, père de Gaspar Gusman, comte d'Olivares, qui fut, pendant 22 ans, ministre de Philippe IV, et dont l'administration fut en partie cause de la décadence de l'Espagne.

Olivares avait été ambassadeur de Philippe II auprès du Pape Sixte-Quint. En 1591, il commandait les troupes espagnoles qui menaçaient le Dauphiné, qu'elles ravagèrent en s'avançant jusqu'à Morestel. C'était l'année où le pape Grégoire XIV envoyait en France des troupes, sous le commandement du Duc de Monte-Marciano, son neveu, qui s'était arrêté dans le Duché de Milan. La curieuse lettre de Calignon à Lesdiguières signée l'Epine, que nous avons donnée sous le n° XVI de nos *Documents*, fait allusion à ce fait. M. de Saint-Genis, dans son *Histoire de Savoie*, le nomme Olivaros, et constate les excès commis par ses troupes dans la Maurienne et la vallée de l'Isère.

49

1. Confession d'Ausbourg. — 2. Qu'il en avait tiré une Bulle.

1. Confession d'Ausbourg.
(V. p. 37.)

Augsbourg est une ville de Bavière célèbre par la diète de 1530, où fut présentée la *Confession d'Augbourg*, formule de foi luthérienne rédigée par Mélanchthon, dont la modération et les efforts pour la paix et la concorde échouèrent. Aussi, disait-il en découvrant les plaies de la Réforme, « Ce n'est pas pour l'Evangile qu'ils combattent, mais pour le pouvoir; ils s'inquiètent peu d'enseignement et de religion, ils n'ont désir que de despotisme et de licence. »

Cette ville fut encore célèbre par l'*Alliance d'Augsbourg*, entre François Ier et les princes Allemands luthériens, contre Charles-Quint et les Catholiques, en 1534; par l'*Intérim d'Augsbourg*, formulaire provisoire imaginé pour contenir et apaiser les deux partis religieux, et présenté par Charles-Quint à la Diète de 1548; par la *Paix d'Ausgbourg* ou *Deuxième paix de religion* entre les Catholiques et les Luthériens, signée par Charles-Quint à la Diète de 1555; par la *Ligue catholique d'Augsbourg*, en 1608, qui présagea la guerre de 30 ans; et enfin par une autre *Ligue d'Augsbourg*, formée en 1686 entre les deux branches de la maison d'Autriche, la Suède, la Saxe, la Bavière, les Cercles de Souabe et de Franconie, etc., dans le but d'arrêter les empiétements de Louis XIV.

2. Qu'il en avait tiré une Bulle.
(V. p. 76.)

En 1591, Grégoire XIV, puis Clément VIII, font publier des lettres monitoriales en France contre Henri IV. Philippe de Séga, connu sous le nom de Cardinal de Plaisance, en fut l'instigateur. Cette publication devait exciter de nouveaux troubles : elle fut retardée pendant plusieurs mois. Cependant comme, en définitive, elle devait avoir pour résultat d'amener l'abjuration d'Henri IV, qui seule pouvait donner la paix à la France, le bref fut enregistré au Parlement de Paris et publié dans toutes les villes qui tenaient pour la Ligue. Le nouveau nonce Landriano, qui venait de remplacer le Cardinal Cajetan, avait ordre de le faire publier. Le Parlement, séant à Châlon, prenant, comme il le devait, les intérêts de son souverain, sévit contre la bulle par un arrêt dont l'ardeur et l'exagération dépassaient de beaucoup les intentions du roi, car il allait jusqu'à outrager de la façon la plus odieuse la personne du souverain Pontife et à lui contester son autorité spirituelle. Le Parlement de Tours fut encore plus violent, car il déclara les bulles données à Rome, le 1er mars, « nulles, abusives, séditieuses, damnables, pleines d'impiété et d'impostures, contraires aux saints décrets, droits et franchises de l'Église Gallicane. » De plus, il déclara « Grégoire, se disant pape, quatorzième du nom, ennemi de la paix, de l'union de l'Église Catholique, Apostolique et Romaine, du Roi, de son Etat, coupable du très coupable parricide commis sur la personne de Henri III, etc., » et ordonna « que la bulle serait lacérée par les mains du bourreau. » Le Parlement de la Ligue rendit un arrêt contraire qui déclara nul celui de Châlon.

Après bien des tiraillements de part et d'autre, le pape Clément VIII prononça l'absolution d'Henri IV. Sa bulle est datée du 17 septembre 1595.

Clément VIII montra son affection à Henri IV, en lui ménageant la paix avec l'Espagne et en amenant le traité de Vervins (1598).

Malgré nos recherches et celles obligeamment faites par M. Pilot, archiviste de l'Isère, il nous a été impossible de nous procurer la réponse du Parlement de Grenoble à la Bulle monitoriale, faite par Calignon, suivant Videl (p. 77).

50

1. La Reine Élisabeth. — 2. Michel Huraut de l'Hospital.

1. La Reine Élisabeth.
(V. p. 39.)

Élisabeth, fille de Henri VIII et d'Anne de Boleyn, naquit le 7 octobre 1533 et fut légitimée au moment où sa mère montait sur l'échafaud. Cette mort sanglante et l'orageuse minorité de son frère Edouard IV lui servirent de leçon politique. Elle affecta une sévérité de mœurs et une simplicité dans son genre de vie qui, jointes à sa prudence et à son adresse, la firent en partie échapper aux soupçons qui atteignirent Marie Tudor, aussi expansive que sa jeune sœur paraissait froide et calme. Enfin, le 17 novembre 1558, Marie expira, et Elisabeth monta sur le trône. Elle parut quelque temps incertaine entre les deux religions qui divisaient l'Angleterre, et se fit même sacrer par un évêque catholique ; mais ne cherchant qu'un prétexte, lorsque le pape Paul IV la traita d'illégitime et prétendit à certain vasselage plus honorifique que sérieux, elle ne garda plus de mesure, rompit ouvertement avec Rome, et le Parlement déclara chef de l'Eglise d'Angleterre une souveraine de 25 ans.

Quinze évêques, cent dignitaires et quatre-vingts prêtres résignèrent leurs bénéfices ou en furent dépouillés, et, en moins de deux ans, la Réforme régnait souverainement sur l'Angleterre.

Elisabeth poursuivit cette tâche toute sa vie, et telle fut l'habileté qu'elle y porta, que ses vices monstrueux, ses crimes, son despotisme sans bornes, ses prétentions et ses ridicules puérils, tout fut oublié de ses sujets ; mais l'histoire impartiale ne saurait absoudre cette longue comédie de virginité théâtrale, mêlée d'amours effrontées et tragiques, et elle flétrira la conduite de cette reine vis-à-vis de Marie Stuart, tout en tenant compte des motifs qui devaient les rendre ennemies.

Le caractère de cette princesse offre un mélange peut-être unique des plus grandes qualités d'un sexe unies à toutes les faiblesses de l'autre. Sa fausseté ne sembla qu'un raffinement de politique, et sa répugnance pour le mariage ne vint que de la crainte de se donner un maître.

2. *Michel Huraut de l'Hospital.*
(V. p. 80.)

Nous signalons, sous toutes réserves, l'erreur de personne commise ici par Videl, car l'époque dont il parle doit être 1593. C'est en effet cette même année, et le 6 juin, date de cette lettre *(Documents n° XXI)*, que le Roi accorda à Calignon la succession de Huraut Dufay (mort en 1592) dans le Conseil d'État, en même temps qu'il le nommait son Chancelier de Navarre. Or, Michel de l'Hospital était mort en 1573.

Peut-être Videl veut-il parler de Philippe Hurault de Cheverny, car les sceaux de Navarre qu'avait tenus Montholon, mort en 1590, étaient restés depuis lors entre les mains de Cheverny, Chancelier de France, qui n'est mort qu'en 1599, jusqu'au moment où le Roi en disposa en faveur de Calignon. C'est le sieur de Burthe, Conseiller d'État, qui tenait provisoirement les sceaux de Navarre.

Armes : *d'azur, à la tour d'argent bâtie sur un roc de même, au chef de gueules chargé de trois molettes d'or.*

A la suite d'une lettre autographe de Michel de l'Hospital que nous avons vue à la bibliothèque de Berne(1), nous trouvons les vers suivants qui paraissent être de l'écriture de l'Hospital lui-même, et que nous croyons inédits.

---

(1) MM., n° 141, art. 23 (Ex aula, 3 Kal. Aug. 1562).

ÉPITAPHE DU ROY DE NAVARRE ANTOINE.

Ci dessous gist pour pasture des vers
Qui partrouba n'aguerre l'univers;
Qui de deux loix embrouilloit sa mémoire
Et ne savoit laquelle il devoit croire;
Qui devant Dieu fardoit sa conscience
Et qui pipoit le peuple de la France;
Qui haïssoit ses frères et amis
Et cherissoit ses mortels ennemis;
Qui fut sacré par d'Auxerre et d'Essars,
Non de Sardaigne, ains le Roy des Couars;
Qui repoulsoit sa belle et chaste femme
Pour se saouler d'un adultere infame;
Qui des Guisars fut l'infantin........ (sic)
Et puis mignon de l'infante de Rome.
Or ce grison pour le Romain combatre
Va se sentir enfin de mort abatre,
Ne délaissant mémoire aucun de soy
Que le renom de sa première foy.

51

**1. Jacques, Roy d'Ecosse. — 2. Edict de Nantes.—
3. Articles secrets.**

1. Jacques, Roy d'Ecosse.
(V. p. 79.)

Il s'agit ici de Jacques VI d'Écosse, fils de l'infortunée Marie Stuart, né en 1566 et proclamé roi, après l'abdication de sa mère en 1567. Son oncle, le comte de Murray, et son grand-père, le comte de Lennox, gouvernèrent pendant sa longue minorité. Jacques avait des droits sur la couronne d'Angleterre par le mariage d'Archambaud Douglas, comte d'Angus, avec Marguerite d'Angleterre, veuve de Jacques IV, roi d'Écosse, et sœur de Henri VIII, roi d'Angleterre, en 1514. De cette union était née Marguerite Douglas, mariée à Mathieu Stuart, comte de Lennox, père de Darnley, qui épousa la reine Marie Stuart. Aussi, à la mort d'Élisabeth en 1603, il fut reconnu roi de la Grande-Bretagne. Il se montra peu favorable aux Catholiques, qui formèrent contre lui, en 1605, la fameuse *Conspiration des poudres* où il faillit périr avec tout le Parlement. Il laissa l'Autriche enlever la Bohême à son gendre Frédéric V, et maria son fils aîné, l'infortuné Charles Ier, à Henriette de France, fille de Henri IV. Il mourut peu après, en 1625.

2. *Édict de Nantes.*
(V. p. 87.)

3. *Articles secrets.*
(V. p. 88.)

Cet édit n'était, dans son ensemble, que la reproduction de celui de 1577 ; il excita dans toute la France catholique le plus vif et le plus légitime mécontentement. Sans vouloir ici exclure le régime de la liberté des cultes que l'état actuel de notre société rend indispensable, nous pensons cependant, en nous reportant à la fin du xvie siècle, époque où la France avait une religion nationale, que la liberté complète de l'erreur, assurée par l'Édit de Nantes, et surtout les priviléges importants et dangereux qu'il accordait, furent une faute que *les Articles secrets* vinrent encore augmenter. En effet, les Protestants n'étaient qu'une infime minorité; s'ils avaient droit à la tolérance, ils ne devaient pas prétendre à la faveur. Ils n'étaient d'ailleurs ni assez pacifiques, ni assez tolérants eux-mêmes pour qu'on s'empressât de leur donner des droits aussi considérables dans un pays qu'ils bouleversaient.

Partout où ils étaient les maîtres, ils refusaient aux Catholiques, non pas des faveurs, mais le partage même de ces droits civils qu'ils réclamaient là où ils se trouvaient en minorité A partir de l'Édit de Nantes (1598), l'erreur eut un caractère légal : elle reçut droit de cité et marcha de front avec la vérité.

Était-il prudent de créer, au sein d'une société généralement catholique, une société particulière qui, en vertu de priviléges spéciaux, avait droit de protester publiquement contre la foi du pays? Faut-il rappeler de quelle façon les Protestants entendaient la liberté religieuse? Et n'était-ce pas user du droit de légitime défense que de tenir à l'écart des sectaires pour lesquels il n'y avait pas de loi?

Au reste cette faute en entraîna une autre, et les abus, produits par la trop grande liberté accordée par Henri IV, amenèrent plus tard Louis XIV à retirer la tolérance elle-même. Si Henri IV sut amener les Huguenots à ne pas trop abuser de la force que leur concédait cet Édit, ce fut par des moyens inhérents à sa personne mais étrangers à l'autorité royale. Sous son successeur, ce fut bien différent, et, contre un gouvernement faible, les réformés employèrent les forces dangereuses dont ils disposaient. Sans doute, il était nécessaire de faire aux Protestants certaines concessions, mais il ne fallait pas accorder à l'hérésie des priviléges dont la religion catholique elle-même ne jouissait pas. Dans le préambule de l'Édit, le roi semblait mettre sur le même pied les Catholiques et les Protestants : c'était professer implicitement le principe de l'indifférence de l'État en matière de religion. L'article qui établissait dans les Parlements les chambres mi-parties, concédait un privilége exorbitant, scindait en deux la justice du royaume et mettait en suspicion l'intégrité des magistrats catholiques. La disposition qui accordait aux ministres calvinistes un traitement de l'État, donnait à l'enseignement de l'hérésie non pas seulement la tolérance, mais un encouragement officiel que n'avait pas, à cette époque, l'enseignement catholique. Que penser ensuite de ce privilége inouï et impolitique, qui plaçait entre les mains des chefs militaires réformés des villes de sûreté, portant ainsi atteinte aux droits du royaume en constituant un État dans un État?

Enfin, dit Lézeau « les *Articles secrets* contenaient mille autres clauses qui étaient grandement à la destruction de la religion catholique. » L'article qui accordait l'exercice du culte protestant à une lieue de la capitale, était une aggravation de l'Édit de 1577 et violait expressément une des conditions du traité fait avec Brissac, lors de la reddition de Paris. Aussi le Parlement refusa d'abord l'enregistrement de l'Édit ; mais le Roi, qui n'avait plus rien à craindre des Catholiques, cherchait à se concilier les Protestants. Nous voyons, dans Videl, le texte curieux du discours habile que fit Henri IV à cette occasion. On attribue la rédaction de l'Édit de Nantes au président Jacques de Thou, à Calignon, à Schombert et au président Jeannin. On cite également Daniel Chamier. Il est certain que Calignon eut une part importante à sa rédaction et surtout à celle des *Articles secrets*. Nous en trouvons la preuve dans la pièce que nous donnons aux *Pièces justificatives* n° XXXVII.

52

La fameuse conference.
(V. p. 101).

Sur la fin de 1599, il parut un livre intitulé : *Instruction de la Sainte-Eucharistie* ; l'auteur, Duplessis-Mornay, y attaqua la présence réelle, par le témoignage prétendu des Saints Pères. Sitôt qu'il parut, plusieurs docteurs catholiques se récrièrent sur la fausseté d'une infinité de citations. L'Évêque d'Évreux, depuis Cardinal Du Perron, entre autres, écrivait à Sully, au sujet de ce livre, que les erreurs et les faussetés s'y suivaient de si près, qu'il aurait fallu les censurer d'un bout à l'autre. Le roi ayant décidé, sur la demande même de Duplessis, qu'une dispute publique aurait lieu et que l'on vérifierait les passages incriminés, on s'assembla dans la salle du Conseil à Fontainebleau, en présence du Roi et des commissaires nommés par lui, qui furent, du côté des Catholiques : de Thou, l'avocat Pithon et Martin, lecteur et médecin de S. M. ; du côté des Calvinistes : Fresne-Cannaye et Casaubon. De soixante passages que Du Perron opposait à son adversaire, Duplessis ne s'était préparé que sur dix-neuf, choisis entre tous, et il disait au Roi : « De ceux-là, je veux perdre l'honneur ou la vie, s'il s'en trouve un seul faux. »

Cependant il fut convaincu de mauvaise foi sur tous ceux qu'on examina, et on ne put en examiner que neuf. Il n'y eut que cette seule conférence; Duplessis, se disant malade le lendemain, partit pour Saumur, dont il était gouverneur. Le roi donna de grandes louanges à l'esprit et à l'érudition de Mgr d'Évreux: « Que vous semble de « votre Pape? disait-il à Sully pendant la dispute, » — car Duplessis était regardé comme le chef des Protestants, — « Sire, répondit Sully, je trouve qu'il est plus pape que vous ne pensez, puisque, dans ce moment, il donne le bonnet rouge à Mgr d'Évreux.»

Philippe de Mornay, né en 1549 d'un père catholique, fut élevé en secret dans la religion réformée par sa mère et embrassa hautement la Réforme, après la mort de son père, en 1560. Il se rendit en 1575 auprès du Roi de Navarre Henri IV, qui lui confia l'administration de ses finances, l'envoya en Angleterre demander des secours à Elisabeth, le nomma plus tard surintendant général de Navarre, et lui confia enfin le gouvernement de Saumur. Il s'opposa constamment à l'abjuration du roi, et finit par se faire disgracier à cause de son ardeur religieuse. Il fut, pendant cinquante ans, le véritable chef religieux des Protestants en France, et, de même qu'au Chancelier de Calignon, sa vertu lui donna souvent le privilège de pouvoir adresser au roi des remontrances sur ses faiblesses. Louis XIII le dépouilla de son gouvernement de Saumur, et il mourut en 1623.

53

1. La magnifique Ambassade.... pour le Roy deffunt Louis XIII. — 2. Pallot, Paulet et Moysset. — 3. Rappeaux de Ban.

1. La magnifique Ambassade.... pour le Roy deffunt Louis XIII.
(V. p. 44.)

Charles de Blanchefort de Créqui, prince de Poix, gouverneur du Dauphiné, pair et maréchal de France, tué au siège de Brême en 1638. Il avait épousé : 1° en 1595, Magdeleine de Bonne, fille de Lesdiguières et de sa première femme, Claudine de Béranger du Guâ. Leur fille Françoise épousa, en 1609, Maximilien de Béthune, Marquis de Rosny, fils aîné du duc de Sully; 2° en 1263, Françoise de Bonne, autre fille du Connétable et de Marie Vignon, qui, mariée à l'âge de huit ans, en 1612, à Charles-René du Puy-Montbrun, fut démariée par dispense du Pape. Un de ses fils, François de Bonne de Créqui, duc de Lesdiguières, fut aussi maréchal de France, et ambassadeur extraordinaire de Louis XVI auprès du Pape Alexandre VII, en l'année 1661. Ce fut son caractère hautain et peu conciliant qui amena de tristes et douloureux conflits entre les Cours de Rome et de Versailles. Voltaire a dit de cet ambassadeur qu'il révolta les Romains par sa hauteur (1). Cette ambassade auprès d'Urbain VIII eut lieu en 1633, et elle avait pour but principal de poursuivre la dissolution du marjage de Gaston d'Orléans. Créqui présenta de longs mémoires au Pape et eut de longues conférences avec lui. Mais le Pontife persista dans son refus de dissoudre un mariage contracté selon toutes les conditions prescrites par le Concile de Trente. Ces négociations forment un volume manuscrit de la Bibliothèque nationale, provenant de celle de Colbert.

---

(1) *Siècle de Louis XIV*, chap. vii.

2. *Pallot, Paulet et Moisset.*
(V. p. 111.)

L'auteur fait allusion au droit annuel appelé *la Paulette* (Jus Pauletanum), du nom de Charles Paulet, secrétaire du roi, qui en avait donné l'idée et qui en fut le premier fermier. C'est sa fille, Mlle Paulet, que Voiture, Chapelain et Mlle de Scudéri ont tant célébrée. Quelques-uns appelaient ce droit *la Palotte*, du nom de Palot qui en fut le second fermier. Depuis la vénalité des charges, le possesseur pouvait les résigner, c'est-à-dire les vendre ; mais il fallait qu'il vécût encore quarante jours après sa démission, pour que la cession fût légale ; de sorte que des charges, achetées bien cher, retournaient au roi qui les accordait, gratuitement souvent, à l'importunité des courtisans. En 1604, il parut plus juste et plus avantageux de les assurer aux héritiers des possesseurs décédés, moyennant un paiement annuel du 60me denier de la finance à laquelle ces offices avaient été taxés au prorata de leur estimation. Les charges de premiers présidents, de procureurs et avocats-généraux dans les Parlements, de secrétaires du roi, étaient formellement exceptées et réservées à la nomination royale, ce qui les distinguait de celles qu'on nommait par opposition *charges à hérédité*. Et pour les autres charges de présidents et conseillers aux Parlements et de juges dans les tribunaux inférieurs, le gouvernement conservait le droit d'en disposer, sous la condition de payer aux héritiers le prix auxquelles elles seraient évaluées. Ces sages restrictions prévenaient bien des abus, et Henri IV n'hésita pas, en cette circonstance, à aliéner l'une des principales prérogatives de la couronne (1).

3. *Rappeaux de ban.*
(V. p. 123.)

Videl veut parler du *Rappel de ban*, pardon qu'on accordait aux disgraciés ou aux exilés, *Revocatio* (Dict. de Trévoux). Le bannissement consiste à être expulsé d'un pays, avec défense d'y rentrer. Cette peine était très usitée dans notre ancienne jurisprudence, mais elle n'avait pas toujours la même étendue. Un criminel pouvait être banni de tout le royaume, comme il pouvait l'être seulement du ressort d'un parlement, d'un bailliage d'une généralité, etc. « Le bannissement hors du royaume devait être nécessairement prononcé à perpétuité. Le Parlement de Grenoble avait cependant décidé le contraire ; mais, sur les remontrances du Chancelier d'Aguesseau (lettre du 8 juin 1743), il réforma sa jurisprudence (2).

---

(1) Thuannus, l. CXXXII, t. XIV.
(2) Consulter Dalloz, dans son *Répertoire*, nouvelle édition, n°s 647 et 648.

54

Vers le Pape Urbain huictiesme.
(V. p. 44.)

Maffeo Barberini, né en 1568, successeur de Grégoire XV et porté à la papauté le 6 août 1623, sous le nom d'Urbain VIII. Ce fut lui qui fut chargé par Clément VIII de complimenter Henri IV sur la naissance du Dauphin, depuis Louis XIII. La réunion du duché d'Urbain, avec ses annexes considérables, aux États Romains signala glorieusement la première partie de son pontificat; mais un différend avec Venise, en 1632, sa querelle avec Jean IV de Portugal, et la guerre qu'il fit au duc de Parme auquel il prit Castro en 1642, — et cela, en grande partie, par ambition pour sa famille et sans utilité pour l'État, — effacèrent les heureuses impressions que les débuts de son pontificat avaient fait naître, et se terminèrent honteusement, en 1644, par la paix de Venise qui remit tout sur l'ancien pied. Urbain VIII publia sous une nouvelle forme le bréviaire romain, bâtit ou répara beaucoup d'églises et renouvela, en 1627, la fameuse bulle *In Cæna domini*, proscrite en France et, depuis, abolie par Clément XIV. Par une bulle non moins célèbre, la bulle *In Eminenti*, du 6 mars 1642, il lança la première condamnation contre Jansénius. Urbain VIII était un littérateur distingué et avait, dit-on, la prétention d'être un grand poète. Sa mort eut lieu en 1644 et fut le signal d'une violente réaction contre les Barberini. Au Pontificat d'Urbain VIII se rattache un événement qui a fait beaucoup de bruit, a été bien diversement apprécié et sert encore d'argument contre l'infaillibilité du Saint-Siége. Je veux parler du célèbre procès de Galilée.

Deux choses sont à remarquer : 1° que, tout en rejetant les opinions de ce hardi penseur, on ne les condamnait pas toutes, puisque Copernic n'avait pas été inquiété; puisque Galilée lui-même, trois ans après, en 1620, fut autorisé à les enseigner comme *hypothèses* et non comme *thèses*; 2° que la sentence prononcée le fut, non par le Pape ni par un concile, mais seulement par une assemblée de simples théologiens. L'infaillibilité est donc hors de cause. Le grand esprit de Galilée ne l'empêchait pas d'être remuant, taquin et orgueilleux; aussi, après être resté quinze ans tranquille, composa-t-il des dialogues pour mettre en relief et faire mieux comprendre son système de l'organisation céleste. On crut y voir des allusions blessantes pour ses juges, pour le Pape lui-même, qui lui avait toujours témoigné de l'amitié et avait même exprimé en mauvais vers les principaux points de son système. L'Inquisition cita Galilée à son tribunal en 1633, et il fut obligé de rétracter ses prétendues erreurs. La vérité est qu'il fut condamné à la prison; mais cette prison fut le *délicieux palais*, comme il l'appelle lui-même, et les jardins de la Trinité-du-Mont, séjour de l'Ambassadeur de Toscane, où il pouvait recevoir ses amis. C'est dans le carrosse, et avec le Commissaire du Saint-Office, qu'il allait de *cette prison* comparaître devant ses juges (1).

---

(1) Lettre de Galilée, citée par Tiraboschi.

Il y a loin de tout cela au lugubre drame si considérablement embelli par quelques historiens modernes. Les gens instruits et de bonne foi ne trouvent aucune contradiction entre le système de Galilée et le récit de la Bible. Il est certain, au reste, que les papes Paul V et Urbain VIII n'ont jamais signé la condamnation de Galilée, et que les juges du Saint-Office ont seuls la responsabilité de cette iniquité (1).

55

De Luther et de Calvin.
(V. p. 46.)

Martin Luther, né en Saxe en 1483, entra en 1505 chez les Augustins à Erfurt, et fut, en 1510, envoyé à Rome pour les affaires de son ordre. En 1517, le pape Léon X ayant publié des Indulgences et chargé les Dominicains de les répandre en Allemagne, les Augustins en devinrent jaloux : en leur nom, Luther attaqua hardiment ces Indulgences et publia une thèse contenant quatre-vingt-quinze propositions. La querelle s'échauffa. Protégé par l'Électeur de Saxe, Luther finit par professer les doctrines les plus hardies. En 1520, Léon X l'excommunie et fait brûler ses écrits hérétiques. Luther, de son côté, livre aux flammes la bulle du Pape. Cité en 1521 devant la diète de Worms, il refuse de se rétracter. Après bien des alternatives, la paix de Nuremberg, en 1532, accorde aux Réformés la liberté de conscience jusqu'au prochain concile. Le novateur mourut en 1546, peu après la convocation du concile de Trente. Dès 1525, il avait épousé une jeune religieuse dont il eut plusieurs enfants. Fougueux, irascible, indomptable, il n'épargnait à ses adversaires ni les injures ni les sarcasmes.

Jean Calvin, né en 1509 à Noyon, en Picardie, embrassa la Réforme et commença, en 1532, à la propager dans Paris. Menacé, il se réfugia à Angoulême, puis à Nérac, auprès de Marguerite de Navarre, et enfin à Bâle. En 1536, il fut nommé professeur de théologie à Genève, où la réforme venait d'être adoptée. Deux ans après, il en fut banni pour avoir voulu innover dans le culte. Il se retira à Strasbourg, puis rentra à Genève en 1541.

Genève, courbée sous son despotisme et soumise à la plus odieuse inquisition, se vit imposer des lois, *écrites non pas seulement avec du sang, comme celles de Dracon, mais avec un fer rouge,* selon l'expression de Paul-Émile Henry, son historien et son admirateur. Calvin était français : et quand il vint demander l'hospitalité à Genève et qu'il eut assis son pouvoir sur les ruines du parti national, sa préoccupation constante fut de venir en aide au protestantisme français et de se mettre un jour à la tête de la Réforme. Ce fut aux réfugiés français qu'il fit donner toutes les fonctions, voulant noyer

---

(1) V. Henri Martin, *Galilée*, p. 272.

l'élément national dans l'élément étranger et devenir plus tard le chef d'un État fédératif protestant. Aussi, ce ne fut que quatre ans avant sa mort qu'il se décida à se faire recevoir citoyen de Genève.

Calvin se distinguait de Luther par une réforme plus radicale, proscrivant tout culte extérieur et toute hiérarchie, rejetant la messe, le dogme de la présence réelle, l'invocation des saints, etc. Il enseignait la prédestination des élus et portait ainsi atteinte au libre arbitre. Le luthérianisme, au contraire, admet la présence réelle, rejette la prédestination et conserve une sorte de hiérarchie.

A l'époque où le calvinisme trônait tout puissant à Genève, la torture était l'un des moyens de gouvernement employés par Calvin. Dans un sermon prononcé à Saint-Gervais, en juillet 1545, Calvin prononça ces paroles : « Il faut élever deux gibets sur la place, pour y pendre sept ou huit cents jeunes gens; » et, prophétisant ses futures vengeances, il disait de Michel Servet que « s'il venait à Genève, il n'en sortirait pas vivant. »

Calvin mourut à Genève en 1564. Il s'était marié, en 1539, à Strasbourg. Quant à sa mort, que le pasteur Bungener (Genève 1862) et d'autres adhérents cherchent à nous présenter comme évangélique, voici comment Harennus, témoin oculaire et son disciple, l'a racontée : « Calvinus in desperatione finiens vitam, obiit turpissimo et fœdissimo morbo, quem Deus rebellibus et maledictis comminatus est, prius excruciatus et consumptus. Quod ego verissime attestari audeo, qui funestum et tragicum illius exitum et exitium his meis oculis præsens aspexi. » (Feller, *Dict. hist.*).

TABLE.

TABLE ALPHABÉTIQUE ANNOTÉE

Des noms de personnes et de lieux, des faits et des documents importants de ce livre.

Les noms de lieux sont en petites capitales, les chiffres romains indiquent les notes, les chiffres arabes les pages.

A

ABBEVILLE (L'affaire importante dont parle Videl est sans doute l'agitation des protestants, leurs assemblées à Saumur, Loudun et Châtelleraut, que Sully, lui-même, dans ses mémoires, blâme avec force et qu'il fut employé à réprimer). 80.
ABLON, 107.
Adrests (Baron des), 439, 447, 453.
Agoult de Bonneval, 54.
Agoult (Louise d'), 401, 404.
Agoult (Cte d'), 409.
Aguesseau (Le Chancelier d'), 474.
Aimar, évêque du Puy, 411.
Aimar du Rivail, 413.
Albanel, 403.
Albe (Duc d'), 400.
Alben (Président de l'), XLVII, 72, 463 (1).
Albret, XVIII, 13, 20, 36, 436, 451.
Aldobrandini (Le cardinal), 450.
Alençon (Duc d'), XXIV, 18, 52, 436, 442, 444.
Aliéres (D'), 78.

ALLEMAGNE (Les princes d'), 48, 51, 57, 63, 114, 225, 467.
Allemagne (B^{on} d'), 59.
Alleman, évêque de Grenoble, et Alleman de Laval, 395, 423.
Alleman, Guigonne et Furtine, 430, 439, 445.
Allemands (Les), 23, 32, 60, 442.
Alexandre VII, 473.
ALLEX, 255.
Alliance d'Augsbourg, 467.
Alphas, 71.
Ambassade du duc de Créqui à Rome, LIII, 44.
Ambésieux (Pierre-Ant. d'), 398.
AMIENS, 80, 92.
AMSTERDAM, 41.
ANGOULÊME, 476.
Angrogne, 39.
Angus (Archambaud Douglas, Cte d'), 470.
ANHALT (Prince d'), duché de Dessau, 42.
Anisson, 402.
ANJOU (Duc d'), 232, 430, 442.
Anne de Boleyn, 468.
AOSTE, 255.
ARAGON, 449.

---

(1) Suivant Guy Allard, une autre famille du nom de *du Vache* existait à Saint-Marcellin, de laquelle serait ce seigneur de l'Albenc, président en la Chambre des Comptes de Grenoble.

Arbalestrier (D'), 404.
Arces (D'), 437.
Archives et archiviste de la Drôme, 399, 402, 447.
Armagnac, 229.
Armand, 96.
Armorial du bibliophile, 423, 436.
Armorial du Dauphiné de M. de la Bâtie, 398, 400, 401, 402, 404, 413, 416, 427.
Arnaud (D'), 400.
ARQUES, 452.
ARRANCY, 424.
Arsac (D'), 424.
Articles secrets (Édit de Nantes), LI, 87, 88, 471.
Artigny (L'abbé d'), 456.
Aube (De l'), 402.
Aubignan, 55.
Aubigné (Théodore-Agrippa d'), 115, 437.
Aubry, 44.
Audevout. *V.* Villardières.
Auguste II, roi de Pologne, 438.
Augustins (Premier couvent des), 440.
AUSBOURG, XLIX, 37, 50.
AUTRICHE (Catherine-Michelle d'), 435.
AUXONNE, 423.
Avançon (Guillaume d'), XXII, 14.
Avançon (François de St-Marcel d'), 253, 440.
AVIGNON, 55, 90, 457.
AZINCOURT, 395.

B

BADE (M¹ˢ de), 50.
BADEN, 42.
Badon (Ennemond), 431.
Bailly, 425.
BALE, 476.
Balzac, 443.
Baratta, 67.
Barbier-Calignon, 405.
Barbier de Ville-Croze, 406.
BARRAUX (fort pris par Lesdiguières en 1598), 78, 438.

BAR (Duc de), XX, 13, 39, 430.
BARRE-SAINT-PRIX (Saint-Priest, Isère), 85.
Barricades (Journée des). (Le 12 mai 1588, Henri III, comme plusieurs de ses successeurs, fit une grande faute en empêchant Crillon, colonel des Gardes-Françaises, de s'emparer de la place Maubert et de charger la populace), 27, 63, 443.
BARRY, 73.
Basemond (De), abbé d'Aiguebelle, 434.
BASSE-NAVARRE, 437.
Basset, XXXIX, 24, 71, 72, 400.
BAVIÈRE (Guillaume III, dernier duc de), 40.
Bayard (Le fameux chevalier), I, 4.
BEARN, 13, 81, 106, 123, 437.
Beauchamp (De Doni de), 81.
Beaufort (Duchesse de). *V.* d'Estrée.
Beaumont de Saint-Quentin, 402.
BEAUPLAN, 404, 409.
BEAUREPAIRE, 410.
Bellay (Joachim du), 243.
Bellegarde (Le maréchal de), XXXIII, 20, 21, 121, 446.
Bellegarde, gentilhomme savoisien, XIX, 13, 30.
BELLE-ISLE, 38.
Bellièvre (Jean de), 218, 423, 428, *V.* note 36.
Bellièvre (Pompone de). *V.* note 30.
Bembo (Cardinal), 179.
Beranger (Abel de), branche de Morge-Ventavon, prince de Royan, 78, 412, 450.
Béranger du Gua (Claudine de), 473.
Berger de Xivrey. *V.* la note pp. 89 et 90.
BERGERAC (Traité de), 447, 452.
Beringhen (devint contrôleur général des mines, 57, 90.
BERLIN, 42.
BERNE, 57, 114, 409.
BESIGNAN, 55 (BISIGNANO). R. de Naples.
Béthune (Maximilien de), 473.
Bèze (Théodore de), XLVII, 32, 50, 425, 428, 439.
Bianzay, 454.
Biard, 28.
Bibliothèque de Berne, 409.

Biographie du Dauphiné, par Rochas, 417, 437, 439, 459.
Birague, 449.
Biron (Le maréchal), 447, 440.
Bise. *V.* Gillier.
Blacons (Hector de la Forêt), 53, 55, 57, 439.
Blanc de Percy (Le), 400.
Blanchet (Hector), 418.
BLOIS, 18, 120, 401, 440, 443.
Bodoin ou Baudoin, 401.
Boffin, 71, 403.
Boisenval, 36, 42, 49, 50.
Boissieu (Sr de). *V.* Salvaing, note 17.
Boisson, 399, 403.
BOLOGNE, 223, 459.
Bonne (Madeleine et Françoise de), 75, 82, 473.
Bonne (Rue de), 72.
Bonneval. *V.* d'Agoult.
BORDES (LES), 122, 433.
Bosse (De), 400.
Bouchard. *V.* note 23.
Bouillet, 443.
Bouillon (Duc de). *V.* Turenne.
Bourbon (François de), son entrée à Grenoble, 254, 287.
Bourbon (Antoine de), son épitaphe, 470.
Bourbon (Charles de), gouverneur du Dauphiné de 1562-1588, 434.
Bourbon (Jeanne de), 413.
Bourchenu (De), 413.
BOURDEAUX (Drôme), 419.
BOURG, 426, 449.
BOURGES, 437.
Bourrel (Du), dit Ponsenas, 429.
BOUVINES, 441.
BRANDEBOURG (Mis de), 42, 45.
BREMEN (Brême), 42, 473.
Bremond (Sr de). *V.* la note p. 129 et p. 404.
Brenieu (Justine de), 401.
Bressac, 425.
BRESSE, 22, 417, 426, 436, 449, 460.
Bressieu, 101, 102, 401.
Brevet de Président pour Calignon au lieu de Innocent Gentillet, mars 1590, 318.
Brevet de don de 2,400 écus pour Calignon, mars 1590, 319.

Brevet pour l'échange de l'office de président de M. de Calignon avec celui de Louis du Vache, déc. 1590, 320.
Brevet de Conseiller d'État pour Calignon, janv. 1594, 338.
Brevet exemptant Calignon de servir dans la chamb. my-partie, juin 1597, 351.
Brevet de Conseiller au Conseil des finances pour M. de Calignon, nov. 1598, 361.
Brevet de 2,000 écus de pension, av. 1599, 365.
BRIANÇON, 459.
Briquemaut, 61.
Brissac. *V.* Cossé-Brissac.
Brisson, 32.
BRUNSWICK, 42.
BRUXELLES, 460.
BUGEY (LE), 436, 449.
BUIS (LE), 399, 405.
Bulle, XLIX, 76.
Bulle *In Cœna Domini*, 475.
Bulletin de la Société d'archéologie de la Drôme, 401, 430.
Bullion (M. de), 455. — Sans doute Frédéric-Maurice de la Tour d'Auvergne, duc de Bouillon, né en 1605.
Bungener, pasteur de Genève, 477.
Burles ou Burthe XL, 26, 83, 469.
Burnon, 418.

C

CAILLE (Hôtesse de la), 425.
Caillet (Cayet) XI, 7, 438.
Cajetan (Le cardinal), 468.
CALAIS, 226, 460.
Calendrier grégorien (Le), 459.
Calignon (Souffrey de), III. Sa naissance, 3. Son mariage, 61. Son contrat de mariage, 464. Sa mort, 113. Sa généalogie, 397. Tableaux des trois branches, 397.
Calignon (Abel de), 78, 128, 398, 454.
Calignon (Hugues, Jacques et Louis de), 59, 398.
Calignon (Alexandre de), sieur de Peyrins, 40,

75, 128, 404. Son duel à Santia en Piémont, 454.

Calignon (Eynard et Annibal de), 399.

Calignon (Antoine-Michel de). M. Joseph Roman, l'auteur des *Sigillographies Dauphinoises*, nous communique, au dernier moment, les renseignements suivants :

Antoine-Michel de Calignon, procureur au bailliage de Gap, hérite en 1762 de la seigneurie de Saint-Michel-de-Chaillol après la mort de François de Gril, dernier possesseur.

Augustin-Laurent-Michel de Calignon, hérite de son père en 1779, et possède cette seigneurie jusqu'en 1791.

Armoiries : de gueule au lion d'or au chef d'azur, chargé d'une balance entre deux coquilles, le tout d'or.

Calvin, LV, 40, 459, 462.

Cambronne, 396.

Cameron, théologien protestant, né en Écosse. Étant à Genève en 1606 et apprenant la mort de Calignon, il fit ces vers que nous croyons inédits :

In obitum Suffredi Calignonii Regi a secretioribus Consiliis, Senatus Gratianopolitani præside et regni Navare Cancellario.

Divinæ virtutis honos sol auree secli
Ingrati ô patriæ lausque decusque tuæ
Quem Pallas, quem prisca fides quem Astræa bearat
Quem totum implerat religionis amor ;
O regni, ô Regis columen sanctique senatûs
Præsidium, ô pressi perfugium populi,
Cœli progenies terris data, reddita cœlo,
Heu ! heu ! debueras serius esse, tuo,
Sed nos fallit amor, cœli tibi congrua sedes
Quo dignum in terris nil erat, una fuit.

Campia ou Campra. *V.* la note au bas de la p. 73.

Carlos (Don), 460.

Casaubon, V, 112, 119, 120, 472.

Casimir (Le prince), 49, 444, 453, 470. Jean Casimir administrait les États de son neveu Frédéric V, gendre de Jacques Ier d'Angleterre, il commandait les Allemands que le roi de Navarre alla rejoindre en Bourgogne en 1587, ce qui donna lieu à la bataille de Coutras.

Casse, 25.

Castres, 102. C'était là qu'était établie 1 chambre de l'édit où les protestants du res sort de Toulouse portaient leurs causes.

Castro, 475.

Cateau-Cambrésis, 426, 460, 466.

Catherine d'Autriche, infante d'Espagne XLIV 31.

Catherine de Bourbon XX, 30, 39.

Catherine de Médicis XXXI, 20, 103, 441, 459

Catherine de Navarre XVI, 12, 425, 438, 458.

Cavours, 76. Prise par Lesdiguières en 1592.

Cell ou Zell, 42. Résidence des ducs de Brunswick-Lunebourg.

Chadeuil, 463.

Chaboud, 402.

Chabrières (De), 405, 414, 418. La généalogie de cette famille, 397.

Chaillot, 400.

Chalamel, 425.

Chalant (Sr de), 75.

Chalon (Le Parlement de), 468.

Chamagnieux, 413.

Chambéry, 32, 424, 426, 450.

Champfleurie, 72.

Chamoussière, 401.

Chape-Verse, 411.

Chappes (Régiment de), 454.

Charbonnel (De), 447.

Charbot (ms. de), 253.

Charenton, 107, 114. Ce fut le 1er août 1606 que Henri IV permit aux protestants de s'assembler dans ce bourg.

Charlemagne, 441.

Charles Ier, 470.

Charles II, duc de Lorraine, 438.

Charles III, de Savoie, 426, 438.

Charles VII, 450.

Charles VIII, 449, 456.

Charles IX, 51, 218, 428, 430, 459.

Charles, fils aîné du duc de Normandie, 413.

Charles-Emmanuel, XV, 12, 30, 56, 73, 76, 84, 102, 436, 458.

Charles, cardinal de Bourbon, 52.

Charles-le-Chauve, 441.

Charles-Quint, 223, 225, 426, 438, 460, 467.

CHARMES, 413.
Charpey (De), 190.
Chartre (Maréchal de la), 90.
Chasteauneuf (Guillaume de l'Aubépine de),107.
Chastillon (Cte de) François de Coligny, fils de l'amiral? 63.
CHATEAU-THIERRY, 442.
CHATELHERAUT, 80, 87. Les assemblées dont il est question, avaient lieu en 1597 et furent si violentes, que le Roi y envoya Schomberg, de Thou, de Vic, Montglat, Sully et Calignon. Le duc de Bouillon fomentait ces troubles qui amenèrent, par concession, l'édit de Nantes.
Chaussée (De la), 401.
CHENONCEAUX, 448.
Cheverny (Michel-Huraut), 469.
Chevrières (Jean de la Croix de) IX, 7.
Cholier, 27.
Cinq-Mars, 422.
Claudien ou Claudian (Traduction de), 170.
CLELLES (SAINT-MARTIN-DE-), 400.
Clément VII, 401.
Clément VIII, 425, 449, 467, 475.
Clément XIV, 475.
Clément-Marot, 216, 249, 403.
Cleon d'Andrau, 404.
Clerboin (Sr de). V. de Lorme.
CLÉRIEU, 411, 413. Voir sur cette seigneurie et celle de Peyrins, la belle publication de M. Anatole de Gallier : *Essai historique sur la Baronnie de Clérieu*, que nous avons malheureusement reçue trop tard pour pouvoir en tirer d'utiles et précieux renseignements pour notre ouvrage.
Clermont (De), 428.
Clèves (Marie de), 456.
Colas, 402.
Colbert (Collection des *Cinq cents* de), 453, 473.
Coligny, 442, 446, 448, 453.
Collisieux, 434.
COLOGNE (Électeur de), 47, 49.
Colombière (De la), 413. Notice de M. G. Vallier sur ce trésorier général de Dauphiné et Seigneur de Peyrins, 414.

Colomies, 239.
Colonna, 460.
Combe (Jacques de la), 125.
Comier (Madeleine de), 164.
Concile de Trente, 95.
Condé (Le prince de), XL, 20, 62, 129, 232, 406, 441, 453.
Conférence de Fontainebleau, LII, 101.
CONQUET (Finistère), 38.
Conspiration des poudres, 470.
COPENHAGUE, 43.
Cornette de Morges, 83. Chaque compagnie de cavalerie avait jadis un étendard à corne, nommé cornette, aux couleurs du capitaine; la dénomination en passa à l'officier qui l'a portait.
Cornu (Pierre de), 433.
CORPS, 404.
CORSE, 460.
Cossé-Brissac, 446, 472.
Coste (Le président la), comte de Charmes. Ce fut lui qui réunit la Cour des Aydes établie à Vienne, au Parlement de Grenoble en 1658, 72, 414.
COUCY-LES-EPPES, 424.
COURENÇON, 44.
COUTRAS, 452.
Création de cinq conseillers, un président, en la chambre my-partie, mai 1576, 305.
Création d'une chambre my-partie en Dauphiné, octobre 1576, 18, 308.
Créqui (Rue de), 410.
Créqui (Duc de), LIII, 44, 82, 112, 128, 455, 459.
Croix de Chevrières (De la) IX, 7, 426.
CROIX-ROUSSE (LA), 406.
CRONEMBOURG (Ile de SÉELAND), 43.
Cujas, 437.
Curnier de la Valette, 400.
Cuzy, 63.

D

Damville (Le maréchal), XXIII, 15, 27, 30, 58, 453.

Dampierre, 443.
Danol, 400.
DANEMARK (Christian IV), 36, 40, 42, 44, 47, 114, 459.
DANTZIG, 43.
Darnley, 470.
Dassis, 428.
Daubigné, 134.
Dauphiné (Journal Le), 400.
Deageant, 108, 111, 117, 120.
Debelle, 403.
Déclaration pour faire recevoir Calignon en son office de président, février 1591, 321.
Demosthène, 40.
Desportes, 134, 137, 281.
DESSAU, 42.
DEUX-PONTS (Duc des), 50.
DEVENTER, 405.
Devoise, 397.
Diane de Poitiers, 424, 457.
Dictionnaire de la noblesse de la Chenaye, 417.
Dictionnaire historique du Dauphiné, 427.
DIE, 23, 58, 129, 431, 452, 458.
Dienspach (sans doute Diesbach, famille noble de Berne), 57.
DIJON, 85.
Diodati, 419.
Dispense de service de l'état de président pour M. de Calignon, octobre 1594, 342.
Domène (Le président de), 255.
Don de la somme de 4,000 écus à M. de Calignon, septembre 1595, 345.
Don de 4,000 écus à Calignon, juillet 1596, 347. (V. p. 77, un don de 400 écus).
DORDRECT, 41.
Dorgeoise, 2, 397. V. note 3.
Douglas, branche de Picardie, 424.
DOUVRE, 41.
DRESDEN (DRESDE), 42, 48.
DREUX, 60, 441, 462.
Drevon (Guigues), 390.
Drut, 407.
Dufay, Huraut, 409.
Duperron (Le cardinal). V. Perron.
Duplessis-Mornay, LII, 101, 422, 472.
Dupré, seigneur de Chamagnieu, 413.

Dupont (Mr), 391.
DUSSELDORF, capitale du duché de Berg et non de Mons, qui est en Belgique ; l'auteur confond, parce que Berg ou Bergen veut dire Mons. *Mons-Hannoniæ*, 48.
DWINE, Dwina ou Duna, fleuve de Russie, 43.

E

Échelles (Les), 327.
ÉCHELLES (Les), 327.
Édit de Nantes, LI, 422, 471.
Édit de paix de 1576, 17, 19, 21.
Édouard IV, 408.
Église gallicane, 408.
Élisabeth (La reine), L, 39, 47, 127, 459, 468.
Élisabeth de France, 228, 435.
Élisabeth de Portugal, 460.
EMBRUN ou AMBRUN, 14, 60, 66, 440.
EMDEN (Hanovre), 41.
Emmanuel-Philibert, XII, 9, 23, 30, 390, 433, 446, 460.
EMS ou AMASIS, fleuve d'Allemagne, 42.
ENCHAISEN (Enkhaisen, Holl.), 41.
Entérinement, par le trésorier général de France, des lettres de provisions de Calignon, pour la charge de président au Parlement de Grenoble, avril 1591, 323.
Entérinement des mêmes par le général des finances, juin 1591, 324.
Entrée à Grenoble de François de Bourbon, 1574, 287 à 304. Nous n'avons pu relever dans la table tous les noms propres contenus dans cette pièce, la plupart étant tellement défigurés, qu'il est impossible de les reconnaître. Au reste notre collaborateur M. G. Vallier, à qui nous devons la découverte de ce document, l'a suffisamment enrichi de notes auxquelles nous renvoyons le lecteur — V. aux poésies, 254 à 258.
Entremont (Mis d'), 406, 438.
Épine (L'), pseudonyme de Calignon. V. lettre, 325 et 407.
ERFURT, 476.
Escot (Président de l'), 72.

— 487 —

Espagnols, 31, 72, 78, 97.
Espeaute (Monsr), 409.
Espernon (Duc d'), 58, 83, 85.
Estables du Vache, XLVII, 01, 67, 83.
ESTAMPES, 120, 444.
Estat du plat de MM. les Chefs du conseil de Navarre, octobre 1594, 340.
Estrée (Gabrielle d'), 98, 100, 121, 448, 449.
États-généraux de 1577, 445.
Etienne (L'imprimeur), 419.
Eustache Piedmont, 239.
ÉVREUX, 101.
EXILLES (Fort d') (Piémont), 84.
Expilly, 397, 418.

F

Falquet d'Aurillac, 457.
Fare (La), 404.
Faur (Du), XL, 27.
Faure, 434.
Ferdinand Ier, grand duc de Toscane, 448.
Ferlay (Mr), 439.
Ferrand (Henri), V, 6, 8, 14.
Finé du Bonnet, ou Charles Fine, 179.
Firmin, 414.
Flandènes, 414.
Fléard (Urbain), 434.
Fléard (François), évêque de Grenoble, 424. Le Parlement ayant envoyé le Sr Duvivier, secrétaire de la Cour, porter quelques paroles à M. l'Évêque, et celui-ci ayant rencontré dans l'anti-chambre son page, qui lui portait un bouillon dans une écuelle couverte, il le pria d'avertir l'évêque qu'il désirait lui parler de la part du Parlement. Ce page laissa l'écuelle sur une table, et pendant qu'il fut avertir son maître, Duvivier avala le bouillon et recouvrit l'écuelle, et après s'être acquitté de sa mission se retira. Le page imprudent reprit l'écuelle et la présenta à Mgr de Grenoble, qui, indigné de cette mauvaise plaisanterie, rudoya vivement son page. M. de Calignon, conseiller en la Chambre de l'édit, ayant appris cette aventure par le Sr Duvivier, s'en diverti par des vers faits à l'imitation de Nostradamus.

> Dans un vivier un bouillon répandu
> Fera jeûner qui les autres dispense.
> Pages, laquais, battus en conséquence,
> Gourmand sauvé, évêque confondu.

FLENSBOURG (Danemark), 42.
FLESSINGUE (Holl.), 41.
FLEX (La conférence de) (Fleix), XXXVII, 23, 27, 452.
Florent, 53, 58, 59.
Flotte (Cte de), 406.
FONTAINEBLEAU, 81, 101, 419, 422, 472.
FONTAINE-FRANÇAISE, 85.
FONTENAY, 451.
Fontette (Manuscrit de). V. la note des pp. 89 et suiv.
Foras (Cte Amédée de), 438.
Forcalquier (Cte de), 450.
Force (Mis de la), 122, et Duc Caumont la Force, 389, 391.
FORGES (Rue des) (Lyon), 451.
Forez ou Forest, 400.
FORTIFICATIONS DE GRENOBLE (Les), 40, 75, 128, 407.
FRANCFORT-SUR-LE-MEIN, 50.
François de Bourbon, 119, 254, 287.
François Ier, 12, 395, 458.
François II, 448.
Françon (De), 401.
Franquières, 410.
Fresne-Canaye, VII, 6, 102, 110, 472.
Fresne-Forget ou Farget, 110, 422.
Freychet-Dupré, 402.
FRIBOURG, 115.
Frideric, comte Palatin, 49.
FRISE OCCIDENTALE (Hann.), 43.
Fustier, 24.

G

Galilée et son procès, LIV, 475.
Galland, 107.

Gulleis de la Thivolière, 402, V. les notes pp. 372, 377.
Galles, 397.
Gallien de Chabons, 400.
Gannat, 195.
GAP, XXXV, 22, 24, 67, 326.
Garcin de la Roche, 44, 418.
Gaucher, 413.
Gaude, 410.
Gelas de Leberon, évêque de Valence, 325.
GENÈVE, 50, 59, 114, 127, 131, 326, 426, 476.
GENISSIEU, 413, 414.
Gentelet (Gentillet), XLIII, 29, 458.
GEX (Pays de), 449.
GEYSANS, 413.
Gilbert (De), 421.
Gillier, 90, 125.
Giraud (Claudine), 3, 84, 399.
Giraud (Mr), anc. dép., 411, 428.
Girin, 407.
Godefroy de Bouillon, 439.
Goncelin, 327.
Gordes, XXVIII, 19, 155, 189, 429, 431, 446.
Gouvernet, 56.
Gramont (De), 496.
Grand-Seigneur (Le), Semin II, 329.
GRANGE (Maison de la), 29.
Gratet (Pierre de), 323.
Grégoire XIII (Le pape), XLV, 31, 37, 46.
Grégoire XIV (Bulle de), XLIX, 76, 467.
Grégoire XV, 475.
GRENOBLE, 14, 70, 76, 79, 81, 102, 125, 129, etc.
Grezillane, 76.
Grimaux de Béesgues, 397, 418.
Grolée (De), 191.
Guerre (De), 424.
Guigue d'Albon, 411, 412.
Guillaume d'Orange, 41.
GUINEGATE (Journée de), 395.
Guise (Duc de) et maison de Guise, XXV, 18, 36, 49, 51, 57, 90, 225, 428, 449, 457, 460.
Guise (Cardinal de), XXVI, 18, 461.
Guise (François de Lorraine, duc de), gouverneur du Dauphiné, 1547-1562, 434.
Guy Allard, 398, 410, 423, 426, 430, 453.

H

Haag, 398.
HAMBOURG, 45, 46, 125.
Hanze (Villes anséatiques, Hambourg, Brême et Lubeck), 42.
Harennus, 477.
Harlay (De), 431.
Haussey (Baron d'), préfet de Grenoble, 395.
Hautefort, XXXVI, 22, 24, 67, 85, 92, 104, 115.
HAYE (LA), 41.
HAYE (AUX), 402.
Henri VIII, 408, 470.
Henri (Paul Émile), 476.
Henriette de France, 470.
Henry II, 8, 225, 442, 448, 460.
Henry III, 13, 17, 19, 52, 56, 58, 63, 67, 90, 94, 428, 442, 468, etc.
Henry IV, 12, 68, 471, etc.
HESSEN (comté de Hesso, Guillaume Landgrave de Hesse), 42.
HEYDELBERG, 49, 127.
Histoire chronologique de Saint-Donat et de Jovinzieu (par Martin), 413, 414.
Histoire ecclésiastique des Églises réformées, etc., 429.
Histoire générale du Dauphiné, 427, 430.
Hœfer, docteur, 230.
HOLLANDE, 41, 51.
Holstein (Duc de), 42.
Hoosctrate (Cte), 43.
Hospital (Michel-Huraut de l'), L, 80, 105, 428, 459.
HOTLAND, 39.

I

ILE-VERTE (Grenoble), 410.
Illins (Le Président d'), XLI, 28, 71, 74, 79.
INGOLSTADT (Bav.), 51.
Intérim d'Augsbourg, 467.
Inventaire des archives des Dauphins, par l'abbé Chevalier, 412.

Inventaire sommaire des archives départementales, 427.
Isabelle de France, 458.
ISLE-DE-RÉ, 38.
Isle (Catherine des), 402.
Ismidon, seigneur de Peyrins, 411.
Italiens. 72.
IVRY, 452.

J

Jacques, roi d'Écosse, LI, 39, 40, 114.
Jacques Clément, 401.
Jacques IV, 470.
Jacquier, 400.
Janin (Le président), Pierre Jeannin, 90, 472.
Jansénius et la bulle *In Eminenti*, 475.
JARNAC, 218, 231, 436, 439, 442, 466.
Jean, comte Palatin, 49.
Jean IV, de Portugal, 475.
Jessé, 402.
JONCHÈRE, 400.
Journal de Henri III, 428.
Jus Pauletanum, LIII, 111.

L

Laboisse, 401.
Lacroix. V. les notes pp. 191, 195 et la notice sur le château de Peyrins, 410.
Lafontaine, 138.
Lafrey (Sr de), 130. V. la note 3.
Lagny (De), 407.
Lagrange, 413.
LAMBALLE, 452.
Lambert-François, dit Royans, 411, 439.
Lambertin, 406.
Lancome (Jacques de Savary de Lancôme ou Lancosme), 329. V. la note, p. 329.
LANDRECIES, 223.
Landriano, 408.
Lange (De), 406.

Lansquenets, 328.
Laubépin, 429.
Laurent (Du), premier médecin de Henri IV, 109, 113.
Lebrun (Philibert), 437.
Léger, arch. de Vienne, 411.
Lennox (Cte de), 470.
Lesdiguières, II, presque à chaque page ; son mausolée à Gap, 450.
Lesdiguerias, 75.
Léti, 461.
Lettres de conseiller au Parlement pour Calignon, octobre 1577, 312.
Lettres de maître des requêtes de Navarre, janvier 1580, 315.
Lettre autographe de Calignon à Lesdiguières, lettre curieuse sous les pseudonymes de la Rose et de l'Épine, mai 1591, 325.
Lettre d'intendant de justice près l'armée de Piémont pour le président de Calignon, janvier 1593, 330.
Lettre de M. Duplessis-Mornay à Calignon, mai 1593, 332.
Lettre du même au même, février 1594, 333.
Lettre de l'état de chancelier de Navarre pour M. de Calignon, juin 1593, 335.
Lettre de M. Duplessis-Mornay à Calignon, mars 1594, 339.
Lettre du même au même, avril 1594, 339.
Lettre du même au même, janvier 1595, 343.
Lettre du même au même, février 1595, 344.
Lettre de Henry IV à Calignon, juin 1596, 346.
Lettre de M. Duplessis à M. de Calignon, août 1596, 248.
Lettre de Henry IV à Calignon, janvier 1597, 349.
Lettre de Duplessis à Calignon, juin 1597, 350.
Lettre de Henry IV à MM. de Thou et de Calignon, décembre 1597, 351.
Lettre de M. de Calignon à M. Duplessis, octobre 1598, 360.
Lettre de Henry IV à Calignon, décembre 1598, 362.
Lettre de Defresne-Canaye à Calignon, 362.
Lettre pour faire payer le président Calignon

de ses gages, nonobstant qu'il ne serve point, décembre 1598, 303.

Lettre de M. Duplessis à Calignon, septembre 1600, 305.

Lettre du Roi pour la pension de 1,200 livres des enfants du chancelier de Calignon, novembre 1606, 307.

Lettre de M. le président Expilly à M. de Calignon, Sr de Saint-Vincent, mars 1619, 309.

Lettre de M. Albanel à M. de Calignon, octobre 1639, 372. *Voir* la note au sujet d'une erreur de M. de La Bâtie.

Lettre de M. Deageant à M. de Calignon, Sr de Saint-Vincent, novembre 1639, 388.

Leyden (Leyde, Holl.), 41.

Leyssins, 433.

Lézeau, 472.

Ligue catholique d'Augsbourg, 467.

Ligue (La), XXVII, 18, 22, 52, 54, 57, 59, 63, 69, 76, 81, 95, 436, 452, 460, 468.

Lionne (De), 414.

Lindenbruck (Frédéric), Lindebrog, né à Hambourg en 1573, 125.

Livron, 255.

Lobet, 400.

Lorme (De), 109, 122, 125, 126.

Lorraine (Maison, duc et cardinal de), 11, 49, 51, 58, 438, 442, 443.

Lothaire, 441.

Loudun, 86.

Louis XI, 450, 456.

Louis XIII, 44, 448, 473.

Louis XIV, 467, 473. Révocation de l'édit de Nantes, 22 octobre 1685, 474. — Louis XIV croyait constituer l'unité religieuse comme l'unité politique ; il se trompa ; cinquante mille familles sortirent de France. Le Pape désapprouva hautement la révocation ; le confesseur du roi l'en dissuadait ; aucun évêque ne fut admis aux délibérations qui la décidèrent. Louvois, le chancelier et d'autres ministres en furent les instigateurs. Au reste ils voulaient expulser des rebelles, puisque les protestants de l'Alsace, qui vivaient sans intrigues avec les protestants du dehors, ne furent pas compris dans l'arrêt d'exil et continuèrent en paix leurs travaux et leur commerce en conservant librement leur culte

Louvain, 408.

Louvre, 108, 448.

Lubek, 42, 45.

Lunebourg (Duc de), 42.

Lussac, 42.

Luther, LV, 42, 46.

Luxembourg (Palais du), 448.

Luz (Baron de), 74.

Lycophron, poëte du IIme s. av. J.-C., 40.

Lyon, 85, 103, 107, 112, etc.

M

Macé de Basemon, 433.

Maffeo Barberini (Urbain VIII), LIV, 44.

Magdebourg, 42.

Malcontents (Les), 444.

Malherbe, 133, 136, 430.

Maignien (M.). *V.* son travail sur les poésies Calignon, 133, 253.

Maisses (De), 103, 105, 110, 114.

Mandelot, gouverneur de Lyon en 1569, 116.

Mandement du Roi... pour faire payer les sieurs de Calignon et Audeyer, de leurs gages nonobstant qu'ils servent en l'armée de Piémont, janvier 1593, 331.

Mantes, 79, 81, 84.

Manuscrit de Guy Allard, 400, 416.

Marchais, 428.

Marches (Les), 438.

Marcois (Paroisse de), 414.

Marguerite d'Angleterre, 470.

Marguerite de France, duchesse de Berry, 390, 420, 435.

Marguerite de Navarre, 476.

Marguerite de Valois, 437, 448, 456.

Marie de Portugal, 460.

Marie Stuart, 469, 470.

Marie Tudor, 460, 468.

Marignan, 223, 397.

Marnais (De), 401.

Marquet, XL, 26, 29.

MARRELLES, 395.
MARSEILLES, 103.
Martellière (De la). 404.
Martin, 472.
Martinel (De), 400.
Mas (Du), 27, 61.
Mathieu, 34.
Matignon, XLVIII, 35.
Maubec, 397.
Maugiron XXIX, 20, 24, 26, 433, 446, 450.
Maurice, comte d'Orange. V. Orange.
Maussion (Cte de), 424.
Maximilien II, empereur, 45 et suivantes.
Mayenne (Duc de), 11, 19, 23, 26, 94, 119, 141. A la page 11, Videl fait erreur, il s'agit de François de Bourbon, dauphin d'Auvergne, duc de Montpensier. V. la note 5 de la p. 254, et aux poésies, p. 287.
MEAUX, 98.
Médicis (Cardinal de), 461.
Médicis (Catherine et Marie de), XXXI, 20, 103, 441, 459.
MEKLEMBORRG (Duc de), 42.
Mélanchton, 407.
Mélioret, 412.
Méllin de Saint-Gervais, 135, 136.
Mémoire envoyé à M. de Saint-Vincent par M. le président Expilly, touchant la vie de feu M. de Calignon, mars 1619, 370.
Mémoire touchant feu M. de Calignon, envoyé à son fils par M. Déageant, octobre 1639, 379.
Mémoire de M. le duc de la Force sur la vie de feu M. de Calignon, novembre 1640, 389.
Mémoires sur la ville de Romans (Dochier), 413.
Ménippée (Satire), 435.
MENS, 25.
Mentionnés? 298. — C'est par erreur que ce mot est en lettres italiques et suivi d'un point d'interrogation — le sens indique très bien qu'il veut dire, mentionnés (dont il est fait mention avec plus de détail).
MÉRINDOL, 54.
MESIEU (Meyzieu, Isère), 112.
METZ, 226, 420.
Meuillon, Mévillon ou Mevouillon, 191.

Meynier de Moydans (De), 406.
MEYRIEU, 433.
MÉZIÈRES, 446.
Michallon (De), 418.
Micheau, 44.
Michel, 400.
Michelades (Les), 459.
Minute d'instruction pour les commissaires du Roi, qui iront dans les provinces pour l'exécution de l'édit de Nantes, 1598, 353.
MIRIBEL, 418.
Miroménil, 422.
MISNIE (Saxe), 42.
MOIRANS, 67, 69.
Moisset, LIII, 111.
Molard (Du), 447.
Molière, 273.
Mollans, 399.
MONACO, 406.
MONCEAUX, 86, 98, 109, 121, 448.
MONCONTOUR, 439, 442, 466.
MONDOVI, 446.
Monet, 407.
MONS (Duché de), 48.
MONTAUBAN, 53, 70.
Montbrun, XXI, 14, 411, 412, 423, 431, 446, 449, 473.
Montchenu, 400.
Monte-Marciano (Duc de), 407.
Montesquiou (Baron de), 232.
Monteynard (De), 424.
MONTFERRAT (Duché de), 426, 449, 460.
Montferrier, 2.
MONTFLEURY, 407.
Montfort, 188.
Montfort-l'Amaury, 427.
Montgommery, 228.
Montholon, 409.
MONTLIMAR (MONTÉLIMAR), 16, 62, 189, 410, 446.
Montluc, évêque de Valence, 429, 430.
MONTLUEL, 22, 449.
MONTMARTE, 409.
MONTMEILLEUR, 400.
MONTMÉLIAN, 327, 450.
MONTMIRAIL, 406.

Montmorency (Le connétable de), XXIII, 57, 38, 446. Origine et armes de cette famille, 441.
Montpensier (Duc de), 119. Franç. de Bourbon, gouverneur du Dauphiné en 1563. V. son entrée à Grenoble, 141, 287.
Montpezat, 405.
Montrichard, 425.
Morel-Fatio (M' Arnold), 435.
Morges, 83, 325. V. Béranger.
MORESTEL, 467.
MORNAS, 439.
Mores (Les), 441.
Morosini, 461.
Motte-Verdeyer, 413.
Mottet (Charles du), 453.
MOULINS, 428.
MOURS, 413.
MOYRENC. V. MOIRANS.
MURE (La), 66, 421.
Murinais, 62, 75, 414, 403.
Murray (C¹ᵉ de), 470.
Musy (Léonard), 324.

N

NAMUR, 23.
NANCY, 408.
NANTES (D'Avignonnet de), 406.
NANTES (Édit de), LI, 87, 89, 95, 96, 115.
NAPLES, 440, 457.
Napoléon III, 442.
Nasi, 326.
Nassau (Guillaume de), 423.
NAVARRE (Roi de), XXXII, 20. Épitaphe de Antoine son père, 470.
NAVARRE (Collége de), fondé en 1304, 5.
NAVARRE (Cour et royaume de), 13, 16, 18, 49, 51, 64, 81, 116.
Nemours (Duc de), 325, 326.
NÉRAC (Traité qui accordait aux calvinistes douze places de sûreté), 20, 50, 64, 121, 456, 466, 476.
Neufville (Nicolas de). V. note 42, Villeroy.

NEVERS (Duc de), Charles de Gonzague de Clèves, 107.
NICE, 329, 438.
Nicoud, 402.
NISMES, 75.
Nomination d'un président et cinq conseillers pour la Chambre my-partie de Dauphiné, 1ᵉʳ août 1576, 307.
Nostradamus, 459.
Notes explicatives et historiques, 395.
Notes sur l'entrée à Grenoble de François de Bourbon, V. Entrée à Grenoble de etc.
Notes et plans sur les anciennes fortifications de Grenoble, par M. Albert de Rochas, capitaine du génie, 410.
Notice sur la Colombière, par M. G. Vallier, 415.
Notice sur la seigneurie et le château de Peyrins, par M. Lacroix, archiviste de la Drôme, 410.
Notice sur les poésies de Calignon, par M. Maignien, 133.
Noue (De la), XXXVII, 23.
NOYON, 476.
NURENBERG, 50, 476.
NYONS (Drôme), 24, 34.
NYORT (Deux Sèvres), 35.

O

Olivera (Olivares), XLVIII, 73.
ORANGE et AURENGE. Il est question de Guillaume Iᵉʳ de Nassau et de son fils le comte Maurice qui lui succéda en 1584. 51, 54, 56.
Orbessan (D'), 449.
ORDITELLE, 426.
Organon d'Aristote (L'), 422.
ORLÉANS, 120, 473.
Ornano (Colonel Alphonse d'), né en Corse, son nom était San Piétro, il prit le nom de sa mère, 53, 56, 63, 65, 67, 68, 70, 79, 403, 457.
ORSAN, 424.
Othon, 441.

— 493 —

Ourches (Rostaing d'Urre, seigneur d'), 189.
Ourgon (Orgon), 50, 83.

P

Padoux, 7, 8, 425.
Paix d'Augsbourg, 407. *V.* la note 49.
Paix de Monsieur, 444, 458.
Palatinat du Rhin, 23, 42.
Pallison, 327.
Pallot, LIII, 111, 117.
Pardaillan. *V.* Segur, note 38.
Parme, 328, 329, 475.
Pasquier, 153.
Pau, 13, 30, 34, 121.
Paul IV, 420, 469.
Paul V, 476.
Paulet, LIII, 111.
Pavie, 458.
Peccat, 457.
Perefixe, 437.
Pérouse, 402.
Perron (Cardinal du), 101, 425, 472.
Petite revue des bibliophiles dauphinois, 431.
Petrucci, évêque de Bésignan, 55.
Peyrins, sa seigneurie, son château, 410.
Peyrins-Calignon, III, 40, 75, 128, 308, 407.
Pezenas, 29.
Pfortzaim (Pfortzheim, Grand duché de Bade), 50.
Philippe II d'Espagne, XLVI, 31, 76, 228, 435, 458, etc.
Philippe-Auguste, 441.
Phornous, 397.
Pibrac. *V.* la note 40, p. 456.
Pie IV, 460.
Pièces justificatives et documents, 285.
Pièces et notes communiquées par M. Pilot de Thorey, 403.
Piégon, 54, 55.
Piémont, 14, 20, 22, 30, 68, 74, 78, etc.
Pinel (Hugues), 457.

Pisançon (De), 412. *V.* la note 9.
Pithon, 472.
Plaine (La), ancien couvent des Minimes, près Grenoble, 395.
Plaisance (Cardinal de), 77.
Procès des Tailles, 428.
Plan ancien des fortifications de Grenoble, 410.
Plessis-Mornay (Du), LII, 64, 70, 101, 422, 472.
Plymmouth, 38.
Podio (De). *V.* la note 21.
Poésies de Soffrey de Calignon, 141.
Poissy (Colloque de), 440, 402.
Poitiers, 395, 442.
Poligny (La dame de), 101, 130, 398, 404.
Politiques (Les), 441.
Pologne, 90.
Poméranie, 42.
Pommier-près-Voreppe, 404.
Ponce, 429.
Ponsenas, 429.
Pontcharra, 72, 413, 440.
Pontchartrain (M¹s de), 388.
Pont-de-Beauvoisin, 327, 433.
Pont-de-Vaux (Ain), 403.
Pont-en-Royans, 255.
Popelinière (La), 437.
Portes (Le président de), 255.
Portes (Louise de), 401.
Portes (Guillaume de), 149.
Poypor (De), 438.
Pradel (Antoine), 457.
Prague, 46.
Procès des tailles, 428.
Procuration par Soffrey de Calignon pour résigner son office de conseiller et président de Grenoble, août 1606, 366.
Provisions d'un office de conseiller pour M. de Calignon, octobre 1576, 310.
Provisions de l'office de conseiller au Parlement de Dauphiné, janvier 1579, 313.
Prunier (Artus), sieur de Saint-André, VIII, 6, 12, 14, 416, 451.
Puy-Montbrun (Du). *V.* Montbrun, note 21.
Puymore, fort au-dessus de Gap, 24, 67.

Q

Quercy, 460.
Questionnaire envoyé à M. Albanel, par M. Abel de Calignon, au sujet de son père, 373.
QUEYRAS (Hautes-Alpes), 400, 440.
QUIERS (Chieri, Piémont), 129, 404, 446.
Quinte-Curce, 122.
Quintry (De), 326.

R

Rabelais, 120.
Rabot d'Illins, 423, 451. *V.* la note 41.
Rachais (Abel de), 401.
Ramus (Pierre de la Ramée), 125.
Rancher (Se), page et note 292. — Bien que le vieux mot *Rancher*, signifiait une sorte d'échelle, le sens indique clairement qu'il veut dire ici, *se ranger*, *se conformer*, à ce qui fut fait en semblable occasion.
Rantzau (Le maréchal), 42, 43. La guerre l'avait si fortement endommagé qu'on disait de lui : que Mars ne lui laissa rien d'entier que le cœur!
Rappeau de ban, LIII, 123, 474.
Rauzan (Duc de), 424.
RAVENNE, 397.
Raynaud (François), 412.
RÉ (ISLE DE), 38.
REBECQUE, 395.
Recherches sur la sépulture de Bayard, par M. Pilot de Thorey, 396.
Réforme (La) et les guerres de religion en Dauphiné, 452.
Regnier, 133, 136, 138, 219.
REICHSHOFFEN, 407.
REIMS, 443.
Reitres. Sorte de cavalerie allemande composée d'aventuriers, 58, 328.
René, comte de Provence, 450.
Réponse au mémoire envoyé à M. Albanel, 375. *V.* la note de la p. 377 au sujet du Cardinal Bellarmin.
Requête de Calignon pour être reçu conseiller, octobre 1581, 317.
Requête autographe de Calignon, fac-simile, 322.
Rey, 404.
Reynier d'Upaix, 400.
Richelieu (Le cardinal de), 408, 422.
Richelieu (Lettre autographe du cardinal de), 408.
RICHEMONT, 39.
Rigaud de Vaudreuil, 440.
Rivière (De la), 401.
Roche de Grane (De la), 405. *V.* le tableau généalogique de cette famille, qui joue un rôle important dans les volumes suivants concernant Lesdiguières, 397.
Roche-sur-Yon (Le prince de la), 434.
ROCHELLE (LA), 27, 35, 49, 64, 69, 430, 451, 463.
Rodet (Jean), 399.
Rodolphe II, emp. d'Allem., 45, 47, 51.
Roland (Carles), 3.
ROMANS, 67, 71, 328, 410.
ROME, 92, 95.
Romme (Madeleine), 401.
Ronsard, 134, 136, 138, 153, 160, 243.
ROQUEBRUNE, 402.
ROQUEMARTINE, 402.
Rose (La), pseudonyme de Lesdiguières. *V.* 325, 467.
Rosny-Sully, 473.
Rosset de la Martellière et Rousset, 404, 409, 418.
Rostaing (De), 424, 429.
ROTEMBOURG, 48.
ROUEN, 87.
Roux ou Rous, 2, 150, 217, 395, 418. *V.* la note 3.
Roux de Vaugrand, 406.
Ruc (Joachim de), 400.
Rutelin (Frideric), 99, 100.
Rutowzka, 438.

S

SAINCTIAS (Santia, Piémont), 454.
SAINT-ANDRÉ (L'église de) de Grenoble, 395, 396, 400.

Saint-André-des-Ars, 93.
Saint-André (Sr de). V. Prunier.
Saint-Ange, 413.
Saint-Barnard (Abbaye de), 411.
Saint-Barthélemi (La), 437, 442, 446, 448, 453, 457, 466. — Le *Martyrologe des Huguenots* ouvrage imprimé en 1582, portait les morts à trente mille environ, puis il dut le réduire à quinze mille cent soixante-huit ; enfin, sommé de désigner les noms et les localités, il ne put atteindre pour la France que le chiffre de sept cent quatre-vingt-six.
Saint-Chaumont (Mr de), 408.
Saint-Cloud, 85.
Saint-Denis, 81, 441.
Saint-Donat, 414.
Saint-Ferjus, 421.
Sainte-Foy, 27.
Saint-Germain (Sr de), 3.
Saint-Germain, 89.
Saint-Gervais (Genève), 477.
Saint-Jean (Sr de), 129. V. la note 3.
Saint-Jean-de-Voiron, 3, 4, 28. V. la note 4.
Saint-Julien, 421. V. Florent.
Saint-Lattier (De), 411.
Saint-Laurent (Prieuré de), 130.
Saint-Laurent-du-Pont, 433.
Saint-Marcellin, 65, 67, 255, 413, 403.
Saint-Michel-l'Archange (Arkangel, Russie), 43.
Saint-Nicolas (Russie), 43.
Saint-Ours de l'Échaillon, 402, 403.
Saint-Paul, 413, 414.
Saint-Quentin, 426, 440, 460, 466.
Saint-Sauveur, 401.
Saint-Vallier (Cte de), 424.
Saint-Vincent-du-Platre, 401.
Saintonge, 35.
Salmorenc, 400 (Voiron), 400. V. note 6.
Salomon, 407.
Saluces (Marquisat de), XXXIV, 20, 67, 74, 77, 102, 126, 440.
Salvaing de Boissieu (Pierre de), XVII, 13, 30, 34, .20, 126, 128.
Sancy (Nicolas Harlay de). V. Sency.
Sassenage, 44, 407, 450.

Sault (Cte de), 405, 426.
Saumur, 86, 87, 101, 473.
Saussac (Bon de), XXX, 20.
Sautereau, 422.
Savoie et (duc de), 12, 67, 73, 75, 79, 84, 102.
Saxe (Duc de), Maurice, électeur de Saxe, 42, 45, 48.
Scarron, 145.
Schomberg (Gaspard), comte de Nanteuil, du conseil des finances, 87, 422, 472.
Schwerin, 42.
Sédan (Prince de), 107. V. Turenne.
Sega (Philippe de), cardinal de Plaisance, 468.
Séguier, 428.
Ségur, XXXVIII, 23, 25, 30, 41, 49.
Seignoret, 399.
Seize (La faction des), 443.
Sency (Nicolas de Hurlay de Sancy), 92, 326. Le même qui, pour lever des troupes, engagea le beau diamant qui porte son nom et fait partie des diamants de la couronne.
Serment prêté par Calignon pour sa charge de chancelier de Navarre, juin 1593, 337.
Serres, 24, 25, 459.
Servet (Michel), 463, 477.
Servien (Ennemond de), X, 7.
Servin, 110, 128.
Sévigné (Mme de), 240.
Sfondrate, duc de Monte-Marciano, neveu de Grégoire XIV, 325, 326.
Sigotier, 440.
Sillery (Nicolas Bruslard de), 92, 93, 104.
Simiane, baron de Gordes. V. note 28.
Simiane-Esparron, 405, 423.
Simmeren (Simmern, Province Rhénane), 50.
Sisteron, 85.
Sixte-Quint, XLVI, 53, 54, 55, 57, 467.
Sleschvig (Duché de), (Schleswig, Danemark), 42.
Smalkalde (La ligne de), 426.
Soissons (Cte de), Charles de Bourbon, fils de Louis Ier, prince de Condé, 103, 106, 430.
Soissons, 441.
Sol (Escus d'or), 290. — Nous croyons à une erreur dans la note 3 de cette page. L'*Escu d'or sol* est le *solidus aureus* de Constantin.

Il signifie une pièce de monnaie d'or qui ne fait pas partie d'une autre, de *sollus*, du grec, ολος; tout entier, pour le distinguer du sol tournois et du sol parisis. Il est, en effet, peu probable que M° de Peyrins, *qui faict cest honneur à la ville que de l'accommoder d'un fort beau vase*, veuille exiger, outre un prix déjà élevé, un paiement comptant de la ville, qui en ce moment avait de fortes charges. Au reste la fin de la phrase ne laisse aucun doute, *et que l'on pourra avoyr crédict delle*, ce qui a lieu.

SOLFÉRINO, 407.
Solmes (Cte de). (Solms), 46.
Sophocle, 40.
STRASBOURG, 50, 476.
Strozzi (Le maréchal), 448.
STUTTGART, 50.
SUDERMANIE (Duc de) (Anc. province Suédoise), 45.
SUÈDE, 36, 40.
SUISSE (Cantons de la), 50, 63, 80, 92, 115.
Sully, 472.
SUND (Détroit de), 43.
Supplique de Calignon au Parlement, novembre 1581, 317.
Supplique de la dame de Calignon, 388.

T

Tablettes de Thémis, 427.
Talleyrand (De), 442.
Taulier (M. J.), 446.
Tempesti, 461.
Termes (De), 449.
Terrebasse (De), 437.
Théocrite, 138, 149.
THEYS (Theis, Isère), 63.
Thiennes (Laurent de), 400.
Thuileries (Tuileries, palais des), 108, 448.
Thou (Jacques-Auguste de), VI, 6, 87, 95, 110, 112, 114, 118, 123, 126, 428, 437, 448, 461, 472.
Tiers-État du Dauphiné, 101, 103.
Tiliobriga. *V.* Lindinbruck.
Tiron (L'abbé), 135.

Tivolière, 2.
Tonnard, 404, 454. *V.* la note de la p. 129.
TOSCANE (Grand duc de), 448, 475.
Tour (De la), 190.
Tour-d'Auvergne (De la), 447.
Tournon (Just de). Vidal confond ici Just de Tournon qui fut lieutenant général de Dauphiné en 1642, avec François de T. qui fonda le collége de Tournon, fut cardinal d'Ostie et mourut en 1562, qui est celui dont il veut parler, 130, 439. *Premier ministre de François Ier*, il contribua à populariser la langue française en prescrivant, par l'ordonnance de Villars-Cotterets en 1539, qu'elle sera substituée au latin pour l'administration de la justice.
Tourret (Du), 402.
TOURS (Le Parlement de), 408.
Tremouille (De), 456.
TRÈS-CLOITRES (Grenoble), 410.
TRÈVES (Électeur de), 47, 49, 50.
Trezo (De), 73.
Triol (De), 120. Serait-ce le Trior de la satire p. 239?
Truchon, XIV, 10, 11, 14. *V.* sa notice et sa médaille, par M. Gustave Vallier, 427.
TULLINS, 399, 418.
Turenne (Vte de), 61, 122, 328, 391, 413.
TURIN, 8, 12, 13, 44, 67.

U

ULM, 50.
Urbain (Le pape), Urbain II, 411.
Urbain VIII, LIV, 44, 473.
URIAGE, 63.
Urre (D') et d'Urre-Mollans, 189, 404, 405.
Usseaux (Des), 405.

V

Vache (Marthe du). Son contrat de mariage, 464. *V.* Estables et 400, 403, 413, 428.

Vachon (De), 407.
Valbonnais, 439.
VALENCE, 9, 63, 128, 199.
VALENCIENNES, 451.
VALENSOLE, 402.
VALENTINOIS (LE), 413.
Valette (Mis de la), XLVI, 58, 63, 64, 329, 447.
Vallier, 400.
Vallin (De), 413.
Vantes (Sr de). 327.
VALROMEY, 449.
VANDOSME (Vendôme), 87.
VARACIEU, 447.
VAREY (Ain), 395.
Varvins. V. Vervins.
Vaujany du Versou, 402.
Vaulbonnois (Bon de), 130, 255. V. Poligny.
VENICIN (Comté), Comtat-Venaissin, 54, 57.
VENISE, 325, 475.
Verceil, 326.
Vercoyran, 15.
Verdier (Du), 120, 243, 251. V. la satire, p. 239.
Vernatel, XIII, 9.
Verneuil (Mise de), Catherine-Henriette de Balzac d'Entrague, 106.
VERNEUIL (Bataille de), 395.
Verqueria, 73.
VERRUE, 426.
VERVINS, 97, 98, 382, 408.
Veynes ou Veine (De), 202. V. la note 35.
VEZÉLAY, 402.
Vic (Le chancelier de), 80. Il fut appelé d'abord le capitaine Sarred, du nom de sa mère, sœur de Pierre-Comtesse de Sarred, secrétaire du roi Henri III. Il se signala en mainte occasion et notamment à la bataille d'Ivry. Il était vice-amiral de France et gouverneur de Calais, lorsqu'il mourut dans cette ville le 14 août 1613, âgé de 59 ans. M. Berger de Xivrey, dans une notice sur Dominique de Vic, a laissé passer une faute. — du prénom de Comtesse, il fait un titre pour la mère de Dominique de Vic et écrit : la comtesse de Sarred.
Victor-Amédée, 450.

Videl (Paul), XLV, 54.
Videl d'Aymarque (Jean), 80.
VIENNE (Le pont de) (Isère), 328, 409.
Vignon (Marie), duchesse de Treffort, 473.
Villardières, 97.
Ville-Croze (De), 406.
VILLEMUR (Comté de), 107.
Villeroy, XLII, 29, 92, 109, 115.
VINAY, 429.
Vins (Mis de), 59.
Virieu (Cte de), 406.
VITTEMBERG (Duc de), 50.
VOCANSON (Place), 410.
Voissan, 307, 418.
VOLFEMBUTEL (Wolfenbuttel), duché de Brunswick, 42.
Voltaire, 473.
VOREPPE, 128.
VOYRON, IV, 2, 397.
Vulson de la Colombière, 437.

W

WISPHALIE, 42, 48. Ce célèbre traité conclu en 1648 et dû à Mazarin, est considéré comme le chef-d'œuvre des transactions politiques modernes. Il mit fin à la guerre de trente ans et reconnut à la France l'Alsace, les trois évêchés de Metz, Toul et Verdun, et la ville de Pignerol. Il garantit la liberté des petits États d'Allemagne contre l'Empereur et il dirigea la diplomatie moderne jusqu'aux guerres de la Révolution. L'unification de l'Allemagne et de l'Italie prouve combien était sage et prudente la politique de Mazarin et de nos Rois.
WITTEMBERG, 50.

Y

YVRY, 69.

Z

Zacharias Vulingus, 45.
ZÉLANDE, 41, 43.

ERRATA

Pages. Lignes.

xv — 4 — Gayet, *lisez* : Cayet.
2 — 29 — pour l- moins, *lisez* : pour le moins.
11 — 27 — Duc de Mayenne, *lisez* : François de Bourbon, dauphin d'Auvergne, duc de Montpensier, *et voyez à ce sujet la pièce* n° LX *des* **Poésies** *de Calignon* (p. 254), *et le* n° 1 *de nos* **Pièces justificatives**.
18 — 9 — *Il ne faut pas de virgules dans cette ligne.*
 — 10 — *Il faut une virgule à la place du point final.*
19 — 36 — 1560, *lisez* : 1578.
24 — 16 — Mangiron, *lisez* : Maugiron.
27 — 13 — *Il ne faut pas de virgule après* Royaume.
 — 17 — *Il faut une virgule après* Barricades.
 — 37 — *Il ne faut pas de virgule après* ce qu'il fit.
35 — 18 — acqeurir, *lisez* : acquerir.
 — 28 — suiuvi, *lisez* : suivi.
40 — 17 — Calignon, *lisez* : Calignon[3].
70 — 8 — es iés, *lisez* : estiés.
72 — 6 — aujoud'huy, *lisez* : aujourd'huy.
73 — 14 — ut pris, *lisez* : fut pris.
85 — 23 — qu'elle, *lisez* : qu'elles.
 — 31 — onyoyé, *lisez* : envoyé.
89 — 20 — eur estoient, *lisez* : leur estoient.
91 — 28 — ee titre, *lisez* : ce titre.
105 — 27 — dn Chancellier, *lisez* : du Chancellier.
108 — 20 — vous [16], *lisez* : vous [17].
111 — 6 — Paulet et Moysset, *lisez* : Paulet et Moysset [15].
112 — 4 — Casaubon, *lisez* : Casaubon [8].
119 — 16 — se his sentit, *lisez* : de his sentit.
123 — 32 — sttudieux, *lisez* : studieux.
124 — 4 — moius, *lisez* : moins.

Pages. Lignes.
179 — 15 — LXI., *lisez :* XLI.
182 — 19 — LXII., *lisez :* XLII.
183 — 13 — LXIII., *lisez :* XLIII.
184 — 1 — LXIV., *lisez :* XLIV.
186 — 1 — LXV., *lisez :* XLV.
188 — 1 — LXVI., *lisez :* XLVI.
189 — 7 — LXVII., *lisez :* XLVII.
191 — 1 — LXVIII., *lisez :* XLVIII.
— 9 — LXIX., *lisez :* XLIX.
317 — 21 — mil V^{c}XXXI, *lisez :* mil V^{c}LXXXI.
349 — — Le renvoi à la note 1 de la p. 307, aurait dû être placé au bas de la p. 318.
350 — 17 — comptable pour la partie, *lisez :* comptable. Pour la partie.
391 — 44 — A la date de la lettre du duc de Caumont La Force, au lieu de 1840, *lisez :* 1640.
413 — 25 — Chamanieu, *lisez :* Chamagnieu.
427 — 9 — *(Note 5).* Et a la grande, *lisez :* Et a la grande.
467 — 19 — Augbourg, *lisez :* Augsbourg.
473 — 21 — 1203, *lisez :* 1623.
— 25 — Louis XVI, *lisez :* Louis XIV.

CLASSEMENT DES PLANCHES SÉPARÉES

	Pages.
Portrait de Calignon (après le titre).	
Autographe de Calignon...	325
Tableaux généalogiques des trois branches des Calignon, des La Roche de Grane, des Chabrières...	397
Plan des fortifications anciennes de Grenoble............................	407
Médaille de La Colombière...	414
Autographe de Casaubon...	419
Médaille de Truchon...	435

TABLE DES MATIÈRES

	Pages.
Préface..	V
Introduction..	XV
La vie de Souffrey de Calignon, chancellier de Navarre....................	1
Notice sur les poésies de Calignon...	133
Poésies de Souffrey de Calignon...	141
Pièces justificatives..	287
Notes...	395
Table analytique raisonnée...	481
Errata..	499
Classement des planches séparées...	501

CORRECTIONS, RECTIFICATIONS ET ADDITIONS

A L'OUVRAGE.

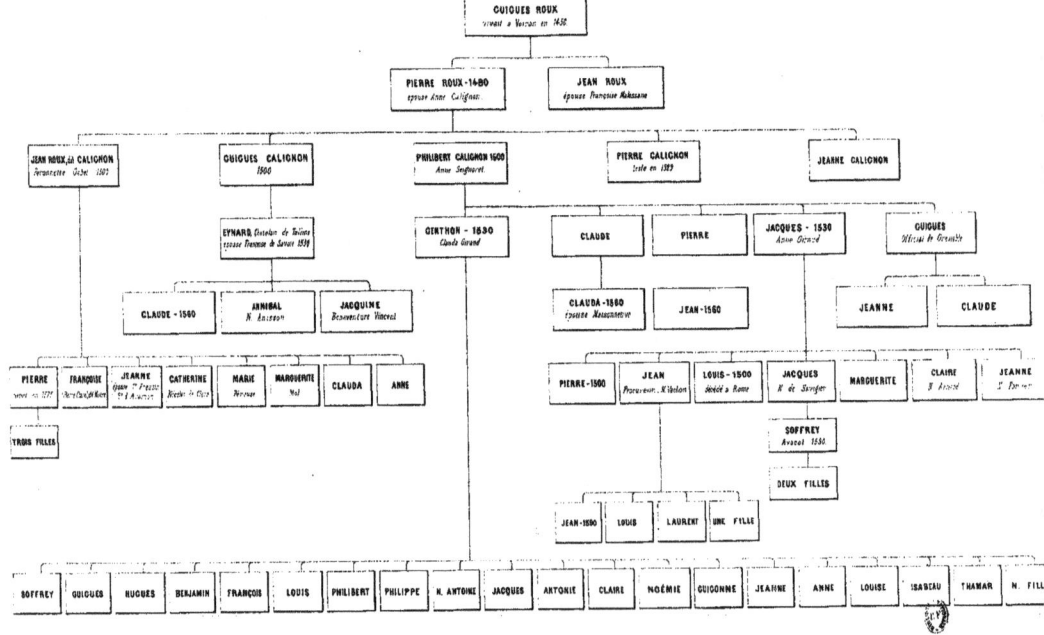

CALIGNON d'Embrun.

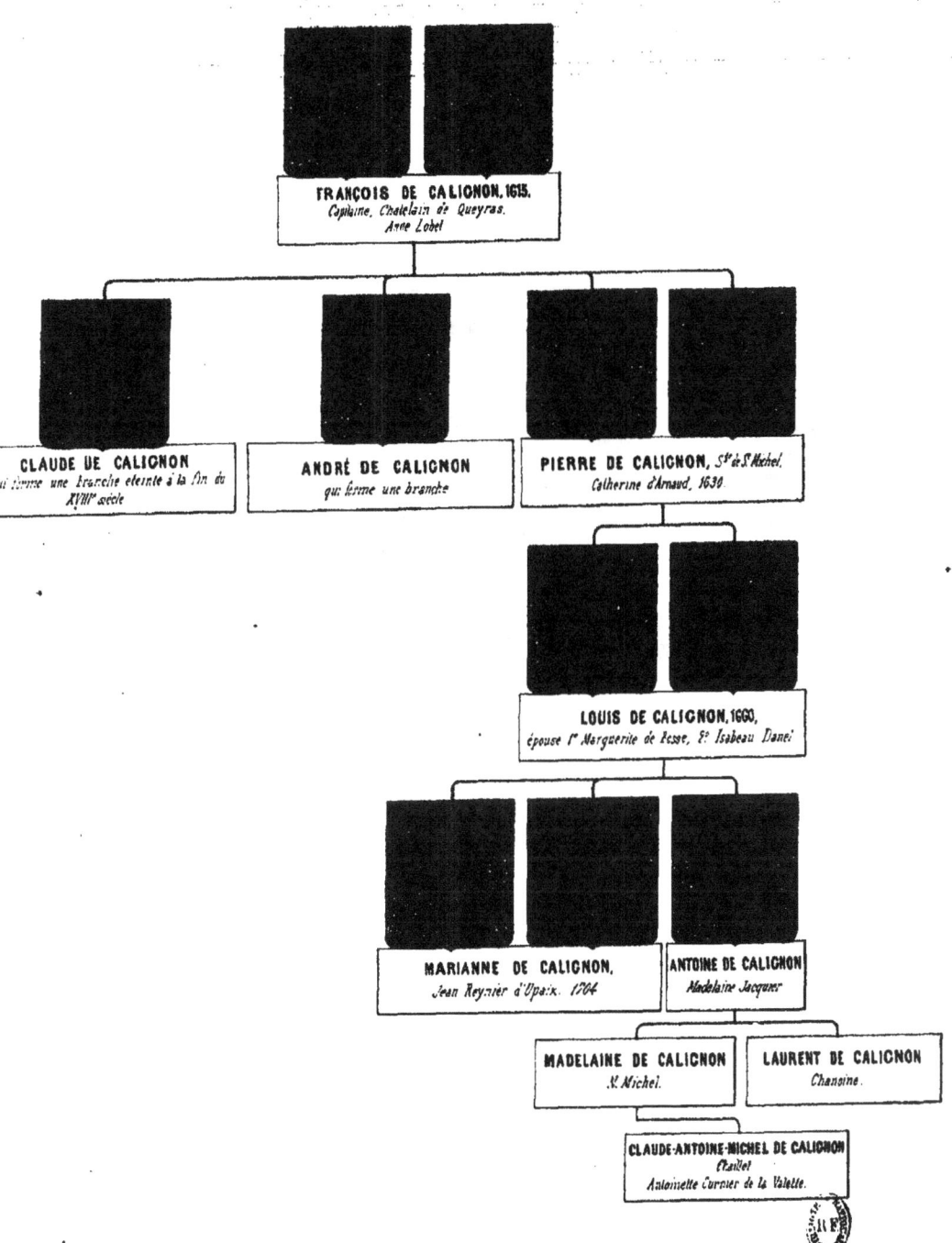

CALIGNON. Seigneurs de Peyrins.

CALIGNON, Seigneurs de Montmeilleur.

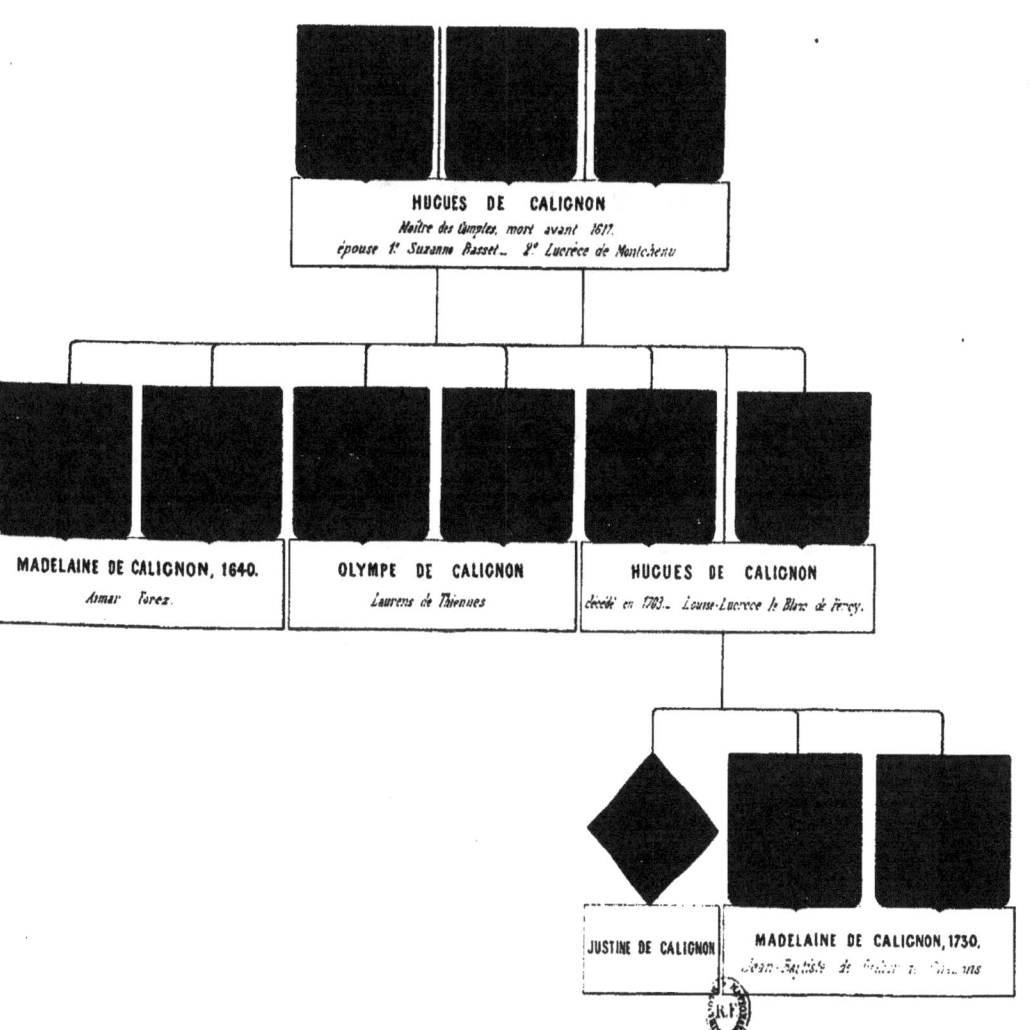

CALIGNON, Seigneurs de Laffrey

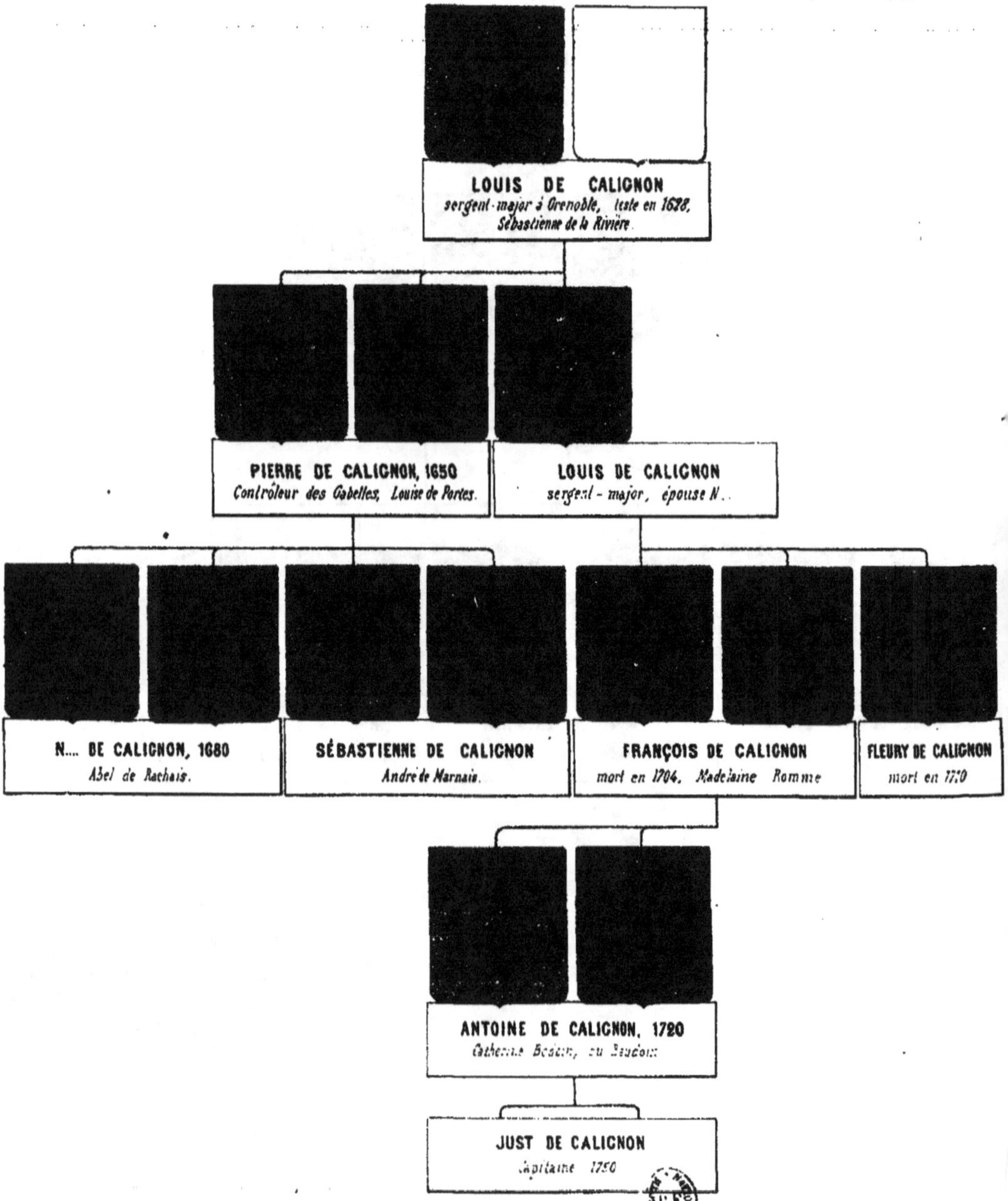

LOUIS DE CALIGNON
sergent-major à Grenoble, teste en 1628,
Sébastienne de la Rivière

- **PIERRE DE CALIGNON, 1650**
  Contrôleur des Gabelles, Louise de Portes
- **LOUIS DE CALIGNON**
  sergent-major, épouse N...

  - **N.... DE CALIGNON, 1680**
    Abel de Rathais
  - **SÉBASTIENNE DE CALIGNON**
    André de Marnais
  - **FRANÇOIS DE CALIGNON**
    mort en 1704, Madelaine Romme
  - **FLEURY DE CALIGNON**
    mort en 1710

    - **ANTOINE DE CALIGNON, 1720**
      Catherine Bodin, ou Baudoin

      - **JUST DE CALIGNON**
        Capitaine 1750

CALIGNON, Seigneurs de Chamoussières.

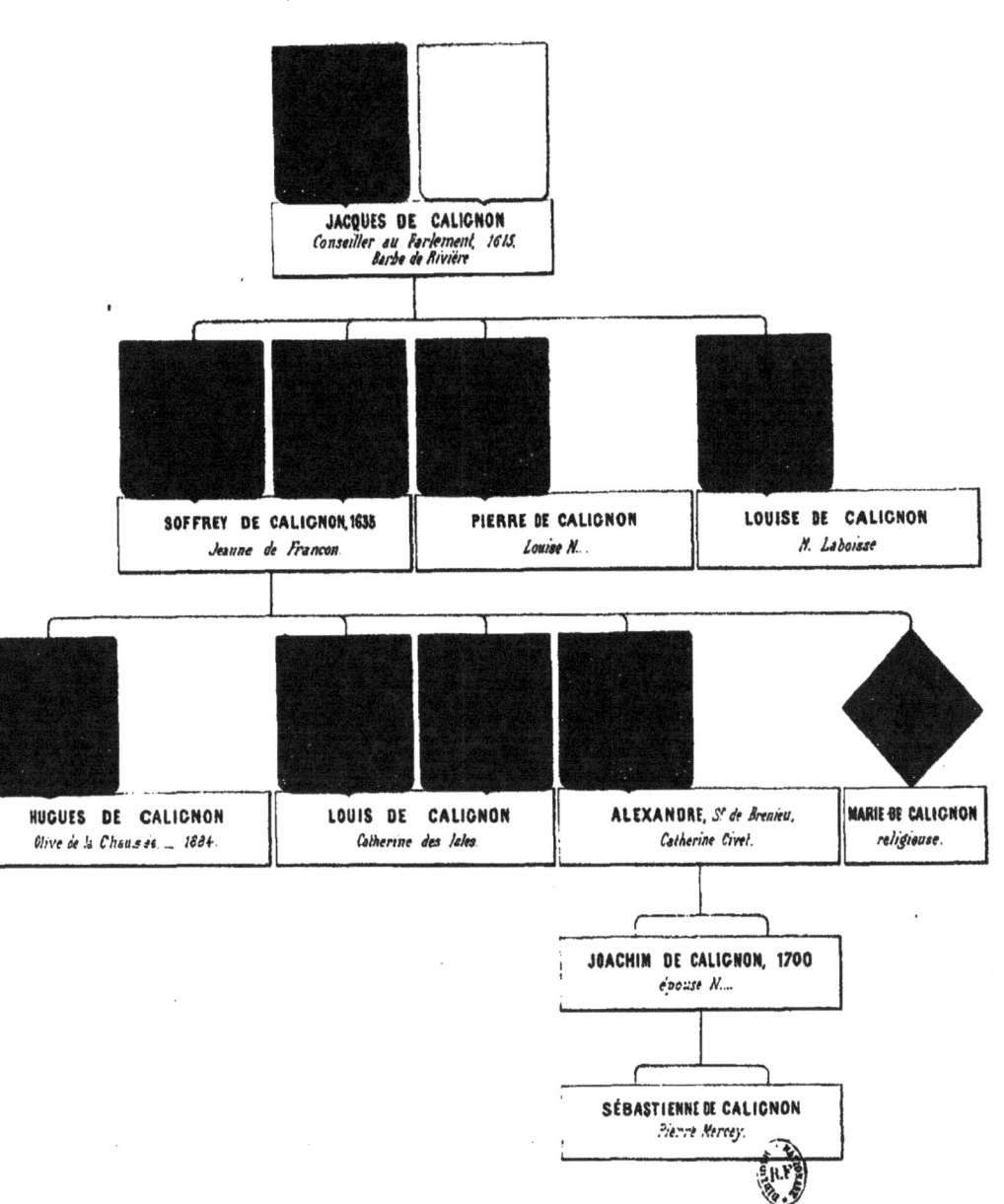

Branche d'ANTOINE DE CALIGNON, Prévôt,
Frère ou neveu de SOFFREY, Chancelier.

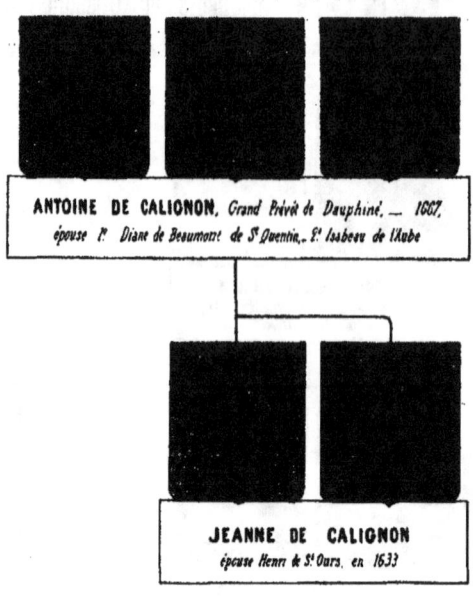

ANTOINE DE CALIGNON, Grand Prévôt de Dauphiné, — 1607,
épouse 1° Diane de Beaumont de St Quentin, 2° Isabeau de l'Aube

JEANNE DE CALIGNON
épouse Henri de St Ours, en 1633

CALIGNON qu'il a été impossible de rattacher aux branches connues.

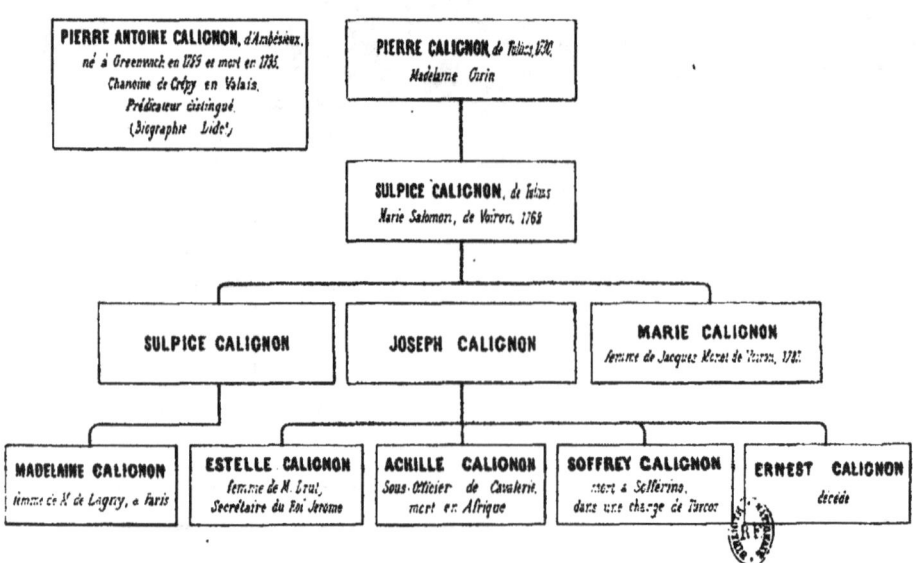

PIERRE ANTOINE CALIGNON, d'Ambérieux,
né à Greenwich en 1785 et mort en 1836,
Chanoine de Crépy en Valais,
Prédicateur distingué.
(Biographie Ladv^e)

PIERRE CALIGNON de Tullins, 1730,
Madelaine Garin

SULPICE CALIGNON, de Tullins
Marie Salomon, de Voiron, 1768

SULPICE CALIGNON

JOSEPH CALIGNON

MARIE CALIGNON
femme de Jacques Murat de Voiron, 1787

MADELAINE CALIGNON
femme de M. de Lagny, à Paris

ESTELLE CALIGNON
femme de M. Lrut,
Secrétaire du Roi Jérome

ACHILLE CALIGNON
Sous-Officier de Cavalerie,
mort en Afrique

SOFFREY CALIGNON
mort à Solferino,
dans une charge de Turcos

ERNEST CALIGNON
décédé

LA ROCHE DE GRANE

N.B. Nous ne reproduisons qu'au 1er degré les armes des La Roche de Grane et donnons aux autres celles des femmes seulement

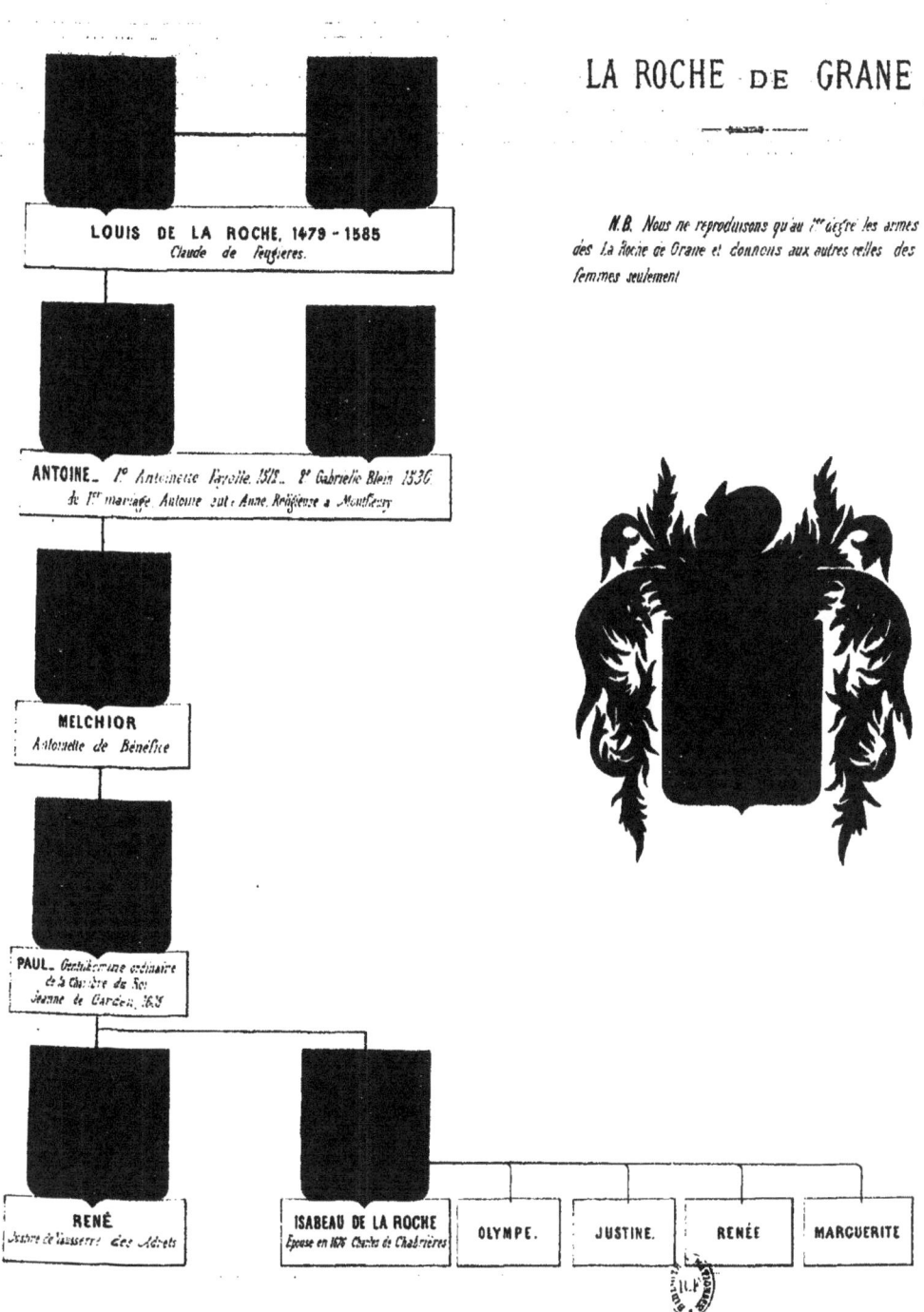

LOUIS DE LA ROCHE, 1479-1585
Claude de Feugières.

ANTOINE. — 1° Antoinette Fayolle, 1512. — 2° Gabrielle Blein, 1536.
de 1er mariage, Antoine, puis Anne, Religieuse à Montfleury

MELCHIOR
Antoinette de Bénéfice

PAUL. — Gentilhomme ordinaire de la Chambre du Roi
Jeanne de Garden, 1631

RENÉ
Justine de Lausserre des Adrets

ISABEAU DE LA ROCHE
Épouse en 1676 Charles de Chabrières

OLYMPE.   **JUSTINE.**   **RENÉE.**   **MARGUERITE**

www.ingramcontent.com/pod-product-compliance
Lightning Source LLC
Chambersburg PA
CBHW070824230426
43667CB00011B/1693